Eberhard Schrader

Die assyrisch-babylonischen Keilinschriften

Kritische Untersuchungen ihrer Entzifferung

Eberhard Schrader

Die assyrisch-babylonischen Keilinschriften
Kritische Untersuchungen ihrer Entzifferung

ISBN/EAN: 9783742808165

Hergestellt in Europa, USA, Kanada, Australien, Japan

Cover: Foto ©Thomas Meinert / pixelio.de

Manufactured and distributed by brebook publishing software
(www.brebook.com)

Eberhard Schrader

Die assyrisch-babylonischen Keilinschriften

DIE ASSYRISCH-BABYLONISCHEN

KEILINSCHRIFTEN.

KRITISCHE UNTERSUCHUNG

DER GRUNDLAGEN IHRER ENTZIFFERUNG

VON

PROF. Dr. EBERHARD SCHRADER.

NEBST DEM BABYLONISCHEN TEXTE DER TRILINGUEN INSCHRIFTEN
IN TRANSCRIPTION SAMMT UEBERSETZUNG UND GLOSSAR.

MIT EINER LITHOGRAPHIRTEN TAFEL.

LEIPZIG, 1872

IN COMMISSION BEI F. A. BRO

Inhalt

Zeichen für die einfachen Sylben.

א	a. ha, i. hi, u. hu.
ב	ba. bi, bu. ab. ap, ib. ip. ub. up.
ג	ga. gi, gu. ag. ak. ak. ig. ik. ik. ug. uk. uk.
ד	da. ta. di. ti, du, ad. at, id. it, ud. ut
ה-ו	für ha. hi. hu s. א . . . h (als Sylbenschliesser), u.
ז	za, zi, zu, az. aś. aṣ, iz. iś, iṣ, uz. uś. uṣ.
ח	ḥa, ḥi, ḥu, aḥ. iḥ. uḥ. uḥ.
ט י כ	ṭu. i, ya. ka, ki, ku.
ל	la, li, lu, al, il, ul.
מ	ma, mi, mí, mu, am, im, um.
נ	na, ni, ní, nu, an, in, ín, un.
ס	śa, śi, śí, śu. i (י, auch א und ה).
פ צ	pa, pi, pu. ṣa, ṣi, ṣu.
ק	ḳa, ḳi, ḳu.
ר	ra, ri, ru; ar, ir. ur.
ש	sa, si, sí, su, as, is, us.
ת	ta, ti, tí, tu.

Der Zweck nachfolgender Abhandlung ist eine umfassende Untersuchung des Untergrundes, auf welchem durch die Bemühungen der Hincks, Rawlinson, Norris, Talbot, Smith, nicht minder der Botta, de Saulcy, Oppert, Ménant[1]) das Gebäude der Entzifferung der assyrisch-babylonischen Keilinschriften d. i. der dritten Gattung der Achämenideninschriften und der diesen entsprechenden ninivitischen und babylonischen unilinguen Inschriften aufgeführt ist. Schon früher haben wir in einer kürzeren Ausführung[2]) diese vielleicht brennendste Frage der altorientalischen Wissenschaft einer Prüfung unterstellt in der Erwartung, dass durch dieselbe die Gegner der Entzifferung sich zu einer wissenschaftlichen Formulirung und Begründung ihrer Zweifel möchten veranlasst sehen. Diese Erwartung ist leider unerfüllt geblieben. Auch nicht von einer einzigen Seite

---

1) S. die betr. Schriften (auch die bezüglichen Untersuchungen von *Longpérier*, *Löwenstern*, *Grotefend*, *Ewald*, *Stern*, *Olshausen*) bei *Oppert*, *Expédition en Mésopotamie*, t. II. 1859. p. 20. 21, sowie in meiner Neubearbeitung von *de Wette*'s Lehrbuch der histor.-krit. Einl. in d. A. T. 8. Ausg. 1869. S. 88. Hinzuzufügen ist dort noch die mir erst später bekannt gewordene Erwiderung Oppert's auf die Kritik Renan's, in d. *Revue orientale et américaine* 1859, sowie die erst inzwischen erschienene akademische Abhandlung von *Jo. Ménant: le Syllabaire Assyrien* (s. u.).

2) S. den Aufsatz: „Die Basis der Entzifferung der assyrisch-babylon. Keilinschr. geprüft“ in der Zeitschr. der DMG. XXIII, Heft 3 und vgl. den Artikel „Keilschrift“ in Schenkels Bibellexikon Bd. III.

ist ein derartiger Versuch gemacht worden. Scheint es demnach, als ob das begonnene Tirailleurgefecht dem Feinde noch zu geringfügig gewesen, so gelingt es vielleicht durch Inswerksetzung des Aufmarsches der gesammten zur Verfügung stehenden Truppen den Gegner zur Entfaltung auch seiner Kräfte zu vermögen. Gern hat sich deshalb der Verfasser zur Uebernahme des Auftrages entschlossen, welcher ihm von dem verehrlichen Vorstande der Deutschen Morgenländischen Gesellschaft geworden war und welcher dahin ging, „eine erneute und erweiterte Untersuchung der Grundlagen der Entzifferung der dritten Keilschriftgattung vorzunehmen unter gleichzeitiger Berücksichtigung und Entscheidung der wichtigeren in Betracht kommenden Differenzen der Entzifferer, um so eine Einsicht in das Mass der schon jetzt zu erreichenden Gewissheit zu ermöglichen, beziehungsweise die schon gewonnene zu verstärken." Das Resultat dieser erneuten Untersuchung legt Verfasser in der nachfolgenden Arbeit vor. Diese Arbeit macht auf relative Vollständigkeit Anspruch. Es ist in derselben das gesammte zu Gebote stehende trilingue Material zur Verwendung gekommen, und um den Leser in den Stand zu setzen, sich selber jeden Augenblick von der Richtigkeit oder Unrichtigkeit unserer Ausführungen zu überzeugen, mit anderen Worten, unsere Deductionen zu controliren, haben wir am Schlusse der Abhandlung den babylonischen Text der trilinguen Inschriften in Transcription abdrucken lassen unter Beifügung einer wortgetreuen deutschen Uebersetzung und eines Glossars.

I. Die Abhandlung.

Eine Untersuchung, wie die von uns beabsichtigte, wird der Natur des Gegenstandes entsprechend auf ein Dreifaches ihr Augenmerk zu richten haben. Sie wird einerseits die Hilfsmittel aufzuzeigen und bezüglich ihrer Zulänglichkeit zu prüfen haben, welche dem Entzifferer für sein Entzifferungsgeschäft zu Gebote stehen; sie wird weiter die Methode darzulegen haben, welche von dem Entzifferer bei seinem Unternehmen, soll dasselbe kein aussichtsloses sein, wird zu befolgen sein, und wird nicht minder zu untersuchen haben, ob die von den bisherigen Entzifferern befolgte die richtige gewesen; sie wird endlich die unter Anwendung jener Hilfsmittel und unter Befolgung der beurtheilten Methode gewonnenen Ergebnisse an's Licht herauszustellen und zu untersuchen, namentlich auch die Schlüsse zu ziehen haben, welche sich für Schrift und Sprache aus dieser Entzifferung mit Nothwendigkeit ergeben. Demgemäss würde sich unsere Untersuchung zu gliedern haben in eine solche über die zu Gebote stehenden Hilfsmittel, weiter in eine Darlegung und Prüfung der Methode, endlich in eine Aufzeigung und Würdigung der gewonnenen graphischen und sprachlichen Ergebnisse. Nun aber sieht man leicht, dass diese drei Theile, in welche sich unsre Untersuchung zu zerlegen hätte, insofern sehr ungleiche sein würden, als der die Methode behandelnde Abschnitt hinter den beiden anderen an äusserem Umfang sehr zurückstehen würde, dieses um so mehr, als es nicht unsre Absicht ist, abermals wie in der früheren Ausführung[1]) an einem Beispiele zu zeigen, wie auf Grund und unter Befolgung der erörterten Methode der Entzifferer im Einzelnen zu verfahren habe, beziehungsweise wie er verfahren ist. Wir haben dieses in jener früheren Ausführung bereits in so ausführlicher Weise gethan, dass es genügen dürfte, den Leser einfach auf jenen Abschnitt der betreffenden Abhandlung zu verweisen. Bei dieser Sachlage wird sich für unsre Untersuchung statt der Dreitheilung vielmehr eine Zweitheilung empfehlen, in der Weise, dass wir am Schlusse des ersten von den Hilfsmitteln der Entzifferung handelnden Theiles und gewissermassen als Uebergang zum zweiten die Ergebnisse vorlegenden Theile einfügen eine Darstellung der Methode der Entzifferung und des Weges, den man faktisch bei diesen Entzifferungen eingeschlagen hat. Noch bemerken wir, dass wir auch von jeglicher historischen Einleitung, welche den Gang der Entzifferungsversuche behandelt, Abstand nehmen werden. Eine solche Ausführung würde, sollte sie einigermassen vollständig sein, unverhältnissmässig viel Raum in Anspruch nehmen und doch zu der Hauptsache wenig

1) Ztschr. d. DMG. XXIII. S. 348 ff.

austragen. Wir glauben uns einer solchen historischen Uebersicht aber um so mehr hier entschlagen zu können, als wir in der *Epigraphie Assyrienne* von *Joachim Ménant*[1]) eine ebenso lesbare und geschmackvolle als eingehende Darlegung des bisherigen Ganges der Entzifferung, auch der persischen und medoscythischen Keilinschriften, besitzen, auf welche wir demnach für das Historische hiermit verwiesen haben wollen. Gelegentliche Bemerkungen über die Kreuz- und Querzüge, die die Entzifferer oft haben machen müssen, um zum ersehnten Ziele zu gelangen, sind natürlich damit nicht ausgeschlossen.

Erster Theil.

Die Hilfsmittel.

I. Die dreisprachigen Inschriften.

Als am Anfange dieses Jahrhunderts der Hannoveraner Georg Friedr. Grotefend, damals Collaborator am Gymnasium zu Göttingen, nach den tastenden Versuchen und ersten Entzifferungsanfängen namentlich Niebuhr's[2]) und des Dänen Münter[3]) sowie des Rostocker Ol. Tychsen[4]), von denen der erste in der einfachsten Gattung der Achämenideninschriften 42 verschiedene Zeichen ausgesondert, Tychsen in derselben Gattung die Bedeutung des *diagonalen* Keiles als eines Worttrennungszeichens erkannt, der Dritte, Münter, endlich die Beobachtung gemacht hatte, dass die Schrift dieser Keilinschriften von links nach rechts laufe und demgemäss zu lesen sei: als, sage ich, Grotefend seinerseits den ersten wirklich erfolgreichen Schritt zur definitiven Entzifferung durch die Enträthselung der persischen Königsnamen Xerxes, Darius und Hystaspes that[5]), war derselbe bei seinen Untersuchungen lediglich auf sich selbst und seine eigenste Combination angewiesen[6]), sofern von den zu entziffernden Texten weder das Alphabet bekannt war, noch auch von ihnen eine Uebersetzung existirte, die ihn etwa, wie einst den Ent-

---

1) *Jo. Ménant*, éléments d'épigraphie Assyrienne (les écritures cunéiformes). Exposé des travaux qui ont préparé la lecture et l'interprétation des inscriptions de la Perse et de l'Assyrie. Par. 1860. II éd. 1864.

2) C. Niebuhr, Reisebeschreibung nach Arabien und andd. umliegendenLändd. Bd. II. Kopenh. 1778. S. 168 und dazu die Taf. XXIII.

3) Frdr. Münter, Versuch über die keilförmigen Inschriften zu Persepolis. Kopenh. 1802.

4) Ol. Tychsen, de cuneatis inscriptionibus Persepolitanis lucubratio. Rostock 1798.

5) *G. F. Grotefend*, praevia de cuneatis quas vocant inscriptionibus Persepolitanis legendis et explicandis relatio. Götting. 1802.

6) S. den ausführlichen Bericht Grotefends selber, den er über seine Entzifferung in Heerens Ideen über Politik, Handel und Verkehr der alten Völker. 3. Aufl. Bd. I. S. 563 ff. veröffentlicht hat.

zifferer der Hieroglyphen die griechische Uebersetzung des ägyptischen Textes des Steins von Rosette, bei seiner Entzifferung hätte leiten können. Wenn Grotefend dennoch zum Ziele gelangte, so ist dieses wie seinem eminenten Scharfsinn und der Consequenz seines Denkens, so nicht minder dem Umstande zuzuschreiben, dass seine Entzifferung zum Gegenstande hatte die einfachste Art der Achämenideninschriften, die persischen Keilinschriften, deren Alphabet, wie es an Zahl der Buchstaben ein sehr beschränktes ist, so nicht minder auch seinem ganzen Wesen nach ein höchst einfaches und folgerichtiges, dazu ein den dem Entzifferer näher bekannten Alphabeten vollständig analoges war [1]. Ganz anders verhält sich dieses Alles bei der dritten Gattung der Achämenideninschriften, bei der assyrisch-babylonischen Keilschrift. Diese ist, wie schon die Ersten, die sich an das Werk einer Entzifferung derselben wagten, erkannten, eine unendlich verwickeltere, wie ja denn auch schon die Zahl der Zeichen eine enorm verschiedene: auf c. 40 Zeichen der persischen Keilschrift kommen c. 400 der babylonischen Gattung! Nur zu bald war man zu der Einsicht gelangt, dass man es hier überhaupt nicht mit einem Alphabete der gewöhnlichen Art zu thun hätte; dass hier jedenfalls irgendwie das vorliegen müsse, was man Bilder- oder Hieroglyphenschrift nennt, ohne dass man aber nun wiederum im Stande gewesen wäre, sich über das Wesen dieser Schrift nähere Rechenschaft zu geben. Wir nehmen keinen Anstand zu behaupten: wären die Entzifferer der assyrisch-babylonischen Keilinschriften wie Grotefend bei den persischen Keilinschriften lediglich auf jene assyrischen Inschriften angewiesen gewesen, ihre Entzifferung wäre aller Wahrscheinlichkeit nach niemals gelungen! Glücklicherweise nun aber war dem nicht so. Schon Grotefend hatte die Vermuthung ausgesprochen, dass die beiden weiteren Arten von Achämenideninschriften lediglich Uebersetzungen seien der zur Seite stehenden persischen Keilinschriften, Uebersetzungen in zwei andere im persischen Reiche gesprochenen Sprachen: eine Vermuthung, welche sich bald als eine unzweifelhaft richtige erwies. Der Entzifferer der Keilschrift dritter Gattung war somit von vornherein in einer weit günstigeren Position als der einstige Entzifferer der persischen Keilschrift. Da im Laufe der Zeit, namentlich durch die Bemühungen der Lassen, Burnouf, Rawlinson, die Lesung der persischen Keilinschriften bereits einen hohen Grad von Sicherheit erlangt hatte, so hatte der Entzifferer der assyrischen Keilschrift in jenen persischen Inschriften, dem Urtexte, einen zuverlässigen Führer, an dessen Hand er trotz der sich ihm entgegenwerfenden Schwierigkeiten zu einem günstigen Resultate zu gelangen hoffen konnte.

1) S. über die nähere Beschaffenheit desselben *Lassen* in d. Zeitschr. f. K. d. Morg. VI. 1844 S. 8. *Spiegel*, die altpersischen Keilinschriften. Lps. 1862 S. 133 ff.

Leider sind uns nun nicht von allen uns überkommenen persischen Inschriften auch die babylonischen[1]) Uebersetzungen erhalten und zwar wohl einfach deshalb, weil nicht von allen persischen Inschriften auch babylonische Uebersetzungen angefertigt waren; und dazu sind uns in Folge eines wahren Unsternes gerade bei dem umfangreichsten aller persisch-babylonischen Texte, bei der Behistuninschrift, immer nur die Hälften der Zeilen des babylonischen Textes überkommen, indem der Rest der Zeilen durch die Ungunst der Zeiten verwittert und völlig verlöscht ist. Indess hat man diesen Verlust und jenen Mangel doch auch wieder nicht zu überschätzen. Man hat dagegen in Anschlag zu nehmen, dass die uns sonst noch erhaltenen persischen Inschriften, von denen wir aber babylonische Uebersetzungen nicht haben, doch nicht eine sehr bedeutende neue Ausbeute namentlich für die Sprache dieser Inschrift gewährt haben würden, da, wie eine Betrachtung der persischen Originaltexte an die Hand giebt, die Phrasen und Wörter, welche in denselben zu erwarten gewesen wären, wesentlich die gleichen sind, wie diejenigen, welche uns in den erhaltnen Inschriften überkommen sind. Es gilt dieses sogar von der Behistuninschrift. Was von ihr erhalten ist, bietet fast die sämmtlichen Phrasen, welche, nach dem erhaltenen persischen Originaltexte zu urtheilen, in den verlorenen Partien der Inschrift zu erwarten gewesen wären. Und schliesslich hat es das Schicksal gewollt, dass, gewissermassen zur Entschädigung, eine babylonische Achämenideninschrift auf uns gekommen ist, zu welcher wir eine persische Uebersetzung bis jetzt nicht gefunden haben, zu welcher eine solche aller Wahrscheinlichkeit nach gar nicht existirt hat (die persepolitanische Dariusinschrift *H*).

Wir lassen nunmehr, nachdem wir im Vorhergehenden die Bedeutung dieser trilinguen Inschriften für die Entzifferung im Allgemeinen in's Licht gesetzt haben, eine Aufzählung aller uns erhaltenen babylonischen Achämenideninschriften folgen unter gleichzeitigem Nachweise, wo Veröffentlichungen der Inschriften zu finden sind.

1. Die Reihe wird eröffnet durch eine kurze Inschrift, welche von einem Achämeniden Cyrus herrührt, in Bezug auf welchen es aber fraglich ist, ob dieses der grosse Cyrus, der Stifter des Perserreichs, oder aber der jüngere Cyrus ist. Der babylonische Text der Inschrift findet sich unter der Bezeichnung *M* veröffentlicht bei *Rich*, Babylon and Persepolis (auch u. d. T. Narrative of a Journey to the Site of Babylon etc.) Lond. 1839 Taf. XII; ferner bei

1) Als „babylonisch", nicht als „assyrisch" bezeichnen wir diese Achämenidentexte dritter Gattung, weil diese Inschriften sowohl in dem Schriftcharakter, als auch in der Sprache (z. B. weichere Aussprache der Kehlstummlaute: *ga* statt *ka*) sich auf das Engste mit den unilinguen in Babylon gefundenen Inschriften, z. B. denen des Nebucadnezar, berühren.

Westergaard in den Mémoires de la société des Antiquaires du Nord aus den Jahren 1840—44 (Copenh.) Taf. XVI, c. Der persische Originaltext ist zu finden bei *Spiegel*, die altpers. Keilinschr. Lpz. 1862, S. 2, auf welches Werk wir auch für den persischen Text der folgenden Inschriften, soweit ein solcher vorhanden, hiermit ein für alle mal verwiesen haben wollen.

2. Es folgt die grosse Inschrift des Darius Hystaspis, welche an einem Felsen zu Behistun oder Bisutun, dem alten *Bagistâna*, an der Grenze Mediens in der Nähe der Stadt Kermandschah eingehauen ist. Der, wie bereits bemerkt, immer nur zur Hälfte der Zeilen erhaltene Text der Inschrift ist mit Transcription und lateinischer Uebersetzung von *Henry Rawlinson* veröffentlicht im XIV. Bde des Journal of the Royal Asiatic Society. Lond. 1851. Beigegeben ist eine „Analysis" (p. I—CIV), die aber nur auf die ersten 37 der 112 Zeilen der Inschrift sich erstreckt, sowie ein „Memoir", das ebenfalls jedoch nur p. 1—16 umfasst. Das Uebrige ist nicht erschienen (womit die Unvollständigkeit des betr. Bandes des Journals zusammenhängt). Commentar und Abhandlung wurden offenbar von den inzwischen auf dem Felde der Assyriologie gemachten Entdeckungen überholt. Eine vollständige Transcription sammt Uebersetzung und Erklärung gab dann *Jul. Oppert* in seiner Expédition en Mésopotamie II. Par. 1859. 4. p. 198—250, zugleich mit Restituirung der verloren gegangenen Partien der Inschrift auf Grund des persischen Originaltextes. Eine Transcription und Uebersetzung von *de Saulcy* im Journal Asiatique vom J. 1854 V. Sér. t. 3. p. 93—160 hat jetzt nur noch historischen Werth.

3. An demselben Felsen finden sich neben der grossen Inschrift mehrere, im Ganzen neun, gesondert stehende kleinere Inschriften von Darius eingegraben. Auch diese sind von *Rawlinson* mit Transcription und Uebersetzung in Bd. XIV. 1. des J. of the R. A. S., im Anschluss an den Text der grossen Behistuninschrift veröffentlicht. Wir bezeichnen sie: Beh. ges. (Behistun, gesondert) od. Beh. kl. (Beh. kleinere Inschrr.)

4. Der grossen Behistuninschrift an Umfang am nächsten stehend ist die Darius-Inschrift von Naksch-i-Rustam, welche uns zudem vollständig erhalten ist. Sie ist veröffentlicht von Westergaard am angef. Orte Taf. XVIII, sowie von Oppert a. a. O. p. 164—191 (mit Commentar und Uebers.). Eine englische Ausgabe der Inschrift (wann und wo erschienen?) war mir nicht zugänglich.

5. Auch zu dieser Inschrift von *N. i. R.* existiren noch, im Ganzen drei, gesonderte Inschriften, welche von Rawlinson im XIV. Bd. des J. of the R. A. S. hinter den Behistuninschriften veröffentlicht sind. Sie finden sich mit Commentar und Uebers. abgedruckt auch bei Oppert a. a. p. 192—94. Wir bezeichnen sie mit: NR ges. (Naksch-i-Rustam, gesondert), oder NR. kl. (N.R. kleinere).

6. Eine weitere Dariusinschrift ist die kurze, persepolitanische, welche der, hergebrachterweise mit *B* bezeichneten, persischen Inschrift entspricht, und welche auch wir demgemäss mit *B* bezeichnen. Sie ist identisch mit der bei *Niebuhr* a. a. O. II. Taf. XXIV, unter der Chiffre *C* veröffentlichten. Sie wurde bekannt gemacht weiter von Westergaard Taf. XIII, mit Commentar und Uebersetzung von Oppert, p. 163 sq., endlich von Ménant, grammaire Assyrienne. Par. 1868. p. 300.

7. Die Dariusinschrift von Elvend (Hamadan) bez. O. ward veröffentlicht aus den Papieren des auf der Reise in Persien ermordeten Giessener Professors *Ed. Schulz* im Journal Asiatique Sér. III. t. 9. (1840) pl. VIII.

8. Die Fensterinschrift des Darius zu Persepolis, bez. *L.* Westergaard Taf. XVI, c. Oppert p. 250.

Zu den sämmtlichen bisher namhaft gemachten Inschriften des Darius existiren persische Uebersetzungen (oder vielmehr Originale). Ohne einen entsprechenden persischen Text ist dagegen auf uns gekommen

9. die von Westergaard in der falschen Voraussetzung, dass sie die Uebersetzung der persischen Inschrift *H* sei, ebenfalls als *H* bezeichnete und unter dieser Chiffre a. a. O. Taf. XV. veröffentlichte Darius-Inschrift. Sie war übrigens schon früher auch von Niebuhr bekannt gemacht, nämlich unter der Chiffre *L* auf Taf. XXXI. Mit Commentar und Uebersetzung ist dieselbe abgedruckt auch bei Oppert a. a. O. p. 252—256. Um keine Verwirrung in den Citationen eintreten zu lassen, bezeichnen wir sie in hergebrachter Weise nach Westergard als *H*.

10. Die Reihe der Inschriften des Xerxes eröffnet die kleine persepolitanische *E* bei Niebuhr Taf. XXIV, welcher der von demselben mit *G* bezeichneten entspricht und daher hergebrachter Weise ebenfalls mit *G* bezeichnet wird. Sie ist ausserdem veröffentlicht von Rich a. a. O. Taf. XVIII Nr. 8; von Westergaard Taf. XIII, endlich von Ménant, gramm. Ass. p. 298.

11. Es folgt die persepolitanische Inschrift *D*, edirt von Westergaard Taf. XVI, a, sowie mit Uebers. u. Comm. von Oppert a. a. O. p. 154—159.

12. Die persepolit. Inschrift *E* bei Westerg. Taf. XVII, Rich XVIII, Oppert 159 ff.

13. Die persepol. Inschrift *C*, a, veröffentlicht von Rich XV.

14. Die persepolitanische Inschrift *C*, b bei Rich XXII und Schulz in J. A. Sér. III. t. 9. 1840. Taf. VIII (unten).

15. Die Inschrift *F* von Elvend (Hamadan) veröffentlicht aus Schulz's Nachlass im J. A. Sér. III. 9. Taf. VIII (links ob.), mit Uebersetzung edirt von Ménant, gr. Ass. p. 303 sq.

16. Die Xerxesinschrift von Van in Armenien, bez. *K*, aus Schulz's Papieren im J. A. a. a. O. Taf. II veröffentlicht und mit

Uebersetzung und Comm. wieder abgedruckt von Oppert a. a. O. p. 129—154.

Von Artaxerxes (Mnemon) besitzen wir:

17. eine in Susa entdeckte und darum mit *S* bezeichnete Inschrift, zu welcher auch das persische Original, wenigstens theilweis, noch vorhanden ist und welche von Oppert a. a. O. p. 194 s. veröffentlicht ist. Endlich

18. von demselben König das Bruchstück einer Inschrift, welches Oppert im Journ. Asiat. Sér. VI t. 6 1865. p. 300 sq. bekannt gemacht hat.

Aus der vorstehenden Uebersicht dürfte einleuchten, dass das Material, welches dem Entzifferer in den dreisprachigen Inschriften zu Gebote steht, nichts weniger als ein dürftiges, und jedenfalls ein hinreichend grosses ist, um denselben in den Stand zu setzen mit etwelcher Zuversicht den Versuch einer Entzifferung der Texte zu machen. Vielleicht indess ist es nicht überflüssig an einigen Beispielen die **Bedeutung** dieser dreisprachigen Inschriften aufzuzeigen, und namentlich darzuthun, wie höchst günstig der Umstand ist, dass uns eine Reihe derselben Phrasen und Wörter in den Texten an verschiedenen Stellen und in verschiedenen Verbindungen entgegentreten, durch deren Vergleichung unter einander (zumal sie oft in Kleinigkeiten differiren) über das wahre Sachverhältniss die überraschendsten Aufschlüsse gewonnen werden. Da lesen wir z. B. in den Xerxesinschriften *F*, 4. 5; *D*, 9 und sonst, entsprechend dem persischen *adâ* „er machte", im babylonischen Texte ebensowohl *iddinna* als *iddinnu*, als endlich auch *iddina* (*K.* I, 3). Es kann keinem Zweifel unterliegen, dass wir hier die 3. Person Sing. eines irgendwie beschaffenen Aorists haben. Aber wie lautet die Wurzel oder der Stamm dieses Verbums? Man könnte auf Grund jener Beispiele etwa an eine W. *dadan* (*danan* wäre durch *K.* I, 3 ausgeschlossen) denken. Diese Vermuthung würde eine nichtige sein. Denn Beh. 96 lesen wir, dem pers. *akunaus* (ebenfalls = „er machte"), entsprechend im babylon. Texte ein *indana*. Kann es, nach der ganzen Beschaffenheit der Laute und bei der Gleichheit der Bedeutung, einerseits keinem Zweifel unterliegen, dass wir in diesen Stellen durchaus dasselbe Verbum haben, so giebt uns andrerseits die zuletzt angeführte Stelle an die Hand, dass die Verdoppelung des Dentals in den ersten Stellen aus einer Assimilation des in der Form der Behistunstelle auftretenden *n* (*indana*) resultirt; die Vergleichung dieser Stellen erhebt es somit über allen Zweifel, dass die den angeführten Verbalformen zu Grunde liegende Wurzel keine andere gewesen ist, als *nadan* (= hebr. נָתַן), ein Schluss, der seine Besiegelung durch das in derselben Behistuninschrift sich findende Substantiv *mandattu* „Tribut", pers. *bâji* empfängt, welches deutlich ebenfalls auf eine Wurzel *nadan* zurückweist. Wir nehmen ein anderes Beispiel. In den trilinguen Inschriften z. B. *NR.* 7. Van (*K*) III, 1 u. ö. lesen wir an der Stelle des pers. *thâtiy* „er spricht" im babylonischen Texte das Wort *igabbi*, auch *iḳabbi*. Welches ist die Wurzel dieses Verbums? Man könnte, wegen der Verdoppelung des zweiten Consonanten, an eine W. *ḳabab* denken. Nun aber lesen wir an einer andern Stelle Beh. 78 dem pers. *agaubatâ* d. i. „er nannte", „er sprach" entsprechend das Wort *iḳbu*, welches sicher, wie Jeder sieht, desselben Stammes ist wie das oben angeführte *iḳabbi*. Damit ist aber auch zugleich die Annahme einer Wurzel *med. gem.* ausgeschlossen. Die Wurzel kann nur eine solche *tert. vocal.*, also nur *ḳabâ* sein, und die Verdoppelung des mittleren Radicals muss anderweitig z. B. durch die Stammbildung bedingt sein, welche letztere Annahme, ist die Form eine Paelbildung, jedem semitischen Philologen einleuchten wird. Wie in diesen Beispielen die Vergleichung der verschiedenen Inschriften unter einander und mit der persischen Uebersetzung sofort zur Enträthselung und richtigen Bestimmung einer Form oder Wurzel führt, so dient dieselbe nicht minder auch dazu, seltener vorkommende Zeichen lautlich zu bestimmen. *NR.* 5 lesen wir z. B. in der aus der entsprechenden persischen Uebersetzung zu erschliessenden Bedeutung: „Menge" „*complexus*", ein Wort, das mit zwei Zeichen geschrieben wird, welche, wie wir wissen, *nab* und *ḥar* lauteten. Gesetzt, man wäre über den wahren lautlichen Werth dieser Zeichen noch nicht im Klaren, so würde eine Vergleichung von *K.* 1, 6. *D.* 7. *E.* 5, wo genau an der gleichen Stelle mit aufgelöster letzter Sylbe *nab-ḥa-ar*, sowie von *K.* 11, 2, wo mit aufgelöster erster und gleichzeitig aufgelöster zweiter Sylbe *na-ab-ḥa-ar* zu lesen steht, keinen Zweifel darüber bestehen lassen, dass den betreffenden Zeichen wirklich jene Werthe *nab* und *ḥar* eigneten. In ähnlicher Weise erhellt aus einer Vergleichung von Beh. 39: *aṣṣu—X* mit *NR.* 8, wo wir, demselben persischen Verbum (*agarbâyam*) entsprechend, *aṣ-ba-at* lesen, für das mit *X* bezeichnete Zeichen der Lautwerth *bat*, u. s. f.

Schliesslich braucht nicht bemerkt zu werden, dass auch die Vergleichung verschiedener Stellen derselben Inschrift, an denen ein gewisses Wort vorkommt, zur Aufhellung dunkler Punkte dienen kann. Ein Beispiel mag auch dieses noch erläutern. Beh. 32 lesen wir, dem persischen *hamitriya abava* = „rebellis factus est" entsprechend, im babylonischen Texte: *ittakir*; Beh. 16. 30. in dem gleichen Sinne und Zusammenhange den Plural *ittikru'*. Welches ist die Wurzel dieses Verbums? — Es bieten sich verschiedene Möglichkeiten dar, unter Anderem die, dass die Wurzel *nakar* (vgl. hebr. נכר) lautete und die Verdoppelung des *t* in Folge von Assimilation des Nasals entstand. Dass einzig diese unter den möglichen Wurzeln auch diejenige war, welche wirklich im Assyrischen existirte, giebt uns die Betrachtung einer Reihe anderer Stellen an die Hand, wo wir den Begriff „aufrührerisches Heer", pers. *kâra tya hamitriya*, durch das babyl. *nikrut* (נכרות) wiedergegeben finden (Beh. 55. 56. 65. 86. 87.). Und so in vielen ähnlichen Fällen.

II. Die Paralleltexte.

Das Ausgeführte wird genügen dem Leser zu veranschaulichen, ein wie dankenswerthes Hilfsmittel jene dreisprachigen Inschriften für den Zweck der Entzifferung bilden, sowohl wenn man die babylonischen Texte mit den persischen Originalinschriften, als auch wenn man die verschiedenen babylonischen Inschriften unter einander vergleicht. Und dass unter allen Umständen die trilinguen Inschriften den Ausgangspunkt jeder fruchtbringenden bezüglichen Untersuchung, jeder Entzifferung sein müssen; dass jede von einem möglichst sorgfältigen Studium dieser Inschriften sich emancipirende Diatribe über die assyrischen Inschriften eitel Humbug ist, bedarf keiner Ausführung. Dennoch aber würden wir mit dem alleinigen Studium der dreisprachigen Inschriften noch nicht zu einer in jeder Beziehung gesicherten Entzifferung gelangen können und gelangt sein. Der Grund hievon liegt einzig und allein in der eigenthümlichen **Schrift** dieser babylonischen Keilinschriften, welche, wie weiter unten zu zeigen sein wird, weder eine einfache Buchstabennoch auch eine einfache Sylbenschrift, selbst nicht einmal eine auch complexe Sylbenschrift ist, welche vielmehr ebensowohl eine, und zwar gleicherweise einfache und complexe, Sylbenschrift, als auch eine ideographische Schrift ist. Bei dieser Sachlage würden uns eine Reihe von theils syllabarischen, theils ideographischen Zeichen nach Laut und Bedeutung für ewige Zeiten verschlossen bleiben und geblieben sein, wären wir lediglich auf die trilinguen Inschriften für unsere Untersuchungen angewiesen. Ein Beispiel. Beh. 48. 61, auch S. 8 begegnen wir einem Zeichen ([illegible]) welches bloss auf Grund der dreisprachigen Inschriften platterdings nicht zu enträthseln wäre, wie es denn aus diesem Grunde den ersten Entzifferungsversuchen Rawlinsons und Anderer seinem lautlichen und Sinnwerthe nach gänzlich verschlossen blieb. Dasselbe gilt von dem Zeichen [illegible] Beh. 68 u. ö. welches, wie das Persische an die Hand giebt, soviel wie *„Tag"* bedeuten musste. Ueber sein lautliches Aequivalent war, wenn es oben *„Tag"* bedeutete, auf Grund der trilinguen Inschriften, durchaus nichts auszusagen. Und Rawlinson hat deshalb abermals auf jede Bestimmung des lautlichen Aequivalentes bei seiner Transcription der Behistaninschrift vom Jahre 1851 verzichtet. Und so noch in vielen anderen Fällen. Hier nun greifen die assyrischen Originaldenkmäler und zwar zuvörderst die sogenannten **Paralleltexte** oder **Parallelinschriften** ein. Es sind dies jene zahlreichen identischen Inschriften, mit denen die Platten der Paläste von Nimrud, Khorsabad, Koyundschick, die unzähligen Backsteine, Cylinder, Vasen und andere Geräthe bedeckt sind. Einige Beispiele mögen wiederum dieses erläutern. Wir führten oben als ein Zeichen, das jedem Versuche, es auf Grund der trilinguen Inschriften nach seinem lautlichen Werthe zu bestimmen, spottete, das Beh. 48. 61 und sonst erscheinende Zeichen auf. Es sind zwei identische unilingue Inschriften, nämlich zwei solche von Khorsabad, aus dem Palaste Sargons, welche uns über den lautlichen Werth des Zeichens, allerdings aber auch den befriedigendsten, Aufschluss geben. Auf der Platte *Botta*, Monument de Ninive. Par. 1849 ss. (I—V), pl. XCIV. Z. 1 erscheint in dem Stadtnamen *I-X-tu* in der Mitte das in Rede stehende Zeichen; dagegen in der Parallelinschrift LXXIII, 8. 9 wird derselbe Stadname *I-zi-ir-tu*, also in der Mitte statt mit jenem Zeichen mit der Sylbe *zir* geschrieben. Es leuchtet ein, dass der lautliche Werth des betr. Zeichens eben *zir* war, womit die ideographische Bedeutung desselben, nämlich „Familie", „Saame" stimmt, denn im Semitischen heisst *zir* = זֶרַע eben „Saame" und dann in übertragener Bedeutung „Stamm", „Familie". Ein anderes Beispiel. K. I, 5 begegnen wir einem Zeichen 𒁹, dessen an der betr. Stelle erforderlicher Lautwerth (*dis*) uns gänzlich unbekannt sein würde, wären wir bloss auf die trilinguen Inschriften angewiesen. Dagegen nun liefern die unilinguen Inschriften und zwar in den Parallelinschriften den ausreichendsten Beleg für diesen Werth des Zeichens. Auf einem Backsteine z. B. Neriglissars, dessen Inschrift von Rawlinson und Norris in ihrem grossen Inschriftenwerke: The cuneiform inscriptions of West-Asia. I. Lond. 1861. p. 8. Nr. 5, veröffentlicht ist, finden wir genau an der Stelle, wo wir auf einem Backsteine Nabunits I R. 68. Nr. III. Z. 8 in dem Worte *mu-ud-di-is* den Lauten *dis* begegnen, in demselben Worte dieses Zeichen; dass ihm also der lautliche Werth *dis* zukömmt, ist zweifellos. Ferner Beh. 83, auch 51. 56. 63. 67. 70 treffen wir eine Zeichengruppe *X-tu* und *X-tu-tav*, deren erster Theil seinem lautlichen Aequivalente nach aus den dreisprachigen Inschriften nicht mit Sicherheit zu bestimmen ist. Nun aber wechselt in den verschiedenen Exemplaren der grossen Sardanapalsinschrift (Rawl. und Norr. I. p. 17—26) col. 1, 81 das betr. Zeichen 𒁄 mit der Sylbe *bal* (in dem Worte *ba-lit*). Es leuchtet ein, dass dem Zeichen der Lautwerth *bal* eignete, das betr. Wort also *baltu* oder *baltutav* zu sprechen ist, eine Vermuthung, die sich dann des Weiteren bestätigt. — *NR*. 10. Beh. 63 begegnen wir einem Worte *la-X-ya*, dessen mittlerer Laut nicht unmittelbar aus den trilinguen Inschriften feststeht. Nun aber bietet die citirte grosse Sardanapalsinschrift col. 1, 66 102 in ihren beiden Exemplaren das eine Mal da das fragliche Zeichen 𒉼, wo wir das andere Mal die Laute *pa-an* = *pan* lesen; der Lautwerth *pan* für das fragliche Zeichen steht damit fest, und dass das betr. Wort *lapanya* (= לְפָנַי) zu sprechen, kann einem Zweifel nicht länger unterliegen. Das Angeführte gilt dann noch ganz besonders von einer Reihe von Ideogrammen der trilinguen Inschriften, deren phonetische

Aussprache auf Grund dieser Inschriften allein niemals mit Sicherheit zu bestimmen gewesen wäre. Es sind die unilinguen Paralleltexte, welche den erwünschten Aufschluss geben. Einige Beispiele. *NR.* 1. *K.* I. 2. *E.* 2 begegnen wir einem Ideogramme, das dem pers. *açman* entspricht und also soviel wie „Himmel“ bedeuten muss. Ueber das assyrische Wort aber, mit welchem der Begriff „Himmel“ bezeichnet wird, sagen weder jene Stellen, noch überhaupt die trilinguen Inschriften etwas aus. Es ist die Vergleichung zweier identischer Passagen der Borsippa- und der Londoner Nebucadnezarinschrift (Inschrift des *East India House* = *E. J. H.*), welche uns über das lautliche Aequivalent des ideogrammatischen Zeichens Aufschluss giebt, sofern wir nämlich in der Redensart: *Nabiuv pa-ki-id ki-is-sa-at sa-mi-'i u ir-si-tiv* d. i. „Nebo, der Walter über die Heere des Himmels und der Erde“ das eine Mal (*E. J. H.* I. 43) für den Begriff „Himmel“ jenes Ideogramm [Keilschrift], das andere Mal (Bors. I, 18) die Laute *sa-mi-'i* (vgl. שמים) antreffen. S. Rawlinson im Journ. of R. A. S. XVIII p. 30. Oppert, E. M. 124; meine Bemerkung in Z. DMG. XXIII, 352. Das Gleiche gilt von dem Ideogramme [Keilschrift], welches *NR.* 2. *K.* I, 2. 3. *E.* 3 u. 6. dem persischen *martiya* „Mensch“ entspricht. Es ist lediglich eine Vergleichung zweier parallelen Passagen auf dem kleinen Obelisk Salmanassars II aus schwarzem Basalt Z. 15 (Layard, the cuneiform inscriptions. Lond. 1858. fol. Bl. 87) einerseits, einer Stelle in der Londoner Nebucadnezarinschrift (col. I. 64) anderseits, welche die phonetische Aussprache des Ideogramms an die Hand geben, indem in der Redeweise *ki-is-sa-at ni-si* „Schaaren der Menschen“ an der einen Stelle jenes Ideogramm, an der anderen die Laute *nisi* (= hebr. אנשים) sich finden. S. uns. Abhdl. in Z. DMG. XXIII. S. 354. Das Gleiche endlich gilt, um ein letztes Beispiel anzuführen, von dem Ideogramm [Keilschrift], welches Beh. 98 dem pers. *daçta* entspricht und also „Hand“ bedeuten muss. Es sind ausschliesslich die assyrisch-babylonischen Originaldenkmäler, welche das ass. Wort für „Hand“ bieten. Man vgl. die Stellen *Khors.* 58 und 189, wo das gleiche Verbum *ṣabat* (צבת) das eine Mal mit jenem Ideogramme, das andere Mal mit dem Worte *ḳati* verbunden erscheint. Das Gleiche erhellt aus einer Vergleichung von Layard LXX, 8 und Bellino's Sanheribcylinder Z. 8 (Opp. J. A. 1857. IX. 178 *sq.*). „Hand“ hiess somit im Assyrischen *ḳat* (wie uns, beiläufig, zum Ueberfluss auch noch ein weiter unten anzuführendes Syllabar (II Rawl. 46, 49 c. d.) unmittelbar berichtet).

Man kann beiläufig nach dem Grunde fragen, warum denn der Steinmetz oder Schreiber in dem einem Falle und auf der einen Tafel ein Wort ideographisch, in einem andern Falle und auf einer anderen Platte dasselbe Wort in genau derselben grammatischen Verbindung phonetisch schreibt? Gewiss war dieses wirklich vielfach rein Gutbefinden des, natürlich der Schrift kundigen, Steinmetzen; allein man würde sehr irren, wollte man dieses durchweg annehmen. Wer vielmehr auch nur ein bischen näher die Originalplatten ins Auge fasst, erkennt sofort, dass es durchaus Streben der Schreiber war, mit einer Zeile auch einen Satz- oder Satztheil, eine Sentenz und dergl. auslaufen zu lassen (Abbrechung von Worten hat ohnehin nicht Statt). Sah nun der Schreiber, dass eine Zeile bei phonetischer Schreibung für den in Aussicht genommenen Satz nicht ausreichte, so wählte er, soviel es anging, ideographische Schreibung; lief umgekehrt bei ideographischer Schreibung eine Zeile zu früh aus, so wählte er phonetische Schreibung, zog dabei aber in diesem Falle oft auch noch die Buchstaben soviel möglich auseinander. Recht lehrreich ist in dieser Hinsicht die Platte *Botta* LXXVI, auf welcher wir Z. 11, offenbar lediglich um die Zeile mit dem angefangenen Satze auslaufen zu lassen, wider die fast ausschliesslich sonst herrschende Uebung die unzähligemal in den Inschriften wiederholte Redensart *ina isâti asrup* „ich verbrannte (die Stadt) mit Feuer" ganz phonetisch geschrieben finden. Da indess auch so die Zeile nicht voll ward, hat der Schreiber die Buchstaben gegen Ende noch möglichst auseinandergezogen. So in vielen ähnlichen Fällen.

III. Die Syllabare.

So dankenswerthe Aufschlüsse nun aber auch in vielen Fällen eine Vergleichung dieser Parallelinschriften und eine solche von Parallelstellen überhaupt liefert, in wieder andern Fällen führt auch diese Vergleichung der Paralleltexte noch nicht zum Ziel. Es giebt z. B. namentlich Ideogramme, welche auch in den Parallelinschriften immer genau in der gleichen Weise vorkommen, ohne dass mit ihnen an irgend einer Stelle die phonetische Schreibung wechselte. Es leuchtet ein, dass in einem solchen Falle auch diese Vergleichung der Parallelstellen zu keinem Resultate führen kann, und wir müssten demgemäss besonders einer Reihe von Ideogrammen gegenüber vollständig die Waffen strecken, kämen uns hier nicht die Assyrer selber und zwar ganz direkt zu Hilfe, nämlich durch jene unschätzbaren Täfelchen, welche Layard in dem Palaste eines der letzten assyrischen Könige zu Niniveh-Koyyundschick entdeckt hat[1]) und welche nunmehr, Dank den über alles Lob erhabenen Bemühungen Rawlinson's und Norris', in dem II. Bande des grossen Inschriftenwerkes the Inscriptions of West. Asia. Lond. I. II. 1861. 1866 veröffentlicht sind (sie füllen fast den ganzen zweiten Band.)

Bringen wir zunächst einiges zur allgemeinen Orientirung über dieselben, über ihren Ursprung, Zweck, ihre Einrichtung bei.

---

1) S. den Bericht über die Auffindung dieser Täfelchen bei Layard, Niniveh and Babylon, S. 346 der engl., S. 263 der deutschen Ausgabe.

Die in Rede stehenden Täfelchen rühren von dem Nachfolger Asarhaddons, von dem Könige Assurbanipal her, in dessen Palaste zu Koyyundschick-Niniveh sie, wie bemerkt, aufgefunden und auf dessen Geheiss sie angefertigt wurden. Dieses nämlich geht unzweifelhaft aus den Unterschriften hervor, mit denen ein grosser Theil dieser Täfelchen versehen ist. Diese Unterschriften sind theils kürzer theils länger. Eine der gewöhnlichen kürzeren Inschriften (II R. 11, Z. 77) lautet: *kiṡidti Assur-bâni-habal sar kissati sar mat Assur* d. i. „Eigenthum Assurbanipal's, des Königs der Völker, des Königs vom Lande Asur". (Die Worte *kiṡidti*, *sar*, *kissati*, *mat*, wie auch der Name Assyrien sind ideographisch geschrieben; die Zeichen selber sind unten sämmtlich erklärt, auch über den Namen Assur-bâni-pal s. u). Eine längere (II R. 43. Rev. 56 ff.) hat diesen Wortlaut:

Dip-pu Assur-bâni-habal, sarru rab-u, sarru dan-nu, sar kissati, sar mat Assur, sa Samas u Bin uznâ rapastuv u-ša-ḫi-zu-su . . . . . . dip-pu ḫar-ṭuc is-ṭur is-ruṭ ib-[ru] d. i. „Tafel Assurbanipals, des grossen Königs, des mächtigen Königs, des Königs der Völker, des Königs vom Lande Assur, dessen Ohren Samas und Bin weit öffneten, ... die Tafel beschrieb er mit einem Griffel, ritzte (die Buchstaben) ein, glättete sie."*)

*) Zur Erläuterung. *Dippu* Tafel, cf. talm. דף. Ueber den Königsnamen Assurbanipal s. u. unter der Analyse der Königsnamen. Ueber das Ideogr. für „König" *sarru* s. d. Gloss.; über *rabu* s. Gloss.; *dannu* R. *danan* = דין, דון; über *kissati* und seine ideogrammatische Schreibung s. u.; über das Ideogr. für „Land" sowie über „Assur" s. u., ebenso über die Ideogrr. für die Gottheiten *Samas* (Sonnengott) und *Bin*; nicht minder über das Ideogr. für „Ohren" *uznâ* (Dual) = אזן. Ueber das Ideogr. für „weit" *rapastuv* s. Norr. Lex. I. 99. *Uśaḫizusu* ist Schafel c. Suff. von *ḫaz*, eigentl. „spalten" (חזז, خز), dann „öffnen"; *ḫarṭuc* ist Ass. instrum. von חרט „Griffel"; *isṭur* von *saṭar* „schreiben" سطر; *isruṭ* von شرط „einschneiden", „einritzen", Opp. *signer*; *ibru* ist zu ergänzen nach einer anderen Tafel (II R. 33. Rev. 76), wo wir in der I. Pers. *abri* lesen. Das Wort leite ich ab von *barâ* = برى „glätten", „poliren" (die Täfelchen sind sehr sorgfältig geglättet).

Eine dritte Unterschrift ähnlichen Inhalts bei Oppert E. M. II. 359. 360; vgl. auch noch im grammatischen Theile.

Ueber die eigentliche Absicht, die man bei Anfertigung dieser Täfelchen hatte (deren Schrift beiläufig oft so minutiös ist, dass es einer Lupe bedarf, um sie zu entziffern), hat man verschiedene Vermuthungen aufgestellt. Während einige dabei wissenschaftliche Zwecke Seitens des Königs verfolgt sein lassen, meinten Andere, sie seien angefertigt, um nach Art unsrer Fibeln den Kindern das Lesen der so verwickelten Schrift beizubringen. Wir möchten bezweifeln, dass eines von beiden der Fall gewesen. Die wissenschaftlichen Zwecke, die man damit verfolgt haben könnte, wollen nicht recht einleuchten, und dass sie den Kindern als Lehrmittel gedient hätten, hat auch etwas sehr Unwahrscheinliches, da manche Listen (s. u.) ganz entschieden von Gegenständen handeln, die über den Gesichtskreis der Kinder weit hinausgehen. Ich denke mir, sie sind einfach dem Bedürfnisse entsprungen, die traditionellen Werthe der Zeichen zu codificiren, um einreissendem Missbrauche, beziehungsweise der Vergesslichkeit vorzubeugen. Dies übrigens nur bei einer Reihe von Täfelchen. Bei anderen hatte man offenbar den Zweck, den Leser oder Schüler, nämlich den bereits fortgeschrittenen Schüler über die ganze Art, wie in der rein ideographischen Schrift, welche zweifelsohne der assyrischen zu Grunde lag und welche ebenso unzweifelhaft zu einer ganz anderen Sprache gehörte, gewisse Phrasen, Wörter ausgedrückt, gewisse Sätze gebildet wurden, Nominal- und Verbalflexionen zu Stande kamen, zu belehren und aufzuklären. Ein Kind und überhaupt ein Anfänger in dieser Schrift würde, auch bei den Assyrern, wohl schwerlich im Stande gewesen sein, diese Täfelchen mit einigem Nutzen zu gebrauchen. Bei dieser über diejenige blosser Elementarlesebücher weit hinausgehenden Bedeutung dieser Täfelchen erklärt es sich auch, dass sie ausdrücklich als Eigenthum des Königs und als auf seinen Befehl und unter dem Beistand der Götter angefertigt bezeichnet werden. Der König legte auf dieselben offenbar einen sehr grossen Werth. In noch höherem Masse gilt das Ausgeführte von den mythologischen, astronomischen und den Verwaltungslisten, von denen unten die Rede sein wird. Haben auch sie nicht sowohl einen wissenschaftlichen, als einen praktischen Zweck, so kann doch hier von einer Abfassung der Listen zum Zwecke der Einführung der Kinder in die assyrischen Schrift, Geschichte u. s. f. gar keine Rede sein.

Die nähere Einrichtung dieser, zwei, drei und mehr Zoll langen, etwa einen halben Zoll dicken Täfelchen aus gebranntem und nach natürlich vor dem Brennen erfolgter Einritzung der Schrift geglättetem Thon ist diese. Sie sind meist sowohl auf der Vorder- wie auf der Rückseite beschrieben und zwar in von oben nach unten laufenden Columnen. Dieser Columnen sind meist zwei, beziehungsweise vier, mitunter aber auch drei. Die Columnen sind meist durch einen vertikalen Strich (oft ein Doppelstrich) von einander geschieden, während durch horizontale Striche Zusammengehöriges von Nichthinzugehörigem getrennt wird. Sind die Tafeln zweicolumnig, so enthält die eine Columne, die linke, das in die einfache syllabarische Schrift umzusetzende oder sonstwie zu erklärende Zeichen, dessen Erläuterung dann die rechte Columne gewidmet ist. Sind die Tafeln dreicolumnig, so enthält in der Regel die mittlere das zu erklärende Zeichen (so bei den unten von uns weiter zu besprechenden Syllabaren im engeren Sinne), während die Columne links davon meist den phonetischen Werth desselben, diejenige rechts seinen Sinnwerth bietet.

Wir wollen nun im Folgenden einige dieser Syllabare des Näheren betrachten und wählen hierzu solche, welche für unsere Untersuchung überhaupt, also für Schrift und Sprache Assyriens, eine specifische Bedeutung, zu beiden eine nähere Beziehung haben. Wir beginnen die Auswahl mit einer höchst denkwürdigen Tabelle über die assyrischen Pronominalsuffixe, auf welche bereits Oppert a. a. O. p. 152 die Aufmerksamkeit gelenkt hat. Dieselbe steht jetzt II R. 12 .c. d. Z. 42—47 und lautet also:

d. i.

KI. NI.	*TA.*	*it-ti-su*	mit ihm
KI BIL. BIL.	*TA.*	*it-ti-su-nu*	mit ihnen
KI. MU.	*TA.*	*it-ti-ya*	mit mir
KI. MI.	*TA.*	*it-ti-ni*	mit uns
KI. ZI.	*TA.*	*it-ti-ka*	mit dir
KI. ZU. BIL. BIL.	*TA* [1])	*it-ti-ku-nu*	mit euch.

Wie man sieht, enthält die Columne rechts die assyrischen Pronominalsuffixe sämmtlicher Personen, mit Ausnahme derjenigen weiblichen Geschlechts, in Verbindung mit der Präposition *itti* „mit", dem hebr. אֵת. Auch die Columne links erläutert sich leicht. Offenbar entspricht das durchweg wiederkehrende *KI* der assyrischen Präposition *itti*, was dazu stimmt, dass das Zeichen *KI* in den assyrischen Inschriften unzähligemal als das Ideogramm für den Begriff „mit" erscheint. Das ebenfalls wiederkehrende *TA* wird vermuthlich die Casusendung der durch die Präposition *KI* regierten Pronomina sein. Diese fremden Pronomina lassen sich aber auch bis zu gewissem Grade ihrem Wesen nach enträthseln.

1) Oppert überträgt beidemale die doch ganz gleichen Zeichen, die wir durch *BIL. BIL.* wiedergegeben haben, durch *AN. BIL*, aus einem mir nicht ersichtlichen Grunde. Ich muss übrigens noch bemerken, dass es an sich möglich wäre, statt *BIL BIL* auch *NI NI* zu lesen, da auch dieser Werth dem betr. Zeichen zukömmt (s. u.). Welche von beiden Aussprachen die richtige, vermag ich nicht zu entscheiden, da die durch diese linken Columnen repräsentirte Sprache ihrem eigentlichen Wesen nach mir noch zu wenig bekannt ist.

Wir sehen, wie *BIL BIL* sowohl bei der ersten wie bei der zweiten Person den Plural bildete; wie die erste Person im Singular und im Plural mit einem *m* anlautete u. s. f. Auf das Wesen der Sprache selber, der diese Pronomina zugehörten, hieraus einen Schluss zu ziehen, wage ich nicht; nur das ist sicher, dass das weder eine semitische, noch eine indogermanische war. Die für sie aufgebrachten Namen „Proto-Chaldäisch“, „Kuschitisch“ oder ähnliche sagen über das Wesen der Sprache selber nichts aus.

Wir schliessen hieran ein kleines Syllabar, welches uns die Pronominalsuffixe in Verbindung mit Nominibus zeigt. Dasselbe steht II R. 38, 14—16 Rev. a. b. und lautet:

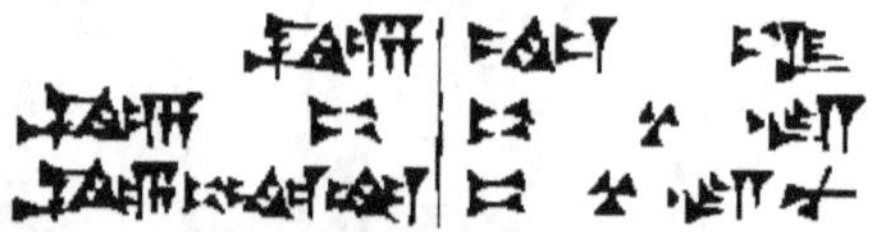

d. i.

TIK. UN.	*bil-tur*	Tribut
TIK. UN. BI.	*bi-lat-su*	sein Tribut
TIK. UN. BIL. BIL.	*bi-lat-su-nu*	ihr Tribut.

Wie man sieht, wird auch hier der Plural in der fremden Sprache durch *BIL BIL* ausgedrückt.

Vgl. ferner II Rawl. 9, 62—64:

d. i.

NAM. TUR. US.	*ab-lu-tu*	Sohnschaft
NAM. TUR. US. ANI.	*ab-lu-us-su*	Seine Sohnschaft
NAM. TUR. US. ANI. KU.	*a-na ab-lu-ti-su*	Zu seiner Sohnschaft.

Noch ein weiteres Syllabar dieser Art setzen wir her; dasselbe steht II R. 16, 12. Rev. b. c.:

d. i.

ḲUR. ḲUR. RU. ZU.	*ana nu-uk-ku-ri-ka*	zu deiner Feindschaft[1]) (*R.* נכר)

1) Oder „dein Missgeschick“; vgl. hebr. נֵכָר, arab. نكر. Ein Plural kann das Wort nicht wohl sein, da im pluralischen Sinne = „Feinde“ die

Wie man sieht, bezeichnet auch hier in der unbekannten Sprache genau wie in dem ersten Syllabar *ZU* die zweite Person und entspricht dem assyrisch-semitischen *ka*.

Schliesslich mag hier noch Aufnahme finden das so überaus interessante Syllabar II R. 13. Z. 46—56:

d. i.

X [1]).	*si-i-mu*	Werth [2]).
X. BI.	*si-im-su*	Sein Werth.
X. BI. KU.	*a-na si-mi-su*	Nach seinem Werthe.
X. BI. KU. IN. SA.	*a-na si-mi-su is-kun*	Nach seinem Werthe stellt er fest.
X. TIL. LA.	*si-mu ga-am-ru*	Der volle Werth.
X. NU. TIL. LA.	*si-mu la ga-am-ru*	Der nicht volle Werth.
X. TIL. LA. BI.	*si-im-su ga-am-ru*	Sein voller Werth.
X. NU. TLA. LA. BI.	*si-im-su la ga-am-ru*	Sein nicht voller Werth.
X. TIL. LA. BI. KU.	*ana si-mi-su la ga-am-ru-ti*	Nach seinem nicht vollem Werthe.
Y. X. NU. TIL. LA BI. KU.	*ana ar-kat si-mi-su la-a gamruti*	Ausser (?) seinem nicht vollen Werthe.

Waren die im Vorhergehenden besprochenen Syllabare augenscheinlich der Erläuterung der Bezeichnung der Pronominalsuffixe

Form *nakiri* gebräuchlich ist Khors. 14). Das Abstr. *nikrut* „Feindschaft" haben wir in der concreten Bed. „Feinde" „Empörer", wiederholt in der Behistuninschrift. S. d. Gloss.

1) Mit *X* und *Y* bezeichnen wir hier die Ideogramme, die phonetisch überall nicht vorkommen.

2) Eigentlich das „Festgestellte" (H. שׂום pasere).

in der alt-babylonischen Schrift und Sprache gewidmet, so besitzen wir nicht minder auch solche, welche Verbalformen mit und ohne Suffixe in ganz ähnlicher Weise behandlen.

Einige Beispiele liefern die folgenden Zusammenstellungen II R. 11, Obv. Z. 1 c. d. ff.:

d. i.

IN[1]. *LAL.*	*is-ku-ul*[2])	er wägt (R. שקל).
„ *LAL. IS.*	*is-ku-lu*	sie wägen
„ *LAL. 'I.*	*i-sa-gal*	er wägt genau
„ *LAL. I. BIL.*	*i-sa-ka-lu*	sie wägen genau.

1) Das phonetisch *IN* zu sprechende Zeichen findet sich stets vor Verbis in diesen Tabellen.

2. So (*is-ku-ul* d. i. ישקול) ist im Texte statt *is-ku-ud* (ישקד) geschrieben. Dass dieses aber lediglich ungenaue Schreibweise ist, ist ersichtlich aus Z. 4. u.

IN. NA. AN. LAL.	*is-ku-ul-[su]*	er wägt [ihn]
„ *NA. AN. LAL. IS.*	*is-ku-lu-su*	sie wägen ihn
„ *NA. AN. LAL. 'I.*	*i-sa-gal-su*	er wägt ihn genau
„ *NA. AN. LAL. 'I. BIL.*	*i-sa-ga-lu-su*	sie wägen ihn genau.
„ *SA.*	*is-ru-uk*	er gewährt (R. שרך)
„ *SA.*	*is-ku-un*	er macht (R. שכן)
„ *SA. RI. IS.*	*is-ru-ku*	sie gewähren
„ *SA. RI. IS.*	*is-ku-nu*	sie machen.
„ *SA. RI.*	*i-sa-ar-rak*	er gewährt gern
„ *SA. RI.*	*i-sa-ka-an*	er macht fertig
„ *SA. RI. BIL.*	*i-sa-ra-ku*	sie gewähren gern
„ *SA. RI. BIL.*	*i-sa-ka-nu*	sie machen fertig.
„ *NA. AN. SA.*	*is-ru-uk-su*	er gewährt ihn (es)
„ *NA. AN. SA.*	*is-ku-un-su*	er macht ihn (es)
„ *NA. AN. SA. RI. IS.*	*is-ru-ku-su*	sie gewähren ihn (es)
„ . . . . . . *RI. IS.*	*is-ku-nu-su*	sie machen ihn (es).
. . . . . .	*i-sa-rak-su*	er gewährt ihn gern[1])
. . . . . .	*i-sak-ka-an-su*	er macht ihn fertig
. . . . .	*[i-sa-] ra-ku-su*	sie gewähren ihn gern
. . . . .	*[i-sa-] ka-an-u-su*	sie machen ihn fertig.

Ferner II R. 11. Obv. Z. 21—40:

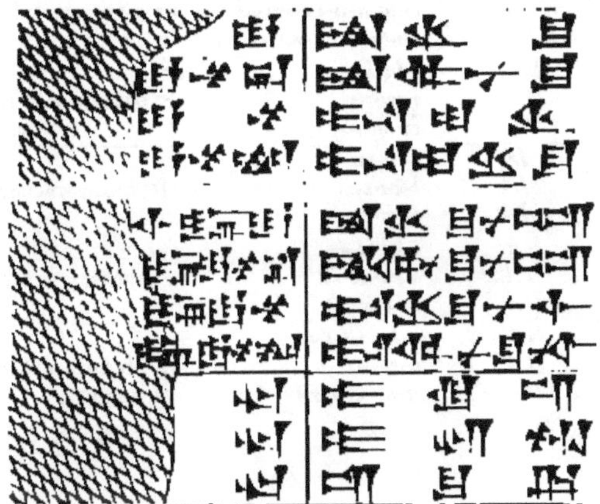

Syll. 148 (S 88'), wo das betr. Zeichen correkt durch sa-ḳu-lu = שקל erklärt wird. Vgl. auch ši-ḳu-lu „Gleichgewicht" Z. 3 der astronomischen von Hinck's in den Transactions of R. Irish Acad. XXIII. p. 51 veröffentl. Thontafel.

1) Die folgg. vier Zeilen sind auf dem Holzschnitte ausgelassen.

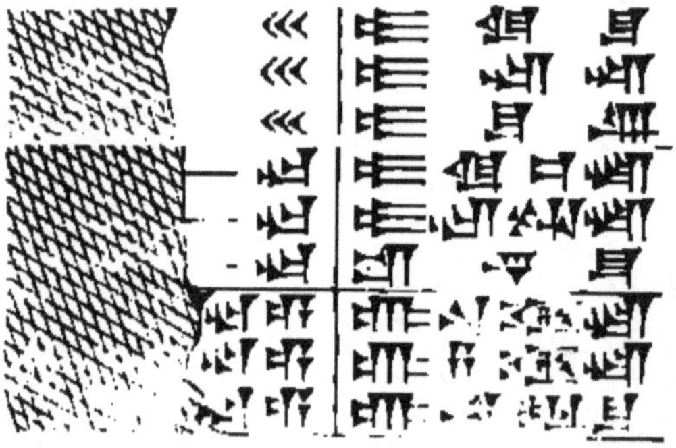

d. 1.

ŚI.	*id-din-su*	er giebt ihn (R. נדן)
. . . *ŚI. MU. US.*	*id-di-nu-su*	sie geben ihn
. . *ŚI. MU.*	*i-na-ad-din*	er giebt reichlich (?)
. . *ŚI. MU. NI.*	*i-na-ad-din-su*	sie geben ihn reichlich.
. . *ŚI. IN. SI.*	*id-din-su-nu-sir* [1])	er giebt sie
. . *IN. ŚI. MU. US.*	*id-di-nu-su-nu-sir*	sie geben sie
. *IN. ŚI. MU.*	*i-na-din-su-nu-si*	er giebt sie reichlich
. . *IN. ŚI. MU. BIL.*	*i-na-di-nu-su-nu si*	sie geben sie reichlich.
. . . . *BA.*	*i-ki-is*	?
. . . . *BA.*	*i-su-us*	er beansprucht (R. ווז
. . . . *BA.*	*is-su-ur*	? Khors. 118).
. . . . *IS.*	*i-ki-su*	?
. . . . *IS.*	*i-zu-zu*	sie beanspruchen.
. . . . *IS.*	*i-su-ru*	?
. . . . *BA.*	*i-ki-iś-śu*	
. . . . *BA.*	*i-zu-uś-śu*	sie beanspruchen ihn
. . . . *BA.*	*is-sur-su*	
. . . . *BA. 'I.*	*u-ka-aś-śu*	
. . . . *BA. 'I.*	*u-zu-aś-śu*	sie beanspruchen ihn
. . . . *BA. 'I.*	*u-na-sar-su*	dringlich.
44. [2]) *ŚU.*	*i-ri-ib*	er vermehrt R. רבה.

1. Ueber das auslautende *si*, *sir* s. im grammatischen Theile unter den Pronominibus. Ich verweise hier nur auf die Stelle in der Louvre-Inschrift des Königs Hammurabi col. II. 6: *as-kun-si-na-sir* „ich legte sie (die Canäle) an“.

2) S. auf S. 27. Nr. 37.

Ein weiteres Beispiel liefert die Zusammenstellung II R. 11. Z. 58—69 Rev. c. d.

d. i.

IN. ḲUR.	*u-na-ki-ir*	er befeindet (R. נכר)
IN. ḲUR.	*u-sa-an-ni*	er wiederholt (R. שׁנה)
IN. ḲUR. IS.	*u-na-ki-ru*	sie befeinden
IN. ḲUR. IS.	*u-sa-an-nu-u*	sie wiederholen.
IN. ḲUR. RI.	*u-na-ak-kar*	er befeindet [1])
IN. ḲUR. RI.	*u-sa-an-na*	er wiederholt
IN. ḲUR. RI. BIL.	*u-na-ak-ru*	sie befeinden
IN. ḲUR. RI. BIL.	*u-sa-an-nu-u*	sie wiederholen.
NI. GI. ÍN.	*u-ki-in*	er stellt (R. כין)
NI. GI. ÍN. IS.	*u-ki-in-nu*	sie stellen
NI. GI. ÍN. 'I.	*u-ka-ya-an*	er stellt auf
NI. GI. ÍN. 'I. BIL.	*u-ka-an-nu-u* [2])	sie stellen auf.

1) Oder ist die Aussprache mit *a* passivisch zu nehmen?

2) Dieses steht offenbar für *u-ka-ya-an-nu*; genau der gleichen Contraktion begegnen wir in dem S. 21. Anm. 1. erörterten Falle (*ullar* st. *ulluyar*).

Ein letztes Beispiel mag uns II R. 12. Obv. 26—34 liefern:

d. i.

ŚI. MU. NIN.	*i-na-ad-din*	er giebt reichlich
NI. IN. ŚI.	*id-din*	er giebt
AB. BA. ŚI.	*it-ta-din*	er giebt sich hin (od. er lässt sich geben)
GUR. NIN -RU. NIN.	*ut-ta-ar*	er stellt völlig her
NI. IN. GUR.	*u-ti-ir*	er stellt her
AB. BA. GUR.	*ut-ti-ir*	er stellt sich her
ŚI. GI. NIN.	*is-bu-uḳ*	er verlässt (ܫܒܩ)
NI. IN. ŚI. GI.	(*dasselbe*)	(dasselbe)
AB. BA. ŚI. GI.	*is-ta-pa-[ak]*	er wird verlassen.

Ueberblicken wir diese Tabellen, so ergiebt sich, was die zweite erklärende Columne betrifft, mit Evidenz, dass wir es bei den hier aufgezeichneten Verbalformen mit solchen einer semitischen Sprache zu thun haben. Eine Sprache, welche von einer und derselben Wurzel bildet: *iddin*, *inaddin*, *ittadin* (Kal, Pael, Ifteal, R. *nadan*); *isbuḳ*, *istapaḳ* (Kal, Ifteal, R. *sabaḳ*); *utir*, *uttar*, *uttir* (Kal, Pael[1]), Ifteal, R. *tur*), *iskul*, *isaḳal* (Kal, Pael R. *saḳal*);

1) Ich betrachte die Form *uttar* als ein Pael (Paal) von תור „sein", statt *utar* aus *utayar* (s. S. 23 Anm. 2), indem ich die Verdoppelung des *t* aus ungenauer Schreibweise erkläre, wofür ich unten die ausreichendsten Belege beibringen werde. Ich betrachte aber so diese Form und nicht etwa als Ifteal oder Iftaal, 1) weil in der protochaldäischen Schrift das das Reflexiv characterisirende *AB. BA* fehlt (s. o.), und 2) weil die Anordnung der Verbalformen der *WW. nadan* und *tur* deutlich eine conforme ist. Der Verfasser der Tabelle ordnete offenbar:

Pael	Kal	Ifteal
inaddin	*iddin*	*ittadin*
uttar	*utir*	*uttir*.

isruk, *isarrak* (Kal, Pael R. *sarak*); weiter *iskul*, *iskulu* (Sing. Plur.); *isruk*, *isruku* (desgl.) u. s. f.; welche weiter die Suffixe (*su*, *sunu*) in der Weise den Verbalformen anfügt, wie in den vorstehenden Beispielen geschieht, kann keine andere Sprache sein als nur und einzig allein eine semitische.

Wer das nicht einzusehen vermag, mit dem ist wissenschaftlich nicht zu verhandeln. Man erkennt aber hieraus, welchen gar nicht hoch genug anzuschlagenden Werth diese Tabellen in linguistischer Beziehung und zwar zunächst für die assyrische Sprache haben. Aber auch für die uns unbekannte, in Columne I enthaltene Sprache sind diese Tafeln vom höchsten Interesse. Denn dass überhaupt zunächst auch in diesen Tabellen linker Hand Ordnung und System herrscht, liegt zu Tage. Ein Blick auf die verschiedenen Tabellen giebt z. B. an die Hand, dass der Plural Verbi in dieser Sprache wie bei den Pronominibus (s. o.) durch *BIL* gebildet ward (s. die in col. I entsprechenden Formen bei *isakulu* und *isagalusu*; *isrraku* und *isakanu*; *unakru* und *ukayamu*); dieses aber auch geschah durch *IS* (so bei *iskulu*, *iskulusu*; *isruku*, *iskunu*; *isrukunu*, *iskunusu* u. s. f.)[1]; dass ferner die Steigerungsstämme gebildet wurden entweder durch ein angefügtes *'I* (s. bei *isakal*, *ukusu*, *uzakku*), oder auch durch ein angefügtes *RI* (s. bei *isarrak*, *isakan*; *unakkar*, *usamu*, das freilich auch bei *isruku* und *isrukunu* erscheint); nicht minder, dass das Suffixum Verbi der 3. Person durch vorgefügtes *NA. AN.* = *nan* ersetzt wird (s. zu *isakalsu*, *isakalusu*; *isruksu*, *isarakusu* u. s. f.); auch dass Reflexivstämme durch vorgefügtes *AB. BA.* (*abba*) gebildet werden (s. bei *ittadin*, *uttir*, *istapak*) u. s. f.

Sehr reiche Ausbeute bieten die Syllabare sodann, wenn ich so sagen darf, in lexikalischer Beziehung. Sie geben nämlich in grosser Anzahl die phonetischen Aequivalente von Ideogrammen an und erschliessen dadurch in vielen Fällen überhaupt erst den Sinn solcher Ideogramme. Dabei muss ich aber bemerken, dass Hunderte und aber Hunderte sowohl von den erklärten Ideogrammen, als auch von den beigefügten Wörtern uns noch niemals in den Texten begegnet sind, was ganz begreiflich ist, wenn wir uns erinnern, dass die auf uns gekommenen Texte, beziehungsweise die von uns bereits näher untersuchten Texte ziemlich einartig sind. Es sind überwiegend einfach historische Relationen. Ich brauche nicht hinzuzufügen, ein wie ungeheures Material hier noch für spätere Studien vorliegt. Die Zeit, wann diese Syllabare ausgeschöpft sind, wird man kaum nach Decennien berechnen können.

---

1) Auch bei Nominibus ward in dieser unbekannten Sprache der Plural durch die Sylbe *IS* (𒌍) ausgedrückt, nur dass hier in der Schrift zum Unterschiede noch das Zeichen der Person 𒁹 vorgesetzt wurde = 𒁹𒌍, die gewöhnliche ideogrammatische Bezeichnung des Plurals im Assyrischen. So wenigstens möchte ich diese Bezeichnung erklären.

Wir lassen nun in Folgendem einige der interessantesten Syllabare dieser Art folgen:

a) Substantivische Ideogramme:

Nr.	Lesung	Bedeutung
1.	*ri-'i-su*	Haupt (ראש) II R. 36. Nr. 3. Z. 64. II R. 7 Rev. 36. a. b.
2.	*uznu*	Ohr (אֹזֶן) II R. 30. Obv. 6. c. d.
3.	*înu*	Auge (עין) II R. 30. Obv. 8. c. d.
4.	*iṣṣuri*	Vogel عصفور II R. 40. Z. 17. Nr. 2. a. b.
5.	*nunu*	Fisch (נון) II R. 7. Rev. 25. c. d. u. 40. Z. 18. Nr. 2. a. b.
6.	*alpi*	Ochs (אלף) II R. 16. Obv. 28. b. — 38. Rev. 29. d.
7.	*mê*	Wasser (מים) II R. 5. Z. 42. a; 6. Z. 17.
8.	*naharu*	Fluss (נָהָר) II R. 50. Z. 5. c. d.; vgl. 10. 6. a. b.
9.	*iṣ*	Baum, Holz (עֵץ) II R. 44. IV. V. VI. u. pl. 45.
10.	*gusuru*	Balken (جسر) II R. 15, 12. 14 a. b. 38, a.
11.	*kuśśu*	Thron (כִּסֵּא) II R. 46. Z. 50—52. a. b. II R. 16. Z. 9. d.
12.	*biltuv* (*bilat*)	Tribut (Rad. יבל) II R. 38. Z. 14. Rev. a. b.
13.	*ḫaruṭu*	Scepter (חרם) II R. 28. Nr. 5. Z. 60. c. d.
14.	*ḫuraṣu*	Gold (חרוץ) II R. 58. Nr 6. Z. 66. 67.
15.	*iśsi*	Feuer (אֵשׁ) II R. 46. Z. 11. c. d.
16.	*tîmiru sadu*	Hügel (תֵּל) (eigentl. Berghöhe תמירו שדו) II R. 34. Obv. Z. 67. c. d.
17.	*zakaru*	Erwähnung (זכר) II R. 7. Rev. Z. 51.
18. „	*zikaru*	dass. (bed. gewöhnlich geradezu „Name" *sumu*.) Obv. Z. 9.
19. „	*sanat*	Jahr (שנה) II R. 12. Z. 14. a. l.
20.	*'ilippi*	Schiff ܐܠܦܐ II R. 62. 42. 52. 57 d.

Nr.	Ideogramm	Lesung	Bedeutung
21.		*tihamti*	Meer (תהום) II R. 5, 4. c. d. vgl. mit E. S. H. II. 15. 16[1]).
22.		*'ibirti nahru*	Flussübergang (עבר) II R. 62, 3. 77. c. d.

b) Adjektivische Ideogramme:

Nr.	Ideogramm	Lesung	Bedeutung
23.	(tur)	*ṣihru*	klein (צעיר) II R. 48 Z. 20. a. b.
24.	(turra)	*ṣihru*	dasselbe II R. 13. Z. 29. c. d.
25.		*rabu*	gross (רב) II R. 46. Z. 43. d.
26.		*kinu*	fest (כין) II R. 13. Z. 83. c. d.
27.		*insu*	schwach (أنس) II R. 18. Z. 30.
28.		*maṭu*	hinfällig (מוט) II R. 13. Z. 31.
29.		*dannu*	mächtig (דן) II R. 13. Z. 32.
30.		*ṭabu*	gut (טוב) II R. 13. Z. 34.
31.		*basu*	schlecht (באש) II R. 13. Z 35.

c) Verbalideogramme:

Nr.	Ideogramm	Lesung	Bedeutung
32.		*'irisu*	wünschen (ארש) II R. 7. Z. 33. Rev. a. b.
33.		*banu*	bauen, schaffen (בנה) II R. 31. Nr. 2. Z. 96.
34.		*halaku*	gehen (הלך) II R. 40. Z. 59. Nr. 5.
35.		*ukin*	er stellt (כון) II R. 11. Z. 66 ss.
36.		*unakir*	er befeindet (נכר) II R. 11. Z. 58 ss.
37.		*irib*	er vermehrt (רבה) II R. 11. Z. 44.

---

1) Die Stelle lautet im Originale also: *is-tu ti-ha-am-ti 'i-li-ti a-di ti-ha-am-ti sa-ap-li-ti* d. i. „vom oberen Meere bis zum unteren Meere" (מתהומתי עליתי עדי תהומתי שפלתי). Alle Wörter sind phonetisch geschrieben.

d) Eigennamen:

38. [cuneiform]	*akkadu* / *akkadi*	Accad II R. 46. Z. 51. e. f. / II R. 46. Z. 4. c. d.
39. [cuneiform]	*mat aharri*	Westland (Phönicien) II R. 60. Z. 57.
40. [cuneiform]	*idiklat*	Tigris (חדקל) II R. 50. Z. 7. c. d.
41. [cuneiform]	*burattu*	Euphrat (פרת) II R. 50. Z. 8. c. d.

Nicht minder zahlreich sind unter den Listen auch solche, welche mythologischen Inhalts sind und die verschiedenen Namen und Attribute der assyrischen Gottheiten aufzählen und erklären. So z. B. werden II R. 7. Rev. 36—41 die verschiedenen Namen des Gottes Nebo aufgeführt. Einer eben solchen Liste begegnen wir II R. 60. Nro. 2. Eine Aufzählung der Namen u. s. w. des Gottes *Nisruk* (?) findet sich II R. 58. Nr. 5. Listen verschiedener Gottheitsnamen bieten II R. 56—60. Listen von Göttertempeln finden sich II R. 61; Listen sonstigen mythologischen Inhalts II R. 54.

Aber auch andersartigen Listen begegnen wir noch. Blatt 52 des angeführten Bandes ist jene denkwürdige Eponymenliste aus der Zeit Tiglath-Pilesers IV und früher abgedruckt, auf welcher des Zuges dieses Königs nach Philistäa und Damaskus Erwähnung geschieht, und zu welcher neuerdings das ergänzende Stück, durch welches erst das hier Abgedruckte verständlich wird, durch einen wunderbaren Zufall wieder aufgefunden ist[1]. Bl. 53 enthält mehrere Verzeichnisse, ich möchte sie staatswirthschaftliche Listen nennen, welche Nachricht geben über die tributären Städte (es werden unter ihnen *Samirina* (Samaria), *Dimaska* (Damask), *Hamat* (Hamat) namhaft gemacht), theilweise (Liste 2. 3) unter Angabe der Höhe des entrichteten Tributes. Blatt 50. 51 weiter enthalten Verzeichnisse von Städten, Flüssen, Producten; Bl. 49 lesen wir Aufzählungen betr. die Namen von Sternen und Monaten; wieder andere Listen geben Verzeichnisse von Stein- und Holzarten; von Haustheilen, von Schiffen und Schiffsgegenständen, von Metallen, Gewichten, auch von Thieren (Vögeln u. s. f.) und noch von anderen Dingen. Historisch von der höchsten Bedeutung sind endlich noch die synchronistischen Tafeln, betr. die assyrische und babylonische Geschichte Bl. 65, sowie der assyrische Regentenkanon Bl. 68. 69,

1) S. den Bericht H. Rawlinsons im Londoner Athenäum 1867. Nro. 2064. Die Liste selber haben wir in Transcription und mit Uebersetzung herausgegeben in den Stud. u. Krit. 1871. IV. 679 ff.

in vier einander ergänzenden Exemplaren vorhanden, über deren Einrichtung u. s. f. ich mich des Weiteren verbreitet habe in meinem Aufsatze: „Sargon und Salmanassar nach den assyrischen Denkmälern“ in d. Stud. u. Kritt. 1870. H. 3. S. 535—59, auf welchen ich hier verweise.

Ich brauche nun freilich wohl nicht hinzuzufügen, dass um diese Tabellen mit Nutzen gebrauchen zu können, man bereits eine etwas nähere Vertrautheit mit dem Wesen der assyrischen Schrift, auch bis zu einem Grade eine Kenntniss des assyrischen Idiomes sich verschafft haben muss. Als Hilfsmittel der Entzifferung im engeren Sinne können demnach diese zuletzt erwähnten Listen nur mehr indirekt dienen. Weit unmittelbarer dagegen für den Entzifferer von Wichtigkeit und demnach auch hier der Erörterung noch ganz besonders werth sind diejenigen Listen, deren nähere Betrachtung wir uns bis zuletzt aufgespart haben und welche im engeren Sinne den Namen „Syllabare“ tragen. Es sind das diejenigen Listen, welche die Feststellung der, sei es syllabarischen, sei es ideographischen Werthe der verschiedenen Zeichen zum Zwecke haben und welche sich an der Spitze des zweiten Bandes des erwähnten Inschriftenwerkes, Blatt 1—4 lithographirt finden.

Diese unter 800 Nummern rubricirten Syllabare (darunter sechstehalbhundert vollständig erhaltene oder aber wenigstens noch entzifferbare) sind sämmtlich dreicolumnige (s. o.) und durchweg so eingerichtet, dass in der mittelsten Columne stets das zu erklärende Schriftzeichen steht, von den beiden andern Columnen die eine, meist die linke, die Aussprache d. i. den phonetischen Werth des Zeichens, die andere, überwiegend die rechte, die ihm zukommende Bedeutung d. h. seinen ideographischen Werth angiebt. Leider sind die Syllabare theilweis in ziemlich verwahrlostem Zustande auf uns gekommen, indem namentlich oft nur die eine der beiden Seitencolumnen erhalten ist, die andere dagegen abgebrochen oder sonst beschädigt ist. Dazu sind uns manche Angaben dieser Syllabare bis jetzt noch völlig unverständlich und unerklärbar, indem uns namentlich manche Worte, die uns überliefert werden, in dem Zusammenhange der Texte noch nicht vorgekommen sind. Dennoch bietet das uns Erhaltene und Verständliche eine solche Fülle der werthvollsten Angaben, dass wir nicht genug das glückliche Geschick preisen können, dass uns diese Syllabare erhalten worden sind. Ohne sie würde der Assyriolog in einer Reihe von Fällen einfach rathlos seinem Texte gegenüber stehen. Schliesslich darf nicht unerwähnt bleiben, dass noch immer zu diesen Syllabaren gehörige Bruchstücke theils neu aufgefunden, theils in ihrer Zugehörigkeit zu dem einen oder andern der veröffentlichten erkannt werden. Dadurch steht für eine Reihe von Dunkelheiten in der Zukunft noch Aufhellung in Aussicht.

Bei der hohen Wichtigkeit, welche diese Täfelchen in Anspruch nehmen, scheint es uns kein überflüssiges Unternehmen zu sein, wenn wir im Folgenden eine vollständige Transcription der sämmtlichen uns überlieferten und noch lesbaren Syllabare geben, zugleich mit beigefügter Uebersetzung der ideographischen Werthe, soweit sich solche mit Sicherheit feststellen lassen. Mit blossen Vermuthungen über den Sinn des einen oder anderen Wortes halten wir absichtlich zurück. Der Leser wird gut thun mit der von uns angefertigten Transcription und Uebersetzung die Auszüge aus den Listen zu vergleichen, welche Oppert im Journal As. 1857. t. IX. X und in seiner *Exp. en Mésop.* t. II, bes. p. 58 ff., sowie *Norris* in seinem *Assyrian Dictionary* an versch. OO. veröffentlicht haben. Der Leser wird alsdann zugleich erkennen, bis zu welcher Sicherheit das Verständniss derartiger Texte unter den Assyriologen bereits jetzt vorgeschritten ist. Differenzen sind bezüglich des Litteralverständnisses so gut wie gar nicht vorhanden (einige wenige beruhen auf anderen Textes-Lesarten); die bezüglich des Wortverständnisses zu Tage tretenden Verschiedenheiten haben fast durchweg ihren Grund in dem Umstande, dass die betreffenden Worte in dem Zusammenhange der Texte nicht erscheinen und man eben auf das Etymologisiren allein angewiesen ist, ein Umstand, der, wie bemerkt, uns bewogen hat, von einem solchen, doch nie befriedigenden und bis zum gewissen Grade auch zwecklosen Unternehmen lieber überall Abstand zu nehmen.

Die Syllabare.

II. Rawl. Taf. 1 4.

Nr.				
[1-35][1]				
36	*pis*		fehlt	
37	*bir*		„	
38	*nanam*		unvollst.	
39	*na*		*pit* [*mu*]	Gedanke ([illegible])
40	. . . *a*		*lu*	
41	fehlt		*kabbar*	
42	„		*pasuru*	
[43-79][1]				
80	fehlt		*yumu*	Tag
81	„		*'irib sansi*	Sonnenuntergang
82	„		*kummu*	
83	„		*asu*	Ausgang
84	„		?	
85	„		*arhu*	Monat
86	unvollst.		*arhu*	Monat
87	„		*kablu*	Treffen; Mitte
88	„		*niku*	Sühnopfer ([illegible])
89	„		[illegible]	
90	„		*sikitur*	
91	„		*nappahu*	
92	*at*		*abu*	Vater
93	fehlt		*kiru*	
94	„		*umanu*	
[95-109][1]				
110	*kubappar*		[*kaspu*]	[Silber כסף]
111	*guskin*		[*hurasu*]	[Gold חרוץ]
112	*sabar*		*siparru*	Kupfer (صفر)
113	*urudu*		*'iru*	
114	*duppa*		*lawu*	Tafel (דף)

1 Die eingeklammerten Nummern fehlen entweder gänzlich oder sind unvollständig.

Nr.			
115	*šumuk*	*ṣûtu*	
116	*šamak*	*umṣatu*	
117	*umu*	*ummu*	Mutter
118	*ummida*	*tarîtu*	
119	*miš*	*idlu*	gerecht (عدل)
120	*kisip*	*rittu*	
121	*izi*	*šadu*	Berg
122	*šakar*	*ibru*	Staub (עפר)
123	*gal*	*rabu*	gross
124	*utakkal*	*utakkillu*	
125	*ulut*	*dabiḳu*	
126	*kigal*	*mu'irru*	
127	*abzu*	*absu*	
128	*mun*	*rabu*	gross
129	*nir*	. . . . *bilu*	
130	*asagara*	[*asa*] *garu*	
131	*irbura*	*kupḫu*(l.Plur.)	
132	*tur*	. . . . *bapu*	
133	*silam*	. . . . . *tu*	
134	*aḫar*	*abluhtu*	
135	*mi*	*ḳulu*	
136	„	*ḳalu*	
137	„	*uḳu* (*tamḳu?*)	
138	*isib*	*ramku*	
139	*mis*	*ma'dutu*	Menge (מאד)
140	*lal*	*malu*	voll sein (מלא)
141	„	*maṭu*	schwanken (מוט)
142	„	*šapaku*	ausgiessen
143	„	*šaḳalu*	wägen
144	„	*šuḳalulu*	wägen

145	*usar*		*si'tuv*	
146	*uku*		*labnu*	
147	*nangu*		*nagû*	
148	*lalu*		*libbâtuv*	
149	*gi'i*		*mušu*	Nacht (אֶמֶשׁ أَمْسِ)
150	*dugut*		*kabtuv*	Gewicht
151	*gig*		*marṣu*	unzugänglich
152	*tin*		*balaṭu*	Leben
153	*gištin*		*karanu*	
154	*dup*			
155	*balak*		*balagu*	
156	*amar*		*bûru*	
157	*šissi*		*niḳu*	Sühnopfer (נקה)
158	*ib*		*ḳabluv*	
159	*tuv*		*ḫardatuv*	Furcht
160	*'igir*		*arkatuv*	hinter, nachherig
161	*muk*		*mukku*	
162	*zadim*		*sasinnu*	
163	*dim*		*simtu*	
164	*gir*		*paṭru*	spalten (?)
165	*munu*		*ṭubtuv*	Wohlthat (טוב)
166	*kakkul*		*kakkullu*	
167	"		*namsituv*	
168	*bulug*		*bulukku*	
169	*mibulug*		*sabakku*	
170	*usu*		*'idiru*	
171	*bur*		*pašaru*	
172	*kala*		*aḳru*	werthvoll (יקר)
173	*guruš*		*idlu*	gerecht
174	*alap*		*bu'idu*	Stier (אלף)

175	*lamma*	*lamassu*	
176	*si*	*karnu*	Horn
177	*diri*	*atru*	
178	*sâ*	*sâmu*	
179	*ra*	*raḥaṣu*	überschwemmen
180	*ki*	*ittuv*	mit
181	„	*asru*	Ort
182	„	*irṣituv*	Erde
183	*durus*	*karru*	
184	*di*	*dinu* (*di'i nu*)	
185	*silim*	*sulmu*	שלם
186	*sa*	*lutnu*	
187	*ab*	*abtuv*	
188	*is*	*bîtuv* (Var. *biyatuv*)	
189	*unu*	*rutuv*	
190	*u . . . gi*	*ulṣu*	
191	*urugal*	*gabru*	Nebenbuhler
192	*agarin*	*ummu*	Mutter
193	*ṣi*	*martuv*	
194	*ḳar*	*ablutuv*	
195	*gur*	*namandu*	
196	*ninda*	*ittû*	
197	*ḥas*	*sabiru*	zerbrechen
198	*zik*	*zikku*	
199	*uru*	*aru*	
200	*tap*		
201	„		
202	„		
203	„		

Nr.			
[204-234]			
235	. . . . *si*		
236	"	*uri*	
237	"	*uri*	
238	"	*urin* . .	
239	"	*urinnu*	
240	fehlt	*is* . . . *kab aras*	
[241-249]			
250	*kisdu*		
251	*kisir*		
252	*bat*	*dûru*	Wohnstätte
253	*ašilal*	*risâtur*	
254	*ubara*	*kididu*	
255	*bara*	*parakku*	Altar
256	*sara*	*saru*	
257	*nim*	*sa*	
258	*tum?*	*ba*[*batur*]	
259	*uzu*	*sîru*	
260	*šukur*	*kimma*[*tav*]	(s. Norr. Dict. 180.)
261	*ubi*	*abu* . . .	
262	*lil*	*lil*	
263	. . . . *il*	*nakku* . . .	
264	. . . . .	*milu* . . .	
[265-266]			
267	*tuk*		
268	*ur*	*ḫamamu*	Hitze
269	*ur*	*ḫidu*	
270	*kin*	*mîru*	
271	*gubu*	*sumilu*	link
272	*tun*	*ḫasu*	
273	*ur*	*ununu*	wägen

Nr.	Lautwert	Zeichen	Assyrisch	Bedeutung
274	*ur*		*udlu*	gleichmachen (?)
275	*usbar*		*'imu*(?)	
276	*šiš*		*aḫu*	Bruder
277	*uru*		*naṣaru*	beschützen
278	*mara*		*šakanu*	Statthalter
279	*sita*		*raṭû*	
280	*ma*		*'ilippu*	Schiff
281	*tikul*		*tarkullu*	
282	*dillu*		*aku*	
283	*mus*		*i'nu*	
284	*surru*		*surrû*	
285	"		*kalû*	
286	*guma*		*gablu*	
287	*i'ngar*		*ikkaru*	Grund
288	*apin*		*'ipinu*	
289	*uru*		"	
290	*ak*		*'ipišu*	machen
291	*mi'*		*taḫazu*	Schlacht
292	*dil*		*iddu* . . .	
293	*'irim*		*subbu*	
294	. . *mus*		*si*	
[295-298]				
299			*mâtu*	Land
300			*šadu*	Berg
[301-303]				
304			*ablu*	Sohn
305			*binitu*	Spross(Tochter?)
306			*tubḳu*	
307			*ḳarunu*	
308			*ti'mi'nnu*	Grundstein
[309-325]				

326	.... *du*		*nitav*	
327	.... *salak*		*aslaku*	
328	.... *nik*		*sabṣu*	
329	.... *ra*		*išrimmu?*	
330	..... *mi'*		*sarru*	König
331	...		*rabbu*	
332			*makutav*	
333			*isgurruv*	
334	*usu*		*barû*	
335	*sam*		*simu*	Werth
336	*aka*		*râmu*	
337	„		*madadu*	
338	*ḳuv*		*ḫasaluv*	
339	*gaza*		*dâku*	tödten
340	„		*ḫibu*	verbergen (?)
341	*gur*		*târu*	zurückkehren, sein (תור)
342	*ugur*		*namzaru*	
343	*pa*		*aru* (?)	
344	*nusku*		*nusku*	salben (?)
345	*siba*		*rî'u*	Hirt, König
346	*garza*		*uṣu*	
347	*billudu*		*billudû*	
348	*maskim*		*rabiṣu*	
349	*sabra*		*sabru*	
350	*sap*		*sabbu*	
351	„		*saramu*	
352	*dara*		*nibittuv*	
353	*ibbi*		*tubuktu*	
354	*bat*		*pisû*	

355	*uš*		*dâmu*	
356	*lugut*		*šarru*	
357	*adama*		*adamatu*	
358	*al*		*allu*	
359	*il*		*kakašiga*	
360	*uš*		*ridu*	
361	*kas*		*šinātu*	
362	*ku*		*matku* (*latku*?)	
363	*kišal*		*kišallum*	Altar (?)
364	*'i*		*bîtu*	Haus
365	*ka*		*bâbu*	Thür
366	*gi'*		*kîtu*	
367	*sita*		*simdu*	
368	„		*patlulu*	
369	*bara*		*sutruru*	
370	*dubbiris*		*dubsarru*	
371	*siti*		*minutu*	Zahl
372	*ak*		*itku*	Ring (? Opp.)
373	*lak*		*kirbannu*	Geschenk (Opp.)
374	*pišan*		*pišannu*	
375	*šangu*		*sangû*	
376	*'i*		*ḳibu*	Kuppe, Wölbung (Opp.)
377	*'i*		*ḳabû*	reden
378	*uku*		*nišu*	Leute
379	*kalama*		*matu*	Land
380	*amaš*		*šuburu*	
381	*upur*		*sulû*	
382	*agan*		*ṣirtu*	
383	*kisi*		*sirbabu*	
384	*ḥurup*		*ḥarubu*	

385	*kisim*	*kisimmu*	
386	*ab*	*arḫu*	Monat Ab.
387	*libis*	*libbu*	
388	*up*	*ubbu*	
389	*kir*	*kiru*	
390	*ši'm*	*ḫalḫallatu*	
391	*miṣi*	*niššû*	
392	*liliš*	*lilišu*	
393	*uru*	*alu*	Stadt
394	"	*abubu*	
395	*'irim*	*irittu*	
396	*ši'k*	*sakummatu*	
397	*gur*	*kašamu*	
398	*ukkin*	*buḫru*	
399	*gisgal*	*manzazu*	
400	*silik*	*sagaburu*	
[401-423]			
424	*sa*	*sâ*	
425	*sa*	*igipi*	
426	*aḫ*	*kuru*	
427	*as*	*dilu*	
428	*ru*	"	
429	*dil*	"	
430	*'irim*	*zâbu* (*ṣâbu*)	
431	*zab* (*ṣab*)	"	
432	*u* (*sam*)	*šamšu* (? s. S. 47. Bem.)	Sonne
433	*uta*	"	
434	*tam*	"	
435	*par*	"	
436	*laḫ*	"	

437	*sal (ṣal)*		*sanṭu*	
[438-447]				
448			*kabtu*	
449			*um*	
450			*su*	
451	[*mu*]*m*		*'ilamu*	Welt (?)
452	[*ni*]*m*		„	„
453				
454			*sa 'ilamaku*	
[455-458]				
459			*kiśallu*	Altar (?)
460			*igitallu*	
461			*mûsu*	Nacht
462			*mûsu*	
[463-472]				
473	*sa*		*isu*	
474	*i*			
475	*gibi*		*sa izaku nakir* (?) *buidu*	
476	*ka*		*ḳagu*	
477	*pi*		„	Mund
478	*inu*		„	Auge
479	*dû*		*kagu*	
480	*mi*		„	
481	*kir*		„	
482	*suk*		*sangu*	
483	*sur*		*sakkagunû*	
484	*du*		*aradubû*	
485	*sa*		„	
486	*ra*		„	
487	*gubba*		„	

Nr.	Lautwert	Zeichen	Name
488	*šuh*		*aradugunu*
489			*aradursik* (?)
[490-516]			
517	*zib*		*zibbu*
518	*kur*		*kûru*
519	*šat*		„
520	*lat*		„
521	*mat*		„
522			„
523			*silû*
[524-538]			
539	*igir*		
540	*dim*		
541	*mar*		*marru*
542	*dib* (*ṭib*)		*dibbu*
543	*ḫap*		*lagabu*
544	*kir*		„
545	*rim*		„
546	*lagap*		„
547	*tab*		
548	*kaš*		
549	*laḫ*		*sukkallu*
550	*sukkal*		„
551	*dan*		*gurušu*
552	*kal*		„
553	*lib*		„
554	*guruš*		„
555	*gu*		*gu*
556	*ga*		„

557	*up*		*uppu*
558	*ar*		*uppu*
559	*lam*		*lammu*
560	*pi'*		*giltanu*
561	*mi'*		„
562	*a*		„
563	*tal*		„
564	*gildan*		„
565	*du*		
566	*ru*		
[567-572]			
573	*gur*		*gurru*
574	*gar*		*garru*
575	*ṭar*		*ṭarru*
576	*ḫal*		*ḫal* . . . .
577	*ri*		*ḫal* . . . .
578	*suv*		*ḫal* . . . .
579	*saḫru*		fehlt
580	*ri*		„
581	*kuv*		„
582	*gaza*		„
583	*aka*		*sa*... *tukulti izidu* ?
584	*ḳur*		*pappu*
585	*pap*		„
586	*bur*		*bûru*
587	*bar*		*bâru*
588	*ši*		*šû*
589	*ši*		*gunnû*
590	*pa*		*gisdaru*
591	*u*		*giguru*

592	*u*		*igidibbu*	
593	*mas*		*urâsu*	
594	*sa*		*nitu*	
595	*gar*		„	
[596-604]				
605	*gu*		*gu . . .*	
606	*ga*		*. . . gu . . .*	
607	*up*		*uppu*	
608	*ara*		„	
609	*lam*		*lammu*	
610	*pi'i*		*giltanu*	
611	„		„	
612	fehlt		„ *giltanni*	
613	„		*ḳakḳu*	
614	„		„ *gak*	
[615-617]				
618	*di*		*sararu*	
619	*sa(?)*		„ *dir . . . .*	
620	*sur*		*nisi . . . .*	
621	*gu*		„	
622	*da*		*gi . . . .*	
623	*dim*		*dimmu*	
624	. . . . .		*nam* „	
625	*abbu*		*un . . .*	
626	. . . . .		„	
627	*ḳu*		. . . . .	
[628-654]				
655	*gibil*		*ḳilutuv*	verbrennen (קלה)
656	*bil*		*sibtuv*	
657	*suḫup*		*tuppatuv*	

658	*šudun*		*nîru*	Joch (نير)
659	*ukus*		*kiššu*	
660	*ḫul*		*ḫidûtu*	
661	*bibra*		*bibru*	
662	*šikka*		*atudu*	
[663-672]				
673			*kikkinu*	
674			*ummânu*	
675			"	
676			"	
677	*u*		*mušînnu*	
678	*u*		*mušînnu*	
679	*pak*		*mušînnu*	
680	*mušîn*		*mušînnu*	
681	*ri*		*tallu*	
682	*tal*		*tallu*	
683	*bi*		*kâsu*	
684	*kas*		*kâsu*	
685	*ni*		*jaḫu*	
686	*sal*		"	
687	*ili*		"	
688	*ili*		*šinabi*	
689	*bu*		*ši'iru*	
690	*šir*		*ši'iru*	
691	*šu*		*širgunu*	
692	*ku*		*tukultu*	Vertrauen
693	*ši*		"	"
694	fehlt		"	"
695	"		"	"
696	"		"	"

[697-721]				
722	fehlt		*saḳu*	
723	„		*diḳu*	
724	„		*natru-imnu*	
725	„		*ḫâbu*	
726	„		*abaru*	
727	„		*nusû*	
728	„		*nalbubu*	
729	„		*ilu sa nabḫari*	Gott der Welt
730	„		*mâtuv*	Land
731	„		*pânu*	Angesicht
732	„		*înu*	Auge
733	„		*uznu*	Ohr
734	„		*bunu*	Gestalt?
735	„		*maḫru*	Vorderseite?
736	„		*si'ibu*	Fuss
737	„		*amaru*	?
738	„		*ablušu*	seine Sohnschaft
739	„		*[ab?]lu*	Sohn
[740-752]				
753	*ana*		fehlt	
754	*ilu*		„	Gott
755	*dingir*		„	
756	*sa*		„	
757	*puḫuḫ*		„	
758	*ḫal*		„	
759	*uru*		„	
760	*lik*		„	
761	*tas*		„	
762	*kalbu*		„	Hund

[763-782]

783	*uru*		fehlt
784	″		″
785	″		″
786	″		″
787	*aka*		″
788	″		″
789	″		″
790	″		″
791	″		″
792	″		″
793	″		″
794	″		″
795	*ib*		″
796	″		″
797	″		″
798	″		″
799	*guk*		″
800	″		″
801	″		″
802	″		″
803	″		″
804	″		″
805	*duk*		″
806	″		″
807	″		″
808	″		″

Bemerkungen.

Nr. 63. Das Ideogramm bezw. *aṣu* (hebr. יצא) steht insonderheit vom „Aufgange" der Sonne. So in der Nebukadnezarinschrift bei *Rich*, *Babylon and Pers.* Taf. IX. Z. 12: *šamšu ṣi* „aufgehende Sonne". — 142. S. den

Nachweis dieser Bed. bei Norr. Dict. p. 33. — 174. Norr. p. 52. 248 besser *a-ṣi-ḳu*. — 253. Var. *daruo*. — 258. Vervollständigt nach einem neuaufgefundenen Fragment. S. Norr. p. 71. — 259. Inzwischen vervollständigt. S. Norr. p. 281. — 269. Opp. im Journ. Asiat. 1857. IX. p. 498 giebt *ilidu* von ילד „erzeugen". — 271. S. weiter Norr. p. 516. — 288. Norr. p. 392 bietet *a-pi-[su]*. — 316. Norr. p. 113 liest *binutu* „Geschöpf". — 364. Norr. bietet statt *pitu* p. 74 *simatu*, wohl lediglich in Folge eines Versehens beim Abdrucke des Keilschrifttextes. — 382. Norr. p. 30 bietet *ṣibu*, ebenfalls wohl lediglich in Folge eines Versehens. — 394. S. Norr. l. c. p. 394. — 397. S. Norr. p. 188. — 398. Norr. liest hinter *ukkin* noch ein *su*. — 400. S. Norr. p. 304. — 432. Norr. p. 210 bietet *sanun*, was das Richtige sein wird. — 488. Norr. p. 48 bietet *sak* . . . . . 549. Opp. vergleicht hebr. קלל „klug sein". S. J. A. 1857. X. p. 176. — 593. S. Norr. p. 29. — 729. 89. Vgl. Norr. p. 167; *kablu-su* steht für *kablut-su*. S. unten bei den lautlichen Bemerkungen.

Bringen wir uns die vorstehenden Angaben in übersichtlicher Weise zur Anschauung, so bestimmen die Syllabare unter den Zeichen für einfache Sylben die Werthe für folgende Zeichen: *'i*, *bi*, *ga*, *gu*, *di*, *du*, *ka*, *ki*, *ku*, *ak*, *mi*, *um*, *ni*, *an*, *pa*, *pi*, *ap*, *ip*, *up*, *ḳu*, *ṣi*, *ra*, *ri*, *ru*, *ar*, *ur*, *sa*, *si*, *as*, *is*, *at*, *ut*; unter solchen für zusammengesetzte Sylben die Werthe für die nachfolgenden Zeichen: *bar*, *but*, *gik*, *guk*, *gal*, *gip*, *gar*, *gir*, *gur*, *gus*, *dil*, *dim*, *dan*, *din*, *dip*, *dar*, *dir*, *zik*, *zal*, *zap*, *zip*, *ḫal*, *kal*, *kim*, *kap*, *kir*, *kur*, *kus*, *lah*, *lak*, *lik*, *lal*, *lil*, *lum*, *lip*, *lat*, *muk*, *mar*, *mus*, *mis*, *mat*, *nin*, *nun*, *nir*, *puk*, *par*, *pur*, *ḳar*, *ḳur*, *rim*, *rut*, *sak*, *sik*, *sun*, *sap*, *sar*, *sir*, *sur*, *sis*, *sat*, *sit*, *tak*, *tal*, *tam*, *tum*, *tap*, *tur*, *tuv*. Endlich erklären sie die Ideogramme für die Begriffe: Tag (*yumu*), Sonnenuntergang (*'irib samsi*), Ausgang, Sonnenaufgang (*aṣu*), Monat (*arḫu*), Treffen (*ḳablu*), Vater (*abu*), Tafel (*duppa*), Kupfer (*sabar*), gerecht (*'idlu*), gross (*rabu*), Menge (*ma'dutu*), anfüllen (*malu*), ausgiessen (*sapaku*), wägen (*saḳalu*), Nacht, Abend (*musu*), Gewicht (*kubtuv*), unzugänglich (*marṣu*), Leben (*balaṭu*), Furcht (*ḫardatu*), hinter (*arkut*), spalten (*pupu*), Stier (*alap*), Horn (*karnu*), überschwemmen (*raḫaṣ*), mit (*ittuv*), Ort (*asru*), Erde (*irṣituv*), Statthalter (*sakum*), Nebenbuhler (*gabru*), Mutter (*ummu*), zerbrechen (*sabru*), Wohnstatt (*duru*), Hitze (*ḫumamu*), zeugen (*ilidu*), wägen (*nasnu*), gleich machen (*idlu*), Bruder (*aḫu*), beschützen (*naṣaru*), Schiff (*'ilippu*), Grund (*ikkar*), machen (*'ipisu*), Schlacht (*taḫazu*), Land (*matu*), Berg (*sadu*), Sohn (*ablu*), Tochter (*binitu* (?)), Grundstein (*timinu*), Fürst (*sarru*), tödten (*daku*) salben (*nusku*), König (*ri'u*), Haus (*bitu*), Thür (*babu*), Zahl (*minutu*), Geschenk (*kirbanu*), Kuppe (*ḳabu*), reden (*ḳabu*), Menschen (*nisu*), Monat (*arḫu*), sein (*taru*), verbrennen (*ḳilutu*), vertrauen (*tugulluv*), Gott (*ilu*). Wie man sieht, sind es ebenso wohl Ideogramme, die Substantive, wie solche, die Adjective, wie weiter solche, die Verben, endlich auch solche, die Partikeln ausdrücken.

Ausser diesen begegnen wir noch einer Reihe von Werthen, welche die betreffenden Zeichen lediglich in den Syllabaren haben, und welche uns in den Texten selber niemals begegnen. Dahin gehört z. B. *ili* 687; *si* 693, und viele andere. In den Texten sind statt der hier mit diesen Werthen versehenen Zeichen andere im Gebrauch. Damit soll indess nicht gesagt sein, dass diese Angaben der Syllabare unrichtig seien. Es ist nämlich sehr möglich, dass früher oder später, oder aber an gewissen Orten auch diese Werthe mit den betreffenden Zeichen verbunden warden, während diese zu einer anderen Zeit oder für gewöhnlich mit anderen Werthen erscheinen, oder während jene Werthe sonst durch andere Zeichen ausgedrückt wurden. In *einem* Falle wenigstens können wir dieses noch constatiren, bei dem Zeichen Compl. Alph. Nr. 76, welches in der früheren Zeit z. B. Stand. inscr. 22 und sonst den Lautwerth *kin* hat, während es später nur mit dem Werthe *ḳar* vorkommt. Eher schon lässt auf eine gewisse Ungenauigkeit der Angaben schliessen, dass Syll. 271 einem Zeichen, das sonst durchweg den Lautwerth *kab* hat, der allerdings den Lauten nach sehr ähnliche Werth *gub* beigelegt wird, oder aber dass S. 691 ein Zeichen, das sonst *šut* lautet, lediglich auf *ḫu* bestimmt wird. Wohl nur auf einer Unachtsamkeit beruht es, wenn hier und da von einem Zeichen der selten vorkommende Werth vielleicht angegeben, gerade der gewöhnliche und häufige aber übergangen wird, wie dies z. B. der Fall ist bei S. 549, wo dem betreffenden Zeichen zwar der, allerdings ihm zukommende Werth *tib* beigelegt wird, der unendlich häufigere und vulgäre *lu* aber vergeblich gesucht wird.

Schliesslich unterlassen wir es nicht, auf die Naivität aufmerksam zu machen, mit der namentlich die, einfache Werthe ausdrückenden, Zeichen theilweise bestimmt werden, indem man nämlich einfach dasselbe Zeichen, das in die mittelste Columne als das zu erklärende Zeichen gesetzt wird, in der Seitencolumne als bestimmendes Lautzeichen wiederholt. Diesem Falle begegnen wir besonders bei vornvokaligen Sylben, z. B. bei *ai* (Syll. 92), *ab* (167), doch auch bei zusammengesetzten, z. B. *sar* (620). Natürlich ist damit eigentlich gar nichts erklärt. Dies fühlend, hat man in anderen Fällen, wo etwa ein Zeichen mit ähnlichem oder gleichem Laute zur Verfügung stand, wohl dieses gewählt; so bei *ur* 273, bei *as* 427; bei *u* 691, 692, oder aber man hat die Sylbe aufgelöst, wie bei *is* 121 = *i-si*; *ib* 353 = *ibbi*; *up* 607 = *uppu*, *lam* 609 = *lammu*. Bei einfachen Sylben mit auslautendem Vokal wird dem Verständniss dadurch nachgeholfen, dass dem wiederholten Zeichen der betreffende Vokal, mit welchem die Sylbe schliesst, beigefügt wird. So wird z. B. 588 das Zeichen für *ši* erklärt durch *ši-i*; das Zeichen für *sa* 594 durch *sa-a*; das Zeichen für *gu* 555 durch *gu-u* u. s. f. In einem Falle hat man dieses Princip auch auf die vornvokaligen Sylben angewandt, nämlich bei Nr. 290, wo wir das Zeichen für *ak* erklärt finden durch *a-ak*.

Dies der Inhalt und die Einrichtung der Syllabare. Aber, höre ich den Gegner einwerfen, wer bürgt uns denn dafür, dass wir uns bezüglich des Zweckes und der ganzen Einrichtung dieser Listen nicht in einem grossen Irrthum befinden? wer bürgt uns dafür, dass diese Syllabare auch wirklich d i e Werthe bieten, welche den verschiedenen Zeichen in den Texten zukommen? — Die Berechtigung dieses Einwurfes ist anzuerkennen. Prüfen wir darum nunmehr die Z u v e r l ä s s i g k e i t dieser Listen. Diese Zuverlässigkeit nun aber wird dann erhellen, wenn wir die Werthe, welche bestimmten Zeichen in den Listen zugeschrieben werden, vergleichen mit denjenigen, welche sich uns aus der Analyse der in der assyrischen Version vorkommenden Eigennamen der dreisprachigen Inschriften, sowie aus einer Vergleichung der parallelen Texte oder Stellen der unilinguen Inschriften ergeben. Treffen die Werthe der Syllabare mit den Ergebnissen der Analyse der Eigennamen in den unilinguen Texten oder mit den Resultaten jener Vergleichung überein, so ist die Zuverlässigkeit der Syllabare erwiesen, und ihre Angaben für nicht in dieser Weise anderweitig feststehende Zeichen in Zweifel zu ziehen, würde Vermessenheit sein. Nehmen wir diese Prüfung vor.

Aus der Schreibung des Eigennamens *Ar-tak-sat-su* (Sus. 1, 2. 4), entsprechend persischem *Artakhshathrâ*, ergiebt sich für das dritte Zeichen der Lautwerth *sat*. Wenn nun S. 619 dieses selbe Zeichen durch *sa-at* = *sat* erklärt, so leuchtet die Richtigkeit dieser Angabe des Syll. ein[1]). — NR. 16 begegnen wir in dem Namen *Ka-at-pa-tuk-ka* = pers. *Katapatuka* an vierter Stelle einem Zeichen, das in diesem Worte nur *tuk* bezeichnen kann. Das S. 267 erklärt dasselbe durch *tu-uk*, — an der Richtigkeit der Angaben des Syllabars ist somit nicht zu zweifeln. — Bis. 5. NR. 16 begegnen wir in dem Worte *Saparda* = pers. *Çparda* an zweiter Stelle einem Zeichen mit dem Lautwerth *par*; Syll. 435 erläutert eben dasselbe durch *pa-ar*. Demselben Zeichen begegnen wir in den Eigennamen *Urizdata* (*Vahyazdâta*) Bis. 82. *Nadintabel* (*Naditabira*) Bis. 31. 34. 37 u. ö. *Gumatav* (*Gaumâta*) Bis. 18. 20 u. ö. mit dem Lautwerth *tav*, *ta*, und siehe! S. 434 erklärt das Zeichen durch *ta-am* (*ta-av*). In dem angeführten Namen *Nidintabil* (*Naditabira*) Bis. 31. 34 u. s. f. entspricht der Sylbe *din*, ein Zeichen, welches Syll. 162 erklärt wird durch *ti-in*. In den Namen weiter *Barziya* (*Bardiya*) Bis. 12. 13. 21, sowie *Kubarra* (*Gaubruva*) NR. ges. I. entspricht dem Laute *bar* ein Zeichen, das in Syll. 687 erklärt wird durch *ba-ar*. Für ein weiteres Zeichen ergiebt sich aus dem Eigennamen *Bahtar* (pers. *Bâkhtris*) Bis 5. NR. 12 der Lautwerth *tar*; Syll. II R. 27. Z. 9 Rev. *c* erklärt dasselbe Zeichen durch *ta-ar*. Vgl. noch für das Zeichen *mar* (*var*) in den Namen *Martiya* (pers. ebenso) Bis. 41. 42.

1) Aus zwei anderen Syllabaren II Rawl. 27. 9. d. 48. 11. Rev. a ergiebt sich beiläufig für das in demselben Worte den Laut *takh* wiedergebende Zeichen eben dieser Werth.

Margu' (*Margus*) Bis. 68. ges. IX. *Parruvartis* (*Fravartis*) Bis. 43. 58. 64. *Artavarziya* (*Artavardiya*) Bis. 73 das Syll. 278. 541; für das Zeichen *tav* den Namen *Gaumatav* (*Gaumâta*) Bis. 18. 20 und Syll. 159 (= *ta-av*); für *dip* das Wort *Dippi* (*Dipim*) Bis. 102 und Syll. 542 u. s. w. Das Gleiche, was gemäss dem Vorstehenden für die zusammengesetzten erhellt, ergiebt sich aus einem Vergleich der Eigennamen der Syllabare auch für die einfachen Sylben. Vgl. für die Sylbe *bu* die Namen *Kambusiya* (pers. ebenso) Bis. 12. 13. 16. u. ö. *Buta* (*Putiya*) NR. 19 und — Syll. 689; für *ab* (*ap*) den Namen *Appadan* (pers. *Apadâna*) Sus. 4 und Syll. 187. 625; für *gu* die Namen *Umurgu'* (*Humargâ* NR. 14), *Agamatanu* (*Hagmatâna*) Bis. 60, *Ragu'* (Bis. 59) und Syll. 556. 607; für *di*: *Piddishuris* (pers. *Pâtisuvaris*) NR. (ges.); *Diglat* (*Tigrâ*) Bis. 35 und S. 184. 618; für *du*: *Hindu* (pers. *Hindus*) NR. 14; *Kundur* (*Kundurus*) Bis. 57, sowie S. 484; für *hu*: *Ahuramazda* (*Auramazda*) D. 1. E. 1. 9. 10; *Piddishuris* (*Pâtisuvaris*) NR. (ges.) und Syll. 876; für *ka*: *Karka* (pers. *id.*) NR. 19. *Kugunakka* (*Kuganakâ*) Bis. 41; *Arakadri* (*Arakadris*) Bis. 16 und S. 477. für *ki*: *Uvakistar* (*Uvakshatara*) Bis. 43. 61. 93 und S. 180; für *ku*: *Kuras* (*Kurus*) Bis. ges.) l. *Kusu* (*Kusiya*) NR. 19, *Iskudura* (*Çkudra*) NR. 17 und Syll. 692; für *ak*: *Kuguna-akka* (*Kuganakâ*) Bis. 41. und S. 290; für *il*: *Arbail* (*Arbaira*)[1] Bis. 63 und Syll. 369; für *mi*: *Mitri* (*Mithra*) (Sus.) u. S. 135; für *ni* die Namen *Akamanni-ssi* D. 9. B. 5. C. 13 (*Hakhamanis*); *Aniri* (*Ainira*) Bis. 31; *Nidintabil* (s. o.) u. S. 685; für *an*: *Ahuma-anniasi* D. 9. B. 5. C. 18. *Zaranga* (*Zarañka*) NR. 13; *Appadan* (s. o.) u. S. 768; für *pa* die Namen *Aspasina* (*Açpacana*) NR. ges. 3; *Uvispara* (*Vayaçpâra*) Bis. 110. *Appadan* s. o. und Syll. 843. 690; für *pi*: *Pisihuradu* (*Pisiyâuvadâ*) Bis. 15; *Sispis* (*Çispis*) Bis. 2. und S. 560. 610, für *ku*: *Maku* NR. 25 (*Maciya*) u. S. 677; für *ra*: *Aryaramna* (pers. *Ariyârâmna*) Bis. 2.; *Paradu* (*Frâda*) Bis. 93. *Arakadri* (*Arakadris*) Bis. 16, und S. 179; für *ar*: *Aryaramna* Bis. 2; *Ardimanis* (pers. *Ardumanis*) Bis. 111; *Arbail* (*Arbirâ*) Bis. 63 und S. 558. 608; für *ur*: *Kundur* (*Kudurus*) Bis. 57. *Ahurmazdu* C. 1. 16. 19. 24 D. 1. 10. u. ö., sowie S. 759; für *sa* die Namen *Parsu* (*Pârça*) D. 13; *Sapardu* (*Çparda*) Bis. 5. NR. 16; *Ussadasi* (*Viçtâçpa*) D. 11 und S. 186. 622; für *sa*: *Usiarsu* F. 9. 13 u. ö. (*Khsayârsâ*); *Kasa-atritti* (*Khsatrita*) Bis. 43. 92 und S. 594; für *as* den Namen *Assur* (*Athurâ*) Bis. 6. (40. NR. 16) und S. 427; endlich für *at*: *Kasa-atritti* (s. vorhin); *Katpatukka* s. o. und S. 92.

Ergiebt sich aus dieser Vergleichung der Lautwerthe der Zeichen für einfache und zusammengesetzte Sylben in den trilinguen In-

1) Gemäss regelrechtem Uebergange von assyrischem *l* in persisches *r*. S. darüber unten.

schriften und in den Syllabarien die unbedingte Richtigkeit und Zuverlässigkeit der Angaben der letzteren, so erhellt das Gleiche nicht minder auch aus einer Betrachtung derjenigen Ideogramme, deren Laut- und Sinnwerth schon durch eine Vergleichung verschiedener Stellen der trilinguen Inschriften feststehen, wenn wir dieselben vergleichen mit den betreffenden Angaben der Syllabarien. So erhellt aus einer Vergleichung von Beh. 25. 27. 28. NR. 33. D. 6 mit der Fensterinschrift des Darius zu Persepolis, dass das Ideogramm für den Begriff „Haus“ phonetisch *bit* lautete. Genau das Gleiche besagt das Syll. 364, welches das Ideogramm erklärt durch *bitu* (בית). Dasselbe erhellt für das Ideogramm für den Begriff „Land“ aus einer Vergleichung von Beh. 7. 8. 9. NR. 4. K. I, 5 mit NR. 33. H. 8. 16, wo dasselbe sich phonetisch „*mat*“ geschrieben findet, einerseits, mit Syll. 299, wo das Ideogramm durch *matu* erklärt wird, anderseits (es ist dort zweifellos das betreffende Ideogramm im beschädigten Texte zu ergänzen). Nicht minder erhellt das Gleiche für den Begriff „Fürst“ aus einer Congruirung von Beh. 1. 11. 12 u. ö., wo dieser Begriff durch das betreffende Ideogramm, und der Fensterinschrift des Darius, wo derselbe durch das Wort *sarri* wiedergegeben wird, einerseits, und von Syll. 330, welches das Ideogramm durch *sarru* erklärt, anderseits. Vgl. weiter für das Ideogramm „Schlacht“, assyrisch *tahaz*, die Stellen Beh. 55 (ideogr.) und 49. 54 (phonet.) mit Syll. 291, welches den Begriff ebenfalls durch *tahazu* umschreibt; nicht minder für das Ideogramm für „gross“ *rabu* die Stellen NR. 1. 4. E, 1. B, 1 u. ö. (ideogr.) mit K. I, 1. (phonet.) einerseits, Syll. 123, welches das betreffende Ideogramm durch *rabu* erklärt, anderseits; schliesslich noch für das Ideogramm für „Name“, assyr. *sumu*, die Stellen D. 11. Beh. 15. 23. 31. u. andd., wo es ideogr., sowie Beh. 49. 53. 57. 59 u. ö., wo es phonetisch geschrieben wird, mit II Rawl. Taf. VII. Av. 9, wo das betreffende Ideogramm durch *zikaru* (זכר) d. i. „Erwähnung“, „Name“ erklärt wird.

Und was so eine Vergleichung der persisch-assyrischen Texte mit den Angaben der Syllabare an die Hand giebt, das erhellt schliesslich nicht minder auch aus einer Vergleichung der Resultate einer näheren Prüfung der assyrischen Originalurkunden mit jenen Angaben der Syllabarien. Auch zum Beweise hierfür mögen einige Beispiele Platz greifen. Wir legen solches zunächst dar für den phonetischen Werth der Zeichen. Aus I Rawl. 69. N. 3. col. II. Z. 31, vgl. mit E. J. H. col. X. Z. 16 ergiebt sich für das Zeichen Nr. 21 der unten folgenden Liste der Lautwerth *gal*, — derselbe, den ihm Syll. 123 beilegt. Aus der Variante Sard. III. 25 ergiebt sich für das Zeichen Nr. 47 der Lautwerth *dan*, — derselbe, den ihm Syll. 551 beilegt. Aus dem Namen Nebucadnezars *Nabu-ku-dur-ri-usur*, wie er sich häufig geschrieben findet, ergiebt sich für das Zeichen Nr. 56 der Lautwerth *dur*, genau wie ihn das Syllabar II R. 47. Z. 18 e bestimmt. Die Inschrift Asarh. VI. 49

bestimmt durch eine Variante den Lautwerth des Zeichens Nr. 197 auf *lul*, genau wie Syll. 520. Aus einer gleichen Variante Sard. I, 36 ergiebt sich für das Zeichen Nr. 142 der Lautwerth *mis*, wie solchen Syll. 119 statuirt. In der Bellis-Inschr.-I (II R. 66. Z. 3) wechselt das Zeichen Nr. 212 mit den Lauten *ri-is* und die Syllabare II R. p. 7 Rev. 34; p. 36. Nr. 3. Z. 64 erklären das betreffende Zeichen ebenfalls durch *ris*. Das Syll. 360 bestimmt den Lautwerth von Nr. 288 auf *sub*; die Varianten Senk. I, 15. II, 21 bestätigen diese Angaben. Aus den Varianten Tigl. IV, 33. VII, 3. 11. VIII, 6 erhellt für das Zeichen Nr. 236 der Lautwerth *sit*, derselbe, den ihm Syll. 371 beilegt. Die Varianten Senk. I, 20. Sarg. Cyl. 2 ergeben für das Zeichen Nr. 235 den Lautwerth *sat*, genau den gleichen, den ihm das Syll. 519 zutheilt. Der Lautwerth *tuk* weiter, den Syll. 267 dem Zeichen Nr. 242 beilegt, ergiebt sich nicht minder aus einer Vergleichung der Varianten Senk. II, 21; der Lautwerth *sak* endlich, den die Syllabare 482. 805 dem Zeichen Nr. 216 zuschreiben, erfährt s. Bestätigung durch die Varianten Sard. I, 36. 39. III, 115 Stand. Inscr. p. 3. (8).

Dasselbe erhellt aber auch für die Ideogramme. Ich weise hin z. B. auf das Zeichen Nr. 302, das nach einem Syllabare II Rawl. 11. Av. l. 21—28 den Sinnwerth von *nadan* „geben“ hat, denselben Werth, der I Rawl. 70. I. Z. 17 für das Zeichen kategorisch durch den Zusammenhang gefordert wird. Das Gleiche gilt für den ideogrammatischen Werth des Zeichens 308 „schreiben“, der durch die Variante Sard. I. 99: *aspur* = „ich schrieb“ fixirt wird, derselbe Werth, den ihm das Syllabar II Rawl. 11. Z. 31. 33 zutheilt. Vgl. noch für das Ideogramm für *sukkallu* das Syll. 549 mit E. J. H. IV. 18. und Bors. II, 16; für die Ideogramme für die Begriffe „Gott“ *ilu*; „gross“ *rabu*; „Fürst“ *sarru*, „Bruder“ *ahu* u. andd. unsere Abhandlung im Bd. XXIII. der DMG. (*passim*).

Nach dieser Rechtfertigung der Angaben der Syllabare hiesse, an deren allgemeiner Richtigkeit und Zuverlässigkeit zu zweifeln, mit sehenden Augen blind sein wollen. Es bedarf keiner Ausführung, dass in diesen Syllabaren dem Entzifferer ein Hilfsmittel zu Gebote steht, wie es erwünschter nicht sein kann. Und wiederum leuchtet ein, wie sehr sich die Aussichten des Entzifferers auf Erfolg seiner Bemühungen durch das Hinzukommen dieses neuen Hilfsmittels zu den bereits von uns erörterten steigern müssen. Diese von uns bislang in Betracht gezogenen Hilfen bilden nun freilich auch die vornehmsten Stützen seines Entzifferungsgebäudes, und ohne sie würde es um ein erfolgreiches Entzifferungsgeschäft schlecht bestellt sein. Dennoch ist der Entzifferer auf sie allein nicht angewiesen. Auch noch einige weitere Stützen seines Gebäudes stehen ihm zu Gebote und werden von ihm nicht selten freudig begrüsst. Richten wir auch auf sie noch unsere Aufmerksamkeit.

IV. Die bildlichen Darstellungen.

Dahin gehören zuvörderst die **bildlichen Darstellungen**, mit welchen vielfach die Platten der Paläste Niniveh's bedeckt sind. Wie sich von vornherein vermuthen lässt, beziehen sich auf diese Darstellungen vielfach die Inschriften, mit denen dieselben Platten bedeckt sind. Es ist klar, wie in nicht seltenen Fällen die bildliche Darstellung dem Entzifferer zum Winke dienen und über manche dunkle Punkte Licht verbreiten kann. Wir haben bereits in unserer früheren Abhandlung (Z. DMG. XXIII. S. 341) ausgeführt, wie in einer Inschrift, welche sich auf dem kleinen Obelisk Salmanassars II (aus schwarzem Basalt) über einem Bilde, einen vor dem assyrischen Grosskönige knienden König oder Abgesandten darstellend, dem tributbringende Personen folgen, findet, die Lesung des Namens des tributbringenden Fürsten, des Königs Jehu von Israel, seinerzeit zum guten Theil mit wird ermöglicht sein eben durch diese die Inschrift erläuternde bildliche Darstellung. Dasselbe gilt von einer zweiten, über einer bildlichen Darstellung sich findenden Inschrift dieses Obelisks. Dieses zweite Bild führt nämlich unter den dargebrachten Gegenständen auch ein zweihöckriges Kameel vor. Es steht somit zu vermuthen. dass unter den aufgezählten, als Tribut dargebrachten, Gegenständen auch eines solchen zweihöckrigen Kameeles werde Erwähnung gethan sein, eine Vermuthung, die sich in jeder Beziehung als eine richtige erweist, wie ich ebenfalls bereits an einem anderen Orte gezeigt habe (s. meinen Aufsatz: „Das baktrische Kameel und das Land Musri der Keilinschriften" in Z. DMG. XXIV S. 436—38). Einen ähnlichen Fall bietet die bildliche Darstellung auf einer der Platten des Saales Nr. VIII des Khorsabadpalastes, welche uns eine Hinrichtungsscene, die Schindung eines Menschen, vorführt. Es versteht sich, dass in der daneben stehenden Inschrift von dieser Procedur die Rede sein werde: ein mit dieser Voraussetzung an die Inschrift Herantretender findet diese Vermuthung bestätigt. S. Oppert im Journ. Asiat. VI, 3. 1864. p. 51. Ein letztes von uns anzuführendes Beispiel liefern uns die berühmten Jagdinschriften Assurbanipals I Rawl. pl. 7. Nr. IX, vergleichen wir dieselben mit den dazu gehörigen bildlichen Darstellungen. Wenn wir hier auf dem einen Bilde den König einen Löwen bei den Ohren packen sehen und in der dazu gehörigen Inschrift lesen, dass der König das Thier an seinen *X.* gefasst habe (*asbat ina X-su* = „ich packte ihn an seinen . . . . ."), so liegt zu Tage, dass wir an der untranscribirt und unübersetzt gelassenen Stelle einen Ausdruck wie „Ohren" zu vermuthen haben, und wenn wir nun an anderen Stellen das fragliche Ideogramm mit den Lauten *uzni* wechseln sehen, so bedarf es keiner weiteren Auseinandersetzung, dass wir dieses Wort, das an das hebr. אֹזֶן „Ohr" unmittelbar anklingt, in die offengelassene Lücke einzusetzen haben, dass somit das betreffende Zeichen

1) das Ideogramm für den Begriff „Ohren“, und dass 2) sein phonetisches Aequivalent *uznâ* ist. Vgl. Opp. Exp. en Més. II. 358 sq. Und wenn wir in einer zweiten Inschrift neben einem den König, wie er den Löwen beim Schweife ergreift, darstellenden Basrelief lesen: *ina* I'. *aṣbat* „ich packte ihn bei dem . . . . .“, so ist mit Sicherheit daraus zu schliessen, dass das betreffende Ideogramm den Begriff „Schweif“ repräsentirt, sind wir auch im Uebrigen nicht im Stande, das phonetische Aequivalent aufzuzeigen [1]). Und schliesslich, wenn in allen diesen bildlichen Darstellungen der Löwe als das zu erlegende Thier erscheint, weiter in allen den Stellen dieser Inschriften, wo wir den Namen des betreffenden Thieres vermuthen müssen, ein und dasselbe Ideogramm auftritt, so werden wir mit zwingender Nothwendigkeit daraus schliessen, dass dieses Ideogramm dasjenige für den Begriff „Löwe“ ist; ein Schluss, der sich dann freilich auch sonst als ein richtiger und zuverlässiger erweist.

Wir hoffen, dass die oft sehr dankenswerthe Hilfe, welche solche bildliche Darstellungen dem Entzifferer bieten können, aus dem Dargelegten erhelle. Es kann aber Fälle geben, wo dem Entzifferer auch solche bildliche Darstellungen nicht die nöthigen Fingerzeige an die Hand geben und wo er sich abermals nach einem neuen Hilfsmittel umsehen muss. Ein solches gewährt ihm

V. die geschichtliche Tradition,

sei es, dass sich diese bezieht auf Schrift und Sprache des Volks, sei es dass sie sich bezieht auf seine Sitten, Gewohnheiten, seine Anschauungen, seine Thaten, Schicksale u. s. w. Basirend auf einer solchen geschichtlichen Tradition gelangten gleich die Entzifferer der Keilschrift dritter Gattung zu der Möglichkeit der Entwerfung der ersten Grundlinien aller Entzifferung derselben und zwar näher in folgender Weise. In Folge der Ausgrabungen zu Niniveh in den vierziger Jahren überzeugte man sich bald, dass die Gattung von Keilschrift, welche auf den Achämenideninschriften immer den dritten Platz einnahm, in allem Wesentlichen identisch war mit derjenigen Keilschriftart, welche sich in den Palästen Niniveh's, also auf assyrischen Denkmälern wiederfand. Es war die Vermuthung unmittelbar nahe gelegt, dass auch die Sprache in den beiderlei Inschriften die gleiche sei, dass also die Sprache der dritten Gattung der Achämenideninschriften keine andere sei, als die assyrische. Nun aber wusste man aus 1. Mos. Kap. 10, aus der sogenannten Völkertafel, dass die Assyrer zu den semitischen Völkern gerechnet wurden. Die Combination drängte sich mit unabweisbarer Gewalt auf, dass auch die Sprache der Keilinschriften dritter Gattung eine semitische d. i. hebräischartige sei. Man trat

---

1) Opp. a. a. O. umschreibt das Ideogramm durch *zanabi* ([illegible]), doch kann ich für diese Transcription einen Beleg nicht beibringen.

mit dieser aprioristischen Ueberzeugung an das Entzifferungsgeschäft heran, und der Erfolg bewies, dass jene Vermuthung eine sehr glückliche und richtige gewesen.

Fast lediglich auf Grund der historischen Tradition, näher auf Grund der uns sonst bei den Hebräern, Griechen u. s. f. überlieferten historischen Nachrichten ist auch die erste Enträthselung der hauptsächlichsten Eigennamen der assyrischen Könige gelungen. Wir nehmen keinen Anstand zu behaupten: hätten die Entzifferer nicht die Tradition als leitende Hand zur Seite gehabt, so wäre die Enträthselung dieser Eigennamen vielleicht nie zu Stande gekommen, jedenfalls unendlich langsamer von Statten gegangen, dieses einfach aus dem Grunde, weil die sämmtlichen hier überhaupt in Betracht kommenden, assyrischen Königsnamen fast nur ideogrammatisch sich geschrieben finden. Las man nun aber in einer assyrischen Inschrift (dem Taylor'schen Sanheribcylinder) wiederholt von einer Stadt Ursâlimmu (I Rawl. 39 col. III. Z. 8. 32) und einem „jüdischen Könige Ḫazakijahu“ (38 Z. 71. 72; 39 Z. 11. 12. 39), in welchen Namen Jeder ohne Weiteres die bekannten: Jerusalem und Hiskia wiedererkennt; ward nicht minder wiederholt in dieser selben Inschrift der Könige des Landes „*Muṣuri*“ (Mizraim) d. i. — Aegypten, sowie des Landes *Miluḫḫi* d. i. Meroë Erwähnung gethan (38 Z. 73. 80. 81), so war die Combination unmittelbar nahe gelegt, dass der von diesen Personen, Völkern und Städten erzählende assyrische König kein anderer als der aus der Bibel und den Klassikern als Bekämpfer Judas und Aegyptens bekannte assyrische König Sanherib sei. Man identificirte demgemäss mit Zuversicht den Namen des in dieser Inschrift von sich erzählenden assyrischen Königs mit dem Namen Sanherib, wenn man auch zunächst noch völlig ausser Stande war, den ideogrammatisch geschriebenen Namen graphisch zu analysiren. Allmählich ist man nun auch allerdings hierzu gelangt, also, dass man sich über die Schreibweise des Namens bis in die kleinsten Details Rechenschaft zu geben im Stande ist. Dieses letztere ist aber erst ex post geschehen. Zuvörderst hat man das betreffende Ideogramm lediglich historisch auf den Namen des betreffenden Königs gedeutet, hinterdrein erst hat man es graphisch bestimmt und grammatisch erklärt.

Bei dem Namen eines anderen assyrischen Königs, Sargon's, war man von vornherein in einer günstigeren Position. Man hatte nämlich bald erkannt, dass das erste Element seines Namens (s. u.) identisch war mit jenem Zeichen, welches gar bald nach Beginn der Entzifferungsversuche als das Königszeichen bestimmt war, das sich also, bei vorausgesetztem semitischen Typus der betreffenden Sprache, *malik* oder *šar* lesen liess. Da nun mit dem Namen *malik* beginnende assyrische Königsnamen nicht bekannt waren, so blieb nur *šar* übrig, mit welchen Lauten sofort zwei überlieferte assyrische Königsnamen begannen: Sargon und Sardanapal. Da der letztere wegen seiner Länge in Wegfall kam, so blieb nur Sargon übrig. An der Richtigkeit dieser Combination konnte um so weniger ein Zweifel sein, als dieser König in seinen Inschriften wiederholt von der Stadt Samarien (*Samirina*) Botta, pl. XVI, 31 ff. XIX, 28. XXXVI, 18. XL, 26, und dem „Hause des Omri" (*bit Humri*) XVI, 31. XVIII, 25) redete, ja auch von der Eroberung der Stadt Asdod (vgl. Jes. 20, 1) berichtete (Botta CL. Z. 8). Bei damals sofort angenommener Identification von Salmanassar, dem Eroberer Samariens, und Sargon, dem Eroberer Asdods, machte die Differenz in den Angaben der Bibel über die Eroberung Samariens durch den Salmanassar gegenüber der Inschrift, die diese Waffenthat dem Sargon zuschrieb, keine Bedenken, und mit glücklichem Griff ward die Identification des fraglichen Königsnamens mit dem Namen Sargon vollzogen. Nach so geschehener Feststellung der Namen Sargon und Sanherib fiel die Identification eines dritten ideogrammatisch geschriebenen Königsnamens, nämlich desjenigen Asarhaddon's, den Assyriologen gewissermassen in den Schooss. Denn auf den Backsteinen, die von diesem Könige herrühren (I Rawl. 48 Nr. 2 und 3), bezeichnet sich derselbe als der Sohn Sanheribs und Enkel Sargons. Der Enkel konnte somit nur Asarhaddon sein (2 Kön. 19, 37).

Lediglich auf einer solchen und zwar näher historisch-geographischen Combination beruht die Verificirung der in den assyrischen Texten phonetisch als *Jatnan* bezeichneten Insel als der Insel Cypern. Die Städte nämlich, welche als auf dieser Insel *Jatnan* belegen in der, von Asarhaddon herrührenden, Tafel I Rawl. 48 Nr. 1 aufgezählt werden (*Idi'al* = Idalium; *Sillu'mi* = Salamis; *Pappa* = Paphos; *Sillu* = Soloe; *Amtihadasti* = Amathus; *Tamisi* = Tamassus u. s. f.) sind solche der Insel Cypern. In ähnlicher Weise ward, weil die Städte Tyrus, Sidon u. s. f. zu seinem Gebiete gerechnet werden, das Land *Aharri* (I Rawl. 35 Z. 11) als mit Phönicien identisch bestimmt. Dann den Namen selber zu begreifen, machte keine Schwierigkeit: die Combination des Wortes *Aharri* mit dem hebr. *âhôr* (אחור) und die Deutung des Namens als des „Hinterlandes" d. i. des Westlandes bot sich von selber dar.

VI. Die freie Combination.

Es versteht sich, dass es unter Umständen dem Forscher verstattet ist, auch auf dem Wege der reinen Combination vorzugehen, um in einem Falle, wo er von allen sonstigen Hilfsmitteln verlassen ist, zum gewünschten Ziele zu gelangen. Ist es doch bekanntermassen dem einstigen Entzifferer der ersten Keilschriftgattung, Grotefend, lediglich auf Grund einer solchen freien Combination gelungen, seine grundlegenden paläographischen Resultate zu erzielen: als er seine Entzifferung der Achämenideninschriften begann, stand ihm weder ein Alphabet noch eine Uebersetzung der Inschriften zu Gebote. Auch die Entzifferer der dritten Keilschriftgattung haben nicht selten mit Erfolg von einer solchen reinen Combination Gebrauch gemacht. Ich bringe nur die folgenden Beispiele bei. Bis. 83 begegnen wir an zwei verschiedenen Stellen nach der Sylbe *id* und vor der Sylbe *su* (bezw. *sun*) einem Zeichen *X*., das zunächst unklar ist. Nun aber lehrt der Zusammenhang, dass hier ein Verbum zu erwarten, das den Begriff „tödten" = „er tödtete", ausdrückt. Dieser Begriff wird in der Behistuninschrift wiederholt durch das Verbum *duk*, Impft. *iddak* wiedergegeben. Es liegt die Combination nahe, dass das unbekannte Sylbenzeichen *duk* gelautet habe und mit dem vorhergehenden *id* zu *iddak* zu ergänzen sei. Weitere Untersuchung hat die Richtigkeit der Combination ausser Zweifel gestellt. Ein anderes Beispiel der Art liefert uns eine grammatische Tabelle II R. 11 Z. 18 (s. o. S. 20). Hier lesen wir im assyrischen Texte: *i-sa-ar-X*, mit einem zunächst unbekannten Zeichen an vierter Stelle. Ein Blick auf die fragliche Conjugationstabelle und auf die Form *iskun* Z. 14, gegenüber *iskun* Z. 10, zeigt, dass wir es Z. 13 ff. mit Paalformen zu thun haben. Das Paal von dem Z. 9 uns entgegentretenden Kal *isrok* kann regelrecht nur *isar-rak* lauten. Es lässt sich somit mit mathematischer Gewissheit folgern, dass das unbekannte Zeichen in Z. 13 *rak* gelautet habe, da lediglich durch diese Sylbe *rak* die Sylben *i-sar* . . . . zu *isarrak* sich ergänzen [1]).

Es bedarf natürlich keiner Auseinandersetzung, dass, stützt man Entzifferungen auf eine solche reine Combination, die äusserste Umsicht und Vorsicht geboten ist. In noch höherem Masse wo möglich gilt, was wir in Obigem bezüglich der paläographischen Bestimmungen ausgeführt haben, von den l i n g u i s t i s c h e n auf blosse Combination gegründeten Aufstellungen. Namentlich können wir an diesem Orte nicht eindringlich genug vor übereilten E t y m o l o g i e n warnen. Dazu darf der Entzifferer niemals den Satz aus dem Auge verlieren, dass alle s p r a c h l i c h e Combination, die von den Texten losgelöst ist, rein in der Luft schwebt. Im Namen der Wissenschaft ist gegen alles derartige willkührliche Etymologisiren Protest einzulegen. Jede Etymologie, die gemacht ist, ohne dass man die assyrisch-babylonischen Originaltexte selber untersucht und ohne dass man zuvor von der in ihnen enthaltenen Sprache sich Rechenschaft gegeben hat, ist von vornherein in den Papierkorb zu werfen. Wenn also z. B. Jemand assyrische oder babylonische Eigennamen aus dem Persischen oder dem Sanskrit zu erklären versuchen wollte, so kann dieses an sich vielleicht ein vollkommen gerechtfertigtes Unternehmen sein; dasselbe ist aber so lange werthlos, als der Betreffende nicht aus den assyrischen Originaltexten den Beweis geliefert hat, dass die Sprache der Assyrer wirklich eine sanskritische gewesen ist oder aber dass die Herrscher eine andere Sprache geredet haben, als diejenige, in der sie von sich

1) Oppert bezeichnet *E. M. II.* 40 diese besondere Art von Combination als *déchiffrement par nécessité philologique.*

in ihren Inschriften erzählen. Und so umgekehrt bei Etymologien auf Grund der nicht anderweit gestützten aprioristischen Annahme des semitischen Charakters der assyrischen Sprache. Es wäre ein solches Unternehmen um so bedenklicher und gefährlicher, als das Verfahren des Etymologen ein grundverschiedenes sein wird, je nach den Gesetzen der Sprache, der das etymologisch zu behandelnde Wort angehört. Aeusserer Gleichklang der Laute ist hier ebensowenig entscheidend, wie scheinbare gänzliche Verschiedenheit derselben. Wer würde auf den ersten Blick einen etymologischen Zusammenhang zwischen dem lateinischen *dies* und dem französischen *jour* vermuthen, und doch ist diese Zusammengehörigkeit eine zweifellose; und wiederum, wie leicht könnte sich Jemand versucht fühlen den französischen Stadtnamen *Verdun* mit dem altpersischen *vardanam* „Stadt" zu combiniren, oder aber den Namen der auf sieben Hügeln erbauten Tiberstadt mit der semitischen Wurzel *rûm* „hoch sein" zusammenzustellen, oder endlich bei dem ersten Theile des Namens Theodorich an das griechische *θεός* zu denken [1]), und wie thöricht und völlig luftig würde doch ein solches Beginnen sein! Es ist ein unbezweifelbarer Satz: eine jede von der historischen Tradition und dem sei es in der lebendigen Volkssprache sei es in der überlieferten Literatur eines Volkes gegebenen sprachlichen Untergrunde losgelöste sprachlich-etymologische Combination ist völlig werthlos und dazu noch obendrein leicht irreführend. Erst willkührlich etymologisiren und dann verlangen, dass der Entzifferer auf Grund dieser Etymologien sein Entzifferungsgeschäft unternehme, heisst das Oberste zu unterst kehren, heisst da anfangen, wo man füglich aufhören sollte. Ist man sich aber auf Grund der historischen Tradition und auf Grund der Prüfung der überkommenen Literaturreste über das allgemeine Wesen einer Sprache klar geworden, so ist natürlich der Zeitpunkt gekommen und ist man berechtigt, durch etymologische Combinationen über Einzelheiten Licht sich zu verschaffen. Und dass in diesem Falle solche sprachlichen Combinationen dem Entzifferer einen sehr wesentlichen Dienst bereits geleistet haben, wer, der überhaupt mit diesen Dingen näher vertraut ist, wollte das in Abrede stellen? —

Dies die Hilfsmittel, welche dem Entzifferer zu Gebote stehen, und durch deren Ausnutzung er die sich ihm entgegenthürmenden Schwierigkeiten zu bewältigen streben muss. Sind sie auch für den Entzifferer von gar verschiedenem Werthe: immerhin ist ihre Zahl eine so grosse und ist ihre Beschaffenheit eine solche, dass an dem schliesslichen Gelingen der Entzifferungsversuche schon von vornherein nicht wohl gezweifelt werden kann und gezweifelt werden konnte. Der Entzifferer der assyrisch-babylonischen Keilinschriften

1) Das Wort ist bekanntlich mit Dietrich identisch und bedeutet ursprünglich „Volksherrscher" (vom althochdeutsch *diot* „Volk" und *rîh* = goth. *reiks* = lat. *rex* „Herrscher", „Fürst").

ist hier in manchen Beziehungen günstiger gestellt, als es der einstige Enträthsler der ägyptischen Hieroglyphen war, da diesem im Vergleich zu Jenem in Uebersetzung verhältnissmässig nur ein sehr geringes Material vorlag, das er als Grundlage und Ausgangspunkt für seine Untersuchungen und Combinationen verwerthen konnte (nämlich in dem Stein von Rosette und einigen anderen Inschriften). Dazu entbehrte die Aegyptologie eines gleich sichern und zuverlässigen Führers, wie der ist, den die Assyriologen in den oben besprochenen Syllabarien besitzen. Wenn nun auch dem gegenüber vielleicht die in dem Wesen der assyrischen Schrift begründeten Schwierigkeiten der Entzifferung der Keilinschriften dritter Gattung diejenigen der Enträthselung der ägyptischen Inschriften noch in etwas überragen mögen: dennoch wird Niemand bei dem dargelegten Stande der Dinge an der Möglichkeit einer Entzifferung zweifeln können, vorausgesetzt, dass dieselbe mit der nöthigen Sorgsamkeit, Umsicht und Methode unternommen wird.

Uebergang.

Von der Methode der Entzifferung.

Die bei dem Entzifferungsgeschäft zu befolgende Methode kann naturgemäss nur darin bestehen, dass man Ausgang nimmt von den dreisprachigen Inschriften und zuvörderst die den Eigennamen des persischen Textes entsprechenden Zeichen oder Zeichengruppen auszusondern sucht, um auf diese Weise einen Einblick in die Eigenthümlichkeit der Schrift des babylonischen Textes zu gewinnen und namentlich das Alphabet, beziehungsweise das Syllabar (s. u.) festzustellen. Nachdem dieses geschehen, wird man mit dem so gewonnenen Alphabete oder Syllabare an den übrigen Theil des Textes heranzutreten und das persische Wortgefüge Schritt für Schritt mit dem babylonischen zu vergleichen haben. Auf diese Weise wird sich einerseits noch weiter das Wesen der Schrift enthüllen, anderseits wird man so hoffen dürfen, in die Eigenart der Sprache dieser Inschriften einzudringen und namentlich darüber ins Klare zu kommen, ob die in diesen Inschriften enthaltene Sprache zu einer uns auch sonst bekannten Sprachengruppe gehört. Ist man hierüber in Folge zu Tage liegender unzweifelhafter Thatsachen zu einer Gewissheit gelangt; ist es constatirt, dass die Sprache, die sich hier erschliesst, einen Typus zeigt, der, uns auch sonst schon bekannten, Sprachen eignet, so wird man zuzusehen haben, ob man von dieser Voraussetzung über das Wesen der Sprache aus auch die noch nicht enträthselten Partien des Textes zu bewältigen im Stande ist. Gelingt auch dieses, und wird so, immer an der Hand des persischen Originaltextes, eine Sprache blossgelegt, die in allem Wesentlichen und Charakteristischen einer uns sonst bekannten Sprache sich nebenordnet, einer sonst bekannten Sprachengruppe sich einfügt, so ist die Entzifferung als gelungen zu betrachten: das Geschäft des Entzifferers hat ein Ende und dasjenige des Exegeten und Linguisten beginnt. Der Letztere insonderheit hat der neuermirten Sprache ihre Stelle innerhalb der Sprachenfamilie, zu welcher sie gehört, anzuweisen, sowie die Eigenthümlichkeiten, die die neugefundene Sprache bietet, aufzuzeigen und aus dem Organismus der betreffenden Sprachenfamilie zu erklären. Wie dieses im Einzelnen zu geschehen hat, mit welcher Vorsicht und Umsicht hierbei zu verfahren ist, welche Kreuz- und Querzüge dabei von dem Entzifferer unternommen werden müssen, um zu dem gewünschten Ziele zu gelangen, haben wir in unsrer früheren Abhandlung [1]) an einem einzelnen Beispiele mit solcher Ausführlichkeit gezeigt, dass wir uns hier einer nochmaligen Darlegung füglich für überhoben erachten können. Lediglich darauf mag hier noch hingewiesen werden, dass nur eine *durchgeführte* Vergleichung der beiden Texte und eine *vollständige* Analyse der babylonischen Version, bei der das *Gesammtbild* der gewonnenen Sprache zu Tage tritt, auf den Namen einer Entzifferung Anspruch machen kann. Gegen das Herausgreifen von, aus dem Zusammenhange losgelösten, Einzelheiten und darauf gebaute Schlussfolgerungen müssen wir von vornherein Einsprache thun. Wohl kann es Fälle geben, wo scheinbar der Entzifferer die Wahl hat, ob er ein Wort so lesen und es dann aus dieser Sprache, oder aber so lesen, und dann aus einer anderen Sprache erklären soll. Ehe aber der Entzifferer in solchen zweifelhaften Fällen den Entscheid trifft, hat er sich zuvor von der *ganzen sonstigen* Art und dem *ganzen sonstigen* Typus der betreffenden Sprache eine Vorstellung zu verschaffen. Derselbe hat von dem unzweifelhaft Richtigen aus das noch Zweifelhafte zu begreifen und zu erklären zu suchen. Thut er das, so wird auch bald dem Schwanken ein Ende werden und es sich herausstellen, dass in dem besonderen Falle doch nur *eine* Möglichkeit in Wirklichkeit existirt. Doch schon greifen wir mit dieser Schlussfolgerung hinüber in den zweiten Theil unserer Abhandlung, der die unter Benutzung der oben besprochenen Hilfsmittel und unter Befolgung der dargelegten Methode gewonnenen *Ergebnisse* vorzuführen und zu prüfen hat. Wenden wir uns nunmehr zu diesem Theile unserer Betrachtung.

---

1) S. Z. D. M. G. Bd. XXIII. S. 348–364.

Zweiter Theil.

Die Ergebnisse der Entzifferung und deren Prüfung.

1. Die Schrift.

A. Der syllabarische Charakter der assyrischen Schrift.

1. Darlegung des Faktums.

Es war im Jahre 1849, als der um die Assyriologie so hoch verdiente und der Wissenschaft leider zu früh entrissene englische Gelehrte, Dr. Hincks, das bedeutsame Faktum signalisirte und in seiner Abhandlung *On the Khorsabad inscriptions* des Näheren darlegte, dass die assyrische Schrift, soweit sie überall phonetisch, keine alphabetische, denn vielmehr eine syllabarische sei d. i. eine solche Schrift, in welcher nicht die einzelnen Sylbentheile: Consonant und Vokal, getrennt und ein jeder durch besondere Zeichen ausgedrückt werden (wie solches in unseren Schriftarten der Fall ist und so auch in der altpersischen Schrift der Fall war), sondern eine solche, in der die Sylben d. i. der Consonant sammt dem ihn zum Tönen bringenden Vokale durch Zeichen ausgedrückt würden, in der Art näher, dass man z. B. für die Laute *ka*, *ki*, *ku* und wiederum *ak*, *ik*, *uk* sechs besondere, verschiedene Zeichen im Gebrauche hätte, nicht minder aber auch solche für „zusammengesetzte“ d. h. mit einem Consonanten gleicherweise anfangende und schliessende Sylben, wie *kam*, *kas*, *rak*, *tur* u. s. f. Gleichzeitig indess zeigte Hincks, dass auch durch die „einfachen“ Sylbenzeichen wie *ba*, *la*, *al*, *ak* u. s. f. zusammengesetzte Sylben ausgedrückt werden könnten, auf die Weise nämlich, dass eine mit einem bestimmten Vokale schliessende Sylbe von einer mit demselben Vokale anfangenden Sylbe aufgenommen ward, so dass also z. B. durch das Zusammentreten der Sylbenzeichen für *bu* und *uk* = *bu-uk* die Sylbe *buk* zum Ausdruck kam. In gleicher Weise traten *bi-ir*, *ra-am*, *la-ak* u. s. f. zum Ausdrucke der Sylbe *bir*, *ram*, *lak* zusammen u. s. f. Die Richtigkeit dieser auf den syllabarischen Charakter der assyrischen Schrift sich beziehenden Beobachtung ist eine zweifellos richtige und dieselbe demgemäss auch, nachdem das Gesetz ausgesprochen, niemals mehr der Gegenstand eines Bedenkens geworden. Man findet dieser Eigenthümlichkeit der Schrift gemäss also z. B. den Namen „Ormuzd“ (*Urimizda*, *Uramazda*, *Ahuramazda*, *Ahuramazdu*, *Urumazda*) geschrieben: *U-ri-mi-iz-da*, oder *U-ra-ma-az-da* oder *A-hu-ru-ma-az-da* oder *A-hu-ru-ma-az-du* oder endlich *U-ru-ma-az-da* (s. die Belege in der unten anzuführenden Schrift Ménant's *le Syll. Ass.* p. 83). Wiederum begegnen wir jenem Schriftgesetze gemäss dem Namen Achämenes geschrieben entweder *A-ha-ma-ni-ši* = *Ahamaniš*, oder

A-ḫa-ma-an-ni-iš-ši = *Aḫamannišši*, oder *A-ḫa-ma-an-ni-iš-ši* (dass.), oder *A-ḫa-ma-ni-iš-ši* = *Aḫamanišši*, oder *A-ḫa-ma-ni-ši* = *Aḫamaniši*, oder endlich *A-ḫa-man-ni-iš-ši* = *Aḫamannišši* (s. Mén. a. a. O. 86). Dem gleichen Gesetze gemäss begegnet uns der Name Cyrus geschrieben entweder *Ku-ra-aš* oder *Ku-raš*; der Name Artaxerxes entweder *Ar-ta-ḫa-at-šu* oder *Ar-tak-šat-šu* oder endlich *Ar-ta-ak* . . . . .; der Name Persien entweder *Pa-ar-šu* oder *Par-šu* (*ša*), der Name Parthien entweder *Pa-ar-tu* oder *Par-tu* u. s. f.

2. Nachweis der Sylbenwerthe der einzelnen Zeichen.

Kann hiernach über das allgemeine Wesen der assyrischen Schrift, soweit sie eine phonetische, kein Zweifel sein, so würde es nunmehr unsere Aufgabe sein, die den verschiedenen syllabarischen Zeichen von den Entzifferern beigelegten Werthe im Einzelnen zu prüfen. Dieser Mühe sind wir nun aber für die eine Gattung von Sylbenzeichen, nämlich für diejenigen, die einfache Sylbenwerthe wie *ka*, *ki*, *ku*, *ad*, *il*, *ul* u. s. f. anzeigen, durch eine ausgezeichnete Abhandlung überhoben, welche der um die Förderung der assyrischen Studien bereits vielfach verdiente Joachim Ménant zu Havre-Paris unter dem Titel: *le Syllabaire Assyrien*, als t. VII der 1. Sér. (*Sujets divers d'érudition*) in den *Mémoires présentés par divers savants à l'académie des inscriptions et belles lettres* vom Jahre 1869 (pp. 455 in 4to) veröffentlicht, und an welcher der Verfasser fast ein ganzes Decennium gearbeitet hat. Der Verfasser hat in dieser Schrift die verschiedenen einfachen syllabarischen Werthe mit einer solchen Umsicht und Sorgfalt eruirt und gerechtfertigt, dass wir den Leser für diese Klasse von Zeichen (ihrer hundert etwa an der Zahl) einfach auf diese Schrift verweisen können. Die von Ménant aufgezeigten Werthe sind dieselben, welche wir den Zeichen in der dieser Schrift vorgesetzten Schrifttafel beigelegt haben und welche nicht minder der Herausgeber des ersten assyrischen Lexikons, Edw. Norris, in der dem Lexikon voranfgeschickten Uebersicht über die Schriftzeichen den betreffenden Zeichen zuschreibt.

Aber jene einfachen Sylbenzeichen beschlagen, wie bemerkt, lediglich einen Theil und zwar den kleinsten der Lautwerthe der assyrischen Schrift. Noch erübrigt die auf mehrere hundert sich belaufende Anzahl der zusammengesetzten Sylbenzeichen, auf welche sich die Nachweise Ménants nicht mit erstrecken. Und da nun auch sonst ein auch nur annähernd auf Vollständigkeit Anspruch erhebender Versuch eines Nachweises der Werthe dieser Art von Zeichen bislang nicht gemacht ist (bei Oppert finden sich nur sporadisch und gelegentlich bezügliche, im Uebrigen sehr schätzbare Bemerkungen und die, nicht minder dankenswerthe, von Norris seiner Liste der „*compound syllables*" (vor. s. *Dictionary I.*) beigegebenen Belege aus den Texten betreffen auch nur einige sechzig Zeichen bezw. Werthe, so dürfte ein etwas umfassenderer, für über drittehalbhundert Werthe die Belege gebender Nachweis gewiss nicht unwillkommen sein. Müssen wir uns auch dagegen verwahren, als ob wir beanspruchten, in diesem Nachweise etwas durchaus Vollständiges zu liefern (dieses wäre uns schon bei den unzureichenden Hilfsmitteln, die uns, da uns die Schätze des Louvre und des britischen Museums gänzlich unzugänglich sind, zu Gebote stehen, von vornherein unmöglich), so glauben wir doch, dass die nachfolgende Liste mit ihren Nachweisen dazu dienen wird, dem Leser zu zeigen, einerseits dass die den verschiedenen Zeichen von den Entzifferern zugeschriebenen Werthe nichts weniger als solche sind, die ihnen willkührlich beigelegt wären, und andererseits dass die Zahl der ohne Schwierigkeit für einen Sachkundigen nachweisbaren Werthe eine so bedeutende ist, dass die Zahl der, im Folgenden von uns (zum guten Theil weil uns überall noch nicht vorgekommen) nicht berücksichtigten, Zeichen und Werthe dagegen gar nicht in Anschlag genommen werden kann. Beiläufig bemerke ich, dass, soviel ich sehe, unter den besprochenen zusammengesetzten Zeichen sich die sämmtlichen Zeichen dieser Art befinden, welche uns in den trilinguen Inschriften entgegentreten.

Noch füge ich über die Art, wie man zu der Fixirung des Lautwerthes eines zusammengesetzten Sylbenzeichens gelangt, bei, dass dieselbe nach dem, über die Hilfsmittel der Entzifferung im Allgemeinen Ausgeführten, vornehmlich auf dreifach verschiedene Weise zu Stande kommen kann. Am einfachsten und unmittelbarsten werden die Werthe für diese Art von Zeichen an die Hand gegeben durch die Syllabarien, wie wenn z. B. der Lautwerth des Zeichens Nr. 67 durch Syll. 686 auf *pa-al* d. i. *pal*, derjenige des Zeichens Nr. 181 durch Syll. 435 auf *pa-ar* d. i. *par* u. s. f. geradezu bestimmt wird. Nicht minder häufig sind es die Paralleltexte, die durch variirende Schreibart, indem sie nämlich das eine Mal das zusammengesetzte Sylbenzeichen, das andere Mal zwei einfache Zeichen statt desselben bieten, dem Entzifferer den erwünschtesten Aufschluss über den Lautwerth eines zusammengesetzten Zeichens geben. So erhellt für das Zeichen Nr. 5 der Lautwerth *bal* aus der Variante der beiden Paralleltexte des Cylinders Tiglath-Pilesers VII, 68; der Lautwerth für das Zeichen für *gis* aus der Variante Sard. I. 42 u. s. f. Es versteht sich, dass zu demselben Resultate nicht minder führt die verschiedene Schreibart der laut der persischen Uebersetzung identischen Eigennamen der trilinguen Texte, wie wenn z. B. derselbe Name „Persien“ im assyrischen Texte das eine Mal *Par-šu*, das andere Mal *Pa-ar-šu*; der Name „Artaxerxes“ das eine Mal *Ar-tak-šat-šu*, das andere Mal *Ar-ta-ak-[šat-šu]* geschrieben wird u. s. w. Endlich drittens führen wiederholt auch Schlüsse auf die nothwendig zu erwartenden grammatischen Formen zu der Enträthselung eines unbekannten zusammengesetzten Zeichens (die „*nécessité philologique*"). Wir gehen auf Letzteres an diesem Orte nicht weiter ein, da wir bereits oben S. 57. das Nöthige darüber bemerkt haben.

Der Entzifferer hat alle diese verschiedenen Wege, zur Enträthselung eines dunklen Zeichens zu gelangen, sich stets gegenwärtig zu halten. Thut er dieses und steht ihm ausreichendes Material zu Gebote, so wird er nur selten auf die Dauer sich vergeblich nach einer phonetischen Auflösung eines Zeichens umsehen.

Lassen wir nunmehr die Liste der von uns nach ihren Lautwerthen aufgezeigten „zusammengesetzten" Sylbenzeichen folgen, bei der wir uns übrigens, wie wir noch vorab bemerken wollen, der äussersten Kürze und Prägnanz bezüglich der gegebenen Nachweise befleissigt haben: wir setzen eben voraus, dass sich der Leser die Mühe nicht verdriessen lässt, die Stellen in den Originalen selber nachzusehen.

1. *bak* s. *pak.*[1])

2. *bal* (*pal*) II Rawl. 28. 61. Nr. 5. e. d. (*pa-lu*). Vgl. auch *bal-tu* (lebendig) Beh. 83. D. P (L.) 3 mit *ba-laṭ* „Leben", „Stamm". Bors. col. II. 20. Serbszeit.-Nebuc.-Inschrift b. O. E. M. II. 274; endlich Sard. I, 81 (*ba-liṭ*).

3. *bil.* Sard. I. 56 (*bi-il*). II Rawl. 24. Z. 67 e. (*pi-il*).

4. *bîl.* Sard. I. 32 (*bi-la*).

5. *bul.* Tigl. VII. 68 (*bu-ul*).

6. *bul.* Khors. 70. 134 vgl. mit Beh. 25 (*bu-lu*).

7. *bum.* Scham. Bin II, 34. IV, 3 (Norr.).

8. *bap* s. *pap.*

9. *bar* (*par*). S. 687 (*ba-ar*). — Sard. II. 69. 70 (*pa-ar*).

10. *bir* (*pir*). Sard. I. 19 (*pi-ir*). Beh. 36 (*ni-tí-bi-ir*) vgl. mit Sch. Bin II, 34 (*'i-tí-bir*).

11. *bir.* Sard. II. 52. 54. 62 (*'i-tí-bir*).

12. *bur.* II Rawl. 29, 64. e (*bu-ur*). (Stand. J. 17 lesen wir auch einmal *Lu-bar-na*, wo Sard. III, 134 *Li-bur-na* steht).

1) Vgl. die Vorbemerkungen über die lautlichen Verhältnisse in dem grammatischen Theile der Abhandlung.

13. [cuneiform] *bis.* Beh. 55. Van III, 6 (*'i-bis*) vgl. mit Beh. 49. 50 (*'i-bi-su*).

14. [cuneiform] *bal.* Syll. 854 (*ba-al*). Senk. II, 8 (*su-ba-at*).

15. [cuneiform] *bit.* Syll. 364 (*bi-i-tu*). Beh. 67. 70. 83. 90 (*up-pab-bit*) vgl. mit Beh. 51. 56 (*up-pab-bi-tu-nu*).

16. [cuneiform] *but* s. *pit.*

17. [cuneiform] *gak* s. *kak.*

18. [cuneiform] *gik.* II Rawl. 39. Z. 15. e (*gi-ik*).

19. [cuneiform] *gik.* Syll. 151 (*gi-ik*).

20. [cuneiform] *guk.* Syll. 799 (*gu-uk*).

21. [cuneiform] *gal.* Syll. 123. II R. 48, 21 Rev. a (*ga-al*) I R. 52 Nr. 1. Z. 31 vgl. mit Neb. E. J. H. col. X. Z. 16.

22. [cuneiform] *gil* s. *kil*[1]).

23. [cuneiform] *gul.* Nebuc. sechsz. Z. 5 bei Opp. E. M. II. 278 vgl. mit Khors. 138 (*tu-gul-ti*).

24. [cuneiform] *gul.* Stand. 4 (*gul-lut*). S. *kul.*

25. [cuneiform] *gam.* II Rawl. 13, 50—53 c. d. vgl. mit 54 c. d., sowie mit 18, 28. d. (*ga-am-ru*).

26. [cuneiform] *gim.* Schams. Bin I, 4 vgl. mit Sardan. Monol. (I R. 27) Z. 9 (*gi-im-ri*). Vgl. auch *kim*, sowie Norr. 181.

27. [cuneiform] *gan.* Dis. 14. NR. 19 (*Gan-dari* = pers. *Gandâra*). S. auch *kan.*

28. [cuneiform] *gun* s. *kun.*

29. [cuneiform] *gap.* Syll. 339. 582 (*ga-pa*).

30. [cuneiform] *gap.* K. I, 6 (*ga-ab-bi*) vgl. mit K. II, 8 (*gab-bi*).

31. [cuneiform] *gup.* S. 487. Sard. II. 43 (*is-gub-ni* = *is-gu-ub-ni*).

---

1) Für *gil* steht mir ein direkter Beleg nicht zur Verfügung; auch was Norr. p. 175 beibringt, beweist nicht zwingend; doch vgl. laut. Vorbemm.

32. *gup.* Syll. 271 (*gu-bu*).

33. *gar.* Syll. 595 (*ga-ar*). II Rawl. 8, 8 a; 62, 25 a.

34. *gir.* Syll. 161 (*gi-ir*).

35. *gir* s. *kir.*

36. *gur.* Syll. 341. 573 (*gu-ur*)

37. *gis.* Sard. I. 42 (*gi-is*).

38. *git* s. *kit.*

39. *dih.* II R. 27. Obv. 49. a. (*di-ih*).

40. *dak.* II R. 27. Obv. 47. a (*da-ak*).

41. *duk.* II R. 7 Rev. 33. a (*du-uk*).

42. *duk.* Beh. 65 (*id-duk*) vgl. mit Beh. 31. 51. 52. 67 (*id-du-ku*). Sard. II, 41. (wechselt mit *tuk*).

43. *dal* s. *tal.*

44. *dil.* Syll. 429 (*di-il*).

45. *dam.* Sard. I. 110 (*da-am*).

46. *dim.* Syll. 163. 540 (*di-im*).

47. *dan.* Syll. 551 (*da-an*) Sard. III. 25 (*da-na*).

48. *din* s. *tin.*

49. *dun.* II R. 36, 8. Rev. c 63. c. (*du-un*).

50. *dap* s. *tab.*

51. *dip.* Syll. 542 (*di-ip*).

52. *dup.* Syll. 154 (*du-up*).

53. *dup.* II R. 24. Z. 43. Nr. 3. a (*du-up*).

54. *dar.* Syll. 352 (*da-ra*).

55. *dir.* S. 177 (*di-ri*).

56. *dur.* S. II R. 47. Z. 18. c. Vgl. auch die Schreibweise des Namens Nebucadnezars (s. o.).

57. *dûr.* II R. 70. Nr. 4 (*Istar-dur-kali*). Das Zeichen scheint indess überwiegend nur ideogrammatisch als Bezeichnung einer Stadt oder Burg (*dur* דור) vorzukommen.

58. *das* s. *tas.*

59. *dis.* Nabon. sechsz. (I Rawl. 68. Nr. 3. Z. 3) Z. 8 (*mud-di-is*) vgl. mit Neriglis. dreiz. (bei Opp. E. M. II. 324) Z. 2 (*mud-dis*).

60. *zik.* S. 198 (*zi-ik*).

61. *zuk* s. *zug.*

62. *zal.* S. 686. II R. 48. Z. 60. Rev. a. 31. Rev. a (*za-al*)[1]).

63. *zam* s. *sam.*

64. *zan* s. *san.*

65. *zap.* S. 293 (*za-ab-bu*).

66. *zib.* S. 517 (*zi-ib*). Vgl. auch Khors. 132 mit 115 (*i-zi-ba* und *i-zib*).

67. *zir.* Khors. 41 (*I-zir-tu*) vgl. mit Botta pl. LXXIII l. 9 (*I-zi-ir-tu*).

68. *zir* (*zar*). Vgl. *Zir-panitu* (*Zar-banith*). Khors. 143 = Lay. 17, 15. II R. 64, 54. S. auch *sar.*

69. *zur* s. *sur.*

70. *ḫal.* S. 768 (*ḫa-al*).

---

1) Ausnahmsweise findet sich das Zeichen auch wohl mit dem Lautwerthe *sal* (כסל), so Tigl. Pil. I, col. VIII, 89 in dem Monatsnamen *ki-sal-lu* „Kislev", der sich in der Monatsliste Norr. Dict. I. 60 phonetisch aufgelöst geschrieben findet: *ki-si-li-vu* = כִּסְלֵו.

71. *ḫam.* Tigl. VIII, 115 (*ḫa-am*). S. auch *kam.*

72. *ḫum.* Khors. 123 vgl. mit Botta LXV, a, 5 (*Ḫ u-um-ba-ni-ga-as*).

73. *ḫun.* II R. 26, Z. 52, c (*ḫu-un*).

74. *ḫaś.* II R. 46, 63. 65 (f.)

75. *ḫap.* S. 543. II R 27. 54 a. 36, 44 a (*ḫa-ap*).

76. *ḫar.* II R. 26, 8. b (*ḫa-ar*).

77. *ḫir.* Asarh. VI, 3 (*di-ḫi-ir-ti*).

78. *ḫas.* S. 197 (*ḫa-as*).

79. *ḫat.* Khors. 95 (*Ḫa-at-ti*) vgl. mit 17. 57. 138. 147. 161 (*Ḫ at-ti*).

80. *ṭak.* Sard. I, 30 (*ṭa-ka*).

81. *ṭal* s. *tal.*

82. *ṭar.* Bors. II, 20 (*bala-ṭar*). S. *dam.*

83. *ṭar.* S. 575. II R. 29, 73 a (*ṭa-ar*, *ṭa-ar-ru*).

84. *ṭur.* Khors. 53 (*as-ṭur*) vgl. mit K. III, 6 (*is-ṭu-ur*); vgl. Sard. II, 54. Syll. III R. 70, 44.

85. *kak* (*gak*). S. 614 (*ga-ak*). II. 5. 11 NR. 5 u. 6 (*ḳaḳ-ḳari* Erde קַרְקַע) S. unter *ḳaḳ*.

86. *kal.* S. 172. 552 (*ka-al*).

87. *kil.* Khors. 39. 113. 122 (*itta-kil*) vgl. mit 48, 73 (*ittak-lu*).

88. *kul.* Beh. 34 (*ku-ul-lu'*) vgl. mit NR. 11 (26) (*kul-lu'*).

89. *kam.* Beh. 12. 13. 16. 17 (*Kam-buziya* Cambyses). Vgl. auch *ḫam.*

90. *kim.* Sard. II, 86. Asarb. VI, 6 II R. 12, 12, a. b. (*ki-ma*).

91. *kam* (*ḳum*). Khors. 136 vgl. m. III R. 69. Frgm. 2 (*Ḳu-muḫ-ḫi*).

92. *kan.* Sard. I, 94. II, 15 Tigl. I, 57 (*ka-an*).

93. *kin.* Sard. I, 31 (*u-kin* = *u-ki-in*).

94. *kin.* S. 270 (*ki-in*).

95. *kun.* Sard. I. 99. III. 48 (*as-kun* = *as-ku-un*).

96. *kaš.* S. 548 (*ka-aš*).

97. *kap.* Asarh. II, 21 (*kab-tu*) vgl. mit E. J. H. II, 2 (*ka-ab-tu*).

98. *kip.* E. J. H. X, 9 (*kib-ra-ti*) vgl. mit Nebuc. Bell. Cyl. col. III. Z. 51 (*ki-ib-ra-ti*).

99. *kar.* S. 194. 574 (*gar* u. *kar*).

100. *kar.* II R. 18, 20 c. d. (*ka-ru*).

101. *kir* (*ḳir*). Senk. I, 15 (*kir-bu-us* = *ki-ir-bu-us*).

102. *kir.* S. 544 (*ki-ir*).

103. *kir.* Sard. II. 105.

104. *kur.* S. 518 (*ku-ur*).

105. *kas.* S. 684 (*ka-as*).

106. *kis.* E. J. H. I. 64 (*ki-is-sa-ti*) vgl. mit Khors. 1. (*kis-sa-ti*).

107. *kus.* II R. 48, 41 c (*ku-us*).

108. *kat.* Sard. II, 8 (*ka-at*).

109. *kit.* S. 366 (*ki-i-tu*).

110. *kut.* II R. 38, 54 b (*ku-ut*).

111. *laḫ.* S. 549 (*la-aḫ*).

112. *laḫ*. II R. 34, 13c; S. 436 (*la-aḫ*).

113. *liḫ* (*ṣu*). Khors. 55. 56 (*Asur-li-iḫ*).

114. *luḫ*. Khors. 102 (*Mi-luḫ-ha*) vgl. mit Backstein-Inschrift Asarhaddons (*Mi-lu-ḫa*). S. Opp. J. Asiat. VI, 3. 1864. p. 194. Syll. III R. 70, 35.

115. *lak*. S. 373 (*la-ak*).

116. *lik*. S. 760 (*li-ik*).

117. *lal*. S. 140 (*la-al*).

118. *lil*. S. 262 (*li-il*).

119. *lul*. Sard. II, 57 (*as-lul* = *aslu-ul*). Tigl. III, 48.

120. *lam*. S. 559. 609 (*la-am*).

121. *lim* (*lir*) R. 52. Nr. I. Z. 31 vgl. mit E. J. H. X, 16.

122. *lum* (*luv*). Bors. II, 1 (*sukkalluv*) vgl. mit S. 549 (*sukkallu*). II R. 31, 11. 20. 27 (*i-luv* = *ilu*).

123. *lap*. Sard. II, 102 (*la-ba*).

124. *lip*. S. 553 (*li-ip*).

125. *lip*. II Rawl. 36. Nr. III. Z. 21 (*lib-lib-bi*) vgl. mit 23 (*lib-li-bi*).

126. *lup*. Sard. I. 48 (*lu-ba*).

127. *lis*. Khors. 181 (*aṣ-li-is*) vgl. mit 21. 136 (*sap-lis*).

128. *lat*. S. 520. Asarh. VI, 49 (*la-at*).

129. *lit*. I R. 7. Nr. IX. Z. 9 (*bi-lit*) vgl. mit Nebuc. Grot. II, 52 (*bi-'i-li-it*).

130. *lut*. Khors. 71 (*bi-lut-su*) vgl. mit 13. 99. 32 u. ö. (*bi-lu-ti-ya*).

131. *maḫ*. Bors. I, 29 (*ma-aḫ-ri*) vgl. mit E. J. H. VI, 24.

132. *miḫ*. Sard. I, 35 (*mi-ḫi*).

133. *miḫ.* Achtzeilige Nebuc. 4 vgl. mit E. J. H. VII, 61 (*miḫ-rat* = *mi-iḫ-rat*). S. Opp. E. M. II. 278.

134. *muḫ.* S. Opp. E. M. II. 148.

135. *mik* s. *miḫ*.

136. *muk.* S. 161. Tigl. VII, 29 (*mu-uk*).

137. *mal.* I R. 65. Z. 2 (*u-mal-lu*) vgl. mit Bell. Neb. col. III. 19 (*u-ma-al-lu*).

138. *mil.* Asarb. I. 40 (*mi-il*); Syll. II R. 25, 34. Rev. c (*mi-i-la*).

139. *man.* F. 20 (*Aḫa-man-nišši* = pers. *Hakhâmanis*). Sard. I, 76 (*ma-nu*).

140. *mun.* S. 165 (*mu-nu*). Sard. II, 55 (*mu-un*).

141. *maš.* S. Norr. 574.

142. *miš.* S. 119 (*mi-iš*).

143. *muš* (oder *mus*?) (*mus-kanna* = *mu-suk-kanna*. S. Opp. J. A. IX, 1857. p. 206 sq.).

144. *miṣ.* Sard. I, 36 (*mi-ṣi*).

145. *mar.* S. 278. 641 (*ma-ar* und *ma-ra*).

146. *mir.* *Nam-mir-ri* NR. 14, 17 vgl. mit Beh. 6 (*Nam-mi-ri*). Vgl. Khors. 88 (*gim-ri*) mit 128 (*gi-mir*), sowie die Variante Asarb. col. IV, 48 (*mi-ra*); endlich Botta 18, 24 (*Sa-mir-ina*) mit B. 19, 28 (*Sa-mi-ri-na*).

147. *mur.* II R. 36, 18a (*mu-ur*).

148. *mur.* Sard. II, 119 (*mu-ra*).

149. *mas.* S. 593 (*ma-as*).

150. *mis.* S. 189 (*mi-is*).

151. *mus.* Sard. I. 86. Senk. I, 8.

152. *mat.* S. 521 (*ma-at*).

153. *mit.* S. *bat*, *bit* und vgl. Khors. 167 *mitgari*, Rad. *magar*.

154. *mul.* Lay. pl. LXIII, 2. S. Opp. E. M. 267.

155. *nak.* Bira. II, 7 (*u-na-ak-kir*) vgl. mit Khors. 93 (*u-nak-kar*).

156. *nik.* Tigl. III, 58 (*ni-ik*).

157. *nam* (*nav*). Khors. 161. 162 (*nam-ri*) vgl. mit 194 (*na-mar*). E. J. H. IV, 19 (*id-din-nav* st. *id-din-na* F. 4. 6). Vgl. auch den Namen *Nam-mi-ri* Bis. 6.

158. *nim.* S. 257 (*ni-im*). Vgl. S. 462. III R. 70, 144.

159. *num.* S. 451 ([nu]-um). III R. 70, 63.

160. *nin.* Sard. 106. Senk. I, 4. (*ni-in*).

161. *nun.* S. 128 (*nu-un*).

162. *nap.* K. I, 5 (*nab-ḫar*) = K. II, 2 (*na-ab-ḫar*).

163. *nir.* S. 129 (*ni-ir*).

164. *nis.* Sard. I, 14. II, 1. Tigl. I, 87. VIII, 34 (*ni-is*).

165. *nat.* Tigl. VII, 59. Khors. 34. 40 (*um-ma-nat* und *um-ma-na-at*).

166. *šuḫ.* Lay. 12, 19 (*Šu-uḫ-ni*). S. Norr. 180.

167. *šak.* S. 482. 805.

168. *šik* (*sik*). Bis. 28 *Šik-tuvati* = pers. *Çiktauvatis*).

169. *šuk.* II R. 26, 29. Obv. c. (*šu-ug*).

170. *šal.* II R. 30, 15 Rev. a (*ša-al*). Khors. 85 (*šal-mi*) vgl. mit 99 (*ša-al-mi*).

171. *šam* s. *sam*.

172. *din.* Sard. II, 70 (*di-in*)

173. *dip.* S. 845 (*di-ba*).

174. *dir.* II R. 33, 60 c. 34, 52 a (*di-ir*).

175. *dur.* S. 463 (*du-ur*).

176. *pih.* S. Opp. J. A. VI, II. 1863. p. 491 (wo jedoch statt Asarhaddon II, 25 zu lesen ist II, 27 = *mu-sap-pi-ih*).

177. *pak.* S. 677 (*pa-ak*).

178. *pal.* Khors. 12 (*ip-pal-su-niva*) vgl. mit 168 (*lip-pa-lis*). S. auch *bal.*

179. *pil* s. *bil.*

179 a. *pam, pav.* E. J. H. III, 87 vgl. mit Neb. Bell. Cyl. II, 18 (*Bar-zi-pav*).

180. *pan.* Sard. I, 66. 102. II. 9 (*pa-an*). Beh. 43. NR. 10 (*pan-ya*) vgl. mit Beh. 47 (*pa-ni-ya*). II R. 7, 88.

181. *par.* S. 435 (*pa-ar*) Senk. II, 25.

182. *pir.* Sard. I, 19 (*pi-ir*). Vgl. *bir.*

183. *pur* (*bur*). S. 171 (*bu-ur*). II R. 84, 85 Nr. 5 b. (*bu-ur*); 71 b (*bu-ru*).

184. *pur* (*bur*). S. 586 (*bu-ur*). Khors. 92. 194 (*is-pur*) vgl. mit 31. 154 (*is-pu-ra*).

185. *pis* (*bis*). Senk. I, 25 (*bi-su*). Tigl. VII, 7 (*pi-is*).

186. *pat.* Sard. I, 5 (*pa-at*).

187. *pit.* Bors. II, 28 (*rup-pid-du* und *rub-bi-id-dû*).

188. *sal.* S. 688 (*sa-al*); *sal-ma-nu* „Bilder“ Beh. 106; vgl. hebr. צלם.

188 a. *sil.* II Rawl. 62 Z. 70. c. d. (*sil-lur*) vgl. mit C, a. a. C, b. 14 (*si-il-li*).

189. *ṣan*. S. Opp. E. M. II. 189.

190. *ṣan* (?). S. Opp. E. M. II. 337.

191. *ṣun*. S. Opp. E. M. II. 289. Das Zeichen findet sich im Namen Rezin's (Lay. L, 10) = *Ra-ṣun-nu*.

191a. *ṣab*. Syll. 293 (*ṣa-ab-bu*).

192. *ṣip*. Tigl. VIII, 7 (*ṣi-ib*).

193. *ṣar*. Khors. 88 (*ṣa-rar-ti*) vgl. mit 95. 113 (*ṣa-ra-ar-ti*).

194. *ṣir*. Tigl. VI, 59 (*ṣi-ir*).

195. *ṣur*. D. 19 (*liṣ-ṣur*) NR. 32 (*liṣ-ṣur-anni*) vgl. mit Sus. 15 (*liṣ-ṣu-ru'inni*). Vgl. auch die Schreibung *Nabukudurri-u-ṣur* und *Na-bu-ku-du-ur-ri-u-ṣu-ur* auf den Backsteinen und Cylindern.

196. *ḳab*. Beh. 1 u. 6. (*i-ḳab-bi*) vgl. mit Sus. 1 (*i-ḳa-ab-bi*). S. auch *gab*.

197. *ḳal* s. *gal* u. vgl. II Rawl. 11. Z. 3. 7 b.

198. *ḳam* (*kuo*, *ḳu*). S. 338. 581.

199. *ḳar*. S. 194 (*ḳa-ar*).

200. *ḳir*. Khors. 60. 63. 127 (*ḳir-bi-su* קרבשו) = 139 (*ki-rib-su*).

201. *ḳur* (*kur*?). S. 584 (*ku-ur*).

202. *ḳis* s. *kis*.

203. *ḳat* s. *kat*.

204. *rak*. Khors. 161 (*u-rak-kis*) vgl. mit Opp. E. M. II p. 42. S. auch II R. 11. Z. 13 (*u-sar-rak*).

205. *rik*. I R. 66. col. II. Z. 23 (*si-rik-ti*) vgl. mit Nebucadnezarinschr. bei Opp. E. M. p. 274 Zeile 2 (*si-ri-ik-ti*).

206. *ruk* (*ruk*). I Rawl. 38. Z. 36 (*ru-uk-ti*) vgl. mit Canal-Inschr. Z. 10 bei Opp. E. M. II. 267.

207. *ram*. S. 336 (*ra-mu*). Khors. 126 (*ram-ni-su*) vgl. mit 77. 166 (*ra-ma-ni-su*).

208. *rap*. S. 331 (*ra-bu*).

209. *rip* (*rib*). Sard. I, 20 (*ri-ib*). II, 19. 33 (*ri-bi*). Tigl. VI, 92 (*ri-ip*).

210. *rup* (*rub*). S. Opp. J. A. V, 10. 1857. p. 210. 211. E. M. II. 199.

211. *ras*. Bis. ges. 1 (*Ku-ras*) vgl. mit Bis. 21 (*Ku-ra-as*).

212. *ris*. Tigl. VI, 44 II R. 66 b. Z. 3 (*ri-is*). II R. Bl. 36. Nr. III. 63; Bl. 7. Rev. 34 (*ri-'i-su, ri-su*).

213. *rat*. S. 279 (*râ-tu*).

214. *rit* (*rid*). Sard. I, 35 (*a-sa-rid*) vgl. mit Bors. I, 7 (*a-sa-ri-du*).

215. *saḫ*. II R. 7. Rev. 8 (*ḫa-saḫ-tu*) vgl. mit Z. 1 (*ḫa-sa-ḫu*). S. auch Opp. E. M. II. p. 41 sq., sowie *ḫusaḫḫa* Tigl. VIII, 86. Sard. Monol. 95 b, Norr. 457.

216. *sak*. Sard. I, 36. III, 15 (*sa-ak*). S. auch *śak*.

217. *sik* (dasselbe). Sard. I, 39.

218. *sik*. S. 396 (*si-ik*).

219. *suk*. S. 550 (*su-uk-kallu*). Vgl. noch Bors. II, 16 mit I Rawl. 70 IV, 16.

220. *sal*. Khors. 77. 81. 193 (*sa-lal*) vgl. mit 28. 76 u. ö. (*sal-la-tis*).

221. *sal*, *šul*. Sanh. T. I, 13 u. Sanh. B. I, 8 (*sa-lam* — *sal-mu*) bei Norr. p. 251; Assarb. Smith 72, 93 (*šul-mi*) vgl. mit 178, 87 (*šu-lum-mi*).

222. *sil* (*šil*). II R. 39. 14. Obv. 2 c. III R. 70, 119 (*ši-la*).

223. *sam* (*san*). Khors. 165 (*u-sam-ḳir*) vgl. m. 27. 54 (*am-kar*). S. auch II R. 16, 27 (*i-sam*) und 28 (*i-sa-mi*). Norr. 279. Assurb. Smith 155, 38; Botta 159, 7 (*u-san-kir*) vgl. m. B. 73, 2 (*u-sa-an-kir*).

224. *sam*. Tigl. I, 45 (*u-sam-kitu*).

225. *sim* (*sam*?). II R. 16, 29 vgl. mit 28 (*i-sim-mu*).

226. *sum*. Bors. II, 21 (*su-um-ḳu-tu* (Opp.)) vgl. mit Sarg. (*sum-ḳut*) bei Opp. J. A. V, 10. 1857. p. 195.

227. *sun*. Botta VIII, 58 (*ḳirbi-sun*) vgl. mit 59 (*maḫar-su-un*).

228. *sap*. S. 850 (*sa-ab*).

229. *sip*. Beh. 41. 64 (*a-sib*) vgl. mit Beh. 71 (*a-si-ib*).

230. *sup*. II R. 28, 68 d (*su-ub*) Tigl. VII, 34.

231. *sar* (*šar*). Asarh. VI, 64. S. 620. III, R. 70, 78.

232. *sur*. Bis. 5 (*As-sur* = pers. *Athurâ*). I R. 68. col. II. 23 (*sur-kav*) vgl. mit Opp. E. M. II. 274. Inschr. Z. 2 (*su-ur-ka-av*).

233. *sis*. S. 276 (*si-is*).

234. *sus*. II R. 25. Rev. 33. a (*su-us*).

235. *sat*. S. 519 (*sa-at*). Senk. I, 20. Sarg. Cyl. 2.

236. *sit*. S. 371 (*si-ti*); II R. 48, 25 Rev. c (*si-it*). Khors. 147 (*ip-sit*) vgl. mit 50 (*ip-si-it*). Sonst vgl. noch Tigl. IV, 33. VII, 8. 11. VIII, 8.

237. *sut*. Sard. I, 39 (*su-du*). Tigl. IV, 8 (*su-tav*). Vgl. noch Khors. 64. 71 (*ak-su-ud*) mit 42. 45. 60 (*ak-sud*).

238. *taḫ*. Beh. 62 (*Sit-ran-taḫ-ma* = *Çithrantakhma*).

239. *tak*. 48, 41. Rev. a (*ta-ak*).

240. *tâk*. II R. 27, 47. Obv. a (*ta-ak*). Sard. I, 30.

241. *tik.* II R. 38, 5. Rev. d (*ti-ik-ku*). Sard. II, 77. Tigl. III, 47.

242. *tuk.* S. 267 (*tu-uk*). Senk. II, 21. Vgl. Bis. 6 (*Katpa-tuk-ka*).

243. *tal.* S. 689 (*ta-al*). Sard. I, 22 (*it-ta-la-ku*).

244. *til.* II R. 29, 21 a (*ti-il*)

245. *tul* (*til*). Erster Theil von Namen wie *Tul-Ḫumba* Khors. 136. *Tul-garimmi* 81. 82 u. and. Vgl. hebr. *Tel Abib* bei Ezech. 3, 15 und *Tul-as-su-ri* Telassar (תְּלַשָּׂר) bei Lay. Nin. u. Bab. 628. Lay. 68, 3. 12; endlich Assurb. Sm. 24, 53 (*tu-ul*); Sard. II, 87 (*ti-la*), sowie II R. 34, 67 b.

246. *tam* (*tav*). S. 434 (*ta-am(-av)*).

247. *tim.* Vgl. *ir-pi-tiv* von *irpi-tur.* Im Uebrig. s. *dim.*

248. *tum* (*tuv*). S. 159 (*tu-um*).

249. *tan.* Sard. III, 121 (*ʻi-bir-ta-an*) vgl. mit Stand. 8 (*ʻi-bir-tan*). Vgl. auch *dan.*

250. *tin.* S. 152 (*ti-in*).

251. *tun.* S. 272. II R. 27, 52. Rev. c (*tu-un*).

252. *taš* u. *tas.*

253. *tap.* S. 200 flg. 547 flg. (*ta-ap*).

254. *tup.* II R. 26. Z. 36. Rev. c (*tu-up*).

255. *tar.* II R. 27, 9 Rev. c (*ta-ar*). Senk. I, 8. Bis. 5 (*Ba-aḫ-tar* = *Bâkhtris*); Bis. 43. 61 u. ö. (*Uvakis-tar* = *Uvakhsatara*).

256. *tir.* Tigl. V, 53 (*ti-ir*).

257. *tur.* II R. 48, 20. a (*tu-ur*).

258. *tir.* Sard. II, 54. S. *pur.*

259. *tas.* Khors. 143 *Tas-mi-tuv.* S. 761 (*ta-as*).

260. 𒁹 *tis*. Khors. 74 (*sit-lu-tis*). Vgl. *dis*.

261. [Keilschriftzeichen] *tus*. Sard. II. 100. 101 (*tu-us*).

Dies sind diejenigen complexen Werthe, welche wir, sei es durch Syllabarien, sei es durch Textesvarianten, sei es durch Vergleichung von Parallelstellen, sei es endlich durch sonstige Combination zu verificiren in der Lage sind. Es erübrigt lediglich eine geringere Anzahl von Werthen (etwa ein Sechstel der angeführten ausmachend), für welche in obiger Liste die Nachweise fehlen. Zum Theil sind dieses seltener vorkommende Werthe[1]), zum Theil solche, in Bezug auf welche die Assyriologen selber das Protokoll sich noch offen gelassen sehen möchten. Wir hoffen deshalb, dass obige Nachweise hinreichen werden, darzuthun, dass das Syllabar ein zuverlässiges, auf solider Basis sich auferbauendes ist; wie nicht minder, dass eine dasselbe zur Grundlage nehmende Entzifferung, beziehungsweise Lesung und Wiedergabe der Inschriften eine hinreichend gesicherte Bürgschaft für die Richtigkeit der auf dasselbe bezüglich der Sprache und des Inhalts der Inschriften gestützten Schlüsse bietet. Gleichzeitig freilich erhellt daraus, dass die Lesung eines assyrischen Textes für den Anfänger keine ganz leichte Sache ist, da die Zahl der zu berücksichtigenden Zeichen eine so beträchtliche. Dennoch aber würde diese grosse Anzahl von Zeichen auf die Dauer selbstverständlich keine ernsten Schwierigkeiten machen können, und auch die ersten Entzifferer würden gewiss sehr bald und weit früher, als in Wirklichkeit geschehen, mit der Entzifferung zu Stande gekommen sein, hätte sich nicht gleich bei den ersten Versuchen einer Enträthselung der Inschriften herausgestellt, dass die Schrift noch ganz andere, weit wesentlichere Schwierigkeiten biete, dass sie nämlich, ausser dass sie eine syllabarische, zugleich auch eine **ideographische** sei.

II. Der ideographische Charakter der assyrischen Schrift.

1. Darlegung des Faktums.

Schon gleich bei den ersten Versuchen, die man machte, in das Wesen der assyrischen Schrift einzudringen[2]), kam man zu der Ueberzeugung, dass die Zeichen vielfach keine phonetischen seien, vielmehr Bilder darstellten, Sach- und Personenwörter ausdrückten, überhaupt Begriffe aller Art wiedergäben und andeuteten. Durch die Analogie der ägyptischen Schrift verleitet, hielt man

---

1) Wir könnten auch von diesen bereits jetzt einen stattlichen Nachtrag zu der obigen Liste liefern; müssen aber der typographischen Schwierigkeiten wegen an diesem Orte davon Abstand nehmen. Gelegentliche Nachträge erfolgen im Verlaufe der Abhandlung.

2) Mén. *Mém.* p. 82.

anfangs sogar die Sylbenzeichen für Repräsentanten der Laute, mit denen ein gewisses, durch ein bestimmtes Zeichen ausgedrücktes Begriffswort anfinge. Dem Letzteren war nun freilich nicht so. Es stellte sich vielmehr heraus, dass die Lautwerthe der Zeichen mit den Gedankenwerthen derselben bezüglich ihres Sinnes nichts zu thun hatten. Das Zeichen für „Name" (⊢–𒀸), wusste man, hatte den Lautwerth *mu*, während anderseits aus der Behistuninschrift bekannt war, dass „Name" in der betreffenden Sprache vielmehr *sumu* lautete. Das Zeichen für „Vater" ferner hatte den Lautwerth *at*, während sich bald herausstellte, dass der Begriff „Vater" im Assyrischen durch *abu* ausgedrückt würde. Das Zeichen für „Bruder" hatte den phonetischen Werth *sis*, dagegen ward der Begriff „Bruder" durch *ahu* wiedergegeben u. s. f. Die Assyriologen hatten also an den Lautwerthen für ihre Bestimmung der Sinnwerthe und umgekehrt keinen Anhalt. Im Uebrigen aber bestätigte sich die Vermuthung, dass die Schrift zugleich eine ideographische sei, im Laufe der Zeit immer mehr und ward zuletzt zu einem auf das Gewisseste verbürgten Faktum.

Genau an den Stellen, wo im persischen Texte das Substantiv *Khsâyathiya* „König" sich fand, begegnete man im babylonischen Texte einem Zeichen 𒈗, das phonetisch niemals vorkam, das also lediglich einen Begriff repräsentirte, den Begriff nämlich: „König". Wie freilich dieser Begriff in der betreffenden Sprache phonetisch wiedergegeben ward, konnte man nicht angeben und hat man längere Zeit hindurch nicht gewusst. — In der Behistuninschrift begegnete man überall da, wo ihm im Persischen das Wort *mâha* „Monat" entsprach, einem Zeichen, das hiernach sicher den Sinnwerth von „Monat" hatte, dessen lautliches Aequivalent aber zunächst gänzlich unbekannt blieb. — Nicht minder treffen wir in der Behistuninschrift (48. 61) wiederholt an der Stelle, wo wir im Persischen das Wort *taumâ* „Stamm" lesen, ein Zeichen, das soviel wie „Stamm", „Familie" bedeuten muss; wie nun aber das entsprechende Wort in der Keilschriftsprache lautete, war zunächst platterdings nicht zu sagen, und demgemäss sehen wir in allen drei angeführten Fällen den grossen Entzifferer Rawlinson in der ersten Ausgabe des assyrischen Textes der Behistuninschrift an den betreffenden Stellen lediglich Lücken in der lateinischen Transcription des assyrischen Textes, beziehungsweise ganz willkührliche, als solche aber ausdrücklich gekennzeichnete, Aequivalente bieten. Und dieser Fall wiederholt sich noch an einer Reihe anderer Stellen. Ganz besonders sah sich der Entzifferer den assyrischen Eigennamen gegenüber in der verzweifelten Lage, die ihm entgegentretenden Zeichengruppen lautlich gänzlich unbestimmt zu lassen oder nach sonstigen, theilweis willkührlichen Combinationen, lautlich zu fixiren.

Der Name des Erbauers des Nordwestpalastes zu Nimrud wäre nach sonstigen Werthen der betreffenden Zeichen zu lesen gewesen: *Asur-kur-bal*; der Name des Khorsabadkönigs *Mun-du*; der seines Sohnes *Is-kur-uis-du*, seines Enkels etwa *As-kur-ru* u. s. w. Dass dieses nicht die wirklichen Namen der betreffenden Könige sein konnten, leuchtete ein; dass man es hier mit Ideogrammen zu thun hatte, war zweifellos. Aber bei dem damaligen Stande der Assyriologie war die positive Antwort auf die Frage, wie nun wirklich die Namen zu sprechen seien, vom graphisch-sprachlichen Standpunkte aus nicht zu geben. Es war lediglich auf Grund anderweitiger, historisch-archäologischer Combinationen, dass man den Khorsabadkönig, der ja der Eroberung der Städte Samarien und Asdod in seinen Inschriften Erwähnung thut, mit Sargon, dem Eroberer Asdods laut der Bibel (Jes. 20, 1), combinirte; dass man weiter den Namen seines Sohnes, in dessen Inschrift Jerusalem's, Hiskia's und eines Zuges gegen Aegypten Erwähnung geschieht, mit Sanherib identificirte; endlich dass man dessen Sohn, der den König Manasse von Juda unter seinen tributären Fürsten aufzählt, als Asarhaddon bestimmte. Noch wundersamere Geschicke hat der Name des Erbauers des Nordwestpalastes unter den Händen der Assyriologen erfahren. Während Layard ihn noch ganz unbestimmt liess, las Hincks, dem Talbot folgte, denselben *Assur-akh-bal*, Rawlinson ihn *Assur-adan-pal* und ähnlich auch Oppert lange Zeit: *Assur-idanni-pal*. Wie man sieht, differiren die Lesungen bezüglich des mittleren Zeichens, welches theils *akh*, theils *adan* oder *idanni* gesprochen ward. Alle diese hypothetischen Lesungen sind falsch gewesen, wie wir jetzt wissen. Inzwischen nämlich ist jener unschätzbare Regentencanon, die sogenannte Eponymenliste, und zwar in vier Exemplaren aufgefunden und veröffentlicht worden, welche über so viele dunkle Punkte plötzlich Licht verbreitet hat. Durch diese Liste d. h. durch die hier bezüglich des fraglichen Namens befolgte Schreibweise (II Rawl. 68. Can. II. Z. 27) ist es nunmehr absolut sicher, dass das mittlere Element das Verbum *naṣar* (נצר) „beschützen“ repräsentirt, der Name also entweder (das Verbum als Participium gefasst) *Asur-nâṣir-habal* (Oppert) oder (was aber aus sprachlichen Gründen nicht wahrscheinlich ist) *Asur-iṣṣir-habal* zu sprechen ist (Rawlinson), in welchem letzteren Falle das Verbum imperfektisch genommen ist. Ganz ähnlich erging es dem Namen des Sohnes jenes Königs. Denselben las Hincks *Divanubar*, Rawlinson *Temenbar*, während derselbe faktisch, wie unten zu zeigen und jetzt anerkannt ist, vielmehr *Salmanu-asir* d. i. Salmanassar zu sprechen ist. Voreilige und mit der Sachlage unbekannte Kritiker haben sich vor diesen Resultaten d. h. vor diesen Aenderungen der Lesungen der Königsnamen entsetzt und in Folge dessen die ganze Keilschriftentzifferung verworfen. Hätten sie aber nur etwas näher in die Sache sich vertieft, so würden sie von dieser ihrer Verwunderung wohl bald zurückgekommen sein: sie würden dann erkannt haben, dass Hincks und Rawlinson, wenn sie den Namen des Sohnes des Erbauers des Nordwestpalastes *Divanubar* oder *Temenbar* lasen, die betreffenden Zeichen phonetisch ausgesprochen haben, im Einzelnen und Uebrigen ganz correkt verfahrend; während es freilich jetzt keinem Zweifel mehr unterliegt, dass wir es in diesem Falle mit Ideogrammen zu thun haben, deren Enträthselung aber erst mit dem Fortgang der Studien möglich war; und so nicht minder bei den übrigen Namen.

Wie nun aber kam die Enträthselung dieser und überhaupt der Ideogramme zu Stande, und welches sind die Lautwerthe der uns in den Inschriften entgegentretenden Bildzeichen? —

Eine Reihe von Ideogrammen enthüllen sich ihren lautlichen Werthen nach sofort, vergleicht man entweder Parallelstellen oder aber verschiedene Copien einer und derselben Inschrift, falls nämlich solche zu Gebote stehen. Beides mag durch einige Beispiele erläutert werden. Beh. 15. 23. 31 u. ö. begegnen wir an Stellen, wo wir im persischen Texte ein *nâma* oder *aguabatâ* lesen, einem einzelnen Zeichen (*MU*), das danach nur den Begriff von „Name" repräsentiren kann. Genau dem gleichen persischen *nâma* oder *aguabatâ* entsprechen an anderen Stellen derselben Behistuninschrift (Beh. 49. 53. 57. 59 u. ö.) die Laute *su-um* (mit Suffix *su-um-su*). Es leuchtet somit ein, dass das fragliche Zeichen 1) ein Ideogramm ist und 2) sich mit der Lautgruppe *su-um* = *sum* deckt; dass somit „Name" in der Sprache der Keilschrift dritter Gattung *sum* = שם lautete. — Weiter begegnen wir Beh. 55 an der Stelle des persischen *hamarana* „Schlacht" in dem babylonischen Texte einem Ideogramme, an dessen Statt wir Beh. 49. 54. dem gleichen persischen *hamarana* entsprechend die Laute *taḫaza* antreffen. Es leuchtet ein, dass „Schlacht" im Assyrischen *taḫaz* hiess. — Nicht minder entsprechen einem Zeichenbilde mit dem Sinnwerth „Sprache" NR. 5 in anderen Inschriften (K. B, 2. B, 3. D, 7. E, 5) die Laute *lisanu*; dass somit „Sprache" in dem Idiom der betreffenden Keilinschriften *lisan* lautete, kann einem Zweifel nicht unterliegen.

Noch unmittelbarer werden natürlich solche Ideogramme erläutert, sind etwa von einer und derselben Inschrift verschiedene Exemplare, in verschiedenen Recensionen, vorhanden, wie das bei den unilinguen Inschriften so oft der Fall ist. Gar nicht selten begegnen wir nämlich alsdann an der Stelle, wo das eine Exemplar die ideographische Bezeichnung bietet, in dem anderen dem betreffenden Worte in phonetischer Umschreibung. Auf diese Weise ist man z. B. zur Erläuterung des Ideogramms gelangt, welches überall in den trilinguen Inschriften dem persischen *puthra* entspricht, also den Begriff „Sohn" ausdrückt. Es ist die verschiedene Lesart auf den beiden uns erhaltenen Cylindern der Borsippainschrift Nebucadnezar's (I Rawl. 51. col. II, 16), welche uns sagt, wie „Sohn" im Assyrischen lautete. Denn genau an der Stelle, wo das eine

Exemplar das betreffende Ideogramm hat, lesen wir in dem andern Exemplar die Laute *ḫab-lu*; es leuchtet ein, dass *ḫabal*, *ḫablu* *ḫablu* das assyrische Wort für „Sohn“ war. Auf gleiche Weise ist man zur Bestimmung des Lautwerthes des Ideogramms für „Sonne“ (*UT*) gelangt. Denn genau an der Stelle, wo in einer Inschrift Sargon's (Botta pl. VIII, 10) jenes Ideogramm (*UT*) steht, lesen wir in der Parallelinschrift (Botta V, 4) phonetisch geschrieben *ša-am-ši*; und wiederum wird der Sonnengott Sard. II, 106. Asarh. IV, 38 je in dem einen Exemplare der betreffenden Inschriften durch das betreffende Ideogramm, in dem andern phonetisch durch die Laute *ša-maš* bezeichnet. Die Sonne hiess somit im Assyrischen *šamaš*, *šamšu*. Ganz in der gleichen Weise bestimmt sich das Ideogramm, das in den trilinguen Inschriften (NR. 2; K. 1, 2. 3; F, 3) dem persischen *martiya* „Mensch“ entspricht, durch eine Vergleichung der verschiedenen Lesarten auf den beiden Senkerehcylindern Nebucadnezar's, von denen der eine genau an der Stelle, wo der andere jenes Ideogramm hat, die Laute *ni-ši* bietet (s. I R. 51, Nr. 2. col. I, 9). Auf dieselbe Weise erhalten wir das phonetische Aequivalent für das den Begriff „Stein“ ausdrückende Ideogramm. Sard. III, 55. 63 nämlich wechselt das betreffende Ideogramm in den beiden Exemplaren der Inschrift mit den Lauten *abn(ai)* vgl. hebr. אֶבֶן. Auch das oben erläuterte Ideogramm für „Schlacht“, assyr. *taḫaz*, wird lautlich direkt bestimmt durch die Variante Tigl. Pil. III, 49 (*ta-ḫa-zi*).

Es giebt nun aber auch Fälle, wo weder solche Varianten uns zu Gebote stehen, noch auch eine Vergleichung von parallelen Stellen über das lautliche Aequivalent eines Ideogramms aufklärt. In solchen Fällen sind es wieder die Syllabare, welche bei einer Reihe von Ideogrammen allein den wünschenswerthen Aufschluss geben. Auf diese Weise ist es z. B. allein möglich gewesen, den Lautwerth des Ideogramms für den Begriff „Monat“, pers. *māha* Beh. 15. 36 u. ö., welches sich in den trilinguen Inschriften niemals und auch sonst in zusammenhängenden Texten sich kaum jemals phonetisch aufgelöst findet, zu bestimmen. Es sind lediglich die Syllabare und sonstigen Listen, aus denen wir das phonetische Aequivalent des Ideogramms erfahren. Syll. 85. 86 nämlich wird das betreffende Zeichen erklärt durch *arḫu*; in einem andern Syllabar (II R. 19, 15 a. b.) durch *araḫ* und so auch in der von Norr. Dict. I. p. 50 abgedruckten Liste der assyrischen Monatsnamen (Z. 12b). *Araḫ*, *arḫu* vgl. hebr. יֶרַח hiess also im Assyrischen der Monat. Niemals ferner würden wir lediglich durch die dreisprachigen Inschriften zur Kenntniss des lautlichen Aequivalents des Ideogramms für den Begriff „Thür“ pers. *duvarthi* (D, 8) gelangt sein; es ist das Syll. 365, welches uns dasselbe an die Hand giebt, indem es das betreffende Zeichen erklärt durch *ba-bu* (vgl. בָּב, باب). In gleicher Weise wird das Ideogramm für den Begriff „Gott“ pers. *baga* (D, 1. F, 1 u. ö.) erklärt durch Syll. 754

(*ilu* = אֵל); dasjenige für „Bruder" pers. *brâtar* (Beh. 12) durch S. 276 (*aḫu* = אָח); für „Vater" pers. *pitar* durch Syll. 92 (*abu* = אָב); für „Mutter" vgl. pers. *hamâtar* (Beh. 12) durch S. 117 (*ummu* = אֵם); für „Erde" pers. *bumi* durch S. 182 (*irṣitu*); für „Haus" durch S. 364 (*bitu* = בַּיִת); für „Tag" pers. *rauca* durch S. 80 (*yumu* = יוֹם); für „Thron" pers. *gâthu* durch II R. 46, 52 (*kussu* = כִּסֵּא); für „König" pers. *ksâyathiya* durch S. 330 (*sarru* = שַׂר); für „gross" pers. *vazarka* durch S. 123 (*rabu* = hebr. רַב) u. s. f.

Dabei steht noch zu bemerken, dass nicht bloss substantivische oder adjektivische Begriffe durch Ideogramme ausgedrückt werden können; vielmehr jeden beliebigen Redetheil hat die assyrische Schrift die Fähigkeit ideogrammatisch anzudeuten. Schon die trilinguen Inschriften liefern hierfür die unzweifelhaftesten Belege. So finden wir Beh. 64 das persische *kartanaiy* (Infin.), welches wir an einer Reihe anderer Stellen (Beh. 49. 50. 55) durch *'i-bis* oder *'i-bi-su* (עבשׁ) wiedergegeben sehen, an einer Stelle (Beh. 51) durch die Gruppe *KAK-is*, deren erstes Zeichen (*KAK*) laut einem Syllabar (II R. 31, 26 b) den Begriff „schaffen", „machen" repräsentirt. Während nun aber sonst dieser Begriff durch *banâ* (בָּנָה) wiedergegeben wird, ist es hier durch ein, auf einen Zischlaut ausgehendes, Wort ausgedrückt und dieses Wort kann nach den Parallelstellen nur das Verbum עבשׁ gewesen sein, also dass die Gruppe *KAK-is* zu lesen wäre: *'ibis*. Zum Ueberfluss haben wir in der zweiten Beltisinschrift (II R. 66. Z. 4) und auch sonst geradezu die Variante *'ibiru* zu dem fraglichen Ideogramm. Weiter. Das Zahlwort „eins" (pers. *aiva*) wird Beh. 12. F, 10 durch ein Ideogramm ausgedrückt, das laut D, 4. 5. E, 4 phonetisch *is-tin* auszusprechen. Die Präpositionen *ana* „nach" und *ina* „in" werden Beh. 1. 7. 13; — 49. S. 2 phonetisch; dagegen *ina* Beh. 4. 7 ideogrammatisch durch einen wagerechten Keil, *ana* Sard. 1, 16. 87 u. ö. durch einen senkrechten Keil ausgedrückt; *itti* „mit" endlich (pers. *hadâ*) wird Beh. 49. 69 b durch das Zeichen *KI* angedeutet, während es Beh. 23. 45. 69. a; E, 10 u. ö. phonetisch *it-ti* geschrieben wird (vgl. auch das S. 17 angeführte Syllabar II R. 12, 42. c. d.).

Nicht unterlassen dürfen wir es zu erwähnen, dass, wie schon sehr früh erkannt wurde, die assyrische Schrift auch sogenannte **determinative** Ideogramme im Gebrauch hat d. h. solche Zeichen, welche keinen andern Zweck haben, als auf ein nachfolgendes Nomen **hinzuweisen** und anzudeuten, dass die folgende Zeichengruppe ein Wort von dieser oder jener Gattung repräsentire. Allen männlichen Personennamen geht so ein senkrechter Keil 𒁹 vorher; allen weiblichen das Zeichen 𒁹𒊩, den meisten Ländernamen das Zeichen 𒆳, den meisten Städtenamen das Zeichen 𒌷, den

Götternamen das Zeichen ⟨Keilschriftzeichen⟩ u. s. f. Beispiele zum Belege herzusetzen, wäre überflüssig; ein Jeder kann sich an der Hand der trilinguen Texte von dieser Thatsache ohne Weiteres überzeugen.

Schliesslich muss auch noch darauf hingewiesen werden, dass nicht bloss einzelne Zeichen ideographisch Begriffe bezeichnen können, sondern dass auch m e h r e r e Zeichen, eine Zeichengruppe, ein Zeichencomplex dazu verwandt ward, einen Begriff ideographisch auszudrücken. So z. B. begegnen wir NR. 1. K. I, e, E, 2 und sonst an der Stelle des persischen *açman* „Himmel" ständig zweien Zeichen, die phonetisch *AN. 'I.* zu sprechen wären. Dass dieselben aber zusammen lediglich ein Ideogramm repräsentiren, lehrt uns die Vergleichung einer Stelle in der Londoner Nebucadnezarinschrift (col. I, 43), welche jene Zeichen bietet, mit einer parallelen Stelle in der Borsippainschrift (Bors. I, 13), welche genau an derselben Stelle phonetisch *sa-mi-'i* (שָׁמַיִם) liest. Ein anderes Beispiel liefert uns NR. 26. Hier lesen wir an der Stelle des pers. *gâthu* „Thron" die Zeichen *IS. GU. ZA.* Dieselben repräsentiren ein Ideogramm. Ihr phonetisches Aequivalent erfahren wir durch ein Syllabar (II Rawl. 46, 50—52 a b.), welches das Ideogramm erklärt durch *kussu* = hebr. כִּסֵּא d. i. „Thron". Weiter begegnen wir Beh. 34 da, wo wir im Persischen den Flussnamen *Tigrâ* lesen, den Zeichen *BAR. TIK. GAR.* Dass diese nichts weniger als phonetisch zu nehmen seien, dass sie vielmehr ein zusammengesetztes Ideogramm ausmachen, erhellt schon aus dem folgenden Verse, wo dem gleichen persischen Worte die Laute *Diglat* entsprechen; ausserdem besitzen wir noch ein Syllabar (II Rawl. 50, 7 b), welches geradezu die fraglichen Zeichen durch *I-di-ig-lat* erklärt [1]. Andere Beispiele s. u.

Die zuletzt betrachtete Eigenthümlichkeit der assyrischen Schrift hat auf den ersten Blick etwas Frappirendes, und man fragt billig: woher erklärt sich diese seltsame Schreibweise? — Ein Licht wird hierüber verbreitet, analysiren wir das eine oder andere solcher Ideogramme. Wir bemerkten oben, dass der Lautcomplex *AN-'I* den Begriff „Himmel" ausdrücke. Nun wissen wir aus Syll. 754, dass das Zeichen für die Sylbe *AN* auch das Ideogramm ist für den Begriff: „Gott", „Gottheit". In einem anderen Syllabar (Nr. 876) wird das Zeichen *'I* durch *kâbu* d. i. „Gewölbe" erläutert. Die Combination beider Zeichen = *AN-'I* giebt somit den Begriff: „Gott des (Himmels-)gewölbes". Damit konnte allerdings der Begriff des Firmamentes wiedergegeben werden. Bei dem zweiten der besprochenen Ideogramme *IS. GU. ZA* = „Thron" ist wenigstens Sinn und Bedeutung des ersten Zeichens *IṢ* sofort

1) Beiläufig erhellt aus dieser phonetischen Transcription (mit vorschlagendem i!), dass die hebräische Aussprache חִדֶּקֶל (Gen. 2, 14) keine zufällige ist: aus ihr ist vielmehr die andere ohne Vorschlag lediglich abgekürzt.

klar: es bedeutet „Holz" und ist das determinative Ideogramm für aus Holz verfertigte Gegenstände. Noch ein anderes mit *iṣ* zusammengesetztes Ideogramm mag hier erklärt werden. In den trilinguen Inschriften begegnet uns, dem pers. *rasna*, entsprechend, eine ideographische Gruppe *IṢ. MI*, welcher in anderen Stellen derselben trilinguen Inschriften (s. d. Gloss.) die Laute *ṣi-il-li* entsprechen; *ṣilli* ist somit sein phonetisches Aequivalent und dieses bedeutet gemäss dem hebr. צֵל soviel wie „Schirm", „Schatten". Analysiren wir nun das Ideogramm, so bedeutet also der erste Theil desselben: *IṢ* = עץ soviel wie „Holz", „Baum"; *MI* sodann wird in Syll. 149 s. o. erklärt durch *musu*. Dieses *musu* wird in einer astronomischen Tafel (s. Hincks, *on a clay-tablet*, in *Transactions of R. Irish Acad. XXIII, p. 31*) dem *yu-mu* d. i. dem „Tage" entgegengestellt, kann selber also nur „Nacht" oder „Dunkelheit" bedeuten, ist somit mit hebr. אֶמֶשׁ „gestrige Nacht", arab. امسى „Nacht, Abend werden, sein" zusammenzubringen. *IṢ MI* bedeutet danach: „Baum" oder überhaupt „Gegenstand des Dunkels", „dunkles Etwas", d. i. „Schatten". Und so lässt sich noch bei vielen dieser complexen Ideogramme der Sinn und Zweck der Zusammensetzung der verschiedenen Zeichen recht wohl erkennen, wenn auch freilich manche bislang noch all und jeder derartigen Analyse spotten.

Wir sind in unserer Untersuchung bei einem Punkte angelangt, wo ich auf den Lippen des Lesers die Frage schweben sehe: ja, ist dem allem so, wie ausgeführt, woran erkennt man denn nun eigentlich, dass ein Zeichen ein Ideogramm ist, und giebt es denn gar keine Hilfsmittel, um mit einiger Wahrscheinlichkeit den lautlichen Werth eines Ideogrammes zu erkennen und zu bestimmen?

Bezüglich des ersteren Punktes lassen sich allgemeine Regeln und Kriterien nicht so leicht aufstellen, und die Praxis leitet hier meist sicherer als dieses die allgemeinen bezüglichen Regeln thun und thun können. Immerhin haben wir in manchen Fällen denn doch ziemlich sichere Anhaltspunkte zur Entscheidung der Frage, ob wir ein Ideogramm vor uns haben oder aber nicht.

Am einfachsten liegt die Sache, wenn das in Frage kommende Zeichen ein solches ist, das nachweisbar niemals als ein phonetisches gebraucht erscheint. Dieses gilt z. B. von dem Königszeichen 𒈗, welches weder in den trilinguen Inschriften, noch sonst jemals als ein phonetisches auftritt; das Gleiche gilt von den Zeichen für die Begriffe „Sprache", „Monat", „Mutter", „Schlecht", „Kampf" u. andd. (s. die betreffenden Zeichen unten), welche immer nur als solche und für sich allein den durch die trilinguen Inschriften geforderten Sinn bieten, wie eine aufmerksame Analyse und sorgfältige Vergleichung des persischen Originaltextes und der babylonischen Uebersetzung an die Hand giebt. Es erklärt sich daraus, wie der ideographische Charakter dieser Zeichen gleich in den Anfängen der Entzifferung erkannt ist.

Wie nun aber in dem folgenden Abschnitte des Weiteren zu zeigen ist, haben eine ganze Reihe, ja die meisten ideographischen Zeichen neben diesen Werthen auch noch andere, nämlich lautliche; ja, einige haben mehrfache ideographische und lautliche Werthe. Das Zeichen für den Begriff „Vater“ (s. o.) z. B. hat ausserdem den Lautwerth *at*; das Zeichen für „Bruder“ nicht minder den Lautwerth *šiš*; das Zeichen für den Begriff „Tag“ auch die weiteren ideographischen Werthe „Sonne“, „Licht“, „Meer“, sowie die lautlichen: *par*, *tar*, *ut*, *gap*, *luḫ*. Wie soll nun in solchen Fällen der Leser wissen, welcher von diesen verschiedenen Werthen an betreffender Stelle von dem Verfasser der Inschrift in Aussicht genommen ward?

Ein erstes Kriterium ist hier das graphische. Wie oben ausgeführt, ist die assyrische Schrift, soweit sie nicht eine ideographische ist, eine Syllabarschrift und zwar eine solche der besonderen Art, dass eine mit einem Consonanten schliessende, einfache Sylbe nur dann auf eine mit einem Consonanten anfangende einfache Sylbe folgen kann, wenn die zweite Sylbe mit demselben Vokale anfängt, mit welchem die vorhergehende schloss z. B. *lu-ub. li-it, ka-ar* u. s. f. Sylbencombinationen dagegen wie *lu-is*; *ba-ur*; *ki-ab* sind von vornherein ausgeschlossen [1]). Begegnen wir also in den Texten einem Worte, das die Zeichen *ḫa-IS-ti* bietet, so deutet der klaffende Hiatus *ḫa-is* sofort jedem Sachkundigen an, dass sei es *ḫa*, sei es *IS* hier nicht die entsprechenden Lautwerthe sind. Nun wissen wir, dass das Zeichen für *IS* auch noch den anderen Lautwerth *miš* hat. Setzen wir diesen Werth ein, so gewinnen wir die lautlich unverfängliche Sylbengruppe *ḫa-miš-ti* und diese Lautcombination ist beiläufig die unzweifelhaft richtige. Das betreffende Wort ist das assyrische Wort für „fünf“ und steht, gemäss einem assyrischen Lautgesetze, für *hamišti* = חמשת, חמשה. Das Gleiche gilt, in anderer Weise, von der uns in den assyrischen Texten häufig entgegentretenden Lautgruppe *Ṿi-A*. Sie hat in dieser Weise kein phonetisches Aussehen. Sie wechselt dagegen Sard. II, 64 mit *ma'ad* = מְאֹד d. i. viel, ist also ein Ideogramm der Menge. Mit der Sylbe *ṣab* zusammengesetzt = *ṢAB. HI. A*, bildet dasselbe sogar noch ein neues weiteres Ideogramm, das durch die Variante Tigl. IV, 10 lautlich auf *ummanâti* d. i. „Heere“ bestimmt wird (eigtl. „grosse Schaar“!) [2]).

Wie solche Combinationen heterogener Vokale durch das Wesen der syllabarischen Schrift verboten sind, so widerstreben nicht

---

1) Fälle wie *ti-a-am-ti* (= *tiâmti*) E. J. H. col. II. 15. 16. stossen dieses Gesetz nicht um; denn mit ihnen hat es eine besondere Bewandniss. S. die lautlichen Vorbemerkungen zu dem sprachlichen Theile.

2) Uebrigens bilden die Zeichen *HI. A* auch ausserdem noch ein einheitliches phonetisches Zeichen mit dem Lautwerthe *ṣun*. S. ob. S. 74 Nr. 191.

minder ihrem Charakter Verbindungen von mit Consonanten schliessenden Sylben und solchen, die mit Vokalen beginnen. Sylbenfolgen wie *il-ab*, *par-um*, *kam-ir*, *rak-is* u. s. f. sind gegen die zur allgemeinen Regel erhobene Schreibweise, sofern in solchen Fällen der Assyrer vielmehr *i-la-ab*, *pa-ru-um*, *ka-mi-ir*, *ra-ki-is* schreiben würde. Tritt uns demgemäss in den Texten eine Lautgruppe *UT-um* entgegen (die sich beiläufig, aber nicht minder gegen das Gesetz, auch *par-um* lesen liesse), so sieht der Kundige bald, dass wir hier keine phonetische Lautgruppe, sondern vielmehr eine ideographische vor uns haben. Die Gruppe repräsentirt den Begriff „Tag" d. i. *yum*, mit der phonetischen Ergänzung (s. o.) *um* = *yu-um* d. i. „Tag". Nicht minder lautlich anstössig erscheint die Sylbenfolge *tik-un*; wir vermuthen, dass es ein Ideogramm ist, und siehe! die Syllabare II Rawl. 38, 14 c. 15 c sagen uns, dass sein phonetisches Aequivalent *bilat*, *biltu* d. i. „Tribut" war. Wenn uns ferner in den Inschriften, z. B. Stand. 13, eine Zeichengruppe: *KAK-us* begegnet, so hat diese ganz das Aussehen, als sei sie nicht phonetisch zu sprechen, und die Varianten, beziehungsweise die Paralleltexte bestätigen diese Vermuthung, indem sie genau an der gleichen Stelle die Laute *'i-bu-us* (עָבַשׁ), eine Verbalform, bieten. Weiter. Auf babylonischen Backsteinen begegnen wir an der Spitze der Inschrift oft zweien Zeichen, die phonetisch *AK-AK* zu lesen wären. Sie haben aber kein phonetisches Gepräge. Nun bieten andere Inschriften an genau der gleichen Stelle die Laute *Na-bi-uv* und die Vermuthung, dass diese das phonetische Aequivalent der Zeichen seien, bestätigt sich durch ein Syllabar (II Rawl. 7, 40), welches jene Zeichen geradezu durch *Na-bi-uv* und *Na-bu* erklärt: es ist das Ideogramm für den Gott Nebo. Ganz mit der gleichen Zuversicht können wir den ideographischen Charakter der Lautgruppe *LU-ik* vermuthen (Sard. I, 46): das Wort ist zu sprechen: *'iti'ik* (R. עתק) u. s. f.

Ich muss nun aber doch bemerken, dass diese zuletztaufgestellte Regel nicht ohne Ausnahmen ist. Es giebt allerdings auch Fälle, wo gegen die oben namhaft gemachten Gesetze der assyrischen Schrift von den Verfassern oder schriftlichen Concipienten der Inschrift verstossen wird. So z. B. lesen wir den Namen der Stadt Samarien zwar gewöhnlich in den Inschriften: *Sa-mi-ri-na* oder ähnlich geschrieben. Mitunter aber (so z. B. Botta XVI, 31 u. ö.) finden wir ihn auch geschrieben: *Sa-mir-i-na*, mit offenbarer Verläugnung des entwickelten Gesetzes [1]). Ebenso lesen wir in den persischen Inschriften: *Par-u-puraninnani*; ferner *A-nah-i-tu*, *Par-u-var-tis* u. andd. Indess sind diese Fälle doch eben ersichtlich nur Ausnahmefälle, und beschlagen (allerdings nicht ganz ausschliesslich [2])) nur (fremde) Eigennamen. Und jedenfalls giebt jene

1) Taf. XVII, 27 lesen wir sogar einmal *Sa-mi-ir-na*!
2) S. Opp. *Expéd. en Mésop. II. p.* 104.

besprochene Durchbrechung des assyrischen Schreibgesetzes eine Mahnung, im fraglichen Falle doppelt scharf zuzusehen, ob der scheinbare Verstoss gegen das Gesetz sich nicht auf andere Weise, z. B. durch Annahme ideographischer Schreibung, löse.

Es giebt nun aber eine Menge Ideogramme, die sich durch solche graphische Auffälligkeiten und Abnormitäten nicht kenntlich machen und für die wir uns deshalb nach einem anderen Kriterium umsehen müssen. Ein solches weiteres Kriterium bietet uns die sprachliche Beschaffenheit einer phonetisch gelesenen Lautgruppe, ein Kriterium, von dem freilich, wie keiner Ausführung bedarf, natürlich nur dann und erst dann Gebrauch gemacht werden kann, wenn durch anderweite unzweifelhafte Thatsachen der Charakter der zu entziffernden Sprache bereits feststeht. Ist dem aber so, so lässt sich in sehr vielen Fällen rein auf Grund einer Erwägung der Sprachgesetze sofort erkennen, ob eine Gruppe eine ideographische, oder aber, ob es eine phonetische ist. Sie ist eine ideographische, wenn die phonetisch genommenen Zeichen ein Wort liefern, das sich in den, sonst feststehenden, Organismus der betreffenden Sprache nicht einfügen will [1]. Es lässt sich dieser Schluss auf dem Gebiete der assyrischen Sprache mit der gleichen Folgerichtigkeit anwenden, mit welcher der hebräische Philolog eine an sich mögliche Aussprache der Buchstaben אמר אלהים als: *âmar êlahjîm* als eine an sich und in dem gegebenen Falle unmögliche verwerfen wird. Einige Beispiele mögen das Ausgeführte erläutern. Gesetzt den Fall, wir wissen aus unzweifelhaften Thatsachen, 1) dass die assyrische Sprache eine semitische ist, sowie 2) dass in derselben als erzählendes Tempus das Imperfectum in Anwendung gebracht wird, und wir lesen nun in der Standardinschrift Z. 2 am Schlusse des Satzes: „der König, welcher in der Verehrung Assur's, seines Herrn, ..." die Zeichen *DU. DU. ku*, so wird uns das stutzig machen, da das so gewonnene Wort *duduku* nichts weniger als das Aussehen eines Imperfekts, überhaupt eines Verbums hat, ja überall kein semitisches Gepräge zeigt. Wir werden demgemäss weitere Untersuchungen anzustellen und namentlich zu ermitteln haben, welches etwa, die ideographische Beschaffenheit der Zeichengruppe angenommen, die entsprechenden phonetischen Werthe der betreffenden Zeichen sein mögen. Begegnen wir nun in dieser selben Standardinschrift an der betreffenden Stelle der Variante *it-ta-la-ku* (יתלכו); sehen wir weiter in einer anderen Inschrift (Tigl. Pil. VII, 40) abermals jene Zeichen mit diesen selben Lauten wechseln; erklärt weiter das Syllabar II Rawl. 40, 59. Nr. 5 das Zeichen *DU* geradezu durch *a-la-ku* d. i. הלך „gehen"; gewinnen wir nicht minder so eine zu dem sonstigen Charakter der Sprache stimmende Form (Impf. Verb.); fügt sich endlich die so gewonnene

1) Vgl. Opp. *E. M. II. p.* 105.

Bedeutung („wandelt“) — „der König, der in der Verehrung Assur's, seines Herrn, wandelt“ durchaus in den Zusammenhang der Phrase ein, so muss es als ein gesichertes Ergebniss der Forschung angesehen werden, 1) dass *DU. DU-ku* ein Ideogramm (mit phonetischer Ergänzung s. o.), und 2), dass *ittalaku* dessen phonetisches Aequivalent ist. Wir nehmen ein anderes Beispiel. In der grossen Sardanapalsinschrift col. II. Z. 46 treffen wir in einem Satze, wo der König von sich in der ersten Person erzählt, und zwar näher an der Stelle, wo man nach dem Plane des Satzes das Verbum (also dieses in der 1. Person) erwarten sollte, die Zeichengruppe *SU. AS* an. Eine Verbalform, gar die hier nothwendige (1. Prs. Impf.) kann dieses unmöglich sein; der ganze Typus der Sylbenfolge (s. o.) hat kein phonetisches Aussehen: schon von vornherein steht zu vermuthen, dass wir es mit einem Ideogramme zu thun haben. Nun bietet uns die Parallelinschrift an der Stelle eine Variante, nämlich die Zeichen *as-ru-up* = *asrup*. Diese Variante erfüllt mit einem Male alle die oben geforderten Bedingungen: sie entspricht 1) den Gesetzen der assyrischen Schrift; kann 2) die 1. Person eines Imperfekts sein, und liefert 3), von der W. *sarap* — שׂרף „verbrennen“ abgeleitet, einen in den Zusammenhang, wo von der Eroberung und Zerstörung von Städten die Rede ist, vortrefflich sich einfügenden Sinn. Es leidet keinen Zweifel: *SU. AS* ist ein Ideogramm und *asrup* ist sein phonetisches Aequivalent. Auf das gleiche Ergebniss führen die oben von uns besprochenen Beispiele: *KAK. is*, zu lesen *'ibis* (Infinitiv = כבשׁ), sowie *KAK. us*, zu lesen *ibus* (Imperf. 3. Prs. = יכבשׁ) oder aber *'ibus* (Imperf. 1. Prs. = אכבשׁ). Wenn wir weiter häufig an der Spitze der Königsinschriften, z. B. derjenigen Sargon's, die Worte lesen: „Palast Sargon's (Sanheribs u. s. f.), *sar-SU*“, so liessen sich die letzteren Worte, rein für sich betrachtet, recht wohl übersetzen: „seines Königs“; aber Jeder sieht, dass dieser Zusatz im Zusammenhange gänzlich sinnlos sein würde. Das Räthsel löst sich, blicken wir auf die Parallelinschriften, wo wir genau an der Stelle, wo wir in unserm Texte das Zeichen *SU* finden, die Sylben *kis-sat* d. i. „Legionen“, „Schaaren“, „Heere“ antreffen. Substituiren wir dieses Wort und diesen Begriff jenem — Ideogramme, so gewinnen wir in den Worten: „Königs der Heere“, einen dem Zusammenhange durchaus gemässen Sinn, in Bezug auf dessen Richtigkeit ein Zweifel nicht obwalten kann.

Aber auch sonst kann eine grammatische Betrachtung für den Fall, dass man über das Wesen einer Sprache schon im Allgemeinen im Klaren ist, bald darüber Gewissheit verschaffen, ob wir es mit einem phonetisch geschriebenen Worte oder aber mit ideographischen Zeichen zu thun haben. Wenn wir z. B. Khors. 75 mit dem semitischen Suffixe der 2. Prs. Sing. versehen die Zeichen lesen: *BIT. RAB. ka*, so könnte man sich versucht fühlen, die sämmtlichen Zeichen für phonetische, beziehungsweise für einfach ideographische zu halten und zu übersetzen: „dein grosses Haus", was in den Zusammenhang ganz vortrefflich passen würde. Nun aber weiss jeder semitische Philologe, dass in einem solchen Falle die Wortfolge: *bit-ka rab* (ביתך רב), mit dem Suffix hinter dem Substantive, zu erwarten wäre. Das Suffix am Ende der ganzen Zeichengruppe ist begreiflich nur in dem Falle, dass die Zeichen lediglich e i n Wort repräsentiren, also ideogrammatisch zu verstehen sind. Und dem ist wirklich so. *BIT. RAB* ist das Ideogr. für *'i-kal* = הֵיכָל d. i. Palast, und die ganze Gruppe zu lesen: *'i-kal-ka* = „dein Palast". Aus demselben Grunde erscheint das Pluralzeichen stets hinter *RAB* und nicht zugleich hinter *BIT*, z. B. Khors. 158; man hat eben *'i-ka-li* „Paläste" auszusprechen [1]).

Man sieht, wie theils die Berücksichtigung der graphischen Eigenthümlichkeiten der Schrift, theils die Aufmerksamkeit auf den Sprachcharakter der Inschriften, theils auch Inobachtnahme des ganzen Sinnes und Zusammenhanges bald über den, sei es phonetischen, sei es ideographischen Charakter einer Zeichengruppe Aufschluss geben. Es ist nun aber nicht zu verschweigen, dass es Fälle geben kann, wo auch derartige Hilfen dem Entzifferer nicht zu Gebote stehen und wo es deshalb sehr schwierig ist zu entscheiden, ob eine Zeichengruppe eine phonetische oder aber ob sie eine ideographische ist. Der Fall tritt namentlich dann ein, wenn die Zeichen (sei es phonetisch, sei es ideographisch) einen Substantivbegriff darstellen. Da die Flexion eines Substantivs im Assyrischen wie im Hebräischen eine ziemlich unbedeutende ist, die wenigen vorhandenen Flexionen (z. B. diejenigen der Pluralformen) ohnehin für den Assyriologen noch dadurch in der Schrift verloren gehen, dass sie theilweise, wie z. B. vielfach der Plural, ideographisch angedeutet werden, so hat der Entzifferer den Entscheid zuweilen lediglich nach dem ganzen Habitus des Wortes zu treffen. Bietet das Wort eine unzweifelhaft semitische Ableitung, so ist die Sache sehr einfach: es spricht Tausend gegen eins dafür, dass wir

1) Bezüglich der Auflösung des zusammengesetzten Ideogramms *BIT. RAB* durch *'i-kal* = היכל füge ich bei, dass das erste Zeichen (*BIT*) in Syll. 364 erklärt wird durch *'i* und dass das zweite Zeichen *'RAB'* durch Syll. 123 phonetisch auf *gal* (an anderen Stellen lautet diese Sylbe auch härter *kal*, ja *ḳal*: auch *ku* und *ḳu* wechseln so z. B. II Rawl. 11. Z. 5b) bestimmt wird, so dass schon hiernach die Aussprache *'ikal* = היכל gesichert ist. Ich bemerke dabei jedoch noch, dass es möglich wäre, dass wir die Zeichen auch so verstehen könnten, dass *BIT* als das eigentliche Ideogramm, das Zeichen *rab* in der phonetischen Aussprache *gal*, *kal* lediglich als phonetische Ergänzung hinzugefügt wäre. S. Oppert im Journ. Asiat. 1857. IX. p. 184. 185. Wie mir Dr. Oppert privatim mittheilt, hat derselbe auf dem Museum zu Zürich im J. 1867 (zu einer Zeit als ich mich noch nicht mit diesen Studien befasste) ein Syllabar untersucht, welches das betreffende Ideogramm geradezu durch *'i-kal-lu* erklärte. Das Syllabar ist aber leider inzwischen abhanden gekommen. Ich habe bei meiner Untersuchung der dortigen assyrischen Denkmäler dasselbe nicht mehr vorgefunden.

es mit einer phonetischen Zeichengruppe zu thun haben. Ist dem aber nicht so, so ist damit doch noch gar nicht gesagt, dass das Wort nun ein Ideogramm sei. Denn einerseits kennen wir ja durchaus nicht alle, jemals vorhanden gewesenen, semitischen Wurzeln, und sodann ist ja doch auch die Möglichkeit zuzugeben, dass sich auch mal ein Fremdwort in die assyrische Sprache verirrt habe (wie dieses z. B. bei den Monatsnamen mehr wie wahrscheinlich ist). Wenn wir demgemäss in einer Jagdinschrift Sardanapals VI (Assurbanipal's) von *Armi* und *Turali* lesen (I Rawl. 28, 19. 20), die der König erlegt habe, so ist ausserordentlich schwer zu entscheiden, ob wir hier Ideogramme oder phonetisch geschriebene Wörter vor uns haben. Denn wenn auch kein entsprechendes semitisches Wort oder Wurzel vorliegt, mit dem oder mit der wir jene Wörter combiniren könnten: wer bürgt dafür, dass die betreffenden Thiernamen nicht vom Auslande importirt sind, also dennoch phonetisch zu sprechen sind? Und so in ähnlichen Fällen. Dennoch aber dürfen wir schliesslich nicht verhehlen, dass derartige Fälle doch nur Ausnahmefälle sind, und, sind die betreffenden Wörter, beziehungsweise Ideogramme, nicht Hapaxlegomena, so gelingt es früher oder später fast immer, ihrer wahren Natur auf den Grund zu kommen.

Immerhin ist und bleibt diese ideographische Schreibweise neben der phonetischen eine grosse Erschwerung leichten und schnellen Verständnisses, und dieses ist es für uns fast nicht mehr, als vermuthlich es für die Assyrer selber war. Sie selber haben das Unvollkommene einer solchen, doppeltartigen Schreibweise und namentlich den Uebelstand der so oft dem Leser entgegentretenden Mehrdeutigkeit der Zeichen fast nicht minder lebhaft gefühlt, wie wir, und so sind denn sie selber auch bereits darauf bedacht gewesen, dem Leser das Verständniss zu erleichtern und die Sicherheit der Lesung zu verstärken. Zu diesem Zwecke bedienen sie sich eines Hülfsmittels, das Oppert[1]) nicht unpassend *complementum phoneticum* genannt hat und das wir als die „phonetische Ergänzung“ bezeichnen wollen. Das Wesen derselben besteht darin, dass dem Ideogramme eine oder mehrere Sylben angefügt werden, welche den Ausgang des durch das Ideogramm repräsentirten Wortes bilden. Der Leser erinnert sich, dass die Zeichengruppe *SU. AS* den Begriff des Verbrennens in der Schrift ausdrückte und in dem von uns oben besprochenen Falle (Sard. II, 45) das Impfkt. 1. Prs. = *asrup* anzeigte. Nun aber ist das Verbum *sarap* nicht das einzige Verbum, durch welches der Assyrer den Begriff „verbrennen“ wiedergab; sehr gewöhnlich ist in den Inschriften auch noch ein anderes Verbum für diesen Begriff, nämlich *kavâ*, wovon die 1. Prs. Impfkt. Sing. *akvu* lautet; wir lesen dieses z. B. Khors.

1) a. a. O. p. 97.

35. 42 u. ö. Um nun dem Leser anzudeuten, dass nicht das letztere, sondern das Imperfekt *asrup* in Aussicht genommen sei, fügte der Anfertiger der Inschrift jenem Ideogramme, zwar nicht immer, aber doch zuweilen, z. B. Sard. I. 66. II. 84 (nicht II, 45!), die anslautende Sylbe *up* bei = *SU. AS. up*, zu lesen: *asrup*. Auch die Sylbe *ku* in der von uns oben besprochenen Sylbenfolge *DU. DU. ku* ist nichts als die phonetische Ergänzung zu dem fraglichen Ideogramme, hergenommen von dessen phonetischen Aequivalente: *ittaluku*; vgl. noch Sard. I, 22. Es sind übrigens, wie bemerkt, nicht alle Ideogramme, welche eine solche phonetische Ergänzung regelmässig oder auch nur häufiger bei sich haben. Es sind dieses vielmehr, wie es mir scheinen will, vornehmlich nur solche Ideogramme, die an sich verschiedene Werthe haben und bei denen deshalb ganz besonders ein Bedürfniss vorhanden war, zu wissen, welches nun von den verschiedenen möglichen Ideogrammen in dem speciellen Falle in Aussicht genommen sei. Zu solchen „polyphonen" Zeichen (wir reden über das Wesen der „Polyphonie" unten ausführlich) gehört das Zeichen , das ausser seinen mehrfachen phonetischen Werthen (*par*, *tam* u. s. f.) auch noch die folgenden ideographischen Werthe (die sich aber beiläufig sämmtlich unter den Hauptbegriff des „Hellen", „Glänzenden" bringen lassen) aufzuweisen hat: Tag, Licht, Sonne, Meer, diesen entsprechend den assyrischen Wörtern: *yum* (יום), *nahra* (נהרה), *samsi* (שמש), *tihamti* (תהום). Je nachdem nun der eine oder andere dieser Sonderbegriffe in Aussicht genommen ist, wird dem in Rede stehenden Ideogramme von den Schlusslauten der betreffenden assyrischen Wörter entweder ein *um* (bezw. *mu*), oder ein *ra*, oder ein *si* oder ein *ti* angefügt, und ist endlich von *yum* „Tag" der Plural = *yumi* gemeint, so wechselt *um* mit *mi*.

Demgemäss bedeutet:

yu-um d. i. Tag. (st. cstr.) Tigl. V, 15. Khors. 13.

yu-mu d. i. dass. (st. abs.) Senk. I, 13.

yu-mi d. i. Tage. Senk. I, 11. II Rawl. 66. Nr. 2. Z. 8.

nah-ra(?) d. i. Licht. Senk. II, 7. 18. 23.

sam-si d. i. Sonne. I Rawl. 35. Nr. I. Z. 9; Nr. III. Z. 6.

tiham-ti d. i. Meer. I Rawl. 35. Nr. I. Z. 10. Nr. III. Z. 6.

Ein ähnliches polyphones Zeichen ist 𒆳, welches neben verschiedenen syllabarischen Werthen auch mehrere ideographische Werthe aufzuweisen hat. Es bedeutet sowohl „Land“ (*mat*), als „Berg“ (*sadu*), als endlich auch „nehmen“ (*kasad*), letzteres sowohl als Verbum, als auch als Substantiv („Beute“ = *kisidti*). Um nun namentlich im letzteren Falle dem Leser zu Hilfe zu kommen, bringt der Assyrer gern bei diesem Zeichen in der heregten Bedeutung die phonetische Ergänzung in Anwendung. Ist bei demselben das Substantiv (*kisidti*) in Aussicht genommen, so fügt er von diesem Worte die Endsylbe *ti* dem fraglichen Ideogramme bei; soll das Ideogramm eine Verbalform ausdrücken, so wird die Schlusssylbe der entsprechenden Verbalform, bei der 1. Prs. Sing. also (= *aksud*) z. B. die Sylbe *ud* (*ut*) beigesetzt. Demgemäss lesen wir Stand. 15: 𒆳 𒋾 d. i. *kisidti*, Beute (die volle phonetische Schreibung haben wir Sard. III, 133); dagegen Sard. II, 85. 57. 94: 𒆳 𒌓 d. i. *aksud* (vgl. die Varianten). — Ein weiteres ähnliches polyphones Zeichen ist das Zeichen für die Sylbe *MU*, welches als Ideogramm insbesondere theils den Begriff „Namen“ = *sum*, theils den andern „Jahr“ = *sanat* ausdrückt. Um nun z. B. den Plural *sanâti* von dem Plural *sumi* zu unterscheiden, fügt man dem betreffenden Ideogramme das Zeichen *ti* bei. So Tigl. Pil. VI, 97. — Nicht minder wird so dem Zeichen *KI* in seiner ideogrammatischen Bedeutung „Erde“ = *irsitiv*, um es von demselben in der Bedeutung „mit“ = *itti* zu unterscheiden, als phonetische Ergänzung *tiv* angehängt = *irsi-tiv*. So NR. 1. II. 2. K. I, 2.

Die Liste liesse sich leicht vermehren. Wir beschränken uns darauf, lediglich noch zwei Eigennamen zu erläutern, bei denen erst in Folge des Einblicks in diesen eigenthümlichen Mechanismus der assyrischen Schrift die Enträthselung gelungen ist. Es sind dieses die schon oben von uns angezogenen Namen einerseits des Erbauers des Nordwestpalastes zu Nimrud, anderseits seines Sohnes. Bei Beginn der assyrischen Studien bezeichnete man jenen König als *Assur-akh-bal*, diesen als *Divanubar* bezw. *Temenbar* d. h. man las die Namen phonetisch, ohne auf ihre ideographische Schreibweise oder aber wenigstens auf sie in der rechten Weise zu reflectiren. Beginnen wir mit dem Namen des Sohnes, den man also *Divanubar* las (in der Keilschrift wird er so geschrieben: 𒁹 𒀭 𒊩 𒈠 𒉡 𒁁), so sieht man deutlich, dass der Name mit einem Gottesnamen beginnt (beachte das Gottheitsdeterminativ!); wie aber lautete derselbe? *Divanu* schwerlich: ein solcher Gott ist unbekannt. Nun aber sagt uns ein Syllabar (Nr. 185), dass das zweitfolgende, phonetisch sonst *DI* lautende, Zeichen den Sinnwerth der Wurzel שלם hatte: das Syllabar erklärt es durch *šilim* und *šulmu* (vielleicht auch *šalmu* zu sprechen)[1]. Von einer Wurzel *šalam* bildet sich regelrecht ein Nomen *Šalmân* d. i. der „Friedreiche". Es kann keinem Zweifel unterliegen: die drei (bezw. vier) ersten Zeichen des Namens sind *Šal-ma-nu* auszusprechen und *ma-nu* ist lediglich die phonetische Ergänzung. Ueber den Schluss des Namens reden wir unten.

Was nun den anderen Namen, den des Vaters, angeht, so kannte man lange Zeit lediglich eine Schreibweise desselben, deren Haupttypus dieser war:

So lange lediglich diese Schreibweise bekannt war, liess sich über die wirkliche Aussprache des mittleren Zeichens nichts bestimmtes aussagen und es ist deshalb begreiflich, dass die Assyriologen zwischen den Aussprachen *Assur-akh-bal*, *Assur-idanni-pal* u. ähnl. hin- und herschwankten. Inzwischen ist nun eine Schreibweise dieses Namens aufgefunden, welche mit einem Male jeden Zweifel beseitigt; nämlich dieses in dem denkwürdigen Regentencanon, wo wir (II Rawl. 68, Nr. 2, Av. Z. 27) den betreffenden Namen folgendermassen geschrieben finden:

d. h. (da das letzte Element nur eine bekannte und gewöhnliche Variante für den Begriff „Sohn" *habal*, *pal* ist) mit der Sylbe *ir* nach dem zweiten Hauptzeichen. Offenbar ist diese Sylbe *ir* das phonetische Complement zu dem zweiten Zeichen, und da dieses 1) den „Bruder" *akh* bezeichnet (so im Namen Sanheribs), zu welchem indess ein phonetisches Complement *ir* sich nicht fügt, 2) aber auch den Begriff *naṣar* „beschützen" bedeutet (s. Syll. 277[2]), also ein Wort repräsentirt, das auf einen *r*-Laut endet, so kann es keinem Zweifel unterworfen sein, dass das mittlere Element die Wurzel *naṣar* involviren muss, und da das Complement *ir* lautet, kann von der Wurzel nur die verbale Participialform in Aussicht genommen sein = *nâṣir* (das Imperfekt, an das man auch noch denken könnte, ist durch dieses *ir* ausgeschlossen, sofern es *uṣur* lauten würde), der Name ist somit mit Oppert zu sprechen: *Assur-nâṣir-habal* d. i. „Assur schirmt den Sohn"[3].

1) Ganz so das Syllabar II Rawl. 48. Z. 46 (*ši-lim*). Vgl. S. 75, Nr. 221.

2) Die beiden Zeichen, das in unserem Namen sich findende und das im Syllabar uns entgegentretende, wechseln in den Inschriften mit einander.

3) Beiläufig wird so auch die uns in den Inschriften (s. B. Salm. Obel. 45. 47. u. ö.) häufig entgegentretende Schreibung des Namens des Euphrat als *A.rat* zu erklären sein. Gewöhnlich meint man, dass das Zeichen *A* auch den Lautwerth *pur* habe, also dass der Name *Pur-rat* auszusprechen sei. Allein dieser Lautwerth lässt sich sonst für das betreffende Zeichen nirgends nachweisen. Dagegen wissen wir (s. o. sub Nr. 1), dass *A* das Ideogramm

2. Nachweis der Laut- und Sinnwerthe der sämmtlichen Ideogramme der trilinguen Inschriften.

Nach der im Vorhergehenden gegebenen Darstellung des theilweis ideogrammatischen Charakters der assyrischen Schrift im Allgemeinen käme es nun darauf an, die uns in den assyrischen Texten entgegentretenden Ideogramme aufzuzeigen und ihrem Laut- und Sinnwerthe nach zu bestimmen. Da aber die Anzahl derselben eine bei der Durchforschung neuer Dokumente stets wachsende, insofern unbegrenzte ist, weiter eine auch nur annähernde Zusammenstellung der schon jetzt bestimmten noch nicht versucht ist, wir uns somit sowie so irgendwie willkührlich ein Ziel in unsrer Betrachtung setzen müssen, so beschränken wir uns bei der folgenden Analyse von Ideogrammen lediglich auf eine Aufzeichnung und Bestimmung aller derjenigen Ideogramme, welche uns in den dreisprachigen Texten begegnen. Der Uebersichtlichkeit wegen aber wollen wir zuvörderst die sämmtlichen Nominalideogramme, darauf die sämmtlichen verbalen, und endlich die sämmtlichen, Partikeln ausdrückenden, Ideogramme der trilinguen babylonischen Inschriften vorführen. Innerhalb dieser Gruppen lassen wir eine freie Sachordnung walten.

Ideogramme der trilinguen Inschriften.

1. 𒀭, das Zeichen für den Begriff „Gott", assyrisch *ilu*. Seine Bedeutung ist an die Hand gegeben durch die trilinguen Inschrr., in denen das Zeichen überall dem pers. *baga* entspricht (NR. 1. E. 1. F. 1 u. ö.). Sein Lautwerth *ilu* erhellt einerseits aus einer Vergleichung zweier Stellen in der Londoner Nebucadnezarinschrift (col. I. Z. 30) und in der Nebucadnezarinschrift des nach Bellino benannten Cylinders (Grotefend, Gött. 1850 Taf. IV, col. I. Z. 11), indem genau an der Stelle, wo die erstere Inschrift das Gotteszeichen hat, der Bellinocylinder die Laute *i-lu* bietet (in der Phrase: *Marduk ilu baniya* = „Merodach, mein Schöpfer"); andrerseits ergiebt sich derselbe aus der verschiedenen Schreibung des Namens „Babylon", indem mit der rein phonetischen Schreibweise: *Ba-bi-lu* die andere: *Bab-AN.AN.* d. i. *Bab-ilu* wechselt (DMG. XXIII. S. 350). Geradezu erklärt endlich wird das fragliche Zeichen durch *i-lu* in dem Syllabar Nr. 754 (s. o.). Vgl. hebr. אֵל.

2. [Keilschriftzeichen] „Himmel" *samû* entspricht dem pers. *açman* (s. die Belegstellen im Glossar und vgl. über die Umstellung von

für den Begriff „Wasser" ist; *rat* ist danach phonetisches Complement, um das in Rede stehende „Wasser des Euphrat" als solches zu bezeichnen. So auch Opp. a. a. O. II. 219.

„Himmel" und „Erde" im persischen Texte unsere frühere Abhandlung S. 352). Das assyrische Aequivalent des Ideogramms ergiebt sich aus einer Vergleichung der Stelle E. J. H. I, 43: *Nabu pa-ki-id kissat sami u irṣitiv* mit Bors. I, 13 (I Rawl. 51): „*Na-bi-uv pa-ki-id ki-is-sa-at sa-mi-'i u ir-ṣi-tiv* d. i. „Nebo, der da waltet über die Heere des Himmels und der Erde". Während nämlich an erster Stelle die ideographischen Gruppen *AN.* 'I und *KI. tiv* stehen, begegnen wir in der zweiten Stelle genau an dem gleichen Platze den Lauten *sa-mi-'i* und *irṣitiv*. Zu vgl. hebr. שָׁמַיִם, arab. سماء u. s. w.

3. [cuneiform], meist mit der phonetischen Ergänzung [cuneiform] *tiv* = *irṣitiv* „Erde" entspricht dem pers. *bumi* NR. 1. K I, 2. H. 2. Sein lautlicher Werth ergiebt sich theils durch Vergleichung von Parallelstellen, wie der sub Nr. 2 angezogenen, theils direkt durch Syll. 182, welches das in Rede stehende Zeichen durch *ir-ṣi-tuv* erklärt, — deutlich das Femininum zu dem hebr.-arab. ארץ.

4. [cuneiform] „Monat" *arḫu* entspricht Beh. 15. 36. 52. 56. 62 dem pers. *mâha*. Seine Aussprache *arḫu* ist verbürgt durch S. 85. 86, sowie durch II Rawl. 12, 15. a. b. Vgl. hebr. יֶרַח; syr. ܝܪܚܐ.

5. [cuneiform] „Tag" *yum* pers. *rauca*. S. Beh. 15. 48. 52. 56. 65. Ueber d. Aussprache *yum* = hebr. יום s. o. S. 22.

6. [cuneiform] „Schatten", „Schirm" *ṣilli* pers. *vasna*. Sein phonetisches Aequivalent ist gegeben durch Vergleich von Beh. 4. 7. 9 und C, a. 8. C, b. 14, sowie direkt durch ein Syll. II R. 62. Z. 70. Rev. c. d. (*ṣil-luv*). Vgl. hebr. צֵל.

7. [cuneiform] „Land" *mat*, pers. *dahyâus*. Dieses laut Beh. 7. 8. 9 u. ö. Seine Bedeutung und Aussprache steht fest durch das dem gleichen *dahyâus* „Land" entsprechende phonetische *ma-ti-ya*, bezw. *ma-tur* H. 8. 16; weiter durch Syll. 520. 521 vgl. mit 879, auch 299; endlich durch II R. 32, 5. Av. c. d.

8. [cuneiform] „Stadt" *'ir*, pers. *vardana* Beh. 41. 45; auch *âvahanam* Beh. 49. Da der Begriff immer nur ideographisch ausgedrückt vorkommt, so ist die Aussprache des Ideogramms nicht ohne Weiteres feststehend. Da aber das betreffende Keilschriftzeichen sicher den Lautwerth *ir* hat, wie aus der Schreibweise von *ki-ir-bi* קרב (achtzeilige Nebuc. Z. 7) erhellt, weiter ein Syll. (III R. 70, 100) dasselbe durch *'i-ri* (עִיר) erklärt, ein Wort *'ir* in der Bedeutung „Stadt" endlich unmittelbar an das semitisch-hebräische עיר erinnert, so hat diese Aussprache alle Wahrscheinlichkeit für sich und man hat

dann die phonetische Verwendung des betreffenden Zeichens mit dem Lautwerthe *ir* eben aus diesem seinem ideographischen Werthe abzuleiten [1]. Die Erklärung des Ideogramms durch *alu* (etwa zusammenhängend mit אֹהֶל „Zelt“, „Zeltlager“ im Sinne von Wohnstatt?) im Syll. 393 soll wohl nur die Bedeutung im Allgemeinen illustriren, genau wie die Erklärung des Ideogramms für *sumu* „Name“ (II R. 7 Av. Z. 9) durch *zikaru* זֵכֶר, „Erwähnung“; doch vgl. Assurb. Sm. 61, 104 m. 69, 65, wo es reines Lautzeichen = *al*.

9. „Berg“, pers. *kaufa* Beh. 15. H. 8, wird phonetisch auf *sadu* bestimmt durch K. III, 6, sowie durch das Syll. II R. 50. Z. 63 c. d. (*sa-du*). *Vgl. arab. سُدّ, sowie unsere Abhandlung in DMG. XXIII. S. 366.

10. hat, da es immer vor Flussnamen erscheint (Beh. 34. 35. 36), sicher die Bedeutung „Fluss“. Sein phonetisches Aequivalent erfahren wir aus II Rawl. 50. IV. Z. 6, wo es durch *na-ha-ru*, hebr. נָהָר, erklärt wird [2]) vgl. ebnd. 48, 37 Rev. (*na-ha-ri*).

11. , Adv. = „längs“, pers. *anuv* Beh. 36. S. Aussprache *kisad* folgt aus II R. 27, 11. Rev. c. d (*ki-sa-di*). Vgl. auch Khors. 18 mit 22 (*ki-sad*).

12. „Menschen“ *nisi*, pers. *martiya*, NR. 2. K. 1. 2. 3. E, 3. Der phonetische Werth *nisi* vgl. hebr. אֱנוֹשׁ, אֲנָשִׁים ergiebt sich aus E. J. H. I 64: *ki-is-sa-at ni-si* (s. o. sub Nr. 2) mit Salm. Obel. Z. 15: *kis-sat UN* (mit Pluralzeichen). Vgl. auch unsere frühere Abhandlung p. 355. Schliesslich erklärt Syll. 378 jenes Ideogramm einfach durch *ni-su*.

13. „Vater“ *abu*, pers. *pitar* Beh. 1. 2. 12 u. 6. Sein phonetischer Werth ist gesichert durch Khors. 124. 167: *Asur AT ili* vgl. mit Khors. 167: *Asur a-bu ili* d. h. „Assur, der Vater der Götter“. Die Deduktion wird bestätigt durch Syll. 92 (*AT* = *abu*). Hebr. אָב.

14. „Mutter“ *ummu*. Die Bedeutung ist verbürgt durch Beh. 12: *hamâtar* „einerlei Mutter habend“. Die Aussprache steht fest durch Syll. 192 (*um-mu*). Hebr. arab. אֵם, أُمّ.

---

1) Gerade so bei dem Zeichen für die Sylbe *iṣ*, das zugleich das Ideogramm für den Begriff „Holz“, assyr. selber *iṣ* = עֵץ, ist.

2) Durch dieses Syllabar ist Ménant's Vermuthung vom J. 1863, das Ideogramm sei *nahar* zu sprechen (s. dessen *les inscriptions de Hammourabi*. Par. 1863. p. 46), in glänzender Weise bestätigt.

15. „Bruder“ *aḫu*. Bedeutung verbürgt durch pers. *brâtar* Beh. 12; Aussprache durch Syll. 276 (*a-ḫu*). Hebr. אָח.

16. , auch *habal*, entspricht pers. *puthra* NR. 6. Beh. 21. 31 u. ö. S. Aussprache ist gesichert durch die Variante Bors. II, 16 (*hab-lav*), sowie durch Syll. bei Norr. Dict. p. 92 (*hab-lu*). S. weiter Abhandlung S. 360 [1]).

17. „Saame“ *zir*, pers. *taumâ* Beh. 48. 61. Sein phonetischer Werth erhellt aus Khors. 41 (*I-zir-tu*) vgl. mit Bott. pl. LXXIII, 9 (*I-zi-ir-tu*). Vgl. hebr. זֶרַע.

18. „Herz“ *libbu*. Dasselbe kommt in den pers. Texten immer nur in Verbindung mit Präpositionen zum Zwecke der Bildung neuer Präpositionen vor, wie *ana libbi* „wegen“ u. s. f. (s. Gloss.). S. Aussprache liefert uns das Syll. II R. 36, 51. Rev. a b (*lib-bu*). Vgl. noch Bors. II, 6, wo das Wort phonetisch *li-ib-bi* geschrieben vorkommt. Hebr. לֵב.

19. „Zunge“ *lisanu*, pers. *paruzana*. Sein lautliches Aequivalent erhellt aus einer Vergleichung von NR. 5 (Ideogr.) mit K. II, 2. C, 3. D, 7. E, 5 (*li-sa-nu*). Arab. لِسَان.

20. „Hand“ *ḳat* pers. *daçta* Beh. 96. Seine Aussprache liefert II R. 46. Z. 49 c. d (*ḳa-ti*). Gleiches erhellt aus den Varianten in der 2. Beltisinschrift II R. 66. Z. 4, sowie Sard. I, 24.

21. „Bild“ *ṣalam*, pers. *patikara* NR. 26; phonetisch im Plural: *ṣalmanu* Beh. 106. Der Sing. *ṣa-lam* vgl. hebr. צֶלֶם findet sich Khors. 59.

---

1) Auch das Ideogramm für „Tochter“ ist jetzt lautlich zu bestimmen. Es lautete gemäss einer Stelle einer Inschrift Assurbanipal's bei Norr. Dict. I *additions* p. VIII: *binti* vgl. בת (aus בנת), arab. بنت. Damit stimmt, dass in dem Syll. 305 im Anschluss an ein solches, das der Erklärung des Ideogramms für „Sohn“ gewidmet war (Syll. 304), das mit einem Unterscheidungszeichen versehene Ideogramm für „Kind“ erläutert wird durch *binitu* (auch s. o.). In der Verbindung *bin binur* = „Sohnessohn“ d. i. „Enkel“, auch „Urenkel“ scheint sich sogar auch die männliche *Form* des dem hebräisch-arabischen בן entsprechenden assyrischen Wortes erhalten zu haben. Dieses folgt aus dem Syll. II R. 29, 62 c, in welchem *bin binur* und *lib lib* d. i. „Urenkel“ einander parallel gestellt werden.

22. „Name" *šum*, pers. *nâma*. S, 8. D, 11. Beh. 15. 53. 81 u. ö. (*agaubatâ*); phonetisch geschrieben (*šu-um*) Beh. 49. 53. 57. Vgl. die Syll. II R. 7, 51 Rev. und Z. 9 Av., welche das fragliche Ideogramm durch *zikaru* und *zakaru* (זכר) erläutern. — Hebr. שֵׁם.

23. „Haus" *bit*, entspricht mit dem ihm folgenden Ideogramme für die Gottheit dem pers *âyadana* „Platz der Verehrung". Beh. 25. vgl. *vith* „Familie", „Clan" Beh. 27. 28. Seine Aussprache *bi-tu* d. i. בית folgt aus Syll. 364. Vgl. noch die Fensterinschrift des Darius (L, 1): *bi-it* (st. cstr.), sowie ein weiteres Syllabar II R. 62, 73 (*bi-it*).

24. „Thür" *bab* pers. *duvarthi* D, 8. Das phonetische Aequivalent bietet Syll 365 (*ba-bu*).

25. „Fürst" *šarru* pers. *khšâyathiya* Beh. 1. 11. 12. u. ö. Phonetisch Syll. 330 (*šar-ru*), sowie Artax. Mnem. Sus. bei Oppert im Journ. Asiat. 1865. p. 301. Z. 2 *ša-ar-ri*. Hebr. שַׂר.

26. „Thron" *kussu* pers. *gâthu*, laut NR. 26. Sein phonetisches Aequivalent ist an die Hand gegeben durch Syll. II R. 46, 50 und 58 col. I (*ku-uš-šu-u*) Hebr. כִּסֵּא.

27. „Schlacht" *taḫazu* pers. *hamarana* Beh. 56. Phonetisch Beh. 49. 54 (*ta-ḫa-za*); Syll. 291 (*ta-ḫa-zu*).

28. „Pferde" *šuši*. Die phonetische Aussprache ist wahrscheinlich gemacht durch Salm. Obel. b. Lay. pl. 98. III (*šu-ši*). S. Oppert E. M. II. 226.

29. „Nebucadnezar" *Nabukudurri-uṣur*, pers. *Nabukudracara*. Beh. 37. 85. 91. Die phonetische Aussprache des Namens geben die einheimischen babylonischen Inschriften (die Inschrift von Borsippa, der Senkerehcylinder, der Cylinder Bellino's u. a. f.) an auf: *Na-bi-uv-ku-du-ur-ri-u-ṣu-ur*. Vgl. נבוכדראצר Jer. 39, 1. 11. 48, 10. Ezech. 29, 18. S. über die Schreibung des Namens unten ausführlich.

30. „Nabunit" pers. *Nabunita*. Der Name lautete phonetisch *Na-bi-uv-na-'-id*. S. Backstein von Senkereh I R. 68. Nr. 4. Z. 1.

30. *Ni-din-tav-bil* „Nidintabel" pers.

Nidintabíra Beh. 31. 34. 37 u. ö. Es findet sich auch *Ni-din-tuv-bil* so Beh. klein. Inschr. III, 1. Der Name ist seinem ersten Theile nach (*Nidintuv*) phonetisch geschrieben. Das letzte Zeichen ist das Ideogramm für den Gott *Bil* oder Bel. Dies erhellt aus den Varianten zu Sard. I, 26. 32, wo die Ideogramme *AN-ti-su* und *AN-ku* wechseln mit *bi-lu-ti-su* und *bi-la-ku*; das in unserem Namen noch auftretende *AN* ist das Gottheitsideogramm.

32. „Babylon" pers. *Bâbirus* Bis. 31. 32 u. ö. NR. gr. Inschr. Z. 15. Sein phonetisches Aequivalent ist laut den Inschriften Nebucadnezars *Ba-bi-lu*, auch *Ba-bi-i-lu* geschrieben. S. weiter in unserer früheren Abhandlung DMG. XXIII, S. 350.

33. „Assyrien" pers. *Athurâ* Bis. 40. NR. 15. Bezüglich des ersten und letzten Zeichens s. Nr. 3 und 7. Das mittlere Zeichen ist lediglich zusammengesunken aus d. i. *Assur*, wie sich der Name auch noch geschrieben findet Beh. 5.

34. „Euphrat" pers. *Ufrâtus.* Beh. 36. Die beiden ersten Zeichen sind das Ideogramm für den Begriff „Fluss", erklärt II R. 50. IV. Z. 5. durch *naharuv* (s. o. Nr. 9). Das ganze Ideogramm wird II R. 50. IV. 8 erläutert durch *Bu-rat-tuv* d. i. hebr. פרת.

35. „Tigris" *Diglat* pers. *Tigrâ*, erläutert II R. 50. IV. Z. 7 durch *I-di-ig-lat* vgl. hebr. חִדֶּקֶל. Das obige Ideogramm wechselt übrigens Beh. 36 mit dem phonetisch geschriebenen Worte: *Di-ig-lat* d. i. *Diglat* = دِجْلَة.

36. „gross" *rabu* pers. *vazarka*. Syll. 123: *ra-bu-u*.

37. „eins" *istin* (עשתן) pers. *aiva*. Beh. 12. F, 10. Phonetisch D, 4. 5. E, 4 (*is-tin*). — Hebr. (עשתי) עַשְׁתֵּי [1]).

38. „eins" *ihit* pers. *hamâtar*. Beh. 12. Sard. I, 118. Die Aussprache ist (Oppert E. M. II. 205) durch ein, von mir jedoch nicht nachweisbares, Syllabar gegeben. Vgl. hebr. אחת [1]).

39. „machen" *abas* (עבש) pers. *patiyakhs* (salta 'abas NR. 10. S. Syll. 290 (*'i-bi-su*); auch II R. 60, Z. 45 dass.

---

1) In Nr. 37 und 38 sind die Schlusszeichen *tin* und *it* der Ideogramme vermuthlich phonetische Ergänzungen.

40. „wünschen" *araš* (ארשׁ) pers. *kâma.* NR. 24. S. Syll. II R. 7. Z. 33 (*'i-ri-šu*).

41. „mit" *itti* pers. *hadâ* oder *pasâ.* Beh. 49. 69 b. Phonetisch *it-ti* Beh. 23. 45 u. ö. Vgl. noch Syll. II R. 12, 42 ff. — Hebr. את.

42. „auf", „über" *'i-li* (עלי) pers. *ubiy.* Beh. 10. 16. 22. — E. J. H. I, 58: *ša 'i-li-ku ṭa-bu* vgl. mit 72 *ša 'li-ka ṭa-bu.*

43. „nach" *ana,* pers. Acc. der Richtung. Beh. 36. 44. 47. Phonetisch Beh. 1. 18. 83 u. ö. Beide Schreibarten in den Varianten Sard. I, 34. 60. 101. 118.

44. „in" *ina* pers. Locativ Beh. 4. 7. 14. Phonetisch Beh. 49. S. 2.

45. „Menge" *miluv kiššati* (מלוא כִּשָּׁתִי). S. das Syllabar II R. 39, 7. 8.

Bis jetzt ihren lautlichen Aequivalenten nach noch unbestimmbar sind von den Ideogrammen der trilinguen Inschriften:

46. „Diener" pers. *bandaka.* Beh. 7.

47. „Anführer" pers. *fratamâ an'ušiyâ.* Beh 38. 77. 83. 88.

48. „Tafel" (*dippu?*) pers. *dipi.* Beh. 98. 106.

49. ..., sowohl nach Aussprache als Bedeutung bis jetzt noch unbekannt. NR. 15.

Die Erklärung einer Reihe weiterer Ideogramme s. u.; vgl. auch die Ideogrammenliste auf S. 26—28.

Ob von den bislang noch nicht lautlich bestimmten Ideogrammen der trilinguen Inschriften nicht über kurz oder lang auf Grund irgend einer Identification oder in Folge der Entdeckung einer neuen bislang unbekannt gewesenen Inschrift sich das eine oder andere noch seinem Lautwerthe nach entpuppen werde, ist natürlich nicht zu sagen. Jedenfalls dürfte die Menge der bis jetzt bereits enträthselten Ideogramme hinreichen, um auch dem Ungläubigsten wie die Richtigkeit, so die Sicherheit und Ausgiebigkeit der von den Entzifferern bei Enträthselung der Ideogramme eingehaltenen Methode darzuthun.

C. Der polyphone Charakter der assyrischen Schrift.

Nach der im Vorhergehenden gegebenen Darlegung des syllabarischen und des ideographischen Charakters der assyrischen Schrift erübrigt noch die Prüfung der der assyrischen Schrift nicht minder zugeschriebenen Polyphonie oder Viellautigkeit.

1. Darlegung des Faktums.

Es war zuerst Sir Henry Rawlinson, welcher, zum nicht geringen Erstaunen der gelehrten Welt, im Jahre 1851 das Phänomen der Polyphonie der assyrischen Schrift signalisirte. Die Thatsache schien so exorbitant, schien so sehr dem Wesen einer regelrechten Schrift zu widersprechen, dass man sich anfangs durchaus nicht dazu verstehen konnte, an die Gegründetheit der gemachten Beobachtung zu glauben. Man meinte zunächst, es werde sich mit dieser scheinbaren Polyphonie genau so verhalten, wie mit der, gleich im Anfange der Entzifferung, behaupteten, „Homophonie" der assyrischen Sylbenzeichen d. i. derjenigen Eigenthümlichkeit der assyrischen Schrift, kraft deren ein und derselbe Laut (z. B. *k*) durch verschiedene, oft sechs verschiedene, Zeichen ausgedrückt sei. Wie man hier bei fortschreitender Kenntniss zu der Einsicht gelangt war, dass diese, scheinbar dieselben Laute wiedergebenden, Zeichen vielmehr den Laut mit ganz verschiedenen, nämlich durch die hinzutretenden, verschiedenen Vokale bewirkten, Modificationen darstellten (*ka*, *ki*, *ku* u. s. f.), dass überhaupt die Consonantenlaute niemals bloss für sich, denn vielmehr stets in Verbindung mit einem bestimmten, sei es vor ihnen, sei es hinter ihnen zu sprechenden Vokale (z. B. *ka* oder *ak*) bezeichnet würden (Syllabismus der assyrischen Schrift); wie also hier mit der Erkenntniss dieser syllabarischen Beschaffenheit der assyrischen Schrift jene ganze „Homophonie" in eitel Dunst sich auflöste (nur bei einigen wenigen Zeichen, wie *u*, *i*, *mi*, *si*, *su*, *as*, *pur* u. etlichen anderen stehen wirklich zwei verschiedene Zeichen für denselben Laut zur Verfügung), also, meinte man, verhalte es sich auch mit der Polyphonie: eine solche existire nur in der Einbildung der Entzifferer, und fortschreitende Kenntniss werde die Erscheinung aufklären und damit zugleich beseitigen. Dem aber war nicht so. Im Gegentheil, die fortschreitende Erkenntniss hat das Faktum nur zu einem gewisseren und dermalen ganz unbezweifelbaren gemacht. Wir besitzen jetzt in Dokumenten, die von der Hand der Assyrer selber herrühren, die direkten und unmittelbaren Belege für die Richtigkeit jener Beobachtung, nämlich solches in jenen unschätzbaren Täfelchen Asurbanipal's, von denen wir im ersten Theile unserer Abhandlung ausführlich geredet haben. Ein Blick in diese Täfelchen lehrt uns die Polyphonie der assyrischen Schrift ganz unmittelbar. Betrachten wir nun aber diese Eigenthümlichkeit derselben jetzt noch etwas näher.

Zunächst also wird von den Assyriologen behauptet, dass ein und dasselbe Zeichen ganz verschiedene Lautwerthe haben könne. Dieses ist demnach zuvörderst von uns zu erweisen.

In der assyrischen Transcription des Namens *Darius* (*Da-ri-ya-X.*) Bis. 1. 2. 3. 4. 8. u. ö., begegnen wir am Schlusse des Namens einem Zeichen 𒅕, welches (vgl. pers. *Dârayavus*) nur den Lautwerth von *rus* haben kann, eine These, deren absolute Richtigkeit aus dem Umstande erhellt, dass dieselbe letzte Sylbe an anderen Stellen der trilingnen Inschriften mit Auflösung derselben auch *ru-us* geschrieben wird. S. Ménant, *mémoire* p. 89; vgl. noch die Variante Sarg. I, 35. Dieses gleiche Zeichen erscheint nun Bis. 5. 13. 24. NR. 16 auch in der assyrischen Form des Namens für „Aegypten" = *Mi-ṣir*, demgemäss dasselbe auch den Sylbenwerth *ṣir* haben muss, ein Werth der ihm durch die Varianten Tigl. VI, 59. VII, 11 unmittelbar vindicirt wird. Dass somit dem betreffenden Zeichen die beiden Werthe *rus* und *ṣir* eignen, dass dasselbe also ein polyphones ist, leuchtet ein.

Ein ebenfalls in den trilingnen Inschriften uns begegnendes Zeichen ist 𒊭. Demselben eignet kraft des Namens *Ar-tak-sat-su*, Sus. 1. 10, in welchem es an dritter Stelle erscheint, der Lautwerth *sat*. Dasselbe Zeichen erscheint nun aber Bis. 35 in dem Namen *Di-ig-lat* (Tigris) an dritter Stelle, hat gleichzeitig also auch den Lautwerth *lat*. Die Richtigkeit der gemachten Beobachtung bestätigt sich durch die Vergleichung der Varianten Senk. I, 20. Sarg. Cyl. 2, wo es mit *sa-at*, und Asarh. VI, 49, wo es mit *la-at* wechselt; sie wird endlich über jeglichen Zweifel erhoben durch Syll. 519. 520, welche den lautlichen Werth dieses Zeichens gleicherweise auf *sat* und *lat* bestimmen. Dasselbe Syllabar vindicirt dem Zeichen aber sogar auch noch andere lautliche Werthe, nämlich *mat* und *kur*. Die Polyphonie des betreffenden Zeichens ist somit eine über jeden Zweifel erhabene.

Ein drittes, in den trilingnen Texten uns entgegentretendes, nach Angabe der Assyriologen polyphones Zeichen ist 𒌋𒌋. Dieses Zeichen hat F, 20. in dem Namen *A-ḫa-man-ni-is-si*, wo es an dritter Stelle erscheint, den Lautwerth *man*; es entspricht den Lauten *ma-an*, mit denen die betreffende Sylbe E, 7. K. 14 geschrieben wird. Dasselbe Zeichen hat nun aber NR. 6, sowie E, 7. K. 14 den Lautwerth *nis*, da es an den angeführten Stellen da erscheint, wo uns sonst die Laute *ni-is* entgegentreten. Die Polyphonie des betreffenden Zeichens ist hiernach unzweifelhaft und gleichsam, damit das Bizarre einer solchen Eigenthümlichkeit recht augenscheinlich zu Tage trete, erscheinen in den von Mén. p. 86 angeführten Inschriften beide Werthe des Zeichens in einem und demselben Worte *Aḫa-man-nis-si* hintereinander [1]), indem sich in demselben die Sylben *man* und *nis* mit dem gleichen, nämlich dem in Rede stehenden Zeichen geschrieben finden. Bestätigung erhalten diese Schlüsse durch die Varianten der unilinguen Inschriften: für *man* z. B. durch Sarg. I, 76 (*ma-na*), für *nis* durch Sard. I, 14. II, 1. Tigl. II, 87. VIII, 24 u. a. (*ni-is, ni-si*) u. s. f.

Ein letztes polyphones, durch die Eigennamen der trilinguen Texte an die Hand gegebenes, Zeichen ist das Zeichen [Keilschriftzeichen], welchem durch die Eigennamen *Guma-tav*, *Uvíçda-tav*, *Nidin-tav-bil* der Lautwerth *tav*, durch die Namen *Par-śu* (Persien), *Sa-par-da* (Sparta?), *Par-tu* (Parthien), der Werth *par* vindicirt wird. Auch hier sind es theils die Parallelstellen und Varianten der unilinguen Inschriften (für *par* z. B. Senk. II, 25), theils die Syllabare, welche die Polyphonie des Zeichens über allen Zweifel erheben. Die letzteren bestimmen ausdrücklich (433. 434) den Werth des Zeichens auf *ta-am* (*ta-av*), und *pa-ar*.

Was für die besprochenen Zeichen aus den Eigennamen der trilinguen Inschriften folgt, ergiebt sich für andere Zeichen aus der Vergleichung von Parallelstellen, aus den Varianten identischer Inschriften, aus den Syllabaren. Auf diese Weise sind für das Zeichen Nr. 128 ausser den besprochenen Werthen *lat* und *sat* noch die Werthe *kur*, *mat*, *nat* verbürgt (s. die Liste p. 70 ff.); für das Zeichen für *ḫu* noch der andere *bak*; für das Zeichen für *ni* noch der weitere *bil*. Ein und dasselbe Zeichen hat den Lautwerth *bap* neben *ḫur*; *bar* neben *mas*; *bis* neben *kar* (*kir*), *bat*, *bit*, *mit*; *til* neben *bi*; *bit* neben *mal*; *gak* neben *mi*; *kil* und *ḫap* neben *rim*; *gul* neben *si*; *kin* neben *du*; *gar* neben *sa*; *gis* neben *is*; *ga'* neben *su*; *diḫ* neben *un*; *duk* neben *ka*; *dal*, *tal* neben *ri*; *dil*, *rur* neben *as*; *kal*, *lap*, *rib* neben *dan*; *dip* neben *lu*, *dar* neben *ib*; *dur*, *tus* neben *ku*; *das*, *tas* neben *ur*; *sik* neben *ḫas*; *gal*, *gul* neben *ni*, *zab* neben *liḫ*; *zir* neben *kul*; *ḫum* neben *lum* (*lur*); *ku* neben *ḫun*; *tar*, *sil*, *kut* neben *ḫas*; *mur*, *kin* neben *ḫar*; *ḫit* neben *pa*; *tip* neben *mu*; *ras* neben *kas*; *pis* (*bis*) neben *kir*; *kus* neben *bi*; *kus* neben *su*; *mis*, *rit*, *sit* neben *lak*; *lub*, *lib* neben *lul*; *lim*, *pan* neben *si*; *mil* neben *is*; *mus* neben *um*; *mur* neben *tik*; *gir* neben *mus* (*vus*); *nim* neben *num*; *śak*, *sak* neben *ris*; *rak* neben *śal*, *sal*; *śam*, *sam* neben *u*; *śin*, *sin* neben *is*; *śur*, *sar* neben *ḫir*; *ruk* neben *a*; *rup* neben *ki*; *sum* neben *tak*; *laḫ*, *par*, *tam* neben *ut*; endlich *śip*, *sib* neben *mi*. Die Belege für die angeführten Werthe finden sich in der oben p. 64 ff. von uns entworfenen Liste.

Die vorstehende Uebersicht zeigt übrigens beiläufig auch, dass es keinen Unterschied macht, welcher Art von Sylben die betref-

1) was sich übrigens auch sonst findet z. B. im Namen Nebucadnezars (*du* und *kur*) und Bhist. 49 *Mil-di-is*, das sich auch *Is-di-is* lesen lässt.

fenden weiteren Lautwerthe angehören. Denn wenn auch überwiegend nur die zusammengesetzten Sylben in dieser Weise mit einander wechseln, so weisen doch auch die Zeichen mit sonst einfachen Sylbenwerthen, wie *bi*, *ku*, *lu* u. s. f. sehr häufig weitere, zusammengesetzte Sylbenwerthe auf, ja wir begegnen sogar einmal dem Falle, dass ein Zeichen mit einem einfachen Sylbenwerthe (*as*) daneben noch den einfachen Sylbenwerth *ru* hat [1]) s. d. Liste. Es ist somit klar, dass principiell jedes syllabarische Zeichen an sich zur Bezeichnung noch weiterer Sylbenwerthe, sei es einfacher, sei es zusammengesetzter, dienen kann.

Es bedarf nun freilich keiner Ausführung, dass eine so beschaffene Schrift für den Entzifferer nicht minder, wie für den Leser assyrischer Texte ein grosses Hemmniss zur Erlangung eines schnellen und sicheren Wortverständnisses ist. Gleichsam aber als sollte es auch daran noch nicht genug sein, trifft es sich nicht selten, dass einem Zeichen, das schon ein- oder mehrfach polyphon ist, auch noch ideographische und dazu sehr oft mehrfache derartige Werthe eignen.

Ein, wie die oben mitgetheilte Liste an die Hand giebt, eminent polyphones Zeichen ist das Zeichen . Wir haben gezeigt, dass ihm die phonetischen Werthe *mat*, *lat*, *sat*, *kur*, *nat* eignen. Dieses selbe Zeichen hat nun aber gemäss den trilinguen Inschriften auch noch den ideographischen Werth „Land“, denn es entspricht dem persischen *dahyâus* (s. o.). Es ist nun aber weiter ganz unbezweifelbar, dass es weiter noch das Ideogramm ist zur Bezeichnung des Begriffs „ergreifen“, „nehmen“, assyr. *kasad*; denn es wechselt mit diesem Verbum in denselben Stellen und Inschriften (S. 93.). Die ungemeine Polyphonie dieses Zeichens ist sonach ein gesichertes Faktum. Ganz dasselbe gilt von dem Zeichen , von dem wir oben die Lautwerthe *ut*, *tam*, *par*, *lih* kennen gelernt haben. Demselben eignen ausserdem nicht weniger als vier ideographische Werthe (nämlich: „Sonne“, „Licht“, „Tag“, „Meer“), wie wir oben gezeigt haben. Das betreffende Zeichen hat somit nicht weniger denn mindestens a c h t, theils phonetische, theils ideographische Werthe!

Wir wollen nun im Folgenden noch eine Anzahl häufiger vorkommender Zeichen mit gleicherweise phonetischen und ideographischen Werthen aufführen, zugleich auch die Begründung für diese Zuweisung der betr. Werthe in aller Kürze beibringend, soweit solches in unseren früheren Ausführungen nicht bereits geschehen.

1) wenn nämlich nicht vielmehr durchweg *ras* zu sprechen ist.

2. Nachweis der Polyphonie der gebräuchlichsten Zeichen mit zugleich phonetischen und ideographischen Werthen.

1. *a.* Ideogr. — 1) Sohn *hablu* s. S. 98 u. vgl. II Rawl. 48, 31. Rev. c, wo es durch *tur* (s. dies.) erläutert wird. — 2) Wasser *mi* (מים) II Rawl. 5, 42 a. 6, 17 (*mi'i*). Für die Bedeutung vgl. Khors. 130: *mi nahrisu* „das Wasser seiner Flüsse". — 3) entfernt *ruk* (st. *ruhuk* = רחוק) z. B. in dem häufigen: *Bit 1 umri ruk rapsi* „das ferne, weite Samarien" (z. B. Sarg. Cylind. 19 in I Rawl. 36). Wahrscheinlich stammt von dieser ideographischen Bedeutung des Zeichens sein phonetischer Werth *ruk* s. o.

2. *bi, mit.* — Ideogr. „Leichnahm" *pagru* (פגר). Sard. II, 41, wo *pag-ri-su-nu* wechselt einerseits mit dem betr. Zeichen, andererseits mit *du-ki-su-nu* „ihre Getödteten".

3. *bu.* — 1) Ideogr. „fern" *ruhuk* Lay. LXXXV, 16 vgl. mit LXXXVI, 18. S. Opp. im Journ. Asiat. VI, 3. 1864. p. 404. — 2) verbinden? *dadad* II Rawl. 66 Nr. 2. Z. 5 (Variante) und II Rawl. 11 Z. 64 Rev. (*id-du-ud.*)

4. *gu.* — Ideogr. „Auge" (*inu*), „Ohr" (*uznu*), „Mass" (?) oder „Rede" (?) (*unaru*) Syll. 732. 733. 737.[1])

5. *di.* — Ideogr. „vollenden", „untergehen" (von d. Sonne) *salam*. Syll. 165 (*silim* und *sulmu*). II Rawl. 48. Rev. 46 a. b. (*silim*). Vgl. Norr. 251.

6. *du.* — 1) „geben" נתן. Sard. II, 116. II Rawl. 40. Z. 59 Nr. 5; 2) *kin* „feststellen" *constituere*. S. Erläuterung bei *kin*.

7. *u.* — Ideogr. für die Zahl 10. S. Mén. gramm. 81.

8. *zi.* — „Seele" *napistu*. Vgl. Khors. 74 *ana suzub napsatisu(nu)* mit Tigl. II, 40. III, 16 u. Asarh. (I R. 45) col. II, 34. Opp. J. A. 1864, p. 170.

9. *ha.* — „Fisch" *nun* II R. 7, 25. Rev. c. d. (*nu-nu*) 40, 18. Nr. 2. a. b. (*nu-ni*). Khors. 144 (*kima nuni* „gleich wie Fische") vgl. mit 169 „Fische (Ideogr.) und Vögel").

10. *hi.* — 1) „gut sein" *tub* und *asar* (טוב, אשר). Asarh. IV.

---

1) Opp. theilt E. M. II. p. 58 diese Werthe dem Zeichen *a* zu, offenbar weil ihm ein unvollständiges Exemplar des betreffenden Syllabars vorlag.

26: *ṭib matišu* „der Ertrag seines Landes" (cf. מטוב הארץ) S. Norr. p. 468. Opp. im J. A. 1865, p. 327. — Syll. II Rawl. 11 Z. 69—72 a b. Ueber *ašar* s. u. — 2) „Knie" *birkâ* (Du.) II Rawl. 16, 30.

11. *ḫu, pak* — „Vogel" *iṣṣur* (צפור ar. عصفور hebr. צפור). Vgl. Asarh. I. 45: *kima iṣṣuri abaršu* „einem Vogel gleich entfloh er" mit Sig. II, 92 *kima IṢṢ-ipparšu* „Vögeln gleich entflohen sie". (Norr. 370 sq.). — II R. 40, 17. Nr. 2 a. b. (*iṣṣuri.*)

12. *uḫ* — entfernt *ruḫuk, ruk.* Khors. 174 vgl. mit 110. 146. (*yumi rukuti* „ferne Tage").

13. *tu* — „Gewicht" „Mass", etwa eine Drachme. Khors. 141. S. Opp. im J. A. 1864 p. 261; Norris im J. of R. A. S. vol. XVI p. 219.

14. *i* — „erhaben", *nahid* نهد, ناهد. Vgl. *Nabu-I* (Bis. 65) = pers. *Nabu-nita* mit I Rawl. 68 Nro. 5, 1. und dieses mit ibid. Nro. 2, 1. 6, 1.: *Nabu-na'-id.*

15. *'i* — 1) „Gewölbe" *kabu.* Syll. 376; — 2) „reden". קבה. Syll. 377.

16. *ka, duk* — 1) „wünschen" *'iriš* ארש (?) II R. 7. Z. 33 (*'irimu*); 2) *pu* „Mund" פה II R. 39, 1. a. Assurb. Sm. 184, d.

17. *ki, rub.* — 1) „Erde" *irṣituv* ארץ S. 182. — 2) *asru* אשר „Ort" 181. — 3) *matuv* „Land" II R. 39, 8. c. d.

18. *ku, dur, tuš, ḫun.* — „Vertrauen" *tugulli.* Syll. 692 (תכל).

19. *ak* — „machen" *abaš* עבש. S. 290. Vgl. noch II R. 60, 45 c. d. = *'i-bi-su.*

20. *ku, ṣib* — 1) „nehmen" *ṣabat* צבת II R. 11 Z. 72 (*iṣbat*: 3. Pers. Impf.) auch Sard. I, 81 (Var. *iṣ-bu-ut*); 2) = פתק „weiterziehen". Sard. I, 46 (Var. *'i-ti-tik*).

21. *mi.* — 1) „Dunkelheit", „Verfinsterung" *ṣalmi* צלם II Rawl. 49, 42; 2) „Nacht" *mušu* (vgl. hebr. אֶמֶשׁ). Syll. 149.

22. *me* — „hundert", Zahlwort. Mén. gramm. p. 81 ss.

23. *mu* — 1) „Name“, *sum* s. S. 51. — 2) „Jahr“ *sanat* II R. 12, Z. 14. Für d. Bed. s. Khors. 144: „vom Beginn meiner Herrschaft bis zu meinem 3. Jahre“ (*MU*).

24. *um, diḫ, tip, ṭus.* — 1) „Tafel“ *duppu, duppa* Syll. 114. Vgl. Gloss. — 2) *dabak* „anhängen“ רבק Sard. II, 49.

25. *ni, bil.* — „Feuer“ *is* אש; pl. *isâti.* S. Bedeutung erhellt aus Phrasen wie: „mit Feuer verbrannte ich“ Salm. Obel. 116. Botta LXXVI, l. 2 (*ina NI akru*). S. Aussprache *is*, *isâti* geben theils die Syllabare 473, 474 (*isu*) = אֵשׁ, auch II R. 46, 11 b. (*is-si*) an die Hand, theils erhellt solche aus der phonet. Schreibung des Ideogramms als *i-sa-a-ti* Botta LXXVI, 11. sowie in der von Norr. p. 68 citirten Stelle des unedirten Michaux-Steines. *Isât* ist offenbar der Plural von *is*; derselbe ist aber gebraucht wie דמים neben דם im Hebräischen. Vgl. indess auch äthiop. እሳት:

26. *ṣu.* — „Bild“ *ṣalam.* NR. 26 (Ideogr.) vergl. mit Beh. 106 (plur. *ṣalmanu*), beide Male Uebers. des pers. *patikara.* Der Sing. *ṣa-lam* z. B. Khors. 53. 60. 63; Sard. I. 104 flg.

27. *an.* — „Gott“ *ilu* (אֵל). S. 754. II R. 31, 11. 20. 27.

28. *'in.* — „Herr“ *bil* (בעל). Bedeutung erhellt aus Phrasen, wie Stand 2: „welcher in der Verehrung Assurs, seines Herrn (*bil-su*), wandelt“. Ueber s. Aussprache s. ob. bei Nidintabil. — Das Verbum *bil* = *baal* „herrschen“ findet sich ideogr. geschrieben Sard. I, 36. — 2) „bis“ *adi* עדי. Stand. Z. 16, (Var.).

29. *un.* — „Menschen“ *nisu* Syll. 378; pers. *martiya.*

30. *si.* — „Horn“ *ḳar-nu*; Plur. *ḳar-nâ-ti.* II R. 62. Z. 60. 61. II Rev. c. d.

30a. *di.* — „geben“ *nadan.* II R. 12, 26 a. b. 28. a. b. III R. 70, 77 (*na-da-nu*).

31. *ḫu* — 1) „vermehren“ *rabâ* רבה I R. 7, Nr. C. Z. 2. F, 1 *Sin-aḫi-ir-ba*), auch Cylinderinschr. I R. 37 Z. 1 vgl. mit Backsteininschr. I R. 7. II. Z. 1. J. Z. 1. (*Sin-aḫi-SU*). Endlich das Syllab. II R. 11. Z. 45 (*i-ri-ib*) s. ob. S. 27. Nr. 37. — 2) „Haut“, „Fell“ *masak* ܡܫܟܐ II R. 16, 67. Khors. 35. 49. 56.

32. *iṣ, is, iṣ* — „Baum“ *'iṣ* (עֵץ). Aussprache ist unmit-

telbar klar. Bedeutung erhellt aus unzähligen Stellen, wo das Zeichen Determinativ von Holzarten ist z. B. *iṣ-'irini* Fichtenholz ארז; *iṣ-surman* Cypressenholz Stand. Z. 20 u. sonst.

33. *pi.* — „Ohr" *uznu* (אזן). II R. 30, 6 c. d. (*uznu*). S. auch sowohl für Aussprache als Bedeutung die von Norr. p. 99 angeführten Stellen, mit welchen noch zu vgl. die Stelle aus der Sargonsinschrift O. E. M. II. 339 Z. 6. Das Gleiche erhellt aus der Inschrift über einer bildlichen Darstellung, den König Assurbanipal darstellend, wie er einen Löwen bei den Ohren packt, insofern die Inschrift Z. 2 (I Rawl. 7. IX B.) besagt, dass der König den Löwen d. i. *ina PI-su* (= *uznâsu*) *aṣbat* = bei den Ohren gepackt habe (1 Pers.). Vgl. endlich noch die Phrase: *appisunu uznisunu ubattik* sie — ihre Nasen, ihre Ohren schnitt ich ab." Sard. I, 117.

34. *ra* — „überschwemmen" *rahaṣu* (רחץ) Lautwerth gegeben durch Syll. 179, Bedeutung durch Mich. col. IV. 11 (I R. pl. 70): *li-ir-ḫi-iṣ* inundet. Vgl. Opp. J. A. 1857. IX. p. 148.

35. *ír.* — „Stadt" *ír* (עיר). Für d. Aussprache s. S. 96 flg.; für d. Bed. s. Beh. 41. 45. 49.

36. *ur* — „Hund" *kalbu.* S. Syll. 762: *kal-bu.* In zusammenhängender Erzählung ist das Wort mir noch nicht vorgekommen; doch vgl. *UR.MAK* „Löwe" (*arya*) eigtl. „der grosse Hund".

37. *u'r* — 1) *uzunu* (wägen) און Syll. 273. — 2) *ullu* (عدل?) „gleichen" „gleichmachen?" S. Syll. 274.

38. *sa, gar* — 1) „machen" *sakan* Sard. III. 64 (*as-kun*); I, 44 (*is-ku-nu*); auch II R. 11 Z. 10. 12. 14. 16; 13 Z. 49 c. d. — 2) „gewähren" *sarak* II R. 11. Z. 9. 11. 13. 15.

39. *sá* — *piṭnu* (فطن) „Prüfung" „Gedanke" (?) S. Syll. 39. III R. 70, 12.

40. *si, lim, pan* — „Auge" *ínu* עין II R. 30, 8. c. d. (*ínu*); 40, 16 Nro. 2. a. b. (*ínâ*).

41. *si'* — „Segen" *magaru.* II R. 7. Rev. 28 c. d. (cf. äthiop. ረቀረ:)

42. *su* — „Hand" *ḳat, gat* Beh. 96 = pers. *daçta.* Sard. I, 24. 39. II Belt. III R. 66. Z. 4. (*ḳati*).

43. *sil* — „Heerschaar" *kiššat.* S. ob. S. 89.

44. *as, rav, dil* — 1) Assur (Land und Gott). S. Sard. II, 48 u. vgl. I R. 48. Nro. 8. Z. 1 (Ideogr.) mit Nro. 9 Z. 3 (= *As-sur*). Vgl. noch Sard. I, 30. — 2) In einigen Eigennamen auch = „Sohn" *habal* s. u. — 3) *in, ina* „in". Asarh. II, 24.

45. *is.* — Gott Sin. S. u. unsere Ausführung betr. den Namen Sanherib.

46. *us.* — „männlich". „In der Zusammensetzung mit *TUR* (*maru*) „Kind" = Sohn *hablu.* S. III R. 70, 122.

47. *ta.* — „von" *istu.* Sard. I, 113. II, 33.

48. *ti* — „Grundstein" *ti'min* תמן = אמן. Syll. 308.

49. *tu* — *'arab* ערב غرب „eintreten", „passiren". Sard. II, 61 (*'i-tar-ba*).

50. *at.* — „Vater" *abu.* Syll. 92.

51. *it* — „eins" (weibl.) S. Beh. 12. Das Zeichen ist verkürzt aus dem andern S. 100 Nr. 38.

52. *ut, tam, par* u. s. f. — „Sonne", „Licht", „Meer", „Tag". S. die Belege ob. S. 92. — Syll. 88.

53. *bal, pal* — 1) „Alter", „Zeit", „Jahr", insonderheit „Regierungsjahr" *palu* (II R. 28, 61 d.) S. Khors. 26: „Vom Beginne meiner Herrschaft bis zu meinem 15. Regierungsjahre". Vgl. hebr. בלה „durch Alter abgenutzt sein". Oppert's frühere, auch von uns bislang befolgte, Uebersetzung: „Feldzug" = *girriya* ist angesichts von Stellen wie E. J. H. VII, 9 (von den ältesten Zeiten bis zu der „Zeit" (nicht Feldzug!) des Nabopolassar), sowie von Senk. I, 17 *ina paliya* „in meiner Zeit" aufzugeben. S. auch die Auseinandersetzung von G. Smith in Lepsius Zeitschr. für ägypt. Alterthumskunde 1870 p. 34, sowie Salm. Obel. 45 vgl. mit der Stierinschr. (Norr. 687)[1]. — 2) „überschreiten" עבר. S. II. R. 62. Z. 74 (*i-bi-ru*) und 77 (*'i-bir-ti nahar* „Uebergang über den Fluss").

---

1) Hiernach fällt Sargon's Eroberung von Samarien nicht bloss „vermuthlich" (Stud. und Krit. 1871. S. 688), sondern bestimmt in sein erstes Regierungsjahr (722 v. Chr.). Vgl. übrigens auch Botta 79. Z. 10.

54. *bap*, *kur* — „sich empören, feindlich sein" *nakar* Asarh. II, 22 (Var. *nakiri*); II R. 11. Rev. 58 flgg. (Syll.). — Für die Bedeutung s. Gloss. s. v. *nakar*.

55. *bit*, *mal*. — „Haus" *bît* Syll. 364.

56. *but*, *dur*. — *dur* „Wohnung", Stadt דור ,دار. Sard. II, 59 (Var. *Du-ra-ai*).

57. *gik*. — *marṣu* „unzudringlich". Syll. 151 vgl. mit Sard. I, 48. II, 62. 74. einerseits, Khors. 88 (*sadi marṣi*) andererseits.

58. *gal* — „gross" *rabu*. S. 129.

59. *gum* (?) — „Menschen" *nišu* od. *avilut*. Deuteideogramm NR. 28.

60. *gas* — „tödten" *dak*, *duk*. S. 539. 682 — Gloss. s. v. *duk*.

61. *gur* — „sein" *tur*. Sard. II, 116 (*u-ti'-ra*) II R. 12, 29—31. Vgl. Gloss. s. v. *tur*.

62. *din* — „Leben" *balaṭ*. S. 152. — Für d. Bed. s. Gloss. s. v. *balaṭ*.

63. *dap*, *tap* — 1) *'išib* Bed. (?) S. II R. 11, 49 (*išib*); — 2) „zurückgeben" *radda* II R. 11, 51.

64. *dis* — 1) „gegen", „zu", *ana*. S. Glossar; — 2) „eins" (Zahlzeichen) s. Mén. gr. 81.

65. *zik*, *has* — „zerbrechen" (?) *sabar* (שבר). S. 197.

66. *zun*, *ṣun* — „viele", „Menge" *ma'du*. Sard. II, 64 (Var.) Für die Bedeut. s. Gloss.

67. *zab*, *liḥ* — „Schaar", „Leute" צָבָא. S. Syll. 293 u. vgl. NR. 28 (Deuteideogramm).

68. *zib* — *ṣippat* (?). S. 517.

69. *zir* — „Saame“ „Familie“ זֶרַע. Vgl. ob. u. s. Glossar.

70. *ḫal* — „Tigris“. Stand. Inscr. 6 vgl. mit Sard. III, 122; II, 104 einerseits, und II R. 50 Z. 7 Rev. anderseits.

71. *ḫan* (?), *nun* — „Fisch“, *nun*. S. 128. — II R. 7, 26 Rev. c. d. vgl. 25 c. d, wo mit demselben Worte das andere, oben (Nr. 9) besprochene Ideogramm für „Fisch“ erklärt wird.

72. *ḫas*, *tar*, *kut*, *sil* — „abschneiden“ *nakas*. Sard. II, 71. 108. (Var. *unikis*).

73. *ḫir*, *sar*. — „schreiben“ *saṭar*. Sard. I, 99 (Var. *al-ṭur*). Vgl. Glossar. Syll. II R. 11. Rev. Z. 31. 33: (*isṭur*, *isṭuru*).

74. *ṭak* — „Stein“ *abnu* (אבן). Sard. III, 55. 63 (Var. *abnai*). Bors. 1, 20 (*ab-nar*).

75. *kak* — 1) „bauen“, „schaffen“ *banû* בנה. Sard. II, 133 (Shafel: *asabni*) vgl. mit II R. 31 Nro. 2. Z. 26 (Syll. *banu*). S. Norr. p. 105. 108. n. 2. Bd. p. XII; — 2) „machen,“ *'abus* Stand. Inscr. 15 (Var. *'ibu-us*). Ebenso Sard. I, 81. III, 26. Tigl. VI, 99. VII, 86. 96; — 3) „Ganzheit“ *kal* (*kali*, *kala*) כל. Vgl. Neb. Jun. 68 bei Norr. p. 107: *sarri Martu kali-sun* „die sämmtlichen Könige des Abendlands“, mit Sanheribcylinder (Tayl.) II, 55 (*sarrani Martu ka-li-su-un*). Vgl. noch Khors. 14: *Matat nakiri ka-li-sun* „die Länder aller Empörer.“

76. *kam* — Zeichen für die Ordinalzahl. S. Bis. 15. 46.

77. *kim* — „gleichwie“ *kima* כְּמוֹ. Sard. II, 36 *ki-ma* (Var.) *iṣṣuri* (Ideogr.) = „gleichwie Vögel“, vgl. I, 50 *kima ḳinni iṣṣuri* „gleichwie Vogelnester“.

78. *kun* — „Schweif“ (assyrisch?). S. I R. 7. Nro. IX. d. Z.: *ina KUN aṣbat*. „Ich ergriff ihn (den Löwen) bei dem Schweife“. Die Bedeutung des Ideogramms ist lediglich aus der danebenstehenden bildlichen Darstellung zu erschliessen. Das phonet. Aequivalent ist noch nicht gefunden.

79. *kas*, *ras* — „zwei“. S. Beh. 55.

80. *kur, lat, mat, sat* — 1) „Land" *mat*, s. S. 95 Nr. 7; — 2) „Berg" *sadu* II R. 50. Z. 63 (*sa-du-u*) und vgl. Gloss. — 3) „nehmen", „erreichen" *kasad* s. S. 105.

81. *kis* — *kissat* „Schaar". Vgl. E. J. H. I, 48 (*pakid kissat sami' u irsitiv*) mit Bors. col. I, 18 (*ki-is-sa-at*).

82. *lah* — *sukkallu* (Klugheit?) Syll. 549.

83. *lal* — 1) „anfüllen" *malu* מלא S. 373. Für die Bedeutung vgl. Khors. 128 *mi' umalli* „mit Wasser füllte er an", sowie *malkut katušu umallu* „mit Herrschaft füllte er seine Hand" I R. 35. Nr. 3. Z. 4. — 2) „wägen" *sakal* שקל II R. 11. Z. 1. 2 c. d. (*iskul, iskulu* etc. — 3) „nehmen", „fassen" *sabat* 2. Bell. Z. 6 (II R. pl. 66): *as-bat-sunuti* (Var.). — 4) „ausgiessen" *sapak* שפך S. 142; II R. 46, 37c (שקה).

84. *lib.* — „Herz" *libbu* (לב). Für die Aussprache S. 93.

85. *lit* — „Monat" *arhu*. S. 386; doch vgl. Norr. p. 64.

86. *muh* — „über", „auf" *'ili* עלי. S. E. J. H. I, 68 (*'i-li-ka* d. i. „tibi") mit 72 (Ideogr.).

87. *man, nis* — 1) „König" *sarru*, wechselt unzähligemal mit den anderen Königsideogrammen, von denen das eine in Syll. 330 durch *sar-ru* umschrieben wird. — 2) Zahlzeichen = 20. S. Mén. 61 ff.

88. *tik* — „Ufer" *kisad* II R. 36, 18a; s. S. 97 Nr. 11.

89. *mis, rit, sit, lak* — *karû* rufen. Lay. Inscr. 42, 49 vgl. mit Sanher. Bell. IV, 41 (*akri*).

90. *mis* — Zeichen des Plurals; wird S. 189 erklärt durch *ma'dutuv* „Menge".

91. *num, nim* — *'ilamu* (Welt = עולם?). S. 462 sq.

92. *nin* — „Gebieterin" *bil-tuv* (בעלת) II R. 7. Rev. 19. (meist vor Namen von Göttinnen).

93. *nun* — „gross" *rabu* Syll. 124; „der Herr" *rubu* II Rawl. 39, 42. Rev. a. b.

94. [cuneiform] *sal* — „Frau", „weiblich" s. S. 83. 98 Anm.

95. [cuneiform] *pin* (?) — „*ikkar*" עקר (Ausgrabung?) Syll. 287.

96. [cuneiform] *pur* — „*ʿamar*" (Cyclus עמר?). S. Syll. 166.

97. [cuneiform] *ris, sak* — 1) „Kopf" *risu* (ראש). S. II R. 7 Rev. 34; 36. Nro. 3. Z. 63. Für die Bedeut. vgl. Khors. 23. 144 (*ultu ris sarrutiya* „vom Beginne meiner Herrschaft"); Bors. I, 26, (*ri-'i-si-sa* seine (des Thurmes) Spitze; II, 15 und 15 d. — 2) „Scheitel" *kakkadu* קדקד II R. 46, 46 c; 17, 24 b.

98. [cuneiform] *sis* — 1) „Bruder" *ahu* S. 276. Für die Bed. Beh. 12; — 2) *nasar* „beschützen". S. 277.

99. [cuneiform] *tuk*. — *isu* „gleichsein" (? Mén.), „sein" (Norr.). S. Stand. 2 (Var. *isu*). Hebr. יֵשׁ.

100. [cuneiform] *tul* — „Hügel"; S. o. S. 77 Nr. 245 und vgl. II R. 34, 67 b: *ti'miru sadu* „Bergeshöhe". s. o. S. 26. Nr. 16.

101. [cuneiform] *tam* — 1) *hardatuv* (Furcht? חרד) S. 159. — 2) *imi'ri* „Esel" חמור III R. 2, 45. II R. 38, 30.

102. [cuneiform] *tir* — *dayan* „Richter", II Rawl. 7. Rev. 22.

103. [cuneiform] *tur* — „Kind", mit dem männl. Persondeterminativ — „Sohn" *habal*. S. Syll. bei Norr. p. 92. Vgl. ob. S. 98, Nr. 18 sammt Anm.

Aus der vorstehenden Liste wird der Leser, wenn er sich die Mühe nimmt, unsere Angaben zu prüfen, erkennen, dass die Polyphonie der assyrischen Schrift ein über jeden Zweifel erhabenes Faktum ist; dass sie weiter eine sehr ausgedehnte ist und sich erstreckt über jede Gattung von Sylbenzeichen; dass sie endlich auf Sylbenwerthe ebenso sehr sich bezieht, wie auf Sinnwerthe. Es bedarf keiner Ausführung, dass freilich eine solche Thatsache für das Entziffern und Lesen assyrischer Texte ihre grossen Uebelstände hat, und dass, will man mit Erfolg der Lektüre assyrischer Texte sich widmen, man bei jedem Schritte den gesammten Schriftapparat nach seinen lautlichen, wie ideogrammatischen Werthen in Bereitschaft haben muss. Allein ein Umgehen der Schwierigkeit ist nicht möglich: man hat mit ihr zu rechnen, genau wie man zu rechnen hat mit den sehr verschiedenen Möglichkeiten der Lesung und Punktation eines unpunktirten hebräischen oder arabischen Textes. —

Mit der vorstehenden Erörterung hätten wir diejenige Partie unserer Untersuchung, welche sich mit dem Wesen der assyrischen Schrift beschäftigt, beendet. Ehe wir nun aber zu einem neuen Abschnitte übergehen, in welchem von der Controle der Entzifferung zu handeln wäre, wollen wir als Anhang zu dem Erörterten noch eine Betrachtung anfügen über die Schreibung der assyrischen Eigennamen, unter gleichzeitiger Inslichtsetzung der Ursache der Differenzen in der Lesung derselben, welche, wie bekannt, bei den Assyriologen zu Tage getreten sind und welche bei den Laien auf diesem Gebiete vorzugsweise den Zweifel an der Richtigkeit und Solidität der Entzifferung überhaupt wachgerufen haben.

Excurs. Die assyrisch-babylonischen Eigennamen.

Gewiss, man kann es keinem Laien verübeln, wenn er den Kopf schüttelt angesichts von Thatsachen, wie folgende: dass der eine Koryphäe der in Rede stehenden Wissenschaft denselben Namen *Divanubar* liest, den andere *Salmanassar* aussprechen; oder dass der eine denselben Namen *Assur-akh-bal* transcribirt, der andere ihn *Assur-idanni-pal*, ein dritter ihn *Assur-nâșir-habal* ausspricht; oder aber gar von demselben Keilschriftentzifferer derselbe Name das eine Mal *Nabu-imtuk*, das andere Mal *Nabu-nahid* gelesen wird! Scheint nicht angesichts solcher Schwankungen in der Lesung von Namen, die doch mit der Sprache der zu entziffernden Inschriften noch gar nicht einmal etwas zu thun haben, der Schluss berechtigt, dass es vermuthlich mit dieser ganzen Entzifferung gar übel bestellt sei? Zweifelsohne — auf dem Standpunkte des Laien, der eben mit der wahren Sachlage in nichts bekannt ist. Würde sich aber derselbe Laie die Mühe nicht verdriessen lassen, sich etwas näher um die Sache zu bekümmern und vor allem die Art, wie überhaupt diese Eigennamen, nämlich die einheimischen, sei es assyrischen, sei es babylonischen Eigennamen geschrieben werden, etwas näher sich zu vergegenwärtigen, so würde er von seinem Erstaunen bald zurückkommen; er würde erkennen, dass, umgekehrt als bei sonst bekannten Schriftarten, in der assyrischen Schrift gerade die Lesung der Eigennamen das allerschwierigste ist, weil sie nämlich — und damit löst sich das Räthsel — überwiegend ideographisch geschrieben sind. Der Leser wird sich erinnern, dass wir oben bemerkt haben, der Name Nebucadnezar werde in der persisch-babylonischen Inschrift von Behistun *An-pa-sa-du-sir* geschrieben. Gesetzt, wir hätten das persische Original der betr. Stelle nicht, wüssten aber sonst sehr wohl die Lautwerthe der einzelnen Zeichen des Wortes, so würde keinem Assyriologen vorab daraus ein Vorwurf zu machen sein, wenn er den Namen auch wirklich *Anpasadusir* ausspräche. Er hätte, die betr. Zeichen als phonetische betrachtend, den Namen ganz correkt transcribirt und wiedergegeben. Bis soweit kann von Unsicherheit der Lesung gar keine Rede sein. Nun freilich lautet faktisch der Name dennoch nicht so, sondern vielmehr: *Nabukudurriuṣur* d. i. Nebucadnezar, dieses aber nicht dem phonetischen, denn vielmehr dem ideographischen Werthe der betr. Zeichen gemäss. Dass die Zeichen aber so zu nehmen und nicht etwa als phonetische zu behandeln, hätte man beim Beginne der Entzifferung den Zeichen selber nicht ansehen können: man wusste es in diesem speciellen Falle lediglich auf Grund der persischen Uebersetzung, welche an betr. Stelle den Namen *Nabukudracara* d. i. Nebucadnezar bot. Genau dem Falle, den wir bezüglich des betrachteten Namens lediglich hypothetisch setzten, begegnen wir nun in Wirklichkeit bei den Namen, die wir oben aufführten und deren verschiedene Lesung so Manchen stutzig gemacht hat. Man las die Namen zuerst auf die nächstliegende Weise, also phonetisch; erst mit fortschreitender Erkenntniss überzeugte man sich von ihrer ideographischen Schreibweise und gelangte so ganz allmählich zur Feststellung ihrer definitiven Aussprache. Die Aussprache des Namens des Erbauers des Nordwestpalastes als *Assur-akh-bal* (s. o.) beruhte auf der Identification des zweiten Zeichens (= *akh*) mit dem zweiten Zeichen des Namens Asarhaddon (= *Assur-akh-iddin*) vgl. Talbot im *Journ. of the Roy. As. Soc. XIX.* 133. Die andere Aussprache *Assur-idanni-pal* basirte auf der richtigen Erkenntniss, dass in dem zweiten Zeichen jedenfalls ein Verbum stecken müsse, war aber im Uebrigen willkührlich; die richtige, dritte, Aussprache: *Asur-nâṣir-habal* war möglich erst nach Entdeckung des assyrischen Regentencanons, der (II Rawl. 68. Can. II) den Namen an zweiter Stelle mit dem phonetischen Complemente *ir* geschrieben darbot. Ganz in ähnlicher Weise las man den Namen des Sohnes dieses Königs d. i. des Obeliskkönigs ursprünglich *Divanubar* (so Hincks) oder aber *Temenbar* (so Rawlinson), wobei jedoch zu bemerken ist, dass die letztere Aussprache lediglich eine Modification der ersteren ist: sie stammt noch aus einer Zeit, als man über den syllabarischen Charakter der assyrischen Schrift noch nicht im Klaren war. Im Uebrigen sind beide Aussprachen vollkommen correkt, den Namen nämlich als einen phonetisch geschriebenen betrachtet. Dass dieses in Wirklichkeit nicht der Fall ist, dass derselbe vielmehr ideographisch geschrieben vorliegt, demgemäss er *Salmanuâsir* zu sprechen, ist das Resultat sowohl der weiteren Erkenntniss des Wesens der assyrischen Schrift, als auch weiterer geschichtlicher Combination, die wiederum erst in Folge sonstiger Entdeckungen ermöglicht war.

Wir hoffen, das Erörterte werde genügen, dem Leser zu zeigen, dass es sich bei dem Schwanken bezüglich der Lesung gerade der Eigennamen im Assyrischen nicht um ein unbegreifliches Etwas handelt, noch auch, dass man befugt und berechtigt ist, wegen dieser, kraft des Wesens der assyrischen Schrift, ganz unvermeidlichen

Wandelungen in der Lesung mancher Namen die Unsicherheit der ganzen Keilschriftentzifferung zu predigen. In der Lesung der phonetisch geschriebenen Eigennamen, also z. B. bei nichtassyrischen oder nichtbabylonischen Namen wie Hasael, Hiskia, Samaria, Tyrus, Sidon, Judah u. s. w., hat ein derartiges Schwanken in der Lesung niemals Statt gefunden.

Treten wir nunmehr nach diesen Vorbemerkungen in eine nähere Betrachtung der assyrischen Eigennamen, ihrer Schreibweise und beiläufig auch ihrer Bildung ein.

I. Die mit Gottesnamen zusammengesetzten Eigennamen.

A. Dreigliedrige Eigennamen.

Die assyrischen Eigennamen sind, und dadurch unterscheiden sie sich sehr wesentlich von denjenigen der übrigen semitischen Völker, überwiegend dreigliedrige d. h. sie bestehen ihrem grösseren Theile nach 1) aus einem Gottesnamen, 2) aus einem von diesem irgend etwas aussagenden Verbo und endlich 3) aus einem den Begriff des Verbums ergänzenden Accusative, wie z. B., „Assur schenkte den Sohn"; „Assur schirmet den Sohn" und ähnl. Sieht man freilich schärfer zu, so sind auch diejenigen der anderen semitischen Völker, vor allem der hier in erster Linie in Betracht kommenden Hebräer, trotz ihrer scheinbaren Zweigliedrigkeit nichts weniger als dem Wesen nach zweigliedrige. Denn wenn der Hebräer bildet: *„Jonathan"* d. i. „Jahve schenkte", so supplirte er dabei stillschweigend: „den Sohn" d. h. ein drittes Glied; ebenso bei Namen wie Ssephanja, Jojada u. s. f. Der Unterschied besteht also im letzten Grunde eigentlich bloss darin, dass die Assyrer das den Begriff ergänzende Objekt ausdrücklich beifügten, die Hebräer seine Ergänzung dem Hörer überliessen. Ebenso ist es, wie nicht nöthig zu erinnern, natürlich auch bei Namen wie Theodorus, Dorothea u. ähnl. Vgl. auch den unt. S. 126 Z. 3 angezogenen hebr. Namen.

Selbstverständlich kann innerhalb dieses Schemas die Bildung der Namen wiederum in sehr verschiedener Weise vor sich gehen und man kann demgemäss auch verschiedene Gesichtspunkte ins Auge fassen, nach denen man die verschiedenen Eigennamen zu gruppiren hätte. Der Uebersichtlichkeit wegen ordnen wir dieselben nach den verschiedenen Gottesnamen, mit denen sie zusammengesetzt sind, im Uebrigen eine Sachordnung walten lassend, nämlich dieses je nach dem Wesen der die Namen bildenden Aussagen [1]).

---

1) Zu vgl. ist über diesen ganzen Gegenstand eine Schrift von *Jo. Ménant, les noms propres Assyriens Par.* 1861, die ich aber bedaure bis jetzt nicht Gelegenheit gehabt zu haben einzusehen.

1) Mit dem Namen „Asur“ zusammengesetzte Eigennamen.

1.

Asur - nâṣir-habal

Dies die gewöhnliche Schreibweise des Namens des Erbauers des Nordwestpalastes zu Nimrud, so z. B. in der grossen Monolithinschrift, in der Standardinschrift und sonst. Doch findet sich nicht selten daneben beziehentlich des dritten Zeichens eine Differenz, sofern das oben angegebene wechselt mit (vollständiger noch unten), dem zweiten gewöhnlichen und mit jenem ersteren in den Inschriften unzähligemal wechselnden Ideogramme für den Begriff „Sohn“, sowie auch mit . So in einigen Exemplaren der Standard-Inschrift. Wie nun schon oben wiederholt bemerkt, hat es geraume Zeit gewährt, bis man die wirklich ursprüngliche und eigentliche Aussprache des Namens feststellen konnte. Nicht freilich dieses bezüglich des ersten Zeichens. Dass dieses das Ideogramm für den Gott „Assur“ war, hatte man schon früh erschlossen. Seine unzweifelhafte Aussprache *Asur* geben die Varianten auf dem Asarhaddon-Cylinder col. I, 44. VI, 70 (*A-sur*). Vgl. noch die Transcription אֵסַר־חַדֹּן im Hebräischen (2 Kön. 19, 37) s. Nr. 2. Auch bezüglich des dritten Zeichens (*bal*, *pal*) bestand unter den Assyriologen schon früh Uebereinstimmung. Man schwankte lediglich zwischen Assur-*akh*-bal, Assur-*danin*-pal, und Assur-*idanni*-pal. Das Dunkel, das über der Aussprache des Namens schwebte, ward gelichtet erst nach Auffindung des assyrischen Regentencanons, in welchem wir nämlich (II Rawl. 68 Nro. II Z. 27) den Namen folgendermassen geschrieben finden:

d. i. mit der Sylbe *ir* nach dem zweiten Zeichen. Da diese nur die phonetische Ergänzung sein konnte, so musste das mittlere Zeichen eine auf die Sylbe *ir* ausgehende Verbalform repräsentiren. Da nun ein mit dem fraglichen in den Inschriften häufig wechselndes Zeichen durch ein Syllabar (Nr. 277 s. o.) auf den Sinnwerth von *naṣar* נצר „beschützen“ bestimmt wird, eine von diesem Verbo aus gebildete, auf *ir* ausgehende Verbalform nur das Particip *nâṣir* „beschützend“ sein konnte (das Impft. lautet *uṣur*) [1]), so war klar, dass der Name lediglich *Asur-nâṣir-habal* [2]) mit dem Sinne:

---

1) Ganz phonetisch findet sich das Partic. = *na-ṣir* geschrieben z. B. Assurb. Sm. d. i. *History of Assurbanipal by George Smith Lond.* 1871. p. 104, 59.

2) Nichs also Assur-*iasir-habal*, wie die beiden Rawlinson aussprachen.

„Asur schirmet den Sohn" gelautet haben konnte, wie, wenn ich nicht irre, zuerst Oppert ihn auch gelesen [1]). Ein vollständiges Analogon zu diesem unsern Namen bietet die Eigennamenliste II Rawl. 64. col. VI, 17: *Samas-nâṣir-habal* „Samas (Sonnengott) beschützt den Sohn". Andere mit *naṣir* zusammengesetzte Eigennamen sind: *Nabu-nâṣir* „Nebo schützt" (ibid. Z. 19), offenbar der bekannte Name Nabonassar; ferner *Nabu-habal-uṣur* „Nebo, beschütze den Sohn" = Nabopolassar (ibid. Z. 18) und *Nabu-kudurri-uṣur* = „Nebo, beschütze die Krone" = Nebucadnezar (über welche beiden Namen s. u.), endlich *Nabu-uṣur-an-ni* „Nebo, beschütze mich" (ibid. Z. 20). Vgl. auch die Anm. sowie den hebr. Namen: צְפַנְיָה Ssephanja d. i. „Jahve birgt (schützt)."

Ich füge zur Erhärtung dieser Lesung noch hinzu, dass es mir scheinen will, als ob überhaupt dann, wenn das Verbum das mittlere Element des Wortes ausmacht, von den Assyrern in solchen Eigennamen das Participium, wenn es den letzten Theil des Namens bildet, das Imperfekt vorgezogen wird. Vgl. aus der Eigennamenliste II Rawl. 64: *Nabu-ha-lik-pan-ya* oder *itti-ya* „Nebo wandelt vor mir, mit mir" (col. III. Z. 42. 43); ferner *Nabu-zakir-sumu* „Nebo gedenkt des Namens" (col. IV, 21). Vgl. ferner *Nabu-na-din* „Nebo schenkt" (col. II, 19) mit den darauf folgenden Namen: *Nabu-nâdin-sum*, *Nabu-nâdin-aḫi*; *Nabu-nâdin-habal*; und wiederum *Nabu-iddi-na* (col. II, 11) mit den diesem Eigennamen folgenden weiteren: *Nabu-sum-iddina*; *Nabu-sir-iddina*; *Nabu-aḫ-iddina*; *Nabu-aḫi-iddina*; *Nabu-habal-iddina*; Vgl. nicht minder *Nabu-ib-ni* „Nebo schuf" (col. II, 44) mit den daran sich schliessenden: *Nabu-sum-ibni* und *Nabu-zir-ibni*; endlich *Nabu-sum-isku-un* „Nebo gründete Namen" col. (IV, 12. 13). Doch lesen wir freilich auch mal *Nabu-itti-habal ha-lik* „Nebo wandelt mit dem Sohne" (col. III, 40), sowie *Nabu-ḳatâ-ṣa-bit* „Nebo ergreift die Hände" (col. IV, 9). Immerhin scheint das aufgestellte Gesetz als Regel zu gelten. Jedenfalls ist in unserem Falle das mittlere Element nicht imperfectisch, sondern participial aufzulösen und zwar, wie bemerkt, des phonetischen Complementes *ir* wegen.

2.

Asur - aḫ - iddina

d. i. Asarhaddon. Obiger Schreibweise begegnen wir auf Backsteinen I Rawl. 48. Nr. 4. 6. 9; wahrscheinlich auch im Regenten-

1) Wie der Name: „*Asur-idanni-pal*" hätte assyrisch geschrieben sein müssen, ersehen wir aus der Eigennamenliste II Rawl. 64 col. II. Z. 28, wo wir einem Namen *Nabu-idanni-pal* begegnen. Vgl. auch unten den Namen „*Merodach-bal-adan*" (*Marduk-habal-iddina*). — Uebrigens findet sich mit dem gleichen phonetischen Complemente *ir* in einem anderen Exemplare des Regentencanons (II Rawl. 68. Nr. 4. Z. 8) auch der Name *Nirgal-naṣir* „Nergal beschützt" geschrieben. Vgl. auch naṣ-ir Assurb. Sm. 162, e.

canon II Rawl. 69. Nr. 8. Rev. 10. Sonst wird der Name auch geschrieben:

Backstein a. a. O. Nro. 5. 6.; endlich auch

Inschrift auf dem schwarzen Steine I Rawl. 50. col. I, 1; vgl. die Variante III R. 17. Z. 53. Durch die letztere Schreibweise fällt das entsprechende Licht auf die beiden anderen; dieselbe erläutert sich von selber. Das zweite Zeichen ist das Ideogramm für den Begriff „Bruder", s. Syll. 276, durch welches es durch *aḥu* erklärt wird; das dritte (Doppelzeichen) besteht aus dem Ideogramme für „geben" *nadan* s. ob. S. 108 Nr. 30 a (*dî*), und dem phonetischen Complemente *na* der 3. Pers. Sing. Imperf.: *iddina*. Der Name bedeutet somit: „Asur schenkte einen Bruder". Die von manchen Assyriologen vorgeschlagene voluntativische Fassung des Imperfekts — „Asur schenke einen Bruder" kann ich nicht wahrscheinlich finden, weil in solchen Fällen die Assyrer statt der einfachen Imperfektsform den Precativ mit *li* gewählt haben, also gesagt haben würden: *Asur-aḥ-liddin*, vgl. den Namen: *Abu ina hikal lilbur* „der Vater möge im Palaste altern" II Rawl. 68. Nr. 1. Av. 2 Z. 10 (*labar* das gewöhnliche Wort im Assyrischen zur Bezeichnung einer langen Dauer). Wir haben nicht nöthig darauf aufmerksam zu machen, wie sich aus der assyrischen Originalaussprache des Namens ebensowohl das hebr. אֵסַר־חַדּוֹן 2 Kön. 19, 37 u. ö., als das griechische Ἀσορδάν der LXX (nicht des Berosus! s. u. bei den Namen des ptolemäischen Kanons), als weiter der Ἀσαρίδινος dieses Canons, als endlich auch der *Axerdis* des Abydenus erklärt.

3.

Asur-bâni-habal

d. i. Sardanapal, Name des Sohnes Asarhaddon's (I Rawl. 8. Nr. 3. Z. 8). Das mittlere Element ist das Ideogramm für den Begriff „schaffen", „machen" entspricht aber hier näher nicht assyrischem *'abaš* עבש „machen" sondern dem Verbum *banâ* בנה eigtl. „bauen", dieses zuvörderst gemäss dem Syllabar II Rawl. 31. Nro. 2. Z. 26, welches das Ideogr. durch *banu* erklärt, weiter gemäss den Namen II Rawl. 64. col. II. Z. 43. 47 ff. wo sich (vgl. 48 ff.) das entsprechende Ideogr. phonetisch durch *ba-ni* umschrieben findet[1]), nicht minder gemäss Asurb. Sm. 325, wo, mit aufgelöstem mittleren Ideogramm, der Name auch in der Schreibart *Asur-ba-*

---

1) Vgl. auch den Namen *Bil-ba-ni* bei Smith in Lepsius' ägypt. Ztschr. 1869. S. 94, sowie den andern *Nabu-ibni* II Rawl. 64. II, 44.

an-habal uns entgegentritt; endlich gemäss der jeden Zweifel beseitigenden Schreibung *Asur-ba-ni-habal* III R. 62, 22. Der Name bedeutet hiernach: „Asur schuf den Sohn". Das vollständige Analogon zu unserm Namen liefert die Eigennamenliste II Rawl. 64 in dem Namen: *Nabu-bâni-habal* „Nebo schuf den Sohn" (col. IV, 10), sowie in anderer Weise der Name *Nabu-bâni-aḫi* „Nebo schuf Brüder" ibid. III, 23. Vgl. noch den Namen יִבְנְיָה „Jahve erbauet" I Chr. 9, 8.

Auf den Namen dieses ebenso mächtigen, wie kunst- und prachtliebenden, dazu nach den neuesten Erhebungen sehr lange (42 Jahre) und zwar bis kurz vor Ninivehʼs Fall (bis 626) regierenden Königs ist nach unserer Ansicht der griechische Σαρδανάπαλος zurückzuführen. Beide Namen decken sich in den Lauten völlig bis auf das statt des assyrischen *b* im Griechischen eintretende *d*. Nun aber wissen wir nicht bloss, dass innerhalb der semitischen Sprachen Labiale und Dentale zuweilen mit einander wechseln (s. Dillm. Äth. Gr. S. 29; meine Abhdlg. *de l. Aeth. p.* 14): wir begegnen auch sonst bei dem Uebergange von assyrischen Wörtern ins Griechische derartigen und zwar noch stärkeren lautlichen Umgestaltungen; ich verweise nur auf den Axerdis = Asarhaddon des Abydenus, sowie auf die Namen des Kanons: Μαρδοκέμπαδος = Marduk-baliddin; Σαοσδούχινος = *Sammughes* = Samul-sum-ukin (s. u.); Ναβοπολάσσαρος = Nabukudrusur, Ἰλλοαρούδαμος st. Avil-Marduk; Νιριγασολάσαρος st. Nirgal-sar-usur u. andd., denen gegenüber Sardanapal aus Asurbanipal noch eine sehr geringe Corruptel ist. Der Uebergang eines *b* in *d* in der Aussprache war bei diesem Worte ohnehin um so näher gelegt, als die beiden letzten Sylben mit Lauten desselben Organes (*b* und *p*) begannen, ein Fall, in welchem bekanntlich die Sprachen gern nach Differenzirung durch Wahl eines, einem anderen Organe angehörigen, Lautes die Aussprache zu erleichtern bestrebt sind. Ich erinnere nur an Ἀμβακούμ aus חֲבַקּוּק. Die weiteren, historischen Gründe, welche auf die Gleichung Asurbanipal = Sardanapal führen, lege ich an einem andern Orte dar. Vgl. noch unt. „Namen des Kanons".

2) Mit dem Gottesnamen „Sin" zusammengesetzte Eigennamen.

4.a).

Śin - aḫi - irib

d. i. Sanherib. So findet sich der Name geschrieben auf Backsteinen z. B. I Rawl. 7, Rev. 7. H, 1. J, 1. Daneben begegnen wir, meist auf grösseren Inschriften z. B. I Rawl. 37. col. I, 1 (auf dem nach Taylor benannten Cylinder), sowie auf dem Bellino-Cylinder Grotefends I, 1, doch auch auf Backsteinen (I Rawl. 7. C. 2. F, 1) noch einer anderen, umständlicheren Schreibart, welche so den Namen wiedergiebt:

b)

Sin - ahi - ir - ba

Bei der Erklärung dieses Namens, dessen allgemeine Zusammengehörigkeit mit dem Namen des aus der Bibel und sonst bekannten Königs Sanherib aus dem Inhalte der diesen Namen an der Spitze tragenden Inschriften unmittelbar erhellt (s. o. S. 55), hat man seinen Blick auf die beiden obigen Schreibweisen gleicherweise zu richten, will man zu einem richtigen Einblick in dieselbe gelangen. Die mittlere Zeichengruppe ist uns sowohl in der einen wie in der andern Schreibart bereits bekannt aus dem Namen Asarhaddons, von welchem sie sich in unserm Namen nur unterscheidet durch das hinzugefügte Pluralzeichen. Es steht somit fest, dass dieser Theil phonetisch *ahi* zu sprechen. Der letzte Theil ist uns sub a) in der ideogrammatischen, sub b) in der phonetischen Aussprache überkommen. Aus der letzteren entnehmen wir, dass er *irba* zu sprechen d. i. die 3. Pers. Imperf. eines Verbums *rabi* רבה mit vokalischem Auslaute. Dass wir uns hier nicht etwa in einer subjektiven Täuschung befinden, erhellt zum Ueberfluss noch aus einem Syllabar (II Rawl. 11, Z. 44 s. o. S. 27. Nr. 37 [1]), welches das ideogrammatische Zeichen in der ersten Form (*SU*) umschreibt durch *irib* d. i. dieselbe Form des Imperfekts, aber ohne den vokalischen Auslaut. Bleibt noch der erste Theil des Namens zu erklären übrig. Hier haben wir von der ersteren Schreibweise des Namens auszugehen. Das uns dort hinter dem Gottheitszeichen begegnende Schriftzeichen (<<<) hat laut S. 73 Nr. 179 neben dem Lautwerth *si* noch den andern *sin*, der mit der überlieferten Form der ersten Sylbe des fraglichen Namens (Sen, San) so nahe sich berührt wie nur möglich. Dazu berichtet uns Hesychius [2]), dass *Sin* der Mondgott bei den Assyrern gewesen, auf welche Eigenschaft des Gottes wahrscheinlich auch sein Ideogramm selber zurückgeht, welches, die drei es ausmachenden Winkel als Zahlzeichen gelesen, die Summe 30 giebt d. i. die Summe der Tage des Monats [3]). Es bestätigt sich dieses alles schliesslich durch

---

1) Es ist dort übrigens auf Grund der ungenauen Zeichnung im Inschriftenwerke fälschlich das Zeichen *ZU* statt *SU* wiedergegeben. Das Richtige S. 22 sub. Nr. 44.

2) S. die Anm. Oppert's im Journ. Asiat. 1865. p. 329. Statt *σὶν τὴν σεμνὴν βῆλιν (Hesych. ed. M. Schmidt. Jen. 1867. p. 1353)* ist *σίν, τὴν σελήνην, βῆλιν* zu lesen. Vgl. noch Osiander in DMG. XIX, 242 ff.

3) Wir hätten hier dann abermals den Fall, dass der Lautwerth eines Zeichens (hier *sin*) aus seinem ideographischen Werthe (Bezeichnung des Gottes *Sin*) resultirte. Aehnlich bei *ṣi* (צִן), *ir* (עיר), *bit* (בית) und anderen. — Uebrigens

Z. 7 der Tablette Nr. 100 (mitgetheilt *J. of R. A. S. IV.* 1870. *p.* 67), wo der fragliche Gott bezeichnet wird als *na-as ḳar-ni bi-ra-ti* „führend weissstrahlende Hörner" (*nas*, abgekürzt aus *nâsi* נֹשֵׂא; *birût* Adj. Fem. Plur. von der W. בר „rein sein"; — vgl. noch die Anm.). Lesen wir somit die drei gewonnenen Werthe zusammen, so gewinnen wir den Namen: *Sin-aḥi-irib* d. i. „Sin gab der Brüder viele", der sich mit dem hebr. סַנְחֵרִיב den Lauten nach so nahe berührt, wie nur irgend zu erwarten. Zu der Bedeutung vgl. aus der Eigennamenliste (II Rawl. 64) noch: *Nabu-aḥi-irib* „Nebo gab der Brüder viele" (col. III, 14), auch mit Umstellung der beiden letzten Elemente: „*Nabu-irib-aḥi* (col. III, 24). Noch bemerke ich, dass Rawlinson den Namen als Wunschsatz auffasst: „Sin möge ferner Brüder schenken", wodurch ein sehr ansprechender Sinn gewonnen würde. Allein in diesem Falle erwartete man statt des einfachen Imperfekts den Precativ mit *li* = *lirib* (vgl. ob. zu Nr. 2). Aus diesem Grunde müssen wir die beregte Deutung ablehnen.

Noch bedarf die Schreibung des Gottesnamens in der zu zweit mitgetheilten Gestalt des Namens einer Erörterung. Da das erste Zeichen der Gruppe (abgesehen von dem Gottheitsdeterminativ) das Ideogramm für den Begriff „Herr" *bil* ist (s. o. S. 108 Nr. 28), so erhellt schon hieraus, dass die hier gegebene Bezeichnung der Gottheit eine solche durch Umschreibung ist, und dieses bestätigt sich durch das zweite Zeichen *ZU*, welches phonetisch gefasst sinnlos ist, also ebenfalls ein Ideogramm repräsentiren, vermuthlich den Kreis bezeichnen wird, auf welchen sich die „Herrschaft" des Gottes erstreckt. Näheres aber lässt sich über den Sinn dieses Ideogramms nicht aussagen, und wenn Opp. (*E. M. II.* 87) dem Ideogramme den bestimmten Begriff „Thierkreis" vindicirt, also dass die Gruppe *Bil-ZU* den Gott Sin als den „Gott des Thierkreises" bezeichnete, so ist das eine Vermuthung, die sich, soviel ich sehe, näher nicht wahrscheinlich machen lässt. Nur soviel lässt sich im Allgemeinen sagen, dass allerdings wohl irgend ein chronologisch-astronomischer Begriff werde dadurch repräsentirt sein; dies folgt aus der weiteren sich findenden Bezeichnung des Gottes als: *il-araḥ* d. i. „Mondgott" (Opp. a. O.). Es ist diese zweite so eigenthümliche Schreibung des ersten Elements des Namens Sanherib beiläufig übrigens insofern höchst bemerkenswerth, als sie abermals beweist, wie sehr die Schrift der Assyrer unabhängig war von der Aussprache der Wörter. Einen Namen wie *Bil-*

---

hat der „Mond" im Assyrischen seinen Namen zweifelsohne von seinem strahlenden Glanze. Zu vgl. sind die arab. W. سنا „leuchten", die hebr. שׂנה „glänzen", sowie die äthiopische ሠነየ: „schön sein". Beachte auch die Bezeichnungen des Mondes im Hebr. und Arab. als das „weisse Gestirn" (قمر, לְבָנָה) oder aber als das „gelbe Gestirn" (יָרֵחַ, *R.* ירח = ירק).

ZU-aḫi-irib konnte man eben eigentlich nur sehen, nicht aussprechen.

Andere mit *Śin* zusammengesetzte Namen s. unter II.

8) Mit „Nebo" zusammengesetzte Eigennamen.

5 a)

Nabu - kudurri - uṣur

Beh. 37 u. 5.

b)

Nabu - kudurri - uṣur

Grotef. Neue Beitrr. zur assyrisch-babyl. Keilschr. Hann. 1840. Taf. Z. 14.

c) *Nabu-ku-dur-ri-uṣur* [1]) Grot. 16.
d) *Nabu-ku-du-ur-ri-uṣur* Grot. 1.
e) *Nabu-ku-dur-ri-u-ṣur* Grot. 4.
f) *Nabu-ku-dur-ri-u-ṣu-ur* Grot. 6.
g) *Nabu-ku-du-ur-ri-u-ṣu-*ur Grot. 19.

h)

Na - bi - uv - ku - du - ur - ri - u - ṣu - ur

Grot. 25 [2]).

d. i. Nebucadnezar, entspricht Beh. 37 u. 5. dem pers. *Nabukudracara.*

Die verschiedenen, oben verzeichneten Schreibarten des Namens sind theils ideographische (a.b.), theils phonetische (h), theils gemischt: ideographisch-phonetische (c—g). Die rein ideographische Schreibweise (a u. b) angehend, wird der Name mit Zeichen geschrieben, welche phonetisch *AN. PA. SA. DU. SIS* (Nr. a), bezw. *AN-AK-SA* etc. (Nr. b) zu sprechen wären. Von diesen wird die Zeichen-Gruppe *AN. PA*, sowie die andere *AN. AK.* durch Syll. II Rawl. 7. Rev. 36. 40. c. d. erklärt durch *Na-bu-u* d. i. Nebo, womit laut Z. 44, wo ausdrücklich *i-lu* d. i. Gott beigefügt ist, lediglich der Gott Nebo gemeint sein kann. Wenn an der gleichen Stelle des Namens sub *g* phonetisch *Na-bi-uv* sich geschrieben findet, so haben wir hier lediglich eine andere Aussprache des gleichen Namens, denn

1) Geschrieben *AN. AK. KU. KU. RI. SIS.* Ueber den Lautwerth aber des Zeichens *KU* s. o. S. 67 Nr. 56.

2) Vgl. auch die verschiedenen Schreibweisen des Namens bei *Ménant, le Syllab. Assyr. Par.* 1869. p. 94.

das angeführte Syllabar erklärt Z. 41 *Nabiuv* geradezu durch *Nabu* (vgl. auch II R. 60, 42. 46). Jenes ist offenbar die genauere, dieses die vulgäre Aussprache. Gleich sicher und bestimmt lässt sich das dritte, durch das Zeichen *SIS* repräsentirte, Namenselement erklären. Denn das betr. Zeichen wird (in seiner nicht-idiographischen Form) in Syll. 277 erklärt durch *naçaru* d. i. נצר „beschützen“, von welcher W. die uns Nr. *d—g* entgegentretende Form *uçur* eine Verbalform sein kann. Da nun das Imperf. den ersten, nasalen Radical in Folge Verdoppelung des zweiten, diesem zu assimiliren pflegt (s. z. B. *assuh* „ich rottete aus“, von נסח), so kann *uçur* nur der Imperativ sein, welcher auch in verwandten Sprachen durch Wegfall des Nasals, der im assyrischen aber wenigstens durch einen präfigirten *u*-Vokal ersetzt wird, sich charakterisirt. Der Sinn des dritten Elementes ist somit „beschütze!“

Bleibt noch das mittlere Element des Namens zu erklären, welches sub a. mit den Zeichen *SA. DU*, in den Fällen *c-g* phonetisch *kudurri* geschrieben wird [1]). Fraglich ist die Bedeutung dieses Wortes. Nach Analogie des unten zu erklärenden *Nabu-habal-uçur* „Nebo, beschütze den Sohn“ (Nabopolassar), sowie von *Bil-sar-uçur* „Bel, beschütze den König“ (Belsazer), erwartet man in der Mitte des Namens ein Personenwort, und offenbar von dieser Vermuthung ausgehend hat Oppert früher *kudurri* nach dem arab. كدر erklärt als „Jüngling“, also dass der Sinn des Namens wäre: „Nebo, beschütze den Jüngling“. Allein weder ist jene Bedeutung des Wortes durch das Arab. in entsprechender Weise zu stützen, noch ist auch sonst *kudurri* im Assyrischen in der Bedeutung „Jüngling“ nachweisbar. Wo dieses Wort sonst im Assyrischen vorkommt, eignet ihm die Bedeutung „Krone“ vgl. hebr. כֶּתֶר (Esth. 6, 8), griech. κίδαρις, κίταρις. So in der nach Lord Aberdeen benannten Steininschrift Asarhaddons (I Rawl. 49 ss.), wo wir col. IV, 10 lesen: *kuduri ina kakka-du-ya asi* „die Krone setzte ich auf mein Haupt“ (*asi* = אֶשָּׂא, Rad. נשא), so nicht minder Sard. I, 56 *nisu zâbil kuduri 'ilisunu ukin* „einen Kronenträger (d. i. einen Fürsten) setzte ich über sie“; so endlich I, 67: *zâbil kuduri 'ilisunu askun*, in demselben Sinne. Demgemäss hat denn auch Oppert (s. E. M. I. 180) seine frühere Meinung aufgegeben und erklärt nunmehr, und wie wir meinen mit Recht, den Namen = „Nebo, schirme die Krone“, wobei selbstverständlich zu denken ist an den Kronenträger, so dass der Sinn des Namens hinauslaufen würde auf denjenigen des Namens Belsazar = „Bel, beschütze den König“ (s. u.). Aehnliche impera-

1) Diese Lesung erhält ihre Bestätigung auch durch die unzweifelhaft richtigeren Aussprachen des Namens bei Strabo, Alexander Polyhistor, Megasthenes und Abydenus (s. die betr. Stellen bei *Gesen. Thesaur. II. p.* 840): *Ναβουκοδρόσορος*, sowie in den Ketiblesarten Jer. 49, 28. Esr. 2, 1 im A. T.: נְבוּכַדְרֶאצּוֹר.

tivische Eigennamenbildungen im Hebräischen sind בַּרַכְאֵל „segne, o Gott!" Hi. 32, 2. 6; שׁוּבָאֵל „kehre wieder, o Gott" I Chr. 24, 20 u. ö. Ganz hierher gehört אֱלִיפְלֵהוּ „mein Gott, zeichne ihn aus" (den neugebornen Sohn) 1 Chr. 15, 18. Vgl. Olshausen, Lehrb. d. hebr. Spr. S. 618.

Andere Namen der Art sind im Assyrischen noch: *Nabu-dur-uṣur* „Nebo, schütze die Veste" (II Rawl. 64. col. I, 9); *Nabu-napisti-uṣur* „Nebo, schütze das Leben" (ebend. 14), so wie der sofort von uns zu betrachtende babylonische Name Nabopolassar. Zu bemerken ist noch, dass, wie wir aus der so oft citirten Eigennamenliste II Rawl. 64. col. I, 11 ersehen, der Name Nebucadnezar auch in Assyrien ein nicht ungewöhnlicher war. Er wird an betreffender Stelle im Wesentlichen geschrieben wie sub a), nur dass an letzter Stelle das uns aus dem Namen Assur-nâṣir-habal's (s. d.) bekannte Zeichen für den Begriff *naṣar* erscheint: dasselbe vertrat offenbar in Assyrien die Stelle jenes babylonischen Zeichens, wenigstens in Eigennamen, vgl. auch noch die Schreibung des Namens Nabopolassar in der Eigennamenliste col. III, 68.

6.

Nabu - habal - uṣur

d. i. Nabopolassar. Grotef. Taf. Nr. 1; auch geschrieben:

Nabu-habal-u-ṣur Grot. 6;

Nabu-habal-u-ṣu-ur Grot. 7;

Na-bi-um-habal-u-ṣu-ur Grot. 27.

Der Name ist nach seinem ersten und dritten Elemente, sowohl was Schreibweise, als was Sinn anbetrifft, bereits ad Nr. 5 erklärt; auch das mittlere Element ist uns schon aus dem Namen: *Assur-nâṣir-habal* (s. d.), sowie aus unseren früheren Erörterungen (S. 98) bekannt. Nach diesem kann der Name nur bedeuten: „Nebo, schirme den Sohn!" Er entspricht, da *habal* auf assyrischen Inschriften auch in der verkürzten Aussprache *bal* oder *pal* erscheint z. B. III R. 2, 13. 32 u. ö., vollkommen dem griechischen Namen des Vaters des Nebucadnezar: Ναβοπολάσσαρος. Der Name erscheint übrigens auch in der schon wiederholt von uns citirten Eigennamenliste II Rawl. 64. I, 18 und zwar hier wiederum, wie schon mehrfach bemerkt, bei dem zweiten und dritten Elemente mit den, den obigen babylonischen Zeichen entsprechenden, ninivitischen, beziehungsweise mit den bei Eigennamen in Niniveh im entsprechenden Sinne gebräuchlichen.

7.

Nabu - zir - iddina

d. i. „Nebo schenkte Nachkommenschaft" Eigennamenliste col. II, 13. Das zweite Element ist das Ideogramm für den Begriff „Saamen", „Spross" hebr. זֶרַע, s. S. 12. Das dritte Element drückt in Eigennamen den Begriff „geben“ aus (s. Nr. 9). Wir brauchen nicht zu erinnern, dass der Name identisch ist mit dem aus der Bibel bekannten Namen des Feldherrn Nebucadnezars: Nebuzaradan נְבוּזַרְאֲדָן (2 Kön. 25, 8. Jer. 39, 8).

8.

Nabu - za - kir - sumu

d. i. „Nebo gedenkt des Namens“. Eigennamenliste II R. 64. col. IV, 21. Der phonetisch geschriebene mittlere Theil *zakir* = *zâkir* ist das Partic. von *zakar* זכר „sich erinnern“, „gedenken“. Das dritte Element wird durch das ob. S. 99 erklärte Ideogramm für „Name“ gebildet. Den abgekürzten Namen „*Nabu-zâkir*“ (col. IV, 22) s. u.

Andere mit *sum* zusammengesetzte Namen dieser Art sind: *Bil-sum-iskun* „Bel gab den Namen“, Name des Vaters des Neriglissor I R. 67. col. I, 14; *Nabu-sum-is-kun* „Nebo gab den Namen“ Sanh. Tayl. col. VI. Z. 6; *Nabu-sum-ibni* „Nebo schuf den Namen“ II R. 64. col. II, 46; endlich *Samul-sum-ukin* „Samul verlieh den Namen“, Name des jüngeren Bruders Assurbanipals und Vicekönigs von Babylon, welcher Name im Kanon zu *Saosduchin* und im armen. Eusebius zu *Sammughes* verunstaltet ist. S. Assurb. Cyl. A. col. IV, 6. 56. 107 u. ö. (Assurb. Sm. 151 ss. I R. 8. Nr. 1, 4. 2, 11 u. ö.). Derselbe wird geschrieben mit den Zeichen *AN. IS. SIR. MU. GI. NA*, von denen die drei ersten in einem Syll. (II R. 46, 49 d. e) durch *Sa-mul-lu* erklärt werden; *MU* das Ideogr. für „Name“; endlich *GI. NA* das Verbalideogramm für „stellen“, „machen“, assyr. *kun* ist (s. weiter bei Erklärung des Namens Sargon Nr. 74). Man hüte sich den Namen *Samul-mu-gi-na* zu sprechen, als ob *mugina* phonetisch geschrieben wäre; denn *mugina* ist keine Form: das Part. Af., an das man denken könnte, lautet *mukin*, nicht *mugin*. Auch *Samul-zikar-ukin* darf man den Namen nicht aussprechen; denn wenn auch freilich ein Syllabar (II R. 7, 9. 41) das Ideogramm *MU* durch *sakar* und *zikar* (זכר) erklärt, so wissen wir aus der Behistuninschrift, dass „Name“ im Ass. nicht *zikar*, sondern *sum* lautete. Das Syllabar giebt somit hier nicht das Ideogramm phonetisch wieder, sondern erläutert es durch ein Synonym, wie das auch sonst der Fall. Ueber *Samul* s. u. bei Besprechung der Namen des Kanons.

9.

Nabu - itti - habal - ha-lik

d. i. „Nebo wandelt mit dem Sohne“. Eigennamenliste col. III, 40. — Das Ideogramm *KI* für *itti* את „mit“ ist erklärt S. 17, Z. 9 ff.; dasjenige für „Sohn“ wechselt im Namen *Asur-nâṣir-habal* (s. o.) mit dem gewöhnlichen Zeichen für diesen Begriff; *halik* ist Part. von *halak* הלך „gehen“. Aehnliche Namen: *Nabu-ha-lik-*

ittiya „Nebo wandelt mit mir“ III, 43; *Nabu-ha-lik-panya* „Nebo wandelt vor mir“ III, 42 u. a.

10.

Nabu - katâ - ṣa-bit

d. i. „Nebo fasst die (beiden) Hände“. Das zweite Element, das Ideogramm für „Hand“ mit dem Dualzeichen, ist erklärt oben S. 26. Nr. 18; das dritte phonetisch geschriebene Element *ṣabit* d. i. *ṣâbit* ist das Part. von *ṣabat* צבת „ergreifen“, „fassen“. Vgl. die hebr. Namen יְהוֹאָחָז, אֲחַזְיָהוּ „Joachas“, „Achasja“. Ueber die Dualform *katâ* s. im gramm. Theile.

4) Mit „Bel“ zusammengesetzte Eigennamen.

11.

Bil - sar - uṣur

d. i. „Belsazer“ I Rawl. 68, 24, in einer Inschrift Nabunits, als dessen erstgeborner Sohn der Träger des Namens bezeichnet wird. Ueber das erste Ideogramm, den Gott Bel bezeichnend, s. S. 100; über das Königszeichen S. 99; über das letzte Zeichen s. Nr. 6. Der Name bedeutet hiernach: „Bel, schirme den König!“ Zur Bedeutung vgl. den Namen Nebucadnezar, sowie den unten zu erklärenden: Nerigilssor. Seine hebr. Aussprache בֵּלְשַׁאצַּר (Dan. 5, 1. 2) ist aus der ursprünglicheren: בֵּל־שַׁר־אֶצֶּר zusammengesunken, vgl. unt. Nr. 12. — Der Name findet sich übrigens auch in der grossen Sargonsinschrift Z. 59 als Name des Dynasten einer Stadt Kesâim. Er wird hier geschrieben: *Bil-sar-u-ṣur*.

Andere mit „Bel“ zusammengesetzte Namen s. u.

5) Mit „Nergal“ zusammengesetzte Eigennamen.

12.

Nir - gal - sar - u - ṣu - ur

auch:

Nirgal-sar-uṣur

d. i. „Nerigilssor“. Jene Schreibweise findet sich I Rawl. 67. col. I, 1; diese II Rawl. 68. Nr. I. 6. Z. 3; auch I Rawl. 8. Nr. V. Z. 1 (an letzterer Stelle mit den entsprechenden babylonischen Zeichen). Aus einer Vergleichung der beiden identischen Stellen I Rawl. 67 und I Rawl. 8 ergiebt sich zugleich, dass die beiden Gottesideogramme einen und denselben Gott repräsentiren, und dass dieses selber wiederum kein anderer war als der Gott „Nergal“, assyrisch *Nirgal*, erhellt bis zu einem gewissen Grade schon aus dem in der ersten Form des Namens demselben beigefügten phonetischen Complemente *gal*, da es unter den uns überlieferten assyrischen Gottesnamen lediglich einen giebt, der auf die Sylbe *gal* ausgeht, nämlich Nergal (II Kön. 17, 30). Die Bestätigung dieser Combination liefert eine Vergleichung der Stellen Botta CLII, Nr. 14. 7 mit Botta XVI, ter 115, aus der sich ergiebt, dass „Löwe", assyr. *arya* (אריה), mit *nir-gal*[1]) sich deckte, „Nergal" somit der „Löwengott" war. Der „Löwe" wiederum war nach Syllab. II Rawl. 54, 73b der Gott der „Leute der Stadt *TIGGABBA*" d. i. aber laut Lay. XV, 27 („*Babilu*, *Barsip*, *TIGGABBA*") vgl. mit Salman. Obel. (Lay. XCI) Z. 82 („*Babilu*, *Barsippa*, *Ku-ti*") der „Leute von Kuthi", welche Stadt Kuthi ihrerseits II Kön. 17, 30 als Cultusstätte des Gottes Nergal namhaft gemacht wird (vgl. hierzu Norr. p. 46; Opp. Journ. Asiat. 1864 p. 393). Das Siegel endlich wird dieser Argumentation aufgedrückt durch die Schreibweise des Gottesnamens I R. 7, C, 1: *Nir-gal* d. i. Nergal. Der Name des in Rede stehenden babylonischen Königs ist somit unter Berücksichtigung des früher Erörterten sicher zu sprechen: „*Nirgal-sar-uṣur*" d. i. „Nergal, schirme den König!" Dieses ist demnach das Prototyp des von den Griechen überlieferten Königsnamens Νηριγλισσάρης, sowie des Namens zweier babylonischer Beamten bei Jer. 39, 3. 13. נֵרְגַל שַׂרְאֶצֶר lautend.

Ueber den kürzeren Namen *Nirgal-naṣi-ir* „Nergal schirmt" (II R. 69. Nr. 4. Z. 8, mit dem phonetischen Complement *ir* geschrieben) s. o.

6) Mit „Merodach" zusammengesetzte Namen.

13. [cuneiform]

Marduk - habal - iddi - na

d. i. „Merodachbaladan", Zeitgenosse Sargons s. Khors. 122; Zeitgenosse Sanheribs s. Bellinocylinder (Grotef.) col. I, 6.

Das zweite Element des Namens, das Ideogramm für den Begriff „Sohn" enthaltend, sowie die dritte Gruppe, das Ideogramm für den Begriff „geben" *nadan* sammt der phonetischen Ergänzung (*na*) des Imperfekts 3. Pers. *iddina* bietend, ist schon oben von uns erklärt, vgl. S. 108 Nr. 30a. Die erste Gruppe, den Gottesnamen aufweisend, ist als den Namen Merodach repräsentirend bereits im J. 1851 divinatorisch von H. Rawlinson vermuthet (s. *Journ. of the Roy. As. Soc. XIV. p.* 12). Seine ursprüngliche, einheimische Aussprache *Marduk* wird phonetisch festgestellt theils durch die bereits von Oppert (J. A. 1857, p. 164) angezogene Stelle der Inschrift Asarhaddon's auf dem sechsseitigen Thoncylinder (I Rawl. 45. col. II, 35. Lay. XXII, 33), wo wir in dem Eigen-

1) Der Lautwerth *nir* des ersten dieser zwei Zeichen erhellt aus dem Syllabar III R. 70 Nr. 81 (*ni-i-ri*).

namen *Nahid-Marduk* den letzteren Namen *Mar-duk* geschrieben finden; theils durch den von uns unten zu erläuternden Namen *Marduk-ilu*, der sich unmittelbar hinter einander das eine Mal mit dem in Rede stehenden Ideogramme, das andere Mal mit den Zeichen *Mar-duk* geschrieben findet (II Rawl. 63. col. V. 15. 16); theils endlich durch die verschiedene Schreibart des Namens *Marduk-mubagar*, der, auf Täfelchen aus der Regierungszeit Sargon's, gemeiniglich mit unserm Ideogramme, zwei Mal in seinem ersten Theile phonetisch [*Ma*]-*ru-duk* geschrieben wird (III Rawl. 2. Z. 8; elftes Jahr). Es ist somit unmöglich, dass der fragliche Name anders assyrisch gelautet habe als: „*Marduk-habal-iddina*“ d. i. „Merodach schenkte den Sohn“. Das Analogon zu diesem Namen liefert die Eigennamenliste II Rawl. 64. col. II, 18 in dem anderen: *Nabu-habal-iddina* d. i. „Nebo schenkte den Sohn“. Aeusserlich verbürgt wird schliesslich unser Name seiner Aussprache nach durch die hebräische Transcription desselben (Jes. 39, 1): מְרֹאדַךְ בַּלְאֲדָן; 2 Kön. 20, 12 corrumpirt in בְּרֹאדַךְ בַּל׳; sowie durch das noch stärker verunstaltete *Μαρδοκεμπαδος* des ptolemäischen Kanons.

14.

Marduk - nâdin - aḫ

Name eines älteren babylonischen Königs s. I Rawl. 6. Nr. XVII. Z. 4. Die Zeichen bedürfen nach dem Erörterten keiner Erläuterung mehr. Wenn wir das zweite Ideogramm hier statt durch das Imperf. *iddina* vielmehr durch das Partic. *nâdin* (übrigens im gleichen Sinne) wiedergeben, so geschieht dieses einerseits wegen des Fehlens des phonetischen Complements *na* (Imperf.), andererseits mit Rücksicht auf II Rawl. 64. col. II, 19 vgl. mit 21, an welcher letzteren Stelle wir die ganz analogen Namen: *Nabu-na-din* „Nebo schenkt“ und *Nabu-nâdin-aḫi* „Nebo schenkt Brüder“ lesen, von denen das erstere das zweite Element phonetisch geschrieben bietet. S. auch oben bei Besprechung des Namens *Asur-nâṣir-habal*

B. Zweigliedrige Eigennamen.

Auch diese könnten wir wiederum ausschliesslich nach den Gottesnamen ordnen. Indess erscheint es angemessener als Haupteintheilungsprincip nicht diese, sondern vielmehr die verschiedenen Arten der Bildung der Namen zu nehmen und danach die verschiedenen Namen zu gruppiren, so zwar, dass wir innerhalb dieser Gruppen wiederum die mit demselben Gottesnamen zusammengesetzten zusammenordnen.

a. Wir beginnen die Betrachtung mit einer Reihe zweigliedriger Namen, welche gewissermassen den Uebergang von den dreigliedrigen zu den zweigliedrigen Eigennamen bilden. Es sind das diejenigen, welche als zweites Glied das mit einem Suffix versehene Verbum bieten.

15.

Nabu - nâṣir - an - ni

d. i. „Nebo schirmt mich". II Rawl. 64. col. I, 20. Der Name bedarf nach dem Erörterten keiner weiteren Erläuterung. Ueber das Suffix *anni* der ersten Pers Sing. s. im grammat. Theile. Ganz so ist gebildet: *Nabu-dan-in-anni* d. i. „Nebo richtet mich". A. a. O. col. I, 37. Die Sylbe *in* ist phonet. Ergänzung.

In den folgenden Beispielen:

16. *Nabu-bal-liṭ-an-ni*

d. i. „Nebo schenkte mir das Leben" a. a. O. col. I, 30.

17. *Nabu-sal-lim-an-ni*

d. i. „Nebo vergilt mir"; a. a. O. col. I, 23,

hat man wohl mit Oppert (gr. Ass. II ed. p. 117) eine Verkürzung der Imperfekta durch Wegwerfung des in dem Namen zerquetschten Imperfektpräfixes *u* = *uballiṭ*, *usallim* anzunehmen, da es Participialformen wegen der Verdoppelung des mittleren Radicals nicht sein können, ebensowenig aber Imperative, da diese anders lauten. Ausserdem ist für den Fall, dass kein Pronomen angehängt ist, wenigstens die Form *u-bal-liṭ* belegt. Vgl. den Namen, *Nergal-u-bal-liṭ* II Rawl. 68. Can. I, Rev. Z. 6. — Zu dem Sinne des zweiten Namens vgl. den anderen (col. V, 23): *Nabu-mu-sal-lim* „Nebo vergilt", und das Epitheton *ilu musallimu* Khor. 189, endlich den hebr. Namen: מְשֶׁלֶמְיָה „Jahve vergilt" 1 Chr. 9, 21. 26, 1.

Auf gleiche Weise sind auch gebildet die Namen: *Marduk-sal-lim-an-ni* (II Rawl. 68. I. 4. Z. 18) und *Sin-sal-lim-an-ni* (ibid. I. 4. Z. 22). —

In Analogie endlich mit dem ersteren Namen ist gebildet auch der weitere: *Sin-balliṭ* „Sin schenkte das Leben", von den Hebräern wiedergegeben durch סַנְבַלַּט Neh. 2, 10. 4, 1. 6 u. ö.

In dieselbe Kategorie gehört auch der Name

18.

Nabu - ši-zib - an - ni

d. i. Nebusezban = „Nebo errettet mich", col. I, 32. So nämlich (*ši-zib*) hat man das mittlere Element nach II Rawl. 68. II. col. I. Z. 26 (*Asur-ši-zib-a-ni*) zu lesen statt des sinnlosen *mu-sib* des Textes [1]). Das mittlere Wort ist aber das (abgekürzte) Imperf. des Schafel *šizib* = שֵׁיזִיב „erretten", welchem

1) Auch Assurb. II, 46 (III R. 18) findet sich die correkte Schreibart *Nabu ši zib a ni*.

wir in der Form *usêzib* auf dem Asarhaddoncylinder II Rawl. 45. col. II, 4 begegnen. Auch der Infinitiv *suzub* findet sich (Tigl. Pil. II, 39. III, 15 u. sonst), wie nicht minder der Imperat. *suzib* I Rawl. 68. II, 21. Wir haben nicht nöthig zu bemerken, dass wir in diesem Namen das Prototyp jenes Namens eines Verschnittenen Nebucadnezars vor uns haben, der nach Jer. 39, 13 נְבוּשַׁזְבָּן „*Nebuschazban*" lautete.

Hierher ziehen wir auch den Namen eines assyrischen Königs, des letzten in der Reihe, gewöhnlich geschrieben:

18a.

Asur - 'i - dil - ili

s. I R. 8, Nr. 3 Z. 1, eine Schreibart, welche wechselt mit der volleren:

Asur-'idil-ili-DU-in-ni,

der wir III R. 16, Nr. 2. Z. 37 in einer Inschrift einer Tochter dieses Königs d. i. des **Saracus** der griechischen Schriftsteller begegnen. Der Name ist schwierig zu erklären und zwar dieses wegen des zwischen *Asur* und *ili* sich findenden Elementes, welches z. B. Oppert früher *dan* las, den ganzen Namen *Asur-dan-ilu* aussprechend (*E. M. II.* 352), eine Ansicht, die er jetzt längst aufgegeben hat. Wir lesen die betreffenden Zeichen mit Rawlinson und jetzt auch Oppert phonetisch, nicht jedoch *'i-mid* (Rawl.)[1], wie graphisch an sich möglich wäre (s. S. 72 Nr. 153). Einerseits nämlich lässt sich mit *'imid* kein passender Sinn verbinden; anderseits, und das ist entscheidend, wird das complexe Zeichen, mit welchem die phonetischen *'i-x* III R. 16, 37 wechseln, in einem Syllabar (II R. 26, 16 vgl. 25, 70), auf welches Opp. zuerst hingewiesen hat, durch *'i-dil-luv* = עדל عدل erklärt und gleichzeitig (II R. 26, 15. 17) durch *malku* „Fürst" und *sarrut* „Herrschaft" erläutert. Daraus ist klar, dass das zweite Zeichen der Gruppe *'i-x* hier nicht den Lautwerth *mid*, denn vielmehr den demselben ebenfalls eignenden *dil* (s. S. 77 Nr. 244) hat und dass die Gruppe *'idil* d. i. „Fürst" auszusprechen ist. Der ganze Name sub Nr. a würde danach besagen: **Assur der Fürst der Götter.**

Zweifelsohne wäre dieses eine correkt assyrische Eigennamenbildung, nur hätte man die Worte als eine Aussage zu fassen: „Assur ist der Beherrscher der Götter", gerade wie *Asur-ris-ilim* d. i. „Assur ist das Haupt der Götter". Und so musste man den Namen, der danach in die sogleich zu betrachtende Kategorie von Namen gehören würde, auch nach den bisher vorliegenden Dokumenten, nämlich nach den vom König selber herrührenden Backstein-

---

[1] Die von den Engländern noch befolgte Aussprache *'ibil* ist nicht gerechtfertigt, da das betr. Zeichen den Lautwerth *bil* lediglich als Gottesnamen (= *Bil*) hat, an welchen natürlich hier nicht gedacht werden kann.

inschriften betrachten. Inzwischen ist aber das höchstdenkwürdige, von einer Tochter des Königs herrührende, Dokument aufgefunden und im III. Bd. des englischen Inschriftenwerkes l. c. veröffentlicht. Auf diesem erscheint der Königsname in einer volleren, nämlich der oben beigefügten, zweiten Form, die sich von der ersten (abgesehen von der ideographischen Schreibung des zweiten Elementes *'idil*: als *NIR. IK*) dadurch unterscheidet, dass der ersteren noch die Zeichen *du-in-ni* hinzugefügt sind, von denen das erstere *DU*, schon des Hiatus *du-in* wegen, nur ein Ideogramm sein kann und zwar kein anderes als das Ideogramm für den Begriff „stellen", „schaffen" assyr. *kun*, Schaf. Impfkt — *ukin* (s. weiter bei der Erklärung des Namens Sargon sub Nr. 74). Der volle Name ist somit zu lesen: *Asur-'i-dil-uk-in-ni*, was nur bedeuten kann: „Assur, der Beherrscher der Götter, schuf mich". *Ukinni* nämlich lässt sich füglich nur begreifen als eine durch die, später die Wegwerfung des ganzen dritten Theiles hervorrufende, Länge des Namens veranlasste Zusammenziehung der volleren Form *ukin-an-ni* „er schuf mich".

Ueber die Identität des fraglichen Königs mit dem Saracus der Griechen (auch dieser Name ist nur eine noch weiter vorgeschrittene Verkürzung des langen und unbequemen assyrischen Namens) rede ich in meiner Schrift: „die Keilinschriften und das Alte Testament" Giessen 1872 (KAT) zu 2 Kön. 22, 29.

b. Von den beiden Gliedern des Namens ist das eine (das erste oder das zweite) ein Gottesname, das andere ein Verbum, Nomen oder auch ein anderer Redetheil.

19.

Bil - ibus

d. i. Belibus. Bellino-Cylinder Sanheribs (Grotef.) col. I, 14. Ueber Bil s. S. 100. Der zweite Theil besteht aus einem Ideogramm *KAK*, welches laut S. 27 Nr. 33 den Begriff „schaffen", „machen" ausdrückt, ein Begriff, den aber der Assyrer ebensowohl durch das Verbum *banâ* ([illegible]), wie durch das andere *'abas* ([illegible]) wiedergeben kann (s. o.) Der Name liesse sich sonach ebensowohl *Bil-ibus* ([illegible]), wie *Bil-ibni*, bezw. *Bil-bâni* lesen. Der letztere Name kommt sicher vor, da wir sowohl in der Eigennamenliste (col. II, 44) *Nabu-ibni* lesen, wie auf einem Thontäfelchen als Name eines Vorfahren Sanheribs *Bil-ba-ni* (Smith bei *Lepsius*, ägypt. Zeitschr. 1869. S. 94). Den Entscheid, welcher Name gemeint ist, kann hier, da eine phonetische Transcription des Namens in der betr. Inschrift nicht vorkömmt, nur eine ausserhalb der assyrischen Literatur sich findende Tradition geben. Nun wissen wir aus Polyhistor, dem Canon des Ptolemäus und sonst, dass Sanherib in Babylon einen babylonischen König, Namens *Belibus* besiegte, von dessen Einsetzung Sanherib in der oben angeführten Inschrift redet. Dass somit in der Inschrift der betr. Name, von dessen Träger dieselbe die Einsetzung ins Königthum berichtet, diesen Namen *Bil-ibus* und nicht den anderen, graphisch an sich auch möglichen, *Bil-bâni* geführt habe, ist evident. Der Name selber aber bedeutet natürlich: „Bel schuf" (scil. „einen Sohn" s. o.).

20.

Asur - u - ballit

Name eines älteren assyrischen Königs II Rawl. 65, Av. Z. 8. Das *u-ti-la* des Textes könnte man sich versucht fühlen, phonetisch zu fassen und etwa als Imperf. Iftaal des Verbums עלה = יִתְעַלֶּה zu verstehen, also dass der Name bedeuten würde: „Assur ist erhaben", welches ein Name sein würde wie „*Nabu-nâhid*" d. i. „Nebo ist voller Hoheit". Allein Stellen wie Sard. III, 88: XX. *TI.LA. MIS. u-sab-bit* „zwanzig ergriff er lebendig"; Sard. I, 108 = *is-tin ina libbi-su-nu TI. LA 'i-zib* „auch nicht Einer entkam lebendig", verglichen mit anderen, wie Beh. 67 *bal-tu-ut us-sab-bit IV. M. I. C. LXXXII* „lebendig ergriff er 4182", sowie auch das Syll. II R. 18, 55 lassen darüber keinen Zweifel, dass *TI. LA* ein Ideogramm ist für „leben", „beleben" [1]). Der Name bed. sonach „Assur schenkte das Leben". Vgl. J. of R. A. S. 1870. p. 42 Ganz analog ist der Name *Sin-ballit* d. i. סִין־בַּלִּט, Nr. 16; auch *Bin-u-bal-lit* 2 R. 69, III. Obv. col. I. 26.

1) Gegen die vorgetragene Fassung des Namens und insbesondere der Zeichen *TI. LA* könnte man sich versucht fühlen, den Einwand zu erheben, dass ja hier das phonetische Complement (nämlich *u*) nicht hinter, sondern vor dem betr. Ideogramme sich finde = *u-TI. LA* d. i. *u ballit*. Das ist nun freilich seltener, dennoch aber nicht minder etwas Thatsächliches. Ein unzweifelhaftes Beispiel liefert uns Assurb. Sm. 316, 104 in der Phrase *sa mu-sar-u-u si-tir sumi-ya ib-ba-tu* „wer die Inschrift, die Schrift meines Namens, vernichtet", in welcher *musaru* (R. סטר) geschrieben wird: *mu-SAR-u* d. i. mit dem gewöhnlichen Ideogr. *SAR* für „schreiben" (s. o. S. 112) und den phonetischen Complementen *mu* und *u*, von denen jenes dem Ideogramm vorhergeht, dieses ihm folgt. G. Smith's Transcription: *mu-sar-u* ist weder graphisch zu rechtfertigen (man erwartete *mu-sar-ru* oder *mu-sa-ru*), noch lässt sich das so gewonnene Wort grammatisch und etymologisch begreifen. Der Fehlgriff des Genannten ist mir um so unerklärlicher, als er sonst den ideographischen Werth des Zeichens *SAR* wiederholt ganz richtig erkannt hat. Es wird wohl lediglich die erörterte seltsame Anbringung des phonetischen Complements gewesen sein, welche unsern verehrten Mitarbeiter beirrt hat. Ich führe noch ein anderes, ebenso sicheres und unzweifelhaftes Beispiel an. Im Regentencanon II R. 69, IV, 4. Z. 13 lesen wir phonetisch geschrieben den Namen *Mu-tak-kil-A-sur*. In der Parallelstelle ibid. unteres Fragm. Z. 6 lesen wir denselben Namen ideographisch *mu-X* d. h. mit dem voranstehenden phonet. Complem. *mu* geschrieben. Vgl. endlich noch die Schreibweise der Stadt Dur-lakin als *Dur ya-DU* Khors. 22 u. ö. mit der anderen *Dur-ya-ki-in-ni Botta IV. vol. 2, 5*; sowie *Ja DU bei II.* 1 : 1, 11. Z. 2 mit *Ja-ki-ni II.* 65. 8 Die beregte Thatsache ist hiernach zweifellos.

21.

Ilu - irib

II Rawl. 63. col. II, 42. Ueber *ilu* s. S. 95; über *irib* bei der Besprechung des Namens Sanherib. Der Name bedeutet: „Gott mehret“. Vgl. noch den ganz ähnlichen Namen *Ir-ba-Marduk* „es mehret Merodach“ auf der Dreissigminen-Ente (Nr. 1.) im Journ. of R. A. S. XVI. p. 222.

22.

Iḳ - bi - ilu

II Rawl. 63. col. V, 14. *Iḳbi* ist Imperf. Kal der W. *ḳabâ* „reden“, auch „verkünden“. Khors. 125. Der Name bed. somit: „Es verkündet Gott“. Vgl. יִקְבְּאֵל „Gott verkündigt“. 2 Chr. 29. 14.

23.

Is - mi - Du- - kan

d. i. „Es erhört Dagon“. Name eines alten babylonischen Königs. I Rawl. 2. Nr. V, 1. VI, 5. Das phonetisch geschriebene *ismi* ist das Impfkt. von *samâ* „hören“ (שָׁמַע). Auch der Gottesname ist phonetisch geschrieben. Seine Identification mit dem Fischgotte Dagon ist durch den Stadtnamen בֵּית דָּגוֹן Jos. 15, 41., assyr. *Bit Du-ḳan-na* (Sanh. Tayl. II, 65) an die Hand gegeben. Der in Rede stehende Eigenname, schon von Oppert (E. M. II. 361) richtig erklärt, ist gebildet genau wie hebr. יִשְׁמָעֵאל „Ismael“. Vgl. noch *Is-mi-Bil*[1], Name eines Königs von Gaza Sanh. Tayl. III, 25.

Ein ähnlicher Name ist *Im-gur-Bil* „gnädig ist Bel“, Name einer Ringmauer Babylons (E. J. H. col. IV, 66), im ersten Theile von der W. *magar* „gnädig sein“, „gewogen sein“ (häufig in den Inschriften vgl. äthiop. ፈቀረ፡) gebildet. Mit demselben Verbum ist auch der Name des chaldäischen Feldobersten Jer. 39, 3: סַמְגַּר־נְבוֹ, eigtl. *Sum gur-Nabu* d. i. „Sei gnädig, Nebo!“ (*sumgur*, Imper. Schafel) zu sprechen, zusammengesetzt. Vgl. auch Oppert Journ. As. VI, 3. 1864. p. 61.

24.

Nabu - nâṣi - ir

d. i. Nabonassar. II Rawl. 64. col. 1, 19. Ueber den zweiten Theil des Namens, bestehend aus dem Ideogr. für den Begriff

---

[1]) Mit *s* (ס) statt *s* (שׁ) geschrieben, weil ein Fremdwort. S. die lautlichen Vorbemerkungen. Auch die incorrecte Schreibweise mit *mi* statt *mi* ist beachtenswerth.

„schützen", „schirmen" assyr. *naṣar*, und dem phonetischen Complemente *ir* der Particialaussprache *nâṣir*, redeten wir gelegentlich der Erklärung des Namens *Asur-nâṣir-habal* (Nro. 1). Der Name bedeutet hiernach: „Nebo schirmt". Aehnliche Namen sind *Nirgal-nâṣir* „Nergal schirmt" (II Rawl. 69 Nr. 4. 3, 8); *Ilu-nâṣir* „Gott schirmt" II Rawl. 63. col. IV, 1 u. a.

25.

Nabu - nâhid

d. i. Nabonit. S. II Rawl. 64. col. III, 52; Beh. 85; auch rein phonetisch geschrieben:

Na - bi - nu - na - ' - id

I Rawl. 68, Nr. 3. 4 u. ö.
Der Name ist seinem ersten Theile nach erklärt S. 124 bei „Nebucadnezar." Der zweite Theil ist in seiner phonetischen Umschreibung deutlich ein Partic. der W. *nahad* vgl. arab. نهد „erhaben", „erlaucht sein". Wir begegnen demselben Worte auch in einem mit *Bil* zusammengesetzten Namen II Rawl. 64. col. V, 16: *Bil-nâhid*. Der Name bedeutet sonach „Nebo ist erhaben".

Die Richtigkeit unserer Analyse wird verbürgt durch die pers. Transcription *Nabunita* (Beh. 85), sowie durch die griechische des Josephus: Ναβόννηδος. -- Für *J* als Ideogr. für *nahdu* s. die Variante III R. 1. Can. VI, 17.

Zu bemerken ist aber noch, dass der Name sich zuweilen auch geschrieben findet:

Nabu-IM. TUK.

Man hat diesen Namen oft für den eines andern babylonischen Königs gehalten. Aus der Inschrift auf dem Cylinder von Mugheir (I Rawl. 68) erhellt indess (vgl. col. I, 1 mit col. II, 19), dass der so geschriebene Name demselben Könige zukömmt, der sonst Nabunahid heisst. Die Schreibung *Nabu-nahid* ist die phonetische, die andere *Nabu-IM. TUK* die ideographische. *IM. TUK* war offenbar ein zweites Ideogramm für den Begriff „erhaben", eigtl. = „Ruhm (*im*) habend (*tuk*)." Vgl. Norr. Dict. 466.

26. *Nabu-za-kir*

d. i. „Nebo gedenkt". II Rawl. 64. col. IV, 22. S. ob. Nr. 9.

27. *Bil-ba-ni*

d. i. „Bel schuf". Lepsius, Zeitschr. für ägypt. Alterthumsk. 1869. S. 91. Ganz so *Nabu-ba-ni* „Nebo schuf". II Rawl. 64. col. II, 47; auch wohl ganz ideographisch geschrieben: *Bil-bini* ibid. Z. 43. Vgl. oben Nr. 3 (*Asur-bini-habal*). Die Namen sind genau gebildet wie hebr. יִבְנְיָה I Chr. IX, 8. Vgl. auch *Benaja* I Chr. 4, 36 u. ö.

28. a.

Šal - ma - nu - ušir

d. i. **Salmanassar**. Lay. inscr. 78. B. Z. 1 u. sonst. — Derselbe Name findet sich auch geschrieben:

b.

so Stand. Inscr. 15.; auch wohl

c.

so I Rawl. 6. Nr. 4. Z. 1.

Zunächst steht die Identität dieser drei Namen zu erweisen. Dieselbe ergiebt sich für a. und b. aus einer Vergleichung von I Rawl. 35. III. Z. 21 mit Stand. 15, wo der Name eines und desselben Königs auf jene beiden verschiedenen Weisen geschrieben wird. Für b und c erhellt das Gleiche aus einer Vergleichung von I Rawl. 6. IV. Z. 1. 2 mit II Rawl. 69 Can. 8. Z. 30, wo derselbe König (Sohn des *Bin-nirar*) das eine Mal wie b, das andere Mal wie c geschrieben wird[1]).

Aussprache und Bedeutung des Namens angehend, der phonetisch *DI. MA. NU. BAR* zu sprechen wäre (s. o. S. 93), so erhellt zuvörderst aus dem, dem ersten Theile des Namens vorausgehenden, Gotteszeichen, dass wir es bei diesem mit einem Gottesnamen zu thun haben. Weiter wird das Zeichen *DI* durch Syllabar 185 bestimmt auf den Sinnwerth von *šilim* und *šulmu*; dass es somit den Sinnwerth der Wurzel *šalam* = hebr. שלם repräsentirt, leuchtet ein. Welche Bildung der Wurzel in Aussicht genommen, erhellt aus dem phonetischen Complemente *manu*: offenbar haben wir es mit einem Nomen, nämlich *šalmânu* d. i. „der Heilsbringer", „Heiland", also in diesem speciellen Falle: „der Heilsgott" zu thun. Damit stimmt die hebr. Umschreibung des ersten Theiles des Wortes durch שַׁלְמַן (Hos. 10, 14) und שַׁלְמַנְ; letzteres in dem Namen שַׁלְמַנְאֶסֶר 2 Kön. 17, 3. 18, 9. Den letzten Zweifel beseitigt endlich abermals ein Syllabar *K.* 224, angezogen von Talbot *J. R. A. S.* 1870. *N. S. IV. p.* 71, wo wir *DI. MA* erklärt finden durch *sa-la-mu* (beiläufig nicht *ša-la-mu*, wie eigentlich zu erwarten wäre). Vgl. schliesslich die Var. *man* st. *ma-nu* III R. 1 Col. V, 1.

Aber wie lautet der zweite Theil des Namens, repräsentirt in der Schrift durch die Ideogramme *RIS* oder *BAR*? — Da es jetzt feststeht[2]), dass Sargon's Vorgänger, der nach der Bibel nur

1) Vgl. auch noch die Variante III R. 1. Col. II, Z. 35.

2) S. meinen Aufsatz: „Die assyrische Verwaltungsliste. Zugleich ein Nachtrag zu dem Art. Sargon und Salmanassar" in den theol. Stadd. u. Krit. 1871. H. IV. S. 679 ff., womit zu vgl. in demselben Hefte der Ztschr. der Aufsatz von Oppert: Sargon und Salmanassar, S. 700 ff., sowie meine abschliessenden „Bemerkungen" ebend. 1872. H. IV.

Salmanassar geheissen haben kann, geschrieben wird wie der sub a) aufgeführte Namen, so erhellt unter Vergleichung der hebräischen Transcription, dass auf das Element *BAR*, beziehungsweise *RIS* Sylben mit dem Lautwerthe *éšer* (אֶשֶׁר) treffen. Dieses *éšer* kann füglich lediglich umgelautet sein aus assyrischem *âšir* d. i. dem Partic. des Verbums *ašar* אשר, die assyrische Aussprache des hebr. ישר „gerade", „redlich sein". Der Sinn des Namens ist somit: „Salman ist redlich oder gut". Auch in der Bibel wird יָשָׁר mehrfach in Beziehung auf Gott gesagt (Deut. 32, 4 ψ 119, 137 [1]). — Ueber *éširat* „die gütige" als Beiname der Istar s. u. in dem Abschnitte: „Controle der Entzifferung".

29.

A - sur da - ya-an

Tigl. Pil. VII, 49. Name eines alten Königs von Assyrien. — Ueber Asur s. Nr. 1; das zweite Wort ist das Steigerungsadjektiv von דין, דון „richten", auszusprechen: *dayan* = hebr. דַּיָּן. Die Richtigkeit unserer Aussprache des Wortes und unserer grammatischen Auffassung erhellt aus der Vergleichung eines Syllabars II Rawl. 11. Rev., Z. 69 (*ukayan* st. *ukayyan*) mit Obv. Z. 3 (*usakkal*) einerseits, mit Rev. Z. 66 (*ukin*) andrerseits (s. o. S. 23). Vgl. noch die Variante Sard. I. 24. Der Name bedeutet hienach: „Assur ist Richter" vgl. hebr. דָּנִיֵּאל, יְהוֹשָׁפָט, u. ähnl. Wenn

1) So wie wir liest auch Oppert den zweiten Theil des Namens, nachdem er seine früher *E. M. II.* 353. 354 aufgestellte Ansicht aufgegeben hat. — Ganz neuerdings hat Dr. Sayce in den Studien und Krit. 1872. IV. die Meinung aufgestellt, der letzte Theil des Namens sei *usuru* auszusprechen, dieses mit Rücksicht auf ein Syllabar II R. 39, welches das ideogrammatische Zeichen *BAR* durch *u-su-ru* erkläre. Allein abgesehen davon, dass eine grammatische Form *usur* in dem fraglichen Namen sinnlos ist, lehrt eine nähere Betrachtung des Syllabars, dass sich die Sache wesentlich anders verhält. Ich setze das Syllabar selber her. Wir lesen:

Z. 1. *KA*	*pu-u*	Mund
4. *KA. BAR. RA*	*pu pi-tu-u*	Geöffneter Mund
5. *KA. BAR. RA*	*pu u-su-ru*	Wohlgeschlossener (eigtl. ebener אשׁר) Mund.
6. *KA. BI. DU*	*si-it pi-i*	Trinken des Mundes.
7. *KA. BA*	*si-it pi-i*	Trinken des Mundes (R. שתה).

Man sieht, dass das Syllabar deutlich machen will, dass das Ideogramm *KA. BAR. RA* sowohl den geöffneten, wie den geschlossenen Mund bezeichne; zugleich erkennt man, dass *pitu* (R. פתח) und *usur* (= אשׁר) Participien, bezw. Adjektiva sind; dass somit die Wurzel, bezw. das Verbum *ašar* in dieser seiner Form nur hier und in ähnlichem Zusammenhange am Platze ist. Welche Form und Aussprache im Namen Salmanassar angezeigt ist, muss eine andere Ueberlegung lehren. Immerhin ist diesem Syllabar zu entnehmen, dass *BAR* auch den Sinnwerth der Wurzel אשׁר hat, und insofern gereicht dasselbe unserer obigen Ausführung zur erwünschtesten Bestätigung.

Rawlinson den Namen *Asur-dah-ilu* liest, so nahm er das dritte Zeichen als Gottheitsideogramm, ohne indess so ein Wort mit einem entsprechenden Sinne zu gewinnen. — Das fragliche Adjektiv kömmt übrigens in der durch das Antreten des Auslautes bedingten Aussprache *dainuv* auch vor E. J. H. IV, 29. und entspricht in den bilinguen aramäisch-assyrischen Legenden (s. u.) genau semitischem (aramäischem) דין. Vgl. noch den Namen *Dayan-Asur* II Rawl. 68, I. Z. 10. Das Ideogramm von *dayan* ist *DI. TAR* s. Rawl. im J. of the R. A. S. 1864 (I.) p. 213, sowie Syll. II R. 7 Rev. 22. 32.

30.

Asur - bil - nisi

Synchronistische Taf. in II Rawl. 65 Nr. 2 Av. — Name eines der ältesten Könige Assyriens. Der Name ist durchaus in Ideogrammen geschrieben. Das erste Zeichen ist das Ideogr. für den Gott Assur. Sein phonet. Aequivalent ist durch die Varianten auf dem Cylinder Asarhaddons (col. I, 44; VI, 70) direkt gegeben. Ueber *IN* = *bil* s. S. 108 Nr. 28; über *UN* = *nisi* ebenfalls ob. S. 108 Nr. 29. Der Name ist sonach zu übersetzen: „Assur [ist] der Herr der Menschen“. — G. Rawlinson spricht (vermuthlich auf Autorität seines Bruders Henry) den Namen: Assurbilnisis aus. Die Genannten zogen offenbar das dem Namen im Contexte folgende Zeichen *su* noch zum Vorhergehenden = *nisi-su*. Allein abgesehen davon, dass mit einem so transcribirten Namen platterdings kein Sinn zu verbinden, bekämen wir dann die Unzuträglichkeit, dass das Pluralzeichen mit vier, statt mit drei Winkeln geschrieben wäre. Man wird also so zu lesen haben wie wir vorgeschlagen, und wird dann weiter den überschüssigen Winkel durch einen weiteren Winkel zu dem gewöhnlichen Königszeichen zu ergänzen haben, also dass wir mit dem fraglichen *SU* zusammen die bekannte Phrase *sar SU* = *sar kissati* d. i. „König der Heere“ gewinnen würden.

31.

Asur - dan - itu

II Rawl. 68, Can. I. Av. 3, 48. Name eines früheren assyrischen Königs. — Das zweite Zeichen hat phonetisch den Werth *dan* und steht in den Backsteininschriften Asarhaddons (I Rawl. 48. Nr. 5 Z. 2; Nro. 6 Z. 1) für *dannu* – „mächtig“. Der Name bedeutet somit: „Assur ist mächtig als Gott“. — Oppert spricht in diesem und ähnlichen Namen das mittlere Element *'idil* = عدل aus, in dem gleichen Sinne, und derselbe ist hiezu berechtigt durch die Syllabare Nr. 173 und II R. 38, 15, welche das betr. Zeichen allerdings durch dieses Wort erklären. Indess liegt bei oben dargelegter Sachlage hier kein zwingender Grund zu einer Abweichung von unserer Transcription vor.

32.

A - šur - riš - i - lim

Tigl. Pil. VII, 41. — Die Analyse macht keine Schwierigkeit. Der Gottesname *Ašur* (s. o.) ist hier abermals phonetisch geschrieben vgl. Nr. 29. — Das zweite Zeichen ist das Ideogramm für „Haupt" = *riš* ראש gemäss p. 26 Nr. 1; das dritte ist der phonetisch geschriebene Plural von *ilu* „Gott", zugleich mit nasalem Ausgange. Der Sinn des Namens ist somit: „Assur [ist] das Haupt der Götter". Vgl. damit Stellen wie Khors. 124. 167. 187, wo derselbe Gott als *abu ili rabuti* „Vater der grossen Götter" bezeichnet wird, sowie Eigennamen wie *Nabu-bil-ili* „Nebo der Herr der Götter", auch *Nabu-sar-ili* „Nebo der Fürst der Götter", beide in der denkwürdigen Eigennamenliste II Rawl. 64 col. I. Z. 45. 46.

33.

Nabu - ma - lik

II Rawl. 64. col. V, 7. — Das phonetisch geschriebene *malik* entspricht genau arabischem مَلِك. Der Name bedeutet somit: „Nebo ist Herrscher". Vgl. hebräische Eigennamen, wie מַלְכִּיאֵל „mein König ist Gott", מַלְכִּיָּה „mein König ist Jahve".

33a.

Adar - malik

d. i. Adrammelech II R. 68. I. 6, 2. Ueber *AN. BAR* als Ideogramm des Gottes *Adar* s. zu Nr. 49. Der phonetische Werth der Zeichen *AN. A. A.* (früher von uns *ilaya* gelesen, was aber correkt *AN. YA* oder *AN. A* — *ilu-a* vgl. *abu-a* „mein Vater" zu schreiben gewesen wäre) ergiebt sich theils aus dem Syll. II R. 32, 59, welches *A. A* durch *abu* erklärt, theils aus dem anderen Nr. 197 (Opp. Revue archéol. IX, 18 1868. p. 320 not.), welches *AT* = *abu* wieder durch *malika* erläutert (vgl. G. Smith the phonet. values of cuneif. char. Lond. 1871 p. 18 Nr. 132[1]); theils daraus, dass ein anderes Syll. II R. 57, 15 die Sonne (*Samas*) als *AN. A. A ša šamê* bezeichnet, was nur soviel wie „Herrscherin des Himmels" bedeuten kann, theils endlich (worauf noch Opp. aufmerksam macht) aus dem Umstande, dass Sanherib (Tayl.

1) Dass man nicht bei der ersteren Glosse stehen bleiben darf, sondern diese zweite hinzunehmen muss, erhellt auch aus dem N. *Abu-Malik* (II R. 68. II. 23), geschr. *Abu-AN. A. A*, da *AN. A. A* = *abu* genommen zu einem Namen *Abu abu* führen würde, dessen Sinnlosigkeit zu Tage liegt.

Cyl. II, 54) einen edomitischen König *AN. A. A. ra-mu* aufführt, dessen erster Theil füglich nur ein gewöhnliches, in kanaanäischen Eigennamen vorkommendes Element sein kann, nach dem Erörterten kein anderes als *Malik*, also dass der Name *Malik-ramu* d. i. מלכרם „Erhaben ist Moloch" (vgl. den Namen מַלְכִּירָם 1 Chr. 3, 18) zu lesen. Vgl. noch Nr. 33, sowie II R. 60, 20, wo wir *malik* phonetisch (an letzterer Stelle als Gottesname = *Ma-lik*) geschrieben finden.

Aehnliche Namen sind *Asur-malik* (II R. 68, I, 2), *Samas-malik* (ebend. 44), *Bil-malik* (ebend. 60), *Marduk-malik* (III R. 1. III, 8), sowie *Anu-malik* „Anu (Oannes?) ist Herrscher", letzteres das Prototyp des hebräischen עֲנַמֶּלֶךְ „Anammelech" 2 Kön. 17, 31. Der Gottesname *Anu* findet sich sehr häufig phonetisch = *A-nu* oder *A-nu* geschrieben z. B. II R. 54, 34. 37 u. ö.

Etwas anders zu fassen ist der in der Anm. angezogene Name: *Abu-Malik* d. i. „Vater ist Melech oder Moloch", vgl. *Bil-abua*, *Samas-abua* u. a. (Nr. 37.)

34.

Nabu - tukul-ti

II Rawl. 64. col. IV, 28. Ueber das Ideogramm mit dem Sinnwerthe *tukulti* „Vertrauen" s. u. sub Nr. 60 bei dem Namen *Tiglath-Pileser*, vgl. auch Nr. 36. Der Name bedeutet: „Nebo [ist] das Vertrauen". *Ti* ist phonetisches Complement.

35.

Nabu - tuklat - habal

Ebendas. col. IV, 29. — Der Name bedeutet: „Nebo des Sohnes Vertrauen". Ueber das Ideogr. für „Sohn" s. Nr. 1; sonst u. vgl. Nr. 60. Das *ti* (hier st. *at*, s. u.) ist phonetische Ergänzung.

36.

Nabu - tuk-lat - u - a

Ebendas. col. IV, 31. Der Name ist seinem mittleren und letzten Theile nach phonetisch geschrieben; das hier durch *u* angeschlossene *a* ist das nominale Pronominalsuffix der 1. Pers. Sing. Der Name ist somit zu übersetzen: „Nebo mein Vertrauen".

37.

Bil - abu - u - a

Ebendas. V, 22. — *AT* laut Syll. 92 das Ideogramm für *abu* „Vater". Ueber *a* sieh Nr. 36. Sinn: „Bel mein Vater". Ganz so lesen wir VI, 10: *Samas-abua* „der Sonnengott mein Vater".

Vgl. hebr. אֲבִיָּה „Jahve ist mein Vater" I Sam. 8, 2 u. ö.; ähnlich יוֹאָב dass. II Sam. 2, 24. Ein ganz ähnlicher Name ist auch der oben zu Nr. 33a erklärte: *Abu-Malik* „Vater ist Melech oder Moloch."

88.

Bil - itti - ya

d. i. „Bil ist mit mir". II Rawl. 64. col. V, 19. Ueber das mittlere ideogrammatische Zeichen s. zu Nr. 10 (*Nabu-itti-habal-ka-lik*). Aehnliche Namen *Samas-ittiya* „der Sonnengott ist mit mir" (col. VI, 11); *Ilu-ittiya* „Gott ist mit mir" (II Rawl. 63. col. IV, 6). Der letztere Name ist genau gebildet wie der hebräische „Ithiel" אִיתִיאֵל (Sprchw. 30, 1).

89.

Marduk - ilu

d. i. „Merodach ist Gott". II Rawl. 68. col. V, 15. Die Ideogramme sind beide bereits erklärt. — Derselbe Name erscheint seinem ersten Theile nach phonetisch geschrieben — *Mar-duk-ilu* a. a. O. Z. 16. Ein ähnlicher Name ist *Adar-ilu* „Adar ist Gott". II Rawl. 63. col. III, 2. Ueber das Ideogramm für den Gott Adar s. unten bei Tiglath-Adar. Vgl. zu diesen Namen hebr. אֵלִיָּה und יוֹאֵל d. i. „Jahve ist Gott".

90.

und

Bin - nirar

d. i. „Bin ist Beistand". Name mehrerer assyrischer Könige s. I Rawl. 6. Nr. III. A 1. u. B. 1 (aus diesen Stellen erhellt, dass die beiden verschiedenen Gottesideogramme ein und denselben Gott bezeichnen); ferner I Rawl. 35. 1, 1. III, 1 Sard. I, 29 u. ö.

Der Name ist seinem ersten den Gottesnamen enthaltenden Theile nach jedenfalls ideographisch geschrieben. Allerdings hat man mehrfach den Gottesnamen phonetisch ausgesprochen: theils als *U* (auch wohl *Vu*, *Vul*), theils als *Ao*, *Iva*. Für diese Aufstellungen liess sich weiter nichts geltend machen, als eben der sonst vorkommende phonetische Gebrauch dieser Zeichen, was aber, da wir es denn doch zweifelsohne mit Ideogrammen zu thun haben, ein sehr windiger Anhalt. Neuerdings hat Dr. Oppert (nach dem Vorgange H. Rawlinsons? s. Athenäum 1867. S. 661) das Ideogramm *Bin* gelesen, und wir zweifeln nicht, dass er damit allerdings das Richtige getroffen hat. Hier unsere Argumentation. In der Obeliskinschrift Salmanassars II. erzählt dieser König, dass er während seines sechsten und eilften (sowie vierzehnten, s. die Stierinschrift, und achtzehnten s III R. 5 Nr. 6 Z. 40) Feldzuges Krieg geführt habe gegen einen König von Damaskus, den wir als X. bezeichnen wollen, weiter gegen einen König *Irḫulina* von Hamath und gegen 12 syrische Fürsten. Als unmittelbarer Nachfolger jenes Königs X. von Damaskus erscheint in derselben Inschrift (Lay. pl. 92. lin. 97. 103) König Hazael von Damaskus. Nach der Bibel (2 Kön. 8, 7 ff.) war Vorgänger des Hazael auf dem Throne von Damaskus der König *Benhadad*. Es ist die Vermuthung gerechtfertigt, dass jener König der Inschrift, den wir als X. bezeichneten, kein anderer war als dieser *Benhadad*. Die Vermuthung gewinnt an Wahrscheinlichkeit, vergleichen wir eine weitere Inschrift des Königs Salmanassar, welche in den Ruinen von Kurkh bei Diarbekr gefunden wurde u. in welcher Salmanassar unter der Zahl der verbündeten Feinde, welche er bei Karkar geschlagen, aufführt: 10,000 Mann des *Aḫabbu Sir'lai* „A h a b v o n I s r a e l"[1]. Nun wissen wir aus 1 Kön. 20, 34, dass Ahab von Israel mit Benhadad von Damaskus nach mehreren, diesem Könige beigebrachten, Niederlagen, ein Bündniss geschlossen, zweifelsohne gegen den Erbfeind Syriens, gegen Assyrien. Es steigert sich somit die Wahrscheinlichkeit, dass unter dem Könige X. von Damaskus auf der Inschrift König Benhadad zu verstehen, der Name X. also (im Allgemeinen) *Ben-hadad* zu lesen sei. Sehen wir uns nunmehr diesen Namen der Inschrift noch etwas näher an. Derselbe besteht seinem ersten Theile nach aus dem in Rede stehenden Gottheitsideogramme (wir bezeichnen es als klein *x*) und aus syllabarischen Zeichen, welche phonetisch *id-ri* zu lesen. Stellen wir damit den Namen *Ben-hadad* in Parallele, so trifft die Sylbe *Ben* auf das unbekannte *x*, während *hadad* dem *idri* der Inschrift entsprechen würde. *Hadad* und *idri* haben nun freilich scheinbar sehr wenig mit einander gemein. Die Sache ändert sich aber, vergleichen wir den (wie Nöldeke, Bibel-Lexik. I. 392 bereits gesehen hat) dem *Hadad* entsprechenden, bei Justin XXXVI, 2 neben *Azelus* d. i. Hazael vorkommenden Namen des Königs *Adores* von Damaskus. Dieser Name *Adores* geht zurück auf eine semitische Urform *adar* oder *hadar*. Auf genau dieselbe Aussprache führen die *LXX*, welche *Benhadad* durch υἱὸς Ἄδερ wiedergeben[2]. Erinnern wir uns nun, dass eine Verwechselung von ד und ר im A. T. eine unendlich häufige; dass sie bei dem Worte הדד selber auch sonst mehrfach zwischen *LXX* und masor. Text vorkömmt (vgl. Ἀδρααζὰρ *LXX* neben הֲדַדְעֶזֶר masor. Text, und

1) Ich gebe die ganze denkwürdige Stelle in Transcription und Uebersetzung nach der inzwischen Statt gehabten Veröffentlichung derselben (im III. Bd. der Inscrr. of West. Asia (1870) pl. 8) in KAT. zu 1 Kön. 16, 29.

2) Geht am Ende Justin nicht einfach auf die *LXX* oder eine von ihr stammende Tradition zurück? Fast will mir dieses zweifellos erscheinen, indem ich erwäge, dass wie in der *LXX* so auch bei Justin das בן nicht als zum Eigennamen gehörig betrachtet ist. Auch das *Azelus* des Justin berührt sich mit dem Ἀζαὴλ der *LXX* unmittelbar.

umgekehrt Onk. und Gr. Ven. הדד gegenüber הדר im hebr. Text); dass weiter sogar an einer Stelle (III R. 8, 90) der zweite Theil des Namens mit *h* = *hidri* genau wie im Hebräischen geschrieben wird (הדר), so dürfte schon hiernach die hohe Wahrscheinlichkeit, dass auch im Namen *Ben-hadad* der letzte Theil aus *hadar* verschrieben sei, einleuchten. Der Grund der Verschreibung oder Verlesung würde dann vermuthlich in dem Umstande zu suchen sein, dass allerdings ein Gott *Hadad* existirte, was wenigstens aus dem Namen הדדעזר (ein Name, gebildet wie אליעזר, = „Hadad ist Helfer") ziemlich sicher hervorgehen möchte. Wir glauben nun aber noch mehr als diese blosse, wenn auch noch so hohe Wahrscheinlichkeit, dass der Name *Benhadar* (= assyr. *X-hidri*) gelautet habe, statuiren zu können, dieses durch folgende Erwägung. Wäre der zweite Theil des Namens *hadad* zu sprechen und somit als Gottesname zu fassen, so liesse sich der Name, der doch semitische Abstammung bekennen muss, nur als „Sohn des Hadad" fassen, wofür man, was den Sinn angeht, in den syrischen Namen *Bar allâhâ* „Gottessohn", *Bar ba'schemîn* „Sohn des Himmelsherrn", hinlängliche Analogien hätte. Ich sage: was den S i n n angeht. Anders steht es bezüglich der F o r m. Denn hier begegnet uns der nicht unerhebliche Unterschied, dass uns statt des zu erwartenden aramäischen *bar* „Sohn", das — hebräische *ben* בן entgegentritt. Dieser Umstand wirft jede Vermuthung, dass *Ben* = בן sei, über den Haufen. E s i s t g a n z u n m ö g l i c h, dass der fragliche Name „Sohn des Hadad" bedeuten kann; *Ben* kann in diesem aramäischen Namen nie und nimmer den „Sohn", e s m u s s e t w a s g a n z a n d e r e s b e s a g e n. Damit schwindet die letzte Stütze der hergebrachten Aussprache des fraglichen Königsnamens, und wir werden jetzt gewiss berechtigt sein, zu der assyrischen Form des Namens zurückzukehren, den, nach den oben angeführten Stellen, der in Rede stehende syrische König führte. Da die Aussprache *Ben* uns in dem hebr. Texte überliefert ist, trotzdem dass eine Veränderung in *bar* bei einem syrischen Namen so nahe lag, so haben wir diese Tradition gewiss als eine sichere und zuverlässige zu betrachten. Setzen wir nun dieses *Ben* an die Stelle des unbekannten *x* im assyrisch-syrischen Namen des Königs, der nach der Inschrift Salmanassar's der Vorgänger Hazael's war, so gewinnen wir *Ben-hidri*, welches mit *Ben-hadar* (wie wir restituiren), sowie mit dem (*Ben-*) *Adores* des Justin, dem υἱὸς Ἄδερ der *LXX* so nahe den Lauten nach sich berührt, wie wir es bei einem Namen, der weder bei den Hebräern, noch bei den Assyrern, noch bei den Lateinern und Griechen ursprünglich war, nur irgend erwarten können [1]). Da nun weiter im Assyrischen die erste Sylbe

1) Auch die Aussprache mit doppeltem *a* statt doppeltem *i* scheint uns übrigens noch erhalten zu sein, nämlich in dem Namen des Vaters des syrischen Königs Menahem, lautend [*Bin-*] *ha-da-ra* Lay. 73, 11; doch ist der Text corrupt.

mit dem Gotteszeichen versehen ist, so leuchtet ferner ein, dass *Ben* oder (gemäss assyrischem Lautgesetze) *Bin* Name einer Gottheit, nämlich des Gottes gewesen sei, den die Assyrer mit den Zeichen *U* oder *Iv* ideogrammatisch zu bezeichnen pflegten. Der Sinn des Namens wird, da ܒܝܢܐ, ܒܝܢܐ „hehr", „erhaben" gewöhnliche syrische Wörter sind, zweifelsohne bedeuten: „Bin ist erhaben". Hiernach nehmen wir keinen Anstand, den fraglichen Gottesnamen *Bin* auszusprechen. Der Gott wird so aller Wahrscheinlichkeit nach bezeichnet sein als die höchste Intelligenz, als „Vernunft". Vgl. hebr. בִּינָה. Die Wurzel war in der Bed. „einsichtig, verständig sein" wie im Hebr. auch im Aramäischen, vermuthlich somit auch im Assyrischen gebräuchlich. Der Gottesname wird nämlich von den Assyrern oder Babyloniern zu den Aramäern gekommen sein. Wir begegnen demselben wenigstens schon in dem Namen eines uralten babylonischen Königs „Samsi-Bin" (s. Nr. 53) eines Enkels Ismi-Dagon's (Nr. 23). Opp. E. M. I. 276, vgl. auch I R. 4. IV, 3.

Kehren wir nach dieser Feststellung der Aussprache des Gottesnamens, mit welchem der in Rede stehende Eigenname zusammengesetzt ist, zur Erörterung des weiteren Sinnes dieses Namens zurück. Dem Gottesnamen folgen im assyrischen Texte zwei Zeichen, welche phonetisch *lih-his* zu sprechen wären, und bei dieser Aussprache haben sich die Assyriologen lange Zeit, haben wir uns selbst bislang, da wir Besseres nicht wussten, beruhigt, obgleich wir uns nicht verschwiegen, dass das Wort *lihhis* kein semitisches Ansehen hätte und dass weder eine entsprechende sinnvolle Wurzel aufzuzeigen, noch das Wort sei es als Verbum, sei es als Nomen zu begreifen wäre. Wir sind inzwischen eines Besseren belehrt. Der zweite Theil des Wortes ist wie der erste zweifellos ein Ideogramm. An zwei Stellen nämlich wechselt, wie die neuesten, mir erst jetzt bekannt gewordenen Funde darthun, *LIH. HIS* mit dem Worte *ni-ra-ri* einerseits, *na-ra-ra* andrerseits und zwar beidemale bei assyrischen Königsnamen, nämlich einmal eben bei unserm Königsnamen *Bin-LIH. HIS* und sodann bei dem andern *Asur-LIH. HIS* (s. sogleich). Dass wir es bei jenem substituirten Worte nicht abermals mit einem Ideogramme, sondern zweifellos mit der phonetischen Transcription zu thun haben, erhellt abgesehen davon, dass *nirar* ein auch sonst verbürgtes, grammatisch unmittelbar begreifbares Wort ist, mit Evidenz aus dem Umstande, dass, wie bemerkt, mit den Lauten *nirari* die anderen *narara* wechseln (III R. 1. Var. col. IV. 4 vgl. mit ebend. 3. Nr. 12 Z. 49), was, hätten wir es mit einem Ideogramme zu thun, unmöglich wäre. Dieses Wort *nirar* oder *narar* ist dazu ein auch sonst vorkommendes, ganz gewöhnliches Wort in der Bedeutung „Helfer", Bundesgenosse" vgl. nur Khors. 118: *'Ursa Ar-gis-ti sar Ur-ar-ṭi ni-ra-ri*

. . . . *it-ta-kil* „er vertraute auf Argistes, den König von Armenien, als Bundesgenossen". Auch dem Abstractum *nirarut* „Hülfe" begegnen wir in dieser selben Inschrift Z. 71: *a-na ni-ra-ru-ti-su al-lik* „zu seiner Hülfe zog ich heran". Wurzelhaft verwandt ist das Wort mit dem, im grammatischen Theile weiter zu erläuternden, *nir* نِير „Joch"; es bedeutet sonach ursprünglich denjenigen, der mit einem Andern an demselben Joche zieht d. i. ihm Beistand leistet. Unser in Rede stehender Königsname bedeutet somit nach dem Erörterten: „Bin ist Beistand" oder „Helfer"; der andere im Kanon vorkommende *Asur-nirar*: „Assur ist Helfer". Es sind dies Namen wie *Musi'si-Marduk* Nr. 44 u. andd.

41.

Pu - di - ilu

I Rawl. 6. Nr. III. A. Z. 2; B. 1. Z. 2. C. Z. 2. Name eines der Könige von Kileh-Shergat (Assur). Sein Name erläutert sich als so viel bedeutend wie: „Den Gott errettet" oder, wenn, was wahrscheinlicher, *pudi* als Imper. Paal zu betrachten ist, als soviel bedeutend wie: „Errette, o Gott". Es ist unter allen Umständen ein Name etwa wie פְּדַהְאֵל Num. 34, 28 und פְּדָיָה 2 Kön. 23, 36. 1. Chr. 3, 18 = „den Jahve (Gott) errettet". Der Name kommt übrigens in der Aussprache *Pu-du-ilu* auch als Name eines ammonitischen Königs in der Sanheribinschrift auf dem sechsseitigen Prisma I Rawl. 38. col. II. Z. 52 vor, was beachtenswerth.

42.

Mu - tak - kil - Nabu

Tigl. Pil. VII, 45. *Mutakkil*, phonetisch geschrieben, ist Part. Pa. von *takal* „vertrauen". Der Name bedeutet somit: „Vertrauen giebt Nebo". Vgl. den Satz Lay. 67, 5 in einer Inschrift Tiglath-Pileser's IV: *Asur bil u-tak-kil-an-ni* „Assur, der Herr, machte mir Muth".

43.

Mu - sal - lim - Nabu

d. i. „Nebo vergilt". II Rawl. 64. V. 28. Vgl. Khors. 189, sowie aus dem Hebraismus den Namen מְשֶׁלֶמְיָה „Jahve vergilt" 1 Chr. 9, 21. 26, 1.

44.

Mu - si' - si - Marduk

d. i. „Retter ist Merodach". So ist mit Oppert (E. M. II 356) der bekannte Name *Μεσησιμόρδακος* (*Μεσησιμορδ.*) des

Kanons zu umschreiben. *Mušēšî* ist Part. Schafel von אשׁע = ישׁע, hebr. transcribirt = מֻשֵׁיעַ. Den Beleg für diese Lesung liefert der Name: *Mu-ši-ši-Adar* bei Lay. Nin. und Babyl. S. 209. Nicht jedoch hat man (mit Aelteren) zur Vergleichung heranzuziehen den hebr. Namen מְשֵׁיזַבְאֵל Neh. 3, 4 u. ö., obgleich der Sinn auch dieses Namens: „Erretter ist El“ mit jenem anderen im Wesentlichen übereinkommt.

45.

Nâhid - ilu

d. i. „Erhaben ist Gott“. II Rawl. 63. col. III, 32. S. zu *Nabu-nahid* Nr. 25.

46.

Ṭab - Bil

d. i. „Gut ist Bel“; II Rawl. 69. col. III, 6. Der erste Theil des Namens (*HI. GA*) ist das Ideogramm für den Begriff „gut“. S. die Syllabare II Rawl. 13. Z. 34. c. d. (*ṭabu* טוב), sowie II R. 11. Rev. 70. a. b. (*uṭib*). Der zweite Theil (*BI. NI*) ist das Ideogr. für den Gott „Bel“. S. Norr. Diction. p. 84. Vgl. טוֹבִיָּה Tobias; טָבְאֵל Jes. 7, 6.

47.

Ṭab - rub - asar

d. i. „Gut der Herr des Gnadenhauses“; II Rawl. 68. col. I, 39. Ueber das Ideogr. für „gut“ s. Nr. 46. Das Ideogramm für den Begriff „gross“, „Herr“ ist erklärt Syll. 128 und Sard. I, 24. Ueber das dritte, complexe Ideogr. *BIT. HI. ra* (*ra* ist phon. Ergänzung), Bezeichnung eines den Namen *asar* führenden Tempels zu Ninive, s. u. bei „Tiglath-Pileser“ Nr. 50.

48.

Man - nu - ki - ilu - rabu

d. i. „Wer wie der grosse Gott?“ II Rawl. 63. col. I, 8. *Mannu* = מַן, מִי ist das assyr. substantivische Fragewort „wer?“ s. u.; *ki* ist abgekürzt aus *kima* „wie“ s. u.; vgl. Khors. 88. *ki ša-šarru mahri* „gleichwie ich dem früheren Könige“. Wir haben hier somit einen Namen genau wie מִיכָאֵל, מִיכָיָה (מִיכָה) im Hebr. Oppert fasst *ilu rabu* als ideogrammatische Bezeichnung des Gottes Bel; doch vermag ich diese Identification nicht zu verificiren.

C. Eingliedrige mit Gottesnamen zusammengesetzte Eigennamen.

49. [cuneiform]

Tuklat - Adar

d. i. „**Vertrauen auf Adar**". Name eines alten assyrischen Königs (I Rawl. 35. Nr. 3. Z. 19); auch Name des Vaters Assurnâșir-habal's II Rawl. 68. Nr. 2. Av. Z. 21. Stand. Z. 2. u. sonst. An letzterer Stelle, sowie auf Backsteinen (Lay. 83. A. 2. D. 2; s. auch Sard. I, 28) ohne die phonetische Ergänzung *ti* einfach:

[cuneiform]

Der Name ist durchaus ideographisch geschrieben. Das erste Zeichen *KU* wird Syll. 692 erklärt durch *tukulli* תכל und wird durch die phonetische Ergänzung *ti* näher als das Subst. *tukulti*, st. cstr. *tuklat* (s. Nr. 35) bestimmt. Das zweite Zeichen *BAR* ist das Ideogr. für den Gott *Adar*, geschrieben *NIN. dar* (s. den Namen Nr. 51), mit welchem Zeichen es zuweilen, z. B. in den Parallelstellen der Exemplare der von Grotefend DMG. VII. S. 79 veröffentlichten Inschrift, Tafel Z. 20 (vgl. I Rawl. 35. Z. 19), doch auch sonst z. B. Sard. I, 1 wechselt; vgl. auch das Syll. III R. 70. Nr. 172.

Fraglich ist nun, wie dieser letztere, jedenfalls irgendwie phonetisch geschriebene, Name zu lesen sei. Indem man beide Theile des Namens phonetisch las, sprach man und sprachen wir früher den Namen *Ninip* aus, dabei irgendwie eine Beziehung zu dem Stadtnamen Ninive vermuthend. Allein diese Annahme wird doch bei weiterer Betrachtung gänzlich hinfällig. Zunächst kann von *Ninua* irgend ein auf *b* oder *p* auslautender Name überhaupt sich nicht wohl ableiten. Sodann erwartete man in diesem Falle nicht sowohl die Schreibweise *Nin-ib*, denn vielmehr *Ni-ni-ip*, welche sich niemals findet, was immerhin auffallend ist, wenn auch die erstere nicht geradezu graphisch unmöglich ist. Schliesslich ist uns von einem assyrischen Gotte *Ninip* überall nichts bekannt. Nun wissen wir, dass *NIN* auch ein Ideogramm ist und zur Bezeichnung des Begriffes „Herrin" dient, wie es denn durch *biltu* in einem Syllabar erklärt wird (s. o. S. 113 Nr. 82 u. vgl. II. R. 59. Rev 14. 15: *bi-lit*). Es liegt nahe zu vermuthen, dass es auch in unserm Gottesnamen Ideogramm ist. Nur scheint sich (Opp. in der Revue archéol. IX, 16. 1868, p. 319) hier die Schwierigkeit zu erheben, dass *NIN.* gemeiniglich zur Bezeichnung eben des femininen Begriffs „Herrin" dient (s. o.), was in unserm Falle, wo wir es zweifellos mit einem männlichen Gottesnamen zu thun haben, nicht angemessen sein würde. Allein *NIN* bedeutete sicher doch auch männlich den „Herrn". Dies ersehen wir aus dem Syllabar II R. 57. Z. 16, wo der sicher männliche Gott *AN. A. A* d. i. *Malik* (Melech oder Moloch) als *NIN. iklu* d. i. „Herr voller Einsicht", sowie aus ebend. Z. 26, wo er als *NIN. kakkab* „Herr der Sterne" bezeichnet wird. Ist dem so, so steht nichts der Combination im Wege, dass *Nin* reines Ideogramm des Namens, und *ib* bezw. *dar* phonet. Complement sei. Bleibt uns nun die Wahl, welchen von den beiden Werthen des zweiten Zeichens, ob *ib* oder *dar* (s. o. S. 66, Nr. 54) wir wählen sollen, so wird zwischen beiden kaum ein Schwanken statt haben können, wenn wir erwägen, dass lediglich *dar* als Endung eines sonst verbürgten assyrischen Gottesnamen nämlich *A-dar* liefert; wenn wir weiter hinzunehmen, dass unter Substitution dieses *Adar* der sonst *Ninip-malik* zu lesende Name des Kanons (II R. 68. l. 5, 2) sich als *Adar-malik* d. i. Adrammelech = „Adar ist König" (II Kön. 17, 31; 19, 37) entpuppt (s. ob. Nr. 39 a); wenn wir endlich einen ganz phonetisch geschriebenen Gottesnamen *A-tar* (st. *A-dar* wie *ma'tu* st. *ma'du* Sard. II, 64) in dem Namen *A-tar-ilu* „Adar ist Gott" III R. 1. VI, 8 (vgl. *Marduk-ilu* II R. 63. V, 15) begegnen, welcher II R. 63. III, 2 in der zu erwartenden ideogr. Schreibung *AN. BAR-du* erscheint.

Unser Name würde hiernach bedeuten: „Vertrauen auf Adar" oder „der da vertraut auf Adar" vgl. *Mutawakkil-billah.*

60.

Tuklat - habal - asar

d. i. Tiglath-Pileser. Name des Vorgängers Salmanassar's IV, s. II Rawl. 68. l. Rev. 4. Z. 27; II. Rev. 5. Z. 6; ibid. 67, Z. 1, als Name eines älteren assyrischen Königs so geschrieben:

Tuklat - habal - asar

I Rawl. 9. col. I, 28 u. 5.

Die Identität beider Namen erhellt für den dritten Theil *BIT. HI. ra* = *asar* unmittelbar; ebenso für den zweiten, in welchem die beiden gebräuchlichen Ideogramme für „Sohn" wechseln; die Identität endlich für den ersten Theil ist zwar für die in beiden Schreibungen uns entgegentretenden Zeichen *KU. TI* ebenfalls einleuchtend; dass nun aber das bei der zweiten Schreibweise diesem Ideogramme noch vorausgehende *IS* an der Sache nichts ändert, ergiebt sich daraus, dass *KU* und *IS. KU.* in der Redeweise: *ina tukulti* (st. *tuklat*) *ili rabuti* „in Verehrung der grossen Götter" (Stand. 4 vgl. mit Khors. 138) sich einander substituiren. Uebrigens führt auch die gleiche phonetische Ergänzung (*ti*) auf dasselbe Resultat.

Treten wir nunmehr in eine nähere Betrachtung des Namens selber ein, so erhellt bereits aus dem Erörterten, dass derselbe in seinem ersten und zweiten Theile lautet *Tuklat-habal* (vgl. für den st. cstr. *tuklat* Nr. 35), zu übersetzen „Vertrauen auf den Sohn des“. Nach dem soeben erklärten Namen *Tuklat-Adar* (Nr. 49) sollte man erwarten, dass auf den st. cstr. *tuklat* ein im Genitivverhältnisse stehender Gottesnamen folge. Da dieses in gewöhnlicher Weise nicht Statt hat, werden wir vermuthen, dass derselbe hier irgendwie umschrieben ist. Und diese Vermuthung bestätigt sich bei näherer Betrachtung durchaus. Deutlich nämlich haben wir es bei dem dritten Elemente, *BIT. HI. ra* geschrieben, wie *bit* „Haus“, „Tempel“ andeutet, mit einem Gotteshause, mit einem irgendwie benannten Tempel zu thun. Unter dem „Sohne des Tempels“ kann folglich nur sein Angehöriger, hier der Gott verstanden werden, dem der Tempel geweiht war. Aber wie hiess dieser Tempel? Da *bit* als Deuteideogramm abzusondern ist, haben wir uns an die restirenden Zeichen *HI. ra* zu halten. Nun bezeichnet die Sylbe *HI* laut Syllab. II Rawl. 11. Rev. Z. 69a. b. den Begriff „gut“ oder „gut sein“, an betr. Stelle durch assyrisches *tub* טב ausgedrückt. Allein bei Annahme dieses phonetischen Aequivalentes wäre das dem Ideogramme folgende, offenbar die phonetische Ergänzung bildende, *ra* platterdings nicht zu begreifen: dieses fordert eine auf ein *r* auslautende Wurzel. Wie nun aber (s. o. zu *Bil-ibus* Nr. 19) das Zeichen *KAK*, welches ideogrammatisch den Begriff „machen“, „schaffen“ bezeichnet, ebensowohl assyrischem *bani* (*Bil-bâni*) als assyrischem *'abus* (*Bil-ibus*) entspricht, so hat unzweifelhaft auch das den Begriff „gut“ ausdrückende Zeichen *HI* ebensowohl als phonetisches Aequivalent die Wurzel טב, wie eine auf *r* auslautende Wurzel gehabt. Nun bietet sich in den verwandten Sprachen unter den auf ein *r* auslautenden Wurzeln mit entsprechender Bedeutung zunächst hebräisches ישר, assyrisch אשר dar. Da nun weiter der eine der den obigen Namen führenden assyrischen Könige als Vorgänger Salmanassar's erscheint, so kann derselbe, unter Berücksichtigung des sonst von uns bereits Erörterten, nur der aus der Bibel bekannte Tiglath-Pileser תגלת פלאסר sein. Da nun von diesem Namen *tiglat* offenbar assyrischem *tuklat*, und *pil* assyrischem *pal*, *habal*, entspricht, so kann der letzte Theil des assyrischen Namens nur den Lauten אסר (*êsĕr*) entsprochen haben. Auch hierdurch also werden wir auf eine Wurzel אסר = אשר, hebr. ישר geführt. Das Siegel endlich wird der ganzen Argumentation aufgedrückt durch die Vergleichung einer der doppelsprachigen, assyrisch-aramäischen Legenden, welche uns durch ein glückliches Geschick noch überkommen sind und über welche wir uns unten ausführlich verbreiten. Unter diesen nämlich begegnen wir (II Rawl. 70 Nr. 1.) einem Namen ארבלסר[1]), dem als assyrisches Aequivalent ein Name

1) So ist natürlich statt des paläographisch unmöglichen ארבלחר (II Rawl.) zu umschreiben, wie denn auch jetzt III R. 46. 46 das Richtige bietet.

Arbail-ḤI-rat entspricht. Wie man sieht, hat auch hier das Ideogramm *ḤI* eine phonetische Ergänzung, die mit *r* beginnt (*rat* ist offenbar die Aussprache mit Femininendung) und so auch bietet die am Ende minder genaue aramäische Transcription ganz wie das hebräische Tiglath-Pileser im Ausgange des Wortes eine Wurzel [א]סר [1]. Dass somit das Ideogramm *ḤI* wie der Wurzel טב „gut sein", so nicht minder auch der W. אשר = ישר „redlich sein" zum Ausdrucke dient, dürfte evident sein [2]. Fraglich kann lediglich noch bleiben, was für eine Bildung der Wurzel hier in Aussicht genommen sei: ob das Partic. = *âsir*, oder aber ein Substantiv von der Form *asar* (Segolatbildung). Aus beiden Bildungen würde sich hebräisches *ʾêšer* (אשר) erklären. Allein das Partic. hat als Name eines Tempels keinen rechten Sinn [3]. Wir ziehen deshalb die substantivische Fassung vor und übersetzen das Wort mit „Güte", „Gnade", also dass der Tempel selber als „Haus der Gnade" bezeichnet, der Gott „Sohn des Gnadenhauses" genannt wäre. Der ganze Name würde hiernach zu übersetzen sein: „Vertrauen zu dem Sohne des Gnadenhauses" oder: „der da vertraut auf den Sohn des Gnadenhauses". Dieses *Bît-asar* war übrigens ein hochberühmtes, uraltes Heiligthum zu Niniveh vgl. Norr. Dict. 136, der a. a. O. unter anderen eine Stelle aus der Inschrift Samsi-Bin's mittheilt (col. I, 16), in welcher „die Götter" (*ili*) als *binut Bit-asar* „Sprossen des Gnadenhauses" bezeichnet werden. Der freie und ausgedehnte Gebrauch des Begriffes „Sohn", wie er in unserm Falle vorliegt, ist dem semitischen Philologen vornehmlich aus dem Arabischen hinlänglich bekannt. — Ueber den Wechsel von *š* (אשר) und *s* (*asar*) s. S. 186 Anm.

Was für ein Gott unter jenem „Sohn des Gnadentempels" zu verstehen sei, ist mit Sicherheit nicht zu sagen. Da wir indess auch einem Königsnamen *Tuklat-Adar* begegnen, so ist es möglich, ja wahrscheinlich, dass Adar der betr. Gott war, so dass die beiden Namen Tiglath-Pileser und Tiglath-Adar im letzten Grunde gleichen Sinnes wären, beide würden: „der da vertraut auf Adar" bedeuten.

Lediglich der ganz ähnlichen Schreibung in seinem zweiten Theile wegen schliessen wir hieran die Betrachtung eines Namens, dessen zweiter Theil mit dem zweiten des erklärten Namens deshalb auch wohl geradezu identificirt ist. Es ist dieses der Name:

1) Das א ist offenbar seines Hauches verlustig gegangen und daher in der Schrift nicht mit ausgedrückt. S. übrigens das Nähere weiter unten.

2) In der Regel scheint übrigens assyr. *ṭab* durch das Ideogr. *ḤI. GA*, assyr. *asar* durch das Ideogr. *Ḥ. I. ra* ausgedrückt zu sein.

3) Derselbe kann also auch nicht ein Adjektiv אָשֵׁר, für welches Oppert (Journ. As. VI. 1865. p. 327) das Wort zu halten scheint, gewesen sein. Der Letztere bietet übrigens sonst a. a. O. das ganz Richtige. Seine früher (E. M. II. 352) aufgestellte Meinung hat Dr. Oppert zurückgezogen.

51.

Adar - habal - bît-kur

Name eines Vorfahren Tiglath-Pilesers I (I Rawl. 15. col. VII, 55). Das dritte Element ist phonetisch geschrieben; *bît-kur* ist eine eigenthümlich assyrische Bildung (s. o.) von der W. בכר. Das Wort bezeichnet zunächst den „Erstgeborenen", dann den „Bevorzugten", „Sieger", „Helden" (s. die Belege bei Norr. Dict. 138). Hier ist wohl an die letzte Bedeutung zu denken, somit zu übersetzen: „Adar, Sohn des Helden" [1]). Adar (Ninip) würde so dem griech. Hercules entsprechen.

52.

Tak - kil - ana - Bil

d. i. „Vertraue auf Bel" (vgl. unser Traugott u. ähnl. Namen). II Rawl. 68. Can. 2. Av. Z. 22. Die Form *takkil* fasse ich als Imperativ Iftaal von תכל, Iftaal: *ittakkal* (s. o.). Die Präpos. *ana* ist ideographisch geschrieben; phonetisch geschrieben begegnen wir ihr in dem ganz ähnlichen Namen: *Tak-kil a-na sar* „Vertrau dem Könige" II Rawl. 68. Can. 2. Z. 24.

53.

Sam - si-Bin

d. i. „Diener Bin's". Name eines assyrischen Königs I Rawl. 35. IV. 2; auch geschrieben:

I Rawl. 35. III. 9, sowie endlich:

I R. 32. Z. 26.

Der Name ist in seinem ersten Theile durch das aramäische שמש „dienen" von Oppert E. M. II. 354 befriedigend erklärt. Ueber den Gottesnamen *Bin* s. o. bei *Bin-nirar* Nr. 40. Bemerkenswerth ist, wie das sub a) phonetisch geschriebene *samsi* [2]) „Diener" in Nr. b und c geschrieben ist, als ob wir an *Samas* „Sonne" zu denken hätten; offenbar dieses, wie bereits von Oppert

---

1) Opperts Ansicht (E. M. II. 351), dass *BIT. KUR* Ideogramm für den Begriff „machen" *kun* (= ukîn) sei, ist, soviel ich sehe, durch Belege aus den Inschriften nicht zu stützen.

2) Dasselbe lässt sich übrigens auch *samsi* sprechen s. S. 76 Nr. 223 und vgl. die bezügl. Vorbemm. im grammatischen Theile.

ins Licht gesetzt, lediglich missbräuchlich. Der Name erinnert an עַבְדִּיאֵל „Diener Gottes" I Chr. 5, 15 u. a.

54.

Na - ra - am - Śin

Name eines alten babylonischen Königs. I Rawl. 3. VII, 1. 2. Der phonetisch geschriebene erste Theil des Namens ist eine participiale, bezw. adjektivische Bildung von der W. *rum* רום in dem Sinne von „erhebend", „verehrend". Das Wort ist in babylonischen und assyrischen Inschriften gleicherweise sehr häufig. Die Bedeutung des Namens ist danach: „Verehrer des Sin."

55.

Ni - din-tav - Bil

d. i. „Geschenk Bel's". Beh. 38. Das phonetisch geschriebene *nidint* ist ein weibliches Substantiv der Wurzel *nadan* „geben". Zu vgl. מַתַּנְיָה 2 Kön. 24, 17. Die persische Aussprache *Naditabira* entspricht der babylonischen in der erwünschtesten Weise. Der Wechsel von *l* und *r* ist zwischen dem Babylonischen und Persischen ein regelmässiger vgl. *Diglat* und *Tigrâ*, auch *Babilu* und *Bâbiru*.

55.a.

Ḳur - di - Asur

d. i. „Sieg Assurs" II Rawl. 68. Col. 2. Nr. 2. Z. 35. Die Wurzel *ḳarad* ist identisch mit der arab. قدر, wovon قدير „stark", „mächtig". Ueber das Subst. *kurdi* „Sieg" s. Norr. Dict. p. 194.

56.

Mil - ki - ilu

d. i. „Hoheit Gottes". II Rawl. 63. V, 13. Das phonetisch geschriebene *milki* von der W. *malak* מלך „herrschen", kommt auch Khors. 171 in der Redensart *ana milki šarrutiya* „zum Ruhme meiner Herrschaft" in einem verwandten Sinne vor. Der Name erinnert an den ganz ähnlichen הוֹדִיָּה „Majestät Gottes" Neh. 7, 43.

57.

Mar - duk

d. i. „Merodach". II R. 63. III, 18. Der Gottesname ist phonetisch geschrieben wie ob. Nr. 13. S. 130. Hier hätten wir also einen lediglich aus dem zu Ehren der Gottheit angenommenen

Gottesnamen bestehenden Eigennamen. In ähnlicher Weise würde, nach unsrer Auffassung des Namens, auch der oben (Nr. 51) erklärte Name *Adar-habal-bitkar* zu verstehen sein.

II. Die nicht mit einem Gottesnamen zusammengesetzten Eigennamen.

Diese sind wiederum verschiedener Art. Einerseits nämlich begegnet uns eine Reihe von Eigennamen, welche sichtlich nichts weiter sind als Abkürzungen aus solchen mit einem Gottesnamen [1]). Anderntheils aber treffen wir Namen an, die überhaupt niemals mit einem Gottesnamen zusammengesetzt waren, ihrem Wesen nach nicht zusammengesetzt gewesen sein können. Beginnen wir, der Continuität wegen, mit den ersteren.

A. Die aus mit Gottesnamen zusammengesetzten verkürzten Eigennamen.

58. *Nâṣir-habal*

d. i. „Es beschützt [scil. Gott] den Sohn". II Rawl. 63. col. II. 33. Der Name ist aus solchen wie *Asur-nâṣir-habal* (s. Nr. 1) oder ähnlichen ursprünglich abgekürzt zu denken. Die Schreibart ist ganz die gewöhnliche.

59. *Habal-uṣur*

d. i. „Beschütze den Sohn". II Rawl. 63. col. III. 9. Der Gottesname (Nebo, Bel u. s. w.) ist nach Analogie von Namen wie *Nabu-habal-uṣur* (s. Nr. 6) hinzuzudenken.

59.a. *Balaṭ-su-uṣur*

d. i. „Sein Leben beschütze". Dies ist die assyrische Form des hebräischen בֵּלְטְשַׁאצַּר „Baltasar", Dan. 1, 7 u. ö. Der Name ist zusammengesetzt aus dem Subst. *balaṭ* „Leben" (s. Gloss.), dem Suffix der dritten Pers. Sing. *su*, das hier aber nach einem herrschenden Lautgesetze hinter dem Dental in *šu* (ש) sich verwandelt hat (bei der Herübernahme ins Hebr. aber regelrecht wieder *su* = ש werden musste s. u.) und dem oben erklärten Imper. Kal von *naṣar*. Die Richtigkeit unserer Deutung erhellt aus dem auf einem Täfelchen Assurbanipal's K. 84 (Assurb. Sm. 181) uns überlieferten Namen *Sa-mas-balaṭ-su-iḳ-bi* d. i. „Samas (der Sonnengott) verkündete sein (des Sohnes) Leben" vgl. Nr. 22. Der Name בלטשאצר hat somit mit dem anderen בלשאצר „Belsazer" (s. o. Nr. 11) gar nichts zu schaffen.

1) Vgl. Ewald, Lehrb. d. hebr. Spr. s. 274 flg.

60.

Nâṣir - dur

d. i. „Er beschützt die Veste". II R. 63. II, 8. Vgl. „*Nabu-dur-ukin* „Nebo gründete die Veste" a. a. O. 64. II, 42. Ueber das Zeichen: *dur* s. ob. S. 67 Nr. 57.

61.

Ukin - zir

„Er gründete (schenkte) Nachkommenschaft (זרע)" II R. 63. II, 26. Vgl. a. a. O. 64. II, 49: *Nabu-ukin-zir.* — Obiger Name bietet im assyrischen Original den aus dem ptolemäischen Kanon bekannten Königsnamen *Chinzer* Χίνζιρος [1]).

62.

Irib - aḫi

d. i. „Er schenkte der Brüder mehr". II Rawl. 63. IV. 44. Vgl. *Sin-aḫi-irib* u. ähnl. Die umgekehrte Wortfolge: *Aḫ-irib* „Er schenkte einen zweiten Bruder" lesen wir II Rawl. 63. IV, 9.

63.

Aḫ - ba - ni

d. i. „Er schenkte (eigtl. schuf) einen Bruder" II R. 63. col. III, 40. Vgl. *Asur-bâni-habal* u. ähnl. oben besprochene Namen.

64.

Ša - kin - sum

d. i. „Er verlieh den Namen". II R. 63. III, 20. Das phonetisch geschriebene *šâkin* ist Part. von *šakan* „stellen", „errichten". Vgl. Namen wie *Bil-sum-iš-kun* I Rawl. 67. col. I, 14. S. ob. Nr. 8.

65.

Mil - ki - irib

d. i. „Er mehret den Ruhm". II R. 63. col. III, 35. Vgl. Nr. 66 und 4.

---

1) Es ist somit bei dieser Lage der Dinge kaum eine Nöthigung vorhanden, mit Oppert E. M. II. 356 anzunehmen, dass das „Chinzer" des Kanons aus Nabuchinzer durch Schuld der Abschreiber corrumpirt sei, indem sie nämlich das vorhergehende *Naβιου* irrthümlich von dem folgenden losgetrennt hätten. Chinzer war vielmehr, wie die Eigennamenliste an die Hand giebt, für sich selber ein gebräuchlicher assyrisch-babylonischer Eigenname. Ohnehin ist für *Naβιου* sicher *Naδιου* zu lesen (s. u. Nr 67).

66.

Šar-uṣur

d. i. „Den König beschütze!“ So würde zweifelsohne der Name von Sanheribs Sohne Sarezer שַׁרְאֶצֶר (II Kön. 19, 37. Jes. 37, 38) mit assyrischen Keilbuchstaben zu schreiben sein. Der Name ist, abgesehen von dem weggelassenen Gottesnamen, gebildet wie der oben (Nr. 11) von uns erklärte Name: *Bil-šar-uṣur*. Man hüte sich aber auch hier vor der falschen Meinung, als ob dieser Wegfall des Gottesnamens (sei es *Bel*, sei es *Asur* oder welcher sonst) auf Rechnung etwa der Abschreiber der Bibel oder auch nur der Concipienten der betr. Schriftstücke zu setzen sei. Sarezer war vielmehr bereits in dieser abgekürzten Form ein gebräuchlicher assyrischer Name, genau wie *Habal-uṣur* (Nr. 59) und die übrigen zuletzt besprochenen. Dasselbe gilt endlich von dem Namen

67.

Nâhid

d. i. „Erhaben“, abgekürzt aus Namen wie *Nabu-nâhid* (s. o.) u. ähnl., und entsprechend dem *Nadius* des ptolemäischen Kanons. Dass nämlich diese Lesart (*Ναδίου*) und nicht die andere *Ναβίου* die richtige sei, ist uns zweifellos. Ein Name *Ναβίου* ist, da im Volksmunde immer die Aussprache *Nabu*, nicht die andere *Nabiu* gebräuchlich war, platterdings im Kanon nicht zu begreifen. Ausserdem leuchtet ein, dass weit leichter ursprüngliches, aber den Griechen unverständliches, *Ναδίου* in das an den bekannten Gottesnamen *Nebo* anklingende *Ναβίου* verlesen werden konnte, als umgekehrt. — Vgl. noch die im Folgenden zu besprechenden, mit *nâhid* zusammengesetzten Eigennamen, aus deren Anzahl erhellt, wie überaus beliebt diese mit *nâhid* zusammengesetzten Namen waren, wie leicht somit ein solcher Name zu dem noch kürzeren *Nâhid* verkürzt werden konnte.

Es erübrigt noch die Betrachtung der

B. Eigennamen, welche von Anfang an keinen Gottesnamen enthielten.

68.

Ṭab - ahi

d. i. „Brav die Brüder“. II R. 63. col. V, 43. — Ueber das Ideogr. *HI. GA* = *ṭab* s. o. Nach den Regeln der Grammatik sollte man den Plural des Adjektivs (= *ṭabut*) erwarten. Wenn wir statt dessen den Sing. ausgedrückt haben, so dieses 1) weil das

Pluralzeichen und 2) weil jedes phonetische Complement fehlt. Analog lesen wir II R. 23 Z. 49 sq. *šarrani alik mahriya* „die vor mir lebenden Könige", st. *alikut* (hier lässt die phonet. Schreibung des Wortes *a-lik* über die Incongruenz des Numerus keinen Zweifel.)

69.

Ṣab-šar

d. i. „Mann des Königs". II R. 68. I, 7. — Das, auch phonetisch (s. Syll. 293) mit dem Lautwerth *ṣab* gebrauchte, Zeichen ist das Ideogramm für „Mensch", „Mann" vgl. hebr. צָבָא. Ein ähnlicher Name ist *Ṣab-Adar* „Mann des Adar" ibid. II, 22, sowie *Avil-Marduk* „Mann des Merodach", das Prototyp des im A. T. überlieferten Königsnamens Evilmerodach II Kön. 25, 27.

70.

Abu - ra - mu

d. i. „Erhaben der Vater". II R. 69. Can. III. Rev. 5. Z. 20. Das Ideogr. für „Vater" *AT* ist oben erklärt. Der Name erinnert unmittelbar an den hebräischen אֲבִירָם Num. 16, 1. 12 u. ö.

71.

Zir-nâhid

d. i. „Erlaucht der Spross". II Rawl. 63. IV, 7. Ein ganz ähnlicher ist *Habal-nâhid* „Erlaucht der Sohn" II R. 68. III, 10.

72.

Dayan - nâhid

d. i. „Erlaucht der Richter". II R. 63. III, 29. Ueber das phonetisch *dayan* zu sprechende Ideogramm *DI. TAR* s. o. bei *Asur-dayan* (Nr. 29), sowie unten die Besprechung der aramäischen Legenden sub „*Dayan-kurban*" (Nr. 8). Vgl. auch noch die von Rawlinson im *Journ. of the Roy. As. Soc. New ser. I.* 1864. *p.* 214 angezogenen Syllabare, von denen das eine (es ist das oben transcribirte Nr. 184) das Zeichen *DI* erklärt durch *di-i-nu*, das andere (II R. 7, 22) das Zeichen *TAR* erläutert durch *da-a-nu*.

73.

Sar-nâhid

d. i. „Erlaucht der König". II Rawl. 68. III, 64.

74 a) [cuneiform]

b) [cuneiform]

c) [cuneiform]

d) [cuneiform]

e) [cuneiform]

Sarrukin

d. i. „Sargon“. Name des Vaters des Sanherib (Jes. 20, 1). Von den oben mitgetheilten Schreibweisen begegnet uns Nr. a) Botta, Monument de Ninive. Inschrr. Taf. III, 1.; b) II, 1. V, 1; c) I, 1; d) CLXXVI, 1. Revers des plaques; auf Backsteinen, Vasen und sonst; e) VI, 1.

Dass wir es bei den obigen, scheinbar so verschiedenen, Namen lediglich mit einem und demselben zu thun haben, lehrt eine Vergleichung der zum guten Theil identischen oder aber sonst durch ihren Inhalt als von demselben Könige herrührend dokumentirten Inschriften; lehrt der gleiche Fundort der betr. Inschriften (Khorsabadpalast); lehrt endlich auch eine nähere Betrachtung der Zeichen selber. Dass zuvörderst die drei die Gruppen beginnenden Zeichen in a(e). b. c(d) ein und denselben Begriff bezeichnen, nämlich den des „Königs“, erhellt aus einer Betrachtung der Stellen, wo sie sich in den Inschriften finden, unmittelbar: sie wechseln des Häufigsten mit einander. Dass aber weiter der Begriff „König“ durch *sarru* שַׂר im Assyrischen ausgedrückt ward, wissen wir aus einem Syllabare (Nr. 330), welches das erste der drei Königszeichen (Nr. a) durch *sar-ru* erklärt (s. o.); nicht minder aus den Achämenideninschriften L, 2; S. Fragm. (s. Gloss.), welche „König“ durch *sar-ri* und *sa-ar-ri* wiedergeben; endlich auch durch die Inschrift Nebucadnezars auf dem Bellinocylinder, in welcher wir Z. 1. 7 den st. cstr. *sar* lesen. Schwieriger ist die Bestimmung des Wesens und der Bedeutung der je folgenden Zeichen. Das zweite und dritte der Gruppen a—c würde phonetisch *GI. NA* zu sprechen sein, das zweite der Gruppen d und e dagegen *DU.* Aber weder *Sar-gina*, noch *Sar-du* geben einen befriedigenden Sinn im Zusammenhange des Namens: ein lesbarer, sinnvoller Name wird so nicht gewonnen. Dazu hat das Zeichen für *du* niemals den Lautwerth *gina* und umgekehrt; mit der phonetischen Fassung dieser Zeichen ist somit nicht zurecht zu kommen. Wir haben es wie bei dem ersten Zeichen so auch bei dem zweiten, bezw. zweiten und dritten, mit einem Ideogramme zu thun. Nun werden in einem Syllabare II Rawl. 13. Z. 38. c. d. die Zeichen *GI. NA* erklärt durch *kinu*; die Gruppe *GI. NA* ist somit ein Allophon oder zusammengesetztes Ideogramm mit dem Sinnwerthe von *kinu*, Rad. כון. Damit stimmt, dass in einem weiteren Syllabare II R. 11. Z. 65 Rev. c. d. *GI. IN.* erläutert wird durch die Verbalform *ukin* (יוּכִן), plur. *ukinnu* (יוּכִנוּ). Dass *GI. IN.* oder *GI. NA* somit Allophon für den durch die W. כון repräsentirten Begriff ist, dürfte fest stehen. Wir wenden uns zur Betrachtung des Zeichens *DU*, welches in Nr. d und e an Stelle der Zeichengruppe *GI. NA* erscheint. Dieses Zeichen nun wechselt im Namen der Stadt *Bit-Jakin* (geschrieben *bit ya-DU*) Khors. 22, vergleichen wir die Parallelstelle Botta Taf. IV. b. Z. 5, mit *ki-in-ni*. Dass somit auch *DU* ein Ideogramm ist für den Begriff der Wurzel כון *kun*, dürfte schon hieraus klar sein. Dieses Resultat bestätigt sich durch eine Vergleichung zweier, bezw. dreier Namen in der von uns so oft citirten Eigennamenliste II Rawl. 64. In derselben lesen wir nämlich col. V, 29 einen in seinem letzten Theile phonetisch geschriebenen Namen *Bil-sum-u-kin* „Bel gab den Namen“. Genau nun an der Stelle, wo wir in diesem Namen den Lauten *u-kin* begegnen, treffen wir col. III, 37 in dem Namen: *Nabu-sum-ukin* das in Rede stehende Zeichen *DU*, dem in einem dritten Falle (und dieses dürfte auch den letzten Zweifel beseitigen) nämlich col. II, 42 in dem Namen *Nabu-dur-ukin* das phonetische Complement *in* beigefügt ist (= *DU. in*).

Steht durch das Ausgeführte fest, dass sowohl *GI. NA*, als *DU* den Begriff der Wurzel *kun* כון irgendwie bezeichnen, so ist es jetzt begreiflich, dass in einem und demselben Namen die Zeichen, bezw. Zeichengruppen *GI. NA* und *DU* einander substituiren können, wie dieses bei unserm Namen, vergleichen wir die Schreibweisen a—c und d. e mit einander, deutlich der Fall. Aber welche Form der Wurzel, welche sei es Verbal-, sei es Nominalbildung kommt nun bei unserm Namen in Anwendung? —

Blicken wir auf die vorhin aus der Eigennamenliste angezogenen Namen, so liegt am nächsten, an das Imperfektum Verbi zu denken = *ukin*, also dass der Name zu sprechen: *Sar-ukin* (Rawlinson). Man hätte alsdann s. einen Gottesnamen zu ergänzen und demgemäss zu übersetzen: „Er (der Gott) setzte den König ein“. Man könnte hingegen nun freilich einwenden, dass ein solcher voller, mit einem Gottesnamen (Assur, Nebo u. s. w.) zusammengesetzter Name sich nicht finde. Allein dieser Fall trifft ja auch sonst ein und kann darum nicht entscheidend sein. Legt man indess auf diesen Umstand Gewicht, so hindert h. an sich nichts, *sar* selber als Subjekt zu nehmen und vielmehr das Objekt zu ergänzen. Dies ist, wie ich einer gefälligen Mittheilung Dr. Oppert's entnehme, (nach einer Seite hin) die dermalige Ansicht dieses Gelehrten. Derselbe meint, dass der König ursprünglich, d. h. vor seiner Thronbesteigung den Namen: *Sar-yukin-arkú* geführt habe, was zu übersetzen sei: „Der König bestellte einen Nachfolger“, während er sich später *Sar-kayan* (s. u.) genannt habe. Allein bei dieser Hypothese wäre wieder das sehr auffallend, dass auch noch während seiner Regierung vielfach von Sargon unter jenem ersteren Namen (*Šar-yukin-arkû*) die Rede ist [1]), was, hätte dieser König als König selbst sich nicht so genannt, kaum zu begreifen wäre. Das *arkû* (oder vielmehr *arku* s. u.) wird also vermuthlich überhaupt keinen integrirenden Theil des Namens gebildet haben (s. weiter hierüber unt.)

Wenn dem aber so, und kann man sich anderseits nicht zu der von uns sub Nr. 1a. vorgetragenen Ansicht entschliessen (doch s. u. die Nachschrift), so bleibt nichts anderes übrig, als den zweiten Theil des Namens statt verbal vielmehr nominal zu fassen. Und dazu sind wir graphisch ebenfalls vollkommen berechtigt. Denn wenn einerseits ein Syllabar (II R. 11. Z. 66—69; s. dasselbe oben S. 23) das Ideogramm *GI. IN* durch das Verbum *ukin* wieder giebt, so erscheint anderseits das Allophon *GI. NA* (II R. 14 Z. 33) in einer Liste von Adjektiven und wird durch *kinu* d. i. „fest", „standhaft", „treu" erklärt [2]). Es fragt sich nun aber, ist diese Form des Adjektivs auch hier heranzuziehen? Dr. Oppert beanstandet dies und will statt des Adjektivs *kinu* das andere *kayan* gewählt wissen, welches letztere in demselben Sinne wie jenes Adjektiv allerdings in den Inschriften vorkömmt (s. die von Oppert im Journ. Asiat. 1863. II. 483 citirten Stellen: E. J. H. col. I, 17. und I Rawl. 52. Nr. 3. col. I, 10). Oppert spricht danach den Namen Sargon's, den dieser als König angenommen habe, *Sarkayan* [3]). Wir unsererseits sehen, da sich der zweite Theil des Namens in den Inschriften in dieser Weise nicht phonetisch geschrieben findet, zu dieser Lesung keine Nöthigung vorliegend [4]). Wir würden uns vielmehr für die Lesung: *Šar-kin*, bezw. *Šarru-kinu*, letzteres mit dem unten im grammatischen Theile seinem Wesen nach ins Licht zu setzenden vokalischen Ausgange der Nomina, und zwar aus folgenden Gründen entscheiden. Erstens wird *GI. NA*, wie angegeben, in einem Syllabar ausdrücklich durch *kinu* und nicht durch *kayan* erklärt. Sodann aber findet sich laut Smith bei Lepsius, ägyptische Zeitschrift 1869. S. 93 der Name des Königs geradezu einmal phonetisch geschrieben *Ša-ru-ki-na* [5]). Aus assyrischem *Šarkin* שַׁרְכִּן hätte sich hebräisches *Sargon* סַרְגוֹן umgelautet,

1) S. Smith in Lepsius' Zeitschr. 1869. S. 94. 95. und vgl. unten die „Nachschrift".

2) Auch in einem anderen Syllabar II R. 12, 48 b entspricht *GI. NA* dem adjektivischen *kini*.

3) S. Oppert, *les inscriptions de Dour-Sarkayan*. *Par.* 1870. fol. 1.

4) Die Wiedergabe des Namens im Kanon des Ptolemäus in der Aussprache Ἀρκέανος, auf welche Oppert Gewicht legt, wird schwerlich dafür geltend gemacht werden können, da wir ja wissen, wie sehr assyrische Namen dort oft entstellt sind (s. u. u. vgl. ob. S. 121).

5) Wechsel von s und š wie bei *Sam-ši-ilu* neben *Sam-si-ilu* II R 1, 35 (Var.).

einerseits indem assyrisches *k* sich, genau wie in dem unten zu betrachtenden Namen *Mannu-ki-arbailu* gegenüber aramäischen מנוארבל[1]), wie ferner in *Tiglat* aus *Tuklat* des Namens Tiglath-Pileser (s. o. Nr. 50. S. 150), endlich wie in סָגָן „Statthalter" aus *sakan*, *saknu*, Plur. *saknuti* (Botta 16, 27. I R. 36, 1)[2]) zu *g* erweichte, anderntheils, indem assyrisches *i* sich zu *u* (*o*) verdumpfte, dieses wieder genau wie (nur umgekehrt) assyrisches *u* in assyrischem *Sar-uṣur* oder *Nabukudurriuṣur* sich zu *i* (*î*) in hebräischem שַׁרְאֶצֶר und נְבוּכַדְנֶאצַּר verfärbte; endlich indem assyr. ש gemäss einem durchgehenden Lautübergange bei Aufnahme von Fremdwörtern (s. die lautlichen Vorbemerkungen vor dem grammatischen Theile) zu hebr. ס wurde. Den Sinn des Namens bestimmt Oppert auf: „*rex stabilitus*". Der assyrische Sprachgebrauch und die Analogie sonstiger Namen scheint eine andere Fassung nahe zu legen. Das Adjektiv *kinu* erscheint als Beiwort von Göttern, Menschen, auch Städten in dem Sinne von „dauerhaft", „beständig", „fest"; „mächtig" z. B. E. J. H. I. 37. III, 38. VII. 28 (s. Norr. Dict. 578); auch im Sinne von „treu" (Assurb. Sm. 154, 28. 159, 69[3]). Danach und unter Vergleich des oben erklärten Namens *Sar-nâkid* (s. d.) fassen wir den Namen in dem Sinne von: „Mächtig der König!" Es wäre dann ein Name etwa wie der bekannte Ehrenname Saladins: *malikunnâṣir* „siegreicher König". Indem ich aber den Namen Sargon mit diesem des muhammedanischen Sultans in Vergleich bringe, muss ich mich gleichzeitig dagegen aussprechen, als ob ich den Namen Sargon in ähnlicher Weise als einen Ehrenbeinamen des fraglichen Königs betrachtete. Vielmehr hat nach meiner Ueberzeugung der König diesen Namen Sargon genau so von Geburt an geführt, wie andere Assyrer den Namen *Sar-nâkid*. Dass nämlich Sargon vor seiner Thronbesteigung, wie Dr. Oppert annimmt, sich *Sar-ukin-arku*, nachher *Sarkayan* genannt habe, dafür scheinen mir die ausreichenden Beweise zu fehlen. Der Hauptgrund, der dagegen spricht, ist der schon oben angeführte, dass auch bei Datirung von Täfelchen nach Jahren von Sargon's Regierung sich jene Bezeichnung *Sar-ukin-arku* findet[4]). Gerade bei Angaben Dritter wird ja nicht die abgethane und ausser Cours gesetzte, denn vielmehr die zu Recht bestehende Bezeichnung des Königs gewählt. Wie sollte man dann gekommen sein, den König als König mit einem Namen zu bezeichnen, den er als König — nie geführt? — Hiernach scheint mir die Hypothese Rawlinson's

1) Oppert im J. As. 1865. V. 302.

2) Vgl. noch griech. σίγλος aus assyr. שִׁקְל = hebr. שֶׁקֶל.

3) An der einen Stelle wird Sammughes von Assurbanipal als *ahu la ki-i-nu* „der untreue Bruder", an der anderen als *ahu nakri* „rebellischer Bruder" bezeichnet; zum Ueberfluss findet sich an letzterer Stelle zu dem *nakri* geradezu die Variante *la ki-'i-nu*. Es ist mir nicht recht begreiflich, wie Sm. trotzdem ständig *my younger brother* übersetzen mag.

4) S. Smith bei Lepsius 1869. S. 94. 95 und vgl. unten.

und Smith's, dass das *arku* adjektivisch im Sinne von: „der Spätere“, der „Zweite“ zu fassen sei, sehr ansprechend. Es würde hierzu dann namentlich auch noch vortrefflich stimmen, dass einerseits der König selber sich nicht so nennt (gerade wie sich der deutsche Kaiser Wilhelm und nicht Wilhelm I unterschreibt), andererseits dass dritte Personen von dem Könige als „Sargon II“ reden.

Nachschrift. Nachdem die obige Ausführung längst niedergeschrieben war, erhalte ich den neu erschienenen dritten Band des grossen englischen Inschriftenwerkes, welcher auch mehrere neue auf die Regierung Sargons bezügliche Inschriften bringt und insbesondere über die Aussprache des Königsnamens, welche wir bis zu einem gewissen Grade noch unbestimmt lassen mussten, mit einem Male Licht verbreitet. In demselben finde ich nämlich Pl. 2 jene oben erwähnten Täfelchen aus der Zeit Sargons lithographirt, in welchen der Name des Königs folgendermassen geschrieben vorkömmt: 1) *Sarru-u-kin-arku-u* [1]) (s. Z. 3. 4. 11. 14); 2) *Sarru-GI. NA - arku-u* d. i. beidemale *Sarru-ukin-arku* (Z. 13. (?) 18. 24. 84). Aus dieser Schreibung ergiebt sich 1) dass die Assyrer den Namen sicher in seinem zweiten Theile auch verbal auflösten; 2) dass *arku*, da es eben ständig und ganz ausdrücklich mit dem *u*, nicht mit dem *i*- oder *a*-Vokale geschrieben wird (s. den grammat. Theil) nicht ein Accusativ, denn vielmehr ein Nominativ nach Willen und Absicht der Schreiber sein soll, dass dasselbe somit nur adjektivisch im Sinne von „der spätere“, „der zweite“ gefasst werden kann.

Nun aber enthält weiter dieser selbe Band pl. 4 Nr. 7 eine höchst interessante Inschrift von einem babylonischen König Sargon, welche also beginnt: *Sarrukin sarru dan-nu sar A-ga-ni a-na-ku* d. i. „Ich, Sargon, der grossmächtige König, der König von Agani“. Danach gab es zweifellos schon einen früheren König Sargon, wozu auch die Stellen: II R. 39, 41; 48, 40; 50, 64 stimmen [2]). Die Bezeichnung des späteren Sargon als *Sarrukin arku* d. i. „Sargon der zweite“ ist somit so angemessen wie möglich, und zu einer anderen, ohnehin grammatisch und graphisch bedenklichen Deutung des Namens (s. o.) liegt kein Grund vor.

Aus beiden Notizen ergiebt sich dann aber als Schluss, dass die Assyrer den Namen lediglich *Sarrukin* aussprachen, dieses aber

---

1) Beiläufig also nicht *arkû* zu sprechen, wie von uns vorhin auf Grund unserer Vormänner geschehen: das *u* ist lediglich phonetische Ergänzung des Ideogramms.

2) Nach neueren Mittheilungen Dr. Smith's in der Academy 1871 p. 607 sind inzwischen weitere Dokumente, die Geschichte dieses alten babylonischen Königs und seines Sohnes Naram-Sin betr., aufgefunden worden, aus denen sich ergiebt, dass dieser ältere Sargon seine Eroberungszüge bis nach Elam im Osten und Syrien im Westen ausdehnte; auf dem Zuge nach dem Westen gelangte er bis an das Mittelmeer, allwo er ein Monument errichtete.

verschieden schrieben, je nachdem sie den zweiten Theil des Namens als 3 Ps. Verbi ansahen = *ukin* oder aber, das *u* als lediglich nominalen Auslaut von *šarru* betrachtend, ihn für das Adj. *kin* (*kinu*) hielten; je nachdem sie also weiter, wie im letzteren Falle, den Namen deuteten als „Fest“ oder „mächtig (ist) der König“, oder aber, wie im ersteren Falle, als „Er (der Gott) setzte ein den König“. Im letzteren Falle hätten wir einen Namen der vorhin besprochenen Gattung von Eigennamen, die durch Wegfall des Gottesnamens (Assur, Bel u. s. w.) entstanden sind. Dass die Assyrer auch sonst zuweilen in der grammatischen Auflösung ihrer Namen schwankten, dafür haben wir einen authentischen Beleg in dem Umstande, dass derselbe Name *Bil-bâni* so, oder auch (statt Partic. vielmehr Impf.) *Bil-ibni* geschrieben wird (s. G. Smith, *history of Assurbanipal*. Lond. 1871. p 203). Uebrigens lässt sich auch auf die durch die hebräischen Schriftdokumente verbürgte Schreibart des Namens Hizkia einmal als יְחִזְקִיָּהוּ = „Jahve stärkt“ (Jes. 1, 1 u. ö.), und wiederum als חִזְקִיָּהוּ = „Stärke Jahve's“ oder „Meine Stärke ist Jahve“ (Jes. 37, 1 u. ö.) als einen analogen Fall verweisen.

75.

Nina - ai

d. i. „der Niniviter“. II R. 63. col. IV, 12. Das erste Zeichen ist das Deuteideogramm für den Begriff „Stadt“. Das zweite Zeichen ist Ideogramm zur Bezeichnung der Stadt Ninive, dieses gemäss Sard. I, 101, wo es mit der phonetischen Schreibung *Ni-nu-a* wechselt. Die Schlusszeichen geben phonetisch die Sylbe *ai* wieder, welche, wie im Aramäischen so auch im Assyrischen, zur Bildung von Adjektiven der Beziehung verwandt wurde (s. im grammat. Theile).

76.

Kal - ha - ai

d. i. „der von Chalah“. II R. 63. IV, 18.

77.

Arba - il - ai

d. i. „der Arbeleneer“. II R. 63. IV, 13. Ueber den Namen Arbela und seine Schreibung s. u. Controle u. s. w. Nr. 6. S. 171.

78.

Babil - ai

d. i. „der Babylonier“; a. a. O. Z. 14. Ueber die Identität des durch die Zeichen *Bab-AN. RA* repräsentirten Namens mit dem der Stadt Babylon s. unsere frühere Ausführung in DMG. XXIII. S. 350 u. vgl. ob.

79. 

Akkad - ai

d. i. „der von Akkad". Das Ideogr. wird erklärt durch das Syllabar II R. 45, 51 d (*Akkadu*), vgl. Syll. 71 sowie ob. S. 28. Nr. 38.

80. 

Ḫal - ṣu - ai

d. i. „der von Chalṣu" (Castell). II R. IV, 16.

81. 

Ḫarran-ai

d. i. „der von Harran". II R. a. a. O. IV, Z. 15. Das Ideogramm ist erklärt durch Syllab. II R. 58. Z. 22. Av. d. (*Ḫarra-nu*).

Zum Schlusse lassen wir als Nr. 82—99 die 18 Namen des ptolemäischen Kanon folgen und fügen diesen, um das Hundert voll zu machen, noch den Namen eines im Kanon übergangenen, aber in die Reihe jener babylonischen Könige gehörenden, bei Berossus genannten, Königs hinzu.

Die assyrisch-babylonischen Namen des ptolemäischen Kanon.

Die Namen.	Assyrisch-babylonische Urform.	Bedeutung.	Gewöhnliche Aussprache.
Ναβονάσσαρος	*Nabu-nâṣir*	Nebo schirmt [1])	Nabonassar.
Νάδιος a)	*Nâḫid*	Voll Hoheit [2])	Nadius.
Χίνζηρος και Πῶρος b)	*Ukin-zir. - Pulu*	Er verlieh den Spross.-Sohn [3])	Chinzer. Phul.
Ἰλούλαιος	*Ilu-'ilu*	Gott ist erhaben [4])	Elulaeus.
Μαρδοκέμπαδος	*Marduk - habal-iddina*	Merod. schenkte den Sohn [5])	Merodach - Baladan; Mardokempad.
Ἀρκέανος	*Sarrukin.*	Fest der König [6])	Sargon.
Βήλιβος c)	*Bil-ibus*	Bel schuf [7])	Belibus; Elibus.
Ἀπαρανάδιος d)	*Asur - nâdin-su-mu*	Asur gab den Namen [8])	Aparanad; Asordan (Ber.).
Ῥηγέβηλος e)	*Ri-'u-bil*	Herrscher ist Bel [9])	Regebel.

Die Namen.	Assyrisch-babylonische Urform.	Bedeutung.	Gewöhnliche Aussprache.
Μεσησιμόρδακος	*Musêzib-Marduk*	Retter ist Merodach [10])	Mesesimordak.
Ἀσαρίδινος f)	*Asur-aḫ-iddin*	Asur schenkte d. Bruder [11])	Asarhaddon, Asordan(LXX); Axerdis.
Σαοσδούχινος	*Šamul-sum-ukîn*	Samul gab den Namen [12])	Saosduchin; Sammughes.
Κινηλάδανος g)	*Sin-inaddina-habal*	Sin schenkte den Sohn	Chiniladan.
	Asur-bâni-habal	Asur schuf den Sohn [13])	Sardanapal.
Ναβοπολάσσαρος	*Nabu-habal-uṣur*	Nebo, schirme d. Sohn [14])	Nabopolassar.
Ναβοκολάσσαρος	*Nabu-kudurri-uṣur*	Nebo, schirme d. Krone [15])	Nebucadnezar.
Ἰλλοαρούδαμος	*Avil-Marduk*	Mann des Merodach [16])	Evilmerodach.
Νιριγασσολάσσαρος h)	*Nirgal-sar-uṣur*	Nergal, schütze den König [17])	Neriglissor.
Ναβονάδιος	*Nabu-nâhid*	Voll Hoheit ist Nebo [18])	Nabunit; Labynet.
Λαβοροσοάρχοδος	*Labar-yumi-surkav*	Langes Leben gewähre! [19])	Laborosoarchod.

Kritische Noten.

a) H. (Halme, Chronol. de Ptolemée. Par. 1819. I, 1 p. 3 1822. p. 139). — *Νάβιος* S. (Syncellus ed. Dindorf 1829). — b) S. — *Χίνζιρος* H. — c) *Βίλιβος* H. — d) *Ἀπαρανάδισος* S. e) *Ἡριγίβαλος*. S. — f) H. — *Ἰσαρίνδινος* S. — g) S. p. 398. ed. Dind. — *Κινιλανάδανος* H. — h) S. — *Νηριασσολάσσαρος* H.

Sachliche Anmerkungen.

1) S. ob. S. 135. — 2) Abkürzung aus Nabunahid s. ob. S. 136. Die Lesart *Ναβίου* ist selbstverständlich Corruptel, da Nebo bei den Griechen niemals mit Jod gesprochen wird (gegen M. v. Niebuhr, Gesch. Assurs und Babels S. 89). Vgl. auch ob. S. 155 Anm. — 3) Der erstere Name ist uns in seiner Urform noch überliefert (II Rawl. 68. col. II, 26) s. darüber ob. S. 155. *Πῶρος* pers. Aussprache für *Pûlos* פול. S. weiter in unserer Schrift: „Die Keilinschriften u. d. A. T." die Glosse zu 2 Kön. 15, 19. — 4) Das Adj. *'ilu* (עלי) in der Bed. „hoch, erhaben" ist gesichert durch Lay. the cuneif. inscriptt. 12 Z. 12. — 5) S. ob. S. 129. — 6) S. S. 158. — 7) S. S. 138. Ueber die Identität von Belibus

(in assyr. Originalschrift auf Sanherib's Bellino-Cyl. col. I. Z. 14) und Elibus (Beros. bei Müller, Fragmm. histor. Graec. Par. 1848 II. 504) s. Brandis, histor. Gewinn etc. S. 46 f. — 8) S. Sanherib's sechseck. Thoncyl. (I Rawl. 39) col. III Zeile 68, und vgl. *Asordanius* bei Berossus in des Eusebius armen. Chronik (Müller, II. 504. Nr. 12.). — 9) *ri'u* nach Aussprache gesichert durch Syll. 346, nach Bedeutung „Herrscher" von רעה eigtl. „weiden" (vgl. Sach. 11, 6. 8. 16) durch Stand. Inscript. 2. Beachte auch die Variante *Ρηγήβαλος*. — 10) *Musêsi*, Part. Schaf. von [illegible] = [illegible]. S. Opp. Exp. en Més. II. p. 356 u. vgl. ob. Nr. 44. — 11) S. S. 119. — 12) Der Name ist zusammengesetzt aus dem Gottesnamen *Šamul* (im späteren Hebräisch ist סֶמֶל Bezeichnung eines Götzenbildes s. Deut. 4, 16; Ezech. 8, 3. 5; II Chr. 88, 7. 15.), dem Nom. *sum* „Name" und dem Impfkt. At. *ukin* R. כון, bed. also: „Samul gab den Namen". Es ist ein Name, genau wie *Bil-sum-iskun* u. andd. Für das Ideogr. *Šamul*, *Šavul* s. II R. 45, 49. d. e. Sonst vgl. Smith, Assurb. p. 201. S. auch ob. S. 127 sub Nr. 8. Die Identität des Namens mit dem Sammughes des Berossus bei Euseb. in s. armen. Chron. (Müller, p. 504 sq.) bedarf keiner Erläuterung. S. noch Niebuhr a. O. S. 88. — 13) Die Gründe für die Identification des Chiniladan und Assurbanipal sind folgende: 1) Der Nachfolger des Sammughes war nach Alex. Polyhistor bei Euseb. arm. Chr. p. 19 ed. Mai dessen Bruder; Bruder des Samul-sum-ukin aber war nach den Keilinschriften Assurbanipal s. Smith, histor. of Assurb. p. 151 Z. 6; 154 Z. 98 u. ö., wo er als Assurbanipal's *ahu la ki-nu* „nicht getreuer Bruder" bezeichnet wird. 2) Chiniladan wird von Euseb. l. c. Sardanapal genannt. Dieser Name aber deckt sich bei näherem Betracht mit dem andern Assurbanipal den Lauten nach völlig (s. o. S. 120 flg.). 3) Es existiren Täfelchen, welche nach Jahren der Herrschaft Assurbanipals zu Babylon datirt sind s. Smith l. c. p. 324. Sein Name muss somit im Kanon vorgekommen sein, und da bleibt keine Stelle übrig, als die, wo jetzt Sardanapal-Chiniladan steht. Nun aber wissen wir (s. G. Smith l. c. p. 323) durch das nun edirte Täfelchen K. 195, dass der Name des Königs auch *Sin-inaddi-na-habal* = „Sin schenkte einen Sohn" lautete. Hiermit deckt sich griech. *Ἰσινλάδανος*, woraus erst *Κινιλάδανος*; vgl. die Var. *Ἰσαρίνδινου* neben *Ἀσαρίδινος*, fast völlig: der Uebergang von *n* in *l* ist derselbe wie bei Labynet (Herod.) aus *Nabunit* (Inschrr.) Die Vertauschung des Gottesnamens *Asur* mit *Sin* schliesslich ist genau die gleiche wie die andere des *Sin* mit *Asur* in dem Namen des Sanherib auf Kan. III der Regentenliste, worüber s. weiter Stadd. u. Kritt. 1870. III. 540. — 14) S. S. 126. — 15) S. S. 124. — 16) Opp. II. 357. Vgl. *Amilmarudochus* bei Berossus (Müller l. c. 505). — 17) S. ob. S. 128. Vgl. *Neglisarus* bei Berossus in Euseb. Chron. (Müller l. c.) und *Νηριγλισσόορος* bei Berossus in des Josephus Schrift gegen d. Apion (Müller 507). — 18) S. S. 136.

Berossus bei Joseph. a. a. O. *Ναβόννηδος*. — 19) *Labar yumi* in der Bed. „Länge der Tage" eine sehr gewöhnliche Redeweise s. Norr. Dict. 654 sq. *Surkav* Imper. Kal von *sarak* „gewähren", häufig in den babylon. Inschriften vgl. die letzte Zeile der sechssäul. Nebucadnezarinschrift (Opp. E. M. II. 274), Kanalinschrift (bei Rich) Taf. 9. Z. 44. E. J. H. I. 70 u. ö. Zu den Corruptelen vgl. die vorstehenden Namen und beachte die Nichtunterscheidung des *m* und *v* bei den Assyrern. Einen ganz ähnlichen Namen lesen wir im Regentencanon (II R. 68. I. col. II, 10): *Abu ina hikal lilbur* d. i. „der Vater bleibe (lebe) lange im Palaste". Vgl. noch Khors. 191: *si-bu-ta lil-lik* „zu hohem Alter (שׂיב) möge er (der König) gelangen", sowie Talb. im J. R. A. S. 1868. p. 85.

D. Die Controle der Entzifferung der Schrift.

Obgleich die wesentlichste und sicherste Controle einer Schriftentzifferung immer der Umstand sein wird, dass sich die vermittelst der entzifferten Schrift gewonnene Sprache als eine solche herausstellt, die sich in den Organismus einer bestimmten Sprachgruppe einfügt, und demgemäss füglich erst nach Betrachtung auch der Sprache der Keilinschriften dritter Gattung über die Richtigkeit und den Erfolg der Entzifferung ein endgültiges Urtheil sich fällen lassen wird, so steht uns doch auch unabhängig hiervon eine mehr äusserliche Controle der Schriftentzifferung zu Gebote, nämlich diese in einer Anzahl zweisprachiger, gleichzeitig assyrischer und aramäischer Legenden, welche sich auf Thontäfelchen des Britischen Museums finden und welche von Rawlinson und Norris im II. Bd. ihres grossen Inschriftenwerkes Blatt 70 veröffentlicht sind [1]). Was für unsern Zweck aus den allerdings theilweis verstümmelten Lesungen [2]) Zuverlässiges sich entnehmen lässt, dürfte Folgendes sein.

Die assyrischen Namen der Inschriften sind theilweis phonetisch, theilweis ideographisch geschrieben. Die Schreibung der Namen entfernt sich also in Nichts von derjenigen der uns auf den sonstigen Denkmälern entgegentretenden Namen. Ganz phonetisch finden sich geschrieben nur zwei:

1.

U - si - '

d. i. „Hosea" (a. a. O. Nr. 2 [3]). Das Assyrische entspricht dem

---

1) Zuverlässiger in dem mir erst nachträglich zu Gesicht gekommenen III. Bande pl. 46.

2) Vgl. über diese Inschriften H. Rawlinson in Journ. of the R. A. S. New. Ser. I. 1865. p. 187—246 (*Bilingual Readings cuneiform and phoenician*); Jo. Ménant im Syll. Assyr. p. 174—176; Levy, phöniz. Studien. II.

3) Vgl. Bd. III. 46. Nr. 6. — In diesem dritten Bande des englischen Inschriftenwerkes finde ich auch eine zuverlässige Wiedergabe der aramäischen

in der aramäischen Transcription gebotenen הושע d. i. *Hose'*, so vollkommen, wie nur irgend zu erwarten [1]).

2.

Ka - am - bu - zu

d. i. „Kambyses" (a. a. O. Nr. 6 [2]). Das Wort entspricht abermals genau der aramäischen Legende כנבזי, deren mittlerer Laut (ב) verdoppelt zu denken ist, während im Assyrischen die Verdoppelung durch Vorfügung des Nasals (*m*) ersetzt ist.

3.

Dayan - kur - ba - an

d. i. דין כרבן (Nr. 8 [3]). Die aramäische Legende bietet ···דינכרב, genau wie zu erwarten (das Ende des Namens ist verstümmelt). Bezüglich der Schreibung des Namens im Assyrischen bemerke ich, dass *DI. TAR* (so würden phonetisch die ersten beiden Zeichen lauten) in der Londoner Nebucadnezarinschrift IV, 29 und zwar in der Phrase: *ana samsi da-ai-nuv gi-i-ri* d. i. „dem Sonnenball, dem hocherhabenen Herrscher", vgl. mit IV, 81: *ana sam-si bit dainuv* (*DI. TAR*) *nisi* „der Sonne, der Wohnung des Beherrschers der Menschen" durch das phonetisch geschriebene *dainuv* (von *dayan*) ersetzt wird. Vgl. noch die Syllabare II R. 7, 23. 32. Der zweite, phonetisch geschriebene Theil des Namens erläutert sich von selber. Der Name bedeutet: „Vorsteher der Opfer". Zu כרבן statt קרבן vgl. *kirib* „Mitte", „Inneres" st. *kirib* קֶרֶב.

Legende des Namens der zweiten Person, mit welcher der Vertrag abgeschlossen ward. Derselbe lautete (l. c. Z. 6) ···· ארד. Im assyrischen Texte lautet der betr. Name *Arad-Istar* d. i. „Diener der Istar" (*arad*, st. cstr. von *ardu* „Diener" R. ארד = ירד, ein in den Inschriften sehr gewöhnliches Wort, hier mit dem üblichen, durch Parallelstellen wie Sanh. Tayl. III, 41 vgl. mit Botta 153, 9. 123, 16. 95, 6 u. andd. nach Aussprache und Bedeutung fixirten, Ideogramm geschrieben). Man sieht, wie der jüngst vor der Entdeckung dieser bilinguen Inschrift festgestellte Lautwerth des betr. Ideogramms durch die Bilingais kategorisch gerechtfertigt wird.

1) In den Inschriften Tiglath-Pilesers findet sich der Name des israelitischen Königs Hosea *A-u-si-'* geschrieben (s. III R. pl. 10. Z. 28). Aehnlichen Varianten bei Umschrift fremder Namen begegnen wir auch sonst. So z. B. findet sich auf dem Sanheribprisma Taylors Samaria wiedergegeben durch *U-si-mu-ru-un* (= *Schomron*), dagegen in den Inschriften Sargons fast durchgängig *Sa-mi-ri-na*. — Ueber die Wahl des Zischlautes *s* (ס) statt *s* (ש) bei Transcriptionen s. die lautlichen Vorbemerkungen im grammatischen Theile.

2) Vgl. III R. Nr. 5 Z. 6 und 38.

3) Vgl. III R. Nr. 10 Z. 69 und 82.

4. 

Istar - dur - ḳa - a - li

S. Nr. 4 [1]). Die aramäische Legende ist עשדרקל. Bezüglich dieses Namens liegt zunächst die Identität des letzten Theiles *ḳal* mit aramäischem קל auf der Hand. Der erste und zweite Theil des Namens sind aber offenbar wieder ideographisch geschrieben, jedoch mit auch sonst vorkommenden und durchaus sicher zu bestimmenden Ideogrammen. Dass das mittlere Zeichen das Ideogramm für den Begriff „Feste", „Castell", mit dem Lautwerthe *dur* ist, ergiebt sich theils aus einer Reihe von Stadtnamen, deren erstes Element das betr. Zeichen bildet (*Dur-Sarrukin* Khors. 156; *Dur-Asur* Sard. II, 66 u. a.), theils aus dem Umstande, dass das Ideogramm in dem Stadtnamen *Durai* mit den Elementen *du-ra* wechselt (Sard. II, 59 [2]). Damit stimmt die aramäische Legende, welche an der mittleren Stelle des Namens die Laute דר = *dur* bietet.

Es erübrigt die Betrachtung des ersten Theiles des Namens. Dieser hat den Assyriologen ganz unnöthige Schwierigkeiten gemacht. Aus einer Reihe von Inschriften steht fest, dass das Ideogramm, welches durch das Gotteszeichen als dasjenige einer Gottheit bestimmt wird, kein anderes ist als das der Gottheit *Istar*, welche der vorderasiatischen *Astarte* d. i. עשתרת entspricht. Statt aller übrigen Stellen mögen hier nur die beiden parallelen der Jagdinschriften Asurbanipal's (I R. 7. Nr. IX. *A* und *B*) Platz finden, wo in der Redensart *ina tuklat Asur u Istar bilit taḫazi* d. i. „im Vertrauen auf Assur und Istar, die Gebieterin der Schlacht", das eine Mal (A Z. 2) das betr. Ideogramm, das andere Mal (B Z. 2) die Laute *is-tar* d. i. עשתר „Astor" sich finden [3]). Der assyrische Name lautete somit *Istar-dur-ḳali*. Nun aber — und hier tritt scheinbar zwischen dem assyrischen und aramäischen Texte eine Incongruenz zu Tage — bietet die aramäische Legende statt des zu erwartenden "עשתר דר" vielmehr bloss "עשדר". Es fehlen somit die durch den assyrischen Text an die Hand gegebenen Consonanten תר hinter den anderen: עש. Die Assyriologen haben hier angestossen und demgemäss hier der Göttin einen anderen Namen vindiciren wollen z. B. (so Oppert im Journ. Asiat. 1865,

---

1) Vgl. III R. Nr. 3. Z. 8 und 40. 41.

2) Nach Rawlinson im J. of the R. A. S. N. S. I. 1865. p. 208 existirt auch ein Syllabar, welches das betr. Zeichen durch *duru* erklärt.

3) Beiläufig also erhellt aus der angeführten Stelle evident, dass Istar oder Astor eine weibliche Gottheit war. Dass somit der *Astor-Kamos* des Mesasteines eine androgyne Gottheit war, möchte sich hiernach wohl kaum noch beanstanden lassen. Dasselbe ergiebt sich übrigens auch aus anderen Stellen vgl. die Inschr. des Michaussteines I Rawl. 70. col. II, 22: *Is-tar bi-lit samî u irṣiti* „Istar, die Herrin des Himmels und der Erde", und Khors. 167. 176 findet sich sogar der Plural *istarât* in der Bedeutung „Göttinnen"; vgl. den hebräischen Plural עַשְׁתָּרוֹת Richt. 10, 6 u. ö.

p. 326) den Namen *Assatu*, welches Wort, mit dem hebr. אשׁה identisch, im Assyrischen ein nicht seltenes Wort in der Bedeut. „Weib“ ist (s. u. und vgl. Rawlinson a. a. O. p. 200). Allein in der aramäischen Transcription steht ja nicht ein א (אשׁ), dern vielmehr ein ע (עשׁ). Dadurch ist diese Identification einfach unmöglich gemacht. Mit dieser aramäischen Transcription hat es aber auch sonst seine vollkommenste Richtigkeit. Man darf nur nie vergessen, dass die Transcription in den aramäischen Legenden eine der vulgären Geschäfts- und Verkehrssprache in der Aussprache sich anschliessende war und sein musste. Nun wissen wir, wie im Volksmunde durchaus das Streben sich geltend macht, die Worte abzukürzen und die Laute zusammenzuziehen. So wird im Phönicischen aus *Abdastart* (עבדעשתרת) unter Wegwerfung des beginnenden Gutturals: *Bodostar*; so macht bei uns das Volk aus dem wegen seiner Länge lästigen „Superintendent“ das Trilitterum „Superdent“ u. dgl. m. Genau das hatte Statt in dem vorliegenden Falle, wo ohnehin die Zusammenziehung durch die Beschaffenheit der Laute noch näher gelegt war. Das gutturale und dazu liquide *r* in Istar ward vor der folgenden, zudem selber ein *r* enthaltenden Sylbe *dur* zerquetscht, beziehungsweise dem folgenden Consonanten assimilirt (wie in כִּסֵּא, assyr. *kussû* „Thron“ aus aram. כָּרְסְיָא und arab. كرسى), und indem so zunächst *Istadur* oder vielmehr *Istaddur* entstand, ward gleichzeitig die Aussprache der aufeinander folgenden, beidemal mit einem Dental beginnenden Sylben *ta* und *dur* durch Transposition der Laute der ersteren Sylbe (*ta* in *at*) erleichtert und das Wort demgemäss gesprochen: *Isatdur*, was mit aramäischen Buchstaben nur עשדר d. i. עַשְׁדָּר zu schreiben war, genau wie wir in unserer aramäischen Legende — geschrieben lesen! Der Fall ist, wie man sieht, etwa derselbe, wie die Transposition der Laute ל und ח in מַלְתָּעוֹת „Gebiss“ statt מְתַלְּעוֹת, weiter von מִסְכְּנוֹת „Vorrathshäuser“ statt מִכְנְסוֹת u. s. f. im Hebräischen.

Noch erledigt die Bestimmung der Bedeutung dieses Namens *Istar-dur-kali*, bezw. *Isatdur-kal*. Nun sind der erste und zweite Theil des Namens (*Istar* und *dur*) klar, aber auch der dritte Theil macht keine Schwierigkeit, wenn man das fragliche *kali* von קהל „versammeln“ ableitet, einem bei den Assyrern auch sonst vorkommenden Verbum (vgl. Khors. 144), und wenn man weiter das *kali* des Textes ansieht als die 2. Pers. Fem. des Imperativs, also dass der Name zu übersetzen wäre: „Istar, sammle die Stadt!“ scil. zum Zwecke des Kampfes. Istar war ja, wie oben ausgeführt, die Göttin der Schlachten. Mit Nebo zusammengesetzt und demgemäss mit der männlichen Form des Imp. lesen wir den Namen übrigens noch einmal in den Inschriften, nämlich in der Eigennamenliste II R. 64, II, 38. als *Nabu-dur-ka-la* d. i. „Nebo, sammle die Stadt!“

Ein weiterer mit dem Gottesnamen Istar zusammengesetzter Name der Bilinguen ist Nr. 14[1], also lautend:

5. *Sâr - Istar*

d. i. „Ruhm der Istar“, ein Name wie *Milki-ilu* „Hoheit Gottes“ s. o. Nr. 56. Der erste Theil des Namens wird mit einem Zeichen geschrieben, das phonetisch *im* lautet. Dieses selbe Zeichen hat aber auch den ideographischen Werth von „strotzen“, „schwellen“, substantiv. „Hoheit“, „Ruhm“, assyrisch *na'du* (נהד, نهد) und *sâru* (hebr. שְׁאֵר „das strotzende Fleisch“: שְׂאֹר „der das Aufschwellen des Teiges bewirkende Sauerteig“). Beide phonetische Aequivalente sind sei es durch Parallelstellen, sei es durch Syllabare belegt s. Norr. Dict. I. p. 466. 917. H. Rawlinson J. R. A. S., N. S. I. 1866. p. 429. Der Name kann danach entweder *Nahad-Istar* oder *Sâr* (שְׁאֵר) - *Istar* gelesen werden (vgl. den ähnlichen Fall ob. S. 133. Nr. 19). Dass die letztere Lesung zu befolgen, erhellt aus der aramäischen Transcription סרש, welche auf eine assyr. Form *Sâr-is* st. *Sâr-Istar* (s. o. S. 170) zurückschliessen lässt. Die Schreibung ש st. עש ist eine graphische Ungenauigkeit, welche hier ihren besonderen Grund hat in der wenig markirten Aussprache des ע im Assyrischen, worüber die lautlichen Vorbemerkungen im grammat. Theile zu vergleichen.

Es folgen drei Namen, welche, wie die aramäische Transcription an die Hand giebt, sämmtlich den Namen ארבאל d. i. *Arbailu* enthalten. Es sind:

6. *Ma - nu - ki - i - Arba - ilu*

aram. מנכיארבל. Nr. 12[2]).

7. *Pa - ka - a - na - Arba - ilu*

aram. פקנארבל. Nr. 14[3]).

8. *Arba-ilu - asi - rat*

aram. ארבלסר. Nr. 1[4]).

---

1) III R. Nr. 9. Z. 29 und 55.
2) III R. 46. Nr. 8. Z. 4 und 20.
3) III R. 46. Nr. 9. Z. 33 und 54.
4) III R. 46. Nr. 1. Z. 4 und 46.

Indem wir uns zur Betrachtung dieser drei Namen wenden, lehrt zuvörderst eine Vergleichung aller drei untereinander und mit den aramäischen Transcriptionen, dass den aramäischen Lauten ארבל im Assyrischen die Zeichen [illegible] entsprechen. Diese letzteren müssen somit jene lautlich repräsentiren. Dieses wird endgültig bestätigt durch eine am Orte des alten Arbela gefundene Inschrift Assurbanipal's, welche sich lithographirt findet I Rawl. VIII Bl. 8. Nr. 2 und welche beginnt mit den beiden obigen Zeichen, die als einen Stadtnamen repräsentirend schon durch das ihnen vorhergehende Stadtdeterminativ gekennzeichnet werden [1]). Ganz phonetisch finden wir den Namen in der Behistuninschrift Z. 63 geschrieben, wo er *Ar-ba-il* lautet. Erwägen wir nun, dass der zweite Theil des in Rede stehenden Ideogramms das Gotteszeichen, mit dem Lautwerthe *ilu*, ist und dass weiter das aus v i e r Keilen bestehende vorhergehende Zeichen als Ideogramm der Zahl „vier“ mit dem Lautwerthe *arba'* (ארבע) unmittelbar sich begreift (wie es denn als ein solches Zahlideogramm in der Redensart *sar kibrat arba'* d. i. *rex quatuor regionum* in den Inschriften oft erscheint), so wird es als feststehend und zweifellos angesehen werden müssen, dass das in Rede stehende Doppelideogramm den Namen *Arbalu* ausdrückt, mit welchem, wie bemerkt, die aramäische Schreibweise ארבל sich unmittelbar deckt, und welcher in seiner ursprünglichen Aussprache *Arba-ilu*, zusammengezogen *Arbil*, sogar noch daguerreotypisch wieder gegeben ist in der aramäischen Transcription in Nr. 6 (mit Jod = ארביל).

Noch etwas Weiteres aber ist hier ins Auge zu fassen und es ist das Verdienst Dr. Oppert's, hierauf aufmerksam gemacht zu haben [2]). In allen drei Namen nämlich suchen wir vor dem Ideogramme für „Arbela“ das Stadtdeterminativ vergeblich, welches, wenn die S t a d t Arbela in Aussicht genommen ist, selbst in einem Personennamen nicht fehlt, wie der von uns oben besprochene Name *Arbilai* „der Arbilenser“ (s. S. 168. Nr. 77) beweist. Die von uns gegebene weitere Analyse der drei Namen giebt vielmehr unzweifelhaft an die Hand, dass hier „Arbela“ Name einer G o t t h e i t ist. Nun wird in der oben citirten Stelle einer Tafel Assurbanipal's (I Rawl. Bl. 8) Arbela ausdrücklich bezeichnet als *subat Istar* „Sitz der Istar“. Wer somit unter der „Göttin von Arbela“ oder kurz unter der „Arbela“ zu verstehen sei, bedarf keiner Auseinandersetzung: offenbar Niemand anders als die Göttin Istar selber. Die unzweifelhafte Richtigkeit der vorstehenden Ausführung ergiebt sich schliesslich auch aus noch weiter vorkommenden Besonderungen dieser Gottheit gemäss den Orten, wo sie in vorzüglichem Masse verehrt ward. Wie es eine Istar von Arbela gab, so gab es auch

1) Der Anfang lautet: *Arbailu subat Istar* „Arbela, Wohnung der Istar“.

2) S. Journ. Asiat. 1865. p. 326

eine „Istar von Niniveh" und eine „assyrische Istar". Die letztere führt in den Texten den Namen: *Assurit.* Es ist besonders eine Stelle der grossen Inschrift Tiglath-Pileser's I (c. 1100 v. Chr.), aus welcher wir über sie etwas erfahren. Ich setze die ganze interessante Stelle her. Wir lesen (col. IV, 32—39): *I-na yu-mi su-va XXV. ilu-ni sa matat si-na-ti-na ki-sid-ti ḳa-ti-ya sa al-ki a-na bit Tuḫ-tav bit NIN. KIT ḫi-ir-ti rabi-ti na-mad-di A-sur bil-ya, Marduk, Bin, Istar a-su-ri-ti, bit-kur-at 'ir-ya A-sur, u Istar-at kisid-ti-ya lu as-ru-uk.* Ich übersetze dieses: „In dieser Zeit weihte ich 25 Götter jener Länder, die Beute meiner Hand, welche ich in dem Tempel Tuhtav, dem Tempel der Baaltis, der hehren Frau, zur Ehre Asur's, meines Gottes, Merodach's, Bin's, der assyrischen Istar, der Beschützer meiner Stadt Asur, aufstellte, sowie auch die von mir erbeuteten Göttinnen (eigentl. Astarten)."

Zum Wortverständnisse bemerke ich Folgendes: *Alkâ* ist 1 Ps. Impf. Kal von *lakû* = לקה = لقى vgl. לקח; — *ḫirti*, von *ḫirat* „Eheweib", wohl eigtl. „Freie". „Herrin" vgl. arab. حر „frei, edel sein", hebr. חור, syr. ܚܐܪܐ; — *namad*, Subst. von *madad* = מדד, مدّ; also eigtl. „Ausdehnung"; dann „Vergrösserung", „Verherrlichung". Vgl. *sur-bû* „verherrlichen", von *rabû*; — *bitkurat* ist weibl. Plural von *bitkur*, Nominalbildung mit eingeschobenem *t* (s. u.) von בכר, wovon בְּכוֹר „der Erstgeborene". Das Wort bedeutet somit zunächst den Erstgeborenen, sodann den älteren Bruder und so endlich den Beschützer; der weibl. Plural ist der sog. Amtsplural s. u.; — *asruk* 1 Ps. Impf. Kal von *sarak* gewähren, schenken, (häufig in den Inschriften); — *istarat* „die Astarten" in der Bed. von „Göttinnen" überhaupt auch Khors. 167. 176; — *NIN. KIT* ist sicher Ideogramm einer weiblichen Gottheit; *NIN* ist Ideogr. für *biltuv* (בעלת) d. i. Baaltis; s. o. S. 113 Nr. 92. *KIT* soll diese Gottheit offenbar näher bestimmen; der hier erforderliche phonetische Werth des Zeichens ist aber bislang nicht zu bestimmen. Alles Uebrige ist theils schon früher erläutert, theils finden sich in dem grammatischen Theile die nöthigen Nachweise.

Dass wir nun aber *a-su-rit* wirklich durch „assyrische" zu übersetzen haben (sei es nun, dass dabei das Land Assyrien oder die Stadt Assur in Aussicht genommen), ergiebt sich aus einer andern Stelle dieser selben Inschrift col. VI, 86, wo wir dasselbe Wort und zwar abermals als Beiname der in Rede stehenden Göttin, *assurit* geschrieben finden, vgl. mit einem Syllabar (II R. 46. d. Z. 2), wo wir ein Schiff als ein *assuritu* „assyrisches", neben einem *akkaditu* „akkadischen" (Z. 4), endlich einem *mi'-luḫ-ḫi-tu* d. i. „äthiopischen" (Meroë) bezeichnet finden. Es erhält diese Argumentation schliesslich ihre Besiegelung durch eine Stelle in den Annalen Asurbanipals col. I, 42. 43, wo unmittelbar hinter einander 1) einer *Istar sa Ninua* „Istar von Niniveh" und 2) einer *Istar sa Arba-ilu* „Istar von Arbela" gedacht wird.

Dieses vorausgeschickt, erläutern sich die in Rede stehenden assyrischen Namen von selber.

Der erste, Nr. 6: *Mannu-ki-Arbailu* bedeutet: „Wer [ist] wie Arbail"; derselbe ist also ein Name wie מִיכָאֵל „Wer wie Gott" u. ähnl. Das vollständige Analogon ist der oben S. 147. von uns besprochene Name (Nr. 48): *Mannu-ki-ilu-rabu* „Wer wie der grosse Gott". Vgl. auch noch *Mannu-ki-Bin* „Wer wie Bin" II Rawl. 69. Col. 3. Rev. 4. Z. 18. Die aramäische Transcription מנגארבל [1]), zu sprechen: *Mannugi'arbel* (מַנְגִּאַרְבֵּל), fügt sich den assyrischen Lauten so eng an wie nur irgend zu erwarten. Auch die Erweichung des *ki* zu *gi* hat in Anbetracht, dass, wie wir oben ausführten, in der aramäischen Transcription die Vulgäraussprache der Namen zu sehen ist (was bei diesem Namen auch Rawlinson l. c. S. 218 anerkennt), nichts Befremdliches; vgl. überdiess hebr. סַרְגוֹן (Jes. 20, 1) neben assyrischem *Sarrukin* (ob. S. 160).

Bei dem zweiten Namen *Paka-ana-Arbailu* (Nr. 7) ist die aramäische Transcription פקנארבלי in jeder Beziehung eine rigoureuse; ist doch, wie bemerkt, in der letzten Sylbe sogar das Jod noch zum Ausdrucke in der Schrift gekommen. Auch der Sinn des Namens kann bei näherem Betracht keinem Zweifel unterliegen. Allerdings ist für den ersten Theil des Namens nicht mit Rawlinson a. a. O. S. 221 das aramäische פְּנֵי *pᵉnê* zu vergleichen und etwa zu übersetzen: „Gehe hin gen Arbela", oder „wende dich nach Arbela". Wohl aber ist die arabische Wurzel وثق, heranzuziehen, welcher besonders im VIII. Stamme die Bedeutung *consentire, conspirare* eignet, und der Name demgemäss zu fassen: „Schliess dich (vertrauensvoll) der (Göttin) Arbela an", vielleicht auch: „Harr auf Arbela". Vgl. die Namen *Takkil-ana-Bil* „Vertraue auf Bel" II Rawl. 68. I. Rev. 5. Z. 9; *Takkil-ana-sar* „Vertrau auf den König" II Rawl. 68. II. Av. 2. Z. 28; s. ob. S. 152. zu Nr. 52 [2]).

Der dritte Namen (Nr. 8) unterscheidet sich von den vorhergehenden zunächst dadurch, dass er das weibliche Determinativzeichen an der Spitze trägt, woraus folgt, dass wir es hier nicht mit einem Mannes-, denn vielmehr mit einem Frauennamen zu thun haben. Schwierigkeit macht hier der zweite Theil des Namens, welcher phonetisch *ḥi-rat* zu sprechen wäre, was aber weder etymologisch einen Sinn giebt, noch auch zu der aramäischen Transcription des Namens stimmt, die vielmehr die Laute סר an der betreffenden Stelle bietet. Nun aber erinnern wir uns, dass *ḥ l.* wie wiederholt erörtert, ideographisch den Begriff „gut" ausdrückt, und weiter, dass das betr. Zeichen in dem Namen Tiglath-Pileser

1) Nicht מגארבל (ohne Nun), wie in Folge eines Versehens II R. l. c. bietet: s. das Richtige III R. l. c.

2) Oppert übersetzt (laut Mén. a. a. O. 175): „*Aie foi dans Arbail*," folgte somit vermuthlich einer ähnlichen Auffassung des Namens.

den Begriff der Wurzel אשר d. i. assyr. אשר[1]) = hebr. יָשַׁר „gnädig, gütig sein" ausdrückte. Substituiren wir nun dem Zeichen auch hier diesen Werth und lesen wir das assyrische Aequivalent als Participium activum und zwar, da Arbail eine weibliche Gottheit ist, folgerichtig als femininen Participium = *áširat* (אָשִׁירַת = אשרת), so gewinnen wir 1) einen sehr sinnvollen Namen (= „Arbail ist gütig"), und 2) begreifen wir jetzt das auslautende *rat* in der assyrischen Originallegende: dieses ist lediglich die phonetische Ergänzung zu dem statuirten Part. *áširat*. Wie man sieht, schliesst sich die aramäische Transcription, wird das Wort אַרְבַּלְשַׁר (= *Arbi-lšir*) punktirt, abermals auf das vollkommenste dem assyrischen Originale an, mit der einzigen Abweichung, dass das auslautende *at* fehlt. Dieses ist offenbar im Volksmunde ebenso abgeworfen, wie der Schlussnasal von *Schomron* in der Aussprache Σαμάρεια der *LXX* oder aber der Schlussdental von assyrischem *Diglat* in dem persischen *Tigrâ*.

9. Es erübrigt die Betrachtung des letzten Namens נבושלם (Nr. 16), zu welchem aber das Aequivalent in Keilschrift auf dem Ziegel nicht mehr vorhanden ist. Weder über seinem Sinn indess, noch darüber, wie derselbe in assyrischen Zeichen geschrieben ward, kann ein Zweifel obwalten. Wir besitzen nämlich das Prototyp dieses Namens noch in der schon so oft von uns citirten Eigennamenliste I Rawl. 64 col. I. Z. 28, wo der Name folgendermassen geschrieben ist:

Nabu - *šal* - *lim* - (*an-ni*).

d. i. „Nebo vergilt (mir)". Vgl. *Marduk-šallimanni* (II R. 68. 68. I. Nr. 4. Z. 18; *Sin-šallimanni* ebend. I, 4. Z. 29; endlich *Mušallim-Adar* ebend. I, 8. Z. 25. S. weiter oben S. 131. Nr. 17.

Wenigstens anhangsweise mag es schliesslich verstattet sein, noch auf die doppelsprachigen assyrisch-aramäischen, von Layard in seinem Werke Niniveh und Babylon S. 600, vollständiger von Norris im Journ. of the R. A. S. XVI, p. 220. 222 veröffentlichten Legenden auf den assyrischen Gewichten hinzuweisen, welche in den Palästen Niniveh's gefunden sind. Die Inschriften sind wesentlich gleichartig. Wir wählen die Musterinschrift Nr. 5 bei Layard und Norris aus. Hier bietet der aramäische Text (vgl. Levy, Gesch. d. jüd. Münzen. Lpz. 1862. S. 150)

מנן II די מלך

d. i. „zwei Minen des Königs". Der vollständigere, assyrische Text hat: *Hi-kal Šal-ma-nu-ašir šar mat Ašur; II mana ša šarru*

---

1) S. darüber, wie organisches assyr. *s* bei Transcriptionen zu *š* wird, weiter die lautlichen Veränderungen in dem grammatischen Theile (S. 106 unt. ist statt *ašar* vielmehr *asar* zu lesen).

d. i. „Palast Salmanassar's, Königs von Assyrien[1]); 2 Minen des Königs". Vgl. die Löwen-Inschrift Nr. 8 bei Norr. p. 220: מנה מלך d. i. „Mine des Königs". Der assyrische Text hat *Hikal* ..... (Name verlöscht), *sar mat Assur*, 1 *mana sa sarri* d. i. „Palast ..., Königs von Assyrien. Eine Mine des Königs". Man sieht, die Uebereinstimmung in den parallelen Passagen ist die denkbar genaueste. — Ueber *BIT. RAB* als Ideogramm für den Begriff „Palast" assyr. *'i-kal* s. o. S. 90.

Beiläufig mag hier auch noch eine Bemerkung über die Enten-Inschrift Nr. 1 aus grünem Basalt stehen. Beim Durchlesen der Norris'schen trefflichen Abhandlung in Bd. XVI des Journ. of the R. A. S. finde ich nämlich, dass derselbe an den Zeichen nach der Gewichtsangabe (30 Minen ....) Anstoss nimmt; das hier folgende Wort sei ihm (p. 217) unverständlich. Es ist mir dieses Bekenntniss nicht wohl begreiflich. Denn es steht dort deutlich *GI. NA* zu lesen, das ist aber das von uns schon so oft besprochene Allophon für *kinu* „festgestellt", „zuverlässig", „genau" (s. ob. S. 27. Nr. 26). Dasselbe bezieht sich offenbar auf die Gewichtsangabe, welche dadurch als eine durchaus zuverlässige bezeichnet werden soll, und deckt sich vollständig mit unserm „justirt". Das Wort entspricht offenbar dem aramäischen דריש (so nämlich, und nicht קדיש (Norr. Levy) ist zu lesen auf Nr. 12 (Löweninschrift)), auszusprechen דְּרִישׁ d. i. „erforscht" = „genau". Die ganze Inschrift ist danach zu transcribiren:

XXX. ma-na. kinu.
hikal Ir-ba - Marduk
sar Babilu,

d. i. „Dreissig Minen justirten Gewichts. Palast Irba-Merodach's[2]), Königs von Babylon".

Eine letzte, höchst interessante Controle gewährt uns die Löweninschrift Nr. 9, sofern sie ein assyrisches Ideogramm, das Zweidrittel einer Mine ausdrückend, welches in einem Syllabar durch *sa-na-bu* und *si-i-na-bu* d. i. *sanab* und *sinab* erläutert wird (III R. 70. Z. 3), durch das syrische סנב d. i. ebenfalls *šanab* = *sanab*[3]) wiedergiebt.

---

1) Es kann die Frage entstehen, was für ein Salmanassar hier gemeint sei? Da indess die übrigen Gewichte sämmtlich nur die Namen der späteren assyrischen Könige tragen (Nr. 4 und 12 sind Gewichte Sanherib's; Nr. 6 ein solches Tiglath-Pileser's), so lässt sich füglich an keinen andern Salmanassar denken, als an den aus der Bibel bekannten König dieses Namens, den Vorgänger Sargon's. So auch Oppert in den Studd. u. Kritt. 1871. S. 703. Wir hätten hier somit eins von den wenigen Monumenten, welche uns aus der Regierungszeit dieses Königs überkommen sind.

2) Ein Name wie *Sin-aḫi-irba* und soviel bedeutend wie „Merodach mehret" s. ob. S. 121. Nr. 4.

3) S. über den regelrechten Wechsel von *s* (ש) und (ס) bei der Transcription die lautlichen Vorbemerkungen im gramm. Theile.

Die Schlussfolgerung.

Das Resultat der vergleichenden Untersuchung der bilinguen, assyrisch-aramäischen Legenden ist ein überaus günstiges. Fast von den sämmtlichen Namen decken sich die entsprechenden assyrischen und aramäischen Legenden bis auf den Laut. Und die etwaigen Abweichungen haben entweder in lautlichen Verhältnissen ihren Grund (so der Uebergang von *k* in *g* S. 174); oder aber in dem Streben der vulgären Aussprache nach möglichster Kürzung längerer Namen (Ausfall der Präpos. *ana* inmitten des Wortes S. 174, des auslautenden *at* am Schlusse des Namens S. 175, des auslautenden *tar* S. 171; Uebergang von *'Istar* in *'Isut* S. 169); theils in sonstigen zufälligen Ursachen. Es erübrigt nunmehr, die Sprache ins Auge zu fassen, welche auf Grund der beschriebenen Entzifferung gewonnen ist, und sie auf den ihr vindicirten Charakter zu prüfen.

II. Die Sprache.

Vorbemerkung.

In der vorhergehenden Betrachtung ist dargethan, welcher Art die Schrift sei, in welcher uns die Keilinschriften überliefert sind, und ist zugleich gezeigt, dass sowohl der ideographische als der polyphone Charakter der Schrift, ein so grosses Hemmniss der Lesung der Texte er war und noch immer ist, dennoch in keiner Weise ein absolutes Hinderniss des Verständnisses des Textes bildet. Theils die Schrift selbst nach ihrem eigenthümlichen Organismus, theils die in so reicher Anzahl auf uns gekommenen Wegweiser von der Hand der Assyrer selbst in der Gestalt der Syllabarien, theils endlich der Context der Stellen bot hinlängliche Anhaltspunkte, um (einige wenige Sonderfälle ausgenommen) über den äusseren Wortlaut der Inschriften ins Klare zu kommen. Indem wir aber hinzufügen: „theils der Context der Inschriften", scheinen wir uns einer *petitio principii* schuldig gemacht zu haben; denn, wird der Leser fragen, wie kannst du dich auf den Context einer Stelle für die richtige Lesung derselben berufen, wenn über die Sprache, in welcher die Inschrift geschrieben, noch nichts feststeht, über die Sprache, über deren Natur doch erst nach Feststellung der Laute ein Entscheid getroffen werden kann? — In der That würden wir mit diesem dritten Kriterium anfangen, so machten wir uns allerdings eines Cirkels in der Beweisführung schuldig. Wir haben dasselbe aber wohlweislich an dritter Stelle genannt. Gewiss muss erst auf den sub 1 und 2 aufgeführten Wegen die lautliche Beschaffenheit der Inschriften in allem Wesentlichen festgestellt, und damit natürlich auch der Charakter der Sprache derselben unwiderleglich dargethan sein: erst dann kann man auch wiederum von dem Organismus der Sprache selbst aus Schlüsse ziehen auf die lautliche Beschaffenheit irgend eines einzelnen Zeichens oder einer einzelnen Zeichengruppe. Es fragt sich nun aber: lässt sich dieser Charakter der Sprache wirklich hinlänglich sicher feststellen auf Grund der, ohne solche Lehnschlüsse gemachten, Combinationen, oder aber ist dieses nicht möglich? Wir müssen die Frage ganz entschieden und des Allerbestimmtesten bejahen. Es liegt uns ob, zu zeigen, wie dieses Resultat gewonnen wird. Dabei müssen wir nun aber wiederum eine Scheidung eintreten lassen. Eine jede Sprache lässt sich mit einem lebendigen Organismus vergleichen. Sie besteht wie dieser aus einem Doppelten, aus einem Körper gewissermassen und aus einer Seele. Den Körper der Sprache bildet das lexikalische Rohmaterial, welches belebt und in Fluss gesetzt wird durch die Seele der Sprache, die Grammatik. Sind nun Lexikon und Grammatik einer Sprache so beschaffen, dass beide zu dem lexikalischen Vorrathe und dem Wortgefüge einer anderen Sprache oder Sprachengruppe eine enge und zu Tage liegende Beziehung oder Verwandtschaft zeigen, so werden wir diese Sprache als von der gleichen Art und Gattung, wie jene, als eine Schwester, Tochter u. s. w. derselben zu betrachten haben. Das Hauptgewicht wird dabei fallen auf die Grammatik, die Seele der Sprache. Es ist nämlich sehr wohl denkbar, dass durch Einschleppung von Wörtern einer Sprache in eine andere diese ein ganz anderes äusseres Ansehen gewinnt und nunmehr scheinbar eine ganz andere Sprachgattung repräsentirt, als dieses in Wirklichkeit der Fall ist. Man denke statt aller an die neupersische oder englische Sprache[1]). Hier ist es allein die Grammatik, welche den Entscheid giebt. Sie zieht alle jene Rohstoffe in den Process ihrer Umbildung hinein und der Sprachforscher erkennt bald an dem grammatischen Gefüge einer Sprache (ihr lexikalischer Bestand sei welcher er wolle), mit was für einer Art von Sprache er es zu thun hat. Immerhin nun aber wird natürlich dieser lexikalische Bestand der Sprache, handelt es sich um die Bestimmung ihres Charakters, schon ein bedeutendes Gewicht in die Wagschaale werfen, und wenn z. B. neun Zehntheile des Wortvorrathes einer Sprache semitischen Charakter bekennen, so spricht zunächst alle Wahrscheinlichkeit dafür, dass die Sprache auch wirklich eine semitische sei. Aber allein lässt sich auf diesen Thatbestand ein endgültiges Urtheil noch nicht bauen. Es gilt gleichzeitig auch den grammatischen Bau der Sprache ins Auge zu fassen. Stimmt aber auch dieser zu dem, aus der lexikalischen Beschaffenheit derselben erschlossenen, Typus der Sprache, so ist der erforderliche Beweis geleistet, ist der Charakter einer Sprache

1) Vgl. auch die lehrreiche Ausführung in dem Artikel: „das Französische im neuen Deutschen Reiche" in d. Augsburger Allgem. Zeitung, 1871. Nr. 72. S. 1219 f.

festgestellt. Nach diesen Grundsätzen haben wir auch in unserem Falle zu verfahren. Wir werden zunächst den lexikalischen Bestand der assyrischen Sprache auf seinen sprachlichen Charakter anzusehen und zu prüfen, sodann den grammatischen Bau derselben ins Auge zu fassen haben. Treten wir in diese Untersuchung nunmehr ein.

A. Der lexikalische Bestand der assyrischen Sprache.

Will man über den lexikalischen Bestand einer Sprache im Klare kommen, um danach zu bestimmen, zu welcher Gattung von Sprachen ein bestimmtes Idiom zu zählen, so wird man nach dem von uns soeben Ausgeführten einerseits zu erörtern haben, in welcher Weise die Wurzeln und Wörter einer Sprache sich mit denjenigen einer anderen berühren oder decken, anderseits in welchem numerischen Verhältnisse dieses Statt hat. Es kommt also hierbei an ebensowohl auf die Qualität, den Grad der Verwandtschaft der Wurzeln, als auf die Quantität der identischen Wurzeln. Natürlich waltet hierbei die Voraussetzung ob, dass die zu vergleichenden Wurzeln und Wörter ihrer Bedeutung nach entsprechend gesichert sind. Für die ausserassyrischen Sprachen (die semitischen etwa oder die sanskritischen) ist diese Sicherheit bezüglich der Bedeutung der Wurzeln bereits eine anerkannte. Anders ist dieses bei der in Rede stehenden, bei der assyrischen Sprache. Bei ihr ist, als einer selber erst zu entziffernden, Sprache die den Wörtern und Wurzeln eignende Bedeutung ihrerseits zuvor festzustellen. Das würde nun, hätten wir, wie z. B. bei den phönizischen Literaturresten, lediglich oder fast ausschliesslich einsprachige Inschriften, ein sehr mühsames und insofern undankbares Geschäft sein, als bei der Eigenthümlichkeit der assyrischen Schrift zur Erreichung jenes Zweckes wiederum sehr viele Um- und Nebenwege eingeschlagen werden müssten, ein Verfahren, bei welchem der hartnäckige Zweifler immer nur schwer zu überzeugen wäre. Glücklicherweise ist nun aber hier grade der Assyriologe in einer günstigeren Position, sofern wir eine ganz beträchtliche Anzahl von Inschriften haben, zu denen auch authentische Uebersetzungen vorhanden sind. Die Bedeutung eines assyrischen Wortes, wird es anders in diesen Inschriften angetroffen, ist somit sehr leicht, ganz unmittelbar und dazu mit zwingender Beweiskraft zu eruiren. Bei dieser Lage der Dinge ist uns der Weg, den wir einzuschlagen haben, von vornherein vorgezeichnet. Wir werden an der Hand der trilinguen Inschriften die Bedeutung eines Wortes oder einer Wurzel festzustellen und alsdann zu untersuchen haben, ob ein Wort einer andern Sprache und welches demselben entspricht. Stellt sich unter Einhaltung dieses Verfahrens heraus, dass die sämmtlichen, oder aber die überwiegende Mehrzahl der

Wörter der assyrischen Sprache sich decken mit Wörtern und Wurzeln einer anderen bekannten Sprache, so ist damit der Schluss vorbereitet und nahe gelegt auf das Wesen dieser Sprache und ihre Verwandtschaft mit jener anderen Sprache und der durch diese repräsentirten Sprachfamilie. Es versteht sich natürlich von selber, dass wir uns bei dieser Untersuchung nicht ängstlich und ausschliesslich bloss an die trilinguen Inschriften zu binden haben. Lässt sich gelegentlich auf ganz unzweifelhafte Weise auch bezüglich eines nicht in den trilinguen Inschriften uns überkommenen Wortes der betr. Sprache die Bedeutung feststellen, so wird von diesem Ergebnisse ganz unbedenklich Gebrauch gemacht werden können. Nur eben muss der lexikalische Bestand jener dreisprachigen Inschriften stets den Ausgangspunkt der Untersuchung bilden.

Indem wir uns nunmehr anschicken, das gesammte betreffende zur Verfügung stehende lexikalische Material einer Prüfung auf seine sprachliche Verwandtschaft zu unterstellen, kann es fraglich sein, in welcher Weise wir den Stoff am passendsten zur Darstellung bringen. Die alphabetische Ordnung, für das Glossar aus äusserlich-praktischen Gründen empfehlenswerth, würde hier ganz ungeeignet sein. Es wird darauf ankommen, gewisse auch für unsern näheren Zweck wesentliche und wichtige Kategorien in Anwendung zu bringen. Nun ist es bekannt, z. B. wie zwar wohl Substantive, auch Adjektive leicht von einem Volke zum anderen, von einer Sprache zur andern wandern, wie dagegen dieses bei Verben, Deutewurzeln, Partikeln schon bedeutend spärlicher der Fall ist. Eine auf diese Thatsache gegründete Unterscheidung dieser Wörterklassen wird sich daher von vornherein empfehlen. Da wir nun aber wiederum von den Pronominibus, den Zahlwörtern, Partikeln u. s. f. auch bezüglich ihres lexikalischen Ursprungs am besten erst in dem später folgenden grammatischen Abschnitte sprechen, so beschränken wir uns hier auf eine Untersuchung lediglich der Nomina und Verba der trilinguen Inschriften.

Vorbemerkung. Da die Stellen, wo sich in den Inschriften die betr. Wörter finden, sämmtlich im Glossar verzeichnet sind, so verweisen wir der Kürze wegen für die Belege einfach auf dieses.

1. Die Nomina der trilinguen Inschriften.

a) Substantiva.

1. *ilu* (Ideogramm erkl. S. 95) pers. *baga*, also Gott. Vgl. hebr. אֵל. An אֱלוֹהַּ ist nicht zu denken, denn das Wort giebt im Namen *Hazailu* = חֲזָאֵל (Obel. Salm. Lay. 92. Z. 97. 103) die Sylbe אֵל wieder; desgleichen im Namen *Bab-ilu* (= Babel) die Sylbe *el*; in dem von dem Substantive neugebildeten Nomen *ilut* „Gottheit“ findet sich (E. J. H. I, 87) das Wort immer nur mit

der Sylbe *lu*, nie (was sonst zu erwarten wäre) mit *lu'* geschrieben, wie auch das betr. Ideogramm selber durch *i-lu*, niemals durch *ilu'*, erklärt wird. Weiter lautet der Plural des Nomens *iliv* = *ili*, nicht *iluhi*. S. die Namen Asur-ris-iliv. ob. S. 140, und endlich finden wir in einem Syllabar (II R. 31, 11. 20. 27) den Sing. *i-lav* geschrieben, welches Wort nimmermehr auf eine Wurzel אלה zurückgehen kann.

2. *samú* (Ideogr. erkl. S. 95), pers. *açman* = Himmel. Vgl. hebr. שָׁמַיִם, arab. سماء.

3. *irṣituv* (*irṣitiv*) (Ideogr. erkl. S. 98); pers. *bumi*, also Erde. Vgl. אֶרֶץ, ارض u. s. f.

4. *kakkari* (phonetisch) pers. *bumi* = Erde, Gebiet. Vgl. hebr. קַרְקַע vom „Meeresboden" Am. 9, 3; „Fussboden" 4 Mos. 5, 17; ferner arab. قرى, قرقر locus planus, terra aequabilis. Das Wort bezeichnet somit die weite, gleichmässige Erdoberfläche, entspricht also völlig hebräischem פְּנֵי הָאֲדָמָה.

5. *arḫu* (Ideogr. S. 96) pers. *mâha* = Monat. Vgl. hebr. יֶרַח.

6. *yumu* (Ideogr. s. S. 98) pers. *rauca* = Tag. Vgl. יוֹם, يوم.

7. *marrati* (phonet.) pers. *daraya* = Meer. Vielleicht zu vgl. مر *transire*?

8. *naharu* (Ideogr. erkl. S. 97) Fluss, hebr. נָהָר.

9. *sadu* (Ideogr. S. 97) pers. *kaufa* = Berg; vgl. سدا, صعد. S. DMG. XXIII, p. 366.

10. *mat* (Ideogr. S. 96), pers. *dahyâus* = Land. Vgl. syr. מָתָא „Land", in manchen aramäischen Dialekten auch (Nöld.) „Ort".

11. *asar* (phon.) pers. *gâthu* = Ort; arab. اثر *vestigium*; aram. אֲתַר „Ort", „Gegend".

12. *'ir* (Ideogr. S. 96) pers. *vardana* = Stadt; hebr. עִיר.

13. *bîtu* (Ideogr. S. 99) pers. *âyadana* = Haus. — Hebr. בַּיִת, arab. بيت u. s. w.

14. *bâbu* (Ideogr. S. 99) pers. *duvarthi* = Thür. – Arab. باب u. s. f.

15. *kubur* (phon.) pers. *ardaçtâna* (?) = *vestibulum* (?). Ist arab. كبير zu vergleichen = „der weite Raum?"

16. *ri'imi* pers. *ardaçtâna* = Hochbau. — Hebr. רום „hoch sein".

17. *dippi* (phon.) pers. *dipi* = Tafel. Chald. דַּף. Das Wort ist offenbar aus dem Babylonischen ins Persische übergegangen.

18. *limu* (phon.) pers. *dipi* = Tafel. — Arab. لمس?

19. *dikli* (phon.) pers. *nâvi* = Schiffe. — Aram. דִּקְלָא „Palme“. (Das gewöhnl. Wort für Schiffe im Assyrischen ist übrigens nicht dieses, sondern *'ilippu* = aram. ܐܠܦܐ s. ob. S. 96 Nr. 20).

20. *galal* (phon.) pers. *áthangaina* (steinern) = Stein, Marmor. — Talm. גְּלָל.

21. *zakif* (phon.) pers. *usmâ* = Kreuz; Aram. ܙܩܝܦܐ „Kreuzigung.“

22. *kakkadu* (Ideogr.) = Haupt קדקד (Bed. suggestirt der Zusammenhang). S. S. 114.

23. *ṣalam* (phonet.) pers. *patikara* = Bild. Hebr. צֶלֶם.

24. *ṣilli* (צִלִּי) (phon.) Plur. (?) von צל. pers. *vašna* (Wille, Gunst) = צֵל „Schatten“, „Schirm“.

25. *nišu* (Ideogr. erkl. S. 97), pers. *martiya* = Menschen. Hebr. אנוש, נשים.

26. *ṣab* Leute (mit einem Beisatz: pers. *açanbâra*). Hebr. צבא.

27. *galla* (phon.) pers. *bandaka* = Diener, Sklav. — Ist גלה „auswandern“ (Opp.) zu vergleichen? —

28. *ukum* (phon.) pers. *kâra* = Heer, Volk. Hebr. קום, arab. قوم.

29. *milu* Menge (vgl. II R. 39, 7 Obv.). Hebr. מלא.

30. *kiššâti* „Schaaren“ (vgl. a. a. O.). Aram. כנס.

31. *abu* (Ideogr. S. 97) pers. *pitar* = Vater. — Hebr. אָב (arab. äthiop. aram. dasselbe).

32. *ummu* (Ideogr. S. 97), pers. (*ha*)-*mâtar* = Mutter. — Hebr. אֵם, arab. أم.

33. *aḫu* (Ideogr. S. 98), pers. *brâtar* = Bruder. — Hebr. אָח, arab. أخ u. s. f.

34. *habal* (Ideogr. S. 98), pers. *puthra* = Sohn. — Arab. هبل kinderlos sein.

35. *habilu* pers. *martiya* = Mann. — Rad. *habal* s. vorhergehende Nr.

36. *zir* (Ideogr. S. 98), pers. *taumâ* = Stamm, Familie. — Hebr. זֶרַע.

37. *šar* (Ideogr. S. 99), pers. *khšâyathiya*. — König. — Hebr. שַׂר „Fürst“.

37 a. *šarrut* pers. *khšatra* — „Königthum“, „Herrschaft“. — S. vor. Nr.

38. *kussû* (Ideogr. 99), pers. *gâthu* = Thron. — Hebr. כִּסֵּא.

39. *taḫaz* (phon.), pers. *hamarana* = Schlacht, Kampf. — תחז = מחץ zerschlagen, schlagen (Opp. 222)?

40. *piltaru* (*paltu*) (phon.) pers. *hamarana* = Schlacht, Kampf. — Das Wort ist wohl am Besten mit Opp. abzuleiten von צמל, صمل = „Handgemenge“.

41. *azmar* (phon.) pers. *arstis* = Lanze. — Wort dunkler Herkunft. Vgl. indess سمر einen Pfeil abschiessen, مسمار, מסמר „Nagel“.

42. *susi* (Ideogr. S. 99) = „Pferde“ סוס.

43. *libbu* (phon.) „Herz“. Das Wort kommt in den trilinguen Inschriften immer nur in Verbindung mit gewissen Präpositionen und mit diesen Adverbia bildend vor (s. d. Gloss.). S. Bedeutung „Herz“ steht wie schon nach diesen Adverbien, so nach den unilinguen Inschriften durchaus fest. Vgl. statt aller die in der Khorsabadinschrift so häufig sich wiederholende Redensart *ina ruhut libbiya* „in der Zornglut meines Herzens“. — Ideogramm erkl. S. 98. — Hebr. לֵב.

44. *lisanu* Zunge, Sprache, (phon.) — Vgl. לָשׁוֹן لِسَان.

45. *sumu* (phon.) pers. *nâma* = Name. — Hebr. שֵׁם.

46. *katu* (Ideogr. S. 98) pers. *daçta* = Hand. — Ursprung dunkel, doch s. u. Denkwürdigerweise existirt übrigens auch das in den verwandten Sprachen für diesen Begriff im Gebrauch befindliche Wort יָד, äthiop. እድ: noch im Assyrischen nämlich als *id* und zwar im Sinne von „Arm“ vgl. Sard. I. 41: *idat bilutiya* „die Arme meiner Macht“. S. auch hierüber weiter unt.

47. *ramman* (phon.) dient mit Suff. zur Umschreibung des Reflexivpronomens, z. B. *uvâ-marsiyus* Beh. 17. — Hebr. רַחַם. — Vgl. hebr. עֶצֶם, נֶפֶשׁ, welche Wörter zu dem gleichen Zwecke verwandt werden. S. weiter unten bei den Pronomm.

48. *durri* (phon.) (pers. Aequivalent verloren) = Zeitalter. — Hebr. דּוֹר.

49. *'ittu* (phon.) pers. *jâv* (Verb.) = Zeit, Jahr. — Hebr. עֵת.

50. *ṣibu* (phon.) pers. *kâma* = Wunsch, Wille. — Aram. צבא „wollen“.

51. *ni'imi* (phon.) pers. Aequivalent existirt nicht; der Sinn des Wortes = „Befehl“ steht fest durch die Vergleichung der Stellen Beh. 88. H. 21. K. III, 5. Hebr. נְאֻם.

52. *bisu* (phon.) pers. *arika* = Feindschaft, Empörung. — Vgl. hebr. באש „übel riechen“, chald. בְּאֵשׁ „schlecht sein“. Vgl. ob. das Syll. S. 27. Nr. 81.

53. *summuḫ* (phon.) Wort unsicherer Ableitung und Bedeut.; vielleicht = Verderben, Vernichtung vgl. שמד, oder Schafelbildung von מחה = מחה *abstergere* (Opp. E. M. II, p. 175. 176)?

54. *aḫu* (phon.) pers. Aequival. verloren. Lehre von אחוה = حوى, (Opp. p. 177). Unsicher.

55. *dumḳu*, *dunḳu* (phon.) pers. *siyathi* (?) = Macht, Gunst[1]). Das Wort ist sicher phonetisch geschrieben, wie die davon vorkommenden Formen *damḳuti*, *damikti* an die Hand geben. Seine Ableitung ist dunkel.

56. *migidi* (phon.) mit Conj. *ul* „nicht" pers. *azdâ*, also = Kenntniss. — Arab. مجد „loben" wohl eigtl. „rühmend zur Kenntniss bringen", vgl. hebr. הזכיר. Vrb. *mayad* s. u. —

57. *mayidut* (NR. 18) Wort zweifelhafter Bedeutung und Ableitung.

58. *šanitu* (phon.) (vgl. pers. *patiy tritiyam*) = Mal. — Hebr. שְׁנַיִם „zwei".

59. *šanuti* (phon.), pers. *aniya* = anderer. — Hebr. שְׁנַיִם „zwei".

60. *nikrutu* (phon.) pers. *kâra tya hamitriya* = Aufrührer. — Rad. נכר „fremd sein". Vielleicht ist davon auch abzuleiten:

61. *nikrava* (phon.) = aufrührerisch.

62. *kutibtur* (phon.) (Text nicht sicher) = Schrift. — Hebr. כתב[2]).

63. *mandattu* (phon.) pers. *bâji* = Tribut. — R. נדן = נתן s. u.

64. *tabbanu* (phon.) pers. *naiba(m)* = Prachtgebäude. — Rad. בנה s. u.

65. *dinâtu* (phon.) pers. *tya athahya* = Befehle, Gesetze. — Hebr. דין.

66. *asibut* (phon.) pers. *martiya* = Bewohner. — Hebr. יוֹשְׁבִים. — Rad. *asab* = ישב s. u.

67. *mitut* (phon.) pers. *uvâmarsiyus* = das Sterben. — Hebr. מות.

68. *mus'gi* (phonet.) etwa soviel wie *dinâtu* „Befehl" (pers. Aequivalent verloren). Vgl. unten „Verba" unt. סגב.

69. *pargâtu* (phon.) pers. *drauga* = Lügen. — Rad. פרץ „brechen"; (auch כזב „lügen" bed. eigtl. „zerbrechen" = קצב s. Ges. thes. p. 674). — Das Verb. s. u.

b) Adjectiva.

70. *madutu* (phon.) genauer *ma'dutu* zu schreiben gemäss Syll. 189; Sard. I, 71, pers. *par'u* = viele; plurales Adj. von

1) Assurb. Sm. 44, 47 entspricht das Wort im parallelen Gliede dem W. *ṭabti* טבת „Wohlthat", „Gunsterweisung".

2) Das gewöhnliche Wort für schreiben ist im Assyrischen *saṭar* שטר, سطر. S. u.

der W. *ma'ad* — hebr. מאד, verwandt mit מדד, ‏مدّ. S. das Vb. unt. 105 [1]).

71. *mahrutu* (phonet.) — früherer F. 12 (die pers. Parallele ist nicht die exacte Uebers.). — Rad. מהר = מהר „eilen", „davoneilen". Vgl. für den Bedeutungsübergang äthiop. ቀደመ: hebr. קדם.

72. *isi* (phon.) Wort zweifelhafter Bedeutung (Beh. 88, 59, 75, 82). Nach Oppert = *deficientes, pauci*, nach Norr. p. 192 = die Ausziehenden (pers. *hadâ kamanaibis açanbâraibis*). Rad. wohl jedenfalls יצא *exire*.

73. *isut* dass. Beh. 38.

74. *rabu* (phon.) pers. *vazraka* = gross. — Vgl. hebr. רב arab. ربّ u. s. f.

75. *baltutav* (phon.) = lebendig, Bed. 51. 56. 63. 83 u. sonst durch den Gegensatz: „Getödtete" an die Hand gegeben. — Vgl. hebr. מלט „entfliehen", eigtl. wohl „sich regen", „sich in Bewegung setzen".

76. *pitkud* (phon.), pers. *âgatâ* = folgsam, gut. Eigtl. „aufmerksam", „sorgsam", „besorgt". — Rad. *pakad* פקד.

77. *ruhuk* (phon.) pers. *dura* = fern. — Vgl. hebr. רָחוֹק.

78. *rapastuv* (phon.) pers. *duraiy apiy* = weit. — Rad. רפש = רחב.

79. *parkâni* (phon.) pers. (?) = Uebelthäter. — Vgl. פרך „Bedrückung", „Gewaltsamkeit", auch arab. فرك.

80. *pumamaitun* (phon.) pers. Uebers. nicht vorhanden. Unsicher nach Bedeutung (verwüstet?) und Ableitung. —

81. *ahullai* (phon.) jenseitig, nach Bed. u. Abl. ebenso zweifelhaft, wie der entsprechende verderbte pers. Text.

82. *ahannai* (phon.) diesseitig. S. Nr. 81.

83. *'ullu* (phon.) früherer, vorzeitig. Pers. Aequivalent nicht vorhanden. — R. עלה „emporsteigen".

84. *gabbi* (phon.) alle, ganz pers. *harûva*. Vgl. äthiop. ገብእ: arab. جبى, hebr. גב.

2. Die Verba der trilinguen Inschriften.

85. *nabal* bezhgsw. *balal* (phon.) pers. *viyaka* (s. Spieg. 84) = verwüsten, zerstören. — Hebr. בלל.

86. *banâ* (phon.) pers. *dâ* = bauen, machen. — Hebr. בנה.

87. *nadan* (phon.) pers. *dâ* = geben, schaffen. — Hebr. נתן.

---

1) Der mit hebr. מאד sich völlig deckenden Aussprache *ma'di* (מְאֹד) begegnen wir Assarb. Sm. 56, 4.

88. *akam* (phon.) pers. *d'i* = *sibi vindicare*; nehmen. — Hebr. נקם.

89. *namar* (phon.) pers. *vain* = sehen. — Im Syr. und Arab. bed. d. Wurzel buntgefleckt, bunt sein; im Arab. steht sie auch vom hellen, klaren Wasser.

90. *nasâ* (phon.) pers. *parâbar* = wegnehmen, auch tragen. — Hebr נשׂא.

91. *paraṣ* (phon.) pers. *duruj* = lügen. — Vgl. ob. Nr. 69.

92. *ṣabat* (phon.) pers. *garb* = fassen, ergreifen. — Arab. ضبط, äthiop. ፀበጠ ፡ dasselbe; vgl. auch hebr. צֶבֶת „Garbe“, „Bund“; צבט „darreichen“.

93. *saṭar* (phon.) pers. *ni-pis* K. III, 6 — schreiben. — Hebr. שטר; arab. سطر.

94. *sapar* (phon.) pers. *frâ-is* = senden, schicken. — Arab. سفر „wandern“, „reisen“.

95. *ṭûr* (phon.) pers. *bu* = sein, werden. Hebr. u. aram. דור „wohnen“, „weilen“. Vgl. arab. دار.

96. *dâk* phon.) pers. *jan* = „tödten.“ — Hebr. דקק „zermalmen“.

97. *mît* (phon.) pers. *mar* = sterben. — Hebr. מות.

98. *halak* (phon.) pers. *siyu* = gehen. Hebr. הלך.

99. *sug* (phon.) (pers. Aequivalent verloren) = befehlen. Ist hebr. סך, סִכְסֵךְ (*excitare* „aufregen“. Jes. IX, 10; XIX, 2) zu vergleichen? — Vgl. *musgi* Nr. 67.

100. *'abas* (phon.) pers. *kar* = machen, thun. — Arab. عبس. S. uns. Abhdlg. in DMG. XXIII p. 365.

101. *sakan* (phon.) pers. *araçtâ*, *kar* = stellen, machen — Hebr. סכן, שכן.

102. *salaṭ* pers. *patijam* = niederwerfen, beherrschen. — Vgl. שלט, سلط.

103. *bahar* (phon.) sich versammeln, pers. *hangam*. — Vgl. بحر „Meer“ u. unsere Bemerkungen in DMG. XXIII. p. 357.

104. *ḳabâ*, (phon.) pers. *gub* = sprechen. Hebr. קבב, נקב [1]).

105. *ma'ad* (phon.) (vgl. pers. *vaciy abara* Beh. 14) — viel sein. — Hebr. מאד, vgl. *madutu* Nr. 70.

106. *kusad* (phon.) pers. *para-raç* und *siyu* = kommen. Davon auch *kisad* das Ufer; in den triling. Texten im Ass. = länge pers. *anuc*. — كسد VII *rediere seque receperunt oves ad alias oves* (Kam.) St. I steht von nicht abgehenden Waaren, welche „hängen bleiben“.

---

1) Neben *ḳaba* ist im Assyrischen auch *kalam* arab. كلم im Pa. gebräuchlich vgl. z. B. *ukallimu* „sie sprachen“ Assurb. Sm. 235, 18; ebenso *kilam* „Wort“ in einem Syllab. II R. 13, 28 ff. Dass die bekannten hebr. Wurzeln אמר und דבר im Assyr. in der Bed. „sprechen“ je in Gebrauch waren, davon zeigt sich keine Spur.

107. *nakar* (phon.) (im Ifteal Impft. = *hamitriya abava*) = sich empören. — Rad. נכר: fremd sein oder werden. Vgl. hebr. נכר.

108. *nazal* (phon.) = hineingerathen Beh. 14. (Die Lesung *il-taz-zil* ist indess nicht ganz sicher). — Hebr. נזל.

109. *nasar* (phon.) pers. *pâ* = beschützen. — Hebr. נצר, vgl. arab. نصر.

110. *kalal* pers. *dar* = halten, festhalten. — Vgl. כלל a) *claudere* b) *perficere*. (Ges.)

111. *nakal* (phon.) vollenden = כלל, hebr. class. (pers. Uebers. nicht vorhanden).

112. *mašan* (phon.) pers. *khšnâç* = wissen, kennen.

113. *kanaš* (phon.) pers. = *dar*, in d. Bed. im Besitz haben. — Aram. כנש, hebr. כנס „versammeln"; danach das Assyrische: „unter seine Botmässigkeit bringen".

114. *ašab* (phon.) pers. *dar* sich aufhalten = wohnen. — Hebr. ישב.

115. *magad* (phon.) pers. *azdâ* mit negativ. fragendem Verb. *bu* = wissen. Vgl. مذكور u. s. ob. Nr. 56.

116. *šalam* (phon.), Pa. *šallim* pers. *dars* = wagen (eigtl. etwas fertig bringen). — Hebr. שָׁלֵם „vollenden".

117. *ṭa'am* (phon.), pers. *framânâ* (Nm.) = befehlen. — Aramäisch טעם.

118. *ṣalâ* (phon.), Pa. *ṣalli*, pers. *patiy-âvahaiy* Beh. 22 = anflehen, um Schutz angehen. — Aram. צַלִּי.

119. *šamâ* (phon.) Pa. *patiyâiša* Beh. 7 = unterthänig werden, gehorchen. Hebr. שָׁמַע.

120. *damam* (phon.) pers. *manâ naiy gaubataiy* „es (das Heer) nennt sich nicht mein" Beh. 48 — stumm gehorchen. — Hebr. דמם „schweigen".

121. *dagal* (phon.) pers. *man* = auf etwas achten, passen. — Hebr. דגל.

122. *ḥabal* (phon.) Pa. verderben. S. 17. 18. (Pers. Uebers. nicht vorhanden). — Hebr. חָבַל.

123. *tabâ* (phon.) (pers. *udapatatâ* Beh. 30. 31. 41.) — sich empören. R. תבה, arab. تبا, تبع. Vgl. den grammatischen Theil. Sonst im Assyr. einfach kommen.

124. *bamas* (phon.) pers. *tarç* Beh. 20. (*ibtanis*) = sich fürchten (? Lesung unsicher).

125. *'abar* (phon.) pers. *vi-tar* = hinüberschreiten. — Hebr. עבר.

126. *nazâ* (phon.) pers. bloss *ah* „sein". Beh. 34 besteigen (von Schiffen gesagt). Hebr. נזה.

127. *ṣamdan* Impft. Beh. 10. 22 u. ö. — pers. *upaçtâm abara* = „helfen". — Vielleicht eigtl. „sich mit Jemand verbinden" vgl. צמד binden.

128. *arur* (phon.) Volunt. *lirur* = pers. *yatâ biyâ* „du mögest getroffen werden" Beh. 108 = „verfluchen" (frei!). — Hebr. ארר.

129. *ša'al* (phon.) pers. *parç* = fragen. — Hebr. שׁאל, arab. سأل.

130. *rapaš* (phon.) Voluntal = pers. *vaçiy biyâ* (Beh. 107) = viel machen. — Hebr. רפשׂ „ausbreiten".

131. *rahak* (phon.) Volunt. = pers. *drâñjam* (*jîvâ*) = lang, fern sein. — Hebr. רחק.

132. *kalaš* (phon.) pers. *ciykaram* mit Hilfsvb. (NR 25) = zahlreich sein? (Opp.). Unsicher, da die Lesart schwankend.

133. *araš* (ideogr.) pers. *jad* = wünschen. — Hebr. ארשׁ; arab. ورش.

Dieses die in den trilinguen Inschriften uns entgegentretenden Begriffs-Wörter und -Wurzeln. Wir fügen ihnen, da dieses ohne Schwierigkeit geschehen kann, noch die bereits früher ihrer Aussprache nach festgestellten, meist ideogrammatisch geschriebenen Wörter hinzu, lediglich zur Erhärtung ihrer Bedeutung die betr. Belegstellen, soweit sie nicht ebenfalls bereits in unsern früheren Ausführungen beigebracht sind, noch beifügend.

134. *riš* Haupt, hebr. ראשׁ (S. 26);
135. *uznu* Ohr אזן (S. 26);
136. *inu* Auge עין (S. 26[1]);
137. *napištu* Seele נפשׁ (S. 106);
138. *pagru* Leichnahm פגר (S. 106);
139. *nun* Fisch נון (S. 106);
140. *iççur* „Vogel" arab. عُصْفُور, hebr. צִפּוֹר (S. 26);
141. *alap* Ochs אלף Khors. 54. 166 u. ö. (S. 26);
142. *urru* Licht אור (a. a.);
143. *samsu* שמש Sonne: شمس (S. 92);
144. *sanat* Jahr שנה Khors. 124. 144, 26;
145. *tihamti* Meer תהום (S. 27);
146. *mi'* Wasser מים ماء (S. 26);
147. *išat*, *išitu* Feuer אשׁ (S. 108);
148. *gušur* Balken جسر (S. 26);
149. *'iç* Holz עץ (S. 108);
150. *hatruç* Scepter E. J. H. I, 45. Tigl. VI, 51 חטר (S. 26);
151. *abnu* Stein אבן (S. 119);

1) Von sonstigen Bezeichnungen des Kopfes und von Theilen desselben, die durch die Inschriften belegt sind, merke ich noch an *pan* „Angesicht" פנים (Assurb. Sm.), *pû*, *pî* „Mund" פה (II R. 39, 10b. u. ö.); *appu* „Nase" אף (I R. 19, 117); *lišan* „Zunge" a. o.; *šaptu* „Lippe" שׂפה Assurb. Sm. 68. 86; endlich *kakkadu* „Schädel", „Haupt" קדקד (II R. 19, 14b. 46, 45c) (a. a.).

152. *ḫurâṣu* Gold Khors. 27. 87. u. ö. חָרוּץ (S. 26);
153. *kaspu* Silber כֶּסֶף E. J. H. III, 68 (S. 31);
154. *bilat*, *biltuv* Tribut Khors. 141. 162. Tigl. II, 93 u. ö. R. יבל (S. 26);
155. *tîmin* Grundstein תֵּימָן R. ימן Bors. col. I, 23 (S. 36);
156. *nâhid* erhaben نهد (S. 107);
157. *dannu* mächtig דַּן, דון Stand. Z. 1 u. ö. (S. 27);
158. *ṭab* gut טב E. J. H. 66. 72. Tigl. VI, 61 (S. 27);
159. *kînuv* fest כון (S. 27);
160. *malu* voll sein מלא I Rawl. 35. I. Z. 2;
161. *rabâ* vermehren רבה (S. 27);
162. *šakal* wägen שקל Khors. 124. 140 (S. 20. 21);
163. *šalam* (Pa.) vollenden שלם Khors. 6. 141. 189.

Ueberschauen wir das Resultat dieser Zusammenstellung, so berührt sich die weit überwiegende Mehrzahl der angeführten Wurzeln und Wörter in einer Weise mit uns sonst bekannten semitischen Wörtern und Wurzeln, vornehmlich hebräischen [1]), dass sich Niemand, der unbefangen urtheilt, des Schlusses erwehren kann, dass wir es hier selber mit einer dem Hebräischen verwandten, mit einer semitischen Sprache zu thun haben. Die wenigen nicht unmittelbar in den Rahmen des semitischen Lexikons sich fügenden Wörter der trilinguen Inschriften sind theils solche, die ihrer Lesung nach unsicher sind, indem namentlich die Frage noch aufgeworfen werden kann, ob sie nicht vielleicht ideographisch geschriebene Wörter sind (so *limsu* und *asmar*), theils sind es solche, bei denen der Originaltext paläographisch unsicher ist, so bei *banas* und *kalas*. Unser Schluss wird verstärkt durch die Beobachtung, dass die, semitischen Typus nach Form und Bedeutung an sich tragenden, Wurzeln und Wörter nicht bloss für den Semitismus der Sprache ganz charakteristische Nomina sind (man denke nur an *ilu* Gott, *abu* Vater, *ummu* Mutter, *aḫu* Bruder, *šarru* Fürst, *bitu* Haus, *babu* Thür, *rabu* gross, *dannu* mächtig u. s. f.), sondern dass unter dieser Zahl auftreten auch eine

1) Ganz beiläufig mag hier bemerkt werden, dass auch das specifisch hebräische Wort für „Meer" nämlich יָם den Assyrern nicht unbekannt war. Allerdings begegnet uns in den Texten weit überwiegend das Wort *tiâmtiv* (תהום) in diesem Sinne; allein ein Syllabar II R. 41, 45, auf welches zuerst Norris p. 467 aufmerksam gemacht hat, setzt diesem *tiâmtiv* gleich ein *ya-a-mi*, welches nur das hebr. יָם sein kann. Noch mag es mir verstattet sein darauf aufmerksam zu machen, dass auch die den nordsemitischen Sprachen (Aramäisch und Hebräisch) so specifisch eignenden Wörter für „Weg" אֹרַח und דֶּרֶךְ im Assyrischen lebendig waren. Jenes erscheint in der Aussprache *uruḫ*, *urḫu* (in der älteren Zeit z. B. Lay. 12. B. 8 auch *arḫu*) sehr häufig in den Inschriften z. B. Khors. 114. 116. 141; Assarh. Sm. 65, 78 u. ö.; dem andern, selteneren, begegnen wir in der Aussprache *daragu* Assarh. Sm. 77, 4 (es steht hier von dem Wege oder der Richtung, die ein Abgesandter eingeschlagen).

beträchtliche Anzahl von Verben, die sich mit sonst als semitisch bekannten auf das Engste berühren. Ich erinnere nur an *mît* sterben, *banû* bauen, *našû* tragen, *šaṭar* schreiben, *halak* gehen, *šalaṭ* herrschen, *naṣar* beschützen, *nakar* sich entfremden, *rabû* vermehren, *šaḳal* wägen, שלם (שלם) vollenden, *malû* voll sein und andd. Wäre bei den Substantiven und Adjektiven die Möglichkeit, dass sie von den Assyrern anderswoher entlehnt seien, wohl in *abstracto* denkbar (wenn freilich in *concreto* die Sache schon dadurch wieder gänzlich unwahrscheinlich wird, dass gerade die die Familie und das Hauswesen, überhaupt Dinge des täglichen Lebens betreffenden Bezeichnungen rein semitisch sind), so verliert dieselbe bei den Verben von vornherein alle Wahrscheinlichkeit, da dass die Assyrer auch diese anderswoher (von wem?) entlehnt hätten, wohl kaum Jemand in den Sinn kommen wird zu behaupten. Zudem müsste denn doch wenigstens ein Grundstock andersartiger, nicht semitischer, Verben in der Sprache vorhanden sein. Aber selbst die verhältnissmässig wenigen assyrischen Verbalwurzeln, die sich nicht mit sonst bekannten semitischen Wurzeln zusammenbringen lassen, verrathen doch wieder in ihrem Baue unverkennbar ihren semitischen Typus, dieses nämlich in ihrer Dreilautigkeit, vgl. z. B. *mahan* wissen, *damaķ* mächtig, ansehnlich sein u. s. f., wie denn überhaupt diese Dreilautigkeit der oben aufgeführten Wurzeln wiederum so recht charakteristisch ist für den Semitismus der assyrischen Sprache, eine Eigenschaft dieser Wurzeln, welche durch das sporadische Vorkommen von quadriliteralen Wurzeln (z. B. *pamdan*) in ihrer Beweiskraft für den Semitismus des Assyrischen nur noch verstärkt wird.

Aber ist nicht das ein Argument gegen den Semitismus des Assyrischen, dass manche ganz charakteristische Wurzeln und Wörter, welche uns in den übrigen semitischen Sprachen entgegentreten, im Assyrischen vermisst werden, während statt dessen Wurzeln und Wörter für die betr. Begriffe auftreten, die wir in den verwandten Sprachen vergeblich suchen? Kann das eine semitische Sprache sein, in welcher „Sohn" nicht *ben* oder *bar*, sondern *habal* heisst? in welcher „Hand" *ķat*, „Berg" *šadu*, „machen" *'abaš* (עבש), „tödten" *dûk*, „sprechen" *ķabû*, „sein" *tûr*, „nehmen" *akam*, „sehen" *namar* lautet? in welcher „ganz" gar durch *gabbi* ausgedrückt wird — sämmtlich Begriffe, für welche die anderen semitischen Sprachen andere Wörter im Gebrauch haben? — Wir geben diese Frage zurück und fragen: Ist darum das Arabische keine semitische Sprache, weil dasselbe für den Begriff „Baum" das Wort شجر im Gebrauch hat, während denselben die sämmtlichen übrigen semitischen Sprachen (unter ihnen auch das Assyrische!) durch עץ ausdrücken? oder aber das Aethiopische dieses nicht, weil es den Begriff „Sonne" durch ፀሐይ፡ wiedergiebt, zu dessen Ausdruck die sämmtlichen übrigen semitischen Sprachen und auch das Assyrische שמש im Gebrauch haben? oder aber dieses deshalb nicht, weil es „sprechen“ durch ብህለ:, „erzählen“ durch ነገረ:, „erbauen“ durch ሐነጸ: oder ነደቀ: und „Mensch“ durch ሰብእ:, „Tag“ gar durch ዕለት: ausdrückt, lauter Begriffe, für welche die anderen semitischen Sprachen ganz andere Wörter verwenden? Und heisst etwa noch in einer anderen Sprache als im Hebräischen „machen“ עָשָׂה, „kämpfen“ לחם, „nehmen“ לקח? — Ja wohl, wendet man ein: aber diese Wörter haben doch irgendwie eine semitische Ableitung! — Als ob jemals schon Einer eine befriedigende Etymologie von עָשָׂה aufgestellt, das äthiopische ዕለት: anders als durch kühnste Combination in den Semitismus eingefügt hätte, als ob endlich die Etymologie von شجر „Baum“ so ganz auf der Hand läge! So wenig aber auch hier freilich der Sprachforscher die Hoffnung aufgeben wird, die Wörter dennoch als semitische zu begreifen; so sehr sogar auch in solchen Fällen auf schliessliche Bewältigung des spröden Stoffes zu rechnen ist: ebenso wenig hat man dieses bei den betr. assyrischen Wurzeln zu bezweifeln; ebenso sehr liegt sogar auch bei einigen von ihnen ihre Etymologie zu Tage, vgl. oben zu *akam*, *duk*, *kabâ*, *tur*, *'abas*. Aber *kabal* für „Sohn“ und *gabbi* für „Jeder“, „ganz“ — klingt das nicht gar — barbarisch? — Zweifelsohne dieses —, so lange man die Sache noch nicht näher betrachtet hat. Anders aber, sieht man etwas schärfer zu. Beginnen wir mit *gabbi* „all“ „ganz“. Dasselbe semitisch einzugliedern, hat gar keine ernstliche Schwierigkeit. Eine ganz entsprechende Wurzel liefert uns das äthiopische ገብአ:, im Causativ-Reflexivstamme „sich versammeln“. Es steht nicht minder aber auch das arab. جمع, und weiter das hebr. גב zu vergleichen. Kurz die Etymologie ist eine sehr befriedigende. Was die Bildung anbetrifft, so ist zunächst zu beachten, dass statt des auslautenden *i* die älteren genaueren Inschriften *u* bieten — *gabbu* vgl. Sard. I, 82. III, 103. Es ist somit genau eine Bildung wie hebr. דַּל „niedrig“, חַת „erschreckt“ u. ähnl., also eine semitische Bildung vom reinsten Wasser. Hat so das Wort an sich durchaus nichts Bedenkliches innerhalb des Semitismus, so ist nun aber anderseits nicht zu vergessen, dass die unilinguen Inschriften, auch die babylonischen, dafür weitaus überwiegend [1]) ein anderes Wort im Gebrauch haben, und zwar kein geringeres als das in allen semitischen Sprachen uns entgegentretende, bekannte כֹּל, im Assyrischen *kal* (*kalu*, *kala*, *kali*) lautend. Die Richtigkeit dieser Angabe erhellt unzweifelhaft aus einer Vergleichung zweier Stellen in Inschriften Sanheribs, von denen sich die eine

1) Ich entsinne mich dem Worte ausser in den citirten Stellen der Sardanapalinschrift nur noch in Inschriften Asurbanipals (Smith 109, 7; 193, 8: *gab-bi*) begegnet zu sein.

in dem nach Taylor benannten Cylinder (I Rawl. Bl. 37 ss.) col. II, 65, die andere in der noch nicht edirten, nach dem Jonashügel benannten Inschrift dieses Königs findet (abgedr. bei Norris, Diction. p. 107). An der letzteren Stelle wird nämlich das in der ersteren Stelle, in der Phrase *šarrâni mât Aharri kališun* „die sämmtlichen Fürsten des Westlandes“, auftretende *ka-li-šu-un* ersetzt durch *KAK-šu-un* d. i. durch das (s. o. S. 112 Nr. 76) gewöhnliche Gesammtheitsideogramm. Es liegt zu Tage, dass *kal* die „Gesammtheit“, also den Begriff „all“ repräsentiren muss: *kališun* ist genau כֻּלָּם, كلهم, *kal* selber somit = כל d. i. gleich dem auch in den übrigen semitischen Sprachen den Begriff der Gesammtheit, Ganzheit ausdrückenden Worte [1]).

Ganz ähnlich verhält es sich mit dem assyrischen Worte für „Sohn“ d. i. *habal*. In Beziehung hierauf ist zunächst zu constatiren, dass mit der Vermeidung des Wortes בן für „Sohn“ die assyrische Sprache nicht allein steht; denn auch im Aethiopischen ist בן für den in Rede stehenden Begriff abhanden gekommen: es gebraucht dafür ወልድ፡ von *walad* = ولد, ילד. Die Etymologie aber von *habal* ist, vergleicht man arab. هبل „kinderlos sein“, durchaus keine unbefriedigende, vgl. hebr. אבה „wollen“ mit arab. أبى „nicht wollen“. Und dazu unterliegt es für uns nicht dem geringsten Zweifel, dass dasselbe, wie Oppert bereits vermuthet hat, in dem Namen des Sohnes Adam's A b e l sich auch noch im Hebräischen erhalten hat. In der Umgebung von Namen wie *Adam* d. i. Mensch [2]), *Chawwa* (Eva) d. i. Mutter; *Seth* d. i. Setzling, Spross; *Kain* dass.; *Enosch* d. i. abermals Mensch, kann *Hébel* (aus *habl*) d. i. Abel auch nichts anderes bedeuten als „Sohn“ oder „Spross“, eine Bedeutung die uns durch das Assyrische an die Hand gegeben wird. Das Wort hat sich im Hebräischen als Eigenname erhalten, während es in demselben als Appellativ abhanden gekommen ist, genau wie das aus dem arab. *Hiğra* bekannte Wort für „Flucht“ sich im Hebr. lediglich in dem Eigennamen *Hagar*, das Wort أعثى „behaart“ sich ausschliesslich in dem Namen *Esau* (עשו) erhalten hat u. s. f.

Aber das gemeinsemitische בן ist darum noch nicht spurlos im Assyrischen verloren gegangen, wie dieses im Aethiopischen frei-

1) Ganz phonetisch geschrieben noch Assarh. Sm. 232, 29: *ka-li-šu-nu* „sie alle“; ebenso 18, 71: *ka-li* „die Gesammtheit der“ . . . .; ferner Khors. 14 und sonst.

2) Auch dieses Wort ist beiläufig noch im Assyrischen erhalten, nur in einer Form, die es auf den ersten Blick unkenntlich macht. Es ist nach meinem Dafürhalten identisch mit dem in den Inschriften wiederholt (s. Norr. 225) in der Bed. „Menschen“ uns entgegentretenden *dadmi* (*da-ad-mi*), in einfacher und zwar singularer Form *dadam* lautend, das seinerseits gewiss lediglich aus *damdam* דמדם zusammengeflossen ist; dieses aber ist deutlich אדם.

lich der Fall ist. Das fragliche Wort oder besser der fragliche Stamm ist uns nämlich auch im Assyrischen noch erhalten in seiner femininen Aussprache als *bint* oder *binit* = بِنْت, בַּת. Als das Femininum zu *ablu* erscheint dasselbe in der Form *binitu* vielleicht schon in dem Syllabar sub Nr. 304. 305 (s. o.) (doch wäre es möglich, dass hier *binit* „die Schöpfung" bedeutete [1]); sicher dagegen tritt uns dasselbe entgegen in einer Stelle der Annalen Assurbanipal's (III Rawl. 18. col. II, 108, s. auch Assurb. Smith p. 61 Z. 105). Hier nämlich lesen wir: *bintu* (*bi-in-tu*) *ṣit lib-biśu* d. i. „die Tochter, seines Leibes Spross" [2]) (*ṣit* = צֵאת Rad. יצא = [illegible] [3]). Ja, das Wort *bin* „Sohn" selber sogar scheint sich in einem einzelnen Falle auch im Assyrischen noch erhalten zu haben, in der Redeweise *bin bin* „Sohn des Sohnes" = „Urenkel". Ein Syllabar nämlich (II R. 29, 62. c) erklärt das in den Inschriften (z. B. I Rawl. 35, 21) in der Bedeutung von „Urenkel" vorkommende *lib-lib* (*LIB. LIB*?) durch *bin binur* d. i. „Sohnessohn."

Ganz so verhält es sich schliesslich mit dem assyrischen Worte

1) Wir lesen im Eingange der grossen Cylinder-Inschrift Assurbanipals I, 1: *A-na-ku Asur-bâni-habal bi-nu-tu Asur u Bilti* „Ich, Assurbanipal, Gebild Asurs und der Beltis." Von diesem *binut* könnte *binit* lediglich eine Variante sein.

2) Vgl. die Phrase Tigl. Pil. II, 28 sq.: *habli ṣab-mi-it lib-bi-ša* „die Söhne, seines Leibes Erzeugniss". Auch Khors. 30 kann *bi-in-ti* lediglich die Bedeutung von „Tochter" haben.

3) Wir haben insoweit im Assyrischen genau den gleichen Fall, dem wir im Aethiopischen bei dem Worte für „Mann" begegnen. Während nämlich für die männliche Person im Aethiopischen das allgemein-semitische אנש إنسان (assyrisch *nisu*) verloren gegangen und dafür ein anderes ብእሲ፡ (Rad. באש) in Gebrauch gekommen ist, hat sich in dem Femin. አንስት፡ (*anest* „Frau"); d. i. אִשָּׁה (st. אנשׁה) das betr. Wort auch in dieser Sprache erhalten. Das letztere Wort kommt übrigens auch im Assyrischen noch neben *nisi* „Menschen" vor, nämlich als *assati* אשׁת (für *anšati*) „Weib" II R. 10, Z. 9. 10. a. b. Beiläufig begegnen wir l. c. auch noch einem andern und zwar recht eigentlich hebräischen Worte, nämlich *mut* „Mann", „Ehemann" = hebr. מת pl. מְתִים, diesem in der Phrase: *mut ana assatišu ul assati atta iķtabi* d. i. „der Mann spricht zu seiner Frau: nicht bist du mein Weib". Vgl. noch ebendaselbst die Phrase (Z. 2-4): *assati mutsu* (st. *mutša*) *izirru*, *ul muti atta*, *iķtabi* „das Weib verabscheut ihren Gatten (*zir* = زار); nicht bist du mein Gatte! spricht sie" (man beachte hier die Nichtbezeichnung des weiblichen Geschlechts). Auch im Aethiopischen hat ምት፡ „Mann" bekanntlich die specielle Bedeutung von „Ehemann". — Als auf ein letztes derartiges Wort mag schliesslich noch auf das Wort *mar*, mit Abstractendung *marut* „Kindschaft", aufmerksam gemacht werden, in welchem ein Jeder ohne Weiteres das arab. مَرْء „Mann" erkennt. S. das Wort in einem später abgedruckten Syllabare.

für „Hand", nämlich *kat* (קָת) und dem in den verwandten Sprachen uns entgegentretenden *yad* (יד). Dass wir es bei *kat* mit einem semitischen Wort zu thun haben, lässt schon der emphatische Gutturallaut vermuthen, und ist auch das Wort selber in der in Rede stehenden Bedeutung in den verwandten Sprachen nicht mehr nachzuweisen, so bietet doch die arabische Wurzel قتو „dienen", eigtl. „Jemandem zur Hand sein"; ferner die arabisch-äthiopischen WW. وقت, ቀተተ ፡ ቀተወ ፡ („durch Handbewegung) festsetzen, bestimmen", vielleicht selbst das gemeinsemitische *katal* قتل ቀተለ ፡ = קָטַל „Hand an Jemand legen", dann „gewaltsam umbringen", „tödten" [1]) hinlängliche Anknüpfungspunkte zur Einweisung des fraglichen Wortes in semitisches Sprachgebiet [2]). Dass aber יד im Assyrischen als gemeines Wort für „Hand" ausser Gebrauch gekommen, überrascht den nicht, der sich erinnert, dass ja auch das hebräisch-arabisch-aramäische יד im Aethiopischen vergeblich gesucht wird. Ganz verschwunden ist nun aber wiederum auch jenes gemeinsemitische *yad* nicht im Assyrischen. Es erscheint in der Aussprache *id*, *idi*, *idut*, *idâ* häufig in den Inschriften mit der figürlichen Bedeutung „Gewalt" „Kräfte", „Macht" (s. die Nachweise bei Norris, p. 209. 473 [3]). Dass wir es hier wirklich mit unserm *yad* „Hand" zu thun haben, erhellt einerseits aus dem, dem *id* wiederholt (z. B. Sanherib Tayl. Cyl. IV, 40) beigefügten Dualideogramm, theils und ganz unbezweifelbar aus einem Syllabar II R. 19, 63. 66, wo *id ZI. DA. MU* durch *im-ni-ya* (= יְמִינִי „meine Rechte") und *id KAB. MU* durch *su-mi-li-ya* (= שְׂמֹאלִי „meine Linke") erklärt wird. Vgl. noch 2 R. 10, 20: *ID. BI* = *i-di-su* „seine Hand" (*BI* ist die gewöhnliche ideographische Bezeichnung des Suff. der 3. Ps. Sing. in der protochaldäischen Columne).

Wir hoffen, das Ausgeführte werde genügen, um das Fremdartige, welches auf den ersten Blick das Auftreten von Wörtern wie *habal* „Sohn" und *kat* „Hand" im Assyrischen haben kann, zu beseitigen. Die Sache ist die, dass bei näherer Betrachtung auch in diesen und ähnlichen Fällen das Assyrische nur durchaus normale Erscheinungen zeigt. Bis soweit also dürfte unser Satz, dass das Assyrische zu der Zahl der semitischen Sprachen zu rechnen sei, als erwiesen betrachtet werden können. Aber noch bleibt wenigstens in abstracto der schon oben einmal in Aussicht genommene Einwand denkbar, dass die sämmt-

1) Auch dieses *katal* selber war den Assyrern durchaus nicht unbekannt; wir lesen Assurb. Sm. 101, 56: *na-pis-ta-su ik-ti-il* „seine Seele tödtete er."

2) Ein Verbum *katâ* findet sich, und zwar in der Paalform *u-kat-ta-a*, sowie in der Bed. „ich will vernichten (ihr Leben)" Assurb. Sm. 157, 53. Merkwürdigerweise wird dasselbe sogar in der zweiten Sylbe mit dem gewöhnlichen Dualideogramm des Wortes „Hand" (s. u.) geschrieben.

3) Danach wird auch Khors. 190: *ai ip-par-ka-a i-da su un* (Opp. donec semoveantur pedes illorum) zu verstehen und zu übersetzen sein: „nicht möge erschüttert werden ihre (der Paläste) Dauerhaftigkeit". *Ida* ist der phonet. geschriebene Dual. Sanh. Bell. IV, 43 steht langes *i* (= *i-da-a*,

lichen aufgeführten Wörter und Wurzeln lediglich arrogirtes fremdes Eigenthum, von anderen Sprachen entlehntes Gut seien. Dieses Bedenken kann endgültig gehoben werden lediglich durch die Betrachtung des grammatischen Baues der Sprache der in Rede stehenden Inschriften. Wenden wir uns demgemäss nunmehr zu dieser.

II. Der grammatische Bau.

Vorbemerkungen über die lautlichen Verhältnisse der assyrischen Sprache.

1. Zunächst die lautliche Substanz der assyrischen Sprache angehend, ist sofort für dieselbe neben der durch das Syllabar verbürgten Unterscheidung von nur drei Vokalen *a*, *i* und *u* (wie im Arabischen) charakteristisch die Besonderung des emphatisch gesprochenen Dentals *ṭ* (ט), sowie des emphatischen Zischlautes *ṣ* (צ). Unanfechtbare Belege für das Vorkommen desselben im Assyrischen liefern die trilinguen Inschriften, was *ṭ* (ט) anbetrifft, in dem Worte *balṭu* „lebendig“ (s. Gloss.), welches in dem Namen *Sanballaṭ* (סנבלט s. o.) von den Hebräern selber mit dem emphatischen Laute wiedergegeben wird; sodann, was *ṣ* (צ) angeht, in den Wörtern *ir-ṣi-tuv* „Erde“ ארץ; *naṣar* „beschützen“ נצר (vgl. auch die Umschrift des Namens *Nabukudurriuṣur* im Hebräischen), *ṣalâ* Pa. „bitten“ aram. צְלָא, *ṣalmanu* „Bilder“ Plur. von *ṣalam* צֶלֶם „Bild“, *ṣibâ* „Wunsch“, aram. צְבָא; *ṣilli* „Schatten“ צֵל und andd. Bekanntlich sind nun aber gerade diese emphatischen Laute dem Semitismus eigenthümlich; ihr Vorkommen im Assyrischen somit für den Semitismus dieser Sprache von vornherein entscheidend.

Von den übrigen Zischlauten begegnen wir genau den gleichen wie im Hebräischen (ש, ס, ז) (s. d. Gloss. nnt. diesem Buchst.), während die weiteren Spahongen der Zischlaute, welche das Arabische bietet und früher auch bei den Aetbiopen üblich waren, im Assyrischen uns nicht entgegentreten. Auch von einer Unterscheidung von שׁ und שׂ (wie im Hebr.) zeigt sich keine Spur.

Der Lautwechsel zwischen den assyrischen Zischlauten und denjenigen der verwandten Sprachen angehend, entsprechen assyrisch צ und ז genau den gleichen Lauten im Hebräischen, beziehungsweise Arabischen, dieses gegenüber dem Aramäischen, welches die entsprechenden Stummlaute eintreten lässt. Vgl. *ḥuraṣu* Gold = חָרוּץ; *naṣar* „beschützen“ = נצר, نصر; *zakar* „gedenken“, „erwähnen“ = זכר u. s. f. Anders verhält es sich bezüglich des שׁ und ס. Hier kann es nämlich zwar keinem Zweifel unterliegen, dass organisches, assyrisches *s* hebräischem שׁ, assyrisches *š* hebräischem ס entspricht. Vgl. *sum* „Name“ שֵׁם; *sanat* „Jahr“ שָׁנָה; *salaṭ* herrschen שׁלט; *sakal* wägen שָׁקַל, — *šûši* „Pferde“ סוס; *kašpu* „Silber“ כסף (E. J. H. III, 68; II R. 58, 66 b. 67 b[1]);

[1] Das Ideogr. für „Silber“ *kašpu* findet der Leser S. 31 Nr. 110.

nasaḫ „ausreissen", „versetzen" נסח; *sahar* „umgeben" סחר u. s. Aber alles dieses wird verschoben bei der Herübernahme von Wörtern, insonderheit von Eigennamen aus der einen in die andere Sprache. Hier im Gegentheil entspricht in der Regel hebräischem שׁ assyrisches ס, und umgekehrt. Demgemäss wird hebräisches שֹׁמְרוֹן „Samaria" assyr. *Samirina* (Botta 40, 26 u. 6); hebr. ירושׁלים assyr. *Ursalimmu* (Sanh. Cyl. Tayl. III, 8); hebr. כּוּשׁ, assyrisch *Kusi* (I R. 48 Nr. 6 Z. 5); hebr. לכישׁ assyr. *Lakisu* I R. 7 Nr. 8. Z. 3; arab. شمسي assyr. *Samsi'i* (Botta 97 Z. 11; Lay. Cuneif. Inscr. 73, 16), während doch das entsprechende assyr. Wurzelwort *samas* d. i. שׁמשׁ „Sonne" lautet; ebenso umgekehrt assyr. *Sarrukin* hebr. סַרְגוֹן (Jes. XX, 1), während wiederum das Wort für „Fürst" im Assyrischen *sa-ar-ru* gesprochen wird; assyr. *Salmanuasir* hebr. שַׁלְמַנְאֶסֶר (2 Kön. 17, 3); assyr. *Asurahiddin* hebr. אֵסַרְחַדּוֹן (2 Kön. 19, 37) u. s. w. Nur ausnahmsweise wird dieses Gesetz durchbrochen, wie denn allerdings z. B. assyrisches *Bil-sar-usur* gegen das dargelegte Lautgesetz im Hebräischen durch בֵּלְשַׁאצַּר (s. ob. S. 128. Nr. 11), nicht minder assyr. *Sin-ahi-irba* durch סַנְחֵרִיב 2 Kön. 18, 13 wiedergegeben wird.

Die Richtigkeit unserer Beobachtung und des statuirten Unterschiedes zwischen der organischen oder ursprünglichen Aussprache eines Wortes innerhalb einer bestimmten Sprache und der Aussprache desselben Wortes, wenn es als Fremdwort von aussen herübergenommen wird, wird durch die neben einander vorhandene Aussprache *sar* in סרגון neben organischem *sar* שׂר, sowie von *samas* in *Samsi'i* neben organischem *samas* שׁמשׁ über allen Zweifel erhoben[1]). Es ist dieses jedenfalls eine bemerkenswerthe Erscheinung.

Leider ist zum Schluss noch eine Eigenthümlichkeit der assyr. Schrift betreffend die Bezeichnung der Zischlaute anzumerken, welche für die schärfere Bestimmung der Zischlaute mehrfach ein grosses Hinderniss ist. Es ist das der Umstand, dass die Assyrer bei gewissen mit Zischlauten gesprochenen Sylben eine Unterscheidung der Zischlaute überall nicht eintreten lassen. So fast bei allen den complexen Werthen, welche auf einen Zischlaut endigen z. B. *kas*, *tas*, *tus* u. s. f. Der Assyrer gebraucht diese Sylben auch für *kaš*, *taš*, *tuš*, *kaṣ*, *taṣ*, *tuṣ* u. s. f. Welche dieser Sylben eigentlich gemeint sei, ist lediglich durch Combination zu erschliessen. *Bar-MU* z. B. (Name der Stadt Borsippa s. Mén. Syll. Ass. 158) sollte wegen des dem Zeichen *MU* gewöhnlich eignenden complexen Werthes *Bar-sip* gesprochen werden. Es ist aber vielmehr *Bar-zip* zu sprechen, wie sich aus der Schreibung *Ba-ar-zi-pa* (I R. 52. III. Z. 9) unzweifelhaft ergiebt; und so in unzähligen ähnl. Fällen[2]). Grund dieser Seltsamkeit ist offenbar, dass man

1) Vgl. übrigens auch Oppert in den Stud. u. Krit. 1871. S. 706.

2) Damit erledigt sich auch das Bedenken Norris' (Dictionary p. 25), ob das *Sir-lai* des neuentdeckten Steines Salmanassars II, welches als Beiname Ahab's erscheint, mit ישראל Israel oder mit יִזְרְעֶאל = Jesreel zu

die schon mit Zeichen überladene Schrift nicht noch durch weitere auch die feinen Nüancen der Zischlaute ausdrückende Sylbenzeichen dieser Art vermehren wollte. Liesse sich nun hier indess wenigstens die Möglichkeit, unter Umständen die betr. Werthe dennoch zu bestimmen, denken, insofern man in gewissen Fällen doch auch die complexen Werthe aufgelöst antrifft (*ka-as* oder *ka-aš* oder *ka-aṣ* u. s. w.), so steigert sich noch der Uebelstand, indem leider auch die einfachen Sylben mit Zischlauten theilweis promiscue gebraucht werden. Für die sämmtlichen Modificationen der mit Zischlauten gesprochenen Sylben stehen nämlich (s. d. Taf.) nur sechs nach den drei Vokalen unterschiedene Zeichen zu Gebote, nämlich drei Zeichen für *as*, *is*, *us* und weiter drei Zeichen für *aš*, *iš*, *uš*, die dann ebensowohl auch *aṣ*, *iṣ*, *uṣ* und *az*, *iz*, *uz* bedeuten können. Ein und dasselbe Zeichen begegnet uns in dem Namen *Aḫuramazda* als *az* (mit ז) und in *Aš-du-dai* (I R. 38. II. 51) als *aš* (mit ש, s. über den Lautwechsel gegenüber hebräischem ש vorhin); und dasselbe Zeichen tritt uns entgegen als *iš* (mit ש) in *Iš-ka-lu-na* Askalon (I R. 48. I, 4), als *iz* (mit ז) in *Urimiz-da* (Beh. 4. 7 u. ö.), endlich als *iṣ* (mit צ) in *li-iṣ-ṣur* (Volunt. von נצר = לִצֹּר) D. 19 u. ö). In einem Falle wird sogar beim Anlaute eine Unterscheidung der Aussprache des Zischlautes nicht gemacht, nämlich bei den Sylben *ṣa* und *za*, welche beide durch ein und dasselbe Zeichen ausgedrückt werden (s. d. Taf.). Begegnen wir also z. B. auf dem Taylor'schen Sanheribcylinder (I R. 38. II, 39) einem Stadtnamen *Ṣa-ri-ip-tav*, so kann derselbe an sich ebensowohl so, als auch *Za-ri-ip-tav* ausgesprochen werden. Der Entscheid ist innerhalb des Assyrischen nicht zu geben. Es giebt ihn lediglich das Hebräische, welches (I Kön. 17, 9. 10) צרפת mit *ṣ* schreibt. Es ist in solchen Fällen theils, wie im erörterten Falle, der Blick auf die verwandten Sprachen, theils die Abwandlung der Wurzeln, welche den Entscheid giebt. Manchmal aber muss sich der Assyriologe auch mit der blossen Aufstellung der beiderseitigen Möglichkeiten begnügen. Eine Tabelle mag schliesslich das Dargestellte übersichtlich zusammenfassen.

ס *sa*, *si*, *su* — *as*, *is*, *us*
ש *ša*, *ši*, *šu*
ז } *za*, *ṣa* *zi*, *zu*
צ } *ṣi*, *ṣu* } *aš* (*az*,*aṣ*), *iš* (*iz*,*iṣ*), *uš* (*uz*,*uṣ*)

Ein weiterer nicht minder für den Semitismus der assyrischen Sprache entscheidender Laut ist das gutturale ע. Leider ist es bei

identificiren sei. Es ist natürlich Israel gemeint, wie sich aus dem davorstehenden Länderdeterminativ (*mat*) mit Sicherheit ergiebt (wäre Jezreel in Aussicht genommen, so hätte das Stadtdeterminativ stehen müssen). Das sonst gewöhnlich mit dem Lauthwerthe *sir* (nicht *sir*) erscheinende Zeichen ist somit hier mit dem Lautwerth *šir* (שִׁר) angewandt. Vgl. auch die Variante *aṣu* (יצא) zu *ašu* (יצא) „aufgehend", in Verbindung mit dem Sonnenideogramm *AN. UT* den Sonnenaufgang bezeichnend, K. J. H. X, 14 und I R. 67. II. 87.

der Unvollkommenheit der assyrischen, ohnehin gar nicht ursprünglich für ein semitisches Ohr erfundenen Schrift, dermalen schwer, das Vorhandensein dieses Lautes auf Grund der Schrift zu constatiren. Nur in ganz wenigen Fällen ist seine Anwesenheit auch auf Grund der assyrischen Schrift zu erkennen. So wenn am Anfange des Wortes in einer offenen Sylbe der betreffende Laut mit dem Vokale *i* zu sprechen ist, beziehungsweise wenn er, am Ende einer Sylbe stehend, mit dem vorhergehenden Vokale (*i*) zusammen bereits eine Sylbe ausmacht. In diesem Falle nämlich wird statt des das einfache *i* bezeichnenden Keilbuchstabens das andere, das gefärbte *i* (= ʿi) ausdrückende Zeichen gewählt z. B. *ʿi-bis* = עָבַשׁ Beh. 56; ferner *ʿi-bu-su* = עָבְשׁוּ Beh. 11. 84 u. ö.; *ʿi-si-rit* „zehn" = hebr. עֲשָׂרָה II Rawl. 62. Av. Z. 50 (neben *iś-ri-ti*, s. unt. bei den Zahlwörtern) und andd.[1]). Dagegen schreibt man *ni-iś-bus* = נַעְבֻשׁ; *ni-iś-bir* = נַעְבֹר) u. s. f. Noch ist seine Anwesenheit in der Schrift constatirt in dem Falle, dass er die vorhergehende Sylbe schliesst, sei es, dass die folgende mit einem Vokale oder mit einem Consonanten beginnt[2]), wie z. B. *ar-ba-ʾ-ú* = אַרְבַּע (s. unten das Syll.) oder *Ba-ʾ-lu* בעל I R. 48. Nr. I, 2.

Nicht unwahrscheinlich hängt übrigens diese fast völlige Ignorirung des ע in der Schrift zusammen auch mit dem Umstande, dass das ע seine specifische consonantische Kraft allmählich mehr oder weniger eingebüsst hatte, wie wir derartigen Abschwächungen der consonantischen Kraft der Hauchlaute auch sonst in den semitischen Sprachen begegnen[3]).

---

1) Doch liest man neben *ʿi-nu* Auge (עין) J. of R. A. S. III. 1868. p. 24. II. R. 33. Z. 65 auch *i-nu* II Rawl. 30. Z. 9 c. d.; neben *is-mi-ʾi* (ישמע) „er hörte" Assarhad. bei Opp. l'Eg. et l'Ass. p. 65. Z. 7 auch *is-mi* Khors. 102 u. s. f.

2) So nämlich muss man sich bezüglich des ersteren Falles vom Standpunkte der assyrischen Schrift aus ausdrücken. In Wirklichkeit beginnt hier der Hauchlaut die folgende Sylbe.

3) Bei der Herübernahme fremdsprachlicher, aber semitischer Namen in das Assyrische wird das ע entweder gar nicht ausgedrückt, so bei dem Stadtnamen *Am-gar-ru-na*, עקרון (I Rawl. 48. I, 6), nicht minder bei d. (assyr.) Namen der Gottheit *Is-tar* עשתר (s. o. S. 169); oder aber es wird durch einen anderen Hauchlaut und zwar *ḫ* ausgedrückt, so in dem Namen der Stadt Gaza: *Ḫa-zi-ti* d. i. עזה Khors. 25. 26 u. sonst; auch in dem Namen Omri's *Ḫu-um-ri* d. i. עמרי Lay. Inscr. pl. 98, 2 u. ö.); womit jedoch nicht der organische Uebergang von aussserassyrischem ע in assyrisches *ḫ* zu verwechseln ist, wie ein solcher vorliegt in assyr. *ṣiḫru*, *ṣiḫru* klein = hebr. צָעִיר (S. 27), vgl. das Vb. *uṣaḫḫir* „ich verkleinerte" Sanh. Tayl. Cyl. III, 26. In der Mitte der Worte tritt auch wohl der weichere Laut *ḫ* bezw. ʾ ein z. B. in *Ba-ʾ-lu* d. i. בַּעַל I R. 48. Nr. I, Z. 2, wiewohl das ע in diesem Falle auch

Von den übrigen Hauchlauten erscheint bei den Assyrern wie bei den Hebräern *ḥ* (ח) und *h* (ה). Dabei ist jedoch zu beachten, dass das *h* so schwach bei ihnen aspirirt wird, dass man davon Abstand nahm, es besonders zu bezeichnen. So schreibt denn der Assyrer *abal*, *alak*, *aga* u. s. f. statt *habal*, *halak*, *haga*. Dass es aber im Uebrigen den Assyrern nichts weniger als fehlte (wenn es auch fast zu einem *Spiritus lenis* mag herabgesunken gewesen sein) erkennen wir aus Schreibweisen wie *ti-a-am-ti* = *tihamti* תהום, die in der dem Wesen der assyrischen Schrift widerstrebenden Schreibweise *ti-am* u. ähnl. nur zu begreifen sind, wenn eben *i*, bezw. *am* mit einem sanften Hauchlaute = *tiham* gesprochen gedacht wird.

Der Spiritus lenis, für welchen in den übrigen semitischen Sprachen ein א in Gebrauch ist, wird bei den Assyrern in der Regel nicht besonders bezeichnet. Das Part. act. von אשב (= ישב) „sitzen“ wird demnach einfach *a-šib* geschrieben (Beh. 41. 64 u. ö.); Gott = אל lautet *i-lu* u. s. f. Lediglich am Ende der Sylben oder zwischen zwei Vokalen wird derselbe kenntlich gemacht und zwar durch den Sylbenschliesser *h*. Ist der Vokal *i* zu sprechen, so wird derselbe auch häufig durch das gefärbte *i* = angedeutet. Demgemäss lesen wir einerseits Assurb. Sm. 122, 43: *u-sa-'-a-lu* „er veranlasste“ (שאל); in den trilinguen Inschriften *A-ḫa-man-niš-ši* (s. o.); anderseits *na-ši-'i* „das Darbringen“ von נשׂא Khors. 90; *mu-ṣi-'i* „Ausgang“ מוצא Bors. I, 32; *ri-'i-ši* „Haupt“ ראש II R. 7, 36. Rev. b u. andd.[1]). Vgl. noch *'ikal* (*'i-ki-li*) in einem Syllabar (J. R. A. S. N. S. 1. 1864. p. 209) = חקל, in einer bilinguen Legende dem aram. חקל „Stück Land“ entsprechend. Auch *'ikal* „Palast“ (s. o. S. 90 Anm.) gehört hierher, da es offenbar = *hikal* d. i. היכל ist.

Bemerkenswerth ist auch der völlige Mangel einer Unterscheidung des labialen Nasals (*m*) und des labialen Halbvokals (*w*). *Ma* und *va*, *mi* und *vi*, *mu* und *vu* werden im Assyrischen gänzlich nicht unterschieden. Vgl. aus den tril. Inschriften *Aḫa-ma-ni-iš* „Achämenes“ und *U-va-ak-iš-tar* „Cyaxares“; *Ma-gu-šu* „Magus“ und *U-vi-va-na* „Vivanes“; *Im-ma-ni-'i-šu* „Immanes“ und *Ya-va-nu* „Javan“, „Jonien“, in welchen Beispielen die Sylben *ma* und *va* durchweg durch das gleiche Zeichen *ma* ausgedrückt werden; ebenso *U-mi-iš-ši* „Vomises“ und *U-vi-da-ar-na* „Hydarnes“, in welchen *mi* und *vi* durch das gleiche Zeichen *mi*; endlich *U-mu-ur-ga'* „die Amyrgier“ und *A-ri-'i-vu* pers. *Araiva*, wo die

wohl ganz ignorirt wird, wie in dem Namen *A-bi-ba-al* d. i. Abibal = אֲבִיבַעַל ibid. Z. 6.

1) Nur ganz vereinzelt findet sich das als Sylbenschliesser fungirende Zeichen auch mal am Anfange einer Sylbe, ohne dass ein Vokal vorhergegangen wäre, wie z. B. Assurb. Sm. 249, k: *lu-'-al-šu* „möge er ihn ausforschen“ (לִשְׁאָלֵם).

Laute *mu* und *vu* durch das gleiche Zeichen *mu* wiedergegeben werden. In den verwandten Sprachen finden wir diesen Uebergang von *m* in *v* und umgekehrt wohl von Sprache zu Sprache, nicht innerhalb derselben Sprache, doch vgl. z. B. ወሰቀ : und መሰቀ : „den Bogen spannen“ im Aethiopischen[1]).

Mit der geschilderten Eigenthümlichkeit auf gleicher Linie steht der Mangel einer Unterscheidung der aspirirten und nicht aspirirten Aussprache bei den einfachen Stummlauten, sowie selbst der wenigstens häufige einer Unterscheidung der weichen (*b,d,g*) und der harten (*p,t,k*). S. für letzteres die Liste der zusammengesetzten Zeichen S. 64 ff. unter Nr. 1. 2. 8. 10. 16. 17. 21. 22. 27 u. ö. Vgl. auch assyr. *Bu-rat-tu* „Euphrat“ und hebr. פרת; assyr. *Bu-du-ilu* „Pudnil“ und das entsprechende hebr. [illegible] (ob. S. 146); *Bu-u-ta* „Put“ (NR. 18) und pers. *Putiya*; assyr. *Parada* und pers. *Frâda* (Beh. 68), assyr. *Ku-bar-ra* und pers. *Gaubaruva* (NR. kl. I.) u. andd. Auch Verwechslung der einfachen und der emphatischen Stummlaute (*k,ḳ*) ist nicht selten (für *ḳ* und *g* vgl. z. B. die Var. Sard. II, 77; für *ḳ* und *k* ob. S. 20 Anm. 2: *iskulu* statt *isḳulu*); wie ja denn für *da* und *ṭa* dem Assyrer überall nur das eine Zeichen *da* zu Gebote steht, also dass טב „gut“ geschrieben wird *dab* E. J. H. col. I. 58. 72. Nur *du*, *tu* und *ṭu* werden mit grosser Constanz unterschieden: *balṭu* „lebendig“ z. B. findet sich immer so (mit ט), nie *baltu* (mit ת) geschrieben u. s. f. Verwechslung von *ṭi* und *ti* hat Statt in *tikam-ṭi* statt *tikam-ti*, Lay. inscr. 13, 9; 88, 27.

Noch eine letzte, die Laute als solche angehende, Erscheinung bedarf einer Erörterung, um so mehr, als bislang das, was ich hier im Auge habe, von den Assyriologen noch nicht mit hinlänglicher Klarheit ins Licht gesetzt ist. Es ist nämlich ganz unzweifelhaft, dass für gewisse einfache Sylben verschiedene Zeichen im Gebrauch sind, ohne dass doch eine Nüance in der lautlichen Geltung des consonantischen Theiles der Sylbe irgend bemerklich wäre. Dahin gehören einmal die doppelten Bezeichnungen der Sylben *sa*, *su* und *ur* (s. die Taf. an der Spitze dieser Abhdlg.). Dieses sind wirklich Homophone und sie wechseln deshalb in den Varianten der verschiedenen Inschriften ohne all und jeden ersichtlichen Unterschied mit einander ab. Anders ist dieses mit den Zeichen *mi* und *mí*, *ni* und *ní*, *in* und *ín*, *si* und *sí*, *ti* und *tí*. Die Assyriologen pflegen hier meist je den zweiten Werth für einen Mischlaut zu halten und demgemäss die betreffenden Zeichen durch *me*, *ne*, *te* u. s. f. zu umschreiben. Wir bezweifeln die Angemessenheit dieser Bezeichnung. Ein Mischlaut hat in dem graphischen Systeme der Assyrer überall keinen Platz. Es werden vielmehr Zeichen

1) Ein Wechsel des einfachen Lippenlautes *b* mit dem Lippennasal liegt zwischen dem Aramäisch-Hebräischen und dem Assyrischen vor in *sar-mu* „Empörung“ von סרב = aram. סרב.

sein, die ausschliesslich den Zweck haben, die Länge einer der betr. Sylben auszudrücken, eine Länge, die dann freilich auch durch Zusammenfluss zweier kürzerer Sylben oder dadurch entstanden sein kann, dass ein Halbvokal oder ein Hauchlaut (א, ה, ע) nach Einbüssung seines Spiritus mit dem vorhergehenden Vokal zu einem langen Vokal zusammenfloss.

Ich setze zunächst einige Beispiele zur Constatirung des Faktums her. Wir lesen Assurb. Sm. 159, 67: *u-ši-bu* „er setzte sich" (Kal von ישב), dagegen 83, 10: *u-ší-šib* „ich stellte auf" (Schaf. von dems. Vb.); 20, 91 *u-ší-rib* „ich liess einmarschieren" (R. ערב); 17, 69: *uš-tí-ši-ra* „ich richtete" (R. אשר); 8, 49: *mu-tí-šur* „Richtung"; Khors. 6: *ri-ší-ti* „Schlechtigkeit" R. רשע; Assurb. Sm. 198, 10: *i-tí-bir* „er überschritt"; Beh. 36: *ni-tí-bi-ir* „wir überschritten" (עבר); Beh. 36. D. 16: *ni-tí-bu-šu* „wir machten" (עבש); Khors. 81; Assurb. Sm. 85, 54; 177, 83: *u-ší-ṣa-ar-ra* „ich veranlasste z. Herausgeben" (אצא); Ass. Sm. 66, 23. 74, 21: *u-ší-bi-la* „ich führte fort" (R. אבל); ibid. 200, 10: *u-ší-it-ti-ḳu* „ich liess sie kommen" (R. עתק); Khors. 15: *i-tí-it-ti-ḳa* „ich durchzog" (dieselbe W.); Assurb. Sm. 17, 70. 90, 33: *mí-ti-iḳ* „Zug", „Marsch" (desgl.); Khors. 50. 77. u. ö. Assurb. Sm. 19, 81: *iš-mí-'i* „er hörte" (R. שמע) u. s. f. Dass nun aber weiter der betreffende Vokal nicht etwa ein Mischlaut, sondern lediglich ein gedehntes *i* war, dafür machen wir geltend 1) den Umstand, dass mit den fraglichen Zeichen nicht selten auch die correspondirenden einfachen wechseln. So z. B. lesen wir Assurb. Sm. 46, 62. 47, 65: *šarru-u-tí* „Herrschaft", dagegen Khors. 94. Xerxesinschr. K. IV, 2. 3: *šarru-ti*, was ohnehin allein in der Bildung begründet ist; desgl. Assurb. Sm. 223, 37 auf dem einen Cylinder *mí-iṣ-ri* „Bündniss" (= מסר), auf dem andern *mi-iṣ-ri*; ebend. 55, 82 *ma-da-tí* „Tributleistungen" neben *ma-da-ti* dass. 88, 92 u. s. f.; *yu-mí* „Tage" Assurb. Sm. 318, q neben *yu-mi* Nebuc. Senk. col. I, 13 u. s. w. 2) Jene Zeichen finden sich auch da, wo ein Mischlaut durch die Beschaffenheit der betr. Form von vornherein ausgeschlossen ist, z. B. in der Nifalform: *iš-ší-bir* „er (der königliche Wagen) ward zerbrochen" (שבר) Assurb. Sm. 143, 21. Dasselbe gilt von den weiblichen Pluralformen *ib-ší-'i-ti* „Thaten" (עבשת) vom Sing. *ibšit* (עבשת) Assurb. 10, 8. 69, 62 u. ö. (s. weit. unt.). Wie Nr. 1 nicht möglich wäre, wäre die Substanz des vokalischen Lautes eine verschiedene bei den beiden Sylbenclassen, so schliesst wenigstens Nr. 2 jede Annahme eines Mischlautes aus. Wir haben somit in den in Rede stehenden Sylbenzeichen lediglich solche zu sehen, durch welche der Assyrer die Länge der Sylben andeuten wollte, insonderheit solcher Sylben, welche durch Verschmelzung eines Vokals mit einem Guttural oder Halbvokal zu einem langen Vokal entstanden sind. Dass er ausnahmsweise wie in der Form *ušittiḳu* (s. o.) das Wort so schreibt, als ob die zweite Sylbe eine kurze (statt *ušítiḳu*) kann uns an unserer Deduktion nicht irre machen, da diese Schreibart principiell unter allen Umständen zu verwerfen ist, sofern an ein kurzes *i* jedenfalls nicht zu denken ist [1]). Wir haben hier vielmehr wieder eine jener vielen Incorrektheiten der assyrischen Schreibweise, auf die wir unten noch ganz ausdrücklich hinweisen werden.

2. Bei dem Zusammentreffen von Zisch- und dentalen Stammlauten machte es offenbar dem Assyrer Schwierigkeit, den Dental hinter dem vokallosen Zischlaute zu sprechen. Er erleichtert sich die Aussprache, indem er den Dental dem vorhergehenden Zischlaute assimilirt, demzufolge er statt *uṣtabbit* sagt *uṣ-ṣab-bit* Beh. 67. 70. 83 u. ö.; statt *uṣtanalla* „er erbat" (Rad. צלה) *uṣṣanallâ* und weiter gleich *uṣṣanallâ* Assurb. Sm. 290, 54 u. s. f. Analoga aus anderen semit. Sprachen bei Ew., hebr. Sprchl. §. 79 d. [2]).

Nicht minder bemerkenswerth ist, dass die Assyrer den breiten Zischlaut = ש hinter einem Dental oder nicht homogenen Zischlaute nicht zu sprechen vermögen. Sie wählen beim Zusammenstossen beider statt des breiten ש lieber ein ס. Während demgemäss sonst das Suffix der 3. Person *su* (שׁוּ) lautet, wird bei einem Zusammentreffen mit einem Dental oder nicht homogenen Zischlaute vielmehr (*šu* סוּ) gesprochen. Man sagt also zwar *babi-su* „seine Thüren" (E. J. H. VIII, 8); *hikal-su* „sein Palast" (Sanh. Tayl. I, 26) u. s. f.; dagegen *ḳat-šu* „seine Hand" und *mat-šu* „sein Land" (I R. 35. III. 8. 10); *bit-šu* „sein Haus" (I R. 55. IV, 21); *babât-šu* „seine Thüren" I R. 36, 54; *bilut-šu* „seine Herrschaft" Assurb. Sm. 74, 17; *bilat-šunu* „ihr Tribut" (Stand. 5); ferner *izuz-šu*, bezw. *izuš-šu* von *izuzu* (Syll. II R. 11, 36 s. o. S. 23). Ja, man assimilirt dann auch wohl weiter den Dental, bezw. andersartigen Zischlaut dem *š* und spricht demgemäss statt *habluṭ-šu* gleich *habluš-šu* oder gar *hablu-šu* „seine Sohnschaft" (oder „sein Sohn") II R. 9, 63 b vgl. mit 62 b. Ebenso *iluššu* „ihre Gottheit" statt *ilut-šu* aus *ilut-su* Assurb. Sm. 120, 29; *'i-miš-šu* „ich auferlegte ihm" Assurb. Sm. 88, 82 R. עמד (Var. *'i-mid-šu*) u. a. Vgl. auch *šallat-šunu* „ihre Wegführung" Khors. 48 mit *šallu-šun*, ebend. 47 u. ö. [3]); nicht minder die Var. *šallat-šu* zu *šal-la-šu* Assurb. Sm. 93, 62 u. a. m.

1) Ich muss dabei noch auch auf die Seltsamkeit aufmerksam machen, dass in Formen wie *itḳtiḳu* (oder *itiṭṭiḳu*), *ašṭibir*, *aštiḳnun* u. s. f., also den sogenannten Iftealformen des Verbums (s. o.) die Sylbe *ti* gedehnt ist, während doch der zur Wahl des betreffenden Zeichens Anlass gebende Guttural nicht hinter, sondern **vor** dem *ti* stehend zu denken ist; die ursprünglichen Formen wären ja correkt hebräisch zu transcribiren: [illegible], [illegible], [illegible]. Ich vermag mir diese Anomalien nicht anders denn durch eine anzunehmende Verwirrung des Sprachbewusstseins zu erklären, wie eine solche in allen Sprachen stellenweis nachweisbar ist.

2) Im Aethiopischen, das im Uebrigen hier am meisten dem Assyrischen sich nähert, findet die Assimilirung nur für den vortretenden Dental Statt. S. meine cit. Abhdlg. p. 24.

3) Drei der oben dargestellten Möglichkeiten führt uns in eine der Syllabar II R. 9, 67—73 vor, wo wir von *tar-bi-tu* c. Suffix lesen: 1) *tarbi-ti-*

Hieran reiht sich noch eine weitere Eigenthümlichkeit. Nicht bloss, dass der folgende Zischlaut dem vorhergehenden Consonanten zu Liebe verändert wird: auch der einem *s* (ס) vorhergehende Zischlaut wird, wenn er nicht schon ein *s* (ס) ist, in diesen Laut verwandelt. Mit anderen Worten: der Assyrer vermag unter Umständen (der Fall scheint sich auf die Umwandlung des Zischlautes bei antretendem Suffix zu beschränken) ein verdoppeltes ש nicht auszusprechen, spricht vielmehr statt dessen ein doppeltes ס. Ein über allen Zweifel erhabenes Beispiel liefert das oben S. 21 flg. von uns abgedruckte Syllabar. Hier lesen wir ohne Suffix *i-ki-is* und *i-ki-su* (mit ש); dagegen mit Suffix *ikis-su* (mit ס), während anderseits bei nicht vorhergehendem stummen oder gezischten Dentale das Syllabar *id-din-su* und *is-sur-su* bietet. Wie man sieht, hat der Antritt des Suffixes d. h. der Zusammentritt des Zischlautes mit einem vorhergehenden Zischlaute auch rückwirkende Kraft, indem der vorhergehende breite Zischlaut (ש) in den Laut ס verwandelt wird (*is* in *is*[1]). Mit diesem Gesetze hängt dann wieder die oben besprochene Umwandlung von ursprünglichem *kablatsu* in

---

su 69. 73; 2) *tarbi-is-su* 71; endlich 3) *tar-bi-is* 69. Es fehlt die Form *tar-bit-su*, aus welcher idwll die Form Nr. 2 (*tarbissu*) erst entstanden ist.

1) Auf Grund dieses, von den Assyriologen bislang gänzlich verkannten, eigenthümlichen Lautgesetzes erklärt sich mit einem Male eine Stelle der Khorsabadinschrift, welche bisher jeder befriedigenden Deutung spottete. Am Schlusse nämlich der Inschrift lesen wir in einem Zusammenhange, welcher Segenswünsche für die erbauten Paläste und ihren Erbauer, den König, enthält, Z. 191 die Worte: *a-na yu-mi da-ru-u-ti li-il-bu-ur 'i-pi-su-un* (עִבְשׁוּן). Hier machte das letzte Wort Schwierigkeit, weil dasselbe mit einem ס geschrieben ist, während doch gemäss dem Zusammenhange, der ein Wort wie „Werk", „Erbauung" d. i. *'i-bis* (עבשׁ) nothwendig verlangt, vielmehr ein *'i-bi-is-su-un* (עִבְשֻׁן) zu erwarten wäre, und Opp. denkt deshalb an eine W. אפד, wovon hebr. אֵפוֹד „Ephod", indem er übersetzt: „immerfort mögen dauern seine Zinnen" (*crénaux*; im lat. Texte steht *vallum*). Die Uebersetzung scheitert aber 1) schon an dem gefärbten *'i*, das in erster Linie auf ein ע hinweist; u. 2) an dem Umstande, dass hier, wo die allgemeinen Segenswünsche für den vollendeten Bau folgen, unmöglich noch ein besonderes Bauwerk namhaft gemacht sein kann, von dem im Vorhergehenden gar nicht die Rede gewesen. Das Wort ist vielmehr das bekannte infinitivische Nomen *'ibis* „machen", „Werk" von עבשׁ; in Folge des oben bewiesenen Lautgesetzes ward *'ibis-sun* „ihr (der Paläste) Bau" zu *'ibis-sun* und weiter zu *'ipisun*. Der Satz ist somit ganz einfach zu übersetzen: „lange Tage währe ihr Bau" (*lilbur*, Precativ von *labar*, dem gewöhnlichen Verbum für „alt werden" im Assyrischen). Ueber jeden Zweifel wird schliesslich die Richtigkeit unserer Ausführung erhoben durch die Stelle Assarb. 46, 68: „(Beweise meines Wohlwollens) *i-bu-us-su* gab ich ihm" st. *'ibus-su*, R. עבשׁ. Vgl. noch *ulabbissunuti* Assarb. Sm. 153, 24: „ich bekleidete sie" st. *ulabbis-sunuti*, aus *ulabbis-sunuti* (R. לבשׁ): *uskabissunuti* „ich unterjochte sie" (ibid. 69, 30) R. כבשׁ. Auch *asarap* „ich verbrannte" (Salm. Obl. 168) Ift. st. des gewöhnlichen Kal *sarap* gehört hieher; es steht zunächst für *assarap* und dieses (s. o. S. 202) für *astarap*. Endlich gar *pu-us-sa-at-su* „sein Antlitz" Ass. Sm. 107, b, aus *puts* und *su*, neben *pussunu* 164, 114.

bahluššu zusammen[1]). Alle diese Erscheinungen haben übrigens ihre Analogie in einer Reihe von lautlichen Gesetzen der übrigen semitischen Sprachen. S. Ew. §. 78, b.

Eine weitere Eigenthümlichkeit des Assyrischen ist die Verwandlung des Lippennasals (*m*) in den Zahnnasal (*n*) vor einem Dentale (Stumm- und Zischlaute). Ein unzweifelhaftes Beispiel liefert uns für die Zischlaute aus dem unten bei den Numeralia abgedruckten Syllabare das assyr. Zahlwort für „fünfzig" *ḫanšâ* statt *ḫamšâ*; ferner die Stelle I Rawl. 36, 54: *tanšil* „Aehnlichkeit" vgl. mit der Parallelstelle *tamšil* (R. משל) Khors. 161; *ni-'u-mu-nu* „ihre Meldung" (Assurb. Sm. 249, j) von *ni-'i-mu* נאם[2]); für die Stummlaute das in den trilinguen Inschriften uns begegnende *du-un-ḳu* „Macht" von der W. *damaḳ* statt *du-um-ḳu* (s. d. Gloss.).

Die Assimilation des vokallosen *n* unter gleichzeitiger Verdoppelung des nachfolgenden Consonanten (vgl. *id-din* von *nadan*; *immuru* von *namar*, *maddattu* statt *mandattu*) hat nichts Auffallendes. Indess ist zu bemerken, dass die Nichtassimilation uns häufiger begegnet als in den verwandten Sprachen. Neben *iddanna* findet sich auch *indanna*; neben *maddattu* auch *mandattu* u. s. f. (s. das Gloss.). Auch das Gegentheil übrigens hat Statt, nämlich dass regelrechte Verdoppelung ersetzt wird durch Einschiebung eines Nasals. So lesen wir z. B. in einem Syllabar (II R. 7. Z. 45. Rev.) von der Wurzel *nabâ* נבא das Part. Pael: *munambu* statt *munabbu*; ebenso das Impft. *inambu* st. *inabbu* Ass. Sm. 314, 94. S. auch ob. S. 168: *Hambudu* statt *Habbudu*. Vgl. aram. הנדע Dan. 2, 9, statt ידע; LXX 'Αμβακουμ aus 'Αββακουμ (חבקוק); aeth. ሰንበት: aus שַׁבָּת; aram. דַּרְמֶשֶׂק Damask I Chr. 18, 5. 6 aus דַּמֶּשֶׂק (dass nicht jenes die ursprüngliche Aussprache war, erhellt aus assyrischem *Di-ma-as-ḳi* (I R. 35. I. Z. 16 u. ö.). Dann ist auch das werth hervorgehoben zu werden, dass die durch die Assimilation des Nasals bewirkte Verdoppelung auch wieder

---

1) Wieder in einer besonderen Weise hat das oben vorgelegte Gesetz seine Anwendung erlitten in der Form *iš-ša-kan*, welche uns in dem Satze: *Sin ankuut iššakan* „der Mond hat eine Verfinsterung erlitten" (J. of the R. A. S. 1868. III. 41) entgegentritt. Dieses *iššakan* ist nämlich zweifellos (vgl. II R. 59. 7a und s. o. S. 202) aus *iš-ta-kan* (Ift. von *šakan*) (vielleicht durch das Mittelglied *iš-ša-kan*?) entstanden. Schliesslich wird sogar auch wohl noch die Verdoppelung aufgegeben (wie S. 203 Anm. oben) und statt *iššakan* vielmehr *išakan* gesprochen, so Sard. II, 93. 94.

2) Gemäss dem Obigen kann es kaum einem Zweifel unterliegen, wie man das assyrische Wort für „Sonne" auszusprechen habe, wenn es (s. o.) mit dem Selbständigkeitsvokale versehen erscheint (ohne denselben wird es phonetisch *ša-maš* geschrieben s. z. B. Asarh. col. IV, 38). In dem in Rede stehenden Falle wird es in erster Sylbe mit dem polyphonen Zeichen *U*, das gleicherweise die Werthe *sam* und *šam* hat (s. S. 76) geschrieben. Ich zweifle nicht, dass man *šam-ši* sagte, wenn auch die Auflösung *ša-am*, zufällig bei dem betr. Worte noch nicht gefunden ist. Der fremde Name *Sa-am-ši-i* (= *šamsî*) Khors. 27 (s. o.) kann natürlich nicht dagegen angeführt werden.

und wie es scheint ganz spurlos aufgehoben werden kann. Einen ganz unzweifelhaften Beleg liefern uns die trilinguen Inschriften, in denen wir NR. 20 von der Wurzel *nahar* „sehen" (s. d. Gloss.) der Imperfektbildung *i-mu-ru* „er sah" pers. *arwinu* begegnen, einer Form, die offenbar aus ursprünglichem *im-mu-ru* (vgl. Beh. 60 und *tammari* Beh. 106) zusammengesunken ist. Möglich wäre dabei allerdings, dass in Folge des Aufhörens der Verdoppelung die vorhergehende Sylbe mit langem Vokal gesprochen ward (Ew. §. 84 a). Leider aber fehlt uns jeder Anhalt aus der Schrift dieses zu constatiren.

Eine letzte höchst denkwürdige Erscheinung bei Zusammentreffen von Mitlauten ist die Verwandlung des Zischlautes in ein *l* vor nachfolgendem Dental. Demgemäss sagt man *altakan* statt *astakan*; *ultakan* statt *istakan* oder *astakan* s. d. Gloss. unter *sakan*; ferner *ḥamilti* statt *ḥamisti* (in der Zahl „fünfzehn" s. das unten abgedruckte Syllabar); nicht minder *ultu* „von, aus" statt *istu* (s. Gloss.), *altur* „ich schrieb" statt *astur* von שטר (Tigl. Pil. VI, 22) u. s. f. Auf dem gleichen Lautübergange beruht der Wechsel der Aussprache Chaldäer bei den Assyrern (*Kaldi*) z. B. Khors. 21. 122 u. ö., sowie bei den Griechen (Χαλδαῖοι), und von Kasdim (כַּשְׂדִּים) bei den Hebräern. In den verwandten Sprachen begegnet uns dieser Uebergang von *s* und *l* nicht; doch hat er hinlängliche Analogien an dem Uebergange von *l* und *r* einerseits, von *r* und *s* anderseits (s. meine Abhdlg. de l. Aeth. p. 18. und vgl. Olshausen a. a. O. 479). Denkwürdig ist aber, dass der Uebergang der beiden Laute in einander nicht ein ständiger ist. Wie neben *ultu* auch das ursprünglichere *istu* noch sehr häufig vorkömmt, so finden wir in den trilinguen Inschriften neben *ultakan* auch noch *istakan* K. III. 5, in den unilinguen neben *altur* auch *astur* (Khors. 53); neben *altappar* Assurb. Sm. 189, 12 auch *listappar* 188, r; nach Oppert, gramm. p. 5 neben *ḥamilti* auch *ḥamisti* u. s. f.

Bezüglich des Zusammentreffens von Vokalen ist vor allem hinzuweisen auf die für den Assyrer bestehende Unmöglichkeit den labialen Halbvokal (*u*) mit dem palatalen (*i*) in unmittelbarer Verbindung zu sprechen. Statt *yu* sagt der Assyrer gleich einfach *u*, statt *yuṣṣabbit* z. B. *uṣṣabbit* (3 Pers. Impf.) u. s. f.[1]). Es ist deshalb namentlich oft platterdings nicht möglich die 3. Pers. Impf. von der 1. Pers. in dem Falle zu unterscheiden, dass beide mit *u* vorn, also nach sonstiger semitischer Analogie *u* und *yu* zu sprechen wären. Demgemäss bedeutet das angeführte *uṣṣabbit* gleicherweise an den einen Stellen (Beh. 67. 70. 83) „er nahm gefangen" =

---

1 Nur bei *yumu* „Tag" יום scheint sich der ursprüngliche I-laut am Anfange noch gehalten zu haben. Wir schliessen dieses daraus, dass ein Syll. II R. 25, 24 das Ideogr. *UT.* mu durch *im-mu* erklärt, was offenbar aus *yumu* zusammengesunken ist. Wir transcribiren daher *yumu*.

pers. *agarbâya*, an anderen: z. B. Beh. 90: „Ich nahm gefangen" = pers. *agarbâyam*. Auf der gleichen Unverträglichkeit der Laute *i* und *u* beruht es, wie Olshausen bereits gesehen (s. a. O. 479), dass das Nominalsuffix der 1. Pers. Sing., eigentlich *ya* lautend, nach einem auf *u* ausgehenden Worte zu *a* sich vereinfacht z. B. *abu-a* „mein Vater", *attu-a* „der meinige" u. s. f. (s. d. Gloss.). In den verwandten Sprachen begegnen wir dieser Schwierigkeit, *ya* hinter *u* zu sprechen nicht, ist nämlich das *û* ein langes *u*; der Hebräer z. B. sagt ohne Anstand נְשׂוּיָה = *n'ŝûyâ*. Ist aber der dem nicht unwandelbar langen *u* folgende Vokal zu wichtig für die Bildung, als dass er etwa vermisst werden könnte, so wird dieses *u* im Hebräischen genau so von dem folgenden *i* (oder *a*) verschlungen, wie im Assyrischen das kurze *i* von dem vorhergehenden langen *u* absorbirt wird. Statt *hiḳ-u-im* sagt der Hebräer *hê-ḳîm* הֵקִים; statt *ḳa-u-am* sofort *ḳa-am* = *ḳâm* קָם u. s. f. Man sieht, wie auch hier das so ganz eigenthümliche Lautgesetz des Assyrischen nicht analogielos innerhalb des Semitismus dasteht.

Wir können aber diese lautlichen Vorbemerkungen nicht schliessen, ohne noch auf zwei Erscheinungen aufmerksam gemacht zu haben, welche für die richtige Würdigung unserer folgenden Ausführungen von der höchsten Bedeutung sind und welche ihren Grund haben in der Eigenthümlichkeit der assyrischen Schrift. Ich meine die Ungenauigkeit und das Schwanken einerseits in der Bezeichnung der Länge und Kürze der Vokale, sowie auch der Vokale selber, anderseits in der äusseren Kenntlichmachung der Verdoppelung von Consonanten. Für beiderlei Erscheinungen bieten uns die trilinguen Inschriften die sichersten Belege. Wir sehen, wie (vgl. das Glossar) ein und dieselbe Verbalperson das eine Mal *allik*, das andere Mal *allak* (R. הלך); ferner (von derselben Wurzel) dieselbe Person das eine Mal *ittilik*, das andere Mal *ittalak* lautet; endlich von der Wurzel *amar* dieselbe Person das eine Mal *immaru*, das andere Mal *imaru* gebildet wird. Ebenso sehen wir das Pron. *annitav* wechseln mit *annatav*, obgleich genau dasselbe Geschlecht und genau dieselbe Zahl in Aussicht genommen ist; sehen wir weiter das Suffix der 3. Pers. Plur. msc., das sonst (s. u.) *sunu* lautet, Beh. 5 *suna* geschrieben; sehen wir in der Dariusinschrift *H*, 1 den Nominativ „grosser" durch *rabi* und gleich darauf durch *rabu* ausgedrückt; sehen wir dieselbe 1. Ps. desselben Verbums und desselben Stammes das eine Mal (Beh. 60) mit *a* = *altakan*, das andere Mal (Beh. 25. 26) mit *u* = *ultakan* anlauten u. s. f.

Dasselbe gilt bezüglich der Verdoppelung der Consonanten. Wir sehen, wie *attur* wechselt mit *atur*; *ittur* mit *itur*, *adduk* mit *aduk*. Vgl. auch *Nabu-si'zib-anni* II Rawl. 64. 1, 32 mit *Asur-si'zib-a-ni* ebend. 68 Nr. 2. Obv. 26; *madatu* „Tribut" Lay. 98, 1 neben *madattu* (*tu*) Lay. pl. 50. Z. 10. Khors. 27 und endlich *mandattu* (*i*) ebend. 29. 54 (R. *nadan*) u. s. w.

Die **Länge** der Vokale wird allerdings zuweilen angedeutet, so z. B. finden wir *sâsu* wiedergegeben: durch *sa-a-su*; *nasû* durch *na-su-u*; *mîti* durch *mi-i-ti*; *kî* durch *ki-i*; *dîki* durch *di-i-ki*; *bîsi* durch *bi-i-si*; *dinâtav* durch *di-na-a-tav*. Dagegen nun aber finden wir *âsibut* geschrieben lediglich *asibut*; *palmânu* lediglich *pal-manu*, *sarrûtu* (*sarrûtiya*) ebensowohl *sarrutu* wie *sarru-u-tu* u. s. f. Dies ist, wie wir nicht weiter auszuführen brauchen, für den Sprachforscher ein grosser Uebelstand, und ehe er über eine grammatische Bildung ein endgültiges Urtheil abgiebt, hat er erst auf das sorgfältigste durch Vergleichung der verschiedenen vorkommenden Schreibarten des Wortes sich über die eigentliche und regelrechte zu orientiren. In manchen Fällen wird er überhaupt durch die blosse Betrachtung der assyrischen Form zu keinem Resultate gelangen (namentlich bei seltener vorkommenden Wörtern) und er wird die Vergleichung mit den verwandten Sprachen zum Entscheid heranziehen müssen. Wenn wir z. B. Khors. 27 und sonst das assyrische Wort für „Kameel" *gam-mal* geschrieben finden, so würde diese Schreibart auf eine Bildung גַּמָּל, also auf eine Bildung vom Steigerungsstamme aus führen. Allein diese Meinung würde sicher eine unrichtige sein. Eine Steigerungsstammbildung würde in diesem Falle an sich sinnlos sein und wird durch das einstimmige Verdikt der verwandten Sprachen, welche sämmtlich גָּמָל, جَمَل, جَمَلٌ und entsprechend bilden, zur Unmöglichkeit. Auch im Assyrischen lautete das Wort lediglich *gamal*; die Schreibung *gammal* ist eine graphische Ungenauigkeit, wie *attur* statt *atur*. Ebenso könnte man wegen der Schreibung *lisanu* mit kurzem *a* (s. d. Gloss.) auf die Vermuthung kommen, die Bildung sei auch eine solche mit kurzem Vokal in der zweiten Sylbe. Die durchaus gleichmässige Aussprache des Wortes in den verwandten Sprachen mit langem *a*, *ô* (לָשׁוֹן, ܠܶܫܳܢܳܐ, لِسَان, ልሳን:) straft diese Vermuthung Lügen; auch im Assyrischen lautete das Wort *lisân*, und die Schreibweise *lisanu* ist eine graphische Incorrektheit. Wir heben dieses gleich an der Schwelle unserer Betrachtung mit aller Schärfe hervor, weil eine nicht entsprechende Würdigung dieser Thatsachen zu ganz schiefen Auffassungen gewisser grammatischen Erscheinungen führen könnte und geführt hat [1]).

---

1) In die in Aussicht genommene Kategorie gehören auch Fälle, wie wenn Assurb. Sm. 74, 19 „sein Gesandter" durch *ra-kab-u-su* (R. רכב) ausgedrückt wird. Diese grammatische Unform statt der regelrechten und in den Inschriften wiederholt uns entgegentretenden Form *rak-bu-su* (s. z. B. Sanh. Tayl. Cyl. III, 41. Khors. 111 u. ö.) ist nichts weiter wie eine graphische Incorrektheit, basirend auf dem Umstande, dass dem Schreiber das Zeichen für die zusammengesetzte Sylbe *gab* oder *kab* in den Griffel kam. Wer hieraus Schlüsse auf eine grammatische Eigenthümlichkeit des Assyrischen bezüglich der Vokalisation des Nomens beim Antritt des Suffixes machen wollte, würde gründlich fehlgreifen.

I. Formenlehre.

a. Vom Nomen.

α. Seine Bildung.

Die Bildung des Nomens im Assyrischen, des Substantivs sowohl wie des Adjektivs, erfolgt durchaus in Uebereinstimmung mit den bekannten Gesetzen der Nominalbildung in den semitischen Sprachen. Die Bildung ist wie bei diesen ebensowohl eine innere, durch blossen Vokalwechsel, wie eine äussere, durch lautlichen Zuwachs zu Stande kommende. Innerhalb dieser beiden Gruppen begegnen uns dann wieder die bekannten Kategorien der Segolatformen, der theils perfektisch-adjektivischen, theils imperfektisch-infinitivischen Bildungen mit wesentlichem Vokal hinter dem zweiten Radikal, endlich der Bildungen mit unwandelbar langem Vokal hinter dem ersten oder zweiten Radikal; begegnen uns weiter Bildungen ebensowohl vom einfachen, wie vom Steigerungsstamme aus[2]); begegnen uns schliesslich Bildungen mit Vorsätzen und mit Nachsätzen, wie endlich auch solche, welche (und darin nimmt das Assyrische bis zu einem gewissen Grade den anderen semitischen Sprachen gegenüber eine Sonderstellung ein) durch Eindringen eines neuen Consonanten in die Wurzel zu Stande kommen. Fast diese sämmtlichen Bildungsweisen sind bereits durch Beispiele aus den trilinguen Inschriften zu belegen; die wenigen fehlenden Beispiele liefern die unilinguen Texte. Bringen wir uns nunmehr diese Bildungsweisen näher zur Uebersicht.

I. Bildungen vom einfachen Stamme.

A. Bildungen mit wesentlichem Vokale nach dem ersten Radical (Segolatformen). Arab. فَعْل.

1. Bildung auf *a*: *araḥ* (mit auslautendem Selbständigkeitsvokal, worüber unten: *arḥu*) Monat יֶרַח; *asar* (*asru*) Ort; *ḥabal* (*ḥablu*) Sohn; *ṣalam* (*ṣalmu*) Bild, *ṣab* (*ṣablu*) Menschen צְבָא; *sar* (*sarru*) Fürst, König שַׂר. — Aus der Zahl der oben sonst noch lautlich und nach ihrer Bedeutung festgestellten Nomina fügen wir bei: *samas* (*samsu*) Sonne; *aban* (*abnu*) Stein; *kasap* (*kaspu*) Silber; *pagar* (*pagru*) Leichnam; *alap* (*alpu*) Ochs. —

1) s. Ewald, Lehrb. der hebr. Spr. 7. A. §. 146—154. Meine Abhdlg. *de linguae Aethiopicae cum cognatis linguis comparatae indole universa*. Gött. 1860. 4. p. 69 ss.

2) Ew. §. 155 ff. Meine Abhdlg. p. 64.

Vielleicht gehören hierher auch *sadu* Berg, *ḳat* (pl. *ḳati*) „Hand" und *mat* (*mati*, *matat*) Land מתא. Auch *abu* „Vater" und *aḫu* Bruder sind wohl am besten hierher zu ziehen. Eine entsprechende feminine Bildung ist *marrat* „Meer"; vielleicht *sanat* Jahr = hebr. שָׁנָה. S. Olshausen, hebr. Gr. §. 146, c.

2. Bildung auf *i*: *ḳirib* „Mitte"; *gimir* „Gesammtheit"; *bil* (*bilu*) Herr בעל; *zir* Saame, Stamm (זֶרַע); *limis* (*limsu*) Tafel (?); *bibil* Inneres (vielleicht aus *bilbil*?); *ris*, *ri-'i-su* Haupt ראש; *'in* (*'inuu*) Auge (עין); *din* Gesetz דין; *'ir* Stadt עיר; *nis* (*nisu*) Menschen (נשים); *bit* „Haus" בית (vielleicht aus *bait*, *bit* lediglich zusammengesunken); *'iṣ* Holz עֵץ; *lib* (*libbu*) Herz לב; *ṣil* (*ṣillu*) Schatten צֵל; *is* (*issi*) Feuer אֵשׁ; *dip* (*dippu*) Tafel דף. Auch *ilu* Gott אֵל wird hierher gehören, sowie *mi'i* „Wasser" מים ماء, wenn auch das *i* vielleicht wie das gleiche in *bit* aus ursprünglichem *a* (*ai*) (vgl. die verwandten Sprachen) erst entstanden ist. Entsprechende feminine Bildungen sind *irṣit* Erde und *kissat* „Heer".

3. Bildungen auf *u*: *uzun* (*uznu*) Ohr أُذْن; *dumuḳ* (*dunḳu*) Macht, Ansehen; *nuḫus* (*nuḫsu*) gute Verheissung; *kubur* Halle; *gusur* Balken; *um* (*ummu*) Mutter أُمّ; *dur* (*durri*) Zeitalter דור; *yum* (*yumu*) Tag יום يَوْم; *sum* (*sumu*) Name שֵׁם; *sûs* (*sûsu*) Pferd סוס; letzteres wie auch *uzun* und *gusur* lediglich in den unilinguen Texten.

B. Bildungen mit wesentlichem Vokal nach dem zweiten Radikal.

1. Bildungen vom Perfekt aus (Adjektive): *balṭu* lebendig; *maḫru* früherer; *mali* völlig מְלָא; *gab* (*gabbu*, *gabbi*) ganz; *rim* hoch R. רום; *mitu* todt מֵת; *diku* getödet; *dan* (*dannu*) mächtig; *kinu* (*kinu*) fest.

2. Bildungen vom Imperfekt aus (Infinitive):

a) فْعُل: *sapar* (*saparu*) schreiben; *salaṭ* herrschen. Auch *naharuu* „Fluss" ist hierherzuziehen; ferner *taḫazu* „Schlacht"; *balaṭu* „Leben" u. andd. Weitere Beispiele noch s. u. beim Verbum.

b) فْعِل: *'ibis* machen; *nipiḫ* „aufgehen" (von der Sonne) neben *napaḫ*; Khors. 69. 144; — I Rawl. 86, 10; *sipir* „schreiben" neben *sapir* (I R. 61, I. col. II, 12). Mit Femininendung: *bilat* Tribut von אבל; vgl. עֵצָה Rath von יעץ; שְׁנָה Schaf von יָשֵׁן; u. and.

c) فُعْلُ: *'abus* machen R. עבש (falls nicht *'abûs* zu sprechen und dieses als Infinitiv der Form קְטֹל zu betrachten ist).

d) فِعْلُ: *kilam* Wort. Vgl. äth. ዕመቅ: Tiefe; ሓጽር: Kürze. Hebr. יְאָר, צֵלָע u. and.[1]). — Hierher würde auch *lisan* „Sprache" gehören, wenn nicht die Analogie der verwandten Sprachen das *a* der zweiten Sylbe als ein langes zu betrachten nöthigte. S. die lautlichen Vorbemerkungen S. 207.

Die entsprechende feminine Bildung ist فَعْلَةٌ: *tihamtuv* „Meer", gebildet genau wie äthiop. ክረምት: „Winter"[2]).

e) فَعِيلٌ (فاعيل؟): *zakif* oder *zâkif* geschr. *zakif* Kreuz Vgl. syr. ܙܩܝܦܐ[3]) Nagel, Keil; ܙܩܝܦܐ Kreuzigung.

C. Bildungen mit **wesentlichem** und zugleich **unwandelbar langem** Vokal nach dem **ersten** oder **zweiten** Radikal.

1. فَاعِلٌ (Participia): *âsib* wohnend; *nâhid* erhaben; auch *hâvil* Mensch wird hierher gehören[4]). Bildet ein Hauchlaut den ersten Radikal, so senkt sich bei dieser Bildung das *a* zu *i*. Demgemäss lesen wir *'iliy* עֹלֶה der Besteigende; *'idis* der Diener; *'ibis* machend u. s. f.

2. فَعُولٌ: *haruṭ* Scepter חטר. Vgl. äth. ሐጹር: Wall.

3. فِعَالٌ, فُعَالٌ u. s. w. *lisân* (geschr. *lisanu* s. o.) Zunge לָשׁוֹן, لِسَانٌ, ܠܫܢܐ: *ṣibâ* Wunsch; *milûv* Menge מְלֹא.

4. فُوعَلٌ (فُوعَال؟) *ḫuraṣu* (zu sprechen *ḫûrâs*?) Gold vgl. חוֹתָם Siegelring; אוֹצָר Schatz u. andd.[5])

---

1) Ewald, Lehrb. §. 150c. Olshausen, Lehrb. §. 166.

2) Dillmann, äthiop. Gramm. Lps. 1857. S. 219. 220.

3) Ewald, gr. arab. §. 241.

4) In der Schrift wird die Länge des unwandelbar langen *a* zwar fast durchgängig nicht ausgedrückt; es leidet aber nach der sprachlichen Analogie keinen Zweifel, dass der in Rede stehende Vokal ein langer. Die Kürze des Vokals in der Schrift ist lediglich graphische Incorrektheit. S. die lautl. Vorbem. und vgl. unten die Schreibung des männlichen Plurals mit kurzem *i*, während sich aus einer Reihe von Beispielen ergiebt, dass das *i* ein langes ist, wie solches ja durch die Bildung in den verwandten Sprachen kategorisch gefordert wird.

5) Ewald, §. 152.

II. Bildungen von Verdoppelungsstämmen.

A. Von Beispielen für Bildungen aus einfachen Stämmen durch Verdopplung des mittleren Radikals liegt in den trilinguen Inschriften eines vor: *gallû* Diener, Sclave, R. *galâ* גלה „in die Gefangenschaft geführt werden". Vgl. מַלָּח Schiffer; مَلَّاح *id.*; ሠናይ: schön u. andd. [1]) Aus den unilinguen Inschriften citire ich *ziqqurrat* „Thurm", „Spitze" (vgl. syr. [illegible] „Spitze") I R. 68. col. I, 8; *šukkallu* „Einsicht" (R. שָׂכַל) Bors. II, 16.

Von durch Wiederholung der ganzen Wurzel zu Stande kommenden Nominibus kann ich anführen *dandan* und *dandanti* „sehr stark", „sehr schwierig" (דנן). So Assurb. Sm. 269, 90. 271, 108. Sard. col. I, 1 u. 5. S. übrigens sub B.

D. Von Nominalbildungen von mehrlautigen Stämmen aus liegen vor: *kakkar* Erdkreis (aus *karkar*); vgl. hebr. כִּכָּר „Kreis"; *kakkad* Scheitel, Haupt קדקד; endlich ist auch wohl *kussû* „Thron" כִּסֵּא hierherzuziehen [2]); jenes ist dann aus *kursu* vgl. arab. كُرْسِيّ, aram. ܟܘܪܣܝܐ, dieses aus כֻּרְסֵא entstanden zu denken. [3])

III. Bildungen durch äusseren Zuwachs.

A. Durch Vorsätze zu Stande kommende Bildungen.

1. Durch vorgesetztes ו d. i. das *u* der dritten Prs. Sing. Impf. zu Stande kommende Bildungen, welche hebräischen der Form: יִצְחָק, יַעֲקֹב, יְהוּדָה u. s. f. entsprechen z. B. *ukum* Volk, Heer eigtl. Bestand = hebr. יְקוּם, R. קום [4]).

2. Es wird ein *t* vorgefügt: *tabbanu* „Gebäude" R. *banâ* [5]). Auch *tihamtu* wäre hierher zu ziehen und als aus *tihâm* durch

1) Meine Abhandlung de l. A. p. 61.

2) Ew. Lehrb. 7 A. S. 408 Olsh. S. 356.

3) Vgl. Olsh. 847. — Zu solchen quadriliteralen Bildungen rechnet Dr. Oppert auch Nomina wie *agur* Backstein, *kidin* Gesetz, *kudur* Diadem, weil nämlich diese Nomina, wenn sie mit dem Selbstständigkeitsvokale (s. u.) gesprochen werden, *agurri*, *kidinnu*, *kudurri* lauten (gr. Ass. §. 212); schwerlich dieses mit Grund. Die Verdoppelung des Schlussconsonanten ist vielmehr wohl zweifellos eine lediglich euphonische und genau jener hebräischen zu vergleichen, welche in Folge des Antritts von Endungen Statt hat in Formen wie גְּדֻלָּה von גָּדוֹל; עֲמֻקִּים von עָמֹק u. a. m. S. Ewald, §. 186 b. 187 b. Olsh. §. 83. d. Vgl. auch innerhalb der assyrischen Sprache selber den Plural *nahallu* „Thäler" (נחל) I R. 43, 43 mit *nahli*, ebend. 40, 77.

4) Ew. §. 162.

5) Ueber die entsprechenden Bildungen der verwandten Sprachen s. in meiner Abhandlung de l. Aeth. p. 65.

Antritt der Femininendung verkürzt zu betrachten, wenn dasselbe auf assyrischem Boden nicht geradezu als aus einer neuen W. *taham* = *kanam* = *hum* gebildet zu betrachten ist s. o. Vgl. noch *tasmi't* Offenbarung R. שמע II R. 21, 27; *tamsil* und *tamsil* „Aehnlichkeit" R. משל I R. 36, 51 u. ö.; *talidti* „Geburt" R. אלד I R. 36. Z. 60 u. a. m.

3. Es wird ein *m* vorgefügt: *mandat* (*mandattu*), auch *maddat*, sowie selbst *madat* (Obel. Salm. Epigr.) „Tribut" entspricht genau hebräischem מַתָּנָה R. נתן ass. *nadan*. Vgl. noch *musi'i* (מוצא) „Abfluss" Bors. I, 32; *musab* Wohnung R. אשב I R. 48. V. Z. 7; *mabad* Dienst (R. עבר) Lay. 73. Z. 16; *malak* „Herangang" R. הלך Assurb. Smith 140, 4; *mamit* „Eid" R. אמן ibid 44, 46.

4. Es wird ein *n* vorgesetzt: *nabhar* „Gesammtheit" R. *bahar*. Vgl. noch *nannir* „Erleuchter" R. נור Assurb. Sm. 126, 78; *nibarti* „Uebergang" R. עבר ebend. 221, 21; *nabnit* eigtl. Erzeugung von *banâ*, so Asurb. V, 23 [1]); dann „Spross", so Salm. Obel. 15; *naram* „erhebend" Stand. 1 u. ö.; *ni'miki* „geheimnissvoll", als Subst. „Geheimniss" R. עמק Nebuc. Bell. I, 4. E. J. H. I, 7. Es entsprechen die hebräischen Participia Niphal der Form נִקְטָל, sowie Substantive wie נַפְתּוּלִים „Kämpfe" u. andd. (Olsh. §. 192).

B. Durch Nachsätze bewerkstelligte Bildungen.

1. Abstracta durch angehängtes *ut* gebildet: *sarrut* Königthum [2]), *malkut* Herrschaft מלכות (I R. 35, 1); *nikrut* Feindschaft;

---

1) Das Wort wird in einem Syll. (II R. 29, 71) erklärt durch *i-li-id-tu* d. i. „Erzeugung" (R. אלד = ילד).

2) Obiges *sarrut* geschrieben *sar-ru-ti* ist beiläufig nicht zu verwechseln mit einem ganz anderen *SAR-ru ti*, dessen erstes Element vielmehr ideographisch zu fassen und phonetisch durch eine Form von *safar* „schreiben", dem phonetischen Aequivalente des Ideogramms *SAR* (s. o. S. 112 Nr. 73), auszudrücken ist. Das Wort ist zu sprechen *safruti* „Schreibekunst" und die Tafeln Asurbanipals, welche z. B. II R. 27, 27. 33, 67 den Namen: *duppi safruti* führen, sind eben „Schreibe- oder Schrifttafeln". Die Bedeutung „Anfang", welche man fraglichem *SAR-ru-ti* vindicirt hat, eignet nicht diesem, sondern dem Worte *sur-rat* R. (aram.) שרא z. B. Obel. Salm. 19: *ina sur rat sarrutiya* „im Beginn meiner Herrschaft", neben welcher Aussprache wir auch der Form *sur-ru* begegnen, über welche s. folgd. Anm.

Da ich mit dem obigen *duppi safruti* übrigens nochmals auf die Unterschriften der Syllabare (s. o. S. 15) gekommen bin, mag es mir verstattet sein, hier der oben von uns mitgetheilten und erklärten noch eine weitere folgen zu lassen, welche sich II R. 21 abgedruckt findet und welche bereits von Oppert in s. Expéd. en Més. II, 360 und 361 behandelt ist. Vielleicht findet man, dass ich sie in einigen Punkten richtiger verstehe, als dieses bisher geschehen. Der Text lautet: 1) *Hikal Asur-bani-habal sar kissati sar mat Assur* 2. *sa Nabu, Il tas-mi-tur, uznâ rapas-tu is-ru-ku-su* 3. *i-hu-uz-zu na-mir-tu-usu. Dup saf-ru-ti* 4. *sa ina sarra-ni a-lik mah-ri-ya* 5. *sin-sui-ru sa-a-tu la i-hu-uz zu.* 6. *Ni-mi-ki* (28, 65: *ni-me-ki*) *Nabu ti-kil-tu-an tak-ki mitut* das Sterben. Vgl. noch *ilut* Gottheit Cyl. Nabon. II, 16; *ri'ut* (רעות) Herrschaft Neb. Senk. I, 10; *bilut* dass. Senk. II, 13[1]); *binut* „Produkt", „Erzeugniss" II R. 67, 20[2]).

2. Adjektiva (und Subst.) auf *an*: *parkân* frevelhaft; *rahmân* innerer (cf. רַחֲם), als Subst. das Innere, das Herz, das Selbst.

ma-lu-bu-as summa 7. *ina duppi as-tur as rut ab-ri-i-va* 8. *a na ta-mar-ti si-ta-as-si-ya* 9. *ki-rib hikal-ya u-kin* d. i. „Palast Assurbanipal's, des Königs der Völker, des Königs vom Lande Assyrien, 2. welchem Nebo, der Gott der Offenbarung (תשמעת), weitgeöffnete Ohren verlieh; 3. dessen Blick er aufthat. Eine Schrifttafel (ist diese), bezüglich deren unter den vor mir lebenden Königen Aufklärung (נִכְמֵי) Jener nicht eröffnete. 6. Die Weisheit (נִמְקֵי) Nebo's . . . . [mir unverständlich]; was für Namen immer es waren, 7. ich schrieb sie auf die Tafeln; ich bezeichnete diese, glättete sie 8. und stellte sie zum Anschauen (R. נטר) Seitens meiner Unterthanen (ساس Opp.) 9. inmitten meines Palastes auf".

1) Zuweilen verkürzt sich die Endung *ut* nach aramäischer Weise zu *û*, so in *surru* „Beginn" statt *surrut* (s. u. weiter) Tigl. Til. I, 62 *ina sur-ru sarrutiya* „im Beginne meiner Herrschaft".

2) Wir besitzen beiläufig noch eine höchst interessante Liste derartiger Abstracta auf *ut*, solcher nämlich die von Familiennamen wie Vater, Sohn u. s. f. als Vaterschaft, Sohnschaft u. s. w. gebildet werden. Sie steht II R. 33. Z. 6—11 und lautet:

ZI. TUR. ANI. KU	*ana ma-ru-ti-su*	seiner Kindschaft (Dativ)
ZI. TUR. US. ANI. KU	*ana ab-lu-ti-su*	seiner Sohnschaft
ZI. SIS. ANI. KU	*ana ah-hu-ti-su*	seiner Bruderschaft
ZI. AT. ANI. KU	*ana ab-bu-ti-su*	seiner Vaterschaft
ZI. AB. BA. ANI. KU	*ana si-bu-ti-su*	seiner Grossvaterschaft

Ich brauche nicht darauf hinzuweisen, wie diese Liste dem früher über den ideographischen Werth der Zeichen *TUR*, *US*, *SIS*, *AT* Ausgeführten zur Bestätigung gereicht. Höchst beachtenswerth sind dabei noch die beiden Wörter *marut* und *sibut*. Jenes, ohne die Nominalendung *mar* lautend, entspricht offenbar völlig den lediglich im Arabischen im ursprünglichen Sinne noch gebräuchlichen beiden Wörtern مَرْءٌ „Mann", إِمْرَأَةٌ „Weib"; das einfache *TUR* wird II R. 32 Z. 65 durch *ma-ru-u* (מָרֵא) erklärt. *Sibu*, wovon *sibut*, ist sichtlich identisch mit hebr. שֵׂיב, ar. شَيْب, eigtl. „weiss, grau" sein, dann „greis", „alt sein". Das Femininum von *sib*, nämlich *sib-tu* wird II R. 32, 65. 67 durch *um-mu rabita* „die grosse Mutter" d. i. „Grossmutter" erläutert.

Lediglich beiläufig mag, um die Liste der Verwandtschaftswörter (über *ummu* „Mutter" und *bintu* „Tochter" s. o. S. 193) vollständig zu machen, hier noch das aus dem Hebr. bekannte Wort für „Schwiegersohn" חָתָן aufgeführt werden. Wir begegnen demselben auf einer Platteninschrift Assurbanipals (Sm. 144, Z. 8 (1)), wo wir lesen: *Ur-ta-ku ha-ta-nu Ti-um-man* „Urtaku, der Schwiegersohn des Tiumman".

Schliesslich darf nicht unerwähnt bleiben, dass neben der Endung *ût* auch *ît* (nicht zu verwechseln mit der Femininendung *it*!) als Endung von Abstracten erscheint, wiewohl weit seltener; vgl. z. B. *ru-ki-'i-ti* „Entfernung" = רְחֵקִית statt רְחֹקוּת von *ruk* = *ruhuk* aus *rahuk* „fern" רָחוֹק. Assurb. Sm. 259, b.

Vgl. noch *siltan* „Herrscher" Khors. 25. arab. سُلْطَان; *ristan* „der erste" Sard. I. 32. 85; auch *abdân* „Unterwürfigkeit" (أبس) I R. 43, 15, wird hierher gehören. Vgl. hebr. אַלְמָן verwittwet, קַדְמוֹן vorderer u. ähnl.

3. Adjektiva auf *ân* und *â* (aus *âo* = *âm*): *nikram* aufrührerisch; *rubâ*[1]) (verkürzt aus *rubâv*) E. J. II. col. I, 3 „grossmächtig". Es entsprechen die hebräischen Bildungen auf *ôm*, wie עֵירֹם „nackt" u. andd. (Ew. §. 163, g).

4. Beziehungsadjektive auf *ai* (genau wie im Aramäischen und theilweis Aethiopischen): *tihamtai* „der Seemann" (von *tihamti* „Meer") Assurb. Sm. 182a; *Parsai* Perser Beh. 1. NR. 29; *Babilai* Babylonier Beh. 91. 92 ff. Weitere Beispiele s. o. S. 169. Die entsprechenden Feminina gehen auf *ait* aus vgl. *Dur-Sarkinaiti* „die von Dur-Sarkin" (I R. 46. III, 13); doch auch auf *it* z. B. *Assuritum* „assyrisch"; *Akkaditum* „akkadisch" (II R. 46, 2. 4. c. d.).

C. Durch Eindringen des Bildungsconsonanten in die Wurzel selber zu Stande kommende Nomina.

Als dieser Consonant erscheint im Assyrischen das *t*, welches sich hinter dem ersten Radical der Wurzel einschiebt. In unseren trilinguen Texten kommt nur ein Beispiel der Art vor, das aber zugleich ein völlig zureichendes ist. Es ist dies das Adjektiv *pitkud* „besorgt", „sorgsam", „gut" von der W. *pakad* פקד eigentl. „nach etwas schauen"[2]), vgl. noch *bitkur* eigtl. „der Erstgeborene von Amt" d. i. der Beschützer Tigl. Pil. I. col. IV, 37 R. בכר; ferner *kitnus* „unterwürfig" von *kanas* Sanh. Tayl. III, 70 u. andd. Substantivische Bildungen der Art sind: *pitluh* „Verehrung" (E. J. II. I, 9) von der W. *palah* פלח „verehren"; *mithus* und *mithusu* „das Fechten" Ass. Sm. 89, 27; 120, 25 R. מחץ[3]) u. a. Von diesen Bildungen abgeleitete Adverbien sind *sitlutis* „herrschaftlich" R. שלט (Khors. 74), *mitharis* „schnell", „eilends" von *mahar*, eilig

1) Dr. Oppert statuirt die Form *rubâv* auch in der Behistuninschrift in der häufigen Redensart *Dariyavus sarru igabbi*, indem er dem Zeichen *KI* der Zeichengruppe *ki-a-av* hier den Lautwerth *rub* vindicirt. Allein für ein Beiwort wie „grossmächtig" erwartete man in diesem Falle im persischen Originaltexte ein Aequivalent zu finden, das wir hier aber vergeblich suchen. Da nun andrerseits *kibâv* in der Bedeutung „also" durch die von Norr. Dict. 513. 514 angezogenen und andere Stellen aus Inschriften Nebucadnezar's und Assurbanipal's als Adverb. zweifellos sichergestellt ist, die Identification zudem mit hebr. כֹּה, כָּכָה sich unmittelbar aufdrängt, so sprechen wir auch in der Behistuninschrift *kibâv* im Sinne von „also" aus.

2) Das Wort findet sich auch in den unilinguen Inschriften nicht selten, s. B. Lay. inscr. 12. 10 als Epitheton Salmanassars *pitkudu*, *rabu*, *na'du* = der (um das Wohl seiner Unterthanen) Besorgte, der Grosse, der Erlauchte.

3) Das Vrb. *imtahsu* s. B. Ass. Sm. 89, 26.

sein" vgl. *maḫru* „früherer" Khors. 82. 138 u. andd. Auch *batḫal*, wechselnd mit *bitḫal* „Reiter" Khors. 35. 85 u. ö. ist hierher zu ziehen, indem das Wort von einer W. בחל = פחל, vgl. arab. فحل „Hengst" abzuleiten steht.

Die fragliche Bildung lässt sich als eine Nominalbildung von dem verbalen Stamme Ifteal ansehen, welcher selber wieder dem arab. VIII. Stamme افتعل entspricht. Aus dem Gebiete des Hebraismus lassen sich die Ortsnamen אֶשְׁתְּמֹעַ und אֶשְׁתָּאֹל vergleichen s. Olsh. §. 194.

β. Die Flexion des Nomens.

I. Bezeichnung des Geschlechts. Will man über die Art, wie im Assyrischen das Geschlecht bei den Nominibus bezeichnet wird, ins Klare kommen, so wird man seine Aufmerksamkeit vor Allem aus auf die Adjektive zu richten haben: bei ihnen ist ja, wie in weitaus den meisten Sprachen, auch im Assyrischen eine scharfe Trennung der Geschlechter auch in der äusseren Form der Wörter von vornherein zu erwarten. Nun treten die Adjektive in den trilinguen Inschriften unter zwei wesentlich verschiedenen Formen auf, von denen sich die eine durch eine auf *t* (*ta*, *ti*, *tu*; *at*, *it*, *ut*) auslautende Sylbe charakterisirt, vgl. z. B. *rabitu*, *rabiti* neben *rabu* „gross" (s. d. Gloss.). Beobachten wir nun, dass die Form *rabu* bei unzweifelhaft männlichen Begriffen und Wörtern: bei dem männlichen Gottesnamen z. B. *ilu rabu* „der grosse Gott" oder aber bei dem Worte „König" = *sarru rabu* (E. 5. 7. u. ö.), auftritt; die andere Form *rabit* niemals bei männlichen Nominibus, wohl aber bei Substantiven wie *ḳaḳḳar* „Erdkreis" D. 8. F. 6. C. a. 7, dazu neben anderen Adjektiven, die ebenfalls auf ein *t* auslauten, z. B. *rapšat* (*rapaat*), *ruḳtuc*, *ruḳḳut* erscheint, so liegt die Vermuthung nahe, dass diese antretende, auf *t* auslautende Endung (*at*, *it*, *ut*) eben die feminine Endung der Adjektiva sei. Begegnen wir nun neben diesen Adjektiven auch Substantiven, welche aus der triliteren Wurzel durch ein überschüssiges *at*, *it*, *ut* gebildet sind, z. B. *irṣit* Erde, *šanit* Mal, *ḳṣut* Geringheit, so darf es schon hiernach als sicher gelten, dass im Assyrischen das Femininum bei Nominibus durch ein auf *t* auslautendes Suffix gebildet ward, also gebildet ward, genau wie in den sonst bekannten semitischen Sprachen[1]). Die Beobachtung wird in ihrer Richtigkeit über jeglichen Zweifel erhoben durch den Umstand, dass die auf ein *t* auslautenden Formen der demonstrativen Pronomina *hagat*, *šuat*, *ullut* statt der anderen: *haga*, *haganu*, *šu*, *ullu* nur da in den trilinguen Texten erscheinen, wo nach dem Erörterten ein feminines Substantiv in den Texten auftritt. Wir lesen *sarrut hagatu* „dieses Reich" Beh. 10; *ḳaḳḳaru hagatu* „dieser Erdkreis"

1) S. meine Abhdlg. de l. Aeth. p. 68.

D, 7. 9, 6. F, 17, C, a 6; *iyaitiy hagata* „diese Erde“ C, a. 9; *ukum suat* „dieses Volk“ Beh. 66; *dippu suat* „diese Tafel“ Beh. 106; *tabbanu allut* „diese Gebäude“ D, 16. Dagegen: *Kambusiya haganu* „dieser Cambyses“ Beh. 12; *Nidintabil su* „Nidintabel — der“ Beh. 31. Vgl. auch *Aspasina haga* „Aspasina ist dieses“. Schliesslich wird in dem Namen *Dur-Sarkinaiti* (I Rawl. 70, col. I, 14) d. i. „die Dursarkinenserin“, ein Name, der nach dem Erörterten das Femininum zu dem Masculinum *Dur-Sarkinai* „der Dursarkinenser“ sein müsste, das weibliche Geschlecht als solches auch ganz äusserlich angedeutet durch das weibliche Deuteideogramm [cuneiform sign]. Jeder Zweifel an der Richtigkeit unserer Ausführung ist dadurch ausgeschlossen. Es ist also sicher: im Assyrischen wird das Femininum bei den Nominibus durch ein angefügtes *t* ausgedrückt, genau wie in allen übrigen semitischen Sprachen [1]).

Es sind nun aber, wie schon angedeutet, näher die drei Formen: *at*, *it* und *ut*, welche bei den verschiedenen weiblichen Nominibus auftreten. Da, wie unten zu erörtern, *ut* als eine zugleich pluralische Form auszusondern ist, so bleiben als die nächsten, singularen weiblichen Endungen im Assyrischen *at* und *it*.

Von diesen beiden Endungen erscheint *at* in den trilinguen Inschriften nur bei dem weiblichen Demonstrativpronomen *suat* „jene“ „diese“; aus den unilinguen Inschriften citire ich *bilat* „Herrin“ (neben *bilit*) II R. 66, 5; *sarrat* Königin Lay. inscr. 67, 2; Khors. 27; *malikat* „Fürstin“ II R. 66, 4; *naḳat* weiblichen Kameel (ناقة) Lay. 68 Z. 2; *ḫitat* Sünde (חטאת) Neb. Senk. II, 14; *ris'at* Schlechtigkeit (רשעת) ebendas.; *sallat* Gefangenschaft Khors. 28. 61 u. ö.; *sanat* Jahr (s. o.), sowie die Adjektiva *murabbiat* „verherrlichend“ (R. רבה = רבב), Beiname der Baaltis I R. 36, 60 und *asibat* „wohnend“ in der Phrase: *Ana NIN. KIT bilit matat asibat bit BAR. BAR* d. i. „der Mylitta, der Beherrscherin der Länder, die da bewohnt den Tempel ....“ II Belt. 1 (II Rawl. 66) u. andd.

Der aus der vorigen lediglich abgeschwächten Endung *it* begeg-

---

1) Beiläufig die Begriffe „männlich“ und „weiblich“ selber werden in den Inschriften ganz gewöhnlich durch *zikar* und *sinnis* ausgedrückt; so z. B. Assurb. Sm. 200, 9: *nisi zikaru* (Var. *zi-kar*) u *sin-nis* „Leute männlichen und weiblichen Geschlechts“. Von den beiden Wörtern deckt sich *zikar* unmittelbar mit hebr. זָכָר und bedarf deshalb weiter keiner Erläuterung. Aber auch *sinnis* ist seinem Ursprunge nach ganz deutlich. Es ist zu combiniren mit arabisch أُنْثَى „weiblich“. Die Wurzeln *ânas* und انث wechseln mit einander genau wie die WW. אנס *cogere*, *colligere* und כנס dass.; ferner wie ארג *plectere* und סרג u. s. f. im Hebräisch-Aramäischen.

gen wir in den trilinguen Inschriften bei *irṣit* Erde, *šanit* Mal, sowie dem Adjektive *rabit*. Sonstige Beispiele sind *bilit* Herrin (neben *bilat*) Neb. Cyl. Bell. II, 52; *binit* „Schöpfung" (Tochter?) Syll. 305; *ris'it* (neben *ris'at*) Schlechtigkeit Khors. 5; *nirit* Wohnung ([illegible]) Khors. 9. 187; *maḫrit* „frühere" Khors. 29 von masc. *maḫri*; *bânit* „Gebärerin" Hammurabi (Louvre) col. II, 26. 29; *'ilit* „hohe" „obere"; *šaplit* „untere" E. J. H. II, 15. 16 u. a.

Zu den besprochenen beiden Endungen, könnte man nun meinen, geselle sich noch eine dritte, welche durch vokallosen Anschluss des weiblichen *t* zu Stande kommt. Aus den trilinguen Texten könnten für eine solche Bildung als Beispiele etwa angeführt werden: *katibt* Schrift; *mandat* (statt *mandant*) Tribut; *rapast* „weit"; *rukt* fern. Sonst wären noch zu vergleichen *bint* Tochter (neben *binit*) Khors. 30 u. Assurbanip. II, 108 (Norr. I. p. VIII); *kišidt* „Beute" (s. o. S. 93) u. andd. Allein bei näherem Betracht verhält sich die Sache anders. Der Ausfall des Bindevokals hängt vielmehr zusammen mit dem Antritte des Auslautvokals, über dessen Wesen und Bedeutung wir unten weiter zu reden haben. Daher denn auch die Erscheinung, dass neben jenen contrahirten Formen ebenso oft auch die uncontrahirten auftreten und zwar meistens dann, wenn der Auslautvokal mangelt: man liest *rapšat* neben *rapaštu*, *šaplit* niedrig neben *šapiltu* u. s. f. Nur bei *bit* „Haus" ist, wie in den verwandten Sprachen, die weibliche Endung mit dem vokallosen *n* der Wurzel so verschmolzen, dass auch ohne Antritt des Auslautvokales *bit* statt *binat* oder *binit* gesagt wird, und bei dem weiblichen Zahlworte für „eins": *iḫit* statt *iḫidt* (אחדת), ist das enganschlossene weibliche *t* mit dem vorangehenden Dental zu einfachem *t* verschmolzen — genau wie bei hebr. אַחַת aus אַחֶדֶת [1]).

Schon durch das Vorhergehende ist mitbeantwortet auch die Frage, wie man es im Assyrischen mit der Bezeichnung des neutrischen Geschlechts gehalten habe. Eine äussere Bezeichnung desselben existirte im Assyrischen ebensowenig wie in den übrigen semitischen Sprachen. Zum Ausdruck desselben dient gemeiniglich die männliche Form z. B. NR. 30: *haga gabbi* „dieses alles"; D. 20: *ullu* „jenes" pers. *ava*. Zuweilen begegnen wir aber auch dem Fem. Plur. z. B. Assurb. Sm. 151, 54: *an-na-a-ti aš-mi'* „dieses vernahm ich" [2]). Ueber die analogen Ausdrucksweisen

---

1) Wie man sieht, ist bezüglich der contrahirten und nicht contrahirten Aussprache der Femininendung ein Schwanken im Assyrischen nicht zu verkennen. Dass das Angeführte nun aber nichts weniger als auf einer Selbsttäuschung oder mangelhaften Erkenntniss unsererseits beruht, dafür haben wir einen sicheren Beweis von der Hand der Assyrer selber, dieses nämlich in einem Syll. (II R. 36, 48 c. d.), welches die Aussprachen *ḫiratuv* und *ḫirtuv* („Gattin") einander direkt gleichstellt.

2) R. שמע.

in den übrigen semitischen Sprachen s. meine Abhdlg. de ling. Aeth. etc. p. 67.

II. Bezeichnung der Zahl. Zu bestimmen, wie die Pluralform bei den assyrischen Nominibus lautete, ist in gewisser Weise keine ganz leichte Sache und zwar dieses aus dem einfachen Grunde, weil bei weitem der überwiegenden Anzahl derselben der Plural überhaupt nicht lautlich ausgedrückt, denn vielmehr lediglich ideographisch, durch das Pluralzeichen [1]) angedeutet wird [2]). Dennoch sind die Fälle, wo der Plural der Nomina auch lautlich ausgedrückt vorliegt, hinreichend, um uns eine klare Einsicht in das Wesen der assyrischen Pluralbildung zu verschaffen.

a. Was nun zuvörderst den männlichen Plural betrifft, so liegt uns von solchen in den trilinguen Inschriften sicher nur ein Beispiel davon vor, dass derselbe phonetisch geschrieben, nämlich in dem Worte *salmanu* „Bilder" (צלמנר) [3]). Gerade diese Form des Plurals auf *an* ist aber weder die gebräuchlichste, noch die sprachlich nächstliegende. Letzteres ist vielmehr die Bildung auf *î*, welcher wir in den unilinguen Inschriften wiederholt auch phonetisch geschr. begegnen. Betrachten wir demgemäss auch zuvörderst diese. 1) Die Thatsache zunächst, dass überall eine Art der Bildung des männlichen Plurals durch die Endung *i* zu Stande kam, wird durch folgende Beispiele gegen jeden Zweifel sicher gestellt. In der Xerxesinschrift von Van K. III, 6 begegnen wir einem Worte *sa-du*, welches gemäss dem persischen Originaltexte (*kaufa*) soviel wie „Berg" bedeutet. Von diesem selben Worte kommt nun in der grossen Sargoninschrift wiederholt die Form *sadi* vor (Khors. 41. 42. 50. 180), welche als ein Plural auf das deutlichste gekennzeichnet wird theils durch den Zusammenhang, theils durch die Parallelstellen 164. 170, wo der in Rede stehenden Form das betr. Ideogramm mit dem Pluralzeichen versehen entspricht. Das Gleiche ergiebt sich für den in Rede stehenden Plural aus einer Vergleichung von Assurb. Sm. 69, 61; 75, 22 (*sa-di-'i*) mit 80, 7 (Ideogr. mit Pluralzeichen). Ein ebenso sicher verbürgter Plural ist *malki* „Könige" oder besser „Fürsten" Khors. 13. Stand. In-

1) S. über dieses ob. S. 25 Anm. 1. Ich trage zu dem dort Bemerkten noch nach, dass der senkrechte Keil als Ideogramm des Begriffs der „Person" auch in der Schreibung des Personalpronomens der 1. Prs. Sing. = *anaku* als [illegible] erscheint d. i. das betr. Ideogramm mit dem phonetischen Complemente *ku* (= *ana-ku*).

2) Zuweilen, wiewohl weit seltener, durch einfache Wiederholung des Substantivs z. B. *'ir 'ir* „Städte" (R. J. II. col VII, 16); *mat mat* „Länder" (II R. 66. B. *b*, vgl. die Var.) u. a.

3) *Silli* „Schatten", welches Opp. für einen Plural hält, kann ich für einen solchen nicht ansehen theils der Bedeutung, theils aber des Umstandes wegen, dass das Ideogr. *IS. MI*, mit welchem es wechselt, niemals das Pluralzeichen aufweist

Nr. 2; auch *maliki* Khors. 177, von dem Sing. *malik* מֶלֶךְ „König" (ibid. 191). Dass wir es an den beiden ersten Stellen der Khorsabadinschrift wirklich mit einem Plurale zu thun haben, erhellt unzweifelhaft aus dem Zusammenhange, denn wir lesen: *maliki gabrai ul ibsu* „mir ebenbürtige Könige waren nicht vorhanden", ferner *ina nabhar maliki* „über alle Könige"; endlich *itti maliki matitan* „in Gemeinschaft mit den Königen der Länder"[1]) (im Fortgange der Rede erscheinen alsdann die mit *maliki* auf gleicher Linie stehenden Substantiva mit dem Pluralzeichen versehen). Ich verzeichne noch folgende unbezweifelbare, phonetisch geschriebene Plurale: *rak-bi-'i-su-un* „ihre Gesandten" Assurb. Sm. 42, 86. 43, 44; *kar-hi-'i-su* seine Burgen Khors. 126. 134; *as-ri-su-nu* ihre Oerter ibid. 57.; *pa-ti-su* seine Grenzen (פאה) 60. 68; *nu-ni'* Fische 144; *yu-mi'* Tage 136. II Bolt. 8 in II R. 66 (an letzterer Stelle bietet die Variante das Pluralzeichen); *pag-ri'* Leichname Sard. II, 41 (auch hier bietet die Variante das entsprechende Ideogramm mit dem Pluralzeichen versehen!); *bi-'i-li-'i-a* „meine Herren" Neb. Bellinocyl. II, 41 (Variante Pluralzeichen mit Suff. a) vgl. auch den ob. S. 140 erklärten Namen *Assur-ris-iliv* „Assur das Haupt der Götter", in welchem offenbar das den Plural von *ilu* „Gott" repräsentirende *iliv* lediglich modificirte Aussprache für *ili* ist: auch sonst erscheint bei Ausgängen von Wörtern der labiale Halbvokal als Abschluss der Sylbe z. B. Bors. II, 16 *hablav* „Sohn" statt *habla*, beziehungsweise *hablu*; s. indess hierüber weiter unten.

Dr. Oppert giebt nun diesen Plural durch ◌ֵי wieder, gleich als ob er ê lautete z. B. *sarrê*, *malkê* u. s. f. (gr. Ass. §. 46). Wir bezweifeln die Angemessenheit dieser Bezeichnung, welche sprachgeschichtlich bedenklich ist und zu welcher auch graphisch kein genügender Grund vorliegen dürfte. Allerdings wird dieser Plural mehrfach mit dem Zeichen [illegible] geschrieben, das, wie oben erörtert, meist ein irgendwie gefärbtes *i* (z. B. יְא, oder יִא) bezeichnet. Allein wie schon hier ein *ê* durch nichts indicirt ist, so wechselt gar nicht selten dieses gefärbte *i'* mit dem einfachen *i* und zwar gerade auch bei den phonetisch geschriebenen Pluralen. So z. B. finden wir zwar den Plural von *karh* (*kirh*) „Burg" Khors. 126 mit jenem gefärbten *i'* = *karhi'-su* (*kar-hi-'i-su*) geschrieben. Keine zehn Zeilen weiter aber begegnen wir (Z. 134) genau demselben pluralischen Worte mit dem einfachen *i* = *kar-hi-su* geschrieben. Auch *sad-i* „Berge" wird Khors. 42 mit einfachem *i* geschrieben u. s. f.[2]). Es hat sonach die Schreibung mit dem

1) *Matitan* in der Bed. „Länder" auch Assurb. Sm. 138, 83.

2) Es verhält sich also mit dieser Wahl des gefärbten *i* zur Bezeichnung des Plurals, wie mit der Wahl desselben gefärbten *i* bei dem Worte *rab-i* in der Standardinschr. Z. 1.

gefärbten *i* keinen andern Zweck als lediglich die Länge des betr. Vokal unter Umständen anzudeuten.

Dass übrigens diese Endung *î* aus ursprünglichem *îm* lediglich verkürzt ist, bedarf schon unter Vergleich des Hebräischen keiner Erörterung. Jenes *im* erweichte sich, gemäss assyrischem Lautgesetze s. o., zunächst zu *iv* und dieses ging unter Abwerfung des labialen Halbvokals in lang *i* über. Wir haben hierfür sogar noch den Beweis in den Händen einerseits in jenem alten, oben erklärten Namen: *Asur-ris-ilim* „Assur das Haupt der Götter", in welchem wir der Schreibung mit dem Labial noch begegnen; anderseits in der Schreibweise der Plurale *Su-mi-i-r-im* und *Ak-ka-di-im* in der Inschrift des alt-babylonischen Königs Hammurabi, die sich mit der entsprechenden hebräischen einfach deckt (s. Louvreinschrift col. I, 11. 12).

2) Denkwürdig ist nun aber, dass wir, wie schon angedeutet, im Assyrischen noch eine andere Form des männlichen Plurals antreffen, welche statt auf *i* vielmehr auf *ân* (*ânu*, *âni*, *âna*) ausgeht. Ein sicheres Beispiel dieser Pluralbildung geben uns die trilinguen Inschriften in dem, dem persischen (pluralischen) *patikarâ* (Acc. Plur.) entsprechenden, *ṣal-ma-nu* „Bilder" Beh. 106 (der Sing. *ṣalam* „Bild" Sard. I. 68 u. ö. in den Inschriften). Andere Beispiele phonetischer Plurale dieser Form sind: *ḥarsani* „Wälder" Sard. I, 66; Khors. 14. 46[1]), vom Sing. *ḥarsu* = hebr. חֹרֶשׁ. Dass wir es hier faktisch mit einem Plural zu thun haben, ersehen wir aus dem an ersterer Stelle ihm beigefügten und mit dem Pluralzeichen versehenen Adjektiv *dannuti* „gewaltig" „gross". Ferner *ud-ma-ni* „Vorräthe" (R. כמס, aram. כמן) Salm. Obel. 98; *su-ra-ni* „Mauern" (hebr. שׁוּר) Khors. 132. u. audd. Vgl. auch *dup-pa-a-ni* „Tafeln" K. 116[2]) mit K. 186, wo dasselbe Wort mit dem Pluralzeichen, sowie mit II R. 23, Z. 63, wo es mit dem Pluralideogramm und der phonetischen Ergänzung *ni* = *duppâ-ni* geschrieben wird (s. sogleich). Aus dem angeführten Beispiele ergiebt sich beiläufig zugleich, dass wir uns das *a* der Endung *âni* als ein langes zu denken haben, während sonst die Länge desselben fast ausschliesslich unangedeutet bleibt (*Hincks in J. of the R. A. Soc. N. S. II.* 1866. *p.* 508). Es ist nun aber zu bemerken, dass dieser Plural des häufigsten nicht, wie in den angeführten Beispielen (mit Ausnahme des letzten), ganz, denn vielmehr gewissermassen halb phonetisch geschrieben wird, nämlich zwar mit dem ideographischen Pluralzeichen, zugleich aber mit der Endung *ni* als phonetischer Ergänzung. So z. B. findet sich *sarrâni* „Fürsten"[3]) so viel ich sehe immer geschrieben: d. i. *sarrâ-*

1) Geschrieben *ḥar-sa-ni*.
2) Auch Assurb. Smith. col. I, 33 (p. 6) steht phonetisch *dup-pa-a-ni*.
3) Neben *sarrî* s. o.

ni z. B. Khors. 81. 147. 159; nicht minder *ilâni* „Götter“ II Rawl. 69. IV. unteres Feld Z. 5 (in dem Satze: *ilâni-sa Dur-Sarrukin* „die Götter von Dur-Sarkin“); ferner *sadâ-ni* „Berge“ I Rawl. 28, 17. 18 [1]). Aus den zuletzt aufgeführten Beispielen ersieht man zugleich, dass die Pluralform auf *âni* neben der anderen auf *i* selbst bei denselben Nominibus im Gebrauch war; denn neben *ilâni* begegneten wir oben bereits dem Plural *ili*; neben *sadâni* dem anderen *sadi*; vgl. noch *babi* „Thüren“ Khors. 169 neben *babâni* Asarh. VI, 7. Auch hierfür finden sich Analogien in den verwandten Sprachen [2]).

Sprachgeschichtlich entspricht übrigens dieser Plural auf *ân*, wie von selber einleuchtet, genau der männlichen Pluralbildung auf *ân* im Aethiopischen (z. B. *kâhnât* von *kâhn* offenbar; *ḥerân* von *ḥêr* gut u. s. f.), welche Sprache aber freilich nicht, wie das Assyrische, jene durch das Hebräische repräsentirte Pluralendung auf *î* (*îm*) daneben noch im Gebrauch hat [3]).

Die Bildung des Plurals übrigens aus dem Singulare ist durchaus in Uebereinstimmung mit der entsprechenden in den verwandten Sprachen und fügen wir deshalb hier Weiteres nicht hinzu. Aus dem Sing. *ṣalam* (Khors. 60) bildet sich *ṣalmanu* (Beh. 106); aus *asar* Ort (Khors. 86. 98. 114) *asri* (ibid. 57); von *pagar* Leichnahm (Sard. I, 29) *pagri* (s. o.); von *kiriḥ*, *kirḥu* (= *karḥu*) Burg (Sard. II, 106) *karḥi* (s. o.); von *malku* König (Khors. 191) *malki* und *maliki* (s. o.), *yum* „Tag“ (s. o.) *yumi* (s. o.) u. s. f.

Ueber den Plural der Adjektive s. sub. b.

b. Für den femininen Plural stehen uns sowohl in den trilinguen, als in den unilinguen Inschriften weit zahlreichere Beispiele zu Gebote; er erscheint weit häufiger phonetisch geschrieben als der männliche, offenbar dieses, um ihn durch diese phonetische Schreibweise vor dem männlichen und gewöhnlicheren sofort kenntlich zu machen.

1. Auch dieser Plural liegt uns aber wiederum in einer mehr-

---

1) Auch der unten zu besprechende weibliche Plural auf *âti* findet sich zuweilen in der gleichen Weise geschrieben z. B. *tiḥamtit* Meere I Rawl. 28 Z. 14. (*UT MIS at*).

2) Z. B. im Aethiopischen s. Dillmann, Gramm. d. äthiop. Spr. S. 231. 232 u. sonst. — Unter Vergleichung dieser Sprachen überrascht es auch nicht, von demselben Substantive sowohl eine männliche wie eine weibliche Form im Gebrauch zu sehen. Wie sich neben *mati* „Länder“ auch die feminine Form *matat* findet, so nicht minder von *pu* „Mund“ neben *pâtur* auch *pâan*. Das letztere ist uns sogar direkt durch ein Syllabar verbürgt (II R. 39, 11 a. b), welches das betr. Ideogramm erklärt durch *pu-a-nu* und *pa-a-nu*.

3) S. meine Abhdlg. de l. Aeth. p. 70. — Dr. Oppert führt § 61 seiner Gramm. noch eine Pluralendung *ân* an, welche uns in dem Worte *mupaḫḫitun* begegne, leider dieses ohne die Belegstelle beizufügen. Ist fragliches Wort wirklich ein Plural, so haben wir hier eine ungenaue vokalische Aussprache genau wie in *annitav* neben *annatav* (s. Gloss.) und weitere Schlüsse sind darauf nicht zu bauen.

fachen Gestalt vor. Zuvörderst ist es die Endung *āt*, welche zur Unterscheidung des weiblichen Plurals von dem männlichen dient, eine Endung, welche durch das arabisch-äthiopische *āt* des Femininum Pluralis als eine semitische Endung sofort erwiesen wird. Aus den trilinguen Inschriften liegen uns von dieser Form des weiblichen Plurals die folgenden Beispiele vor: *lisanāt* geschr. *li-sa-na-a-ta* „Zungen" „Völker" O, 16 von *lisanu* „Zunge" (in den Parallelstellen K. II, 3. D, 7. E, 5 u. ö. erscheint die singuläre Form mit dem Pluralzeichen); *pargāt* geschr. *par-ga-a-tau* „Lügen" Beh. 14; *dinât* geschr. *di-na-a-tav* „Gesetze", „Verordnungen" Beh. 101. NR. 11. Dass wir es in diesen Fällen mit wirklichen weiblichen Pluralen und nicht etwa mit Singularformen zu thun haben, erhellt aus der durchweg Statt habenden Schreibweise mit langem *â* (*a-a*). Eine Vergleichung von Stellen der unilinguen Inschriften erhebt die Richtigkeit dieser Beobachtung über allen Zweifel. So lesen wir z. B. Khors. 15 *mirdat la'ari paskâti sa asarsina 'itittika* (אתיק) „unwegsame Thäler von Einöden, deren Gebiet ich durchzog", in welchem Satze das feminine Pluralsuffix *sina* nur auf einen Plural (*mirdat*) zurückweisen kann. Vgl. ferner Khors. 166: Die Götter Nisruk, Sin, Samas *u hiratisunu rabâti* und ihre hehren Gemahlinnen [1]); oder Tigl. Pil. VI, 97. 98: *ina sanâ-ti dannâti* in langen (eigtl. starken) Jahren" u. andd.; an letzterer Stelle ist der Plural *sanât* genau wie die masculinen *ilâni, sarrâni* u. s. f. halb ideograph. halb phonet., nämlich *MU. MIS-ti* geschrieben. Ueber *MU* als Ideogramm für „Jahr" s. o. S. 108. Noch führe ich an: *bi-la-a-ti* „Tributgegenstände" Bell. Cyl. Sanh. III, 58; *mat-'i u ta-ma-a-ti* (st. *tihamâti*) „Länder und Meere" Tigl. Pil. IV. (II R. 67) Z. 85; *ila-a-ti* „Göttinnen" Assurb. Sm. 277, 59 [2]); *pu-ub-ba-a-ti* „Wohlthaten" ebend. 158, 13 [3]).

1) Man beachte, wie die substantivischen Plurale *mirdat* und *hirat* (gegenüber den Adjektiven *paskâti* und *rabâti*) ohne Dehnung des *a* (*mir-da-at*, *hi-ra-ti*) geschrieben werden. Offenbar machte sich beim Stat. constr. und nach Anhängung des Suffixes die Länge des Vokals der Pluralendung weniger fühlbar; so deutete man sie in der Schrift auch nicht noch besonders an. Uebrigens wird auch bei dem Stat. absol. die Plenesschreibung durchaus nicht immer befolgt; vgl. das interessante Beispiel Lay. 98, 2. 4, wo wir in zwei gleichen Phrasen den Plural von *baruh* „Sperrschaft" (vgl. בְּרִיחַ „Querbalken", „Riegel") das eine Mal *ba-ru-ha-a-ti*, das andere Mal *ba-ru-ha-ti* geschrieben antreffen. Ebenso finden wir den Plur. *apparât* „Moräste" oder „Dünen" (אפר) in der Inschr. des Taylor-Cylinders Sanheribs *ap-pa-ra-ti* (Col. III Z. 59), dagegen Bell. Cyl. 11 *ap-pa-ra-a-ti* geschrieben u. so oft.

2) Obiger Plural setzt einen Singular *ilat* „Göttin" voraus. Derselbe ist aber bisher noch nicht gefunden worden, dieses aus dem Grunde, weil auch „weibliche Gottheit" ideogrammatisch und zwar mit demselben Ideogramme bezeichnet wird, wie der Begriff „Gott" (nämlich *AN* s. o.) vgl. die Ideogramme für die Istar, Beltis u. s. f., sowie Schreibweisen wie *AN. sar-rat Kitmuri* „die Gottheit, die Fürstin von Kitmur" (Assurb. Sm. 110, 85), vermuthlich auszusprechen: *ilat sarrat Kitmuri*.

3) Auch *isâti* „Feuer" (geschr. *i-sa-a-ti* s. o. S. 108 Nr. 25) wird hierhergehören, nicht bloss, weil die Syllabare noch den Sing. *isu* (אֵשׁ) bieten,

de ... Bemerkenswerth ist, dass dieser weibliche Plural sich bei einigen Substantiven auch neben dem oben beschriebenen männlichen findet. So begegnen wir neben einem männlichen Plural *mati*, geschrieben *mat-'i* (II R. 67, 65) auch einem weiblichen *matat*, geschrieben *ma-ta-a-ti* (I R. 35. Nr. III. Z. 23). Von dem Subst. *bab* „Thor" waren sogar drei verschiedene Plurale im Gebrauch. Nämlich a) ein männlicher Plural auf *i* = *babi* z. B. Khors. 168 (*ba-bi*); b) ein solcher auf *ani* Asarh. VI, 7; endlich c) ein weiblicher auf *át*, geschrieben *ba-ba-a-ti* Lay. Inscr. 39, 22; auch *ba-ba-at-ti* Sard. III, 108. Vgl. Norr. Dict. 66. 67. Die Erscheinung hat übrigens auf dem Gebiete des Semitismus nicht im Geringsten etwas Auffallendes. Auch der Hebräer bildet ja יְשָׁרוֹת neben יְשָׁרִים, שָׁנוֹת neben שָׁנִים u. s. f.

9. Neben diesem Plurale auf *át* begegnen wir nun noch einer zweiten Form des weiblichen Plurals und zwar ebenfalls schon in den trilinguen Inschriften, eine solche nämlich, welche auf *ût* auslautete, eine Endung, welche genau der hebräisch-aramäischen Pluralendung *ôt* entspricht. Ein unzweifelhaftes Beispiel dieses Plurals ist in der trilinguen Inschrift *tabbanût* (geschr. *tab-ba-nu-u-tu*) „Gebäude" Plur. von *tabbanu* „Gebäude" (Sing.). Dass wir es hier wirklich mit einem Plurale zu thun haben, erhellt, abgesehen von dem daneben vorkommenden *tabbanu* ohne *ut*, aus dem dazu gehörigen Adjective *madût* „viele" (מְאֹד). Aus den unilinguen Inschriften füge ich noch als ein ebenso unbezweifelbares Beispiel den Plural *sukût* ([illegible]) „Gesetze" an (von Sing. *suku*) Khors. 10. Dass wir es hier abermals mit einem Plurale zu thun haben, erhellt aus dem auf denselben als Subjekt bezüglichen Pluralis Verbi des folgenden Relativsatzes. Vgl. noch *u-nu-ut* „Vorräthe" Lay. 16, 46 von *un* = hebr. און, הון, neben welchem Plurale der auf *át* auslaufende *u-na-ti* ebenfalls noch im Gebrauche ist s. Norr. 292.

Denkwürdig ist nun aber, dass diese Pluralform auch ausnahmsweise bei einem Masculinum erscheint, nämlich bei *abu* „Vater", welches im Plural *abût* „Väter" bildet Beh. 3. 16 [1]). Das Assyrische tritt aber auch hier mit Nichten aus dem Semitismus heraus; denn bekanntlich bildet ja auch das Hebräische אָבוֹת „Väter" und nicht minder finden sich im Arabischen und Aramäischen analoge Bildungen des Plurals bei diesem Worte.

Noch ein weiterer Punkt zieht unsere Aufmerksamkeit auf sich.

---

sondern auch, weil das betr. Ideogramm (*NI*) noch wiederholt mit dem Pluralzeichen versehen vorkömmt z. B. Tigl. Pil. I col. V. 60. 72. Auch das äthiop. አኃት፡ betrachtet man am einfachsten als einen weiblichen Plural.

1) Dr. Oppert führt in seiner Gramm. §. 48 als analoge Plurale noch weiter an *ahût* „Brüder" von *ahu* und *binût* „Söhne" von *binu*. Ich kann aber die Richtigkeit dieser Angabe nichts aussagen, da ich dem Plural des ersteren Wortes immer nur in ideographischer Schreibung begegnet bin, ein Plural des zweiten Wortes aber mir überall nicht aufgestossen ist.

Während nämlich bei Substantiven die in Rede stehende Pluralendung verhältnissmässig selten auftritt, ist sie die **regelmässige** und gewöhnliche **männliche** Pluralendung bei den **Adjektiven** geworden (die weiblichen Adjektive bilden den Plural auf *ât* s. die Beispiele oben). Schon die trilinguen Inschriften liefern uns für die Thatsächlichkeit dieser Erscheinung die unzweifelhaftesten Belege. E, 4 lesen wir neben dem masculinen Plural *muti'imi* „Herrscher“ den femininen Plural *madûtu* = *muti'imi madûtu* „viele Herrscher“; vgl. *sarri madûtu* C, a. 4. „viele Könige“. Die Form *madûtu* ist der Plural von dem Sing. *ma'du* (מאד) Sard. II, 64. Assur b. Sm. 259, 1 (*ma'tu*) [1]. Andere Beispiele sind: *Yavanu sanût* „andere Jonier“ NR. 18; *muta'imi mahrût* „die früheren Herrscher“ F, 12; endlich *balțût* „lebende“ Beh. 51 u. ö. Von Participien gebildete Plurale dieser Art sind in den trilinguen Inschriften: *asibût* „bewohnend“ E, 2. F, 5. 8, auch Botta VIII, 57, vom Sing. *asib* R. אשב = ישב; *harbût* „Sterbliche“, „Menschen“ D, 3. Die unilinguen Inschriften bestätigen diese Ergebnisse. Vgl. *durânisunu dannuti* „ihre starken Festungen“ Sard. II, 2; *ultu yumi 'ulluti* „seit alter Zeit“ Khors. 185; *ultu yumi ruķuti* „seit ferner Zeit“ Khors. 146; *ili asibutav* „die Götter, die da wohnen“ Khors. 143; *arḥi pasķuti* „gewundene Pfade“ Sard. I, 43; *mati marṣuti* „unzugängliche Gegenden“ (ebendas.); *sami rap-su-ti* „die weiten Himmel“ II R. 88, 50. 51 [2]) u. andd.

8) Das Assyrische hat nun aber — und das ist sprachgeschichtlich eine höchst merkwürdige Thatsache — neben jenen allgemeinsemitischen Pluralen auf *ât* und *ût* noch eine **dritte** weibliche Pluralbildung im Gebrauch, welche auf *ît* ausgeht und somit durch Dehnung des Vokals aus der singularen Femininendung *it* (s. o.) gerade so entstanden ist, wie die Pluralendung *ât* aus *at* hervorgegangen ist. Ein unzweifelhaftes Beispiel der Art ist das in den Inschriften Assurbanipal's häufige *ib-si-'i-ti* „Thaten“, Plur. von *ibsit* (עבשׁת) „die That“; vgl. Assurb. Sm. 17, 64; 39, 10: *'ili ib-si-'i-ti an-na-a-ti* „über diese Vorfälle (war mein Herz betrübt“). Hier lässt das daneben stehende pluralische *annâti* „diese“ (s. u.) darüber keinen Zweifel, dass wir es mit einem Plurale zu thun haben. Der Sing. lautet *ib-sit*, so z. B. Sard. I, 24 *ib-sit ķa-ti-su* „das Werk seiner Hände“. Ein nicht minder ganz zweifelloses Beispiel lesen wir Assurb. Cyl. B. col. V, 55 (Sm. p. 121) in einer Anrede an die Istar: *at-ti bi-lit bi-li-'i-ti* „o du Herrscherin der Herrscherinnen“. In der Parallelstelle ibid. Z. 62 (Sm. 125) lesen wir an zweiter Stelle das gewöhnliche Ideogramm mit dem

1) Es findet sich auch der weibliche Plural (s. o.): *ma'-da-a-ti* Assurb. Sm. 282, 107.

2) Aus der letzteren Stelle ersehen wir beiläufig, dass *sami* wie hebr. שָׁמַיִם für einen Plural galt.

Pluralzeichen, wodurch jedes Bedenken beseitigt wird. Vgl. noch *i-ri-'i-ti* „Heiligthümer" ibid. 82 (Sm. 120); sowie *ri-hi-'i-ti sarru-ti-ya* „meine königlichen Freunde" d. i. „meine Räthe" (cf. hebr. רֵעַ) neben *ri-hi-'i-ti sa-u-ti-na* „jene Minister" Assurb. Sm. 198, 3. 4. Von Adjectiven ist mir dieser Plural nur aufgestossen bei *asariti* „eben" von *asar* אשר = ישר, fem. *asarit* Sanh. Tayl. Cyl. II, 41; gemeiniglich bilden auch die Adjektive auf *it* den weibl. Plural auf *ât* z. B. Khors. 156: *hi-ra-ti-su-nu ru-ba-a-ti* „ihre hehren Gemahlinnen".

Noch eine letzte beachtenswerthe Erscheinung, den Gebrauch des weiblichen Plurals betreffend, zieht unsre Aufmerksamkeit auf sich und fordert eine Erörterung, dieses um so mehr, als sie bislang von den Assyriologen gänzlich übersehen ist. Es kann nämlich keinem Zweifel unterliegen, dass wie im Arabischen und ganz besonders im Aethiopischen, so auch im Assyrischen der weibliche Plural mit Vorliebe gebraucht wird bei männlichen Substantiven, wenn diese nämlich das sind, was man „Amtsnamen" nennt. Ich führe statt aller ein unzweifelhaftes Beispiel aus der Inschrift Tiglath-Pileser's I an. Hier lesen wir col. IV Zeile 36: *na-mad-di Asur bil-ya, Marduk, Bin, Istar a-su-ri-ti bit-kur-ât 'ir-ya A-sur* d. i. „als Ehrengeschenk für Asur, meinen Herrn, für Merodach, Bin, Istar die gütige, d i e B e s c h i r m e r meiner Stadt Asur". Deutlich ist hier das männliche *bitkur* „Schirmer"[1]) weiblich abgewandelt. Vgl. noch *pa-hu-a-ti* (*pahât*) „Satrapen" (פַּחוֹת 1 Kön. 20, 24) Khors. 22. 178; *sa-ak-nu-ti* „Statthalter" (eigtl. „die Bestellten" R. סכן) Botta 16, 27. vgl. hebr. נִצָּב (1 Kön. 22, 48)[2]).

A n m e r k u n g. Es mag mir gestattet sein, noch einige Worte über die Bezeichnung des D u a l im Assyrischen hinzuzufügen, obgleich die trilinguen Inschriften zu einer solchen Ausführung keine unmittelbare Veranlassung bieten. Dass die Assyrer einen Dual kannten, geht unzweifelhaft hervor aus der Bezeichnung desselben, nämlich durch einen Doppelkeil und zwar bei den Begriffen: Hände, Ohren, Augen, Füsse. Wir begegnen in den Inschriften den Schreib-

---

1) *Bitkur* ist durch Einschiebung des reflex. *t* von בכר „erstgeboren sein" gebildet. Dasselbe bedeutet sonach zuvörderst den Erstgebornen, sodann den schützenden älteren Bruder, endlich den Schützer, Beschirmer überhaupt. Vgl. Samas-Bin col. I, 15 (*Ninip*) *bu-kur Bil* „(Ninip) Erstgeborener des Bel" mit I R 32, 2: (*Nabu*) *habal Nu-kim-mut* „Nebo, Sohn des Nukimmut(?)", endlich mit Tigl. Pil. IV (I R. 67) Z. 67. (Nebo) *rubhu Nu-kim-mut* d. i. „(Nebo) der Fürst-sohn des Gottes Nukimmut." Vgl. J. of the R. A. S IV. 1870. p. 10.

2) Ich brauche nicht zu bemerken, dass wie *paha*, *pahât* als פֶּחָה, פַּחוֹת, so *sakan* als סָגָן Jer. 51, 23 u. ö. ins Hebräische übergegangen ist. Bezüglich des ersteren Wortes mag hier noch die beiläufige Bemerkung stehen, dass auch *pihat* (*pi-ha-at*) „die Satrapie sich findet" (Khors. 58).

weisen: „zwei Hände" Khors. 52. 71; „zwei Ohren" (I Rawl. 7. IX, b. Z. 2); „zwei Augen" (Lay. XII, 9); „zwei Füsse" (I R. 38 Z. 57), endlich eigtl. auch „zwei Hände" (*id* = יָד), dann figürlich „Macht", „Stärke" bedeutend (s. o. S. 194). Schwerer ist aber die Frage zu beantworten, wie nun eigentlich er g e l a u t e t habe, und zwar dieses deshalb, weil er sich nur unendlich selten phonetisch geschrieben findet. Ein erstes ganz sicheres Beispiel findet sich I Rawl. 29, 33 (vgl. auch Bors. I, 5), wo wir *uznâ* „die beiden Ohren" lesen. Wahrscheinlich gehört ferner hierher *šîpâ* „die beiden Füsse", wie wenigstens ein Syllabar (II R. 16, 31 b. c *šî-pa-ai* „meine beiden Füsse") das fragliche Ideogramm erklärt, das freilich auch durch *šîpi* (Plural?) umschrieben wird (II R. 17, 69 d), während der Singular sicher *šîbu* lautete (II R. 38, 44). Möglich ist, dass auch das II R. 16, 30 b. c. angeführte *birkâ* (c. suff. *bir-ka-ai*) hierherzuziehen ist. Damit der Leser selber sich ein Urtheil bilden kann, will ich die beiden auch sonst interessanten Syllabare hersetzen. Sie lauten:

III. MU. AN. TA. DU. DU. MU	*al-la-ak bir-ka-ai*	der Gang meiner Kniee
NIR. MU. NU. RA. PA. LU	*la a-ni-ḫa šî-pa-ai*	nicht ruhte ich meine Füsse[1])

Weiter ist auch das mit dem zuletzt angeführten Dualideogramm wechselnde und neben dem Plural *idi* vorkommende *i-da* und *i-da-a* (Khors. 190. Lay. inscr. 42, 68) nur als Dualbildung zu begreifen. Ja, auch das Asarh. IV, 44 vorkommende *ḳa-ta-ai* (statt *ḳatâ-ya*) „meine Hände" lässt sich unter Vergleich von Sanh. Tayl. col. I, 25, wo sich das Dualideogramm findet, füglich nur als eine Dualbildung mit Suffix der 1 Ps. (*ai* statt *ya* s. u.) ansehen. Man kann danach mit Zuversicht annehmen, dass der Dual der Nomina, soweit er noch lebendig war, auf *â* auslautete. Dieses ist auch dem Wesen einer semitischen Sprache durchaus entsprechend; denn auch im Arabischen lautet er ja *âni*, im Moabitischen (Mesastein Z. 20) *ân*, und im Hebr. *ajim*, aus welchen Formen sich assyrisches *â* durch Wegwerfung des Nasals, gerade wie bei der männlichen Pluralendung (s. o.), gebildet hat. Es kann nun aber keinem Zweifel unterliegen, dass im Laufe der Zeit diese ganze Dualbildung allmählig in Abgang gekommen und die einfache Pluralbildung an ihre Stelle getreten ist. Es geht dieses mit Sicherheit hervor aus

1) Ich brauche nicht zu bemerken, dass *birkâ* = hebr. בִּרְכַּיִם ist; während *šîp* „Fuss" am besten mit aram. שַׁפֵּף Pa. „kriechen" (eigtl. den Boden reiben) verglichen wird.

Varianten wie diejenigen 2 Beit. 4 (II R. 66); E. J. H. VII, 16. 35, wo mit den Dualideogrammen für „die beiden Hände" und „die beiden Augen" die phonetischen Umschriften *ka-ti* d. i. der Plural von *kat* „Hand" und *i-ni* [1]) d. i. der Plural von *inu* „Auge" wechseln.

γ. Bezeichnung der Verhältnisse des Nomens im Satze.

A. Bezeichnung der Selbständigkeit des Nomens. Das Assyrische theilt im Allgemeinen mit dem Arabischen und Aethiopischen [2]) die Eigenthümlichkeit, das im Satze eine selbständige Stellung einnehmende Nomen gegenüber dem in Wortkette (status constructus) stehenden auch äusserlich als solches zu bezeichnen, und zwar seinerseits dieses durch einen vokalischen Auslaut, der wohl am ursprünglichsten ein *u* (*uv*, *av*) war, neben welchem indess auch ein *i* und *a* auftritt. Das ist das Wesen jener grammatischen Erscheinung, welche den Assyriologen so fremdartig erschienen ist und welche von ihnen wohl mit dem Status emphaticus der Aramäer combinirt ward. Dieser Vergleich ist, wie bereits von Ewald und Olshausen gezeigt ist, ein ungeeigneter und im letzten Grunde unrichtiger, sofern das Wesen des Stat. emphaticus vornehmlich darin besteht, dass das mit dem emphatischen Auslaute versehene Nomen die Bedeutung eines bestimmten Nomens gewinnt, während es bei dem mit dem in Rede stehenden Auslaute gesprochenen assyrischen Nomen gänzlich gleichgültig ist, ob das Wort ein bestimmtes oder aber ein unbestimmtes ist. Nothwendiges Erforderniss ist im Assyrischen bei diesem Auslaute (von Ausnahmen abgesehen) lediglich, dass dasselbe nicht in Wortkette, nicht im Statusconstructusverhältnisse stehe. Demgemäss lesen wir wiederholt in den trilinguen Inschriften (s. d. Gloss.) *lisanu* „Sprache", oder „die Sprache", sowie *lisanâta* „Sprachen" oder „die Sprachen", immer dieses jedoch nur, wo das Wort eine selbständige Stellung im Satze einnimmt, nicht im st. cst. steht. Dahingegen erscheint dasselbe Wort Khors. 161 in der Redensart: *ina lisan mat Aḫarri* „in der Sprache Phöniciens", wo es im Statusconstructusverhältnisse steht, ohne diesen vokalischen Auslaut. Wiederum begegnen wir dem Worte *sarru* „König" in der Fensterinschrift von Persepolis, wo es phonetisch *sar-ri* geschrieben ist und wo es einfache Apposition zu dem Namen Darius = *Dariyavus sarri* „Darius der König", mit diesem vokalischen Auslaute (hier einem *i*) versehen; dagegen treffen wir dasselbe Wort in der nach dem Consul Bellino

1) Statt *'i-ni* (עֵינֵי) s. S. 198 Anm. 1.

2) S. Ewald, hebr. Gramm. §. 202a; meine Abhandlung de l. Aeth. p. 74.

benannten Nebucadnezarinschrift Z. 7 (s. Grotefends Ausgabe in den Abhdll. der Gött. Societät der Wiss. IV. 1850) in der Phrase *sar Babilu* „König von Babylon", ferner Tigl. Pil. I. col. I. Z. 1 in dem Satze: *Asur . . . sar kis-sat ili* „Assur, der Fürst der Götterschaaren", ohne jenen Auslaut, zweifelsohne dieses, weil das Wort beidemal im Statusconstructusverhältnisse steht. Weiter lesen wir einerseits Khors. 189 *alapu naṣiru* „der schirmende Stiergott"; anderseits ibid. 193: *asib libbisun* „der Bewohner ihrer Mitte" d. i. „der in ihrer Mitte Wohnende". Ebenso schreibt das zuverlässige Syllabar II R. 39, 15. 16: *'i-ri-bu sa sam-si* „Untergang der Sonne" (mit Relativum *sa*); dagegen zwei Zeilen weiter (Z. 18): *'i-rib sam-si*, weil ohne *sa*. Ganz in Uebereinstimmung mit dem Ausgeführten lesen wir in den trilinguen Inschriften *dinâtav* „Gesetze", *pargâtav* „Lügen", *havilutav* „Bewohner", „Leute", mit dem vokalischen Ausgange *av* (= *u*), weil überall wo diese Worte im Texte vorkommen (s. d. Gloss.), sie selbständig im Satze, im sog. stat. absolutus stehen. Demgegenüber erscheint Khors. 15 in der Phrase *mirdat la'ari* „Thäler der Einöden" der weibliche Plural *mirdat* ohne den vokalischen Auslaut, während sofort wieder das zu ihm gehörige und im Appositionsverhältnisse zu ihm stehende Adjektiv *paskâti* „gewunden" mit dem Auslaute versehen ist. Ganz analog lesen wir Khors. 191 *malku banusun* „der König, ihr Erbauer"; dagegen ibid. 27: *Samsi'i sarrat Aribi* „Samsîëh, Königin von Arabien"; nicht minder E. J. H. col. II, 15. 16 *tihamti 'iliti* „das obere Meer" und *tihamti sapliti* „das untere Meer"; ferner Tigl. Pil. I. col. I, 10: *sadi u tihamâ-ti* „Berge und Meere"[1]); dagegen (I Rawl. 28 col. I, 14) *ina tiham-at nipiḥ* „in den Meeren des Aufgangs" (= „in den östlichen Meeren")[2]); desgleichen Khors. 1 *sar kissati* „König der Legionen", dagegen Bors. I, 13 *pâkid kissat sami u irṣitiv* „der da waltet über die Heere des Himmels und der Erde"; wiederum Asurb. 290, 69 *amîr sa sulmi* „Friedensbote", anderseits ebendaselbst 289, 50: *sulum sarrutiśsu* „Friede mit ihrem Reiche" u. s. f.[3]). Vgl. noch namentlich für das Fehlen des vokalischen Auslautes beim Statusconstructusverhältnisse: *subat Samas bilya* „Wohnung Samas' (des Sonnengottes), meines Herrn" Senk. col. II, 8 (I Rawl. 51. Nr. 2); *subat bilutika* „Sitz deiner Herrschaft" ibid. II, 13; *ummanât Asur gabsâti* „die sämmtlichen Heere Assurs" Khors. 40; *ina surrut*[4]) *sarrutiya* „im

1) Vgl. die parallele Stelle Lay. Inscr. 12. B. Z. 9: *sad-'i u ta-ma-a-ti* „Berge und Seen" (*tamâti* zusammengezogen aus *tihamâti*).

2) Ueber die Schreibweise von *tihamat* an dieser Stelle s. o. S. 221. Anm. 1.

3) Beiläufig wird hier *sulum* mit *su* = שׁ geschrieben, während selbst ein Syllabar bei dieser Wurzel stets *s* = ס hat. Nach herrschendem Lautwandlungsgesetze wäre s (שׂ) zu erwarten, wie unsere Stelle gegen die sonst übliche Schreibweise also faktisch bietet.

4) Vgl. syr. ܫܪܐ, Pa. „beginnen".

Beginne meiner Herrschaft“ Sard. I, 43; *kullat nakiri* „die Gesammtheit der Feinde“ Stand. 4; *ultav ṣit*[1]) *sansi adi ʻirib sansi* „vom Aufgang der Sonne bis zum Untergange der Sonne“ Asarh. I, 7; (die Göttin) *gamilat napistiya* „die Erhalterin meiner Seele“ I Rawl. 55. IV. 89; *umut taḥazi* „Schlachtenmaterial“ Lay. Inscr. 16, 46; *bilut mat ʻIlamti* „die Herrschaft über Elam“ Assurb. Sm. 105, 70. u. andd. Es ist bei diesem thatsächlichen Verhältnisse nur consequent, wenn die Syllabarien das einzelne und für sich stehende Nomen in der Regel mit diesem Auslaute (*u*) versehen bieten. Sie schreiben nicht blos *abu* und *aḫu*, sondern ebensowohl auch *bitu* Nr. 364; *arḫu* 85; *ḳublu* 87; *ummu* 117. 192; *rabu* 123; *ma'dutu* 129; *balaṭu* 152; *asru* 181; *taḥazu* 291; *narru* 380 u. s. f. Und nicht minder consequent ist es nach dem Erörterten, wenn statt jener im Syllabar uns entgegentretenden Aussprachen der sog. Segolatformen mit ausgestossenem Vokale nach dem zweiten Radikal (*asru*, *ḳablu* u. s. f.) bei dem Statusconstructusverhältnisse die andere mit kurzem Vokale in der zweiten Sylbe gewählt wird, also *asar*, *ḳabal* u. s. f. Vgl. *asar* „Spur von ....“ (Stat. cstr.) Khors. 85. 99. 114 neben *asru* „Ort“ s. o.; *ṣalam* „Bild des ....“ ibid. 60 u. ö. neben dem Plural *ṣalmanu* „Bilder“ s. o.; *uruḫ* „Weg von . . .“ Khors. 118 neben *urḫu* „Weg“ II R. 38. 24 u. s. f. Wir brauchen nicht daran zu erinnern, wie wichtig dieses Gesetz ist zur Bestimmung des eigentlichen Wesens der Bildung des betr. Nomens. Erst wenn uns die Aussprache eines Nomens mit diesem vokalischen Ausgange vorliegt, sind wir im Stande zu entscheiden, ob wir es z. B. mit einer Segolatform zu thun haben oder aber nicht. Begegnen wir neben *araḫ*, *ḳabal*, *asar* den Aussprachen *arḫu*, *ḳablu*, *asru*, so wissen wir, dass es Segolatbildungen sind; begegnen wir aber neben *taḫaz*, *balaṭ*, *ʻibis* den Aussprachen *taḫazu*, *balaṭu*, *ʻibisu*, so leuchtet ein, dass dieses keine Segolatbildungen sind; dass dieses vielmehr Bildungen sind, wie hebr. דָּבָר, שֵׂעָר, רָעָב u. s. f. (Ew. §. 150), welche in ganz ähnlicher Weise z. B. mit einem Suffixe lauten: שְׂעָרִי דְּבָרִי u. s. Demgemäss sind nicht Segolat-, denn vielmehr (imperfektische) Infinitivbildungen (ob. S. 209) die folgenden Nomina: *halak* „Zug“ st. cstr. Khors. 102; denn wir lesen in einem Syllabar (ob. S. 24 Nr. 87) *ha-la-ku*; ebenso *nadan* „Gabe“ st. cstr. Khors. 118, denn wir lesen *na-da-nu* Syll. III R. 70, 77; *ʻirib* „Untergang“ st. cstr. (II R. 39, 18), denn wir lesen *ʻi-ri-bu* im Stat. abs. II R. 39, 15. 16 u. s. f.

Dies das Verhältniss des für sich im Satze und des in Wortkette stehenden Nomens im Assyrischen und die äussere Bezeichnung dieser Verhältnisse. So sicher nun aber diese Unterscheidung nach dem Erörterten Statt hatte: dennoch lässt sich nicht ver-

1) צֵאת, Rad. אצא — יצא.

kennen, dass in der Praxis mehrfach von diesem Gesetze abgewichen ward und zwar dieses nicht bloss in den späteren Inschriften, den trilinguen etwa, sondern ebensowohl auch schon in den älteren. Und zwar wird jene Regel in doppelter Weise durchbrochen. Einerseits fehlt der Auslaut bei selbständig im Satze auftretenden Nominibus, anderseits erscheint derselbe bei solchen, die im Statusconstructusverhältnisse stehen. Den ersteren Fall angehend, beginne ich mit dem Hinweise auf Stellen der dreisprachigen Inschriften, in denen das phonetisch geschriebene *bi-it* „Haus" in dieser, eigentlich dem Status constructus eignenden Form und Aussprache auftritt, auch wo es selbständig im Satze steht, nämlich C, a. 9. C, b. 15 in der Redensart: *bit haga* „dieses Haus" (statt *bitu haga*). Ganz ebenso lesen wir nun aber schon in der Standardinschrift Assurnâṣirhabal's (c. 900 vor Chr.) neben den correkten, im Statusconstructus stehenden Participien *muṣirrûs* und *mukabbis* Z. 3 auch das nicht minder im Stat. cstr. stehende incorrekte Particip *mupariru* Z. 4. Und wiederum begegnen wir in einer Inschrift des Artaxerxes Mnemon (Journ. Asiat. 1865. VI. p. 301) Z. 2 in der Phrase *sarri kakkaru* „König des Erdkreises" dem vok. Auslaute bei einem im Stat. cstr. stehenden Nomen (*sarri* statt *sar*). Ganz so Khors. 164 *'apana aškuppi* „das Material zu den Kreuzgewölben" statt *'apan* (עפר) etc. Ganz besonders häufig begegnet uns der incorrekte vokalische Ausgang eines im Stat. cstr. stehenden Nomens bei den auf ein engangeschlossenes weibliches *t* auslautenden Formen. So lesen wir Khors. 188: *ina tukulti ili rabûti* „in der Verehrung der grossen Götter" statt *ina tuklat* etc., welches letztere die correkte Form des Stat. cstr. sein würde, wie wir aus II Rawl. 64. col. IV, 81 (*Nabu-tuk-lat-u-a*), sowie aus dem Namen *Tiglat-Pileser* ersehen. Ebenso Sard. III, 138 u. 5. *kisidti katiya* „Beute meiner Hände" statt *kisdat katiya* u. s. f. Immerhin sind diese Unregelmässigkeiten und Ungenauigkeiten, die zudem zum guten Theil auch mit der Unvollkommenheit der assyrischen Schrift zusammenhängen mögen, nicht im Stande die durch eine überwiegende Anzahl von ganz unzweideutigen Beispielen erhärtete und verbürgte Regel umzustossen: dass das eine selbständige Stellung im Satze behauptende Nomen mit einem vokalischen Auslaute, das im angelehnten Verhältnisse stehende ohne einen solchen gesprochen ward.

B. Die Casusbezeichnung. Wir haben im Vorhergehenden immer nur ganz im Allgemeinen von einem, bei dem selbstständig im Satze stehenden Nomen auftretenden vokalischen Auslaute gesprochen und es unbestimmt gelassen, wie derselbe näher beschaffen sei. Es ist dieses schärfer zu präcisiren mehrfach von den Assyriologen versucht und zwar in der Weise, dass man sagte, der vokalische Auslaut sei ein verschiedener nach dem Casus, den das Nomen repräsentirte. Man meinte, das Nomen werde mit dem Auslaute *u* gesprochen, wenn es im Nominativ; mit *i*, wenn es im Genitiv; mit *a*, wenn es im Accusativ stände, also, dass wir im Assyrischen eine der arabischen ganz congruente Declination des Nomens anzunehmen hätten. Und einige Beispiele schienen diese Ansicht allerdings zu rechtfertigen. Wenn wir z. B. in der Standardinschrift 1 lesen: *Asur-nâṣir-habal* ... *sarru dan-nu habal Tuklat-Adar sarri rab-'i sarri dan-ni* d. i. „Asurnâṣ., der mächtige König, Sohn des Tiglath-Adar, des grossen Königs, des mächtigen Königs", so liegt es gewiss nahe, die abweichende Aussprache des assyrischen Adjektivs für „mächtig" das eine Mal mit *u* (*dannu*), das andere Mal mit *i* (*danni*) aus dem Umstande zu erklären, dass das betr. Adjektiv das zweite Mal neben einem im Genitiv stehenden Nomen *sarri* (das freilich, weil ideographisch geschrieben, ebensowohl auch *sarru* und *sarra* gelesen werden kann), seine Stelle habe. Wenn wir nun aber in der Backsteininschrift seines Sohnes Salmanassar (Lay. Bl. 78. B. Z. 2. 4) in derselben Redensart lesen: *Salmanuâṣir — sarru rab-u, sarru dan-nu, habal Asur-nâṣir-habal sarru rab-u, sarru dan-nu*, also die betr. Adjektive *rabu* und *dannu* ohne eine verschiedene Aussprache des Genitivs (statt *rabi* und *danni*, wie zu erwarten wäre), so wird uns solches sofort wieder stutzig machen. Und dieses unser Bedenken wird sich steigern, wenn wir in derselben oben angeführten Standardinschrift Assurnâsirhabals Z. 7 lesen: *kima ilu Bin râhiṣi 'ilisunu* = „gleich wie Bin über sie mich hinstürzend" (eigtl. „mich ergiessend"), also bei *rahiṣi*, d. i. bei einem im Nominativ stehenden Nomen dem i-Laute begegnen, und wiederum in derselben Inschrift Z. 11 das Substantiv *arduti* „Unterwürfigkeit" als Accusativ antreffen, während man *arduta* (mit *a*) erwarten sollte. Dieses Schwanken tritt uns aber auch in den späteren Inschriften entgegen. In der Khorsabadinschrift Sargon's z. B. lesen wir Z. 13 als Accusativ die Form *dunnu* = *potentiam* statt des zu erwartenden *dunna*; ebendas. Z. 27 *mandattu* „Tribut", (Acc.) statt *mandatta*; Z. 72 *sallatu kabittu* „schwere Beute" als Acc. statt *sallata kabitta*; Z. 78 *ardutu* „Unterwürfigkeit" gerade wie 158 *arduti* als Accusativ; vgl. auch I Rawl. 35. Z. 18. 22: *arduti ibus* „er leistete Gehorsam"; ebendas. Z. 14. 22 *madatu* (*madatav*) *ilisunu ukin* „Tribut legte ich ihnen auf" sowie *kablu kini* statt *kinu* Senk. I, 5 (I Rawl. 51. Nr. 2); *uz-nu rapa-as-tav is-ru-ku-u-ni* „(die grossen Götter) verliehen ein weites (aufmerksames) Ohr" Assurb. Sm. 11, 7. u. andd. Dasselbe erhellt aus den trilinguen Inschriften. Da lesen wir in derselben Behistuninschrift das assyrische Wort für „Schlacht" als Accusativ geschrieben ebensowohl *ṣaltu* (50. 56. 67. 81.), als *ṣaltav* (51), als endlich *ṣalti* (38)! Desgleichen erscheint in derselben Inschrift nach der gleichen Präposition *ana* der Infinitiv *kasad* ebensowohl mit dem Auslaute *u* = *kasadu* (Beh. 45), als mit *i* = *kasadi* (ebendas. 57). Nicht minder begegnen wir als Genitiv zwar wohl (C, a. 7. C, b. 6. K. II, 8) der Form *kakkari* „Erdkreis"; in der Inschrift des Artaxerxes Mnemon aber (J. A. 1866. VI.), sowie D, 7 der anderen *kakkaru*, und wiederum in derselben Inschrift D, 1, sowie E, 1. F, 3 derselben Form *kakkaru* als — Accusativ! Ebenso erscheint dasselbe *sanit* „Mal" in derselben Inschrift und in der ganz gleichen grammatischen Verbindung das eine Mal (Beh. 51 vgl. II, 8) als *sanitav*, das andere Mal (Beh. 55 vgl. II, 7) als *saniti*. Wo immer endlich in den trilinguen Inschriften das assyrische Wort für „Erde" *irsit* als Accusativ auftritt, erscheint es in der Aussprache *irsitiv* z. B. C, a. 2. C, b. 2, niemals in der anderen *irsita*. Das Ausgeführte wird genügen, um die Thatsache zu erhärten, dass von einer auch nur irgend consequenten Beobachtung des Wechsels in der Aussprache je nach den drei Casus: Nominativ, Genitiv, Accusativ nicht die Rede sein kann. Die wenigen Fälle, wo ein solcher Unterschied in der Aussprache zusammentrifft mit der Verschiedenheit der Stellung des Wortes im Satze, werden überwuchert von weit zahlreicheren, in denen wir das gerade Gegentheil beobachten. Das Gleiche gilt im Wesentlichen von den Syllabarien. Auch in ihnen finden sich Abwandlungen, wie sie nach Analogie des Arabischen nur irgend zu erwarten sind. Wir lesen II R. 39 Z. 1 *pu* „Mund"; Z. 5. *pu pitu* „geöffneter Mund"; und nicht minder Z. 6 *sit pi-i* „das Trinken des Mundes". Ebenso ibid. 15, 81: *ina ra-ma-ni-su* „durch sich selbst"; endlich II R. 39, 16 *'irib sam-si* „der Untergang der Sonne" (s. o.). Dagegen nun aber wiederum lesen wir ebendas. Z. 15 auch *'iribu sa sam-si*, wo man doch *sam-su* erwarten sollte: ebenso II R. 16, 58: *a-na mi-'i i-lu-su-nu* „dem Wasser, ihrem Gott", wo umgekehrt *ili-sunu* stehen sollte u. s. f. Nur das nackt hingestellte Nomen wird in den Syllabarien fast durchaus mit dem *u*-Auslaute gesprochen. In Rücksicht hierauf scheint sich mit einiger Sicherheit allerdings aussagen zu lassen, dass zur Bezeichnung des Nominativverhältnisses mit Vorliebe der *u*-Auslaut gewählt ward, zur Bezeichnung des Status obliquus aber ebensowohl der *i* — wie der *a*-Laut verwandt ward. Ist diese unsere Argumentation richtig, so würden wir das Assyrische bezüglich des in Rede stehenden Punktes etwa auf derselben Stufe stehend finden, wie das Aethiopische, in welchem ebenfalls lediglich zwei Casus unterschieden werden: der Nominativ und der Accusativ. Während nun aber hier für den Genitiv keine andere Form als diejenige des Nominativs im Gebrauch ist, wird im Assyrischen zur Bezeichnung des Genitivs lieber das Accusativzeichen, daneben aber sehr häufig auch der Vokal *i* verwandt. Im Uebrigen erscheint das Assyrische insofern mit den südsemitischen Sprachen wieder in Congruenz, als zur Bezeichnung des Nominativs wie im Arabischen und einst auch im Aethiopischen der Vokal *u*, zur Bezeichnung des Casus obliquus sowohl *i* als *a*, wie im Arabischen und theilweis abermals im Aethiopischen (*a* Nota des Accusativs) im Gebrauch sich befindet. Dass aber bei dem Stat. obliq. eine scharfe Trennung des Genitivs und Accusativs durch bestimmte Vokale nicht Statt hat, hat schliesslich abermals seine Analogie in der Nichtunterscheidung der verschiedenen Casus obliqui bei dem arabischen Plural und Dual der Nomina.

C. Der nasale Auslaut. Es bleibt schliesslich noch eine Erscheinung zu betrachten übrig, welche vielfach missverstanden und dazu theilweis positiv unrichtig dargestellt ist: ich meine die Eigenthümlichkeit des Assyrischen, das selbstständig im Satze stehende, also (s. sub A) am Schlusse mit einem Vokale gesprochene Nomen zuweilen auf einen Nasal und zwar den labialen Nasal *m* (*v*) auslauten zu lassen. Es ist das die Eigenthümlichkeit des Assyrischen, welche Dr. Oppert mit dem Namen „Mimation“ bezeichnet hat, sie dadurch sofort in Parallele stellend mit der dem Arabischen eigenthümlichen Nunation. Ist nun gegen diese Zusammenstellung rein lautlich nichts einzuwenden, so ist doch dabei nicht aus dem Auge zu verlieren, dass die Bedeutung dieser nasalen Auslaute in den beiden Sprachen eine durchaus verschiedene, theilweis eine geradezu entgegengesetzte ist. Im Arabischen eignet diese Aussprache lediglich dem unbestimmten Nomen, im Assyrischen dagegen dem bestimmten Nomen ebensowohl wie dem unbestimmten. Eine bestimmte begriffliche Bedeutung dieser Aussprache lässt sich überall bei der dermaligen Beschaffenheit des Assyrischen, will sagen bei der Beschaffenheit, in der uns das Assyrische jetzt in den Texten vorliegt, ebensowenig aufzeigen, wie bei derselben Erscheinung im Himjarischen [1]. Es gilt hier genau dasselbe, was wir oben bezüglich des vokalischen Auslautes der Nomina überhaupt bemerkten. Es erhellt hieraus zugleich, wie irreführend die Bezeichnung dieser Eigenthümlichkeit als einer emphatischen Aussprache ist (was nämlich die Assyriologen als Status emphaticus bezeichnen, ist nichts als die des nasalen Schlusslautes beraubte Mimation). Ganz ungehörig endlich erscheint es uns aber, nun gar den männlichen Plural der Form *anu*, *ani* als eine solche „emphatische“ Form des Plurals zu bezeichnen. Denn nicht genug, dass sich Aussprachen mit schliessendem *v* wie *anuv*, *aniv*, *anav* bei diesem Plural kaum jemals finden, so erscheint ausserdem diese Aussprache *anu*, *ani* auch ganz gewöhnlich, wenn ein Plural dieser Bildung in den Stat. constr. tritt z. B. Khors. 91: *sarrâni limîtisu* „die Könige seiner Nachbarschaft“ [2]). Oder sieht Dr. Oppert die Sache so an, dass er meint, dass der Plural der Bildung *anu*, *ani* selber eine emphatische Bildung sei zu dem einfachen Plural auf *i*, dass somit in diesem besonderen Falle Nunation statt Mimation Statt habe? Fast will uns dieses nach seiner Darstellung in §. 45 so scheinen. Dann steigert sich aber nur die Unwahrscheinlich-

1) S. Osiander in der Zeitschr. d. DMG. XX, 228.

2) Nach Oppert Gr. §. 74 findet sich sogar auch *sarrânika* „deine Fürsten“.

keit, abgesehen davon, dass auch hier wieder die Annahme scheitert an der Thatsache, dass dieser Plural ohne Weiteres in den Stat. constr. treten kann vgl. das ob. angeführte Beispiel. Der Plural auf *ânu* ist somit hier ganz ausser Betracht zu lassen: mit der in Rede stehenden Erscheinung, nämlich der Nasalirung der Aussprache am Ende der Nomina, hat er überall nichts zu thun.

Die betreffende Erscheinung ist also lediglich zu beschränken auf den Singular (msc. und fem.) und auf den Plural fem. (*ât* und *ût*). Dabei fragt sich nun aber schliesslich: ist irgend ein Unterschied ersichtlich im Gebrauche von Nominibus mit einfach vokalischem Auslaute (*u*, *i*, *a*) und solchen mit nasalirtem Auslaute (*uv*, *iv*, *av*)? Auch dieses müssen wir des Entschiedensten verneinen. Schon die Syllabare lassen hierüber keinen Zweifel. Denn wenn dieselben auch überwiegend die erklärenden Nomina auf den Vokal *u* auslauten lassen (*bitu*, *ablu*, *šarru*, *ummu* u. s. f.), so finden sich doch daneben auch Nomina mit nasalirtem *u* z. B. *irşituv* (S. 182); *tugultuv* (S. 692); *naharuv* (Fluss) II R 50 Z. 5 neben *naharu* in einem anderen Syll. II R. 10, 6 u. andd. Es erhellt das Gleiche aber auch aus einer Vergleichung der Paralleltexte. So lesen wir Botta 144, Z. 4 genau an der Stelle ein *šarrutav*, wo die Parallelinschrift B. 121, 2 *šarrutu* bietet; dasselbe erhellt aus der Vergleichung von Bors. II, 16 (*ablav kinav*) mit Tigl. Pil. VII, 49 (*ablu kinu*), weiter der Varianten Sard. I, 54. 74 (*tu* und *tav*) u. andd. Stellen. In der Phrase *milûv kissati* „Menge der Schaaren" in einem Syllabare II R. 39, 7) erscheint die Mimation sogar bei einem im st. cstr. stehenden Nomen. Hiernach können wir nur sagen, dass in den uns vorliegenden assyrischen und babylonischen Inschriften ein Unterschied im Gebrauche der nasalirten und nicht nasalirten vokalischen Aussprache des Ausganges der Nomina nicht mehr nachzuweisen ist. Ob ein solcher in einer früheren Zeit vorhanden war, darüber zu entscheiden, bleibt ausschliesslich der sprachgeschichtlichen Combination anheimgegeben.

b. Vom Zahlwort.

An die Betrachtung der Nomina schliessen wir diejenige der Zahlwörter an. Die Ausbeute, welche für diese die trilinguen Inschriften geben, ist gering und zwar dieses aus dem einfachen Grunde, weil an den Stellen, wo die Zahlwörter erscheinen sollten, dieselben durch Ideogramme ausgedrückt sind. Nur für „eins" pers. *aiva* ist uns in den triling. Inschriften auch das phonetische Aequivalent überkommen. Das betr. Zahlwort lautete, wie eine Vergleichung von Dis. 12. F, 10, wo es ideographisch [1]), mit D,

1) Das betr. Ideogramm besteht aus einem senkrechten Keile und der Sylbe *'in*. Da nun der senkrechte Keil als Zahlbezeichnung sonst den Werth

[illegible] 6. E, 4, wo es phonetisch = *is-tin* geschrieben wird, im Assyrischen *isti'n*. Das Wort ist von Oppert mit dem hebräischen עַשְׁתֵּי der Zahl „elf", das innerhalb dieser Sprache keine befriedigende Erklärung hat, verglichen, und Olshausen hat diese Identification für begründet erachtet. Auch wir können dieselbe nur als durchaus gerechtfertigt bezeichnen. Die ganz unbegreifliche, pluralische (!) Statusconstructusform im Hebräischen wird begreiflich nur, wenn man annimmt, dass das, den Hebräern überkommene, *'astin* (= *'istin*) von denselben als ein (aramäischer?) Plural angesehen und demgemäss, als es mit der Zahl „zehn" in Verbindung gesetzt ward, als Statusconstructus und zwar als pluralischer Statusconstructus = עַשְׁתֵּי abgewandelt ward.

Istin ist nun die männliche Form des Zahlwortes für „eins". Die weibliche lautete *iḫit*, dieses laut einem von Oppert angezogenen Syllabar 46 (s. Opp. E. M. II. p. 205). Dass jedenfalls zu der männlichen Form *istin* eine weibliche existirte, ersehen wir aus Beh. 19, wo dem Ideogramm für das männliche Zahlwort (*X-i'n*) ein anderes (*IT*) gegenübersteht; und dass diese weibliche Form auf *it* ausging, ersehen wir aus Sard. I, 118. Assurb. Sm. 105, 64, wo wir das Ideogramm für eins mit dem phonet. Complemente *it* = *iḫ-it* lesen [1]). Bestätigt wird alles dieses durch eine Stelle auf dem Monolith des älteren Sardanapal col. I, 81, wo der König von etlichen Grossen, die schutzflehend seine Füsse erfassten, sagt: *a-ḫa-da-at du-ku-va*, *a-ḫa-da-at ba-laṭ-va*, *a-ḫa-da-at sa-lib-ka-ni 'i-bus* d. i. „die Einen liess ich tödten" [2]), die Anderen liess ich am Leben, die Dritten machte ich zu . . . . ." [3]). Bemerkenswerth ist, dass an der ersten Stelle mit *aḫadat* in einer Variante *aḫadi*, also die männliche Pluralendung wechselt. Dass alle diese Formen: *iḫit* (= אחת), *aḫadat* und *aḫadi* auf die Wurzel אחד zurückgehen, bedarf keiner Auseinandersetzung. Ist demnach auch die im Hebräischen, Aramäischen, Arabischen gebräuchliche männliche Form für „eins" im Assyrischen, genau wie im Aethiopischen, abhanden gekommen, so hat sich der betr. Stamm selber doch noch auch hier erhalten, gerade wie umgekehrt im Hebräischen sich das sonst in den semitischen Sprr. abhanden gekommene עשׁתין noch in einem besonderen Falle, nämlich in der Zahl „elf" erhalten hat (s. o.).

Ein weiteres Zahlwort findet sich, wie bemerkt, in den drei-

---

einer Einheit bezeichnet, so ist wahrscheinlich *i'n* als phonetische Ergänzung zu betrachten = *X. i'n* d. i. *istin*. Die Vermuthung erhält ihre Bestätigung durch den Umstand, dass auch die Sonneneinheit durch einen senkrechten Keil, aber mit der Sylbe *su* = *X-su* d. i. [illegible] ausgedrückt wird. S. das weiter unten abgedruckte Syllabar, u. vgl. unsere frühere Bemerkung S. 110.

1) S. ob. S. 110.

2) Wörtlich „machte ich (*'ibus*) zu Getödteten" (*duku*).

3) Das Wort *salibkani* verstehe ich nicht.

sprachigen Inschriften nicht phonetisch geschrieben vor. Nur die Wurzel eines weiteren Zahlwortes, desjenigen nämlich für „zwei", erscheint in dem Worte *sanû* d. i. „Mal" (s. o. S. 184) mehrfach. Dagegen nun bieten auch hier wieder die unilinguen Inschriften die erwünschteste Ergänzung, und zwar sind es abermals zwei Syllabare, denen wir vornehmlich diese Ergänzung verdanken. Dieselben sind zuerst von Rawlinson veröffentlicht im *Journ. of the R. A. S. XV. p.* 219. 220; das erste der beiden ist in vollständigerer Weise edirt auch in den *Cuneif. Inscriptions of West. As. II* 62. *Av. II. Z.* 44—50. Bei ihrer hohen Wichtigkeit halten wir es für angezeigt, dieselbe hier in Transcription und zugleich mit Uebersetzung zu reproduciren.

Das erstere (II Rawl. a. a. O.) lautet:

d. i.

IṢ. X. Y[1])-*su. GUR.*	*'i-lip su-us-su*	sechzig Schiffe.
IṢ. X. 50. *GUR.*	- *ḫa-an-sa-a*	fünfzig „
IṢ. X. 40. *GUR.*	- *ir-ba-'-ya*[2])	vierzig „
IṢ X. 30. *GUR.*	- *sí-la-sa-a*	dreissig „
IṢ. X. 20. *GUR.*	- *ís-ru-a*	zwanzig „
IṢ. X. 15. *GUR.*	- *ḫa-mis-sí-rit. Gur-ruv*	fünfzehn „
IṢ. X. 10. *GUR.*	- *'i-sí-rit. Gur-ruv*	zehn „
IṢ. X. 5. *GUR.*	- *ḫa-mil-ti* „	fünf „

1) Mit *X* bezeichnen wir das nicht phonetisch vorkommende Ideogramm für *'ilip*; mit *Y* den senkrechten Keil als Ideogramm für den Begriff „Soss", zu welchem *su* die phonetische Ergänzung.

2) Var. *ir-ba-a*.

Das andere Syllabar lautet:

d. i.

8 = *šu-ma-[nu]* = ein Achtel
6 = *šu-du*[1]) = ein Sechstel
4 = *ru-bu* = ein Viertel
2 = *su-un-nu* = ein Halbes.

Aus diesen Tabellen ergeben sich die assyrischen Lautwerthe für die Zahlen 5. 10. 15. 20. 30. 40 und 50, sowie die Wurzelwerthe für die Zahlen 2. 4. 6 und 8, also der Einer mit Ausnahme des uns bereits anderweit bekannten Wortes für „eins" (s. o.) sowie mit Ausnahme der drei, sieben und neun; ergeben sich ferner die Werthe für die Zehn und eine der mit ihr zusammengesetzten Zahlen (fünfzehn), endlich der sog. Zehner von zwanzig bis fünfzig.

Für die Zahl „drei", sowie die regelrechten Formen der im Syllabar uns lediglich in der Bruchform überlieferten Wörter für „zwei", „vier", „acht", endlich die Zahlwörter für „sieben" und „Hundert" treten die sonstigen unilinguen Inschriften ein. Das Zahlwort für „zwei" lernen wir aus dem Nimrud-Obelisk Z. 77 kennen, wo dasselbe *sanuti* lautet, offenbar nur die dumpfere Aussprache (s. o.) von *sanit*, der weiblichen Form zu einem männlichen zu postulirenden *sani*. Die Zahl „drei" ist uns an die Hand gegeben durch den sechsseitigen Sanheribcylinder col. II, 34, wonach das Zahlwort *salsu* lautete. Damit stimmt, dass Hincks (s. *Transactions of R. Irish Acad. XXIII*, p. 33) auf einer Thontafel neben *ribâti*, *hanmilti*, und *i̇ariti* auch ein *sal-is-ti*, offenbar die weibliche Form zu *salsu*, fand. Die Zahl „vier" lautete *arba'* = אַרְבַּע, dieses gemäss Khors. 14. Vgl. auch das oben S. 172 über die Schreibung des Stadtnamens Arbela (*Arba-ilu*) Erörterte, sowie die eben citirte weibliche Aussprache *ribâti*[2]).

1) Wahrscheinlich ist übrigens statt des Zeichens *du* das ihm zum Verwechseln ähnliche *ss* zu lesen und wie bei „acht" ein Zeichen, nämlich das Zeichen *su* zu ergänzen, demnach *šussu* (hier st. *sussu*) d. i. Sosse zu sprechen. Die Sosse wäre dann eigentlich „ein Sechstel", aber auch für „ein Sechzigstel" gebraucht und so zur Bezeichnung des sechzigsten Theiles des Σάρος d. i. der Fürsten- oder Hauptzahl (3600), also zur Bezeichnung einer Summe von 60 Einheiten gebraucht. Vgl. Opp. Gr. Ass. § 99.

2) Auch von der Zahl „drei" scheint Khors. 127 eine analoge, durch einen Vorschlag gebildete Form: *as-la-ta* (st. *aslasta*) vorzukommen.

Daneben findet sich jedoch auch noch die Aussprache *irbitti*, womit ein Syll. (II R. 85, 39 a. b) das Ideogramm für „vier" erklärt.

Das assyrische Zahlwort für „sieben" ist in der männlichen Form *śiba* an die Hand gegeben durch das Syll. II R. 19 Av. 18. 14, wo das ideogrammatische *RIS. VII. NA* durch *śiba kakkadasu* erklärt wird; in der weiblichen Form *śi-bu-ti* (שִׁבְעָתִי) ist es verbürgt durch die Ueberschrift des nach Bellino benannten Cylinders Sanheribs (von Grotefend in d. Abhdlg. d. Gött. Soc. d. Wiss. 1850. IV. Taf. I veröffentlicht). Die Zahl „acht" bietet uns die Monatsliste (Norr. Dict. p. 50) in welcher der achte Monat als *arah śamna* bezeichnet wird (beim Uebergange zu den Hebräern zu *Marchesvan* (מַרְחֶשְׁוָן) geworden). Die Zahl „Hundert" lautete im Assyrischen *mi*, verkürzt aus, beziehungsweise männliche Form zu arab. مِائَة, hebr. מֵאָה. In der Schrift fällt das Zahlwort mit dem entsprechenden Zahlzeichen zusammen z. B. Beh. 70 u. ö.; offenbar veranlasste hierzu die Einfachheit des Zeichens für die Sylbe *mi*.

Die Daten reichen in jeder Beziehung aus, um uns ein klares Bild von der Art der Bildung der Zahlwörter im Assyrischen zu machen. Zunächst leuchtet der durchaus semitische Charakter der Grundzahlen ein. *Śanî*, bezw. *sanû* „zwei", das zu postulirende und durch Assurb. Sm. 135, 54 *sa-ni-'i* belegte Masculinum zu dem Femininum *sanit*, *sanut*, nicht minder *sunnu* „ein Zweitel" gehen offenbar auf die allgemein semitische Wurzel für diesen Begriff = שנה zurück; nicht minder deckt sich *salsu*, *salisti* „drei" mit שלש, שלשה; *arba'*, *irbitti*, *ribâti* „vier" mit ארבע, ארבעה; *rubu* „ein Viertheil" mit רֹבַע, رُبْع. *Hamilti* „fünf" ist nach einem oben (S. 205) dargelegten assyrischen Lautgesetze aus *hamisti* d. i. חֲמִשָּׁה umgelautet[1]); wir ersehen dieses auch aus dem *hamis* der Zahl 15 s. u. *Śudu* „ein Sechstel" wäre, wenn die Lesart richtig, mit arab. سُدْس, aram. שְׁתָּא zu vergleichen. Ist *śusu* zu lesen, so steht natürlich hebr. שֵׁשׁ zu vergleichen. *Śamna* „acht" und *śumunu* „ein Achtel" ergeben sich wiederum auf das Deutlichste als mit hebr. שְׁמֹנָה verwandt, wobei nur der Wechsel von *s* (hebr.) und *ś* (assyr.) auffallend ist. Und da nun weiter für die Zahl „sieben" nicht bloss durch mehrere Inschriften der Stamm *śaba'* d. i. סבע = שבע gesichert ist (s. *Inscr. du Canal*

1) Oppert bietet in der That in seiner Liste (Gr. Ass. p. 89) auch dieses *hamisti* (statt *hamilti*) — auf welche Autorität hin, vermag ich nicht zu sagen. — Die von Hincks in den *Transactions of R. Irish. Acad. XXIII* p. 33 auf Grund der Inschrift eines Thontäfelchens gegebene Form *ha-an-is-ti* ist offenbar, auf Grund der Doppelwerthigkeit des Zeichens für *is* (auch = *mil*), in *ha-an-mil-ti* zu verändern: *hanmilti* aber ist sichtlich identisch mit *hamilti*. Die Entstehung einer Form *hamisti* ist platterdings nicht zu begreifen.

26; *Opp.* in *E. M. II.* 292), sondern sowohl die männliche Form *šiba*, als auch die weibliche *šibûti* direkt belegt ist (s. o.), was gleicherweise von der „acht“ gilt; endlich die durch die Inschriften constatirten Formen des Zahlwortes für „zehn“, nämlich *išrit* und *'išrit* mit hebr. עֶשְׂרִית völlig sich decken (doch beachte wiederum den Wechsel von ש und ס), so liegen die sämmtlichen Grundzahlen von 1—10, sei es ihrer einfachen Form nach, sei es ihrem Stamme, ihrer Wurzel nach [1]) authentisch verbürgt vor — bis auf die „Neun“, deren assyrisches Aequivalent bis jetzt noch nicht in irgend einer Weise in den Inschriften angetroffen ist.

Es kann die Frage entstehen, ob wie in den verwandten Sprachen von diesen Zahlwörtern stets auch eine männliche und eine weibliche Form in Gebrauch war und wie näher der Gebrauch dieser Formen war. Dass neben der einfachen, formell männlichen Form auch solche mit weiblicher Endung existirten, kann an sich einem Zweifel nicht unterliegen; lesen wir doch neben der Form *arba'* Khors. 14 die andere *ar-ba-ta* Obel. Salm. 16; vgl. ferner die Formen *irbitti* und *ribûti*; *samuti* und *samil*; weiter *saliṡti* neben *salsi*; endlich *šibûti* neben *šibu* [2]). Dagegen nun aber scheint der in den verwandten Sprachen uns entgegentretende Gebrauch der masculinen Formen bei femininen Substantiven und umgekehrt nicht, oder wenigstens nicht in gleicher Regelmässigkeit beobachtet zu sein. Denn während wir allerdings Sard. I, 10 *kibrat arba'i* lesen = „die vier Gegenden (oder Länder)“, bietet dieselbe Stelle doch auch eine Variante *arbata* und so lesen wir ausschliesslich in der gleichen Verbindung Salm. Obel. 16 (*kibrat arbata*). Ebenso wird in der citirten Stelle der Khorsabadinschrift das, allem Anschein nach, männliche Substantiv *ḥamani* mit dem

---

1) So muss ich mich ausdrücken, da mir (abgesehen von der Neun) das einfache Zahlwort für „sechs“ noch nicht begegnet ist. Oppert führt zwar S. 94 seiner Grammatik als eine solche Form *sis* auf, aber ohne dass ich sagen könnte, auf welche Autorität hin. Ich kann überhaupt Zweifel gegen die urkundliche Verbürgtheit der von ihm a. a. O. gegebenen vierfachen Liste der Zahlen von 1—10, nämlich nach der männlichen und weiblichen, sowie nach der einfachen und „emphatischen“ Form der Zahlwörter, nicht zurückhalten. Insonderheit scheint mir der „Stat. emphat.“ שְׁנַיִן zwei (masc.) lediglich dem hebräischen שְׁנַיִם nachgebildet zu sein, einer Form, welche ihrerseits sicher ein blosses Qeri (= שְׁנֵי) für שְׁנַיִם ist. — In Bezug auf die „sechs“ lässt sich übrigens das mit Gewissheit aussagen, dass das betr. Zahlwort auf *si* auslautete, sei es nun, dass es *sis-si* oder *sas-si* auszusprechen. Wir ersehen dieses aus Assurb. Sm. 109, 15. 167, 66, wo bei dem Zahlzeichen VI das phon. Compl. *si* sich findet, gerade wie bei *ḥan-si* 110, 83 und *sal-si* 08, 84 (dagg. *arba-i* 64, 43).

2) Auch das bei Zahlenangaben hinter dem Zahlzeichen in der Regel auftretende *ta* (vgl. z. B. Sanh. Bell. Cyl. Z. 1: *mušu salaa-ta* = 63) wird von dieser weiblichen Aussprache der Zahlwörter herrühren: es ist also die phonetische Ergänzung, die deshalb auch fehlen kann, so Botta 37. 41. 18. 35, 36. Vgl. noch Khors. 162 mit Botta 16ter Z. 109, wo in zwei parallelen Phrasen fragliches *ta* das eine Mal steht, das andere Mal ausgelassen ist.

in Rede stehenden Zahlwort in der männlichen (*arba'*) statt in der eigentlich zu erwartenden weiblichen Form verbunden. Ich muss mich auf das Ausgeführte beschränken, da mir weitere hierhergehörige Beispiele nicht bekannt sind [1]).

Was dann weiter die Bildung der Zahlen von 11—19 betrifft, so ist das hier allein uns vorliegende Zahlwort für „fünfzehn" *hamis-si'rit* durchaus correkt und in völligster Uebereinstimmung mit der aus den verwandten Sprachen bekannten Weise gebildet. Der Guttural ע von עֶשְׂרֵת ist weggeworfen wie im Chaldäischen תְּרֵיסַר. Im Uebrigen ist die in semitischer Weise etwa durch הַמְסַפֶּרֶת zu umschreibende Form in gänzlicher Uebereinstimmung mit hebräischem חָמֵשׁ עֶשְׂרֵה gebildet, abgesehen abermals von dem Wechsel von *s* und *š* bei dem zweiten Theile des Wortes (s. o.).

Höchst denkwürdig ist die Zehnerbildung. Aus den vorliegenden Beispielen: *isrâ* „zwanzig" [2]), *silasâ* „dreissig", *irbâ* (*irba'ya*) „vierzig", *hamsâ* „fünfzig" erhellt unverkennbar, dass die Bildung zu Stande kam durch angehängtes langes *â* [3]). Und nun dieses merkwürdige Zusammentreffen! Genau diese Endung *â* dient auch im Aethiopischen dazu die Zehner zu bilden, vgl. ዐሥራ፡ (*'ĕsrâ*) „zwanzig"; ሠላሳ፡ (*salasâ*) „dreissig"; አርብዓ፡ (*arbĕ'â*) „vierzig"; ኀምሳ፡ (*hamsâ*) „fünfzig" u. s. w. Im Assyrischen also und im Aethiopischen ist bei den Zehnern gleicherweise die Pluralendung *ân* (z. B. in ኃጥኣን፡ „Sünder"), beziehungsweise *âni* (assyr. *sarrâni* „Fürsten") zu *â* verkürzt, während in den übrigen semitischen Sprachen in diesem Falle die Pluralendung *îm*, *în*, *ûn* unversehrt erhalten ist. Das ist eine Thatsache von der eminentesten Bedeutung; angesichts derselben kann von einem Zweifel an dem Semitismus der assyrischen Sprache keine Rede mehr sein.

---

1) Dr. Opp. führt §. 229 a. noch an: *sa'ri irbitti*, das ebenfalls „die vier Gegenden" bezeichne. Da er aber die betr. Stelle, wo sich die Redeweise finde, nicht angiebt, bin ich ausser Stande über die Sachgemässheit der Uebersetzung sowie die Richtigkeit der Beobachtung etwas auszumachen. Ueber *irbitti* als Nebenform von *arbatu* (*ti*, *ta*) s. o. S. 238.

2) Rawlinson sprach 1855 zweifelnd *sinrâ* aus, offenbar weil ihm damals der inzwischen durch Dutzende von Stellen belegte Werth *is* für das erste Zeichen des Wortes noch nicht bekannt war, eine bei der sonst so nahe liegenden und doch von ihm nicht gewagten Lesung *isrâ* gewiss anzuerkennende Gewissenhaftigkeit des grossen Entzifferers, die wir nicht unterlassen hier ausdrücklich hervorzuheben. Seinen scharfen Spürsinn verrieth er aber auch damals, indem er die Vermuthung aufstellte: „*perhaps 2 tens, as eshra is 1 ten.*"

3) Dr. Oppert umschreibt die betreffende Schlusssylbe immer durch *ai* z. B. עֶשְׂרַי; aus welchem Grunde ist nicht ersichtlich. Die Variante *arbaya* neben *arbâ* kann hierzu doch kaum die genügende Veranlassung sein. — Ueber *hamsi* „fünfzig" statt *hamsâ* s. ob. S. 204 (Dr. Opp. schreibt S. 40 wirklich dieses *hamsai*; ich sehe nicht, auf welche Autorität hin. Das Syllabar ist unmissverständlich.)

Wie aus dem Vorstehenden erhellt, giebt das Syllabar die Zehner nur von 20—50. Auch die übrigen zu construiren, hat danach keine Schwierigkeit. Haben dieselben aber faktisch auch existirt? — Oppert, der sie §. 96 seiner Grammatik giebt (*sinâ* 60; *sib'â* 70; *samnâ* (?) 80; *tis'â* (?) 90) spricht sich darüber nicht aus. Mir scheint die Sache, sind sie nicht urkundlich verbürgt, nicht ohne Weiteres fraglos. Für 60 sagte man sicher *sussu* d. i. eine „Sosse", ein „Schock". Vielleicht bildete man dann 70 u. s. f. durch Addition von 10, 20, 30 zu der „Sosse" (= *sussu u 'isrit* etc.) genau wie das französische soixante-dix. Doch vermag ich darüber Weiteres natürlich nicht auszusagen [1]).

Was nun diese Bezeichnung der Zahl „sechzig" betrifft, so lautet dieselbe also im Assyrischen *sussu*. Die Bildung hat mit der der Zehner von 20 bis 50 offenbar nichts zu thun. Zu vgl. sind vielmehr Bildungen wie arab. سُدْسٌ, hebr. רֶבַע, חֹמֶשׁ u. s. f. Diese Bildungen bezeichnen aber immer in diesen Sprachen einen Bruchtheil: ein Sechstel, Viertel, Fünftel. Auch das assyrische *sussu* wird danach, wie Oppert richtig vermuthet [2]), einen Bruchtheil bezeichnen, nämlich „ein Sechstel"; nur dass das Wort auch zur Bezeichnung eines „Sechzigstels", nämlich des sechzigsten Theiles der „Hauptzahl" oder des *Saros* (von שַׂר „Fürst") diente [3]). Ueber die Bezeichnung des Sossos (durch einen senkrechten Keil) s. o.

Von den höheren Zahlen ist nur noch das Zahlwort für „hundert", nämlich *mí*, bekannt, von welchem wir ebenfalls bereits oben redeten. Das Zahlwort für „tausend" ist noch nicht gefunden, ebensowenig die Bezeichnungen der übrigen im Vorhergehenden nicht erwähnten Zahlen. Der Grund, warum dieses letztere der Fall, ist einfach der, dass die Assyrer in ihren Inschriften statt des Gebrauches der Zahlwörter die viel einfachere Bezeichnung der Zahlwerthe durch die dekadischen Ziffern vorzogen, welche selber in der Anordnung der Zahlwerthe u. s. w. durchaus auf das dekadische und zugleich sexagesimale Zahlensystem gegründet ist, worüber weiter zu vgl. H. Rawlinson J. of R. A. S. XV, p. 218. 219. J. Brandis, Münz- Mass- und Gewichtssystem in Vorderasien. Berl. 1866. S. 7 ff.

---

1) Hincks bemerkt S. 43 seiner von uns wiederholt citirten Abhandlung, dass er glaube, irgendwo in den Texten dem Worte *si bu-a* in dem Sinne von „siebzig" begegnet zu sein. Ist die Beobachtung richtig, so müsste man das *u* aus einem Einflusse des gutturalen ע (= שִׁבְעָה) erklären. Doch wird man gut thun, noch weitere Bestätigung abzuwarten.

2) S. dessen Gr. Ass. §. 99.

3) Dass wir es hier überhaupt mit einem Zahlsubstantive, nicht mit einem Cardinalzahlwort zu thun haben, erhellt auch aus dem Umstande, dass das Wort in den Plural gestellt wird. „Zwei Sossen" sind *II sussi*. S. I R. 14, 77; 28, 1, 9.

Von Ordinalzahlen ist mir, abgesehen von der Zahl „eins“, deren Ordinale auch im Assyrischen wie in den verwandten Sprachen eine Sonderbildung repräsentirt, in den Texten nur ein Beispiel begegnet, dieses nämlich in einer Inschrift *Aššur-bâni-pal's*, wo wir (bei Smith 130, 1) in der Phrase *aḫûšu šal-ša-ai* „sein dritter Bruder“ das Numeraladjektiv *šalšai* im Sinne von „der dritte“ lesen. Wie man sieht, ist das Zahlwort ganz correkt mit der Adjektivendung *ai* (s. o.) und in Analogie namentlich mit dem Aramäischen und Aethiopischen gebildet. Vielleicht ist uns auch noch eine entsprechende Femininbildung erhalten, nämlich in dem Worte *šu-bi-tu* „die siebente“ II R. 38, 62 in einer freilich verstümmelten Stelle. Die weibliche Bildung auf *it* (st. *ait*) wäre wie *Aššurît* „assyrisch“, *Akkadît* „akkadisch“ II R. 46, 2. 4 aus *Aššurai*, *Akkadai* u. s. f.

Das Ordinale für „eins“ im Sinne von „der erste“ ist *maḫru*, eigentlich „der vordere“ (s. Gloss.). Das Wort erscheint im Sanheribcylinder Taylor's col. I, 19 in der Phrase: *ina maḫri'i gir-riya* „in meinem ersten Feldzuge“. Ganz ähnlich hebr. ראשון, arab. أوّل, aeth. ቀዳሚ:, aram. קדמי[1]).

„Einmal“, „zweimal“ u. s. w. wird durch die Cardinalzahl mit hinzugefügtem *šanît* „Mal“ (eigentl. „Wiederholung“) ausgedrückt. Siehe die Stellen der Behistuninschrift im Glossar. Wie aber in den verwandten Sprachen zum Ausdrucke dieses Begriffs der Wiederholung mehrere Ausdrucksweisen im Gebrauche zu sein pflegen, so auch im Assyrischen. Wie das Subst. *šanîtu* dient zur Bezeichnung dieses Begriffes auch das Wörtchen *anu*, das wir wohl mit arab. عنا, عنى zu identificiren haben. Wir lesen Assurb. Sm. p. 215, d: *ša-ni-'i a-nu* „zum zweiten Male“; ebend. 217, k. 244, e *šal-ši a-nu* „zum dritten Male“ (Alles phonetisch geschrieben). Das Ideogramm für dieses *anu* scheint *ŠU* gewesen zu sein; denn wir lesen Obel. Salm. 77: *ša-ni-tu ŠU* „zum zweiten Male“; ebend. 87: IX. *ŠU* „zum neunten Male“ u. s. f. Ja, jenes *anu* scheint allmählich mit den Zahlwörtern förmlich zu einem Worte verschmolzen zu sein; daher begegnen wir Assurb. Sm. 263, 39 der Schreibweise: *ša-ni-ya-a-nu* „zum zweiten Male“, welche nur begreiflich ist, wenn fragliche beiden Wörter wie eines gesprochen wurden.

Wollen wir uns das urkundlich Verbürgte durch ein Schema zur Anschauung bringen, so würde dasselbe dieses sein:

---

1. Das von Oppert S. 98 in diesem Sinne aufgeführte *rîšân*, *rîštu* (H. ראש) kommt, soviel ich sehe, nicht sowohl in dem Sinne von „der erste“, als vielmehr in dem Sinne von „erstgeboren“, „bevorzugt“ vor. Vgl. Sard. I. 85, sowie *habal rîštu* „erstgeborener Sohn“ Cyl. Nabunids, I Rawl. 68 col. II, 25.

I. Cardinalzahlen.

Männliche Form.	Weibliche Form.
1. *isti'n*	*iḫit*
2. *sanî*	*sanit, sanut*
3. *salsi*	*salisti (salatu?)*
4. *arba'*	*arba'ta, irbitti ribâti*
5. [*ḫan-*]*si*	*ḫamilti*
6. [*sis-*]*si*	
7. *siba'*	*sibûti*
8. *samna*	
9.	
10.	*'isriti, 'isrû*

15. *ḫamisri'rit*
20. *isrâ*
30. *silasâ*
40. *irbâ, irba'ya*
50. *ḫansâ*
60. *sussu*
100. *mi'*

II. Ordinalzahlen.

1. m. *maḫru*	der erste
3. m. *sa'sai*	der dritte
7. f. *sabitum*	die siebente.

III. Bruchzahlen.

2. *sunnu*	ein Zweitel
4. *rubu*	ein Viertel
6. *sudu* (*sussu*?)	ein Sechstel
8. *summa*-[*nu*]	ein Achtel.

IV. Vervielfältigungswörter.

sanitu	Mal
sanî-anu	ein zweites Mal
salsi-anu	ein drittes Mal.

c. Vom Pronomen.

A. Persönliche Fürwörter.

a. Alleinstehende Fürwörter.

Von alleinstehenden persönlichen Fürwörtern bieten die trilingen Inschriften zunächst in unzweifelhafter Weise drei Singular-

16*

pronomina: dasjenige der ersten Person, *a-na-ku* „ich" lautend und dem persischen *adam* entsprechend (s. d. Gloss.); dasjenige der zweiten Person, *atta* „du" lautend = pers. *tuvam* (Beh. 101. 105); endlich dasjenige der dritten Person, *su* „er" lautend = pers. *hauv* (Beh. 12. 31. 41. 71). Bei den beiden ersten liegt der Semitismus der Wörter offen zu Tage; jenes ist identisch mit hebr. אָנֹכִי, dieses mit hebr. אַתָּה. Und auch bei dem dritten wird nicht leicht Jemand denselben verkennen, der sich des auch zwischen den semitischen Sprachen statt habenden Wechsels von Hauch- und Zischlauten (s. meine Abhdlg. de ling. Aeth. p. 17) erinnert, also das hebr. *hu* — הוּא vergleicht[1]) und ausserdem in Erwägung zieht, dass auch das Himjarische bei dem Suffix der dritten Person einen Zischlaut statt eines Hauchlautes bietet[2]).

Von pluralischen Pronominibus der in Rede stehenden Gattung würden uns die trilinguen Inschriften dasjenige der ersten Person Plur. erhalten haben, wäre nicht durch einen bedauernswerthen Zufall an der einen Stelle, wo dasselbe gestanden (Beh. 3), der Text beschädigt. Sicher ist nur der Anfang und Schluss des fraglichen Wortes = *a . . . . ni.* Es liegt nahe mit Opp. E. M. II. 200 die Lücke durch ein einzufügendes *nah* auszufüllen und danach das ganze Wort zu *anahni* = hebr. אֲנַחְנוּ zu ergänzen. Aber etwas Sicheres ist dieses nicht[3]), und da an irgend einer anderen Stelle, auch der unilinguen Inschriften, das Wort sich nicht findet, so muss es vorläufig dahingestellt bleiben, wie im Assyrischen der Plural der 1. Person lautete.

Noch bieten die trilinguen Inschriften die assyrischen Aequivalente der männlichen und weiblichen Pronomina der dritten Person Pluralis. Das Pron. der 3. Prs. masc. Plur. lautete gemäss Beh. 81 *sunutu*, während für die entsprechende weibliche Form durch Beh. 100 *sina* an die Hand gegeben wird. Man sollte als die männliche Form in Analogie mit *sina* eigentlich *sunu* erwarten, und dieser Form begegnen wir auch wirklich, zwar nicht in den trilinguen, wohl aber in den unilinguen Inschriften z. B. Assurb. Cyl. B. Col. VI, 70 (Sm. p. 136). Vgl. auch unten die Suffixform *sunu*. Es unterliegt danach keinem Zweifel, dass im Assyrischen für den Plural zwei Formen: *sunu* und *sunut* neben einander im Gebrauch waren. Es kann nun aber die Frage entstehen, wofür man eigentlich das auslautende *tu* der Form *sunutu* zu halten habe? Aeusserlich läge es am nächsten an die auch bei männlichen Nominibus auftretende feminine Pluralendung *ut* (s. o.) zu denken. Da indess der Plural des Pronomens durch den Antritt der Sylbe *nu* (vgl. das Fem. *sina*) bereits hinlänglich characte-

---

1) Mit dem hebr. הוּא Rawlinson im Journ. of the R. As. Soc. XIV, p. XLIII, ist dasselbe nicht zu combiniren.

2) S. Osiander in Z. DMG. XIX. 218 flg.

3) Vgl. auch Opp. in s. Gr. Assyr. II éd. p. 35. ann. 1.

risirt ist, so will mich das nicht recht wahrscheinlich dünken, und ich möchte dieses überflüssig auftretende *tu* lieber für das gleiche *tu* halten, welches im Aethiopischen bei dem Pronomen ውእቱ : als Verstärkung der Form erscheint [1]) und welches auch im Assyrischen sicher bei den Demonstrativpronominibus *suatu* und *satu* (s. o.) uns entgegentritt.

Dieses die uns durch die trilinguen Inschriften verbürgten persönlichen Fürwörter. Bezüglich der fehlenden treten ergänzend die einsprachigen Inschriften ein. Das Femininum der zweiten Person Sing. lautete nach diesen *atti* = hebr.-aram. אַתְּי. Es sind zunächst zwei, die eine von Oppert Gr. Ass. p. 114 angezogene, die andere von Norris Diction. p. 69 veröffentlichte Stelle einer unedirten Inschrift Assurbanipals, welche uns die entsprechende Form suppeditirt. Die letztere Stelle lautet: *atti, marat dannat, bilat bit sa Asur-bâni-habal* „Du, mächtige Herrin, Gebieterin des Hauses Assurbanipals;“ die erstere: *atti karidat ilani* „du (Istar), Kriegsfürstin unter den Göttern“. Zu ihnen gesellt sich noch eine dritte Stelle in den Inschriften Assurbanipal's, welche wir bei G. Smith p. 121 Z. 85 lesen und welche lautet: *at-ti bi-lit bi-li-'i-ti bi-lit ta-ḫa-zi ma-li-kat ili* „o du Herrin der Herrinnen, Gebieterin der Schlacht, Fürstin der Götter“. Ebenso noch ibid. 122, 44.

Den Plur. masc. der zweiten Person liefert theils ein von Oppert J. A. VI. 1865. p. 294. Mém. Gramm. p. 100 angezogenes Täfelchen (K. 142), theils abermals eine Inschrift Assurpanibals K. 31 6 1 bei G. Smith l. c. 189, Z. 13, wonach dasselbe *attunu* lautete, genau aramäischem ܐܢܬܘܢ entsprechend. Das Femininum Plur. ist noch nicht belegt. Es lautete wahrscheinlich, wie Oppert gewiss richtig vermuthet, *attina* (vgl. *sina* von *sunu* s. o.).

Die dritte Person Fem. Sing. ist uns ebenfalls in einer Inschrift Assurbanipals (Smith 124, 56: *si kima ummu alidti* „sie gleich einer gebärenden Mutter“. Vgl. Z. 63) erhalten. Sie lautete danach *si*, welche Form sich zu der masc. *su* (s. o.) genau so stellt, wie hebr. הִיא zu הוּא.

Ueberblicken wir unsere Erörterung, so würde sich das Schema der Personalpronomina im Assyrischen also gestalten:

	Sing.	Plur.
1. Pers.	*anaku* ich	*a . . . ni* wir
2. Pers. msc.	*attu* du	*attunu* ihr
— fem.	*atti* du (fem.)	[*attina*?] ihr (fem.)
3. Pers. msc.	*su* er	*sunu, sunut* sie (msc.)
— fem.	*si* sie	*sina* sie (fem.)

1) S. meine ob. cit. Abhdlg. p. 27.

b. Angelehnte Fürwörter.

α) Nominalsuffixe.

(Possessivpronomina).

Die Liste dieser Fürwörter ist schon aus den trilinguen Inschriften fast ganz vollständig herzustellen. Für die 1. Pers. Sing. stehen uns folgende Belege zu Gebote: *bit-ya* „mein Haus“ pers. [*utā-*]*maiy vitham* NR. 33; *mati-ya* „mein Land“ pers. *imā-dahyāum* ebendas.; *sarruti-ya* „meine Herrschaft“ pers. *utāmaiy khsatram* K. IV, 2. 3; D, 16; E, 8; endlich *lapani-ya* „von mir“ pers. *hacāma* Beh. 9. 30. 34. 48. 86. NR. 10. Aus diesen Stellen ist klar, dass das Suffix der ersten Pers. Sing. *ya* lautete, entsprechend genau äthiop. P: (*ya*); vgl. hebr. arab. aram. [illegible].

Dabei steht indess noch eine abweichende Form dieses Suffixes zu verzeichnen. Entsprechend nämlich persischem *manā pitā* „mein Vater“ lesen wir Beh. 1. 64. K. III, 2. D, 14 u. ö. *abu-u-a* und mit diesem Worte verbunden an denselben Stellen *at-tu-u-a*. Beidemal ist offenbar das *y* des fraglichen Suffixes von einem vorherrschenden *u*-Laute verschlungen gemäss einem oben S. 206 erläuterten assyrischen Lautgesetze [1]). Dieses *u* ist bei *abu* wurzelhaft und die Aussprache hat demnach nichts Auffälliges. Etwas anders liegt die Sache bei dem zweiten Worte, da hier ein wurzelhaftes *u* nicht so sicher vorliegen dürfte, sofern das Wort aller Wahrscheinlichkeit nach mit hebr. [illegible], [illegible] zusammenzubringen ist (s. unsere Bemerkungen in unserem Aufsatze in Z. DMG. Bd. XXIII S. 363). Wir meinen deshalb, dass in diesem Falle die Aussprache mit *u* statt mit *y* gewählt wurde lediglich um die Aussprache mit dem vorhergehenden *abua* conformer zu gestalten, was sich um so eher als möglich begreift, wenn wir bemerken, wie auch sonst *u* mit *y* bei diesem Suffix zuweilen wechselt, lesen wir doch in babylonischen Inschriften z. B. neben *gatiya* „meine Hand“ (Senk. II, 16) zuweilen auch *gatua* in demselben Sinne (Bors. I, 14) [2]).

1) Aus diesem Grunde ist Oppert's Umschreibung (Gr. p. 84): [illegible], [illegible] schwerlich zu billigen.

2) Auch bei *kirib* „inmitten“, *eli* „auf“ und *pan* „vor“ begegnen wir nicht selten einem *u* als Verbindungsvokal s. Hincks a. a. O. 517. 518. In den einsprachigen Inschriften finden sich auch einige Beispiele, dass das Suffix der 1. Pers. Sing. in der Aussprache *a* ohne jeglichen Bindevokal angefügt ist; so *aba* „mein Vater“ E. J. H. VII, 48; *bi-ila* „mein Herr“ [illegible] Andererseits begegnen wir nun aber auch der Aussprache *abi* statt *abiya* = *abua*. So E. J. H. IV, 71 „Nabopolassar *abi banua* „mein Vater, mein Erzeuger“, *bilūti* „meine Herrschaft“ (Hammur. col. I, Z. 15). Andere Beispiele bei Hincks a. a. O. Man sieht deutlich, wie beide Verkürzungen auf die Urform *ya* zurückgehen.

Noch muss bemerkt werden, dass nach einem langen *a* sich das *ya* des Suffixes gern in *ai* umsetzt. Statt *birdā-ya* „meine [illegible]“, [illegible]-*ya* „meine

Für den Plural der 1. Pers. liegen vor *sir-u-ni* „unser Geschlecht" pers. *amâkham tauma* Beh. 3, 18, und *at-tu-nu* „unser" pers. *amâkham* ebend. Es leuchtet ein, dass das betr. Suffix *ni*, bezw. *nu* lautet (über das Schwanken der Aussprache beim Anlaute s. o. S. 206). Die Uebereinstimmung mit der betr. Form in den verwandten Sprachen: arab. und äthiop. *na*, hebr. *nu*, aram. *ân* bedarf keiner Auseinandersetzung.

Für die zweite Person Sing. masc. ist anzuziehen: *'itti-ka* (עִתֶּיךָ) „deine Jahre" Beh. 102 und *'ittav-ka* 107 dass. pers. *draagam jîvâ*. Hiernach lautete dasselbe *ka*, genau wie in den übrigen semitischen Sprachen.

Die zweite Pers. Fem. Sing. ist durch die trilingnen Inschriften nicht zu gewinnen. Sie lautete indess zweifellos *ki*, wie von vornherein zu erwarten. Es erhellt dieses aus dem Gebete Nebucadnezars an die Mylitta bei Opp. E. M. II. 296, insonderheit aus der Phrase: „mögen meine Werke mir gelingen *saptuk-ki* mit deiner Hilfe"[1]). Vgl. hiermit die entsprechende Stelle Lay. 66. Z. 17 in einem Gebete an den Gott Nebo: „möge ein Leben langer Tage mir zu Theil werden *saptuk-ka* mit deiner Hilfe", wo das männliche Suffix, wie zu erwarten, erscheint. Ausserdem findet es sich noch zweimal in einem ebenfalls an die Mylitta gerichtetem Gebete II Rawl. 66. 2. Z. 8—10. Ich transcribire und übersetze die Stelle folgendermassen: 8. *Ya-a-ti ana Asur-bâni-habal* 9. *pâ-lih ilu-u-ti-ki rabi-ti* 10. *ba-lat yumi rukûti tub li-bi-ki usni-va* d. i. „Was mich anbetrifft, Assurbanipal, den Verehrer deiner Gottheit, so gewähre[2]) ein Leben langer Tage in der Güte deines Herzens".

Auch die zweite Person Plur. und zwar zunächst männlichen Geschlechts ist zwar nicht durch die trilinguen, aber durch die unilinguen Inschriften an die Hand gegeben. Wir lernen es kennen durch jenes denkwürdige Syllabar, welches wir oben S. 17. haben abdrucken lassen. Danach lautete es *kunu* (*itti-kunu* der Plural zu *itti-ka*). Wir bemerken hier insofern eine Abweichung von den übrigen semitischen Sprachen, als der hier sonst auftretende labiale Nasal *m* (כֶם, كم u. s. f.) dem lingualen Nasal *n* hat

---

Füsse" sagt der Assyrer *birkaai*, *šipaai* u. s. f. (s. o. 226). Ebenso *idaai* st. *iddya* u. dgl. m.

1) Eigentlich: „mit deiner Veranstaltung". *Saptuk* ist ein infinitivisches Nomen von dem Schafal der W. *batak* eigtl. „abschneiden" vgl. hebr. בָּתַק; dann „fertig bringen", „zu Stande bringen".

2) Eigtl. „wäge dar" (אזן). Das Ideogramm erkl. Syll. 278. Alle übrigen hier vorkommenden Wörter, bezw. Ideogramme sind im Verlaufe der Abhandlung bereits erklärt bis auf *palah* = aram. פְּלַח „verehren" und *ušni*, worüber s. u. *Tub* „Güte" wird hier ideographisch mit den Zeichen *Hi. GA* geschrieben, deren phonetischer Werth in derselben Redensart *ina tub libbi* Tigl. Pil. VIII, 61 direkt durch eine Variante an die Hand gegeben wird.

weichen müssen. Auf der anderen Seite erscheint das Assyrische in seiner Art folgerichtig. Denn wenn (s. o.) der Plural von *su* lautete *sunu*, *sunut*, so musste der Plural von *ka* folgerecht lauten *kunu*, wie der Fall.

Das Femininum der 2. Pers. Pl. ist in den Inschriften noch nicht gefunden. Nach der Analogie der Bildung *sina* zu *sunu*, sollte man *kina* erwarten, wie solches demgemäss auch Oppert[1]) postulirt.

Es erübrigt die Betrachtung der Pronomina der 3. Pers., zunächst des Singulars. Die dritte Person Sing. masc. ist durch Beispiele der trilinguen Inschriften umfassend verbürgt. Es lautete *su* vgl. *lapani-su* „vor ihm" pers. (*kâra*) *sim* Beh. 20; *itti-su* mit ihm" pers. (*tyai-*) *saiy* Beh. 77; *ahu-su* „sein Bruder" Beh. 19; *asri-su* „seine Stelle" Beh. 26; *sum-su* „sein Name" Beh. 49. 53. 57 u. ö. Das Suffix entspricht dem Personalpronomen der 3. Ps. ebenfalls *su* lautend, wie *hu*, *êhu* in den verwandten Sprachen dem הוא, هو u. s. f. Ein Wechsel aber des sonst in den semitischen Sprachen als charakteristischer Consonant uns entgegentretenden Hauchlautes mit einem Zischlaute überrascht den nicht, der sich erinnert, dass, wie bemerkt, auch im Himjarischen das Suffix der 3. Pers. Sing. mit einem *s* gebildet wird. S. Z. DMG. XIX, 248 flg.

Das Femininum der 3. Pers. Sing. ist durch die trilinguen Inschriften nicht zu belegen. Dagegen bekunden die einsprachigen Inschriften, dass es *sa* lautete. Vgl. Bors. I, 26 von dem babylonischen Thurme: *ri'isi-sa* „seine Spitze"; II, 2: *libintu-sa* „seine Backsteine"; II. 14: *ana 'ilisi-sa* „um ihn wiederherzustellen (?)". Vgl. auch E. J. H. 10, 6. 12. 17.: *ina kirbi-sa* oder *kirbus-sa* „in ihrer (der Stadt) Mitte"; Assurb. Smith 119, 19: *libbisa* „ihr Herz" (von der Istar gesagt) u. a. m.[2]).

Der Plural der 3. Pers. sowohl männlichen wie weiblichen Geschlechts ist durch die trilinguen Inschriften verbürgt. Der männliche Plural lautete *sunu*. Wir lesen Beh. 6: *sar-suna* „ihr König"; Beh. 3: *sarri-sunu* „ihre Könige" (das Persische drückt das Suffix beidemale nicht besonders aus). Die unilinguen Inschriften bestätigen den Befund durch unzählige Beispiele, wobei nur noch zu bemerken ist, dass mit der volleren Aussprache *sunu*[3]) auch die kürzere *sun* wechselt vgl. Khors. 117: *ina libbisunu*

1) Bei demselben (Gr. §. 63) ist übrigens hinter: *le suffixe de la seconde personne*, hinzuzufügen: *féminine*, welches Wort offenbar lediglich in Folge eines Versehens ausgefallen ist.

2) In einigen Fällen hat sich übrigens dieses *sa* noch zu *si* verdünnt, offenbar unter Einfluss des so ausgesprochenen selbständigen Pron. Fem. Gen. (s. ob. S. 245). So sicher in dem Beispiele Assurb. Sm 124, 61: *atta tagabbi-si* „du sollst zu ihr (der Göttin) sagen". Vgl. 123, 49.

3) Die Aussprache *suna* (mit *a*) Beh. 5 steht vereinzelt da.

„die in ihnen (den Städten) wohnenden"; ferner ebend. 22. 24 u. ö. *'ilisunu* „über sie" und 116. 160 *'ilisun* dass.

Das Femininum der 3. Pers. Pl. lesen wir NR. 23: *ina asri-sina* „an ihrem (der Länder) Orte", sowie ibid. 22.: *'ili-sina* „über sie". In der kürzeren Form *sin* begegnen wir ihm Botta 16ter, 108: *mih-rit ba-bi-si-in* „vor ihren Thoren".

Die durchaus gesicherte Liste der Possessivpronomina würde danach diese sein:

	Sing.		Plur.	
1. Pers.	*ya* mein		*ni* (*nu*) unser	
2. Pers. msc.	*ku*	dein	*kunu*	euer
— fem.	*ki*		[*kina*]	
3. Pers. msc.	*su* sein		*sunu* (*sun*)	ihr
— fem.	*sa* ihr		*sina* (*sin*)	

Zu vgl. ist hiermit die oben S. 17 einem Syllabare entnommene Liste der mit *itti* „mit" zusammengesetzten Possessive:

itti-ya mit mir	*itti-ni* mit uns
itti-ka mit dir	*itti-kunu* mit euch
itti-su mit ihm	*itti-sunu* mit ihnen.

Wie man sieht, sind in derselben durchweg die weiblichen Personalsuffixe unberücksichtigt geblieben.

Die Anfügung der Suffixe an die Nomina geschieht im Assyrischen ebensowohl mit wie ohne einen Verbindungsvokal, welcher letztere wiederum ebensowohl *i*, als *a*, als *u* sein kann, überwiegend aber *i* ist, z. B. *sarruti-su* „seine Herrschaft" Khors. 29. 41 u. ö. und wiederum *bilut-su* dass. Khors. 71. 93. 95; ferner *sumi-ka* „dein Name" und wiederum *tapkuk-ka* „deine Hilfe" Lay. 86, 17. Bei dem Suffix der 1. Pers. scheint Anfügung ohne Bindevokal äusserst selten Statt zu haben; mir wenigstens ist ein Beispiel nicht gegenwärtig. Eine Uebersicht über die Art der Anfügung giebt uns das Syll. II R. 9, 67—73, wo wir (s. Anm. S. 202) lesen: 1) *tarbitisu*; 2) *tar-bis-su* (statt *tarbitsu*); endlich 3) *tar-bi-su*. Tritt der Bindevokal zwischen Nomen und Pronomen, so wird bei Segolatformen der Vokal der zweiten Sylbe ausgestossen, wie im Hebr. bei [illegible], [illegible]; tritt dagegen das Suffix ohne Zwischenvokal an das Nomen an, so wird das Wort in seiner nächsten Aussprache belassen. Demgemäss lesen wir Beh. 23 *asri-sina* „ihr Ort", dagegen Khors. 15 *asar-sina*, und wiederum in derselben Inschrift Khors. 57 *asri-sunu*; weiter Sard. II, 185 *ina kirib-sa* „in ihrer Mitte" und E. J. H. 10, 17 *ina kirbisa* dass.; ferner Khors. 139. 194 *kirib-su* „seine Mitte" und wiederum 159: *kirbussu* (beachte die in diesem Falle häufige Verdoppelung des Zischlautes). Bei femininen Substantiven wird regelrecht die Statusconstructusform gewählt. Also *libittu* „Ziegel" (Botta 37, 48); dagegen *libnat-su* oder *libnatsu* „sein Ziegel“ (collekt.) I Rawl. 36 Z. 49; ferner *tukulti* „Vertrauen“; *tuk-lat-u-a* „mein Vertrauen“ II Rawl. 64. Z. 28. 31 u. s. f.

Ueber die Modification, welche die Aussprache des Zischlautes des Pronomens der 3. Person beim Zusammentreffen mit einem Dental erleidet, redeten wir oben bei den lautlichen Vorbemerkungen S. 202.

β) Verbalsuffixe.

Auch für die Bestimmung dieser Suffixe liefern bereits die trilinguen Inschriften beträchtliches Material. Durch dieselben ist gesichert zunächst das Suffix der 1. Pers. Sing. Wir haben NR. 32: *lissur-anni* „er möge mich beschützen“ pers. *mâm pâtuv*; Beh. 40: *ikkira-'-inni* sie (diese Länder) wurden von mir abtrünnig pers. *hacâma hamitriyâ abava*; Beh. 7: *isimma-'-inni* „(welche) mir gehorchten“ pers. *manâ patiyâisa*; Beh. 48: *idammu'-inni* „sie gehorsamen mir nicht“ pers. *manâ naiy gaubataiy*. Gemäss diesen Stellen lautete dasselbe *anni* oder (offenbar daraus lediglich verändert) *inni*, wobei jedoch weitere Betrachtung (s. u.) an die Hand giebt, dass die eigentliche Form des Suffixes *ni* war, das aber durch einen Hilfsvokal (*a* oder *i*) an das Verbum angeschlossen ward. Aus den unilinguen Inschriften, die im Uebrigen das Ausgeführte lediglich bestätigen, erhellt zugleich, dass statt *anni* auch wohl *ani* gesprochen ward, vgl. die oben S. 181 erklärten Namen *Asur-sizib-ani* „Assur, errette mich“ II R. 68. Col. II. Z. 26 u. a. Die Identität jenes *ni* (bezw. *anni*, *inni*, *ani*) mit hebr.-arab. *ni*, *ani* u. s. f. bedarf keiner ausdrücklichen Hervorhebung.

Für den Plural der 1. Pers. bieten die trilinguen Inschriften kein Beispiel und auch aus den unilinguen bin ich nicht im Stande ein solches beizubringen; doch leidet es nicht den geringsten Zweifel, dass es *nu*, *ni* gelautet hat (vgl. die verwandten Sprachen und das entsprechende Possessivsuffix).

Für die zweite Pers. Sing. und zwar männlichen Geschlechts liefern uns abermals die trilinguen Inschriften einen Beleg, nämlich NR. 27. 28: *immagdukka* „es wird dir bekannt werden“ pers. *azdâ bavâtiy*? Dasselbe lautete danach *ka* — wie zu erwarten.

Für das Fem. der 2. Pers. Sing. bieten die trilinguen Inschriften kein Beispiel und auch aus den unilinguen vermag ich ein solches nicht beizubringen. Man kann indess nach der Analogie der verwandten Sprachen sowie der assyr. Possessiva als gewiss ansehen, dass es *ki* lautete (so auch Opp. Mén.).

Auch für die 2. Pers. Plur. liefern die trilinguen Inschriften kein Beispiel: wohl aber die unilinguen. In einer von Norr. Dict. p. 580 mitgetheilten Stelle eines noch unedirten Briefes eines

Königs von Karduniaš[1]) lesen wir: *iltanaí-kunu* „er hasst euch“[2]). Da die Form genau mit der entsprechenden des Nominalsuffixes übereinstimmt, so steht anzunehmen, dass auch die feminine Form analog gebildet ward, also *kina* lautete.

Die dritte Person Sing. Masc. des Verbalsuffixes ist durch eine Reihe von Beispielen aus den trilinguen Inschriften zu belegen. Wir lesen Beh. 49: *iddukú-su* „sie tödteten ihn“ pers. *utâsim avâjana*; 68: *idduk-su* „er tödtete ihn“. Andere Beispiele noch sind: Beh. 46: *adduku-su* „ich tödtete ihn“; 60: *immaru-su* „(die Menge) sah ihn“; S. 11 *ustakkal-su* „er vollendete es“; Beh. 97 *sal-su* „frage ihn“. Das Suffix lautete danach *su*, genau wie das entsprechende Nominalsuffix, ganz in Analogie dieses mit der Bildung des bezüglichen Suffixes in den verwandten Sprachen.

Für das Femininum der 3. Pers. Sing. sind wir wieder auf die unilinguen Inschriften angewiesen. Es lautete, wie uns die Nebucadnezarinschrift am Tempel der Mylitta lehrt (O. E. M. II. 296. Z. 16): *sa*, genau wie nach der Analogie der Bildung des entsprechenden Possessivums zu erwarten. Wir lesen a. a. O.: *usaḥir-sa* „ich habe sie (die Wohnung) umgeben“[3]). Indess findet sich auch *si* z. B. Assurb. Sm. 128, 49: *amḫar-si* „ich rief sie (die Göttin) an“; ebend. 236, 22 *usírib-si* u. sonst. Dieses *si* ist zur Bezeichnung der 3. Pers. Sing. verwandt offenbar in Rückwirkung der Bezeichnung des Plurals fem. durch *sinat*. Vgl. auch S. 245.

Den Plural der 3. Pers. masc. lesen wir abermals wiederholt in den trilinguen Inschriften. Ich führe an Beh. 83: *iddukusun* „er tödtete sie“ pers. *martiyâ — avâja*; Beh. 63: *askunsunu* „ich liess sie (ans Kreuz) schlagen“; NR. 10: *ikkabbas-sunu* „es war ihnen befohlen worden“; H. 21: *askunussunu* „ich habe ihnen (Befehl) ertheilt“; Beh. 48: *duku-sunutu* „bekämpfe sie (die Empörer)“; NR. 27: *tamadissunutav* „du mögest sie erkennen“; Beh. 96: *indanassunutav* „er gab sie (die Feinde) in meine Gewalt“. Hiernach lautete das betr. Suffix einerseits *sunu* (verkürzt *sun*), andererseits *sunut*. S. über die letztere Form bei den persönlichen Fürwörtern.

Auch für das feminine Pluralsuffix der 3. Pers. liefern die trilinguen Inschriften hinlängliche Belege. Wir haben NR. 24: *aḳabbus-sinatav* „(was ich) zu ihnen (den Ländern) sagte“; NR. 21: *iddannas-siniti* „er gab sie (die Länder) mir“. Hiernach lautete

1) Das merkwürdige Schriftstück ist inzwischen im III. Bd. des engl. Inschriftenwerkes p. 4 Nr. 5 veröffentlicht. Es ist ein Schreiben des Königs *Bin-sum-náṣir* (so ist der Name zu lesen!) von Karduniaš an die assyrischen Könige *Assur-nirar* und *Nabu-dayan*.

2) *Iltanaí* ist das Iftaal von שנא „hassen“ und steht gemäss assyrischem Lautgesetze (S. 205) für *istanaí*.

3) *saḥar* „umgehen“ gemäss hebr.-aram. סחר *circumire*. Das Subst. *siḫirti* „Umfassung“, „Umfassendheit“, „Gesammtheit“ sehr häufig in den Inschriften (I R. 35. I. S. 11 u. 5.).

das Suffix *sinat* oder *sinit*. Es bedarf keiner Erinnerung, dass jenes die ursprüngliche Form ist und letzteres lediglich eine solche mit degenerirter Aussprache, beziehungsweise incorrekter Schreibart.

Als Resultat gewinnen wir folgende Liste der Verbalsuffixe:

	Sing.	Plur.
1. Pers. —	*ni*	[*nu*, *ni*?]
2. Pers. masc.	*ku*	*kunu*
„ fem.	[*ki*?]	[*kina*?]
3. Pers. masc.	*su*	*sunu*, *sunut*
„ fem.	*sa* (*si*)	*sinat* (*sinit*).

Sowohl zu der vorstehenden Liste der Verbal-, als zu der früheren Liste der Nominalsuffixe ist nun aber noch eine Ergänzung hinzuzufügen. Es kann nämlich, wie ich auf Grund von einer Reihe von Beispielen constatirt habe, keinem Zweifel unterliegen, dass wie der Assyrer die oben aufgeführten Suffixformen der dritten Person Pluralis durch ein angefügtes *t* verstärken kann = *sunut*, *sinit*, *sinat* (neben *sunu*, *sina*), er nicht minder eine Verstärkung und zwar aller Suffixformen durch ein angefügtes *si*, *siv* ermöglichen kann. Schon in der Hammurabiinschrift des Louvre lesen wir col. II, 6: *lu as-ku-un-si-na-si-iv* „wahrlich, ich richtete sie her“. Hier kann das auslautende *siv* platterdings nichts anderes sein, als Erweiterung des Suffixes *sina* = *sinasiv* st. *sinati*[1]. Ein zweites Beispiel liefert uns Asurb. Sm. 108, 4 (K. 1189): *lu tab-ku-nu-si mi-nav-va* „wahrlich, eure Gutthaten lassen sich zählen“!, wo *ku-nu-si* nur Verstärkung des einfachen *kunu* „euer“ sein kann. Den Schlussstein der Argumentation bietet ein Syllabar, nämlich das schon oben S. 22 abgedruckte II R. 11. 25—28, welches die folgenden Verbalformen mit Suffixen überliefert: *id-din-su-nu-siv* „er giebt ihnen (oder sie)“; *id-di-nu-su-nu-siv* „sie geben ihnen“; *i-na-din-su-nu-si* „er giebt ihnen reichlich“; *i-na-di-nu-su-nu-si* „sie geben ihnen reichlich“. Beiläufig ersieht man auch aus diesem Syllabar, dass ein irgend wesentlicher Unterschied zwischen den Aussprachen *siv* und *si* nicht existirt; der Schreiber wählte in den beiden letzten Formen die Aussprache *si* offenbar lediglich, weil er zur graphischen Darstellung der letzteren eines kürzeren Zeichens bedurfte, als zu jener: das Zeichen *siv* hätte den durch das Täfelchen gegebenen freien Raum überschritten.

Obige Erkenntniss wirft ihr Licht sofort auf einen weiteren, bis jetzt dunkel gebliebenen, Punkt. An einer Reihe von Stellen

---

1) Ménant übersetzt *similia*, ohne dass man sähe, wie dieses zu rechtfertigen.

In den Inschriften begegnen wir einem Worte *ya-a-si*, das zunächst unklar ist. Sehen wir aber schärfer zu, so ist überall da, wo das Wort auftritt, auch von der ersten Person irgendwie die Rede. Ich führe nur bloss aus den Inschriften Assurbanipal's an: *sulmu yâsi libbakunu* „Gruss, was mich anbetrifft, über euch" Assurb. Sm. 108, 3; „(die Gimiräer)" *sa la iplahu abutiya u yâsi la iplahu nîr sarrutiya* „welche meine Väter nicht fürchteten und, was mich anbetrifft, das Joch meiner Herrschaft nicht auf sich nahmen" ebend. 72, 94; *sa nakiru samma 'ili yâsi katâs la ubilu ina libbi* „(die Schätze der Völker), welche kein anderer Feind ausser mir mit seiner Hand berührt hatte" 225, 35. Deutlich ersetzt in allen diesen Stellen *yâsi* einfach das Personalpronomen der 1. Pers. Sing., weshalb denn auch unter Umständen dieses mit demselben wechseln kann, wie in dem ersten der angezogenen parallelen Beispiele 72, 93: *ana sa'al sulmi ya* „um meine Freundschaft zu erbitten". Das *yâsi* verhält sich somit zu *anaku* und *ya* etwa wie hebr. אֹתִי zu אָנֹכִי, und arab. إِيَّايَ zu أَنَا.

Durch das Erörterte wiederum wird noch ein anderes derartiges Wörtchen erläutert, nämlich *yâti*, in genau der gleichen Bedeutung wie *yâsi* vgl. z. B. I R. 68 II, 19. 21: *yâti Nabunahid suzibanni* „was mich, Nabunit, anbetrifft, so rette mich"; ebenso Assurb. Sm. 68, 42: *yâti ardu hat-tu-ka* „ich bin dein ergebener Diener" (eigtl. ich bin der Knecht deiner Furcht = „dein dich fürchtender Knecht"); desgl. ebend. 17. 63; 164, 112; 165, 4; 305, 8; 309, 35 u. ö. Deutlich steht hier *yâti* genau da, wo wir in den vorigen Beispielen *yâsi* fanden. Mit einem Worte: *yâsi* und *yâti* sind nicht anders verschieden wie *sunuti* und *sunusi*, und die angehängten Endungen *si* und *ti* dienen zur Verstärkung, genau wie bei *sunu* und *sina*.

Ueber das aus *yâti* lediglich erweiterte *yâti-ra* (nicht *yati-ma*!) s. u. bei Erörterung der Verbindungssätze.

Es kann nun aber schliesslich die Frage entstehen, als was haben wir denn das sowohl in *yâsi* als in *yâti* wiederkehrende *yâ* näher zu betrachten? — Um hierüber ins Klare zu kommen, haben wir zu berücksichtigen 1) dass das *â* von *yâ* ein langes *a* ist; und 2) dass mit *yâti* auch mal wechselt *âti* (Assurb. Sm. 225, 66). Die Länge des Vokals deutet darauf hin, dass wir bei *yâ* nicht an das einfache Suffix *ya* (s. o.) zu denken haben, das ohnehin füglich hier nicht wohl stehen könnte; der Wechsel von *yâ* mit *ai* aber giebt an die Hand, dass das anlautende *y* schwerlich ursprünglich ist. Hiernach scheint es uns nicht zweifelhaft, dass *yâ* besteht 1) aus einem Wörtchen *ya* (*yâ*?), das mit arab. إِيَّا, hebr. אֹת, äthiop. ኪያ: im letzten Grunde identisch ist und den Begriff der Selbstheit repräsentirt. Ew. hebr. Sprachl.

§. 105, f.; gr. Ar. §. 878; Dillm. äthiop. Gr. §. 160 [1]). An dieses *ya* ist das Suffix der 1. Pers. Sing. in der Aussprache *a* (s. o. S. 246) = *ya-a* oder *yâ-a* d. i. *yâ* angehängt unter gleichzeitiger Verstärkung durch angefügtes *si* oder *ti*. Wie die fraglichen Wörter in den verwandten Sprachen, namentlich im Hebräischen, gerade auch in der Bed. „was anbetrifft“ häufig stehen, darüber s. Ew. a. a. O. §. 277d.

Die Anfügung nun dieser Pronomina an die Verbalformen geschieht bei der ersten und zweiten Person in der Regel durch einen eingeschobenen Verbindungsvokal (*a* oder *i*), der dann weiter eine Verdoppelung des nachfolgenden Consonanten zur Folge hat, vgl. die Formen *lişşuranni*, *idammu'inni* u. s. f. (doch auch *u'ašbani*); ferner *immagdakka* (doch wieder *iltannikunu* ohne Verdopp.). Das Suffix der dritten Person wird in der Regel ohne Zwischenvokal angefügt: *iddukşu*, *salşu*, *usaşhirsa*, *askunsunu*, *tamaşissunutav*. Doch wird ausnahmsweise auch ein Zwischenvokal (*a*) gewählt unter gleichzeitiger Verdoppelung des folgenden Suffixconsonanten z. B. *indan-assunutav* „er gab (*indan*) sie“; ferner *idannassiniti* u. s. w. Gewöhnlich ist diese Anfügung bei den Verbis mit vokalischem dritten Radikal, bei welchen zugleich der Verbindungsvokal *a* den wurzelhaften Vokal des Verbums gänzlich verschlingt, vgl. *akabbassunutav* (von *akabbi*); *ikabbassunu* (von *ikabbi*) [2]).

Die Bedeutung der angeführten Pronomina betreffend, bezeichnen sie wie in den verwandten Sprachen in weitaus den meisten Fällen den Accusativ (vgl. die angezogenen Beispiele); doch finden sie sich gar nicht selten auch als Dative gebraucht vgl. z. B. Assurb. Sm. 46. 64: „(Wohlthaten) *'i-bu-uš-šu* erwies ich ihm“; ferner Khors. 89 „(20 Städte) *id-din-su* gab er ihm“ vgl. 119; Assurb. Sm. 315, 102: „(Macht und Ruhm) *lišrukus* mögen (die Götter) ihm verleihen“; ebend. 253, 16 lesen wir *ihṭunimmi* „sie empörten sich wider mich“ (R. חטא).

B. Hinweisende Fürwörter.

1. In den trilinguen Inschriften begegnen wir zuvörderst als mit demonstrativer Bedeutung behaftet und dem pers. *ima* „dieser“ entsprechend bei männlichen Substantiven dem Wörtchen *haga* z. B. *haga sadu* „dieser Berg“ K. I. 5; vgl. Beh. 9. 8. 4. 11. 27. Beh. kl. I. II. III. NR. 30. 32. NR. kl. I. II [3]); bei weiblichen

1) Dem Gebrauche nach übrigens, sofern assyr. *yâsi* gerade gern beim Nominative steht, entspricht im Aethiopischen nicht sowohl ኪያ፡, denn vielmehr ለሊ፡ *ipse*.

2) Vgl. mit dieser unsrer Darstellung Oppert a. a. O. §. 183 184.

3) Fälschlich bei sonst weiblich gebrauchten Substantiven (*irşitir* und *kakkaru*) auch K. I. F, 3. C, b. 8.

Substantiven dem Pronomen *hagata* z. B. *sarrutu hagata* „diese Herrschaft" Beh. 10; *kakkaru hagata* D, 7. E, 6; *samí hagata* „dieser Himmel" F, 5; *irsitiv hagata* C, a. 2 u. 5.

Der dazu gehörige Plural lautet theils *hagannutu*, so Beh. 106: *salmanu hagannutu* „diese Bilder"; theils *haganitav*, so Beh. 8. 9: *matat haganitav* „diese Länder" pers. *imâ dahyâva*; theils endlich *haganitu*, so H, 18: *haganitu matat dass*. Man sieht, dass *hagannut* die männliche, *haganit* die weibliche Form des Plurals war.

Dieses Pronomen kann nun aber auch noch verstärkt werden, nämlich durch ein angehängtes *su* = *hagasu*, oder *sunu* = *hagasunu* (die weiblichen entsprechenden Bildungen kommen nicht vor). Es entspricht das so verstärkte Pronomen dem persischen *ava* oder *hauv* z. B. *Kambuziya hagasu* „jener Kambyses" Beh. 12; *Uvisdatav hagasu* „jener Veisdates" Beh. 75; — *nikrutu hagasunu* „jene Rebellen" Beh. 46. 65.

In Uebersicht wären danach die betr. Pronomina diese:

1. Einfache Form:

	Sing.		Plur.	
Masc.	*haga*	dieser	*hagannut*	diese
Fem.	*hagata*	diese	*haganit*	

2. Verstärkte Form:

	Sing.		Plur.	
Masc.	*hagasu*	jener	*hagasunu*	jene

Der Semitismus dieses Pronomens liegt zu Tage. Wie die Abwandlung eine durchaus semitische, so ist auch der Stamm selber ächt semitisch; auch sonst hat das *ga*, *ka* in den semitischen Sprachen demonstrative Kraft vgl. äth. ከሐ: (*kaḥa*) „dort"; ከሐከ: (*kaḥak*) „allda"; ዝኩ: „der da" u. s. f. (s. meine Abhandlung de ling. Aeth. p. 29). Ein Eindringen desselben aus einer turanischen Sprache in die assyrische (Rawlinson bei Norr. Dict. p. 12; vgl. Oppert E. M. II. 142, der an das Parthische denkt) ist somit nicht anzunehmen. Es ist nun aber denkwürdig, dass sich diese Formen des Demonstrative lediglich in den persischen, trilinguen Inschriften, niemals in den assyrischen oder babylonischen Originalurkunden finden [1]). Wir haben es somit

---

1) Oppert lässt zwar S. 84 seiner Grammatik das Pronomen auch *dans les inscriptions de Babylone* vorkommen; worauf sich aber diese Ansicht stützt, ist mir nicht ersichtlich. Das *aga* auf dem Michauxsteine (I Mich. III, 18) gehört doch schwerlich hierher. Wenn übrigens dieses dennoch der Fall wäre, so würde der Semitismus des fraglichen Pronomen natürlich nur um so sicherer sein.

offenbar mit einem Pronomen zu thun, welches zweifelsohne schon längst in gewissen Gegenden des Reiches volksthümlich war, aber erst in der Perserzeit in die Schriftsprache aufgenommen ward.

2. Ein zweites in den trilinguen, aber auch zugleich in den unilinguen Inschriften uns entgegentretendes Pronomen ist das (wie *haga*) durch *su* verstärkte *sa* = *sasu* Beh. 8 (zweimal): *ana sasu* pers. *ava*. Die übrigen Formen des Pronomens finden sich lediglich in den unilinguen Inschriften, der Plur. masc. *susunu* z. B. Khors. 96: *kima susunu* „gleichwie jene“. Von femininen Formen giebt Oppert (§. 83) *sasi* und *sasina* an. Beide sind mir nicht aufgestossen. Dagegen kann ich eine feminine Form *sasa* belegen, der wir Assurb. Sm. 296, g begegnen: *sa-a-sa* „sie (die Königin) nahm ich lebend gefangen“. Danach würde sich das Schema folgendermassen gestalten:

	Sing.	Plur.
Masc.	*sasu*	*susunu*
Fem.	*sasa* [*sasi*?]	[*sasina*?]

3. Ein drittes, ebenfalls in den trilinguen Inschriften uns begegnendes, Demonstrativum ist das durch das oben S. 245 besprochene *tu* verstärkte *su* = *suatu* (das eingeschobene *a* ist wie bei den Verbalsuffixen s. o. Verbindungsvokal). Wir lesen Beh. 106: *dippu suatuv* „diese Tafel“ pers. *imâm dipim*, und Beh. 66: *ukum suati* „dieses Heer“ pers. *hauv kâra*. Da *ukum* „Heer“ gemäss Beh. 20 männlichen Geschlechts ist, so ist klar, dass *suati* lediglich umgelautet ist aus *suatu*, bezw. *suatar*. Vgl. noch aus den unilinguen Inschriften Senk. I. 18. 25: *bit suati* „jenes Haus“. Der Plural lautet regelrecht gebildet: *suatunu* z. B. Khors. 106: *irâni suatunu* „jene Städte“ vgl. Z. 71. Doch findet sich daneben auch die zusammengezogene Form *sâtunu* z. B. Assurbanipal VI, 81 (bei Norr. Dict. p. 281): *ili istarat*[1]) *sâtunu ussula* „diese Götter und Göttinnen (eigtl. Astarten) führte ich fort“. Dieser letzteren Form entsprechend ist auch der weibliche Plural = *satina* gebildet: *matat satina* „diese Länder“ Khors. 40, vgl. 166. Diese weibliche Form setzt wiederum als Singular ein *sati* voraus, wie Oppert §. 82 statuirt; doch kann ich einen Beleg aus den Inschriften nicht beibringen. Dagegen bin ich einmal (Tigl. Pil. IV, 33) einer doppelt abgewandelten weiblichen Pluralform *sinatina* begegnet (*matat sinatina* „jene Länder“), welche in ihrem ersten Theile nach Analogie des Personalpronomens (*sina* und *sinat* s. o. S. 244 u. S. 251) gebildet ist. Ja auch die Form *su-a-ti-na* findet sich einmal in derselben Verbindung: *matat suatina* in der Prunkinschrift des jüngeren Tiglath-Pileser (IV) II R. 67. Z. 23.

---

1) nicht *istari*, wie Norr. schreibt, vgl. Khors. 167. 176.

Das Schema dieses Pronomens würde hiernach sein:

	Sing.	Plur.
Männl.	*suatu* (*ti*)	*suatunu* *satunu*
Weibl.	[*sati*]	*suatina* *satina* *sinatina*

4. Ein viertes, schon durch die trilinguen Inschriften verbürgtes Demonstrativ begegnet uns Beh. 102: *dippi annutav* „diese Tafeln" d. i. „diese Gesetze" pers. *imâm hadugâm* [1]). Da *dippu* gemäss Beh. 106 ein Masculinum ist, so leuchtet ein, dass wir in *annutav* die männliche Pluralform dieses Pronomens vor uns haben. Vgl. noch O, 4. D, 2: *samí annutu* „diese Himmel"; E, 2: *samí annuti* dass [2]). Es findet sich daneben aber auch noch eine männliche Pluralform *an-ni-'i*. Ihr begegnen wir z. B. Assurb. Sm. 225, 68: *adi libbi yumí anni'i* „bis mitten in diese Zeit".

Der Pluralis fem. lautete *annitav*, so NR. 25: *matat annitav* „diese Länder"; bezw. *anniti*, so NR. 8. 20: *matat anniti* dass.; auch wohl *annâtav*, so Beh. 40: *annâtav matat*; Asurbanip. b. Opp. l'Ég. et l'Ass. p. 84 Z. 6: *'ibsi'iti annâti* „diese Thaten"; ebenso Assurb. Sm. 88, 10 u. ö.

Als Singulare postuliren diese Pronomina die Formen *annu* und *annat* [3]), bezw. *annit*. Von diesen kann ich jedoch nur die erste *annu* aus den Texten belegen. Sie findet sich z. B. Asurb. Sm. 155, a: *arah an-ni-i* „dieser Monat"; ebenso K. 1860, 9; endlich 315, 101; *anna* „jenes" ebend. 104, 55: Sard. I, 69: *ina limi an-ni-ea* „während des Archontates dieses da" (d. i. nach herrschendem Sprachgebrauche so viel wie „während meines eigenen Archontates)". Das Schema würde hiernach folgendes sein:

	Sing.	Plur.	
Masc.	*annu* dieser hier	*anni'i* *annutav*	diese hier
Fem.	[*annat*] [*annit*]	*annâtav* *annitav*	desgl.

1) Das pers. Original bietet einen Singular, während die Pluralform (*dippi* statt *dippu*) es wahrscheinlich macht, dass wir es mit einem Plural zu thun haben.

2) Ueber *samí* als Plural (cf. שָׁמַיִם) s. o. Uebrigens entsprechen die Formen *annutu*, *annutav* und *annuti* mit Nichten den drei Casus: denn *annutav* ist Nominativ, *annutu* und *annuti* sind Accusative! Vgl. das ob. S. 230 fg. Erörterte.

3) Vgl. Opp. E. M. II. 156.

Der semitische Typus dieser Bildungen liegt zu Tage. Den Stamm des Pronomens finden wir wieder in hebr. הִנֵּה „siehe“, arab. إِنَّ dass., aram. אִנִּין „sie“, äth. እንትኩ፡ „Jene“ (fem.).

5. Ein letztes in den trilinguen Inschriften uns entgegentretendes Demonstrativpronomen ist *ullu* „Jene“ (männl.), *ullut* dass. (weibl.). Jenes findet sich D. 20 in neutrischem Sinne, entsprechend dem pers. *ava* „Jenes“; diesem begegnen wir in derselben Inschrift Z. 15 neben dem Subst. *tabbanu*, das dort collektivisch im Sinne von „Prachtbauten“ steht [1]). Welches ist nun das Verhältniss beider zu einander? — Oppert gramm. §. 65 betrachtet *ullu* als Sing. masc. und *ullut* als Plur. masc., indem er gleichzeitig eine singularische Femininform *ullat* und eine pluralische Femininform *ullit* verzeichnet. Da *tabbanu* laut K. III, 4 männlichen Geschlechts ist, kann *ullut* nur ein männlicher Plural sein. Wir gewinnen so, da *ullu* D. 20 füglich nur ein Singular sein kann, ein Pronomen, dessen Sing. *ullu*, dessen Plural *ullut* lautete, soweit es das männliche Geschlecht betrifft. Ob die die Femininformen betreffenden Angaben des Genannten sich auf Inschriften stützen oder aber ob sie auf Analogieschlüssen beruhen, vermag ich nicht zu sagen.

Dass übrigens auch dieses letzte der Demonstrativpronomina rein semitischen Ursprung bekennt, bedarf keiner Erinnerung. Offenbar entspricht *ullu* wurzelhaft völlig hebräischem אֵלֶּה, arab. أُول, äthiop. እሉ፡; in der Bedeutung waltet der Unterschied ob, dass assyr. *ullu* singuläre, die entsprechenden Pronomina der verwandten Sprachen lediglich plurale Bedeutung haben.

C. Die übrigen Fürwörter.

1. Das Relativpronomen lautete gemäss den trilinguen Inschriften, in denen ihm das persische *hya*, *tya* entspricht (s. d. Gloss.), im Assyrischen *sa* = שֶׁ, wobei es am nächsten liegt das chaldäische שְׁ, שֶׁ zu vergleichen, welches selber wieder einen wesentlichen Bestandtheil des hebräischen אֲשֶׁר, des ebenfalls aramäischen שֶׁל und des phönicischen אש bildet. Die sonst etwa noch sich bietende Möglichkeit, das Wörtchen mit dem auch im Hebräischen zuweilen relativisch gebrauchten זֶה, זוּ, dem äthiopischen ዘ፡, und demnächst mit dem aramäischen דִּי zusammenzubringen, wird

---

1) Auch das *ulli* H 10. 11 in einer sehr verwischten Stelle scheint hierher zu gehören und zwar scheint es, da es dem singularen *hagu* gegenüber steht, ebenfalls ein Singular, somit = *ullu*, lediglich mit umgelautetem Schlussvokal (*i* statt *u*) zu sein. — Von dem Pronomen ist dann weiter auch das bezügliche Adjektiv *ullanî* „jenseitig“ abgeleitet, s. d. Gloss.

dadurch ausgeschlossen, dass ein Wechsel von ז und ש zwischen dem Assyrischen und den verwandten Sprachen sonst nicht zu constatiren ist. Ausserassyrisches ז bleibt vielmehr auch im Assyrischen ז vgl. hebr. זֶרַע „Saamen" mit assyr. *zir* זֵרַע; hebr. זכר „sich erinnern" mit assyrisch *zakar* u. s. f.

2. Das fragende und unbestimmte Fürwort wird wie in den verwandten Sprachen von der Wurzel מן gebildet und lautet in seiner nächsten Form *mannu* „wer"? und „wer immer" pers. *ka*. Es begegnet uns in der Behistuninschrift in der Redensart: *mannu atta sarru* „welcher Fürst immer du sein mögest" pers. *tuvm kâ khsâyathiya hya-ahy*.

Das zu *man* gehörige Neutrum *ma* מָה erscheint in dem, den Begriff eines Indefinitums noch bestimmter ausdrückenden, *manma* „wer immer" = *quicunque*; ein Wort, welches nach Oppert E. M. II. 190 in einem Syllabar erklärt wird durch מַמָּן *mamman*, das offenbar zusammengezogen aus *man-man* = wer-wer? im Sinne von „wer immer"? Das Wort erscheint in der Behistuninschrift Z. 19 in der Redensart *manma yânu* (מנמה אין) = „Niemand war da", pers. *naiy âha martiya*. Vgl. 21: *manma isallimma* „wagte es wohl irgend einer"? pers. *kaciy naiy adarsnaus* (d. i. „Niemand wagte es") [1]. In der Aussprache *manama* erscheint das Pronomen auch E. J. H. 6, 24. Khors. 115. 147. Vgl. auch *ma-an-man ul isme* „Niemand hörte" auf einem unedirten Täfelchen (J. of R. A. S. 1870. IV. p. 64). Der ursprünglichsten Aussprache *mamman* begegnen wir in einer Inschrift Assurbanipal's bei Smith 228, 76: (der Gott) *sa man-ma-an la im-ma-ru ip-sit i-lu-ti-su* „dessen göttlich Bild (עבד) Niemand gesehen hatte". Noch nachdrücklicher wird der Begriff „Niemand" durch *aiumma sq. ul* ausgedrückt, so z. B. I R. 36, 36: *Aiumma ina libbisunu ul umassi* „Niemand war bis zu jenem Orte vorgedrungen" (משש = berühren). Das *ai* ist hier in einem negativen Satze gebraucht, wie ኢ im Aethiopischen, auch wie אִי im Hebräischen (Ew. hebr. Gr. §. 215 b) [2].

Auch das Neutrum dieses Indefinitums ist uns in den trilinguen Inschriften noch überkommen. Es lautete *mimma*, welches seinerseits wohl nur umgelautet ist aus *mama* oder *mema* מְהוּמָה = מַהְמָה

---

1) Kraft des Zusammenhanges hat man offenbar im Assyrischen den Satz fragend zu fassen, so dass ein negativer Sinn sich ergiebt. Opp. liest E. M. II. 211 gradezu *manma ul isallim* = „Niemand wagte es".

Nachschrift. Diese Lesung wird in der neuen Rec. der Inschrift (III R. 39) auch monumental bestätigt. S. den Text am Schlusse der Abhdlg.

2) Für mit diesem *aiumma* identisch wird auch das *yaumma* Tigl. Pil. I, 67. III, 38. IV, 55, welches in genau den gleichen Verbindungen erscheint, zu halten sein. Norris' Ansicht, dass es mit einem (nicht vorkommenden) assyr. *yaum* = יוֹם „Tag" in Verbindung zu bringen sei, ist schwerlich annehmbar. *Ai* und *ya* finden sich auch sonst vertauscht z. B. Sard. I, 55. 57. 98; auch Assurb. Sm. *Tal-ai* neben *Tal-ya* 186, 65.

= „was doch", „was nur". Vgl. NR. 33. S. 17 *lapani mimma bîši* „vor jedwedem Schlimmen".

In den trilinguen Inschriften erscheint dieses *ma* auch in Verbindung mit *kala* „ganz" = *kulama* in der Bedeutung „jedweder" vgl. z. B. Sanh. Bell. Cyl. IV, 20: *Sin-aḫi-irib a-ša-rid-dan* [1]) *mal-ki mu-di-'i sip-ri ka-la-ma* d. i. „Sanherib, der Erste der Fürsten, der da kundig ist (מודיע) aller guten und schönen Dinge" (vgl. hebr. שֶׁפֶר „Schönheit").

Endlich ist mit ihm zusammengesetzt das unendlich häufige *malabašu* „was immer es ist, war", sowie das einfache *mala* „wer immer". Vgl. z. B. Tigl. Pil. IV (II R. 67) Z. 10: *A-ru-mu ma-la-ba-šu* „die Aramäer, soviel ihrer waren"; ähnliche Stellen Khors. 20. 21 u. ö.; ferner Asarh. Sm. 44, 48: *irâni ma-la it-ti-šu-nu* „die Städte, so viel ihrer es mit ihnen hielten". Die Etymologie des Wortes angehend vermag ich *la* nur als Nebenform von *lu* „wahrlich!" zu begreifen; über das seinem Ursprunge nach ganz deutliche *bašu* s. in dem Abschnitte, wo von der Verbindung von Subjekt und Prädikat gehandelt wird. Verkürzt findet sich auch *mal-ba-šu* z. B. Khors. 7 und öfter in den Inschriften Sargons.

Nachschrift. Nachdem Obiges niedergeschrieben, ist mir die vorgeschlagene Erklärung des *mala*, bei der ohnehin das *la* unbegriffen bleibt, wieder schwankend geworden. Inzwischen nämlich finde ich folgende Stelle auf einem Täfelchen Assurbanipal's bez. K. 3096 bei Sm. 296, Z. 5: *a-na-ku Assur-bâni-habal šar mat Aššur ša ina ki-bit ili rabûti im-ṣu-u ma-la lib-bi-šu* d. i. „Ich, Assurbanipal, König von Assyrien, welcher auf Veranstaltung [2]) der grossen Götter alle seine Herzenswünsche befriedigt gefunden hat (R. מצא)". Hier ist *mala* deutlich ein Substantiv, von dem *libbišu* im Genitiv abhängig ist, und es kann wohl kaum einem Zweifel unterliegen, dass die zu Grunde liegende Wurzel מלא „voll sein" ist, von welcher das Subst. *milua* „Fülle" sogar durch ein Syllabar constatirt ist (s. o. S. 182). Das Wort wäre dann, so müsste man annehmen, weiter auch vor ganzen Sätzen mit ausgelassenem Relativpronomen gebraucht, wie im Hebr. כְּיוֹם, כִּימֵי u. a. f. (Ew. §. 309, 3) [3]); so in dem vorhin angezogenen Beispiele Asarh. Sm. 44, 48: *irâni mala ittišunu*; so ferner in dem Satze ebend.

---

1) Das Wort wechselt mit *ašarídu* z. B. Bors. col. I, 8, woraus erhellt, dass jenes eine adjektivische Neubildung ist, welche durch Anfügung von *an* (s. o. S. 213) zu Stande gekommen ist. Im Uebrigen wird mit dem Quadrilitteram אשרד aram. שׁרא, ܫܪܐ „beginnen" zu vergleichen sein, welches durch Antritt des Dental an einem vierlautigen Stamme erweitert ist, genau wie פרש zu פרשד und פרשדן im Hebräischen.

2) Ueber das schwierige *kibit* s. Smith Assurb. p. 328.

3) Gerade מְלֹא wird im Hebräischen in einer Weise gebraucht, die an die in Rede stehende assyrische Wendung sehr nahe streift, vgl. מְלֹא חָפְנֵיכֶם d. i. „so viel eure Fäuste zu fassen vermögen" Exod. 9, 8 u. sonst.

222, 116: *irâni ša-a-tu-nu ma-la ak-šu-du* „jene Städte, soviel ich ihrer einnahm“; 285, 9: *ni-ši mat A-ri-bi ma-la illi-ku-ni* „die Araber, soviel ihrer herbeigekommen waren“, und so auch in der Phrase *mala bašu* = „Fülle derer, die vorhanden waren“ d. i. „so viel ihrer vorhanden waren“. Dann begreift sich auch noch leichter, wie das Substantivverbum *bašu* unter Umständen fehlen konnte. Ueber die mögliche Auslassung des Relativums auch im Assyrischen s. unt.

8. Es erübrigt die Betrachtung des assyrischen reflexiven Pronomens. Für Bestimmung desselben sind massgebend zunächst die beiden Stellen der Behistuninschrift Z. 17: *arki Kambuziya mitut ramanišu mit* = pers. *pas̆âva Kambujiya uvâmaršiyus amariyatâ* („darauf starb Kambyses, indem er sich selbst tödtete“), also = „darauf starb Kambyses das Sterben seiner selbst“; sowie Z. 42: „sie ergriffen den Martiya *ina ramanišunu iddukušu*“, welche Worte abermals gemäss dem pers. *uvâsim avâjana* nur bedeuten können: „sie tödteten ihn von sich selber, durch sich selber, = von sich aus“. Auf das gleiche Resultat führt eine Stelle in der Khorsabadinschrift Z. 77, wo es von einem König Ursa von Armenien heisst: „Als Ursa von dem Falle Musâsirs hörte ..... *ina kati ramanišu napaštašu useli* nahm er sich mit eigener Hand das Leben“; nicht minder eine Stelle auf einem Cylinder Asarhaddons I Rawl. 49. IV. 10 sq.: *kudurru ina kakkadiya assiva usašbil ramani* (= *ramaniya*) „die Krone nahm ich, setzte selber sie aufs Haupt“; endlich die Stelle Assurb. I, 56 (Smith 16): „er verachtete die grossen Götter *va ittakil ana 'imuk ra-ma-ni-šu* und vertraute auf seine eigene Stärke“. Die Stellen sind nur verständlich, wenn man mit Oppert im Journ. Asiat. VI, 6. 1865. p. 308 ss. *raman* sq. Suff. als einen Ausdruck des Begriffs eines Reflexivpronomens ansieht. Auch das Wort *raman* selber scheint uns von Oppert in befriedigender Weise erklärt zu sein, wenn er es mit hebr. רֶחֶם „Leib“ zusammenbringt. Die sonst in den semitischen Sprachen uns entgegentretenden Umschreibungen des reflexivischen Begriffs durch נֶפֶשׁ „Seele“ (hebr. arab. aram.) [1]; oder עֶצֶם „Knochen“, „Gebein“ (hebr.); ርእስ፡ „Kopf“ (äthiop. auch wohl aram.) liefern die in jeder Beziehung ausreichenden Analogien. Die Erweichung des gutturalen ח zu einem *h* und die demnächstige gänzliche Einbusse des Hauchlautes hinter einem Vokale begegnet uns genau so auch sonst im Assyrischen vgl. *ruk* statt *ruhk* oder *ruhuk* (רחק) u. s. f.

1) Vgl. übrigens auch im Assyrischen: *napištašu iktil* „seine Seele (d. h. sich) tödtete er“ Assurb. Sm. 104, 58.

d. Vom Verbum.

Trat uns schon aus den, zunächst in den trilinguen Inschriften, uns überlieferten Nominal-, Numeral- und Pronominalformen der entschieden semitische Typus des assyrischen Idioms entgegen, so bestätigt sich diese Beobachtung durch eine Betrachtung der assyrischen Verbalbildungen. So manches Eigenthümliche diese der Natur der Sache gemäss zeigen, ebenso unverkennbar zeigen sie genau den gleichen Grundcharakter, der uns unter den bekannten Sprachen und Sprachengruppen lediglich und ausschliesslich in dem Hebräischen, Aramäischen und den verwandten Sprachen d. h. in den semitischen Idiomen entgegentritt.

1. Person-, Geschlechts- und Zahlbildung.

Dieses erhellt, wenn wir — gemäss dem eigentlichen Zwecke, den wir bei unserer ganzen Abhandlung verfolgen und welcher von demjenigen eines Beschreibers der assyrischen Sprache, also des assyrischen Grammatikers, wesentlich verschieden ist — zuvörderst die Art ins Auge fassen, wie im Assyrischen die Personen, und dann weiter, wie das Geschlecht und die Zahl beim Verbum ausgedrückt werden.

a) In ersterer Beziehung liegt es zu Tage, dass die Bildung der assyrischen Verbalpersonen vornehmlich durch dem Stamme vorgefügte Bildungssylben, durch sogenannte Präfixe zu Stande kommt, im deutlichsten Gegensatze dieses zu anderen Sprachfamilien z. B. den indogermanischen Sprachen, welche (abgesehen von den neueren) überwiegend durch Suffixe die Personen auszudrücken pflegen. Während diejenigen Verbalformen, welche gemäss dem persischen Originaltexte die dritte Person Sing. oder Plur. masc. bezeichnen müssen, entweder ein *i* oder aber ein *u* im Beginne des Wortes aufweisen, wie z. B. *ibbul* „er zerstörte" pers. *viyaka* Beh. 26; *ibnu* „er machte" pers. *adâ* NR. 1. 2. 3. D. 5 u. ö.; *idduku* „sie tödteten" pers. *avâjana* Beh. 42; *uppabbit* „er nahm gefangen" Beh. 80; *uppabbitunu* „sie nahmen gefangen" Beh. 51. 56; *ukabbalu* „sie vernichteten" S. 17, zeigen diejenigen der zweiten Person durchweg an ihrer Spitze ein *t* vgl. *takabbu* „du redest" pers. *maniyâhy* Beh. 97; NR. 25; *tapissinu* „du verbirgst" pers. *apagaudayâhy* Beh. 102; *tammari* „du siehest" pers. *vainâhy* Beh. 106; *tumassiamnutav* „du wirst sie erkennen" pers. *khsnâçâhadis* NR. 27; weisen endlich diejenigen der ersten Person im Sing. ein *a* oder *u* (auch wohl ein *i*), im Plural ein *n* auf vgl. *aduk* „ich tödtete" pers. *avâjanam* Beh. 29. 38. 85; *askun* „ich machte" pers. *akunavam* Beh. 63; *allik* „ich ging" pers. *asiyavam* Beh. 88; *asbat* „ich ergriff" pers. *agarbâyam* NR. 8; *atur* „ich war oder ward" pers. *abavam* Beh. 11; *upalla*

„ich flehte an" pers. *patiyâvahaiy* Beh. 22; *iškunu* „ich machte" pers. *akunavam* Beh. 25. 27; — *nitibus* „wir machten", pers. *akumâ* D, 16; *nitibir* „wir überschritten" pers. *viyatarayâma* (im Pers. Sing.) Beh. 85.

Nicht minder erhellt aus den vorstehenden Beispielen, dass der Plural der 3. Pers. masc. durchweg gegenüber dem Singular durch ein angefügtes *u*, bezw. *unu* ausgedrückt wird. Dem Sing. *idduk* tritt gegenüber der Plur. *idduku*; dem Sing. *uşabbit* der Plur. *uşabbitunu*; dem Sing. *itur* sowohl der Plur. *ituru'*, als *iturunu* (s. Gloss.). Aus den unilinguen Inschriften führe ich nur an das so häufige *itbuni* „sie zogen heran" (Obel. Salm. 68. 91 u. ö.), *ubiluni* „sie brachten" (Asurb. Sm. 99, 14), *islubuni* „sie führten fort" 99, 8, *illikuni* „sie zogen hin" I R. 48, 47 u. s. f. Auch das ist specifisch semitisch vgl. einerseits יִכְתְּבוּ, יִשְׁלְחוּ, anderseits יִדְרְכוּן Ps. 11, 2; יִרְגָּזוּן Exod. 15, 14 u. s. w.

Betrachten wir endlich die Präfixe selber, durch welche die verschiedenen Personen gegen einander kenntlich gemacht werden, so sind es genau die gleichen, die in allen übrigen semitischen Sprachen zur Bezeichnung der betreffenden Personen verwandt werden. In den sämmtlichen semitischen Sprachen wird wie im Assyrischen die dritte Person Sing. oder Plur. in der Regel durch ein dem Stamme präfigirtes *i* (*ya*, *yu*, *yi*) gebildet (vgl. hebr. יִקְטֹל, arab. يَقْتُلُ u. s. f.); wird die zweite Person durch ein präfigirtes *t* charakterisirt (תִּקְטֹל, تَقْتُلُ u. s. w.), wird endlich die erste Person im Sing. durch ein mit *a* oder *e* gesprochenes *ʼ* (אֶקְטֹל, أَقْتُلُ etc.), im Plural durch ein vorgefügtes *n* (*na*, *ni*, *nu*) angedeutet (נִקְטֹל, نَقْتُلُ u. s. w.). Schon hiernach muss es für Jeden, der sprachliche Erscheinungen unbefangen zu würdigen im Stande ist, zweifellos erscheinen, dass wir es im Assyrischen mit einer Abwandlung des Verbums nach semitischer Weise werden zu thun haben.

b) Auf dasselbe Resultat führt aber weiter auch eine Betrachtung der Art, wie beim assyrischen Verbum das Geschlecht bezeichnet wird. Auch diese ist durchaus und gänzlich conform derjenigen der übrigen semitischen Sprachen. Die trilinguen Inschriften überliefern die Femininformen für die 3. Pers. Sing. und Plur. (die entsprechenden männlichen Formen s. auch o.). Das Beispiel für die 3. Pers. Sing. liefert Beh. 68: *takkir-anni* „sie (die Landschaft Margiana) fiel von mir ab", pers. *hamitriyâ hacâmiy abava*. Ein anderes Beispiel lesen wir in der Prismainschrift Tiglath-Pilesers IV, des Vorgängers Salmanassars (Lay. LXXIII, 16): *Samsi'i šarrat mat Aribi ša mabad Samas itiķu* d. i. „Samsieh, Königin von Arabien, welche den Kultus der Sonne angenommen hatte" (תַּעְנִיק R. ענק „annehmen", eigtl. sich „zuführen" cf. hebr. הַעֲנִיק); vgl. noch Assurb. Sm. 125, 68: *si-i tu-šan-nak-ka* „sie wiederholt dir". Man sieht wie die Bildung ganz analog ist den entsprechenden Bildungen in den sonstigen semitischen Sprachen vgl. תְּקַטֵּל, تقتل u. s. f. — Für die dritte Pers. Plur. liegen in d. dreisprachigen Inschrr. vier Beispiele vor. Das eine lesen wir Beh. 40, von der W. *nakar*, lautend *ikkira'inni* „(diese Landschaften) wurden von mir abtrünnig" pers. *imâ dahyâva tyâ hacâma hamitriyâ abava*; das zweite Beh. 7 *išimma'inni* („diese Landschaften) waren mir gehorsam" (R. *šamâ* שמע), pers. *manâ patiyâisa*; das dritte H, 14: *ibusa'* („dieses sind die Landschaften, welche solches) thaten" R. עבש (die pers. Uebers. existirt nicht); das letzte endlich lesen wir NR. 24: *ibbussa'* „(die Landschaften) thaten", pers. *akunava*, R. עבש. Vgl. noch II R. 38, 46: *sanâti-šu li-ri-ka* „seine Jahre mögen lange (viele) sein" (Volunt. von ארך s. u.); ferner Asarh. IV, 44. Sanh. Tayl. I, 25. II, 82: *ik-šu-da ka-ta-ai*[1]) es ergriffen meine Hände; endlich Khors. 118. 119, wo die Formen *ikšuda* und *illika* auf das Nom. *ušurat* zurückgehen, also nur weibliche Pluralformen sein können. Auch diese Bildung der 3. Pers. Plur. Fem. ist in der genauesten Analogie mit der entsprechenden in den semitischen Sprachen; sie deckt sich völlig mit der entsprechenden Bildung des äthiopischen Imperfekts, bekanntlich ይንገሩ : *jěngěrâ* lautend.

Ueberblicken wir nochmals das Erörterte, so sind also durch die trilinguen Inschriften belegt die sämmtlichen männlichen Personen des Singulars und Plurals mit Ausnahme der zweiten Pers. Plur.; nicht minder die sämmtlichen weiblichen mit Ausnahme der zweiten Person Sing. und Plur. Auch hier sind es, wenigstens für zwei dieser Personen, die unilinguen Inschriften, welche ergänzend eintreten. In ihnen begegnen wir nämlich zuvörderst auch der zweiten Person Plur. Wir treffen sie an (s. Mén. Gr. 187) in einer Stelle der Inschrift Tiglath-Pileser's I: col. 1, 16, wo wir in einer Anrede an die Götter lesen *sa tibušunu* „ihr, die ihr schafet" (R. עבש [2]). Auch der Singular der zweiten weiblichen Person ist belegt, nämlich durch eine Stelle in einer Inschrift Assurbanipals, wo wir (Smith l. c. 121 Z. 36) lesen: „Du, Göttin, *takbi* sprichst" (R. קבה): nicht minder ibid. 125, 61: *tallaki* „du (Göttin) gehst" (R. הלך).

---

1) Man könnte versucht sein, in diesem Beispiele *ikšuda* für eine Dualbildung nach Analogie des Arabischen zu halten. Indessen stünde dieses Beispiel so vereinzelt, dass wir Bedenken tragen, solches zu statuiren.

2) Tritt ein Suffix an, so geht auslautendes *u* auch wohl in *a* über; so in den Imperfektformen Tigl.-Pil. I, 20—24 *tušašu* (Hif. von יצא c. Suff.), *tuppirušu* (Pa. von אפר), *tuktinnušu* (Af. von *kun*), *tuktinnu* von *kun* (!) So wird die im Uebrigen richtige Beobachtung Opperts p. 115 zu beschränken sein. Anders scheint es allerdings beim Imperativ zu sein s. u.

Auf das gleiche Resultat führt eine andere Betrachtung. In der von Oppert E. M. II. 295. 296 veröffentlichten Inschrift am Tempel der Mylitta begegnen wir nämlich wiederholt der sing. weibl. Form des Imperativs. Da nun dieser (s. u.) von dem Imperfekt gebildet wird, so lässt sich selbstverständlich vom Imperative aus wiederum ein Rückschluss auf die Bildung des Imperfekts machen. Nun begegnen wir in jener Inschrift dem weiblichen Imper. Paal *ruppisi* von *rapas* „ausgedehnt sein", in der Bed. „vervielfältige", „mache zahlreich" (die Nachkommenschaft). Dieser Imperativ hat zur Voraussetzung eine Imperfektbildung *turappisi*, und diese entspricht genau dem hebräischen תִּקְטְלִי. Das Gleiche gilt von dem Fem. Plur. der 2. Pers. Für diese Person ist uns in den trilinguen Inschriften selber der Plural des Imperativs auf *â* verbürgt, vgl. *halkâ* Beh. 70 pers. *paraitâ* R. הלך. Dieses führt auf eine Imperfektform *talkâ*. So wird also vermuthlich von *halak* die 2. Pers. Fem. Plur. gelautet haben (vgl. *hallakû'* Beh. 47). Auch hier ist die Uebereinstimmung mit dem Aethiopischen eine überraschende: auch in dieser Sprache lautet ja das Imperfekt. der betr. Pers. ትነግራ : (*tĕngĕrâ*) „ihr erzählet".

Wollen wir uns das Erörterte durch ein Schema noch näher vergegenwärtigen, so würde dasselbe vom Verbum *ṣabat* „ergreifen" dieses sein:

	Sing.	Plur.
3. Pers. masc.	*iṣbat*	*iṣbatu*
— fem.	*taṣbat*	*iṣbatâ*
2. Pers. masc.	*taṣbat*	*taṣbatunu*
— fem.	*taṣbati*	[*taṣbatâ*]
1. Pers. comm.	*aṣbat*	*niṣbat.*

Man ersieht aus dieser Uebersicht zugleich, dass die zweite Person durchgängig mit *ta*, (nicht, wie in den verwandten Sprachen, auch mit *i* — *ti* gesprochen ward (vgl. hebr. תִּקְטֹל, neben arab. تَقْتُلُ u. s. f.[1]). Die scheinbare Ausnahme *tib[illegible]unu* hat ihren Grund in dem Umstande, dass die betr. Wurzel eine solche primae ע ist (עבש).

Hinzuweisen ist dabei noch auf eine Eigenthümlichkeit des Assyrischen, welche wir in der bisherigen Darstellung gänzlich ignorirt haben. Es ist dies die Gewohnheit, bei den auf einen Con-

1) Nur NR. 27 lesen wir einmal *[illegible]* „du lernst sie kennen" mit *tu* statt *ta*. Diese Form ist aber eine Paalform, bei welcher die Aussprache mit *tu* eigentlich die regelrechte ist s. u.

sonanten gesetzlich auslautenden Personen des Verbums in dem Falle, dass in der Schrift kein sog. zusammengesetztes Zeichen gewählt wird, überwiegend die Sylbe auf einen Vokal (*a*, *u*, *i*) ausgehen zu lassen; mitunter erscheint dieser vokalische Auslaut selbst bei einem schliessenden zusammengesetzten Zeichen. Demgemäss lesen wir wohl Beh. 65 *id-duk* er tödtete; Khors. 70. 143 *ab-bul* ich zerstörte; Beh. 59. NR. 26 *il-lik* er zog; Khors. 39 *id-din* er gab; Khors. 11 *u-tir* ich stellte her; dagegen Beh. 13, 61 u. ö. *id-du-ku* in demselben Sinne wie oben *idduk*; Beh. 25 *ib-bu-lu*; Beh. 55 *il-li-ku*; K, I, 3 *id-di-na* und Khors. 44. 65. 67. u. ö. gar *u-tir-ra*, sowie D, 2 u. ö. *id-din-nu*. Sollte hieraus vielleicht auf einen einstigen durchgängigen vokalischen Ausgang sämmtlicher Verbalformen zu schliessen sein? —

2. Zeit- und Modusbildung.

1. Ein Blick auf das obige Schema lässt uns aber sofort auch erkennen, mit was für einer Verbalform d. h. mit was für einer Zeit, bezw. Modus wir es bei den in Betracht gezogenen Verbalpersonen zu thun haben. Sie sind offenbar sämmtlich solche des semitischen Imperfekts. Und der Art sind überhaupt weitaus die meisten der in den trilinguen Inschriften uns entgegentretenden Verbalformen. Von nicht-imperfektischen Formen des Verb. fin. sind uns in den dreisprachigen Inschriften überall lediglich die folgenden überkommen: 1) *nasû* „sie tragen", bezw. „trugen" = pers. *barantiy* NR. 18. 27 R. נשׂא; 2) *kullu'* „sie vollführten", „hielten" (auch intrans.) pers. *adâri*, *adâraya* NR. 11. 26. Beh. 34. R. כלל, כלה[1]); 3) *mîti* „er starb" pers. *amariyatâ* Beh. 17. R. מות[2]). Das Gleiche gilt von den unilinguen Inschriften: auch in ihnen herrscht mit wenigen Ausnahmen[3]) das Imperfektum[4]). Diese

---

1) Das *u* der ersten Sylbe statt des zu erwartenden *a* ist wohl als ein Intransitives zu betrachten vgl. hebr. לָבֵשׁ neben לָמַד.

2) Warum Oppert und Ménant in ihren Grammatiken das letztere Verbum auslassen, ist mir nicht ersichtlich.

3) Vgl. z. B. *ku-ru* קרא in der Phrase: *sa i-lu a-na sar-ru-ti 'ir ku-ru* „welchen Gott zur Herrschaft der Stadt berief"; vielleicht *sabtu* „sie ergriffen" Sanh. Tayl. V, 49; sicher noch *tibaku anaku* „ich, ich komme" von *tabâ* = תבוא. Assurb. Sm. 124, 16.

4) Allerdings hat Hincks in einem im Uebrigen sehr dankenswerthen Aufsatze *Specimen Chapters of an Assyrian Grammar (J. of the R. A. Soc. N. Ser. II.* 1866 *p.* 480 *ss.)* als neben dem Imperfekt noch im Gebrauch befindlich eine Zeitbildung statuirt, die er *permansive tense* nennt und welche folgendermassen sich abwandele: 3. Pers. Sing. *pagil*, *paglat*; 2. Pers. *pagilta*, *pagilti*; 1. Pers. *paglaku* (*paglak*) u. s. f. Allein bei näherer Untersuchung der für eine solche auf dem Gebiete des Semitismus ganz abnorme Zeitbildung beigebrachten Beispiele erhellt, dass die betr. Formen entweder nichts weiter als Participien (*pâgil*, *paglat*), oder aber Reste des gewöhnlichen semitischen Perfekts (z. B. *paglu* s. o. *nasu* etc.) sind, oder endlich durch

Erscheinung ist zunächst auffallend, dennoch aber im Gebiete des Semitismus nichts weniger als etwas Analogieloses, ist doch in der äthiopischen Sprache das alte Imperfekt der Form [jĕqtŭl für die] einfache Erzählung d. h. als Imperfekt in Abgang [gekommen und] in dieser Eigenschaft ersetzt durch eine Neubildung mit eingeschobenem *a* nach dem ersten Wurzellaut: *jĕnagĕr* u. s. f.[1]. Gewiss kann es bei dieser Lage der Dinge nicht auf die Dauer überraschen, wenn im Assyrischen das Perfekt in Abgang kam und auch in der Erzählung ersetzt ward durch das Imperfekt, das ja auch im Hebräischen, wenn auch in einer besonderen Form, als Erzählungstempus ganz besonders beliebt war.

Dr. Oppert glaubt S. 50. 51 seiner assyr. Gramm. 2. A. (vgl. Mén. Gr. S. 219) neben der beschriebenen Form des Imperfekts noch eine andere, paragogische annehmen zu sollen, die auf *umma* anlaute und der arabischen auf *anna* entspreche. Wir haben uns von der Richtigkeit dieser Annahme nicht überzeugen können. Wohl haben wir schon in der trilinguen Inschrift eine solche (wie Oppert ausspricht) auf *umma* ausgehende Form, nämlich in dem Imperfekte *ibḫurunumma* „sie versammelten sich" Beh. 50. 54. 55. Allein an der Meinung, dass wir es hier mit einem paragogischen Imperfekte zu thun hätten, muss uns schon der Umstand bedenklich machen, dass wir an den angeführten Stellen ja ganz einfache Erzählung haben, dass an ihnen somit zur Wahl eines paragogischen Modus mit Nichten ein Grund vorlag. Wie wir diese Form richtig zu verstehen haben, lehrt uns die parallele Stelle H, 14, wo wir *ibḫurû*, oder, wenn man das betr. Zeichen so sprechen will, *ibḫuruv*[2]) lesen, ohne ein angehängtes *ma* oder *va*. Vergleichen wir beide Stellen etwas genauer mit einander, so sehen wir, dass in den ersteren Stellen Beh. 50 u. s. f. stets auf das *ibḫurû* noch ein anderes Verbum folgt, das offenbar durch ein Vav copulativum dem vorhergehenden anzuschliessen war. Das *ma* ist also nicht so, sondern vielmehr (vgl. die lautlichen Vorbemerkungen S. 199) *va*, und das ganze Verbum, sammt der Copula, *ibḫurunuv-va* zu sprechen, wobei die Verdoppelung des *v* genau die gleiche ist, wie die des *k* bei *inmaqdakka* u. ähnl. Ganz so verhält es sich (um auch aus den unilinguen Inschriften Beispiele beizubringen) mit der Form *iraḳunuvva* „sie gestatteten mir" Khors. 18; ferner *iruvva*

Zusammentritt participialer und adjektivischer Nomina mit den verkürzten Personalpronomen (*âku* statt *anâku*) zu Stande kommen. Ueber diese letzteren Verbindungen reden wir unten bei der Exposition über Subjekt und Prädikat und ihre Verbindung weiter. Vgl. auch Opp. in J. A. 1865. VI. p. 297 sq.

1) S. meine Abhdlg. de l. Aeth. p. 157.

2) Dass diese Aussprache, bezw. Schreibweise gänzlich irrelevant ist, erhellt aus dem Wechsel von *nahârum* „Fluss" in einem Syllabar II Rawl. 50 Z. 5 vgl. mit *nahâru* II R. 10, §. a. b.

Khors. 141 u. s. w.: erst je das folgende Verbum bringt den Gedanken zum Abschluss und zudem haben wir hier an beiden Stellen wieder einfache Erzählung. Mit den Schreibweisen *isdulav* „er führte fort“ Khors. 151 (es folgt die Copula *u*), *assuḥavva* „er versetzte“ 49. 56. 184 verhält es sich genau so wie mit den in der Anm. angezogenen Schreibarten. Vgl. schliesslich noch *ikimassunuva* „er nahm ihn“ (R. אכם) Khors. 44, wo die scheinbare paragogische Endung sogar hinter dem Suffix *su* auftritt (!), und *issunuva* „sie brachten“ (R. נשא) Asarh. IV, 28.

Es kann die Frage entstehen nach den charakteristischen Vokalen, deren sich der Assyrer zur Bildung des Imperfekts, zunächst beim einfachen Stamme (s. u.), bediente. Die übrigen Semiten wählen bekanntlich hierzu mit Vorliebe den Vokal *u*, daneben indess (vgl. das Arabische) auch *i* und *a* in Anwendung bringend. Auch bei den Assyrern scheint *u* in erster Linie als Bildungsvokal bei der Imperfektbildung gedient zu haben, doch wechselt damit des Häufigsten auch *i* und *a*. Die trilinguen Inschriften liefern hierfür die ausreichendsten Belege. Neben *ibus* (בּוּשׁ), *iptur, ibbul, iksud, iprus* u. andd. begegnen wir auch Imperfektbildungen auf *i*, wie *iddina* (נדן), *ikim* (אכם), *takkir* (נכר), endlich auch solchen auf *a*, wie *ipbal, tammar* (נכר), auch *indan* (s. d. Gloss.). Aus dem letzten Beispiele *indan* neben *iddin* (s. vorhin) erhellt zugleich, dass selbst bei einem und demselben Verbum die Aussprache des charakteristischen Vokals zuweilen schwankte. Ein Unterschied in der Wahl der verschiedenen Vokale je nach der transitiven oder intransitiven Bedeutung des Verbums lässt sich dabei ebensowenig aufzeigen, wie es etwa etwas ausmacht, ob das Verbum ein solches starker oder schwacher Bildung ist, mit Ausnahme jedoch der Verba med. Voc. oder der sog. hohlen Verba, welche, wenn sie solche med. Vav sind, auch stets den *u*-Vokal aufweisen, wie *idduk, itur* (דוק, תור) u. s. w. Demgemäss sagt man zwar in Uebereinstimmung mit dem Hebräischen (vgl. יִגַּשׁ von נגשׁ) *tammar* „du siehst“ von *namar* (mit *a*), dagegen *lissur* „er möge schützen“ von נצר: s. Gloss., und wiederum findet sich *nimur* „wir sahen“ (in einer astronomischen Inschrift bei Opp. Gr. Ass. p. 110. Z. 1), sowie *amur* „ich sah“ und *imur* „er sah“ Assurb. Sm. 142, 14. Ebenso *isul* (R. נזל) und wiederum *iddin* (R. נדן) etc. Dass selbst die Verba ל״ה hier keine Ausnahme machen, darüber s. u.

8. Wir betrachten noch die übrigen sog. Verbalmodi.

a. Für den Imperativ stehen uns aus den trilinguen Inschriften die folgenden Belege zur Verfügung:

aa) erste Gruppe: *duku-sunutu* „schlage sie“ pers. *jadiy*, R. דוק Beh. 48; *alak* „ziehe hin“ (pers. Orig. hat den Plur. *paraitâ*, offenbar weil der Feldherr sammt dem Heere angeredet gedacht werden sollte, während der assyr. Uebersetzer bloss den Feldherrn in Aussicht nahm) R. הלך Beh. 86; *gamaru* „blicke“ pers. *didiy*

R. סכר NR. 26 [1]); *sal-su* „frage ihn“ pers. *parçā* R. שאל Beh. 97; *suddid* „mache mächtig“ Beh. 112; Paal von שדד.

hh) zweite Gruppe: *alka va duka'* „ziehet hin und schlaget“ (angeredet sind die Landschaften zu denken Opp.), pers. *paraitā-jatā*.

Der Semitismus dieser Bildungen liegt auf der Hand. Zu *duku* [2]) vgl. hebr. קום; zu *sal* hebr. שָׁאַל; zu *alak* hebr. הָלַךְ; weiter zu den femininen Pluralformen *alka* und *duka'* vgl. äthiop. ንግራ፡ *nĕgrā*. Von Imperativen, die sich in den assyrischen Originaltexten finden, führe ich an I. Kal.: *sukun* „mach“ R. שכן, Assurb. Sm. 125, 65; *akul* „iss“ R. אכל; *alik* „geh“ (ebend. 172, 16); *siti* „trink“ R. שתה (ebend. 125, 65); — II. Paal: *nuhid* „verherrliche“ (R. נהד) (a. a. O.); *buddiri* (s. o.); *ruppisi* (s. o.); — Af.: *kin* „mach“ O. E. M. II. 384 Z. 5. R. כון; *tirra* „stelle her“ von Impf. *utir* R. תור Assurb. Sm. 172, 17; — Schaf.: *suskin* „lege“ I R. 68. col. II, 27 R. *sakan*; *sullim* „spende“ O. E. M. l. c. Z. 7. R. שלם; *sutbi* „mach folgsam“ a. a. O. Z. 8. R. תבע تبع; *susib* „errette“ I R. 68. col. II, 21 (neben *su'zib* II R. 68, I, 26) R. אזב vgl. שֵׁיזִב; — Ifta.: *takkil* „vertraue“ II R. 68. II, 22 (st. *titakkil*) R. תכל; — Istafal: *sutisira* „lenke“ O. E. M. l. c. Z. 6 R. אשר; *sutisiri* dass. (weibl.) a. a. O. p. 296 Z. 32; — Nif.: *naplisi* „sei gewogen“ (weibl.) p. 296 Z. 23 R. פלס.

Man sollte hiernach erwarten, dass der Plur. masc. des Imperativs auf *ū* auslaute, also z. B. *alkū, dukū* u. s. f. Und in der Regel wird dieses auch wohl Statt gehabt haben. In einer von Opp. p. 116 seiner Grammatik indess citirten, bislang unedirten Stelle erscheinen neben den Pronominibus *attunu* „ihr“ und *kunu* „euer“ die Imperative *ḫula*, *subḫa* und *ita* (von חול, זבח

---

1) Eine vollständige Darstellung der Bildungen auch von den sogen. schwachen Stämmen (s. u.) liegt ausserhalb der dieser Abhandlung gesteckten Grenzen. Lediglich beiläufig deshalb mag hier eine Bemerkung über die mit dem dentalen Nasal beginnenden Stämme und ihre Imperativbildung Platz greifen. Da sie, entgegengesetzt der arabischen Bildung, bei vokalloser Aussprache des Nasals diesen, wie im Hebräischen dem folgenden Radikal in der Regel assimiliren vgl. *iddin* von *nadan*, *issu*, *issunu* von *nasa*, *ikkim* von *nakam*; *iammari* von *namar*, so sollte man auch im Imperativ wie im Hebr. einen gänzlichen Wegfall des Nasals erwarten vgl. גַּשׁ von נגשׁ u. s. f. Nun wird freilich auch im Assyrischen der Nasal weggeworfen, aber nicht spurlos. An Stelle des Nasals wird vielmehr ein Vokal gesprochen, sei es *u*, *a* oder *i*. So lesen wir oben *amur* „siehe“ von *namar*; so weiter *uṣur* „beschütze“ von *naṣar*, häufig in den mit *uṣur* zusammengesetzten Eigennamen: *Nabu-kudurri-uṣur*, *Bil-sar-uṣur* u. s. f. Das Assyrische nimmt so gewissermassen eine Mittelstellung ein zwischen dem Hebräischen, welches den Nasal ersatzlos wegwirft, und dem Arabischen, welches ihn beibehält.

2) Das schliessende *u* von *duku* ist natürlich nur euphonischer Auslaut, wie so oft.

und אירה). Es hat danach den Anschein, als ob wirklich die zweite Person Plur. masc. auch auf *â* ausginge. Es wäre das ein höchst merkwürdiges Phänomen. Doch ist wohl, ehe man das Faktum constatirt, erst noch weitere Bestätigung abzuwarten. Die Möglichkeit nämlich ist nicht ausgeschlossen, dass *a* lediglich incorrekt für *u* steht, wie sicher in dem Beispiele Assurb. Sm. 268, 81: *illika* „sie kamen", wo die Var. *illiku* jede Ungewissheit beseitigt.

Der fem. Imperativ der Einzahl ist uns überliefert in der schon oben citirten Inschrift des Tempels der Mylitta (Opp. E. M. II. p. 295. 296) und zwar in mehreren Beispielen. Wir lesen dort Z. 27: *ruppisi* „vervielfältige" Pa. von *rapas* „weit sein"; Z. 39: *sutisiri* „leite", Istafal von *asar* = ישר; endlich *naplisi* „sei gnädig", Nif. von *palus* „gnädig sein". Zu dem letzteren haben wir auch noch die männliche Imperativform, nämlich in der Nebucadnezarinschrift Rich pl. IX. col. II. Z. 15: *Marduk-atta naplis* „Merodach, sei gnädig"; vgl. Senk. II, 17 (I R. 51 Nr. 2). Noch eine andere weibliche Imperativform bietet die Stelle Assurb. Smith 129, 45 ff. in einer Anrede an die Istar: *buddiri* Imp. Pa. von *badar*.

Das Schema für den Imperativ würde, wenn wir das Verb. *duk* wählen, hiernach dieses sein:

	Sing.	Plur.
männl.	*duk* (*duku*)	*dukû*
weibl.	*duki*	*dukâ*

b. Neben dem Imperativ findet sich nun aber im Assyrischen noch ein besonderer Voluntativ oder Precativ im Gebrauch, nämlich für die dritte Person. Derselbe wird aus dem Imperf. gebildet durch ein demselben vorgefügtes *li*, also dass wir eine der arab. Bildung لِيَقْتُلْ [1]) entsprechende gewinnen. Die trilinguen Inschriften bieten folgende Beispiele: *liddinnu* „er möge geben" pers. *dadâtuv* NR. 34 R. *nadan*; *lissur* „er möge beschützen" pers. *pâtuv* D, 19. C, a. 18 u. ö. R. נצר; *lissuranni* „er möge mich beschützen" pers. *mâm pâtuv* NR. 32. D, 18. E, 10 u. ö. (von derselben W.); *lirur* „er möge verfluchen" pers. *nikañtuv* Bis. 108. R. ארר; *lirikus'* „es mögen lang werden (deine Jahre)" pers. *dragam jiâ* Beh. 102. R. רחיק = רחק.

Das Schema dieses Precativ's lässt sich hiernach, da derselbe sichtbar genau in Uebereinstimmung mit dem Imperfekt abgewandelt ward, leicht herstellen; es würde sein:

---

1) S. Ewald, Gr. arab. §. 471. 620.

	Sing.	Plur.
männl.	*liṣṣur*	*liṣṣurû*
weibl.	*liṣṣuri*	*liṣṣurâ*

Es ist diese Precativform bei den Assyrern allmählich so beliebt geworden, dass dieselbe nicht bloss für die dritte, sondern, missbräuchlich, auch für die zweite Person in Anwendung gebracht ward, wie sicher dieses in dem Falle I Rawl. 51. Nr. 2. II. Z. 17. 21 (Senkerehinschrift Nebucadnezars), wo wir lesen: *napliḫva balaṭ ûmi rukûti — lišakin* „sei gnädig und verleih ein Leben langer Tage!" — Ja, Assurb. Sm. 125, 62 lesen wir sogar in der 1 Pers. (wohin du, Göttin, gehst) *it-ti-ki lul-lik* „will ich mit dir gehen".

c. Das Participium. Auch für dieses liefern, was die Grundzüge der Bildung betrifft, die trilinguen Inschriften hinlängliche Belege. Es sind vorhanden

1) vom einfachen Stamme (s. u.) aa) active Part.: *a-šib* „wohnend" pers. *adâraya* (Vrb. fin.) Beh. 41. 64. 71; Plur. *asibut* (*asibitav*) „Bewohner" pers. *martiyâ* „Menschen" E, 2. F, 6. 8. R. *ašab* d. i. אשב = ישב. Die Form dieses Participe deckt sich mit arab. فَاعِلٌ. Ueber die in der Schrift nicht ausgedrückte Länge des Vokals (*a*) der ersten Sylbe s. ob. S. 207.

bb) pass. Part.: *dîku* und *dîki* „getödtet" pers. *avajata* Beh. 13. 68. 83. Vgl. aram. קְטִיל.

2) Von abgeleiteten Stämmen: *muṭa'imu*, auch *muṭi'imu*, Part. Paal von טעם(ה) „befehlen"; pers. *framâtar* D. 5. F, II. Vgl. arab. مُفَعِّلٌ, hebr. מְקַטֵּל. Vgl. noch *mušallim* „vergeltend" (in dem Namen *Mušallim-Nebo* s. o.); *muṭîb* „wohlthuend", „erfreuend" Part. Afel von טוב (in der Redensart *muṭîb libbika* „dein Herz erfreuend" E. J. H. col. IX, 63; Hammurabi (Louvre) col. I, 8. 9); *mubid* „unterjochend" (עבד); *mušim* (שום) „anlegend" (s. u.); *murib* „bestreitend", „unterjochend" Part. Afel von ריב Sarg. Cyl. Z. 19 (I Rawl. 36); *mušaškin* „aufrichtend" Part. Schaf. von *šakan* E. J. H. IV, 35; *mušadbib* „Aufpasser" Ass. Sm. 105, 61; *muše'ši* „errettend" Part. Schafel von ישע Lay. Nin. und Bab. p. 276 (deutsche Ausg. 209); *muntaḫṣu* „Kämpfer" Part. Nif. v. מחץ Assurb. Sm. 111, 92; 155, 40; *munnabit* „Flüchtling", dass. R. נבת ibid. 117, 4. 140, 8; *muštalam* „vollziehend" Part. Ifteal R. שלם. E. J. H. I, 7; *muštê'ir* „leitend" Part. Istafal von אשר = ישר I Rawl. 52. Nr. 3. col. I, 4; *multaḫṭu* „Sünder" „Abtrünniger" dass. R. חטא Assurb. Sm. 165, 21; 241, 76.

d. Von Infinitiven liegen in den trilinguen Inschriften folgende Beispiele vor: *šapâri* „schreiben" pers. *nipištanaiy* K. III, 8;

Beh. 98. R. שמר; *kasadu* „heranziehen" (im Pers. Verb. fin. *asiyaram*) Beh. 36; *salṭa* herrschen NR. 10. R. שלט (wenn dieses nicht ein Subst. nach Art der Segolatformen ist s. o.); *ma'du* (sq. Verb. fin. *imidu*) „viel werden", „Menge" pers. *vaciy abava* Beh. 14; vgl. 20. 104, R. באר; *'ibis* „machen" pers. *kartanaiy* Beh. 55 R. עבש (auch *ibisu* geschr. Beh. 49. 60)[1]; *abusu*, eine ähnliche Bildung NR. 10 von derselben W.[2]). Schliesslich kann hierher auch das weibl. Substantiv *laktan* „Gebräuche" gezogen werden (Beh. 104), vgl. hebr. הֲלָכָה von הלך, obgleich uns auch ein Infinitiv der Form *halak* (*ha-la-ku*) überkommen ist (II Rawl. 40, 59 Nr. 5)[3]).

Von Infinitiven abgeleiteter Stämme führe ich an: *uddus* „erneuern" Inf. Pa. R. חדש Assurb. Sm. 120, 32; *dunnun* „vertheidigen" Pa. R. דנן Sanh. Tayl. III, 32; *surbu* „verherrlichen" Inf. Schaf. von רבה Hammur. col. II. 28; *supub* „erfreuen" Inf. Schaf. von טוב Assurb. Smith 191, 38; *suklul* „vollenden" Schaf. von כלל Assurb. 120, 32; *pitluh* „verehren" Inf. Ifteal von *palah* E. J. H. I, 10; *sutisur* „leiten" Inf. Istafal von אשר = ישר E. J. H. I, 44. I Rawl. 36, 40 u. 5.

3. Stammbildung.

Nachdem wir bisher, Ausgang nehmend von dem am meisten in die Augen Springenden, den äusseren Anfügungen (Person-, Geschlechts- und Zahlbezeichnungen), fortschreitend sodann zur Betrachtung der Zeit- und Modusbildung von der Beschaffenheit der assyrischen Verbalformen einen näheren Begriff uns zu verschaffen gesucht haben, sind wir nunmehr gerüstet, um auch über die Stammbildung in der assyrischen Sprache uns eine nähere Vorstellung zu bilden und die bezüglich derselben aufgestellten Sätze zu prüfen. Auch hier wieder sind es schon die trilinguen Inschriften, welche uns hinlängliche Anhaltspunkte bieten.

1. Neben einer Reihe von Stämmen, welche wie *iṣbat*, *iṣṭur*, *ispur*, *iprus*, *ikkim*, *immur* (*imur*), *ibnu*, *iddin*, *ibbul* sich deutlich als Imperfecta des einfachen Stammes (*Kal*) von den resp. Verben *ṣabat*, *saṭar*, *sapar*, *paras*, *nakam*, *namar*, *banâ*, *nadan*,

1) Aehnlich *zikir* (זכר) „erwähnen", „nennen" E. J. H. I, 40.

2) Das von Oppert ebenfalls als Infin. betrachtete *ibsu'* in der Fensterinschrift des Darius (L) halte ich für die 3. Pers. Plur. Impf. = „sie machten", „man machte" und somit für Umschreibung des Passivs („gemacht"). Wie hier *ibsu'* statt *ibusu*, lesen wir ganz ähnlich *asbu* st. *asibu* Part. R ישב Assurb. Sm. 228, 75.

3) Vgl. den Infin. *sinat* (st. *sinnat*) „wiederherstellen" von *sanan* שנן E. J. H. I, 12, neben der Form *gan* „bewahren", „abwehren" ebend. VIII, 42 von גנן.

... dokumentiren, treten eine ganze Anzahl anderer Imperfecta auf, welche durch das Hervortreten eines vollen Vokales (meist *a*) nach dem 1. Radikal sich als Bildungen des Steigerungsstammes, als Paalbildungen zu erkennen geben. Dahin gehören *išallim* „er brachte fertig" pers. *adurnaus* Beh. 21. R. שלמ = שלם; *ulâmo* „er befahl" pers. *Auramazdâhâ framânâ hauvaiy* NR. 35. R. צמם; *uṣalla* „ich bat" pers. *patiyâvahaiy* Beh. 22. R. צלה; *iparras* „er log" pers. *adurujiya* Beh. 31 R. פרץ; *uparraṣi* Beh. 97, *uparruṣu* Beh. 105 (dass.); *iḳabbi* (*iḳabbi*) „er spricht" *thatiy* Beh. 1. 2. 3 u. 6.; *taḳabbu* „du sprichst (denkst)" *maniyâhy* Beh. 97. NR. 25; *aḳabbusinitav* „ich sprach zu ihnen" pers. *athaham* NR. 24. R. קבה; *idammu'inni* „sie gehorchen mir" pers. *manâ gaubataiy* Beh. 48. R. רמה = דום; *isimma'inni* „sie (weibl.) gehorchen" *manâ patiyâisa* Beh. 7. R. שמע; *uḫabbalu* „sie verderben" S. 17. 18. R. חבל; *umaššanu* „sie werden erkennen" pers. *khṣnâçâtiy* Beh. 21; *tumašissunutav* pers. *khsnâçâhudis* NR. 27. R. מסן; *tapissinu* „du verheimlichst" Beh. 102 pers. *upaguudayâhy*. R. פסן = ;כסן; *inassunu* „sie brachten" pers. *abara* NR. 10. R. נסה = נשא. Auch *asiggu* Beh. 104. R. שגא eigtl. „ich lasse wachsen", „bringe zum Gedeihen", übertr. „ich bringe zur Anerkennung (die Gesetze)" wird hierher zu ziehen sein.

Es dürfte ganz unmöglich sein, in diesen und ähnlichen Formen den Steigerungsstamm zu verkennen, welcher jedem ohnehin bei einer Reihe von Verben theils durch die Bedeutung, theils durch eine Vergleichung der verwandten Sprachen an die Hand gegeben wird. Ich verweise für letzteres nur auf *uṣalla* „bitten", ein Pael, genau wie צַלִּי im Aram. ein solches ist. Dazu erscheint bei einigen dieser Verben das Kal selber noch im Gebrauch, zum Theil mit verschiedener Bedeutung, zum Theil aber auch mit der gleichen. Vgl. neben der Form *iḳabbi* die andere *iḳbu* Beh. 78; neben *iparras* auch *iprus* Beh. gesond. I. II. III; neben *uḫallik* „vernichten" Assurb. Sm. 163, 109, *iḫlik* ebend. 198, 5 in derselben Bed. u. s. f. Da hier, wie bemerkt, mehrfach genau die gleiche Bedeutung zu Tage tritt, wie bei den beregten Bildungen, so könnte eine oberflächliche Betrachtung hieraus vielleicht folgern, dass auch diese Paal-Formen lediglich Scheinformen seien und im Grunde nichts anderes als die nur modificirt geschriebenen des einfachen Stammes [1]). Dies würde aber jedenfalls sehr übereilt sein. Denn nicht nur, dass wir auch noch zwischen anderen Stämmen die gänzlichste Uebereinstimmung der Bedeutung bei gewissen Verben beobachten (z. B. Kal und Ifteal bei רבב; Ifteal und Paal bei *paras* u. s. f.): wir haben sogar noch den direkten Beweis für das Gegentheil in der Hand und zwar in den trilinguen Inschriften selbst! Neben der angezogenen Paalform *inassunu* begegnen wir

1) Vgl. Hincks, *specimens etc. J. of the R. A. S. N. S. II.* 1866. p. 487. Derselbe bezeichnet diese Formen als *Present* „Präsens".

nämlich auch noch einem Impfkt. Kal *issu* ([illegible]) „er [illegible] fort", „richtet zu Grunde" pers. *parikara* Beh. 28, das ja ganz unmöglich mit dem Paal *inassu* identisch sein kann. Vgl. noch *unassiku* „sie küssten" Asarh. IV, 28 neben *issiku* in der gleichen Bedeutung Sanh. Tayl. II, 68; ebenso das häufige *inaddin* neben *iddin*; *usallal* „ich führte fort" Assurb. Sm. 179, 98 neben dem gewöhnlichen *uslul* u. a. m. Schon durch diese Formen ist es über allen Zweifel erhoben, dass n e b e n der Kalform noch eine solche Paalform im Assyrischen existirte. Zum Ueberfluss endlich besitzen wir von den Assyrern selber ein ganz unanfechtbares Zeugniss über das Vorhandensein solcher Paalformen im Assyrischen, nämlich in den oben besprochenen Conjugationstabellen (II R. 11 Obv. Z. 1–4): Kal: *iskul*; Paal: *isakkal*; ebenso ibid. 9 u. 10: *isruk* und *iskun* vgl. mit 12. 13: *isarrak* u. *isakkan*; endlich Rev. Z. 66: *ukin* vgl. mit 68: *ukayyan* [1]). Es heisst nach alle diesem den vorliegenden Thatsachen geradezu ins Angesicht schlagen, will man wegen der mehrfachen Einerleiheit der Bedeutung diese augenscheinlichen Paalformen lediglich zu modificirten Kalformen machen.

Die Bildung der T e m p o r a und M o d i bei diesem Stamme ist derjenigen in den verwandten Sprachen durchaus analog vgl. *iparras*, *idannun*, *inassu* u. s. f. Man beachte, wie diesen Formen mit anlautendem *i* nicht minder zahlreiche mit anlautendem *u* gegenüber stehen: *uparras*, *usalla* u. s. f., welche letzteren sich mehr der arab. Aussprache يُقَتِّلُ nähern, während die ersteren mehr hebräischartig sind (יְקַטֵּל). Ein wirklicher und wesentlicher Unterschied ist nicht vorhanden; offenbar wurde das Verbum im Beginn mit einem unklaren, zwischen *i* und *u* schwankenden Vokale gesprochen, der dann in den Inschriften entweder durch *i* oder durch *u* wiedergegeben ward [2]). Weiter mache ich darauf aufmerksam, dass in der 1. und. 2. Pers. Sing. auch im Paal überwiegend *u* bei der Vorsatzsylbe auftritt vgl. *ugabbu*, *tugabbu*, *tupiššinu* und aus den unilinguen Inschriften *usallal* „ich führte fort" s. o.; *tupallah* „du fürchtest" Assurb. Sm. 168, 109 u. a.;

1) Beiläufig sei hier noch darauf hingewiesen, dass diese Tabellen Rev. Z. 58 von der Form *unakir* noch unterscheiden die andere *unakkar* 60; ebenso 59 von *usanni* ([illegible]) die andere (63) *usannu*. Sind die letzteren vielleicht die Reste alter Passivformen vgl. يُكْتَبُ und يُكَتَّبُ? — Oder wollte der Anfertiger lediglich andeuten, dass man am Schlusse dieser Formen ebensowohl ein *i* als ein *u* sprechen könne? Bis auf Weiteres muss ich das Letztere für das Wahrscheinlichere halten; *usannu* „wiederholen" hat wenigstens Assurb. 103, 42. 119, 29. 23. 123, 52. 200, 13 sicher active Bedeutung.

2) Bei dem ersten Stamme erscheint durchweg *i* im Anlaute bei der 3. Person, wie im Hebr. Vgl. ob. d. Beispiele.

im Plural erscheint gleicherweise *u* und *i*: *umaššaru*, *upabbalu*; — *ikkurunu*, *inaššunu*; *išimma'inni* (letzteres plur. fem.). Eine Erweichung des charakt. *a* des 1. Rad. zu *i* liegt vor in *išimma* und *aşiggu*; jenes auch Ass. Sm. 77, 10. Der Vokal der dritten Sylbe (zweiten Stammsylbe) ist zwar in der Regel *i* vgl. *uşabbit*, *umaḫḫir*, *tupiššu*; doch findet sich wie die angeführten Beispiele zeigen (*usallal*, *usannu* u. s. f.) auch *a*, selbst (wiewohl seltener) *u* (*tupalluḫ*).

Betreffs der Imperativ-, Participial- und Infinitiv-Bildung (*šullim*, *mušallim*, *šullum*) s. die schon ob. S. 269 ff. angezogenen Belege.

2. Dem Steigerungsstamme reiht sich wie im Uebräischen und den übrigen semitischen Sprachen der Causativstamm an, dieser aber im Assyrischen in einer doppelten Gestalt, als Afel und als Schafel. Das erstere ist sehr selten geworden und in den trilinguen Inschriften findet sich kein Beispiel desselben vor. Doch treffen wir ein solches z. B. in der Stand.-Inschrift Z. 22 u. ö.: *ukin* „ich machte" R. כון; vgl. ferner das häufige *utir* „ich stellte her" Khors. 11. 137 u. sonst R. תור „sein"; nicht minder in der Cylinderinschrift Sargon's I Rawl. 36 Z. 19, wo das Afelparticipium *mu-ri-ib* von d. W. ריב „streiten", im Sinne von „Bestreiter", „Bekämpfer", „Besieger". Weitere derartige Partt. sind *mubid* „Unterwerfer" von עבר Botta 16, 22 (neben *mu-ab-bid* d. i. Part. Pa. ebend. Z. 15); *mu-sim* R. שׂום Obel. Salm. 5. 14 u. a. Es scheinen überall lediglich die sognannten hohlen Verba zu sein, bei denen sich dieser gemeinsemitische Stamm lebendig erhalten hat. Mir wenigstens ist von einem andern Verb ein Afel nicht aufgestossen.

Ueberwiegend ist dasselbe ersetzt durch das Schafel, von welchem uns denn auch die trilinguen Inschriften bereits zwei Beispiele bieten, nämlich *usaşgu* „ich brachte zur Anerkennung" Beh. 9 (neben dem Paal *aşiggu* in ders. Bed. 104) R. סגה = שׂגה, und sodann *usuaru* „sie bestiegen" 3. Pers. Pl. Impft. von *nazû* נזה vgl. نزا „springen" [1]). Aus den unilinguen Inschriften vgl. *usaškin* „ich richtete her" R. שכן Khors. 35; *usapris* „ich breitete aus" R. פרש Khors. 129; *usaşbit* „ich liess ergreifen" Assurb. Sm. 80, 15 u. ö.; *usabţil* „ich machte zunichte" Assurb. Sm. 88, 81 (R. בטל); *usibal* „er sandte" ibid. 116, 80; *usišib* „ich siedelte an" Khors. 32. 49 u. ö.; *usibis* „ich liess anfertigen" I R. 8, III, 4. Ein *a* in der letzten Sylbe zeigen *asaksad* „ich will gewähren" Assurb. Sm. 126, 68; *usibal* „er sandte" s. vorhin u. a. Die Bildung des Imperfekts bedarf nach obigen Beispielen keiner Erläuterung. Die Verdunkelung des *sa* zu *su* bei *usuaru* steht ver-

1) Dass der Causativstamm dieselbe Bedeutung hat, wie der einfache Stamm, überrascht nicht; vgl. z. B. arab. نقص I. IV „*somuit*".

einzelt da und hatte wohl Statt unter dem Einflusse der Zerquetschung des Nasals. Bezüglich der Bildung der übrigen Modi s. o. S. 260 ff.

Beiläufig mag hier noch die Bemerkung stehen, dass das Schafel im Assyrischen gern zu verbalen Denominativbildungen verwandt wird (wie auch in den verwandten Sprachen Ew. hebr. Gr. §. 126 b). Vgl. E. J. H. IV, 68: *Ana Bin musaznin zunnue* „dem Gotte Bin, der da Regen niederströmen lässt" R. זנן, vgl. hebr זֶרֶם „Platzregen", äthiop. ዘነመ፡; ferner Botta XLII, 45: *usalbina libittav* „ich liess Ziegel streichen" vgl. Gen. 11, 3: נִלְבְּנָה לְבֵנִים [1]).

3. Wir wenden uns zur Betrachtung der **Passiv-** und **Reflexivstämme**. Von diesen sind in den trilinguen Inschriften, da ein eigentliches Passiv (Pual, Hofal) genau wie im Aramäischen im Assyrischen nicht vorkommt, bezeugt zuvörderst

a. Das **Nifal**, und zwar dieses durch drei Beispiele: *innagdakka* „es wird dir bekannt werden" pers. (mit Neg.) *azda bavâtiy* Beh. 28. R. *magad* = ماجد נגד; *innamru* 3. Pers. Plur. „sie erscheinen" (contrahirt aus *innamarru*) [2]) pers. *vainataiy* D. 15. R. אמר, endlich durch *iggabbusunu* „quae iis edicta erant" NR. 10, die aus diesen Beispielen (*innagad*, *innar*, *iggabba*) sich ergebende Schemaform *ikkatal* יִקָּטֵל ist eine so durchaus correkte (vgl. יִקָּטֵל), dass dieselbe einer Erläuterung nicht bedarf. Die Contraction *innar* statt *innamar* ist zwar stark, hat aber an sich nichts anormales. Aus den unilinguen Inschriften führe ich noch an: *innabit* „er floh" Khors. 26. 46 u. ö. (R. נבת); *issakin* „er ward hergestellt" 119, 13. 162, 99 (R. סכן); *issibir* „er ward zerbrochen" Assurb. Sm. 143, 21 (R. שבר); *ippušu* „es wird vollzogen werden" 126, 67 (R. עבש); endlich das in der Anm. 2) angezogene *innamir*.

b. Von reflexiven Stämmen begegnen wir zuvörderst einem **Ifteal** d. i. dem Reflexiv des **ersten** Stammes = arab. St. VIII. Von dieser Stammbildung liegen uns in den trilinguen Inschriften zahlreiche Beispiele vor. Wir haben von starken WW.: *iftakid* יפקד „er vertraute an" (die Herrschaft) pers. *khsâyathiyam akunaus* NR. 22; *altafar* „ich schickte" Beh. 44. 86 R. שפר; *altakan* „ich machte" *akunavam* Beh. 60. 68 R. שכן; *ultakan* dass. Beh. 25. 26 R. סכן; *istakan* „er machte" K. III, 6. R. שכן und das zweifelhafte *iblanis* Beh. 20. Von schwachen WW.: *ittakir* „er empörte sich" *hamitriya abava* Beh. 32; *uttakir* dass. Beh. 91. 93; *ittikru* (Plur.) Beh. 16. 30. Rad. נכר; *ittalik* „er ging" pers. *asiyava* Beh. 32; *itibus* „er machte" *akunava* ps. *patiyaiš*

1) Uebrigens dient zu gleichem Zwecke (vgl. Ew. §. 120, c) auch das Poal z. B. Salm. Mon. II, 54: *ina zi-ki-pi u-za-kip* „auf Pfählen pfählte ich sie".

2) Die nicht contrah. Form findet sich z. B. Khors. 48: „er floh wo *la innamir asarsu* und nicht ward eine Spur von ihm gesehen".

Beh. 49. NR. 30. S. 9. Beh. 56. 67 u. ö.; *itîbus* „sie machten" Beh. 3. 46. 50. 52. 54; *'itîbus* „ich machte", „ich that" *akunavam* Beh. 108. D, 12. 18. H, 23. E, 10; *nitîbus* „wir machten" pers. *akumâ* D, 16. Beh. 36. 37. 38 R. עבש; *nitîbir* „wir schritten hinüber" pers. *viyatarayâma* Beh. 35 R. עבר; *'itîris* „ich wünsche" *jadiyâmiy* NR. 34 R. ארש.

Ueberschauen wir diese Beispiele, so besteht das Charakteristische derselben in der Einschiebung eines *t* hinter dem ersten Radicale, welchem *t* sich bei den Verbis primae *Nun* der Nasal assimilirt (z. B. *ittakir*). Im Uebrigen treten, wie bereits Oppert bemerkt hat (§. 126 gr. Gr.), zwei Hauptformen des Stammes hervor, was die Aussprache anlangt. Neben der Form auf doppeltes *a* (*istakan*, *ultafar*) begegnen wir gleicherweise einer solchen mit doppeltem *i*, wie *iftîkid*, *ittîlik*. Daneben treffen wir noch eine gemischte Aussprache in *ittakir* und *itîbus*. Deutlich sind die letzteren Aussprachen (mit *i* in der zweiten oder dritten Sylbe) aus derjenigen mit doppeltem *a* lediglich abgeschwächt [1]). Noch setze ich als Belege aus den unilinguen Inschriften die folgenden Beispiele her: *ittusib* „er setzte sich" (mit *u*!) II R. 62 Obv. 26 (R. ישב); *ittubil* „er ward gebracht" Assurb. Sm. 261, 90 (R. יבל bezw. אבל); *itabbu* „sie richteten her" 184, v (neben *itîbus* s. vorhin R. עבש); *attahid* u. *antahid* „ich verherrlichte mich" ibid. 303, 15 (R. הדר); *iḫtuninni* „sie sündigten wider mich" ibid. 258, 10 (R. חטא); *ittalak* „er zog" II R. 62 Obv. Z. 27 u. a. Participia dieses Stammes sind *muntahiz*, *muttabil* u. a. (s. o. S. 271).

c. Neben diesem vom einfachen Stamme (Kal) aus gebildeten Reflexivstamme findet sich unzweifelhaft auch ein vom Paal, vom Steigerungsstamme aus gebildeter, ein Iftaal. Der Stamm entspricht dem Wesen nach dem hebr. Hithpael, aram. Ethpaal, dem arab. und äthiop. Stamme der Form *takattala* (تقتّل), nur dass das re-

1) Vereinzelt würde auch noch ein durch Vorsatz eines *i* gebildetes Reflexiv: ein *Itpeal* vorkommen, wenn wirklich das in der Behistaninschrift 15. 80 u. ö. vorkommende *itbau* = יתברו „sich empören", von בוא „kommen" abzuleiten wäre, wie einige Assyriologen meinen (Hincks 486). Allein wahrscheinlicher scheint es mir doch zu sein, das Wort auf eine W. תבא als Impf. Kal zurückzuführen, das Wort also mit arab. نبا „einen feindlichen Einfall machen" zu combiniren. *Itbau* würde für *itbu* stehen, wie *kablu* Hors. 11, 16 für *kablu*. Obendrein ist *itbuni* „sie zogen heran" eine unzähligemal in den Inschriften uns entgegentretende Verbalform. *Itbaru* findet sich übrigens auch Botta 71, 2. Da an allen Stellen der Behistuninschrift, wo sich diese Form findet, unmittelbar auf dieselbe die Conj. *va* folgt, was auch von der Sargonstelle gilt, so wird *itbar-va* für *it-bu-va* stehen, genau wie *usêsiru* „ich führte ab" (יצא) Ass. Sm. 85, 54 für *usê'zu-va* steht; *ispuravva* „er entsandte" ebend. 75, 25. 88, 76 neben *ispur-va* 67, 29 für *ispuru-va* u. s. f.

flexive *t* nicht wie bei allen diesen Stämmen der Wurzel vorgefügt, denn vielmehr, wie im Arab. bei dem VIII. Stamme, der Wurzel eingefügt wird. In den trilinguen Inschriften liegen von dieser Bildung vor: *iddaggalu* (*ittakkalu*?) „sie harrten" pers. *amânaya* Beh. 47 R. רגל = חכל vgl. arab. إتّكل; *ittazil* „er ging fort", „ging zu Grunde" Beh. 14 R. נזל; *uṣṣabbit*, „ich ergriff" pers. *agarbâyam* Beh. 90, *uṣṣabbitunu* „sie nahmen gefangen" Beh. 61; *uṣṣabbit* „er nahm gefangen" Beh. 67. 70 u. ö. In den letzteren Beispielen hat sich das dem Zischlaute folgende *t* dem Zischlaute assimilirt, so dass dieser Verdoppelung erlitt, dieses gemäss einem oben S. 202 entwickelten Lautgesetze. Vgl. noch *atammar* „ich sah" Assurb. Sm. 73, 4.

Nicht zu verschweigen ist aber, dass die beiden Stämme Ifteal und Iftaal oft in einander übergehen, so dass schwer zu sagen ist, welchem der beiden Stämme die betreffende Bildung eigentlich angehört. Zu solchen unreinen oder Mischstämmen gehören die in den trilinguen Inschriften entgegentretenden Reflexivformen des Verbums הלך „gehen". Die regelrechte Iftealform ist offenbar *ittilik* (st. *ittlik*) s. o. Daneben aber begegnen wir auch Formen wie *ittalak* Beh. 45. 69; *attalak* Beh. 86. 39. II R. 52. l. c. Diese schielen ganz nach dem Iftaal hinüber, jedoch fehlt die Verdoppelung des zweiten Radikal; und da ohnehin die Bedeutung durchaus die gleiche ist, so kann von einem wirklich verschiedenen Stamme nicht die Rede sein. Auch dieses sind Iftealformen; aber ihre von der ersteren verschiedene Aussprache beruht wohl sicher auf der unbewussten Vermischung mit den Iftaalformen.

d. Weiter begegnen wir im Assyrischen genau wie im Aramäischen, Arabischen und Aethiopischen auch einem vom Causativstamme, vom Schafel aus gebildeten Reflexivstamme: dem Istafal. Auch für seine Existenz liefern bereits die trilinguen Inschriften die ausreichendsten Belege. Wir lesen: *ustaklil* „er vollendete" von *sakal* = *kalal* = hebr. כלל S. 11; *ulti'sib* „ich stellte" pers. *niyasadayam* NR. 23, R. אשב = ישב; *altabaṣ* „ich machte" pers. *akunavam* Beh. 78. R. עבש [1]).

e. Zum Schluss haben wir noch zwei specifisch assyrische Stämme zu verzeichnen, die indess auch in den verwandten Sprachen nicht ohne eine Analogie sind, das ist das Iftanaal, das dem arab. XIV St. افعنلل an die Seite zu stellen wäre, und das Istanafal. Sind dieselben auch seltener in den Texten, so sind sie darum doch nicht minder sicher verbürgt. Ich führe an zunächst den Stamm *ultanapsaka* 1) herausführen vgl. arab. خسف; 2) blosslegen, preisgeben; so in dem Satze Lay. inscr. 12.

---

1) Ueber die Vertauschung des Zischlautes mit einem *l* in *ultisib* und *altabaṣ* statt *astisib* und *astabaṣ* s. o. S. 205.

II. 5: („der König Salmanassar) *sa a-na ti-ip tahazi-su, dan-ni kibrâti ul-ta-nap-sa-ka* „welcher der Wucht seiner gewaltigen Schlachten die Länder preisgab". Ferner *'irti'niddi* „ich habe fortgesetzt" von *radad* vgl. hebr. הרדיד „ausbreiten" und רְדִיד „Schleierkleid"; so E. J. II. 1, 29 in der Phrase *a-la-ak-ti ilu 'ir-ti'-ni-id-di* „die göttlichen Gebräuche habe ich fortgesetzt (bezw. ausgebreitet)". Das letztere Beispiel ist besonders lehrreich, weil sich neben dem Iftanaal noch das einfache Ifteal findet, *irtidili* lautend [1]. Noch vgl. *ittanallaka* „sie (die Wagen) bewegten sich (von selber) vorwärts" Sanh. Tayl. Cyl. VI, 12, von *halak* „gehen", neben *ittalak*. Dasselbe auch Assurh. Sm. 171, 5. 173, 24. 177, 79. In den Inschriften Assurbanipal's begegnen wir diesem Stamme beiläufig überhaupt verhältnissmässig häufig. Ich führe noch an: *ihtanabbatu* „sie führten fort" von der W. *habat* חבט 79, 9. 81, 9. 211, 89. 258, 113. 114 (das Subst. *hubut* „Beute" sicht noch daneben); *iti'nibbusu* „sie wurden hergerichtet" (צבש) 310, 46; *istanappara* „er entsandte" (R. שפר) 66, 25. 102, 37. 115, 23. 116, 91; *upanalla* „er erhat" st. *usgamalla* aus *uptanalla* R. צלה (neben dem häufigen *usalla* „er bat"). Besonders lehrreich sind wegen der Varianten noch folgende Beispiele: *iptanallahu* „sie verehren" R. פלח 228, 179, Var. *ip-tal-la-hu* (Iftaal); sowie *umtanalhu* [2]) „sie versammelten" 285, 8 R. מלא Var. *umtallu* [3]).

Von einem vierlautigen Stamme haben wir ein *Tanaf'allal* in der Form *ittanapraasidu* „er entfloh" 301, 121 R. פרשד, neben dem einfachen *ipparsid* „er floh", zwei Zeilen vorher 119. Vielleicht ist hierher auch die Form *ittanasrafu* „sie waren geordnet" 127, 81 (R. שרדא?) zu ziehen. Oder ist dieselbe ein Tanafal, so dass als Wurzel das Trilitterum שרד zu betrachten wäre? — Fast scheint mir das Letztere das Wahrscheinlichere. Wurzelhaft zu vergleichen wäre dann nicht sowohl שטר „schreiben", als vielmehr aram. סטר „Seite", wovon לסטר „gesondert". Umstellung der Laute wie in *karas* „Geräth", „Gepäck" = רְכוּשׁ; *karad* „Held" = عكرد u. s. f.

Ueber die Imperativ-, Participial- und Infinitivformen der Reflexivstämme und ihre Bildung s. o. S. 269 ff.

---

1) S. Opp. E. M. II. 310. 311. Vgl. noch dessen gr. Ass. p. 67.

2) Die Schreibung mit *l* st. mit *ś* ist wieder eine von den häufigen Incorrektheiten. S. weiter ob. S. 200, wo noch hinzugefügt werden kann Lay. inscr. 12. 15.

3) Ob wie bei dem Iftaal gegenüber dem Ifteal auch hier ein Unterschied zwischen einem Stamme mit verdoppeltem Radikal (Iftanaal) und einem solchen ohne Verdoppelung (Iftanaal) anzunehmen sei, wie Dr. Oppert gr. ass. 1. 149 einen solchen statuirt, ist mir nicht sicher. Die mir bekannten Beispiele verdoppeln sämmtlich den zweiten Radikal; Dr. Oppert's Beispiele für das Iftanaal sind sämmtlich mir unzugänglichen, unedirten Quellen entnommen, so dass mir eine Controle derselben nicht möglich ist.

Dieses sind die im Assyrischen uns entgegentretenden Reflexiv- und Passivstämme. Dr. Oppert führt in seiner Grammatik ausser den besprochenen noch ein Ittafal (Reflexiv des Afel) an. Allein dieser Stamm kommt auch nach Oppert in den zusammenhängenden Texten selbst nicht vor: lediglich in den Syllabarien finde er sich. Ich entsinne mich indess nicht, einem solchen begegnet zu sein. Wir müssen uns demnach bezüglich desselben die Entscheidung noch offen halten.

Ueberblicken wir nun noch einmal die Resultate unserer Untersuchung über die assyrische Stammbildung, so hat sich aus derselben ergeben, dass im Assyrischen die folgenden Verbalstämme im Gebrauch sind:

I. Activstämme:	II. Reflexivstämme:
Kal	*Ifteal*
Pual	*Iftaal*
Schafel	*Istafal*
Afel	[*Ittafal?*]

III. Halbpassiver Stamm:

Nifal

IV. Passiv-Reflexivstämme:

a) *Iftanaal* b) *Istanafal*

Wie man sieht, fehlen die eigentlichen, durch inneren Vokalwechsel erzielten, Passivstämme des Arabischen und theilweise des Hebräischen (Pual, Hofal). Das Assyrische steht somit, was Verbalstammbildung betrifft, wesentlich auf der Stufe des Aethiopischen und noch mehr des Aramäischen, nur dass das Nifal in ihm noch in lebendigem Gebrauche ist, während im Aethiopischen bekanntlich die betr. Bildungen bereits starr geworden, im Aramäischen dieselben aber völlig ausser Gebrauch gekommen sind[1]). Mit dem Aramäischen theilt das Assyrische insonderheit noch die häufigen Schafelbildungen, doch hierin noch weiter gehend als diese Sprache, in welcher das Afel noch seinen Platz behauptet und denselben noch nicht, wie im Assyrischen, zum guten Theil dem Schafel eingeräumt hat.

Anm. Vier- und mehrlautige Wurzeln kommen im Assyrischen nur ausnahmsweise vor, doch sind sie im Allgemeinen nicht seltener, als im Hebräisch-Aramäischen. Die trilinguen Texte bieten als genügend verbürgt nur das Quadrilitterum *ṣamdan* „helfen" vgl. hebr. צֶמֶד „Joch". Das Wort kommt vor (Beh. 10. 12) in

1) Vgl. meine Abhdlg. de lingu. Aeth. p. 40.

der Imperfektform *iṣṣamdanni*, welche näher eine Art Paalform ist. Im persischen Originaltexte entspricht ihr *upaçtâm abara*. Sonstige in den Texten uns begegnende Quadrilitera sind *palkat* „listig verfahren" Khors. 34. 71. 123; *parsad* „trennen" (vgl. פרש „ausbreiten") Khors. 50. 74. 132 sq. u. andd. Von denselben werden auch wieder weitere Stämme gebildet. Das Schafel eines Quadrilitterum lesen wir z. B. Assurb. 284, 97: *usapalkit* „er machte abtrünnig"; das Tanaf'alal von *parsad* ebend. 301, 121 s. ob.; das Nif. von dems. Khors. 50 etc. (s. vorhin) u. s. f.

I. Excurs. Die Verba schwacher Bildung.

Ist die assyrische Sprache eine semitische, so muss dieser ihr eigenthümlicher Charakter namentlich auch hervortreten in der Art, wie sie die sogenannten schwachen Verba abwandelt, in Bezug worauf die semitischen Sprachen eine charakteristische, in die Augen springende Uebereinstimmung zeigen. Das Material, welches uns in dieser Hinsicht die trilinguen Inschriften bieten, ist nun zwar kein sehr grosses; dennoch aber ist dasselbe vollkommen ausreichend, um das Charakteristische der Bildung der Formen von solchen Wurzeln festzustellen, und die so zu Tage tretenden Eigenthümlichkeiten des assyrischen Idioms sind abermals solche, wie sie nur bei semitischen Sprachen sonst vorkommen. Vergegenwärtigen wir uns dieses noch etwas näher im Einzelnen.

1. Bekanntermassen ist es eine durchgreifende Eigenthümlichkeit der nordsemitischen Sprachen, des Hebräischen und Aramäischen, bei Verbis mit anlautendem *n* dieses, wenn es ohne Vokal gesprochen wird, dem folgenden Consonanten zu assimiliren. Genau der gleichen lautlichen Erscheinung begegnen wir im Assyrischen. Von *nadan* „geben" bilden sich die Imperfekta *iddina*, *iddinnu*, *iddanna* (Beh. 4. 24)[1] der Voluntativ *liddinnu*; von *nazá* (נזע) des Impf. Schafel *usuzzu*; von *nazal* (נזל) das Iftaal *ittazzil*; von *nagar* der Volunt. *liggur*; von *nakal* das Impft. Istafal *ustakkal*; von *namar* die Impff. Kal *immaru* und *immarru*, sowie *tammari*; von *nakar* Impf. Kal *takkir*; Ifteal *ittikir* und *ittakir*; Iftaal *uttakkir*; von *nasá* Impf. Kal *issu'* (יִשָּׂא = יִנְשָׂא); ja sogar mit völligem Aufgeben der Verdoppelung *imaru* „er sah" (NR. 20), vgl. *akis* „ich hieb ab" von *nakas* II R. 67, 24. Nur vereinzelt hält sich der Nasal, wie z. B. in dem neben *iddan* vorkommenden Impf. *indana* Beh. 96; vgl. auch von derselben W. das Subst. *mandattu* „Tribut" statt *maddattu*, für welches

1) Ein Iftaal (Opp. Gr. p. 5) kann dieses unmöglich sein, da dieses statt יִתְּדַן vielmehr יִתַּדַּן = *ittadanu*, aus *intadanu*, bezw. *intaddanu*, lauten müsste. Vgl. die durch ein Syllabar (ob. S. 24) verbürgte Iftaal form: *ittadin*.

sich auch *nudattu* findet (Khors. 27. 32), ja sogar and
häufig *ma-da-tu* (Salmanassar, Obel. gesond. Inschrr. Lay.
Nr. 1—6. und sonst); vgl. ferner die Form *munambu*, Pa
von נבא: II Rawl. 7 Z. 45; *inambu* Impft. Pa. von dei
Assurb. Sm. 314, 94 u. s. m.

Denkwürdig ist nun aber auch die Bildung des Imperati
diesen Verbis im Assyrischen. Zunächst stellt sich diese S
bezüglich der fraglichen Bildung im Grossen und Ganzen wk
auf Seite der nordsemitischen Sprachen (Hebräisch und Aram
welche sich des vokallosen Nasals zu entledigen suchen, geg
den südsemitischen (Arabisch und Aethiopisch), denen die
sprache desselben auch in diesem Falle keine Schwierigkeit
Während nun aber das Hebräische und Aramäische den N
der Regel spurlos wegwerfen, e r s e t z t das Assyrische de
gefallenen Nasal durch einen an seiner Statt gesprochenen V

Während der Araber bildet: أنْصُر, der Hebräer גַּשׁ (R. נגשׁ),
der Assyrer *uṣur* „beschütze" von derselben W. נצר, von w
das Impft. *iṣṣur* lautet (s. Gloss.). Welchen der drei Vok
übrigens wählt, ist lediglich Sache des Usus. So lesen wir
trilinguen Inschriften selber von נצר „sehen" den Imperativ
(s. Gloss.); von נכר den Imp. *ikir* u. s. m.[1]. Vgl. auch
die oben angeführten Kalformen *imur* und *ukil* st. *imm*
akkil.

2. Wie in den übrigen semitischen Sprachen, sind es
die Verben mit anlautendem א, י und ה (von denen aber d
א und י (ו) beginnenden im Assyrischen zusammenfallen,
dieses nur Wurzeln mit anlautendem א kennt: statt *jasab*
sagt der Assyrer *asab* (אשב); statt *jarḫu* (ירח) „Monat" vi
arḫu (ארח) u. s. f.[2]), welche wesentliche Modificationen bei

---

1) S. die Beispiele bei Opp. Gr. Ass. s. 171.

2) Opp. glaubt zwar (Gr. s. 16) insofern einen Unterschied statu
sollen, als die mit primitivem, durch das Arabische verbürgtem Jod be
den Wurzeln auch im Assyrischen dieses ihr Jod bewahrten. Als Beleg
er an z. B. die Wurzeln ישר und יד. Allein freilich wohl sagt der A
isarti „Gerechtigkeit" „Billigkeit" (E. J. H. I, 45). Dieses Wort ist a
rum noch nicht von einer Wurzel pr. Jod abzuleiten: es ist vielme
Bildung wie *kisad*, *kisal* u. andd. und demgemäss correkt אֶשְׁרְתִּי z
scribiren. Dasselbe gilt von יד, wobei O. wohl an *id* „Arm", ي
dachte; auch dieses ist אִד zu schreiben und ist dabei äth. እድ፡
gleichen. Nur bei *gum* „Tag", welches sich bekanntlich auch im
ዮም፡ „heute" mit der Aussprache *j* gehalten hat, kann man s
oben S. 205 Anm. entwickelten Gründen an ein auch im Assyrischen 1
tes Jod denken. Es wäre dann ein ebenso singulär dastehendes Beispi
wie יְלֹד neben וָלָד im Hebräischen. — Zu dem Uebergange übrige
Verbis primae Jod oder Vav in solche primae א im Assyrischen vgl. heb
neben arab. وصل; hebr. ארשׁת „Verlangen" neben ورش u. andd.

Abwandlung erleiden. Und zwar ist zunächst darauf aufmerksam zu machen, dass die Laute א und ה, wenn sie im Anlaute stehen, durchweg ihren consonantischen Charakter einbüssen (vgl. S. 199); statt *'a*, *'i* und *'u* sagt man *a*, *i*, *u*; statt *ha*, *hi*, *hu* spricht man *a*, *i*, *u*. Man sagt *allik* statt אֶהְלֵךְ; *alaku* statt הֲלֹכִי; *illiku* statt יֵלְכוּ bezw. אֶהֱלְכוּ. Weiter aber verlieren dieselben auch beim Auslaute der Sylbe sehr oft völlig ihren consonantischen Charakter und verschmelzen so mit dem vorangehenden Vokale. Vgl. abermals *allik* statt *ahlik*; *ridi'i* (Assurb. I, 79) „ich stieg herab" R. ארד = ירד; *illiku* statt *ihliku* (vgl. übrigens hebr. יֵלֵךְ statt יהלך); *lirur* statt *li'rur* (לְאָרֵר); *ulli'sib* statt *ulli'sib* (אֲלְהֹשִׁב): *ittalak* (II R. 52, 28. Deb. 45) st. *ihtalak*; *illarad* (Obel. 16) st. *i'tarad* (R. ארד) u. s. f. Vgl. noch die Schafelformen *u-ši-ṣu-u* „sie liessen ausgehen (R. אצא) d. i. „verkündeten" I R. 36, 4; *u-ši-sib* „ich siedelte an" (R. אשב) Khors. 32; *šu-sib* „rette mich" (Imper. von שיזב) I R. 68. I. col. II, 21 u. andd.

Nicht selten wird auch der Vokal des Hauchlautes in Folge der Einwirkung eines vorhergehenden Consonanten, namentlich *i*, verändert, beziehungsweise abgeschwächt. So lesen wir zwar als Part. Pa. ganz regelrecht (Journ. As. V, 9. p. 201) *mu-aš-ša-ši* „gründend", R. אשש; dagegen Neb. Cyl. Bell. II, 19: *'i-iš-ši-is* „ich gründete" (I Ps. Impf. Pa.); vgl. auch noch die Participialbildungen *'idis* „dienend" (s. Gloss.); *'ibis* „machend" R. עבש Sanh. Tayl. Cylind. III, 4 und andd. Schliesslich begegnet uns genau wie in den verwandten Sprachen zuweilen auch der gänzliche Wegfall des betr. Lautes, wenn derselbe im Anfange der Bildung steht und zugleich mit kurzem Vokale zu sprechen gewesen wäre; vgl. den Infinitiv *laktuc* von הלך, eine Bildung genau wie hebr. לֶכֶת von derselben Wurzel.

Bemerkenswerth ist noch die Bildung des Imperativs bei den Verbis primae ה und primae א. Ich kann belegen den Imper. von *halak*, lautend *alik* „geh" Ass. Sm. 172, 16, sowie den anderen *akul* „iss" ebend. 125, 66 R. אכל [1]). Vgl. die ganz ähnliche Bildung *umur* „sieh" von *namar* s. o.

An diesen Schwächen der Wurzeln pr. א und pr. ה nehmen im Assyrischen auch Theil die WW. pr. ע [2]). Wenn wir *illik* von הלך haben, so lesen wir auch *itibus* von עבש, *nitibir* von עבר, *mubid* „unterjochend" von עבד (Botta 16, 22) u. andd. Wie man sieht, ist das ע in diesen Formen spurlos verloren gegangen. Nur im Anfang der Sylben, bezw. Wörter hält es sich etwas mehr und macht sich, wenn es mit dem *i*-Vokale gesprochen

1) Dahingegen lautet „er isst" (Impf.): *'i-kul* (אֶכֹּל) Assurb. Sm. 227, 68.

2) Dieses ganz wie im Neusyrischen. S. Nöldeke Neusyr. Gramm. Lps. 1868. S. 187.

wird, dadurch kenntlich, dass statt des einfachen *i* das gefärbte *i* = *'i* (s. ob. S. 198. 199) auftritt. Demgemäss finden wir z. B. den Infin. von עבש geschrieben *'i-ṣis* (עֲבֹש) Beh. 56. vgl. 49. — Wurzeln med. und tert. ע sind von solchen med. und tert. Voc. gar nicht mehr zu unterscheiden vgl. *bil* „Herr" statt *bi'il* = בעל[1]); *išimma'inni* von שמע genau wie *idammu'inni* von רמה u. s. f. — Die Verba med. א (um auch über sie gleich hier ein Wort beizufügen) sind in der Erhaltung des Gutturals sauberer als man nach dem Ausgeführten erwarten sollte. Allerdings ist in dem Imp. *ṣal* „bitte" der Behistuninschrift (97) der Hauchlaut spurlos verloren gegangen; in dem Infin. *ša'al* שאל Ass. Sm. 65, 12. 66, 24. 257, 103, sowie in den Impf. *iša'al*, ebend. 122, 43., *is'alu* 208, 64 u. ähnl. wird derselbe auch in der Schrift bestimmt angedeutet.

4. Die Verba mit mittlerem Vokal haben nichts, das nach den in den verwandten Sprachen zu Tage tretenden Eigenthümlichkeiten dieser Wurzeln irgend auffallend wäre. Die trilinguen Inschriften bieten drei Beispiele solcher Wurzeln, bezw. Verba: *duk* „tödten", *tur* „sein", *mut* „sterben". Es liegen uns von denselben die folgenden Bildungen vor:

a) eine Perfektbildung: *miti*;

b) Imperfektbildungen: 1. Pers. Sing. *aduk* und *adduku*; *atur* und *attur*; 3. Pers. Sing. *idduk*, *idduku*; *ittur*[2]); 3. Pers. Plur. *idduku*; *ituru*;

c) Imperative: Sing. msc. *duku*; Plur. fem. *duka'*;

d) Infin. *mitut*;

e) Part. pass. *diki*.

Der eminent semitische Charakter dieser Bildungen liegt zu Tage. Das Perfekt *mit* ist in völligster Analogie mit hebr. מֵת abgewandelt; die Imperfektformen *atur*, *aduk* etc. genau wie hebr. אָקוּם und der Imper. *duk* völlig wie hebr. קוּם (es findet sich übrigens auch *dik* z. B. Assurb. Sm. 122, 45); das Partic. pass. *dik* endlich ist ganz in Analogie mit aram. קִים gebildet. Dass zum Infinitive ein durch die Endung *ut* gebildetes Abstractum verwandt ward, hat nach den bekannten aramäischen Infinitivbildungen auf *û* keinerlei Auffälliges. Ich muss jedoch bemerken, dass sich in den Inschriften auch Infinitive einfacher Bildung finden. So z. B. lesen wir von demselben דוך Ass. Sm. 106, 78 den Inf. *dak* (*a-na da-a-ki habli* „um zu tödten die Söhne"). Bezüglich des Part. act. füge ich die ergänzende Bemerkung hinzu, dass das-

---

1) Doch vgl. noch *bi-i-la* „mein Herr" Nebucadnezar Bell. Cyl. col. III, 18 Grot. u. I R. 66. Ebenso findet sich neben *išmi* „er hörte" R. שמע (Khors. 60), nicht bloss *iš-mi-'-i* Assurb. I, 81, sondern selbst *iš-ma-a* (= יִשְׁמַע), so Assurb. I, 85.

2) Ueber den Wechsel von *attur* und *atur*, *adduk* und *idduk* s. die lautl. Vorbemerkungen.

selbe genau in Uebereinstimmung mit dem Arabischen und Aramäischen gebildet ward. Wie die entsprechenden Formen hier lauten قَاتِل, קָטֵל, so lesen wir Stand. 4 von דיש, דּוּשׁ, „niedertreten", „beherrschen" das Part. act. *dâ-is* (דָּאֵשׁ). Dass wir es hier mit einem Part. act. zu thun haben, erhellt aus den in demselben Satze vorkommenden weiteren Particc. *musaknis* „unterwerfend" (Part. Schaf. von כנש), *muparir* „zerbrechend" (Part. Pa. von פרר) unmittelbar. — Pa. *ukayan* R. כון II R. 11, 68. 69 [1]). — Afel: *ukin* „er machte" Stand. Inscr. 22. II R. 42, 59 u. ö.; *utir* „er stellte her" Khors. 11. 137 u. ö. — Schaf. *usatir* „auferlegen" Khors. 13; *usahis* „öffnen" II R. 43. Rev. 39 R. חוש (II R. 21, 28). — Ifteal *uktin* „auferlegen" Khors. 67; *ultil* „erhöhen" „errichten" von כיל = כלל Khors. 53. 60 u. a. m.

5. Es erübrigt, da die VV. mit verdoppeltem zweiten Radikal keine bemerkenswerthen Eigenthümlichkeiten aufweisen [2]), die Betrachtung der Wurzeln, bezw. Verben mit auslautendem Vokale (VV. ל״ה), unter welche Rubrik im Assyrischen auch fallen die Verba ל״א (wie im Aramäischen), sowie in allem Wesentlichen die Verba ל״ע. Es liegen uns in den trilinguen Inschriften die folgenden Beispiele vor:

1. Perf. *nasû* „sie trugen" R. נשה = נשא.

2. Impft. a) Kal: 3 Pers. Sing. *ikbu* R. קבה, *ibnu* R. בנה. 3 Pers. Plur. *issu* ישׂ R. נשה = נשא; *ibnû* R. בנה; endlich *itbaa* von *tabâ*;

b) Paal: 1 Pers. Sing. *ugabba*; 2 Pers. Sing. *tugabbu*; 3 Pers. Sing. *igabbi* (*ikabbi*), *usallu* R. צלה; 3 Pers. Plur. *idammu'* R. דמה; *isimmu'* R. שמע.

c) Schafel: 1 Pers. Sing. *usasgu* R. סגה; 3 Pers. Pl. Impfkt. *usazzu* R. זוה.

d) Nifal: 3 Pers. Sing. *iggaba* NR. 10 R. גבה = קבה.

Ueberblicken wir diese Bildungen, so erscheint als Ausgangsvokal der 3. Pers. Sing. theils der *u*-, theils der *i*-Vokal, ausnahmsweise auch wohl *a*, während die verwandten Sprachen durchweg sei es *i* (*e*) bieten (Aram. Hebr.), sei es gleicherweise *i* und *u* zeigen (Arab. und Aethiop.). Ueber die Aussprache *usanna*

---

1) Opperts Angabe (p. 84), dass das Paal dieser Verben den ersten Radikal verdopple (= *uttir*), kann ich nicht gerechtfertigt finden.

2) Man bildet z. B. von *salal* „erbeuten" Impft. *isbul*, *asdul* (Lay. 65, 10 u. ö.); aber auch *aganna* „ich will schirmen" von *gunun* גן Assurban. Sm. 125. Z. 63; ferner Part. *sálil* „plündernd" Botta 18, 25; *zánin* „erhaltend" (oft in den Nebucadnezarinschriften), fem. *zinnat* E. J. H. 1, 12; aber auch ohne Femininendung: *gan* „schirmen", „abwehren" ibid. 1, 40. *salal* „plündern", „rauben" Khors. 77 u. s. f.; ferner *mutarin* „sich verherrlichend" Part. Af. von *danan* Bell. Rash. 2; *usaklil* „er vollendete" Schaf. von כלל I R. 7. C. 6 u. s. f.

neben *usanni* (R. *sanâ* = שנא) in einem Syllabar, die möglicherweise mit einer verschiedenen Bedeutung der betr. Formen (Passiv neben Activ?) zusammenhängt (vgl. *unakkar* neben *unakkir* in dems. Syll.[1]) und arab. يُكَتِّبُ neben يُكَتَّبُ) redeten wir bereits oben (S. 274 A. 1). Dass übrigens sonst aus einer verschiedenen Aussprache am Ende durchaus nicht immer auf Verschiedenheit der, sei es activen, sei es passiven Aussprache zu schliessen ist, erhellt evident aus einer Vergleichung von Botta 148, 5 mit I R. 36, 27, indem Sargon an der ersteren Stelle die 3. Pers. Schafel von מות auf *i* = *usmiti*, in der Parallelstelle auf *u* = *umutu* ausgehen lässt. Vgl. noch *ikla* „er verweigerte" Khors. 28. 69 u. ö. neben *iklu* dass. ibid. 79; ebenso *akba* neben *akbi* u. s. f. Ueber die Form *itbau* s. schon oben (S. 277 A. 1).

c) Von den Partikeln.

1. Die Adverbien.

Von Adverbien begegnen uns in den trilinguen Texten die folgenden:

1. *haganna* „hier" = pers. *idâ* Beh. 12, auch *aganna* geschrieben E, 8. II, 14. Das Adverb ist sichtlich aus dem Pron. demonstr. *haga* „dieser" und angefügtem demonstrativem *n* gebildet, ähnlich wie aram. דְּנָה aus dem relat. ד und dem gleichen Nasal zusammengesetzt ist.

2. *lu* „wahrlich"! Betheuerungspartikel Beh. 14 in der Redensart: *lu ma'du imidu* (die Lügen) wurden wahrlich gar zahlreich! Vgl. äthiop. ለለ፡ ipse. Sehr oft in den unilinguen Inschriften.

3. *alla* „nachher", mit *sa* = pers. *yathâ* „postquam" Beh. 29. Wird wohl mit عَلَى „über, auf" zusammenhängen, demgemäss auf die W. עלה zurückzuführen sein und eigentlich „darüber hinaus" bedeuten.

4. *arki* (*arka*) „nachher" Beh. 13. 14 = pers. *paçâva*. So lesen wir jetzt dies Adverbium, das wir in unserer früheren Abhandlung auf Grund eines nicht minder dem ersten Zeichen zukommenden Lautwerthes (s. Mén. le Syllab. Assyr. p. 369 Nro. 75; p. 383 Nr. 85) *upki* aussprachen. Liesse sich auch diese Aussprache auf Grund des syr. ܐܘܦܟ begreifen, so muss dennoch diese Lesung jetzt definitiv aufgegeben werden, da inzwischen Wurzel und Wort *arku* zweifellos sicher gestellt sind (s. III R. 22, 104). Vgl. noch *ar-ka* Asarh. III, 19, sowie *ana ar-ki-ya* „hinter mich her" im Gegensatze zu *a-na pa-ni-ya* „vor mich hin" auf

---

1) Khors. 94 hat freilich *unakkar* sicher die active Bedeutung „ändern"!

einem von Talbot J. R. A. S. IV. 1870. p. 71 angezogenen Thontäfelchen. Handelt es sich um die Einreihung des Wortes in den semitischen Sprachschatz, so hat man wohl kaum nöthig an אחר „nach" zu denken und eine Versetzung der Laute *r* und *ḥ* (*k*) zu statuiren; vielmehr wird hebr. ארך „lang sein", auch von der Zeit gesagt, zu vergleichen und demgemäss ein Bedeutungsübergang anzunehmen sei, wie er etwa in dem franz. tard, plus tard „später" gegenüber ursprünglichem *tardus* „langsam" vorliegt. Unter allen Umständen ist der semit. Typus des Adv. unanfechtbar.

Mit *arku* wechselt in den unilinguen Inschriften auch *arkânu* (geschr. *ar-ka-a-nu*) z. B. Assurb. Sm. 23, 123. 284, 93. Der Bildung nach verhält sich dieses Wort zu *arku* wie hebr. אַחֲרוֹן zu אַחַר.

5. *kîma* „also", pers. *avathâ* Beh. El. I. II. III. Vgl. hebr. כְּמוֹ, arab. كَمَا. Im Assyrischen eignet dem Worte auch demonstrative, in den verwandten Sprachen lediglich relative Bedeutung. Aehnliches begegnet uns auch sonst im Gebiete der semitischen Sprachen. Vgl. das hebr. demonstr. זֶה mit dem aram. relat. דִּי, und innerhalb des Hebraismus den relat. Gebrauch des זֶה, זוּ, sowie innerhalb des Arabismus den nicht minder auftretenden Gebrauch von ذا auch als einem Relativ [1]).

6. *umma* „also" = pers. *avathâ* Beh. 81; vgl. noch 21. 30. 37 NR. 25, wo es lediglich zur Einführung der directen Rede dient, wie pers. *tya*. Zu vgl. steht wohl etymologisch arab. إِنَّمَا (dem freilich im Sprachgebrauche eine etwas andere Bedeutung zukommt).

7. *kîam* „also", ohne pers. Aequivalent Beh. 1. 2. 3 u. ö. Zu vgl. hebr. כֹּה aus כָּהוּ. Assurb. Sm. 172, 15. 211, 87; 293 a. b. u. s. o. S. 214 Anm. 1.

8. Unter den zusammengesetzten Adverbien heben wir nur *ina pana* „früher" = pers. *paruvam* Beh. 3 hervor. Zu vgl. steht das von demselben Subst. פְּנֵי abgeleitete hebr. *lifne* (לִפְנֵי), dem ja ebenfalls der Begriff „bevor" im zeitlichen Sinne eignet.

Dies die in den tril. Inschriften uns entgegentretenden Adverbien [2]). Wir können aber diese Betrachtung nicht schliessen, ohne noch einer adverbiellen Bildung zu gedenken, die zwar in den trilinguen Inschriften zufällig uns nicht entgegentritt, dafür aber in den unilinguen Inschriften um so häufiger erscheint und zu charakteristisch für das Assyrische und seinen Semitismus ist, als dass wir sie übergehen könnten. Ich meine diejenige Adverbialbildung, welche

1) Meine Abhdlg. de l. Aeth. p. 30.

2) Ueber *lapanî* „früher" und *ultu libbi* „von da aus" s. unter den Präposs.

zu Stande kommt durch Anfügung eines *is* (שׁ ִ) an Nomina (Subst. u. Adj.), sowie auch an andere Redetheile. Das Factum, dass es solche Adverbien giebt, ist ein ganz unzweifelhaftes; die Beispiele sind sehr zahlreich. Ich constatire zunächst das Factum selbst. In der Khorsabadinschrift 28 lesen wir in einem Berichte des Königs Sargon über seine Besiegung eines feindlichen Königs und die Wegführung seiner Unterthanen in die Gefangenschaft die Worte: *ana sallati amnu* = „ich rechnete sie zur Gefangenschaft", „machte sie zu Gefangenen". Genau in demselben Zusammenhange lesen wir Z. 76: *sallatis amnu* „ich behandelte (sie) wie Gefangene." Deutlich entspricht hier das Wort *sallatis* dem mit *ana* versehenen Substantiv *sallati* (שָׁלָה von שׁלל „erbeuten"). Der adverbielle Begriff von *sallatis* ist somit ausser Zweifel. Betrachtet man aber das Wort näher, so ergiebt es sich als aus dem fem. Substantive *sallat* durch Anhängung der Endung *is* gebildet. Andere in dieser einen Khorsabadinschrift vorkommende Adverbien dieser Bildung sind *rabis* „mächtig", „sehr" Z. 168 von *rabu* „gross"; *aribis* „listig" Z. 73 von ערב „listig sein"; *rukis* „von ferne" 102 von *ruk* (רחק) „fern"; *kinis* „beharrlich" 188 von *kinu* „fest"; *hadis* „allein" 141 von חד = אחד „einer", *'ilis saplis* „oben und unten", „hoch und niedrig" 20. 138 von *'ili* עֲלִי *super* (also = *supra*) und שׁפל „niedrig sein" u. a. m. Vgl. auch noch E. I. H. col. III, 12: *kakkabis sa sami* mit Sard. III, 43: *kima kakkabi sami* d. i. „den Sternen des Himmels gleich".

In den verwandten Sprachen suchen wir so gebildete Adverbien vergebens; und dennoch fehlt es auch in ihnen nicht an analogen Bildungen, ist man sich nur erst über den Ursprung dieser ganzen Bildung und insonderheit der Endung *is* klar geworden. Diese letztere nämlich ist nichts anderes als das durch Verbindungs-*i* dem Grundworte angefügte Suffix der 3. Person Sing, im Assyrischen, wie wir gesehen haben, *su* lautend. *Sallatis* also z. B. ist im letzten Grunde verkürzt aus *sallatisu* = „seine Beute", dieses aber ist adverbiell im Acc. untergeordnet zu denken = „gemäss seiner Beute" d. i. „beutemässig", „beuteartig", „als Beute"[1]. Wir kennen diesen Gebrauch des Suffixes der 3. Person Sing. bereits aus dem Hebr., aus Bildungen nämlich wie לְבַדּוֹ „er allein" eigtl. „in seiner Alleinheit". Auffallend ist dabei nur, dass das Assyrische diese Adverbien auch bildet z. B. von Adjektiven, anderseits dass das Suffix der dritten Person Sing. alle übrigen Suffixe vertritt. Allein auch dieses verliert wieder sein Fremdartiges, wenn wir das Aethiopische vergleichen. Denn hier haben wir nicht bloss ባሕቲቶሁ፡ „in seiner Alleinheit" = „allein"; sondern auch ዕራቁሁ፡ „er nackt" = „nackt" u. s. f. Und wie endlich da-

1) Demgemäss lesen wir sogar zuweilen die dem Sinne nach entsprechende Präposition noch daneben z. B. III R. 5 Nr. 6, Z. 14: *ana mi'dis* „in Menge".

Suffix der 3. Person Sing. allmählich statt aller Suffixe stehen konnte, wie eine solche Bildung überall geradezu zum Adverbium werden konnte, bei welchem jene ursprüngliche eigentliche Bedeutung des Suffixes ganz in den Hintergrund zurücktrat, zeigt ebenfalls das Aethiopische, welches Adverbien wie ከንቱ፡ = *kantu* (aus ከንቱሁ፡) „umsonst", ቀዲሙ፡ „früher", ላዕሉ፡ „oberhalb" aufweist, die ebensowohl mit der 3. wie mit der 1. Person verbunden werden [1]), bei welchen also das Suffix genau so seine ursprüngliche Bedeutung verloren hat, wie bei den in Rede stehenden assyrischen. In beiden Fällen haben wir es mit starr gewordenen Bildungen zu thun. Damit löst sich das Räthsel, das diese Bildungen bieten, hüben und drüben [2]).

2. Die Präpositionen.

Von Präpositionen begegnet uns in den trilinguen Inschriften eine ziemlich beträchtliche Anzahl. Es sind die folgenden:

1. *itti* „mit" = pers. *hadâ*, theils phonetisch theils ideographisch geschrieben (s. d. Gloss.), entsprechend hebräischem אֵת, äthiop. እንተ፡ (s. über diese Präpositionen meine Abhdlg. de ling. Aeth. p. 29). In den trilinguen Inschriften hat das Wörtchen zuweilen die Bedeutung „während" z. B. Assurb. 118, 14: *itti ibsi ši annâti* „während dieser Vorgänge".

2. *adi* „bis", entsprechend hebräischem עַד. In den trilinguen Inschriften kommt diese Präpos. nur in Verbindung mit *ši ša* als Conjunktion im Sinne des persischen *yathâ* = „bis dass"

1) S. Dillm. S. 303; meine Abhdlg. de l. Aeth. p. 87. 88.

2) Vgl. auch Oppert s. 198. — Das *asrus* „an seinen Ort", „in seinen früheren Zustand" Khors. 12 kann ich angesichts des parallelen *asrusun* „an ihren Ort", „in ihren früheren Zustand" ibid. 137 nicht mit Opp. J. A. VI, 2. p. 494 für ein reines Adverb, als vielmehr lediglich für einen adverbiellen Accusativ mit Pron. suff. statt *asrusu* halten. Immerhin zeigt das in Rede stehende Wort, wie ganz unvermerkt der betreffende Accusativ mit Suffix in das reine Adverbium übergeht, und dient so der obigen Ausführung zur erwünschtesten Erläuterung. Eher schon lässt sich *ahratas* Khors. 68 als ein solches Adverbium in der Bed. „für die Nachwelt" (errichtete ich mein Königsbild) nehmen, vgl. Tigl. Pil. VIII, 37: *ana ahrat yumi* „für künftige Tage".

Noch bemerke ich, dass Oppert s. 200 seiner assyr. Gr. 2. A. Adverbien einer Bildung mit auslautendem *am* aufführt, nämlich die drei: *kuhannam* „priesterlich", *rabam* „majestätisch", *kuttam* „verdeckt", alle drei ohne Beleg. Mir sind weder diese Beispiele, noch sonst Adverbien dieser Bildung aufgestossen; ich kann demnach über die Richtigkeit oder Unrichtigkeit der betr. Angabe nichts aussagen. Existiren aber derartige adverbielle Bildungen wirklich im Assyrischen, so sind dieselben jedenfalls nicht als alte mimmirte Accusative, denn vielmehr einfach als Nominalbildungen mit der Endung *âm* zu betrachten, genau wie חִנָּם „umsonst", אָמְנָם „wahrlich" u. andd. neben פִּתְאֹם „plötzlich" und ähnl. Bildungen. S. Ewald, hebr. Spr. §. 204 b. Olshausen, hebr. Gr. S. 421.

oder aber „während" vor (Beh. 10. 27. 47 u. ö.). Für den Gebrauch des Wörtchens als Präposition vgl. Khors. 17 *adi mat Illibi* „bis zum Lande Illibi"; Z. 20: *adi 'ir Samu'una* „bis zur Stadt Samuna" u. s. f. Bemerkenswerth ist dabei noch der häufige Gebrauch dieser Präposition an Stelle der einfachen Copula, wenn es sich um Aneinanderreihung zweier Nomina handelt z. B. in der häufigen Redensart: „ich führte fort die Bewohner *adi marsiti-sunu* und ihre Habe" (R. שׁלל = ירד) z. B. Lay. 78, 12, ein Gebrauch der Präposition, aus dem es zu erklären, dass in Varianten mit *adi* einfach die Copula *u* wechselt, wie z. B. Assurb. Sm. 220, 6.

3. *ana* „nach", „zu", eine die Richtung nach etwas ausdrückende Präposition. Im Persischen steht der Accusativ der Richtung (z. B. Beh. 33: *Bâbirum* „nach Babylon").

Wir nehmen in der Betrachtung mit dieser Präposition sofort zusammen die folgende:

4. *ina* „in", „bei". Im Persischen entspricht meist der Locativ z. B. Beh. 40: *ina Babilu* pers. *Bâbirauv* („während ich) in Babylon (war"). Diese beiden Präpositionen *ana* und *ina* sind offenbar auf die gleiche Urwurzel zurückzuführen, und zwar auf dieselbe, die wir dem hebr. הֵנָּה, arab. إِنَّ zu Grunde liegend finden (s. meine cit. Abhandlung p. 28). Der Eintritt dieser Präpositionen für die sonst in den semitischen Sprachen meist für den gleichen Zweck im Gebrauch befindlichen בְּ und אֶל (ب und الى) ist bemerkenswerth, im Uebrigen aber nicht mehr auffallend, wie äthiop. ምስለ፡ für „mit", ኀበ፡ für „bei", ዲበ፡ für „auf". — Uebrigens entspricht *ana* im Assyrischen durchaus seiner Bedeutung nach dem לְ der Hebräer, Araber u. s. f. und vertritt demnach häufig den Dativ, wie NR. 2. E, 3. J, 7. C, a. 3. S. darüber unten.

5. *'ili* „auf", „über", entspricht mit davorgesetztem *ina* oder *ana* = *ina 'ili* u. *ana 'ili* dem pers. *abiy* s. Beh. 34. 42; — 16. 22. 66. In den unilinguen Inschriften kommt das Wort unzähligemal auch allein, in der Bed. „über", vor z. B. in der Redensart: „(er setzte seine Vögte) über sie" = *'ilisunu* Khors. 22. 29. 32. III R. 9, 32 u. ö. Aus einer Vergleichung von Khors. 22 mit 32 erhellt auch die Aussprache des lediglich in den tril. Inschriften sich findenden Ideogramms; s. indess auch ob. S. 113 Nr. 86. Zu vgl. steht natürlich das hebr. עַל, עֲלֵי, arab. عَلَى u. s. f., wie sich denn neben *'ili* auch die Aussprache *'ila* findet (Assurb. Sm. 174, 39).

Von derselben Wurzel kommt aller Wahrscheinlichkeit nach auch

6. *'ilat* = עִלַּת, welches NR. 8. dem pers. *apataram hacâ* in der Bed. „ausser" entspricht. Das Wort bedeutete wohl ur-

sprünglich „über — hinaus", dann „ausser". S. Oppert E. M. II. 171.

7. *uštu* „aus", „von", pers. *hacâ* (Beh. 8. 15. u. ö.). Seine Ableitung ist zunächst dunkel. Nun aber wechselt diese Präposition in den Parallelstellen nicht selten mit der anderen:

8. *ištu* „aus", „von" (s. die Nachweise bei Norr. Dict. p. 706. 707)[1]); es wird deshalb wohl mit Oppert E. M. II. p. 200 am wahrscheinlichsten anzunehmen sein, dass *uštu* gemäss dem in der assyrischen Sprache geltenden Gesetze von dem Uebergange des *s* in *š* lediglich umgelautet sei aus *ištu*. Dieses letztere wiederum deckt sich seinen Lauten nach so vollständig mit dem äthiop. ውስተ :, dass Opperts Zusammenstellung beider Wörter sich unmittelbar aufdrängt. Allerdings decken sich die Bedeutungen nicht völlig, indem das entsprechende äthiop. Wort nicht „aus", sondern „in" bedeutet. Bedenken wir aber wie z. B. aus arab. مِثْل „Gleichheit, Aehnlichkeit" die äthiop. Präpos. ምስለ : in der Bed. „mit" sich hat entwickeln können; wie weiter ein Verhältnissbegriff wie „aus" (lat ex) so leicht in den anderen „unter", und dann weiter „in" (vgl. „aus der Zahl", „unter der Zahl", „in der Zahl" u. s. w.) übergehen konnte, so schwindet das Auffallende, und die proponirte Identificirung der lautlich sich deckenden Präpositionen *ištu* (assyr.) und *wstu* (äthiop.) dürfte kaum beanstandet werden können.

9. *pana* (*pani*), eigtl. „angesichts" vgl. hebr. פָּנִים, dann überhaupt soviel wie „vor", findet sich für sich allein als Präposition nur Beh. 47 in der Phrase: *ittaggalû paniya* = „sie harrten auf mich", „erwarteten mich", pers. *mâm amânaya*. Sonst kommt das Wörtchen in den tril. Inschriften nur noch in Verbindung mit Präpositionen vor: nämlich mit *ina* z. B. *ina pana attua* „vor mir" pers. *paruvam* (Sus. 10 auch adverbiell = „früher"); und merkwürdigerweise mit *la* = *lapani* pers. *hacâ* z. B. Beh. 9. 30. 49: *lapaniya* „vor mir" pers. *hacâma*; (auch „vor" Assurb. 185, 69). Dieses vorgefügte *la* ist zweifelsohne hebr. arab. לְ, لِ und *lapani* entspricht auf das Genaueste hebr. לִפְנֵי. Wir haben hier also den denkwürdigen, übrigens auch sonst in der Sprachgeschichte sich wiederholenden Fall, dass sich ein sonst in Abgang gekommener Redetheil erhalten hat in einer einzelnen, ganz bestimmten Verbindung. Mir wenigstens ist eine Spur des Vorkommens der Präpos. *la* im Assyrischen sonst nicht bekannt.

10. Eine letzte Präpositionsreihe der trilinguen Inschriften wird durch Zusammensetzung mit *libbu*, *libbi* „Herz" hebr. לֵב gebildet. Wir haben in den tril. Inschriften davon die folgenden

---

1) Vgl. auch *ištu riš šarrutiya* „vom Beginne meiner Herrschaft" Tigl. Pil. VI, 45 mit *uštu riš šarrutiya* dass. Khors. 23.

Beispiele 1) *ina libbi* „unter“, „an“ Beh. 3 (hier entspricht es dem im pers. Texte stehenden Genitive vgl. 87); ferner 51. 56. 67. 70 (hier fehlt die pers. Uebersetzung); 2) *ultu libbi* „von da aus“ Beh. 15 (hier aber adverbiell gebraucht = pers. *hacâ avadasa*); 3) *ana libbi*, „wegen“; Beh. 2: *ana libbi hago* „deswegen“ = pers. *avahyarâdiy*. — In den unilinguen Inschriften erscheint auch das einfache im Acc. untergeordnet zu denkende *libbu*, *libba*, gerade wie die unten zu besprechenden *sipu* und *katu*, als Präposition und zwar im Sinne von „auf“, „über“ vgl. Assurb. Sm. 108, 3: *šul-mi ya-a-si lib-ba-ku-nu* „meinen Gruss über Euch!“ Khors. 24: *nisi a-sib lib-bi-su as-lu-la* „die in ihr (der Stadt) lebenden Bewohner führte ich fort“ u. s. f.

Von Präpositionen, welche uns lediglich in den unilinguen Inschriften begegnen, führe ich an:

11. *balu*, *balur* „ohne“, hebr. בְּלִי z. B. *balur ni'miya ina kussisu isibu* „ohne meinen Befehl setzte er sich auf den Thron“ Khors. 84; *balu 'ibis kabal* „ohne eine Schlacht zu liefern“ Assurb. Sm. 76, 25.

12. *illanu* „vor“, hebr. אוּלָם z. B. „350 alte Könige, *sa illanua bilut mat Assur 'ipusu* welche vor mir die Herrschaft über Assyrien ausübten“ Bott. 37, 41; („das Lager war aufgeschlagen) *illanua* vor mir“ Assurb. Sm. 127, 83.

13. *ahi*, *ahat* „zur Seite“, vgl. arab. رَخَى *tractus* z. B. *'ir ahi nahar Zuhina* „die Stadt am Flusse Zuhina“ II R. 52. 43.

14. *kirib* „mitten in“, *ina* und *ana kirbi* dass. vgl. hebr. קֶרֶב; *ultu kirib* „mitten heraus“ Khors. 189. — 48. — 59. — 125. I R. 7. C. 4. E. 9 u. ö.

15. *mihrit* „innerhalb“ Khors. 162. R. מחר eigtl. „vorne sein“.

16. *mahru(i)* „vor“, „in Gegenwart“, *ina mahri* dass., vgl. das häufige *sarri* oder *sarrani alik(ut) mahriya* „die vor mir lebenden Könige“ II R. 28, 49. 52 u. ö.; ferner: „sie führten ihn *ina mahriya* vor mich“ Assurb. Sm. 77, 6 u. ö.

17. *nir*, *ana nir* „an“, „bei“, „zu“, „in der Nähe“, „unter“ z. B. Khors. 28, *sa ni-ir Assur iḫ-tu-u* „welche gegen Assur sich vergingen“; Botta 36, 12: („Medien u. s. w.) *'i-mi-du ni-ir Assur* unterwarf ich Assyrien“; vgl. noch Khors. 22. 28. 36. 50. 70. 116. 117 u. s. f. Die ursprüngliche Bedeutung des Wortes ist „Joch“, wie wir noch aus Phrasen ersehen wie Assurb. Sm. 130, 4: *pari'i ṣi-bat-ti ni-i-ri* „Maulesel, die das Joch auf sich nehmen d. i. die ans Joch, ans jochmässige Ziehen gewöhnt sind“; sowie aus der häufigen Verbindung mit dem Vrb. *kanas* „unterwerfen“ vgl. z. B. ebend. 76, 29: *la kitnusu ana niri* (*ni-i-ri*) *biluti* d. i. „nicht war er sich beugend unter das Joch meiner Herrschaft“; ebend. 87, 73: *iknusa ana niriya* (*ni-ri-ya*) „er unterwarf sich mir“; ebenso 129, 103 u. ö.

Dem entsprechend ist auch die Bedeutung des lautlich mit ihm sich deckenden نِير „Jugum", mag dieses Wort nun ein ursprünglich arabisches oder ein ins Arabische importirtes sein. Zu bemerken ist übrigens noch, dass *nir* sehr häufig auch ideographisch geschrieben wird, und zwar zunächst mit dem Zeichen [cuneiform], dessen phonetischer Werth *nir* durch die Variante 87, 73 (*ni-ri*) unmittelbar an die Hand gegeben wird. Daneben jedoch kommt mit dem gleichen Sinn- und Lautwerthe auch noch das Zeichen [cuneiform] vor, welches durch ein Syllabar (III R. 70, 81) ebenfalls auf *ni-'i-ru* bestimmt wird vgl. I R. 35. I., 13. 14: *ana niri-ya usaknis* „ich unterwarf mir". Dabei ist zu bemerken, dass das letztere Zeichen, wie schon oben S. 226 ausgeführt, in den Syllabaren daneben auch durch *sibu* „Fuss", *sipâ* „die beiden Füsse" erklärt wird, eine Bedeutung, welche in Redensarten, wie *iṣ-ba-tu si-pa-ya* „sie umfassten meine Füsse" Assurb. Sm. 129, 105; 146, 1; *unaššiḳu sipâ-ya* „sie küssten meine Füsse" Sanh. Tayl. II, 57; Assurb. Sm. 140, 5 u. 6. die allein angemessene ist. Ja, wir haben sogar auch noch dafür den Beweis in den Händen, dass *sibu* „Fuss" rein präpositionell im Sinne von „unter" gebraucht ward, genau wie das in Rede stehende *nir* selber. Wir lesen Sanh. Tayl. col. II, 43: *ik-nu-su si-bu-u-a* „sie unterwarfen sich mir"; ebenso col. I, 15: *u-sak-nis si-bu-u-a* „ich unterwarf mir"; ganz so Sarg. Cypr. col. II (I), 27. Hiernach kann es keinem Zweifel unterworfen sein, dass wir im Assyrischen 1) eine Präpos. *nir* haben, ursprünglich „Joch" bedeutend, und 2) eine andere *sibâ* eigentlich „Fuss" besagend, wobei es schliesslich dahingestellt bleiben muss, ob das zweite der Ideogramme für *nir* (s. o.) nicht auch für die Präp. *sibâ* gebraucht ward [1]). Beide Präpositionen werden bezüglich ihrer Bedeutung in unzähligen Fällen als identische behandelt, sind aber trotzdem grundverschieden und werden deshalb theils durch die Wahl der verschiedenen Ideogramme, theils auch durch die phonetische Schreibung streng von einander geschieden.

18. *sibâ, sipâ* „unter" R. סוב — סָפַף. S. Nr. 17.

---

1) Wie *sibâ* „Fuss" (im Acc. untergeordnet) zu einer blossen Präposition geworden ist, so scheint auch *ḳatu* „Hand" als Acc. zuweilen ganz die Stelle einer Präposition zu vertreten, so in der Redensart Assurb. Sm. 217, I *im-nu-u-su ḳa-tu-u-a* „sie überantworteten ihn (מנה) in meine Gewalt d. i. mir". Dasselbe gilt schliesslich auch von *idâ* „die beiden Hände" (s. o. S. 191. 226), welches Assurb. Sm. 211, 90 in dem Satze „Asur und Istar, *sa idâ-ya illiku* welche zu mir kamen", wo *idâ* offenbar ganz die Bed. von „vor", „zu" hat, wie denn eine Variante geradezu *ina mahriya* „vor mich" bietet. Ueber das ähnlich gebrauchte *libbu, libba* s. sub. Nr. 10.

19. *ṣir* „auf“, „über“ vgl. hebr. צוּר „Fels“, „Spitze“. Assurb. Sm. 75, 26: *ma-da-at-tu u-kin ṣi-ru-uš-šu* „Tributzahlung legte ich ihm auf“; ebend. 216, d: *ṣi-ir Um-an-al-da-si šar 'Ilam ak-ba-a a-la-ku* „gegen Umanaldas, König von Elam, proclamirte ich den Kriegszug“; vgl. Khors. 165 u. sonst. Die Präposition wird häufig auch ideographisch mit dem Zeichen geschrieben, dessen phonetischer Werth *ṣir* durch Assurb. 216 d. vgl. mit 205, 46 u. andd. St. festgestellt wird.

20. *arku*, *arki* „nach“ R. ארך, meist ideographisch mit dem Zeichen geschrieben, dessen phonetischen Werth wir durch Vergleichung von Assurb. Sm. 23, 123 mit 284, 93 erfahren. Vgl. a. a. O. 176, 72: *In-da-bi-gas ša arku Tam-ma-ri-tu u-ši-bu ina kuššu 'Ilam* d. i. „Indabigas, welcher nach Tammaritu auf dem Throne von Elam sass.“ Phon. s. B. Beh. 106: welcher König immer du sein mögest *ša bilû ar-ki-ya* „der du nach mir herrschst“. Neben *arki* findet sich auch *ana arki* in demselben Sinne s. o.

20. *kum* geschr. *ku-um* „anstatt“ vgl. hebr. מְקוֹם[1]). Assurb. Sm. 287, 27: *ku-um Ya-u-ta-ah aš-kun-šu a-na šarru-u-ti* d. i. „anstatt des Jautah berief ich ihn zur Herrschaft“. Ganz so 264, 43.

8. Die Conjunctionen.

1. Zur Verbindung von Wörtern ebensowohl wie von ganzen Sätzen dient im Assyrischen am gewöhnlichsten die Conjunktion *u* oder *va*, entsprechend hebräischem ו (וּ), arab. وَ, aeth. ወ: u. s. f. Zur Bezeichnung derselben in der Aussprache *u* sind in der assyrischen Schrift zwei Zeichen im Gebrauch und , von denen vermuthlich das letztere das Ideogramm ist[2]). Dass beide Zeichen indess *u* zu lesen, ergiebt sich aus Syll. 591. 592, wo beide Zeichen gleicherweise durch den Vokal *u* erklärt werden (s. S. 42. 43). Daneben erscheint nun aber nicht selten noch eine andere Aussprache *va* z. B. Beh. 81, in der Nebucadnezarinschrift des Senkerchcylinders I Rawl. pl. 51. Nro. 2 col. I. 15; II. 17 u. ö., welche sich der in den verwandten Sprachen herrschenden noch unmittelbarer anschliesst. Bezüglich des Unterschiedes der beiden Aussprachen *u* und *va* wird

1) *ku* steht, wie so oft, fälschlich für *ḳu* s. ob. S. 200.

2) Dies schliesse ich daraus, dass das letztere nur ganz vereinzelt und offenbar nur missbräuchlich als phonetisches Zeichen auch bei andern Wörtern als dem in Rede stehenden vorkömmt.

Norris Dict. p. 280 das Richtige haben, wenn er die letztere als eine enklitische betrachtet, welche auftritt nur in Anlehnung an ein anderes Wort und zwar überwiegend an ein Verbum.

2. *ki* „wann“, hebr. כִּי, entsprechend pers. *yadiy* NR. 20. 25. Beh. 97. 102 (an letzterer Stelle zum Unterschiede von dem mit dem gleichen Zeichen geschriebenen Ideogramme für *itti* „mit“, mit dem phonetischen Complemente *i* versehen = *ki-i*). Um die Relativität der Conjunction recht nachdrücklich anzudeuten, wird dem *ki* zuweilen auch wohl noch ein *sa* nachgeordnet, vgl. Assurb. Sm. 86, 64: *ki sa akba ippus* „wenn ich befehle, so geschiehts“.

3. *kima*, in den trilinguen Inschriften nur als Adverb. in der Bed. „also“ auftretend (s. o.), erscheint in den unilinguen Inschriften auch als Conjunktion in der Bed. „gleichwie“, wie in den verwandten Sprachen, vgl. hebr. כְּמוֹ äthiop. ከመ : arab. كما u. s. f. Vgl. Sard. I, 50: *ki-ma ki-in-ni ... iṣṣuri* „gleich Vogelnestern“; *kima tul abubi* „gleich einem Schutthaufen“ Lay. 13, 11. u. ö.

4. *akka* „wie“? pers. *ciy* (*karam*) NR. 26. Ist wohl am besten mit hebr. אֵיכָה „o wie“!, sowie aram. ܐܝܟܢ *abi*, und weiter hebr. אֵיכָכָה Hohesl. 5, 3 zusammenzubringen.

5. *la* „nicht“, arab. لا hebr. לֹא, entsprechend pers. *naiy*. Beh. 21 (zusammengesetzt mit *anuma* = „damit nicht“, worüber s. o).

6. *ul* „nicht“, hebr. אַל, pers. *naiy* K, III, 8. Beh. 13 (*usdâ*). 104. Wie aus einer Vergleichung der sub Nr. 5 und 6 angeführten Stellen erhellt, findet ein Unterschied in der Bedeutung zwischen beiden Negationen, wie ein solcher im Hebr. zwischen לֹא und אַל, wenigstens in der Regel, uns entgegentritt, im Assyrischen nicht Statt. Zu bemerken ist noch, dass, wie schon aus den angeführten Stellen sich schliessen lässt und wie dieses die trilinguen Inschriften bestätigen, nicht *la*, sondern *ul* das bei weitem häufigere Verneinungswörtchen ist. Auch im Aethiopischen ist bekanntlich (s. meine ob. cit. Abhdlg. p. 28) *la* fast ganz in Abgang gekommen und statt dessen, abgesehen von einem einzelnen Falle, wo sich *al* erhalten hat, statt dessen ኢ : an die Stelle getreten. Dieses אִי ist übrigens auch im Assyrischen noch vorhanden, nämlich in der Aussprache:

7. *ai*. Es dient zur Verneinung von Voluntativsätzen, vgl. E. J. II. col. X, 15: *ai isi nakiri* „nicht mögen Feinde sein“; Lay. 42, 53: *ai ipparka*[1]) *iddsa* „nicht möge ihre Stärke gebrochen werden“ u. s. f. Vgl. auch oben S. 259 über *ammma*, sowie unten bei den Verneinungssätzen. Oppert's Ansicht, dass dem Wörtchen die Bed. „bis“ eigne, scheitert am Sprachgebrauch und ist etymologisch nicht zu erklären.

---

1) Khors. 190 steht in derselben Phrase: *ipparkû*.

8. *assu* „dieweil“, „nun aber“, Grund- und Uebergangspartikel Asarb. III, 7. Assurb. Sm. 68, 85[1]). Vielleicht zusammengezogen aus *ana-su*, *ansu* = „zudem“, „danach“[2]).

Wir lassen zum Schluss noch diejenigen Conjunktionen folgen, die, wie auch in den verwandten Sprachen dieses Statt hat, durch Zusammensetzung mit dem auch im Assyrischen (z. B. Beh. 91) conjunktionell gebrauchten Relativpronomen (*sa*) gebildet werden. Es sind dieses in den trilinguen Inschriften:

9. *'alla sa* (ש עַל) = „nachdem“ pers. *yathâ* Beh. 29. S aber dasselbe unter den Advv. sub Nr. 3.

10. *'adi 'ili sa* (ש עַד עֵלִי) „bis dass“, „während“, pers. *yathâ*. NR. 32. Beh. 10. 27. 47. 9. 109. Vgl. Präposs. sub Nro. 2. 5.

11. *libbu sa* = *perinde ac* pers. *yathâ*. Beh. 98. NR. 24 K. 20. Vgl. oben unter den Präpos. sub. Nro. 10.

12. *arki sa* „nachdem“, pers. *paçâva yathâ* Beh. 11. Vgl. ob. unter den Advv. sub Nr. 4.

Ueber *ki sa* „wann“, „wann immer“ s. unt. Nr. 2.

Nicht in diese Kategorie der Conjunktionen (Opp. §. 206) gehören *yâti* und *yâtiva*, über welche s. ob. S. 252 flg. u. unten bei d. Verbindungssätzen.

2. Syntax.

a. Der einfache Satz.

α) Die einzelnen Satztheile.

I. Das bestimmte und unbestimmte Nomen.

Unterordnung des Nomens und Verbums unter das Verbum.

1) Zur Kenntlichmachung des bestimmten Nomens gegenüber dem unbestimmten ist ein Artikel im Assyrischen ebensowenig im Gebrauch wie im Aethiopischen, und auch das Hilfsmittel der aramäischen Sprache, durch die Wahl des Status emphaticus das bestimmte Nomen hervorzuheben, ist für das Assyrische nicht vorhanden, da, wie oben ausgeführt ist, ein solcher Status emphaticus in demselben überall nicht existirt. Will demnach der Assyrer ausdrücken: „der Gott, der den Himmel und die Erde schuf“, nämlich diesen bestimmten Himmel und diese bestimmte Erde (את השמים ואת הארץ Gen. I, 1), so kann er dieses, legt er auf die Hervorhebung der Bestimmtheit der betr. Nomina keinen besondern Werth, einfach wiedergeben durch *ilu sa samî ibnu u irsitiv ibnu* (Van K.

1) Var. *assu*.

2) An manchen Stellen, wie z. B. Assurb. Sm. 188, 59. 161, 90; 179. 98; 180, 91; 215, b; 283, 89 dient es lediglich zur Hervorhebung eines Wortes und hat etwa die Bed. von „was anbetrifft“.

[—]) legt er aber auf diese Hervorhebung ein Gewicht, so bleibt ihm nichts übrig, als dem betr. Substantiven ein *hagâ*, *hagâta*, „dieser“, „diese“ beizufügen. So Elv. F, 8: *sa kakkaru hagâ iddinna sa samî hagata iddinna* „der diesen Erdkreis schuf, der diesen Himmel schuf“.

Ist das Nomen mit einem Suffixe versehen und kommt es darauf an, den Possessivbegriff besonders stark anzudeuten, so ist im Assyrischen die Möglichkeit gegeben, solches noch besonders hervorzuheben durch die Wiederholung des Suffixes, das an das beigefügte *att* (את) angehängt wird, wie *abua attua* „mein Vater“ Beh. 1. u. 5. Auch ohne dass übrigens an dem Nomen selber das betr. Suffix sich findet, lesen wir wohl *bit attunu* „unser Haus“ Beh. 27. 28; *ukum attua* „mein Heer“ Beh. 52 genau wie der Aethiope sagt: ቤት፡እንቲአየ፡ „mein Haus“, አበ፡ዚአ ከ፡ „dein Vater“ u. s. w. Vgl. noch Assurb. Sm. 65, 18: *abutiya u at-tu-u-a* „meine Väter und mich“ [1]).

9) Ist das als ein bestimmtes hervorzuhebende Nomen ein Accusativ, so begegnen wir wenigstens in den trilinguen Inschriften noch einer anderen Art dieses anzudeuten. In diesem Falle nämlich wählen die trilinguen Inschriften die Bezeichnung des Accusativs durch die Präposition *ana* „an“, genau wie der Aramäer sich zu diesem selben Zwecke der Präp. ܠ bedient (s. meine Abhdlg. de ling. Aeth. p. 83). Demgemäss sagt der Assyrer: (Als Cambyses) *ana Barziya* den (bekannten und genannten) Bardes (getödtet hatte)“ Beh. 13; („darauf ergriffen sie) *ana Martiya* den Martiya“ Beh. 42; („meine Truppen schlugen) *ana nikrut* die Rebellen (in die Flucht“) Beh. 52. 56; („Hystaspes warf) *ana nikrutav hagasunu* jene Rebellen (nieder“) Beh. 65; („meine Truppen schlugen) *ana ukum sa Umidati* das Heer des Veisdates“ Beh. 76. („Auramazda möge schützen) *ana sarrutiya* meine Herrschaft“ K. IV, 2. D, 19; *sa ana Ḫisi'arsa' sarra ibnu* „welcher den Xerxes zum König machte“ D. 4. E. 10. H. 8. 4; („Auramazda möge schützen) *ana bitya u ana matiya* mein Haus und mein Land“ NR. 83; *hagâ anaku ana Ahurmazda' 'itiris* „um dieses bitte ich den Auramazda“ NR. 34; („Auramazda) *anaku ina 'ilisina ana sarrutav iftikid* verlieh mir die (von mir jetzt ausgeübte) Herrschaft über sie“ NR. 22. Demgegenüber lesen wir beständig nur: („sie lieferten) *saltar* „eine Schlacht“; *tuhazu* „ein Treffen“ Beh. 37. 52. 54 u. ö. Wir haben nun aber, wie bemerkt, diesen Unterschied der Ausdrucksweise lediglich für die tril. Inschriften zu constatiren. Die unilinguen niniviltischen und babylonischen Inschriften kennen diese Umschreibung des Accusativs nicht. Es begegnet uns somit in der assyrischen Sprache genau die gleiche Erscheinung wie in

---

1) Letzteres Beispiel zeigt, dass die in Rede stehende Ausdrucksweise nicht auf den babylonischen Dialekt (Opp. p. 110) zu beschränken ist.

den verwandten Sprachen, wo diese Umschreibung des Accus. durch eine Präpos. (im Hebr. und Aram.) immer erst später eintritt und erst mit der Zeit häufiger wird.

3) Nicht minder charakteristisch für den Semitismus der assyrischen Sprache ist die durch zwei Beispiele der trilinguen Inschriften sicher gestellte Verstärkung des Verbalbegriffs durch Wiederholung des Verbalbegriffs in dem, dem Hauptverbum im Acc. oder vermittelst einer Präposition untergeordneten, Infinitive. Wir lesen Beh. 14: *arki parṣûtav ina matut lu madu imidu* (קָרוּ יְכַזְּבוּ) „danach wurden wahrlich gar zahlreich die Lügen in den Ländern"; und wiederum NR. 10: „was ihnen von mir befohlen wird *ana abuasu ibbuasu* (אַךְ עָבֹט יַעֲבֹטוּ) thun sie durchaus". Das erste Mal haben wir die einfache Unterordnung im Accusativ, wie im Aethiopischen ተፈንዎ፡ ተፈነውኩ፡ „gänzlich wurde ich entlassen", oder wie im Hebr. קָנֹה אֶקְנֶה „kaufen will ich" (Ewald, hebr. Gr. 7. Ausg. §. 312; meine Abhandlung *de l. Aeth.* p. 83); das andere Mal haben wir die Unterordnung durch die dem hebr. לְ entsprechende Präpos. *ana*, ganz wie Gen. II, 3 בָּרָא אֱלֹהִים לַעֲשׂוֹת „Gott schuf (die Welt) machend" (Ew. §. 280; meine Abhlg. p. 86).

4) Eine noch weitere Verstärkung des Verbalbegriffs ist die, auch Bis. 14 uns entgegentretende, durch Einfügung des betheuernden *lu* „wahrlich!" Für die unilinguen Inschriften vgl. das interessante Beispiel, welches Oppert §. 249 aus der Inschrift Tiglath Pilesars I. (col. II, 79) anführt. Sonst verweise ich noch auf die Salmanassarinschrift III. R. 8, 80; die Inschrift Binnirars I. R. 35, 16 u. a.

5) Eine besondere Form des Nomens zur Bezeichnung des Dativs existirt nicht. Wie in den übrigen semitischen Sprachen wird er durch Präpositionen umschrieben und zwar in genauer Analogie mit den verwandten Sprachen, welche die Präpos. לְ in Anwendung bringen, durch die diesem in der Bedeutung entsprechende assyrische Präpos. *ana*. Demgemäss lesen wir K. 3. NR. 2 F, 7 und sonst *sa dunku ana nisi iddin* „welcher Macht den Menschen verlieh". — Zu bemerken ist übrigens, dass, sind die Personalpronomina in den Dativ zu stellen, statt des einfachen *ana* stets das vollere *ana 'ili* gewählt wird z. B. Beh. 16: *ana 'ilisu idriku* (דרך) „sie liefen ihm zu" (gingen zu ihm über).

6) Sehr beliebt sind im Assyrischen auch Verbindungen wie die griechische *πόλεμον πολεμεῖν*. Vgl. z. B. die unzähligemal in den Inschriften vorkommende Redensart *diktasunu aduk*: „ihre Kämpfenden kämpfte ich nieder (tödtete ich)" II R. 67. Z. 9 u. ö.; ferner *a-kul a-ka-lu* „iss Essen" Assurb. Sm. 125, 65; *da-bab-ti id-bu-bu* „sie machten geheime Anschläge" (דב, דבב) ebend. 42, 36; *zu-un-nu iz-nu-nu* „es regnete Regen" (זרם, ዘነመ) Assurb. Cyl. B. IV, 22 (Sm. 101); *lubulti — ulabbisunuti* „mit Kleidern bekleidete ich sie" ebend. 153, 24; *di-'i-nu li-di-nu-us* „mit einem Urtheil mögen sie ihn aburtheilen" ebend. 316, 110 u. a. Für das Hebr. vgl. Ew. §. 281.

7) Lediglich als eine Verschlechterung der Sprache ist es zu betrachten, wenn mehrfach in den trilinguen Inschriften das selbstständige Personalpronomen statt des Suffixes oder aber jenes anstatt vermittelst einer Präposition dem Verbum untergeordnet wird, wie z. B. Beh. 24: *Urimizda sarrutav anaku iddannu* „Ormuzd verlieh mir die Herrschaft“; NR. 9. 10: *mandattav anaku inassuni* „sie brachten mir Tribut“; eine Ausdrucksweise, mit der natürlich die ganz correkte K. IV, 1. NR. 32 u. ö.: *anaku Ahurmazda' lissuranni* „mich möge Ormuzd beschützen“, wo das absolut im Nominativ vorangestellte Pronomen durch das Suffix (*anni*) wieder aufgenommen wird (Ewald hebr. Gr. §. 309 b; meine Abbdlg. *de l. Aeth.* p. 92 sq.), nicht zu verwechseln ist.

8) Wird ein actives Verbum mit einem doppelten Accusativ verbunden, so sollte man nach der Analogie der verwandten Sprachen (s. meine Abhdl. de l. Aeth. p. 85) erwarten, dass bei dem Uebergange der activen Ausdrucksweise in die passive der zweite, fernere Accusativ werde beibehalten werden. Dem ist nun aber im Assyrischen nicht so. Die assyrische Sprache hat die Fähigkeit, eine solche straffe Construction in Anwendung zu bringen, verloren. Sie wählt in diesem Falle die laxere mit einer Präposition, nämlich *ana*. Daher sagt der Assyrer wohl: „Ormuzd, welcher den Darius (Xerxes) *sarra ibnu* zum Könige machte“ NR. 8. K. I, 4; dagegen aber Beh. 19: *su ana sarra itur* „Jener ward König“ (eigentl. „zum König“), wie der Hebräer auch wohl sagt: sie salbten ihn לְמֶלֶךְ „zum Könige“ 2 Sam. 5, 3. Vgl. überhaupt Ew. Hebr. Gr. § 284; meine Abhdl. de l. Aeth. p. 85. u. siehe noch die von Oppert §. 248 angeführte Stelle aus der grossen Inschrift Assurnasirhabals IV, 9. 4 (I R. 27 D): *ana tul u karmi*[1]) *itur* „(der Palast) ward ein Trümmerhaufen“ (eigentl. ein Haufen (תֵּל) und Trümmer).

9) Die Unterordnung eines zur Ergänzung des Hauptverbums erforderlichen Verbalbegriffs unter das regierende Verbum (Ew. §. 285, c; meine Abhdl. de l. Aeth. p. 86. No. 2) geschieht wie im Hebräischen durch den Infin. mit לְ, so im Assyrischen durch den Infin. mit *ana*. Beispiele: K. III, 5: „(er gab Befehl) *ana 'ibis limasu* eine Tafel anzufertigen“; 7: „(er gab Befehl) *ana satari limasu* eine Tafel zu beschreiben“; Beh. 50. 55: („die Rebellen zogen aus) *ana 'ibis tahaza* eine Schlacht zu liefern“.

10) Suffixe werden dem Verbum ebensowohl im accusativischen als im dativischen Sinne untergeordnet. Vgl. für den letzteren Fall z. B. Khors. 52: *II irâni dannûti . . addinsu* „zwei feste Städte gab ich ihm“; ebend. 39: *XXII birâti iddinsu* „22 Burgen gab er ihm“ vgl. noch 119. Der Fall ist ein sehr häufiger. Das As-

---

1) Opp. liest statt *karmi* (vgl. hebr. כְּרָם) „vineae“, aus einem mir nicht ersichtlichen Grunde; im lithographirten Texte steht deutlich das Zeichen *kar* (ob. S. 69 Nr. 100). Vgl. auch die ganz gleiche Redensart Tigl. Pil. IV. (II R 67) Z. 25.

syrische tritt in dieser Beziehung ganz auf die Seite der hebräischen und noch mehr der äthiopischen Sprache. S. meine Abhdl. p. 81.

II. Das Nomen in Unterordung unter ein Nomen.

1. Zur Unterordnung unter ein anderes Nomen, also zur Bezeichnung des Genitivverhältnisses dient im Allgemeinen wie in den übrigen semitischen Sprachen, so auch im Assyrischen der sog. Status constructus. Die Ausdehnung seines Gebrauches ist im Assyrischen im Allgemeinen die gleiche wie in den verwandten Sprachen. Es können dem regierenden Nomen, ist dieses ein Substantiv, Nomina aller Art, Substantive und Adjective, gleicherweise untergeordnet werden; nur dafür, dass es im Assyrischen möglich wäre, auch einen ganzen Satz dem im Stat. constr. stehenden Nomen unterzuordnen, wie im Hebr. und Aethiopischen, dieses namentlich bei Zeitsätzen der Bildung: „am Tage, wo . . ." u. s. f. (meine Abhdl. p. 87) der Fall ist, ist mir ein Beispiel nicht bekannt [1]. Auch scheint die nähere Bestimmung eines Adjektivs dadurch, dass es in den Stat. constr. gesetzt wird, im Assyrischen nicht im Gebrauch zu sein. Nur Participien haben die Fähigkeit, ein Nomen im stat. constr. sich unterzuordnen z. B. *Nabu pâkid kissat nisi*; d. i. „Nebo der Aufseher der Schaaren der Menschen". Bezüglich solcher Nomina, welche, wie hebr. כל „Ganzheit", immer ein Nomen hinter sich erheischen, welches den Nominalbegriff vervollständigt, stellt sich das Assyr. nicht sowohl zum Aethiop., das ausschliesslich Beiordnung des mit einem Suffix versehenen Wortes —ኵሉ፡ in Anwendung bringt, als vielmehr zum Hebräischen und noch mehr Arabischen, indem es ebensowohl Beiordnung (*kal* mit Suffix) als einfache Unterordnung im stat. constr. eintreten lässt. Demgemäss finden wir einerseits: „alle Rebellen" *nakiri kalisun* Khors. 14; „die sämmtlichen Könige des Landes Acharri (Phöniciens und Palästinas)" *sarrani Aharri* [2]) *kalisun* Sanh. Tayl. Cyl. col. II, 55; andrerseits aber auch *sa iddinnu harat isarti ana pakadan kal (ka-al) dadmi* „er, der den Scepter der Gerechtigkeit verlieh zur Leitung aller Menschen" London. Nebucadnezarinschr. col. IV, 20; ferner *kasid 'ir Samirina kala mat bit Humri* „Eroberer der Stadt Samaria, des gesammten Omrireiches" Botta 36. Z. 18. 19; *kali arduti* „alle Untergebenen" Assurb. Sm. 18, 71; und von der femininen Form *kalit* (כָּלַת): *hurtidu kalit mati* „der Schrecken der Gesammtheit der Länder"; Scham. Bin col. I, 28 (I R. 29); sowie von der anderen *kullat*: *kullat nakiri* „die Gesammtheit der Feinde" Stand. Inscr.

---

1) Das fragl. Subst. bleibt vielmehr im Stat. absol. stehen s. unten bei den Relativsätzen.

2) s. über das betr. Ideogr. ob. S. 28. Nr. 89.

Z. 4; *kullat duppi sațruti* „alle beschriebenen Tafeln" Assurb. Sm. 11, 8.[1])

Wie nun aber schon früher bemerkt, ist dieses ächt assyrische *kul*, *kalit* „Gesammtheit" in der späteren Zeit ausser Gebrauch gekommen und in den trilinguen Inschriften findet es sich nicht mehr. Statt dessen begegnen wir hier dem in den unilinguen Inschriften nur ganz vereinzelt auftretenden adjektivischen *gab* „all", „jeder", welches in Verbindungen wie *lisanâta gabbi*, *ili gabbi* „alle Zungen", „alle Götter" sehr häufig in den persisch-babylonischen Inschriften uns entgegentritt. Immerhin lag die Vorliebe für die Unterordnung bei diesem Begriff so tief im Wesen der semitischen Sprachen begründet, dass selbst noch in dieser späten Zeit sie sich wenigstens noch insofern äusserte, als zur Bezeichnung des Begriffes „all" in den persischen Inschriften und zwar ebensowohl neben als ohne *gabbi* das Substantiv *nabḥar* „Gesammtheit" in Anwendung kam, wie z. B. *nabḥar lisanu* (*âta*) „alle Zungen" D, 7. F, 6; *nabḥar lisanâta gabbi* K. II, 2. C, a. 6. O, 15. 16; auch *nabhar matat gabbi* C, 6. 7 d. i. „die Gesammtheit aller Zungen (Länder)".

Wie die Verbindung von Substantiven mit dem Suffix der 3. Pers Sing. *su* nach Analogie des hebr. כֻּלּוֹ, äthiop. ብሕቲቱ፡ u. s. f. zur Bildung der Adverbien auf *is* (S.) Anlass ward, haben wir oben gezeigt.

Im Uebrigen hat die assyrische Sprache genau wie die verwandten die Fähigkeit auch mehrere Genitive hintereinander den einen vom andern abhängig sein zu lassen. Klassisches Beispiel ist hiefür die Stelle aus der Londoner Nebucadnezarinschrift col. I. 48: *Nabu pâkid kissat samî u irșitiv* „Nebo, der Vorsteher der Schaaren des Himmels und der Erde".

Schliesslich ist ächt semitisch auch die Anhängung des Suffixes nicht an das regierende, sondern an das regierte, besser nicht an das definirte, denn vielmehr an das definirende Nomen der Statusconstructusverbindung. Einen unzweifelhaften Beleg für diesen Sprachgebrauch liefert die in den historischen Inschriften häufig wiederkehrende Redensart: *unut taḥazisunu 'ikimsunu* „ihr Kriegsgepäck (vgl. חֹצֶן und [illegible]) nahm ich ihnen ab" (צבא s. o.) Lay. pl. 16, 46. Vgl. aber auch die weiteren Phrasen: *sab-i taḥazi-ya* „meine Krieger" und *nisi taḥazi-ya* „meine Kriegsmannen" Sanh. Stierinschr. III R. 12, l. 39. 44 u. a. m.

2. Neben dieser, recht eigentlich semitischen Bezeichnung des Genitivverhältnisses durch den stat. cstr. begegnen wir nun aber im Assyrischen noch einer anderen, welche zu Stande kommt durch das zwischen dem Nomen regens und dem Nomen rectum einge-

1) Dr. Opp. übersetzt dieses *kullat* wiederholt durch „Grenze", „Gebiet", dasselbe wohl vom hebr. גליל ableitend; wird diese Fassung aber dermalen wohl nicht mehr halten wollen.

schobene und die Beziehung beider auf einander andeutende Relativpronomen *sa*, z. B. Beh. 72: *ukum sa mat Parsu* „die Truppen Persiens"; 76: *ukum sa Umadati* „die Truppen des Veladates"; Beh. 108: *ina silli sa Urumazda* „unter dem Schutze Auramazda's" u. s. f. Diese Umschreibung des Genitivverhältnisses, den Hebräern bekanntermassen ebenso wie den Arabern unbekannt, ist genau die gleiche wie im Aethiopischen (H · እንተ · እለ) und Aramäischen (דִּי, דְ). Der specifisch semitische Charakter der assyrischen Sprache leuchtet auch aus dieser Eigenthümlichkeit auf das deutlichste hervor. Und wenn diese Umschreibung des Genitivverhältnisses auch dazu dient, den Superlativ auszudrücken, wie in der Phrase K. 1, 1: *Ahuramazda rabu sa ili* „Auramazda der grösste der Götter" pers. mathista bagânâm, so ist auch dieses wieder durchaus in Analogie mit den verwandten Sprachen, vgl. aram. ܒܨܝܪܐ ܕܫܠܝܚܐ „der kleinste der Apostel" u. s. f.

III. Das Nomen in Beiordnung.

1. In das Verhältniss der Apposition können genau wie in den übrigen semitischen Sprachen ebensowohl ein Substantiv und ein Adjektiv zu einander, als je Substantiva und je Adjektiva für sich treten. Treten Substantiv und Adjektiv in das Appositionsverhältniss, so herrscht im Allgemeinen das in den semitischen Sprachen (mit Ausnahme des Aethiopischen) aus entgegentretende Gesetz, dass das Substantiv voran steht, das Adjektiv folgt z. B. *ilu rabu* „der grosse Gott" (an d. Spitze vieler tril. Inschriften); *kakkaru hagâta rabiti* „diesen grossen Erdkreis" NR. 7; *matat maditav* „viele Länder" NR. 8. u. s. f. Nur ausnahmsweise steht das Adjektiv voran, wie O, 6: *gabbi rukru* „alle gute Verheissung" (sonst steht *gabbi* durchaus nach vgl. in ders. Inschrift Z. 16: *lisanâta gabbi* „alle Zungen"; ferner C. a. 6. 13. C, b. 7. 24. NR. 5. 30 (*hagâ gabbi* u. ö.).

2. Die Congruenz des Geschlechts zwischen den in Apposition stehenden Nominibus (zwischen Substantiv und Adjektiv) wird im Allgemeinen sorgfältig beobachtet: die assyrische Sprache zeichnet sich in dieser Beziehung vortheilhaft namentlich vor der äthiopischen aus, mit der sie sonst so mannigfache Eigenthümlichkeiten gemein hat. Man sagt *irsitiv hagâta* „diese Erde" C, a. 2; *sarri madutu* „viele Fürsten" C, a. 4 NR. 3; *kakkar rukti rabitav* „der weite, grosse Erdkreis" NR. 5; *matat annitav* „diese Länder" NR. 25 u. s. f. Freilich finden sich auch Abweichungen von der Regel, namentlich nach der Richtung, dass das masc. Geschlecht und der Singular für das Femininum und den Plural eintritt. So lesen wir C, b. 2 und 3 auch *irsitiv hagâ* (st. *hagâta*); ebenso Elv. F. 3 *kakkaru hagâ* „dieser Erdkreis". Vgl. *sarri a-lik mah-ri-ya* „die

vor mir lebenden Könige" (statt *alikut*) Assurb. IV, 61; *sarrani alik mah-ri-ya*, II R. 21, 29 u. ö.; und gar *sarrani madûti alik mahriya* „die vielen vor mir lebenden Könige" F. J. H. VII, 25; auch (*Istar*) *bi-lit ti-si-ti mu-sar-ri-pa kab-lâ-ti* d. i. „(Istar), die Göttin des Sieges, die da entflammt die Schlachten" (Tigl. Pil. I. col. I. 13). Indessen sind dieses doch eben Ausnahmen, und wenn wir in der citirten Inschrift Elv. F. Z. 6 *asibûtu haga* lesen, so ist die Incorrektheit, wenigstens was das Geschlecht betrifft, nur eine scheinbare, indem *asibûtu* „Menschen" hier nicht nach seiner grammatischen Form, denn vielmehr nach seiner Bedeutung „Menschen" = „diese Menschen", ins Auge gefasst ist; die Incongruenz der Zahl (Sing. et. Plur.) bleibt freilich, wird aber eher erträglich durch den Umstand, dass *asibûtu* hier die gesammten Menschen, die Menschheit als ein Ganzes bezeichnet.

3. Suffixe werden an in Beiordnung stehende Nomina genau so angefügt wie in den verwandten Sprachen. „Zu seinem früheren Tribut" lautet somit im Assyrischen: *'ili mandattisu mahriti* Botta 145, 2 Z. 5.

β) Vom Satzbane.

I. Vom Subjekt und Prädikat.

1. Zur Bezeichnung des unbestimmten Subjektes (= „man") bedient sich die assyrische Sprache genau wie die verwandten (Ew. §. 294 b; meine Abhdl. p. 90) der dritten Person Pluralis. Vgl. Sus. 17: *la umahipu, la uhabbalu* „nicht möge man es (was ich geschaffen habe) zerschmettern, nicht vernichten"; Beh. 21: *ana-su la umaššaru* „auf dass man nicht erfahre" pers. *mâtyamâm khsnâçâtiy*.

2. Das Prädikat kann wie in den verwandten Sprachen ebensowohl ein Adjektiv oder Verbum, als auch ein Substantiv sein, vgl. z. B. den wiederholten Anfang der Inschriften: *ilu rabu Ahurmazda'* „ein grosser Gott ist Ormuzd". Dagegen scheint der Gebrauch von substantivischen Stoffwörtern (Gold, Stein, Holz u. s. f.) in adjektivischem Sinne (= golden, steinern, hölzern) im Assyrischen nicht Statt gehabt zu haben; wenigstens ist mir ein Beispiel, das diesen Gebrauch erhärtete, nicht bekannt. Das Assyrische nähert sich hier wiederum dem Aethiopischen, das auch nur äusserst sparsam in dieser Verwendung von Substantiven im adjektivischen Sinne ist.

3. Zur Verbindung von Subjekt und Prädikat bedarf es im Assyrischen sowenig wie in den verwandten Sprachen eines besonderen Verbums; auch von der Anwendung des Personalpronomens im Sinne des Verbi substantivi findet sich im Assyrischen keine Spur. Es genügt, um die Verbindung zwischen Subjekt und Prädikat herzustellen, die einfache Nebeneinanderstellung beider

Redetheile, wobei, wie in den verwandten Sprachen, in ruhiger Rede das Prädikat voransteht und das Subjekt folgt, z. B. *ilu rabu Ahurmazda'* „ein grosser Gott ist Ormuzd" K, I. 1. Liegt dagegen irgend ein Nachdruck auf dem Substantiv, so kann die Ordnung auch verändert werden. Demgemäss lesen wir z. B. C, a. 5. C, b. 8: *anaku Hisiarsa', sarru rabu* „Ich bin Xerxes, der mächtige König". Vgl. hebr. אֲנִי יְהוָה. Nur allerdings müssen wir sagen, dass diese Abweichung von der in den meisten semitischen Sprachen herrschenden strengen Ordnung im Assyrischen schon ziemlich häufig geworden und es darin fast bis auf die Stufe des Aethiopischen herabgesunken ist [1].

Es ist nun aber denkwürdig, dass diese Verbindung des Substantivs und Prädikats ohne jegliches zwischeneintretendes Substantivverbum in einem Falle eine so enge geworden ist, dass man fast meinen könnte, man habe eine neue Verbalform vor sich. Dieser Fall hat Statt, wenn Subjekt das Pronomen personale der 1. Pers. Sing. (*anaku*) ist, und freilich auch dann nur ausnahmsweise. In diesem Falle nämlich sagt man z. B. statt des sonst gewöhnlichen: *sarru anaku* „König bin ich" kürzer gleich *sarraku*, indem man das *anaku* zu *aku* verkürzte. Die klassische Stelle für diese Ausdrucksweise findet sich in der grossen Sardanapalsinschrift

1) So, wie im Obigen ausgeführt, verhält sich die Sache nach den trilinguen Inschriften. In den unilinguen Inschriften kommt allerdings auch ein Verbum subst. in positiven Aussagen vor. Es dient dazu das Wort *basu*, welches als Verbum abgewandelt wird, vgl. *sa malhu gabrasu la ibsu* „(der König), der einen ebenbürtigen Rivalen nicht hatte" I R. 35. Z. 8; ohne Negation Borr. I, 5. Bauinschr. Bin I. 23. 8 Oppert p. 121. Zuerst hat hierauf aufmerksam gemacht Hincks im Journ. of the R. A. S. II. 1866. p. 494, der eine hinlängliche Anzahl von Belegen beibringt; vgl. auch Norr. Dict. p. 129. Nicht leicht aber ist es, das Wort semitisch einzureihen. Ein Verbum *basâ* in der erforderlichen Bedeutung existirt sonst in den semitischen Sprachen nicht. Das Wort macht überall nicht den Eindruck, als ob es ein Verbum der gewöhnlichen Art wäre (beachte die Aussprache basu!!). Erinnern wir uns nun, dass, wie wir bei *lapani* = לִפְנֵי gesehen haben, in solchen Verbindungen uraltes Sprachgut, das sonst der Sprache abhanden gekommen ist, sich erhalten hat (das *la* = לְ), und vergleichen wir weiter das äthiop. ቦ: „er, es ist"; አልቦ: „es ist nicht" eigentl. „in ihm" sc. ist: „nicht in ihm" sc. ist), so will es uns am wahrscheinlichsten bedünken, dass *basu* zusammengesetzt ist aus *ba* = בְּ und *su* = Suffix der 3. Person, also dass das Wörtchen ganz wie das äthiop. ቦ: ursprünglich bedeutete: „in ihm" sc. ist, dann weiter: „es ist". Wenn dieses Verbum, nachdem es einmal zu einem völligen Verbum geworden und seine ursprüngliche Bedeutung und Entstehungsweise ganz aus dem Bewusstsein geschwunden war, nunmehr auch abgewandelt ward wie andere Verben (*ibsu, ibsi* „er ist" Khors. 13, *ibassi* „er ist wirklich"; *usabsi* „er bringt zu Stande" Schaf. Assurb. Sm. 175, 61; u. s. f.), so hat auch das weiter nichts Auffallendes, vgl. arab. لَيْسَ und dessen perfektivische Abwandlung, während dieses Wort doch zweifelsohne aus لا أيس = לא יש „es ist kein Sein" entstanden ist. S. Ewald, gr. arab. §. 479.

[illegible]; wo wir lesen: *šarraku bilaku nakdaku gîraku kab-daku-šarruhaku ristanaku usmanaku karradaku dannaku u zikaraku Assurnaṣirhabal šarru dannu šar Assur ... anaku* d. i. „König bin ich, bin Herr, erhaben, muthig, hochangesehen, [illegible], erstgeboren, heldreich, tapfer, mächtig, mannhaft, Sardanapal, der grossmächtige König, der König von Assyrien bin ich". Vgl. noch Nerigl. 1, 17: *a-na-ku a-na Marduk bil-ya ka-ai-na-ak la ba-aṭ-la-ak* „ich, ich bin dem Merodach treu ergeben (kayan R. כון), bin ihm nicht abfällig (בטל)." Es ist eine, bereits von Oppert erkannte, unbegreifliche Verirrung Hincks', wenn dieser Gelehrte (J. of the R. A. S. 1866. p. 487 sq.) in diesen und ähnlichen Ausdrucksweisen eine besondere perfektische Verbalform, die er permansive tense oder permansive present nennt, hat finden wollen. Abgesehen davon, dass sich dieses Tempus nur immer für die erste Person aufzeigen liesse, was allein schon höchst bedenklich ist, scheitert diese ganze Annahme an dem einen Umstande, dass, wie unser Beispiel ganz unwiderleglich lehrt, diese „Bildung" sich auch bei Wörtern findet, die lediglich Substantive oder Adjektive sind und niemals sonst als Verba vorkommen, auch der Natur der Sache nach niemals vorkommen können, wie *šarru* „Fürst", *ristan* „der Erstgeborene", *zikaru* „männlich" „mannhaft" (hebr. זָכָר). Nur insofern sind diese Verbindungen allerdings denkwürdig, als sie uns einen Blick thun lassen in die Art, wie aus der Verbindung von Verbal- und anderen Begriffen mit Personalpronominibus wirkliche Verba entstehen können und zweifellos auch (nur nicht in unserm Falle) einst sprachgeschichtlich entstanden sind.

Das Ausgeführte bezieht sich auf die positive Aussage. Ist der Sinn ein negativer, so treten die negativen Verbal-Substantive ein, von denen dem Assyrer zwei zur Verfügung stehen: *yânu* hebr. אַיִן und *la išu* = לא יֵשׁ, arab. لَيْسَ. Von diesen kommt in den trilinguen Inschriften nur das erstere vor, nämlich Beh. 19: *manma yânu* „irgend jemand war nicht da" pers. *naiy âha*. Das andere findet sich häufig in den unilinguen Inschriften z. B. Standard Inscription Z. 2: *ina malki ša kibrat arbata šaninšu la išu* „unter den Königen der vier Ländergebiete ist sein Nebenbuhler nicht". Ausserdem dient zu dem gleichen Zwecke das in der Anm. S. 304 erklärte *bašu* in der Aussprache *la ibšû*, *ul ibšu* (*ibši*) u. s. f.

II. Uebereinstimmung von Geschlecht und Zahl.

Die Congruenz von Genus und Numerus zwischen Subjekt und Prädikat wird im Assyrischen im Allgemeinen nicht minder genau beobachtet, wie in den verwandten Sprachen: dem Hebr., Aram., Arabischen. Vgl. z. B. NR. 8: *annâti matat ša* ... „dieses sind die Länder, welche ..."; ebendas. 23. 24 „was ihnen (den Ländern) befohlen war *ibbusu'* das thaten sie“ u. s. w. Dagegen nun wiederum lesen wir in derselben Inschrift Z. 9. 10: „sie (die Länder) *mandattuv anaku inassunu* brachten mir Tribut“ (über *anaku* s. ob. S. 299), mit der 3. plur. masc. statt der gleichen fem. (*inassa'*); ebenso Beh. 7: „durch die Gnade des Auramazda *itturunu* wurden sie (die Länder) unterthänig (vorher stand ganz richtig der fem. *isimma'inni* „sie gehorsamten mir“); und so finden sich noch mehrfache Incongruenzen. Dabei ist indessen nicht zu übersehen, dass diese Incongruenzen theilweis dadurch veranlasst sind, dass sich dem Subjektbegriffe unbewusst ein anderer verwandter unterschob, dem masculinen ein femininer und umgekehrt, der dann die Wahl des Geschlechts und der Zahl bestimmte. So in den angeführten Stellen, wo offenbar der Begriff „Länder“ in den anderen: „Bevölkerungen“ im Geiste des Schreibenden überging. Gar nichts auffälliges hat zudem ein Fall wie Beh. 16: *ukum gabbi lapani Kambuziya ittikru'* „das gesammte Volk fiel von Kambyses ab“, da hier der Plural Verbi deutlich durch den collektiven Begriff des *ukum* „Volk“ veranlasst ist (Ewald Lehrb. §. 317. meine Abhdl. de l. Aeth. p. 93. 94.) [1]. Die Stellung übrigens des Subjektes (ob dem Prädikate voraufgehend oder folgend) scheint auf die Wahl des Geschlechts und Numerus keinen Einfluss zu haben.

γ) Von den besonderen Satzarten.

I. Negative Sätze a) objektiven Sinnes werden im Assyrischen gleicherweise durch die beiden zur Verfügung stehenden Negationen *la* = לא und *ul* = אַל gebildet. Jener Unterschied dieser beiden Negationen in ihrem Gebrauch, nach welchem לא als objektives, אל als subjektives Verneinungswörtchen galt und der z. B. im Hebräischen im Allgemeinen noch immer sorgfältig beobachtet wird, ist im Assyrischen gänzlich abhanden gekommen: auch die in den verwandten Sprachen als das subjektive Verneinungswörtchen geltende Partikel negirt im Assyrischen einfache Aussagen, z. B. Beh. 13: *ul mi[gu]di* „es ward keine Kunde“ pers. *nada abava*; Beh. 104: („ich habe kein Unrecht gethan) *ul anaku ul sirya* weder ich, noch meine Familie“; K. III, 6: („ein Wort) *ina 'ili ul isfur* schrieb er nicht darauf“. Dr. Oppert statuirt §. 250 seiner Grammatik den Unterschied zwischen beiden Negationen, dass *ul* mehr vor Verben, *la* mehr vor Nominibus stände. Allein wenn wir allerdings auch z. B. Beh. 21 lesen: „das Volk soll nicht erfahren, *sa la Barziya anaku* dass ich nicht Bardes“,

---

1) Ob NR. 11: *dinâtuv atua kullu'* „meine Gesetze wurden gehalten“ eine Incongruenz des Geschlechts vorliegt, ist nicht zu constatiren, da wir nicht wissen, ob das Assyrische in der 3. Pers. plur. Perf. das Geschlecht unterschied (wie im Aethiopischen und Arabischen) oder aber ob es dies nicht that (wie im Hebräischen und Aramäischen).

ersehen wir doch in der citirten Stelle Beh. 104 auch *ul* Nominalbegriffe verneinen, und in der Conjunktion *anamma la* (Beh. 18) verneint *la* auch einen ganzen Satz. Es scheint demnach wirklich, dass beide Negationen völlig gleichbedeutend gebraucht wurden (vgl. auch oben S. 305 *ul ibšu* neben *la ibšu*); vielleicht verneinte *ul* etwas nachdrücklicher als *la*; vgl. in dieser Hinsicht auch die Stellen Khors. 13. 98. — Als negatives Verbum subst. fungirt wie bemerkt *yânu* — אין Beh. 19. Aus der gleichen Stelle ersehen wir, dass der Begriff „Niemand" durch *manma* mit der Negation ausgedrückt wird (pers. *naiymartiya*); zu welchem Zwecke indessen auch *aiumma* verwandt wird s. o. S. 259.

b) Als subjektives Verneinungswörtchen fungirt im Assyrischen *ai* (ähnlich äthiop. አ in gewissen Fällen s. Dillmann äthiop. Gr. p. 398 Absatz; vgl. Ew. hebr. Gr. §. 215. b). Ein Beispiel liefert uns Khors. 190: *ai ip-par-ku-u i-da-su-un* „nicht mögen erschüttert werden ihre (der Paläste) Grundfesten"; einen ganz ähnlichen Satz citirt Norris p. 3 aus der Inschrift Sanherib's von Koyyundschik (Lay. inscr. 42, 63). Seltsamerweise ist dieser Sinn der fraglichen Conjunktion Dr. Oppert entgangen, was um so mehr zu verwundern, als auch die übrigen von demselben J. As. VI, 3. 1864. p. 407 ss. angezogenen Beispiele z. B. dasjenige aus einer Inschrift Assurbanipals: *ai ukarribuni ugbanu ukkum ilu* „nicht mögen mich treffen der Zorn (cf. غضب) und die Rache (נקם — נקם) eines Gottes", den fraglichen Sinn dieser Conjunktion ebenso kategorisch fordern, als sie den, von unserm hochgeschätzten Mitarbeiter ihr zugeschriebenen, zudem auch nicht etymologisch zu erweisenden Sinn „*bis*" (*donec*) abweisen.

II. Von Fragesätzen liegt, soviel ich sehe, ein Beispiel in den trilinguen Inschriften nicht vor, da an der einen Stelle, wo ein solcher zu erwarten gewesen wäre (NR. 26), die positive Aussage an die Stelle der negativen Frage getreten ist, vorausgesetzt dass nicht Beh. 21: *manma usallim* „wagte wohl Jemand [zu reden?]" fragend zu fassen ist (mit negativem Sinne). In diesem Falle wäre constatirt, dass sich der Assyrer eines besondern Fragwörtchens zur Einführung der Frage nicht bediente, was nichts Abnormes involviren würde. Nachschrift. Doch s. ob. S. 259 Anm.

III. Bezüglich der Sätze im Ausruf tritt eine besondere Eigenthümlichkeit gegenüber den verwandten Sprachen nicht zu Tage. Die gewöhnliche Betheuerungspartikel ist *lu*, in der Redeweise: *lu madu imidu* „wahrlich, zahlreich sind sie" auch in den tril. Inschriften (Beh. 14) uns begegnend. Wunschsätze werden, wenn nicht durch den Imperativ, vornehmlich durch den Voluntativ gebildet, vgl. die so häufige Redensart: *Ahuramazda lissuranni* „Ormuzd möge mich beschützen". Die in der Anrede stehenden Substantiva werden, soviel ich sehe, ohne besondere Ausrufwörtchen eingeführt vgl. Tigl. Pil. col. I, 15: *ili rabûti* „o ihr grossen Götter!" ferner Lond. Nebucadnezarinschrift Z. 66: *kima dunkuka bilu* „gemäss deiner Macht, o Herr!" vgl. Mylitta 20. 21 (Opp. E. M. II p. 295 sq.).

b. Der angelehnte Satz.

α. Relativsätze.

1. **Selbständige Relativsätze** werden wie in den übrigen semitischen Sprachen in der Regel durch das Relativpronomen שַׁ = אשר eingeleitet, welchem seinerseits durch ein dem folgenden Verbum oder Substantiv angefügtes Suffix seine grammatische Stellung im Satze des Näheren angewiesen wird (Ew. §. 331). Man sagt demgemäss (D. 14. 19): *sa anaku 'ibus-su* „quae ego feci" mit Suffix *su* = ea (dagg. Z. 18: „und viel andere Prachtbauten *'iti'bus* habe ich erstellt"). Ebenso E. 8—10: *sa anaku hagama 'ibus-su .... ina pilli sa Ahurmazda 'iti'bus* „was ich hier geschaffen habe, habe ich unter dem Beistande Auramazda's zu Stande gebracht". K. 1, 5: *sarru .... sa 'idisisu ana nabhar malki gabbi uta'ma* „der König, dessen Diener befehlen". Khors. 15: *mirdat paskâti sa ararsina* „gewundene Thäler, deren Gebiet"; Obel. Lay. XCVIII. Nr. III: *gammali sa sunai siriśina* „Kameele, deren Rücken gedoppelt"; Assurb. Sm. 296, 23: *sarru sa pi-su lismi* „der König, aus dessen Munde er es vernehmen möge". Doch ist zu bemerken, dass die Wiederaufnahme des Relativums durch das Suffix beim Verbum vielfach auch schon unterlassen wird vgl. H. 21. 22: *sa anaku 'ibus* „was ich geschaffen"; Khos. 39: *Vannai sa ina kussu abisu usi'sibu* „Vannaeus, den ich auf den Thron seines Vaters setzte".

Beispiele der Auslassung des Relativpronomens (Ew. hebr. Gr. §. 332.) bieten die trilinguen Inschriften nicht, wohl aber die unilinguen, vgl. das von Oppert Gramm. §. 233 angeführte, ganz unzweideutige aus der Londoner Nebucadnezarinschrift col. I. 56: *sarru .... tanambu zikirsu* „der König, dessen Namen du verkündigt hast (R. נבא)"; nicht minder Assurb. Sm. 125, 61: *a-sar tal-la-ki* „der Ort, wohin du gehst"; ebend. 74, 19: *yu-mu 'i-mu-ru* „am Tage, da er sah" u. a. Substantivische Relativsätze werden, wenn sie einen unbestimmten, allgemeinen Sinn haben (wer immer, was immer), im Assyrischen durch *mannu* = מַן, מי eingeleitet, genau wie im Hebr. und Arab. Vgl. Beh. 105: *mannu atta sarru sa bila arkiya* „welcher König immer du seien mögest, der nach mir herrschen wird". Bezieht sich das Relativ auf etwas Bestimmtes, das in dem Relativ zusammengefasst wird, so wählt der Assyrer das gewöhnliche Relativ *sa*, genau wie der Hebräer in diesem Falle אשר, der Araber أَلَّذِي in Anwendung bringt (Ew.

hebr. 333a) vgl. E, 10: *anaku Ahuramazda lissuranni itti ili u ana sarrutiya u ana sa 'ibussu* „möge Auramazda sammt den Göttern mich schirmen und meine Herrschaft und was ich geschaffen".

Auch dem Falle, dass ein Relativum sich auf das Suffix eines Nomens zurückbezieht, begegnen wir einmal. Wir lesen NR. [illegible]: *galmaššunu amur sa kuššu atlua nasû* „blick die Bilder derer an, welche meinen Thron tragen". Vgl. im Hebräischen die von Ewald §. 333 b. angeführten Fälle.

II. Zur Einführung der unselbständigen Relativsätze (Ew. hebr. Sprachl. §. 336) dient abermals wie unter den verwandten Sprachen auch beim Hebr. zunächst im Allgemeinen das Relativpronomen *sa* z. B. Beh. 21: „(auf dass sie nicht erfahren); *sa la Barziya anaku* dass ich nicht Bardes bin"; NR. 20: „(alsdann wirst du erkennen) *sa Parsai ruhuku ultu matiru saltau iti'bus* dass der Perser weit von seinem Vaterlande den Krieg abgewehrt". Das im Hebr. gewöhnlich und im Aethiop. ausschliesslich zu diesem Zwecke gebrauchte *ki* (כִּי, ከመ:) hat im Assyrischen lediglich temporale Bedeutung (s. u.). Bezüglich der von Verbis sentiendi abhangenden Sätze kann ich nun aber eine Bemerkung nicht unterdrücken, welche sich mir wiederholt aufgedrängt hat. Es will mir nämlich scheinen, als ob die Verba sich ganz besonders gern auch mit Infinitiven verbinden, den Verbalbegriff des abhängigen Satzes gern im Infinitiv sich unterordnen. Vgl. z. B. aus der Khorsabadinschrift Z. 77: „(König Ursa) *hipi' Muṣaṣir salal Haldi ilusu isme* vernahm die Niederlage (der Stadt) Musassir, die Wegführung Chaldi's, seines Gottes"; ebend. 125: „(Merodach Baladan) *halak girriya isme* vernahm von dem Aufbruche meiner Expedition; 145: „(König Upir) *danan Assur Nabu Marduk isme* vernahm von der Macht Assur's, Nebo's, Merodach's". In allen diesen Fällen würden die übrigen Semiten statt der Infinitive *halak, hipi, salal, danan* wohl fast durchgängig Sätze mit אֲשֶׁר, [illegible] u. s. f. sowie mit nachfolgendem Verbo fin. gewählt haben. Es wird uns diese Vorliebe für die infinitivische Ausdrucksweise, in der die hebr. Sprache noch am Meisten mit der assyrischen übereinkommt, sogleich noch einmal entgegentreten. — Noch mache ich aufmerksam auf die mehr unsern Sprachen geläufige Satzbildung NR. 20: *ki imuru matat anniti sikrava* „quum videsset has terras seditiosas", welche sich in dieser Weise in den verwandten Sprachen nur selten finden möchte. Doch vgl. Jer. 13, 21 und andere von Ew. §. 336, b. (gg. Ende) angeführte Stellen des A. T.'s.

Für die Bildung von Consecutiv- und Causativsätzen bieten uns die trilinguen Inschriften keine Beispiele (die einzige Stelle, wo ein Causativsatz gemäss dem pers. Originaltexte zu erwarten gewesen wäre, nämlich Beh. 104 (vgl. pers. Text IV, 68), ist nicht auf uns gekommen [1]). Um so freudiger ist es zu begrüssen, dass von Absichtssätzen sogar mehrere unzweifelhafte Beispiele vorliegen. Der Assyrer bediente sich zur Einführung derselben theils der Conjunctionen *libbu sa* und *ina libbi* (*sa*) „in der Absicht, dass", „auf dass" (vgl. hebr. לְמַעַן) z. B. *ina libbi tumaśissunutav* „auf dass du sie kennen lernst" NR. 27, pers. *yathâ khsnâçâhadis*, sowie des andern *aśsna sa* Beh. 21: *a*[*na*]*ma sa la umaśśanu* „damit man nicht erfahre" pers. *mâtyamâm khsnâçâtiy*; theils der Präpos. *ana* mit folgendem Infinitiv. Vgl. K. III. 5. 7 (er erliess einen Befehl) *ana 'ibis limsu — ana satari limsu* eine Tafel anzufertigen — eine Tafel zu beschreiben"; Beh. 50. 55 *ana 'ibisu* (*'ibis*) *tahaza* „eine Schlacht zu liefern". Die letztere Ausdrucksweise ist ganz analog derjenigen, welche uns im Hebr. Aram. und Aethiopischen (Infinitiv mit לְ) entgegentritt. S. meine Abhdlg. de ling. Aeth. p. 96.

Von Zeitsätzen liegen vor 1) solche, welche eingeführt werden durch *ki* = כִּי; vgl. Beh. 97. NR. 25: *ki tagabbu* „wenn du denkst", pers. *yadiy* (*yadipatiy*) — *maniyâhy*; NR. 25: *Ahurmazda' ki imuru matat anniti* „Auramazda, als er diese Länder sah" (*yathâ avaina imâm bumim*); — 2) gehören hierher die mehrfach uns entgegentretenden Sätze mit *adi 'ili sa* (עַד כְּלִי שׁ), entsprechend hebräischen Sätzen mit עַד אֲשֶׁר oder עַד לְ (Ew. §. 338 d.) „bis dass", „während dass", lat. dum z. B. NR. 32: „(Ormuzd gewährte mir Beistand) *adi 'ili sa aga 'ibus* bis dass (oder „während") ich dieses vollführte", pers. *yâthâ kartam akunavam*; Beh. 47: „meine Truppen harrten auf mich, *adi 'ili sa anaku allaku ana Madai* „bis ich nach Medien gelangte"; Beh. 84: *adi 'ili sa anaku ina Parsu u Madai* „während ich in Persien und Medien war"; vgl. noch Beh. 10. 27. 109. — In den unilinguen Inschriften wird auch das einfache *adi* in gleichem conjunktionellen Sinne gebraucht, vgl. Assurb. Smith 125, 67: *adi allaku* „bis dass ich fortgehe". Zur Einführung der direkten Rede dient, wie im Aethiop. ከመ፡ oder እስመ፡, im Arab. إِنَّ, im Aram. דִּי (meine Abhdl. de l. Aeth. p. 97. 98), so im Assyrischen *umma* z. B. Beh. 30: „Atrines .... *igabbi umma: anaku sar Nuummaki* sprach: ich bin König von Susiana". Vgl. noch Beh. 21. 87. Assurb. Sm. 211, 67 u. ö.

β) Verbindungssätze.

1. Zur Verbindung sei es einzelner Wörter, sei es ganzer Sätze dient im Assyrischen wie in den verwandten Sprachen in

---

1) In den unilinguen Inschriften erinnere ich mich *sa* in der Bed. „weil, da" gelesen zu haben, kann aber die betr. Stelle augenblicklich nicht beibringen. Das von Oppert auf Grund der babylon. Inschriften mit der Bed. „da ja" angeführte *yâti* gehört nicht hieher. S. Norr. Lex. p. 467 m. u. vgl. die oben S. 253 aus der Bellinoinschrift angeführte Stelle.

[illegible] Linie die Conjunktion *u* — ו, و, [illegible], und zwar dieses sowohl in der selbständigen Form, als auch in der enklitischen (*va*) z. B. Senkerehinschrift Nebucadnezar's (I R. 51. No. 2) col. II Z. 17: .... *nabila va balat yumi rukuti kunnu kussu* .... *lisruku* („meinen ruhmreichen Werken) bezeuge dich gnädig und ein Leben langer Tage, Bestand des Thrones .... mögest du verleihen“.

2. Dagegen scheint die Verwendung der mit Vav eingeleiteten Sätze zur Bildung von Zustandsätzen (s. m. Abhdl. p. 92) den Assyrern unbekannt gewesen zu sein. Dieselben bedienen sich vielmehr zu dem gleichen Zwecke gern des, ohne weitere Copula, dem Hauptsatze eingefügten, Participii activi z. B. Beh. 41 „(Marti, mit Namen, ein Sohn des Sinsakhri) *ina 'ir Kugunakka ina Parsu šaib, su ina 'Ilamti itbavva* in der Stadt Kugunak wohnend, der erhob sich in Elam“. Ganz so Beh. 71; vgl. noch 68.

3. Auch der Gebrauch eines Vav consecutivum war offenbar in späterer Zeit nicht mehr lebendig. Dass er aber in der Sprache einst Statt hatte, dürfte ebenso zweifellos sein. Und in einem Falle sehen wir die Assyrer sich dieses gefärbten Vav noch ganz gewöhnlich bedienen, zum Zwecke nämlich der Einführung der Sätze nach Zeitangaben, wie im Hebräischen בַּיּוֹם הַהוּא וַיֹּאמֶר „an jenem Tage, da sprach“ u. s. f. Vgl. Obel. Salm. (Lay. XC) Z. 59: *ina yumi suva Binhidri sa mat Imirisu Irhulina Hamatai adi sarrâni sa mat Hatti* .... *ittaklu* d. i. „in jenen Tagen, da vertrauten Benhadar von Damask, Irchulina von Hamath und die Fürsten der Chatti (Aramäer)“ u. s. w.

Auf diese Weise allein erklärt sich auch jenes schon oben angezogene und bezüglich seines ersten Theiles erklärte *ya-a-ti-va* (s. S. 253); vgl. z. B. Assurb. Sm. 315, 102: *kima yâtiva lisruku*s „wie mir, so verleihe ihm (Macht und Ruhm“). Ganz so Assurb. VI, 6 u. sonst.

Ebenso versteht sich so allein das häufig in den Inschriften wiederkehrende *annîva*, zusammengezogen *anva* „dieses“ = „mein eigenes“ z. B. Sard. I, 69: *ina limmi anni-va ina arah Abu* „in diesem (d. i. meinem eigenen) Archontate, da im Monat Abu“ (geschah dieses und das); vgl. Lay. 40, 50; 41, 26 u. ö. Norr. I. p. XII.

γ) Gegenseitige Sätze.

1. Bedingungssätze werden gebildet durch vorgefügtes *ki*, welchem dieser conditionale Sinn nur im Assyrischen unter den semitischen Sprachen zukommt, wiewohl dasselbe (s. o.) den ursprünglich zeitlichen Sinn daneben noch sehr wohl erhalten hat. An Beispielen haben wir in den tril. Inschriften zunächst Beh. 102: *ki dippi annutav tapiššini* „wenn du dieses Gesetz verheimlichst ...“ (der Nachsatz ist verloren), pers. *yadiy imâm handugâm apagaudayâhy*; sowie weiter Beh. 97: *ki tagabbu umma* ....: *salmanišunu* [illegible] „wenn du denkst ...., so blicke ihre Bilder

an" pers. *yad'iy maniyâhy* etc. Aus dem letzteren Beispiele erhellt deutlich, dass der Nachsatz nicht, wie dieses wohl in den verwandten Sprachen geschieht, durch ein Vav eingeführt ward, was indess nach dem Erörterten (s. vorhin) nur als das auf dem Gebiete der assyr. Sprache natürliche erscheint.

2. Von Correlativsätzen liegt in den tril. Inschriften nur ein Beispiel vor, welches uns den assyr. Ausdruck für den Begriff „weder — noch": *ul-ul* an die Hand giebt. Es ist die Stelle Beh. 104: („ich habe kein Unrecht gethan) *ul anaku ul sirya* weder ich, noch mein Stamm". Vgl. in der medisch-scythischen Uebersetzung: *hiak inni hu hiak inni nimanemi*; das pers. Original ist an dieser Stelle verloschen. Aus den unilinguen Inschriften ersehen wir auch, wie die Assyrer die Wendung „sowohl — als auch" ausdrückten. Sie verfuhren dabei genau in Uebereinstimmung mit dem Hebr. und Aeth., indem sie nämlich die Copula (*va*) einfach wiederholten z. B. Asarh. Cyl. IV, 1: *ad'iva alki va gimir ummâniya* „ich berief meine sämmtlichen Heere sowohl, als ich auch sie versammelte".

Schluss. Die Folgerungen.

1. Ueberblicken wir nochmals die angestellte Untersuchung, so hat sich bezüglich der Schrift der assyrisch-babylonischen Keilinschriften vorab im Allgemeinen als zweifellos ergeben, dass die Schrift eine ebensowohl phonetische (syllabarische) als ideographische ist und dass sie weiter einen polyphonen Charakter hat. Insbesondere hat sich herausgestellt, dass wie die Zeichen für die einfachen Sylbenwerthe, so nicht minder die weitaus überwiegende Anzahl derjenigen für die zusammengesetzten Sylben sicher bestimmt sind. Auch die grosse Mehrzahl der Ideogramme ist sowohl ihrem Sinnwerthe nach fixirt, als ihren lautlichen Aequivalenten nach analysirt, und bei den noch der Analyse harrenden Ideogrammen ist wenigstens zum guten Theile der Sinnwerth festgestellt, wenn auch die lautliche Fixirung bis jetzt noch nicht hat gelingen wollen. Es sind dann insonderheit auch die Eigennamen, welche, Dank den neuerdings gemachten Funden und Veröffentlichungen, unerwartete Aufklärungen erfahren haben, so dass man das Dunkel, welches gerade über ihnen im Anfange der Entzifferung schwebte, schon jetzt als in allem Wesentlichen völlig gehoben betrachten kann. In Betreff der noch vorhandenen Lücken in unserer Erkenntniss bezüglich dieses Punktes und überhaupt der ideogrammatischen Zeichengruppen ist die gegründetste Hoffnung vorhanden, dass über kurz oder lang sei es die weitere Durchforschung der in Tausenden von Nummern bereits veröffentlichten Syllabare, welche schon in so unendlich vielen Punkten die überraschendsten Aufschlüsse gewährt haben, sei es die Veröffentlichung neuaufgefundener Doku-

mente die erwünschtesten Ergänzungen und Aufklärungen bieten werden[1]. Wird nun allerdings auch theils durch jenen polyphonen Charakter der assyrischen Schrift, theils durch diese sich noch fühlbar machenden Lücken in unserer Kenntniss des lautlichen oder aber ideographischen Werthes einiger Zeichen hie und da das Verständniss der Texte noch erschwert, so gewährt doch andererseits der Umstand, dass der Assyrer in seiner Schrift stets auch die vokalische Aussprache mit kenntlich macht, sowie dass derselbe durch die oben besprochenen Deutideogramme (betreffend die Eigennamen von Gottheiten, Menschen, die Namen von Thieren, Steinen, Städten, Ländern u. s. f.) sehr dankenswerthe Fingerzeige zum Verständniss der Texte selber an die Hand giebt, dem Entzifferer und Leser von Keilschrifttexten wiederum eine solche Unterstützung, dass, sind die ersten dem an diese Keilinschriften neu herantretenden sich entgegenstellenden, allerdings nicht ganz ohne Mühe zu überwindenden, Hindernisse überstiegen, die Schwierigkeiten der Lesung von Keilinschriften dritter Gattung kaum grösser sind, als diejenigen der Enträthselung phönicischer, aramäischer oder himjarischer Inschriften, bei denen ja die Vieldeutigkeit der nicht mit Vokalen versehenen Buchstaben und Wörter den Erklärer so manchmal in Verlegenheit setzt. So wenig nun aber heutzutage noch Jemand deswegen an der gelungenen Entzifferung der phönicischen Inschriften zweifelt, weil etwa über das Verständniss des Eingangs der dritten Zeile der grossen sidonischen Königsinschrift ein Dutzend verschiedener Meinungen aufgestellt sind, oder aber weil etwa Z. 9 derselben Inschrift dieselbe Zeichengruppe, die von einer Reihe der Erklärer durch „und es gaben ihm Preis die heiligen Götter sammt dem herrlichen Königthum, das über das Volk herrscht“ oder ähnlich wiedergehen wird, von einem andern Exegeten durch die Worte: „sie preisgeben mögen die heiligen Götter, sie fertig machend umgekehrt wie die Sonne Lehmsteine fest“ übersetzt werden, oder aber weil bei der Inschrift Umm-el-awamid der eine Erklärer in der vierten und fünften Zeile eine Zeitangabe, betreffend eine doppelte Aera, nach der gerechnet wurde, findet, der andere darin eine Notiz sieht über die Anlegung von so und soviel „Höhen“ und so und soviel „Cisternen“, ich sage: sowenig heutzutage Jemand wegen solcher unter angesehenen Forschern auf dem Gebiete der semitischen Sprachwissenschaft bezüglich der Erklärung von Wörtern, Phrasen einzelner Inschriften, ja bezüglich des Sinnes ganzer Inschriften zu Tage tretender schneidender Differenzen über die ganze Entzifferung der phönicischen und anderer semitischer Inschriften den Stab brechen wird: ebensowenig liegt der geringste Grund vor, deshalb an der gelunge-

---

1) S. die Erklärung dieses Satzes in den „Nachträgen“.

nen Entzifferung der assyrischen Keilinschriften zu zweifeln, weil etwa das den Begriff „Anführer" wiedergebende Ideogramm Beh. 23. 77. 83. 88 bis jetzt jedem Versuche, es seinem lautlichen Aequivalente nach zu bestimmen gespottet hat, oder weil Dr. Oppert in den, in den Nebucadnezarinschriften und anderen babylonischen Texten uns so oft entgegentretenden, phonetisch (*Bit*) *Saggatu* und (*Bit*) *Zida* zu sprechenden Lautgruppen zwei Ideogramme sieht, die den Sinn von „Thurm" und „Pyramide" als Namen zweier Tempel hätten, der Engländer Hincks darin die Bezeichnungen „der Kaserne" und „der Gerichtshalle" von Babylon findet, oder weil Hincks seinerzeit denselben König *Divanubar* nannte, der jetzt von den Assyriologen allgemein *Salmanassar* geheissen wird, oder aber weil Oppert den Namen des letzten Königs von Babel früher *Nabuimtuk* las und seinen Träger von Nabunit unterschied, den jetzt alle Assyriologen und Oppert selber, auf Grund einer neu aufgefundenen Inschrift, auf welcher beide Namen von demselben Könige vorkommen, ebenfalls *Nabonid* (*Nabunâhid*) aussprechen und mit jenem Nabunit identificiren, und was dergleichen Dinge mehr sind. Denn alle diese Differenzen beruhen auf dem eigenthümlichen Wesen der assyrischen Schrift, haben ihren Grund in dem zugleich ideographischen Charakter derselben, und ob dieser einzelnen Dunkelheiten ist das Gesammtverständniss nichts weniger als unmöglich. Bleibt auch das Ideogramm Beh. 23 seinem lautlichen Aequivalente nach vorab uns noch verschlossen — seinem Sinnwerthe nach ist es sicher erkannt und das Verständniss der betr. Phrase völlig zweifellos. Ist auch der eigtl. Sinn der beiden oben erwähnten Häuserbezeichnungen in den späteren babylonischen Königsinschriften uns noch unbekannt[1]): dass wir es mit zwei öffentlichen Gebäuden zu thun haben, ist fraglos. Wäre auch die phonetische Aussprache des Namens der früher als Divanubar und Nabuimtuk bezeichneten Könige von Assyrien und Babylon uns inzwischen nicht bekannt geworden: was von diesen Königen in ihren Inschriften erzählt wird, bliebe für uns geradeso sicher, auch wenn wir die wirkliche Aussprache inzwischen nicht gefunden hätten, und so in allen ähnlichen Fällen. Es ist, wir wiederholen es, nicht gerechtfertigt, wegen einzelner, allerdings vorhandener Dunkelheiten der Texte in graphischer Beziehung die Lesung derselben hinsichtlich ihrer Richtigkeit und Zuverlässigkeit überall in Zweifel zu ziehen. Man kann jene Lücken in unserer Erkenntniss rückhaltslos zugeben, ohne dadurch im Mindesten die Solidität der Grundlagen der Entzifferung in Frage zu stellen.

2. Das Ausgeführte bezieht sich auf die Schrift der Keilinschriften dritter Gattung. Nicht minder befriedigende Resultate

---

1) Doch s. in unserer Schrift: Die Keilinschriften und das A. T. (KAT) Giess. 1872 zu 2 Kön. 24, 1.

genauere Untersuchung bezüglich der Sprache dieser Inschriften constatiren können. Dass wir es zunächst im Allgemeinen mit einer semitischen Sprache zu thun haben, kann schon bei der von uns aufgezeigten Beschaffenheit des lexikalischen Bestandes der assyrischen Sprache, welcher so durchaus und so specifisch semitische Elemente und diese zudem in so grosser Anzahl aufzuweisen hat, kaum vernünftigerweise einem Zweifel unterworfen sein. Geradezu unbegreiflich aber wird ein solcher Zweifel gegenüber der grammatischen Structur der Sprache der in Rede stehenden Inschriften. Bau der Wurzeln, Beschaffenheit der Stammformation, weiter der Flexion, endlich der Satzbildung trägt bis ins Einzelnste hinein den Typus der semitischen Sprachen an sich: es ist uns auch nicht eine einzige grammatische Erscheinung begegnet, welche zu dem Wesen einer semitischen Sprache nicht stimmte, in den Organismus dieser Sprachen sich nicht fügte, durch die Analogie entsprechender Erscheinungen in den übrigen semitischen Sprachen nicht ihr Licht erhielte. Die Eigenthümlichkeit der assyrischen Sprache ist gerade eine so grosse, als wir es bei einer sich den beiden grossen Hauptzweigen der semitischen Sprachen, der Gruppe der nord- und der südsemitischen Sprachen (dem Hebräischen und Aramäischen einerseits, dem Arabischen und Aethiopischen andererseits) als eine dritte, als die Gruppe der ostsemitischen Sprachen (Assyrisch und Babylonisch) sich gegenüberstellenden Sprache oder Sprachengruppe nur irgend erwarten können. Wenn wir beobachten, dass in der assyrischen Sprache die Hauchlaute auf die Vokallaute wenig oder gar keinen Einfluss ausüben, so wissen wir schon aus dem Aramäischen, dass eine Sprache nicht aufhört eine semitische zu sein, wenn ihr die Empfindlichkeit der Hauchlaute für vokalische Aussprache abgeht, durch welche sich z. B. die hebräische Sprache kenntlich macht. Wenn wir überhaupt die Hauchlaute im Assyrischen nicht mehr mit der Schärfe gegen einander abgegrenzt finden, wie in anderen semitischen Sprachen, namentlich aber dem Arabischen, so wissen wir aus dem Aethiopischen und weiter dem Samaritanischen, wie unter gewissen Einflüssen diese Unterschiede so gut wie gänzlich der Sprache verloren gehen können. Wenn weiter hie und da die Zischlaute unter einander verwechselt erscheinen, so ist hierin das Aethiopische noch viel weiter gegangen als das Assyrische. Wenn wir bei der Wurzelbildung gegenüber den verwandten Sprachen mehrfachen Umstellungen der Laute begegnen wie z. B. bei assyrisch ספן „verbergen" = hebr. צפן oder aber bei *karasi* „Gepäck" gegenüber hebr. כרש, oder endlich bei *ḳuradi* „der Held" gegenüber arab. قردم u. dgl. mehr, so genügt auch hier ein Hinweis auf das Aethiopische, um den Ungläubigen eines Besseren zu belehren, vorausgesetzt, dass nicht schon durch die zwischen dem Hebr. Arab. und Aram. zu constatirenden Lautverschiebungen bezw. Lautumstellungen seine Bedenken geschwunden sind. Wenn weiter die Bedeutungen der Wurzeln und Wörter gegenüber den verwandten Sprachen mehrfach modificirt erscheinen, so sind diese Differenzen noch lange nicht so durchgreifende und schneidende, als sie z. B. zwischen dem Hebräischen und Arabischen bestehen. Wenn bezüglich der Stammbildung wiederholt Reflexivstämme mit eingeschobenem *t* uns entgegentreten (Ifteal, Iftaal, Istafal), so zeigt uns der achte und zehnte arabische Stamm, wie durchaus normal diese Bildungen im Gebiete der semitischen Sprachen sind. Wenn, die Zeit- und Modusbildung des Verbums angehend, das altsemitische Perfekt bis auf einige wenige Reste verloren gegangen ist, so ist das freilich auffallend; nicht mehr auffallend indess, als wenn im Aethiopischen das altsemitische Imperfekt als solches ganz ausser Gebrauch gesetzt ist. Wenn wir weiter, die Nominalbildung betreffend, einer ganzen Reihe von Nominibus mit vorgefügtem *n* begegnen, zu denen kaum im Hebr. sich ein Paar Analogien aufzeigen lassen, so ist das abermals zwar frappirend, noch lange aber nicht so verwunderlich, als wenn bei den Arabern und Aethiopen eine Pluralbildung in üppigster Blüthe steht (die sog. innere Pluralbildung), von der die Hebräer und Aramäer auch nicht einmal eine Ahnung gehabt haben! Wenn weiter das eine selbständige Stellung im Satze einnehmende Nomen durch einen vokalischen Auslaut gegenüber dem in Anlehnung stehenden Nomen gekennzeichnet wird, so ist dieses schon durch den im Arab. auftretenden Unterschied der nasalirten und nichtnasalirten, sowie durch die im Hebräischen uns begegnende verkürzte vokalische Aussprache der Nomina so hinlänglich als durch Analoga gestützt, dass vielmehr ein jeder Sachkundige darin einen unzweideutigen Beweis für den Semitismus des Assyrischen sehen wird. Und dass wiederum der Nominativ des selbständigen Nomens gegenüber dem Casus obliquus näher durch den Vokal *u* gegenüber einem *i* oder *a* ausgezeichnet wird, entspricht dem, was wir vom Arabischen und Aethiopischen her bezüglich der äusseren Bezeichnung dieses Unterschiedes wissen, in der erwünschtesten Weise. Die Geschlechts- und Zahlbildung der Nomina (wie auch der Verba) ist eine so durchaus normale, dass eine Bemerkung darüber überflüssig sein würde. Die Pronominalbildung, namentlich diejenige der Demonstrative, zeigt bei dem ganz unverkennbaren rein semitischen Typus sowohl in der Eigenart mancher Formen, wie in der Fülle der Bildungen ein so charakterisches Gepräge, wie es nur bei den Aethiopen wiederkehrt, in deren Pronominalbildung die assyrische ihr vollkommenstes Analogon hat. Beide Sprachen, das Assyrische und Aethiopische, haben hier eine Menge altsemitischen Sprachgutes erhalten, das nicht bloss den Arabern und Aramäern mit ihrer dürftigen Pronominalbildung, sondern selbst den Hebräern abhanden gekommen ist. Das Gleiche gilt von den Zahlwörtern schon nach dem, was wir bis jetzt über sie constatiren können; die Uebereinstimmung des Assyrischen mit dem Aethiopischen in der Zehnerbildung zudem ist geradezu frappant. Höchst eigenthümlich ist, wie wir gesehen haben, die Adverbialbildung im Assyrischen; wir haben aber nicht minder gezeigt, wie vollkommen auch sie sich in den Gesammtorganismus der semitischen Sprachen einreiht. Soll ich noch hinweisen auf den Satzbau dieser Sprache, welcher so durchweg und ganz und gar das Charakteristische einer semitischen Sprache verräth in der Statusconstructusverbindung, dem eigenthümlichen Gebrauch des Infinitivs zum Zwecke der Verstärkung des Verbalbegriffs, in der Unterordnung der Pronomina unter Verbum und Nomen in der Gestalt von Suffixen, in der Bezeichnung von Begriffen wie „ganz", „all" durch Substantiva mit folgendem Genitiv oder Suffix, in der Verbindung von Subjekt und Prädikat ohne Substantivverbum, in der Bildung der Relativsätze (*sa* wiederaufgenommen durch Suffixe!), in der Einführung von Absichtssätzen durch die ganz in Analogie mit den verwandten Sprachen gebildeten Conjunktionen u. s. w.? Durchweg haben wir hier ganz charakteristische, für den Semitismus dieser Sprache kategorisch entscheidende Eigenthümlichkeiten, denen gegenüber die beginnende Nichtachtung der strengen Folge der Worte im Satze (noch weiter fortgesetzt bekanntlich im Aethiopischen), oder aber das Fehlen von durch Vav gebildeten Zustandsätzen (aber auch schon im Aramäischen zu constatiren), oder endlich die (jedoch nicht völlige!) Abwesenheit von mit Vav gebildeten Consecutivsätzen (gleichfalls schon im Aramäischen uns begegnend) Erscheinungen repräsentiren, wie sie nur zu erwarten sind, macht anders, wie doch von vornherein anzunehmen, die assyrische Sprache eben eine besondere semitische Sprache aus, der neben der hebräischen [1]), aramäischen, arabischen und äthiopischen Sprache wirklich auch eine eigenthümliche Stelle zukömmt [2]).

1) Wie sich die in die Augen springende, mehrfache nähere Verwandtschaft des Assyrischen mit dem hebräisch-kanaanäischen Sprachzweige, namentlich in lexikalischer Beziehung, erkläre, darüber s. KAT. unter den „Nachträgen" zu S. 42 (1 Mos. 11, 28).

2) Die obige Ausführung war bereits niedergeschrieben und mit dem übrigen Theile der Abhandlung der Redaktion der Zeitschrift eingesandt, auch der Druck der letzteren bereits geraume Zeit in Angriff genommen, als Dr. Hitzig's Schrift: Sprache und Sprachen Assyriens (Lpz. 1871. SS. 93) erschien und mir zu Händen kam. Bei beregter Lage der Dinge in der Abhandlung selber bei den noch nicht zum Abdruck gelangten Bogen auf dieselbe nachträglich Rücksicht zu nehmen, schien mir nicht angezeigt, um so weniger, als dieses gerade bei den hier in erster Linie in Betracht kommenden Bogen ohnehin nicht mehr zu ermöglichen war. Gern aber benutze ich die sich mir hier am Schlusse bietende Gelegenheit wie dem verehrten Verfasser dafür, dass er überhaupt diese Frage einmal „an die Hand" genommen und damit unsern im Eingange ausgesprochenen Wunsch im Voraus entsprochen hat, den aufrichtigsten Dank auszudrücken, so den Lesern dieser Zeitschrift einige Bemerkungen zur Erwägung zu unterbreiten, welche uns bei der Durchsicht dieser Schrift gekommen sind. Wir sehen dabei jedoch ab von dem ersten, grösseren Theile dieser Publikation (S. 1—71), welche sich mit der assyrischen Sprache im

3. Wir könnten hier unsere Betrachtung schliessen. Der uns gestellten Aufgabe, nämlich eine theoretische Untersuchung der

Allgemeinen und im Besonderen, sowie mit der Sprache Babyloniens beschäftigt und auf Grund der bei den Hebräern, den Klassikern und sonst überlieferten assyrischen und babylonischen Eigennamen, bezw. auf Grund von an dieselben geknüpften etymologischen Combinationen das Wesen der in Rede stehenden Sprache zu eruiren versucht. Wie wir in unserer Abhandlung ob. S. 57 f. dargelegt haben, können wir ein solches Verfahren weder als principiell gerechtfertigt, noch überhaupt als Erfolg verheissend betrachten, diesem, abgesehen von den Bedenken im Einzelnen, welche sich uns bezüglich der vorgebrachten Etymologien aufgedrängt haben. Indem wir uns deshalb sofort zu dem eigentlich entscheidenden fünften, von der Sprache der Inschriften handelnden Abschnitte (S. 73—80) wenden, gereicht es uns vorab zu einer besonderen Genugthuung constatiren zu dürfen, dass unser verehrter Mitarbeiter nicht nur das Vorkommen von semitischen Wörtern wie *sar* „Fürst“, *abu* „Vater“, *ahu* „Bruder“, *bit* „Haus“ *rabu* „gross“, *naṣar* „beschützen“, *sa* „welcher“ im Assyrischen zugiebt, sondern auch anerkennt, dass das Assyrische 1) eine Deklination der Nomina hat wie das Arabische (der von uns oben aufgezeigte Unterschied beider Sprachen in diesem Punkte ist hier gleichgültig); 2) das dem Semitismus eigenthümlichen Stat. constr. aufweist; endlich 3) das Imperfektum zur Bezeichnung der Gegenwart verwendet, wie das Arabische. Damit ist, wenn wir recht sehen, die die Sprache der Inschriften angehende Frage bereits endgültig entschieden. Dass dass eine so beschaffene Sprache ihrem Wesen nach nur eine semitische sein kann, brauchen wir einem Fachmanne gegenüber gewiss nicht erst noch zu deduciren, die Sprache mag im Uebrigen die heterogensten Bestandtheile von der Welt in sich bergen. Solche heterogene Bestandtheile aber wiederum vermag (von Einzelheiten, die auch wir nicht läugnen, natürlich abgesehen) nur Derjenige in der assyrischen Sprache zu finden, der, wie unser verehrter Freund, es bestreitet, dass die assyrische Schrift wie eine syllabarische und polyphone, zugleich auch eine ideographische sei (S. 77: „Schrift, die zugleich ideographisch und syllabarisch wäre, hat es keine gegeben“). Dies führt uns zu einer Betrachtung der von Dr. H. aufgestellten graphischen Grundsätze. Der erste derselben ist der oben mitgetheilte. Derselbe wird nun aber von dem Genannten selber sofort wieder beschränkt, einmal dahin, dass es allerdings Monogramme gäbe, wie z. B. des Namens Ninive, deren Keilgruppe sich nicht in Sylbenzeichen auflöse, und sodann in der Richtung, dass Abkürzungen wie *A* für *ablu* „Sohn“ auch zur Bezeichnung der betr. Begriffe oder Wörter dienten. Wie der erste dieser einschränkenden Sätze durchaus dem entspricht, was die Assyriologen von jeher behauptet haben, ist die zweite, von den Assyriologen ganz im Anfange nach Analogie des Aegyptischen versuchte, dann aber (s. o. S. 79) wohlweislich aufgegebene Aufstellung den Thatsachen gegenüber in keiner Weise zu halten. Wohl trifft es sich, dass das Zeichen für den Laut *a* auch einem mit *a* beginnenden Begriffsworte (*ablu*) zum graphischen Ausdrucke dient; allein wie dasselbe Zeichen *a* auch den Begriff „Wasser“, assyr. *mê* (מַיִם), andeutet, so wird andererseits „Sohn“ auch durch *TUR. US* ausgedrückt, während doch sicher im Assyrischen der Sohn nicht *TUR. US* hiess, was mit zwingender Nothwendigkeit aus dem Umstande folgt, dass, während *ablu* sich phonetisch abwandelt (*ablaw*, *ablut*), die Gruppe *TUR. US* stets starr im Satze stehen bleibt (s. uns. Abhdlg. S. 89—90) und so in hundert anderen Fällen. Damit erledigt sich unter Vergleich des oben Ausgeführten auch des Verfassers Annahme, dass es lediglich solche Ideogramme gäbe, welche durch syllabarisch vorkommende Zeichen ausgedrückt würden, sowie der bezeugte Umstand des Vrf.'s Theorie von den Syllabaren untergräbt, wonach bei den dreicolumnigen Listen nicht etwa die eine den phonetischen, die andere den ideographischen Werth des betr. Zeichens hiess,

Basis der Entzifferung der Keilinschriften dritter Gattung zu liefern, um so einen Einblick in das Maass der schon jetzt zu erreichenden Sicherheit des Verständnisses zu ermöglichen, glauben wir uns in der vorstehenden Abhandlung entledigt zu haben. Aber der Zweck derselben ist, wie dieses schon die Formulirung der Aufgabe an die Hand giebt und wie wir dieses gleich von Anfang an ins Auge gefasst haben, neben dem bloss theoretischen ebensowohl auch ein praktischer, nämlich zugleich der, dafür Anhaltspunkte zu gewinnen, in wie weit die Resultate der Entzifferung, unter ihnen selbstverständlich auch die Ergebnisse für die Geschichte, Geographie, Religion, Sitten, Gebräuche, überhaupt das ganze Leben der Assyrer und Babylonier und ihre Geschichte, zuverlässige, glaubwürdige und demgemäss auch von denen, die nicht Assyriologen von Fach sind, annehmbare seien oder aber nicht. Wie wir um eines ähnlichen praktischen Zweckes willen, um den Leser in

---

vielmehr die eine allerdings seinen ideographischen Werth, die andere aber dessen Synonym an die Hand gebe; wenn demnach ein Zeichen das eine Mal durch *at*, das andere Mal durch *abu* erklärt werde, so sei *at* nicht der phonetische Werth des betr. Zeichens, sondern vielmehr ein Synonym von *abu*: der Assyrer habe eben zwei Wörter für „Vater" im Gebrauch gehabt: *at* und *abu*. Allein während sich wohl von *abu* die Formen *abi*, *abuš* in den Texten aufzeigen lassen, suchen wir von *at* derartige vergebens. Worin anders kann dieses seinen Grund haben als in dem Umstande, dass *AT* eben das Ideogramm, *abu* sein phonetisches Aequivalent war, oder, anders ausgedrückt, das betr. Zeichen den syllabarischen Werth *at*, den ideographischen *abu* hatte? Und was macht unser verehrter Freund weiter bei seiner Theorie mit dem, was wir als „phonetische Ergänzung" bezeichnet haben? Oder soll auch diese nicht existiren? Nun, wenn das, wie kommt es denn, dass in den beiden Recensionen der grossen Monolithinschrift Asurnâṣirhabals mit *ŠA*. *un* wechselt die Variante *aškun* (II, 79), mit *ŠA*. *an* dagegen die andere *aštakan* (II, 93, 94)? weiter, dass *KUR*. *ud* wechselt mit *akšud* (II, 94), *KUR*. *ta* dagegen mit *akšuda* (II, [illegible]); nicht minder *SU*. *ta* mit *upahhira* (II, 78), *SU*. *tu* mit *ipḥuru* (II, 67. 90); *GUR*. *ir* mit *utir* (II, 100, 103), *GUR*. *ra* mit *utirra* (II, 75) u. s. f.? Waltet hier etwa Zufall, oder entsprechen hier etwa nicht die phonetischen Complemente *un*, *at*, *ud*, *ta*, *tu* etc. den Endungen der bezüglichen Verbalformen? Wer vermag sich hier der Einsicht zu verschliessen, dass jene wechselnden Endungen bei den sich gleichbleibenden Lautstämmen *ŠA*, *KUR*, *LU*, *GUR*, insofern sie mit den Schlussendungen der durch die Varianten gegebenen assyrischen Wörter (*aškun*, *aštakan* u. s. f.) sich decken, eben auf diese assyrischen Wörter Bezug haben, zu ihnen und nicht zu den starren Lautstämmen *ŠA*, *KUR* u. s. w. gehören? — Was denn schliesslich bei der bestrittenen Theorie gar aus jenen Verbal- und Nominalsyllabaren werden soll, von denen wir oben S. 17—24 etliche Beispiele mitgetheilt haben, vermögen wir vollends nicht abzusehen.

Nach dieser Darlegung unsers principiellen Dissensus wird uns der Leser wohl ein weiteres Eingehen in Einzelheiten erlassen, dieses um so eher, als ja in der vorstehenden Abhandlung derartige Einzelheiten, wie ob ein und dasselbe Zeichen *man* und *nis* zugleich lauten (Hitz. S. 83), ob man verschiedene Zeichen auf dieselbe Art aussprechen könne (ebend. S. 85), und so fort, in gewiss ausreichendem Maasse erörtert sind. — Ueber die Ansicht de Sacy's, dass das äthiopische Alphabet unter griechischem Einflusse aus einer Consonanten- zu einer Sylbenschrift sich herausgebildet habe (Hitz. S. 79), s. Dillm. äthiop. Gramm. S. 20.

den Stand zu setzen, unsre Aufstellungen jeden Augenblick zu prüfen, es für angezeigt erachtet haben, die babylonischen Achämenideninschriften, welche die Grundlage der ganzen Inschriftenentzifferung bilden, der Abhandlung beizugeben, so scheint es uns andererseits nicht überflüssig, einige Winke beizufügen, vermittelst deren der Leser sich über das, was, anlangend den Inhalt der Inschriften, als gesichertes Ergebniss der Wissenschaft betrachtet werden muss, sowie andererseits über dasjenige, worüber *adhuc sub judice lis*, in Kürze orientieren kann. Es scheinen uns derartige praktische Winke um so weniger überflüssig, wenn wir die allgemeineren Bedenken ins Auge fassen, welche nicht selten von der Annahme der Ergebnisse der Entzifferungen abhalten. Vielleicht ist es uns gestattet, ehe wir zu jener Darlegung selber uns wenden, auf diese namentlich vom historischen Standpunkte aus geltend gemachten Einwendungen gegen alle Keilschriftentzifferung etwas näher einzugehen, wobei wir indess auf das, was wir in unserer früheren Ausführung in dieser Hinsicht bemerkt haben (DMG. XXIII, 370 ff.), hier nicht noch einmal zurückkommen wollen.

So wird z. B. gegen die Keilschriftentzifferung eingewandt, dass dieselbe schon deshalb schwerlich für eine gelungene gehalten werden könne, als die Entzifferer aus den Inschriften so ungemein Vieles herausläsen, das mit der Bibel fast völlig übereinstimmte. Sei es wohl irgend denkbar, dass der assyrische Grosskönig in dieser Weise Notiz von einem Volke genommen habe, das denn doch einen gar zu bescheidenen Staat neben dem gewaltigen Ostreiche ausgemacht, das der Grosskönig nicht einmal auf seinen Heereszügen, weil es von der grossen Heerstrasse abgelegen, berührt habe [1])? — Gehen wir, um über die Gegründetheit oder Nichtgegründetheit dieses Einwandes eines der ausgezeichnetsten Kenner der Geschichte des alten Orients ins Klare zu kommen, die betreffenden Stellen der Keilinschriften, in denen von Israel die Rede ist, einmal durch und prüfen wir sie darauf, in welcher Weise in ihnen Israels Erwähnung geschieht. Die frühesten Stellen, in denen Israel's oder eines Israeliten gedacht wird, finden sich in Inschriften Königs Salmanassar II, welcher gemäss dem Regentencanon [2]) von 858—823 regierte. Die erste lesen wir auf dem neuaufgefundenen Monolith, dessen Inschrift in dem III. Bd. des grossen englischen Inschriftenwerkes pl. 8 veröffentlicht ist. Hier wird Z. 91. 92 als ein Bundesgenosse des damascenischen Königs Binhidri d. i. Benhadad (s. ob. S. 148 flg.) ein *A-ḫa-ab-bu Sir-'-lai* genannt [3]), welcher kein anderer sein kann, als Ahab von

1) Literar. Centralblatt 1870. Nr. 43. S. 1157. 1158.

2) S. diesen am Schlusse unserer Schrift „die Keilinschr. u. d. A. T." Giessen 1872.

3) Ich gebe den ganzen betr. Abschnitt der Inschrift in Transcription und Uebersetzung in meiner Schrift: die Keilinschriften und das A. T. zu 1 Kön. 16, 29 (S. 94 ff).

Israel, der nach 1 Kön. 20, 30 mit dem genannten damascenischen Könige eine Zeit lang im Bunde war. Es geschieht aber an dieser Stelle dieses israelitischen Königs nicht etwa mit irgend einer Auszeichnung Erwähnung: vielmehr wird seiner in der allerdürftigsten Weise von der Welt neben den Königen von Hamath, Arvad, Irkanat, und anderen (im Ganzen 12) verbündeten Fürsten gedacht: mit anderen Worten, es geschieht seiner Erwähnung genau wie man es auf einer assyrischen Inschrift zu erwarten hat.

Der zweiten hier in Betracht kommenden Stelle begegnen wir auf dem kleinen Obelisk dieses Königs, auf welchem wir über der zweiten bildlichen Darstellung (tributbringende Abgesandte darstellend) die Worte lesen (Lay. pl. 98, 2): *Ma-da-tu sa Ya-hu-a, habal Hu-um-ri-i* d. i. „Tribut Jehu's, Sohnes des Humri". Die Worte sind uns sämmtlich bis auf die Eigennamen aus unserer Abhandlung bereits bekannt, vgl. für *madatu* S. 184 Nr. 62; S. 206; für *sa* S. 258; hier Umschreibung des Genitivs (S. 301 flg.); für *habal* S. 182 Nr. 34; S. 192. Die Namen sind beide phonetisch geschrieben, über ihre Aussprache kann somit kein Zweifel obwalten. Der Inhalt der Ueberschrift des Bildes geht demgemäss dahin, dass ein Jehu, Sohn des Humri, dem Salmanassar Tribut gebracht habe [1]). Bis soweit, will sagen, dem philologischen Verstande nach, sind die Worte zweifellos. Was für Schlüsse für die Geschichte aus der Inschrift zu ziehen, ist Sache des Historikers, nicht mehr des Philologen. Jenem, dem Historiker, wird nun aber sofort bei Jahua der Name Jehu einfallen, der nach der Bibel etwa um diese Zeit gelebt hat. Und nicht minder wird derselbe bei Humri sich des Namens Omri erinnern, der ja im Hebr. mit dem Guttural ע geschrieben wird, welcher bei Transcriptionen im Assyrischen auch sonst durch ein *h* wiedergegeben wird s. ob. S. 198 Anm. 3. Der Assyriologe wird nun jetzt dem Historiker wieder zu Hilfe kommen und ihn darauf aufmerksam machen, dass Bit-Humri „Haus Omri" in den Inschriften eine ganz gewöhnliche Bezeichnung Nordisraels ist vgl. Botta XVIII, 24. 25 (s. d. Stelle unten), wo genanntes Bit-Humri in unmittelbare Verbindung mit Samarien gebracht wird. Wenn aber ein Land ohne Weiteres nach seinem Herrscher (Omri) bezeichnet wird, so leuchtet ein, dass dieser Herrscher in den Augen des andern Volkes eine sehr angesehene Stellung eingenommen haben muss, dass er in den Augen dieses andern Volkes gewissermassen der Herrscher des Landes κατ' ἐξοχήν war. Es überrascht demnach nicht, dass auch der einzelne Herrscher dieses Hauses mit jenem Omri in nähere Verbindung und Beziehung gebracht, und, da der Betreffende fak-

1) Der Leser findet eine vollständige Uebersetzung der Inschriftstelle, auch der die dargebrachten Tributgegenstände betreffenden Angabe, in unserer Schrift KAT. zu 2 Kön. 9, 2 (S. 105. 106).

tisch ein Nachfolger der Herrscher aus dem Hause Omri war, als ein Sohn Omri's bezeichnet ward, wobei wir uns gar nicht einmal auf die weite Bedeutung des Wortes „Sohn“ im Semitischen zu berufen nöthig haben. Auf Grund dieser Combination nun nehmen die Assyriologen bezw. die Historiker, die den Aufstellungen der Assyriologen Glauben schenken, an, dass in der betr. Inschrift Jehu von Israel als dem Salmanassar tributbringend bezeichnet wurde. Und wir meinen, dass, giebt Jemand die Richtigkeit der Uebersetzung: „Tribut Jehu's, Sohnes des Omri“ zu, derselbe gegen die gemachten Schlussfolgerungen schwerlich viel einzuwenden haben wird. Wo kämen denn sonst in der Geschichte die Namen Jehu und Omri nebeneinander vor? und wo kämen sie vor um die betreffende Zeit? Aus dem sich hier bildenden Dilemma giebt es keinen Ausweg. Entweder hat man die Richtigkeit der Uebersetzung zu läugnen — und dagegen müssten wir vom assyriologischen Standpunkte aus protestiren; oder aber man giebt die Richtigkeit der Uebersetzung zu — dann wird die Beziehung auf Jehu von selber sich darbieten, dieses um so mehr, als — und damit kommen wir auf eine weitere für die biblische Geschichte unmittelbar bedeutungsvolle Stelle — auf demselben Steine, in der Hauptinschrift des Obelisks, ausser Benhadad von Aram (s. unten) Hazael von Damaskus erwähnt wird, der laut 2 K. 8, 28 ff. mit Jehu gleichzeitig regierte. Wir lesen in der Obeliskinschrift selber Seite B. Basis Z. 97—99 (Lay. pl. XCII): *ina* XVIII *bal-ya* XVI *šanitu nahar Bu-rat 'i-bir I Ḥa-za-'-ilu ša mat Imiri-šu a-na taḥaza it-ba-a; MCXXI narkabâti-šu, CCCCLXX bi-ḥal-lu-šu it-ti uš-ma-ni-šu 'i-kim-šu* d. i. „In meinem 18. Regierungsjahre überschritt ich zum 16. Male den Euphrat. Hazael, vom Lande Damask, zog zur Schlacht (wider mich) aus, 1121 seiner Wagen, 470 seiner Schlachtrosse sammt seinen Vorräthen nahm ich ihm“.

Das Wortverständniss macht keine Schwierigkeit. Die Zahlen sind unmittelbar klar, da sie mit den genügend bekannten Zahlzeichen geschrieben sind. Ueber das Wort *bal* s. ob. S. 110 Nr. 63. Das Ideogramm für „Fluss“ *nahar* ist von uns oben S. 97 Nr. 10 erklärt; ebenso das Ideogramm für *mat* „Land“ (Nr. 9); für *taḥaz* „Schlacht“ S. 99 Nr. 27; der hier Statt habende Sinn des Zeichens *SU*, nämlich „Mal“, ergiebt sich aus ein Dutzend und mehr Stellen dieser Inschrift selber unmittelbar, sein phonetisches Aequivalent *šanit* giebt Beh. 61 an die Hand; über *Burat* s. S. 94 Anm. 3; *Ḥazailu* ist phonetisch geschrieben; über „Land Imirišu“ als Bezeichnung des damascenischen Reiches s. u.; über *narkabtu* Plur. *narkabâti* „Wagen“ vgl. hebr. מרכבה u. KAT. S. 98 Z. 33—35; 106 Z. 16—20; *ušmani* „Vorrath“ (Klmn. 124. 129; u. כמס eigtl. „Vorräthe“; *biḥallu* „Schlachtross“ vgl. arab. فحل; *'ikim* „ich nahm“ von כמס = כנס kennen wir aus der Behistuninschrift; ebenso *'ibir* 1 Pers. Sing. imperf. von עבר; endlich ebenso auch *itti* (אִתִּי) „mit“; über *it-ba-a* H. התבא s. ob. S. 277 u. vgl. Gloss.

Wir schliessen gleich noch eine weitere Stelle an. Z. 102. 103 derselben Inschrift lesen wir: *Ina XXI. pal-ya XX*[1]) *sanit nahar Pu-rat 'i-bir a-na irâ-ni sa Ḫa-za-'-ilu mat Imi'ri-su a-lik sa ma-ḫa-zi-su aksu-ud; ma-da-tu sa mat Ṣur-ra-ai mat Ṣi-du-na-ai mat Gu-bal-ai am-ḫar* d. i. „In meinem 21. Regierungsjahre überschritt ich zum 20. Male den Fluss Euphrat, gegen die Städte Hazael's von Damaskus zog ich, dessen Burgen ich nahm; Tribut des tyrischen, sidonischen und byblischen Landes empfing ich“.

Zur Erklärung. Das Ideogr. für „Stadt“ ist besprochen S. 96 Nr. 8; *alik*, 1 Pers. Sing. Impf., kennen wir aus der Behistuninschrift s. Gloss.; *maḫazu* in der Aussprache *maḫḫazu* ebendas. s. Gloss.; *aksud*, hier ideogr. mit phonet. Compl. *ud* geschrieben (s. o. S. 93), ist die 1. Pers. Sing. Impf. von *kasad* „nehmen“ s. Gloss. und vgl. ob. S. 186 Nr. 106; *amḫar* 1. Pers. Sing. Impf. von *maḫar*, gewöhnliches Wort in den Inschriften für „Entgegennahme“ von Tribut vgl. מהר „eilen“, dann „entgegeneilen“, „entgegennehmen“. *Ṣurrai*, *Ṣidunai*, *Gubalai* sind Beziehungsadjektive der resp. Städtenamen *Ṣur* = צֹר „Tyrus“; *Ṣidun* = צִידֹן „Sidon“ und *Gubal* = גְּבַל „Byblos“.

Aber ist nun *Imi'ri-su*, was uns in dieser und der vorhin mitgetheilten Stelle entgegentritt, auch wirklich das Reich Damaskus? Wir antworten zuvörderst: jedenfalls ist es ein Reich zwischen Euphrat und Sidon-Tyrus; denn über den Euphrat geht der König, bis Sidon, Tyrus, Byblos, also bis Phönicien, dringt er vor, und ehe er dorthin kommt, überwältigt er das Land *Imi'ri-su*. Sodann 2) muss es ein mächtiges Reich gewesen sein, da der assyrische Grosskönig zweimal es besiegen muss und so gewaltige Beute macht. Dass es aber unter allen Umständen 3) auch ein syrisches Reich war und zwar in der Nähe von dem bekannten Hamath, sagt uns abermals eine Stelle des Obelisks Z. 59 ff., also lautend: *Ina yu-mi-su-va Bin-id-ri sa mat Imi'ri-su, Ir-ḫu-li-na A-mat-ai a-di sarrâ-ni sa mat Ḫat-ti u a-ḫat tiham-ti a-na idi a-ḫa-rit it-tak-lu-ú a-na 'i-bis ḳabla u taḫaza a-na gab-ya it-bu-ni* d. i. „In jenen Tagen vertrauten Benhadar[2]) von Imirisu und Irchulina von Hamat sammt den Fürsten der Chittäer und der Seeküsten auf ihre gegenseitige Stärke und zogen mir entgegen, mir Gefecht und Schlacht zu liefern“.

Das Wortverständniss anlangend vgl. für *yumi*, Plur. von *yum* „Tag“ ob. S. 92; für *su* S. 249; für *va* S. 234; für *tihamti* S. 92; für *id* = יָד [illegible] im Assyrischen 1) Arm 2) uneigentl. Stärke S. 101; *ittaklu* Impft. R. תכל; für *'ibis* Infin. von עבש S. 209; für *ḳabal* Syll. 87; für *taḫaz* Syll. 291; *aḫat* ist Plural fem. von *aḫ*, *aḫi*, einem häufigen Worte

1) So ist natürlich, wie ein einfaches Rechenexempel an die Hand giebt, der wie oft so auch hier von Layard flüchtig abgezeichnete Text herzustellen (statt XI und statt XXI ohne *SU*).

2) d. i. Benhadad. S. oben S. 143 ff.

in der Bed. „Seite", „Hand" arab. وخى; das Adj. *aḫarû* ist ein adverbiell gebrauchtes Subst. in der Bed. „einander" R. אחר; *itbûni* im Imperf. Plur. von תבא feindlich „entgegenkommen" s. Gloss.; *ana gab* Präpos. im Sinne von „zu", vgl. targumisch גַּבִּי „mit mir" u. s. f. Norr. p. 156).

Hier also erscheint das Reich *Imí-ri-su* in unmittelbarer Verbindung mit Hamath und den Chittäern, der gewöhnlichen Bezeichnung der Syrer oder Aramäer bei den Assyrern (vgl. hebr. בני חת und s. weiter KAT. zu 1. Mos. 10, 15 S. 27 ff.). Dass es somit selber ein syrisches Reich ist, ist zweifellos. Wir haben nun aber 4) sogar noch den direkten Beweis in den Händen, dass *Imírisu* Bezeichnung des Landes oder Reiches war, dessen Hauptstadt Damaskus, dieses in Z. 15. 16 der unten von uns im Originaltexte angeführten Stelle aus der Inschrift Binnirar's Nr. I. Wenn wir hier lesen: „Nach dem Lande (*mat*) Imirisu zog ich, den Mari', König vom Lande Imirisu, belagerte ich in Damaskus, seiner Hauptstadt", so schwindet damit jeder Zweifel, dass Imirisu das Reich von Damaskus, Damaskus also die Hauptstadt des Hazael, Hazael von Imirisu und Hazael von Damaskus ein und dieselbe Person seien[1]).

1) Bedürfte es noch eines weiteren Beweises, so ist auch dieser gegeben und zwar eben in Bezug auf Hazael. In dem mir nämlich erst nachträglich zu Gesichte gekommenen III. Bande des grossen englischen Inschriftenwerkes (III R. 5. Nr. 6) ist auch ein höchst denkwürdiges Fragment, enthaltend den vollständigen Bericht über des zweiten Salmanassar XVIII. Regierungsjahr, sowie über den in dieses Jahr fallenden Zug gegen Hazael und die Tributzahlung des Jehu, zur Veröffentlichung gelangt. Ich gebe die vollständige Transcription und Uebersetzung desselben in meiner Schrift: „die Keilinschriften und das A. T." zu 2 Kön. 9, 2 (S. 107 ff.). Hier erzählt uns Salmanassar, dass er den *Ḫa-za-'-ilu sa mat Imí-ri-su* geschlagen, verfolgt und *ina 'ir Di-mas-ķi 'ir sarru-ti-su 'i-sir-su* in Damaskus, seiner Hauptstadt, belagert habe."

Es mag mir verstattet sein, nachdem wir uns darüber klar geworden sind, was für ein Land mit dem Namen *Imí-ri-su* in den Inschriften bezeichnet wird, über die Schreibweise dieses Namens noch Einiges beizubringen. Derselbe wird nämlich selbst wieder überwiegend ideographisch geschrieben, nämlich *TUV-su*; so in der Obeliskinschrift, sowie in der Inschrift des Binnirar. Daneben findet sich aber noch eine andere Schreibweise, die wir am vollständigsten in einer Inschrift des biblischen Tiglath-Pileser (III R. 10, 50) antreffen. Hier wird das Reich des Rezin bezeichnet als *Gar-TUV. ZIKAR MIS. su*, und diese Schreibweise wirft Licht auf die ganze ideographische Bezeichnung. Das erste Zeichen *Gar* ist offenbar phonetisch zu fassen, genau wie in *Gar-gamis* „Circesium"; es kehrt in der härteren Aussprache *kar* (vgl. hebr. כרכמיש) häufig in assyrischen und babylonischen Namen wieder vgl. Kar-Dunias, Kar-Sarrukin, Kar-Salmanuḫsir u. s. f. und bedeutet sicher soviel wie „Burg" oder „Stadt". Das zweite Zeichen *TUV* könnte man versucht sein phonetisch zu lesen; nun aber folgt auf dasselbe 1) das Männlichkeitsideogramm (von uns, weil phonetisch nicht vorkommend, gleich nach seinem phonet. Aequivalente durch *zikaru* זכר wiedergegeben); 2) das Pluralzeichen (*Mis*): es ist danach zweifellos, dass wir es bei *TUV* mit einem Ideogramme zu thun haben. Dasselbe bezeichnet nun als Ideogramm sehr

Wir gewinnen also folgende Daten: a) nach den Inschriften lebte zur Zeit Salmanassars II. ein *Jahua*, Sohn oder Nachfolger des *Humri*; zu gleicher Zeit lebte ein Hazael und ein Benhadar von Damaskus; weiter ein Ahabbu von Israel; b) nach der Bibel lebte zur Zeit Jehu's von Nordisrael ein Hazael und ein Benhadad (Benhadar) von Damask, endlich ein Ahab von Israel; 9. Jahrh. Die Assyriologen combiniren danach Ahab und Jehu von Israel mit dem Ahabbu und Jahua der Keilinschriften, sowie den Benhadad (Benhadar) und Hazael der Bibel mit dem Bin-idri und Hazailu des Obelisk's. Und diese Combination sollte keine stichhaltige sein? zumal weder von einem Jehu, noch von einem Ahab ausserhalb Israels, noch anderseits von einem Benhadar und Hazael ausserhalb des Reiches von Damaskus die Geschichte irgend etwas weiss?

Wir wenden uns zu einer weiteren Hauptstelle über Israel in den Keilinschriften. Dieselbe findet sich in der Inschrift Binnirar's I R. 35. No. 1. Hier lesen wir Z. 1. 4–16: 1. *Hikal Bin-nirar, sarru rabu, sarru dan-nu, sar kissati, sar mat Assur* . . . 4. *sa ina tuklat Asur bil-su ittala-ku-ma mal-ki sa kib-rat arba-ti* 5. *u-sek-ni-su a-na siri-su. Ka-sid istu mat Si-lu-na* 6. *sa na-pah sam-si, mat Kib, mat Il-li-pi, mat Kar-kar, mat A-ra-zi-as* 7. *mat Mi-su, mat Mu-da-ai, mat Gi-zal-bun-da ana si-har-ti-su.* 8. *mat Mu-un-na, mat Par-su-a, mat Al-lab-ri-a, mat Ab-da-da-na,* 9. *mat Na-'-ri ana pat gim-risu, mat An-di-u, sa a-sar-su ru-ku,* 10. *Hil-hu sad-u a-na pat gim-ri-su a-di 'ili tiham-ti rabi-ti* 11. *sa na-pah sam-si; istu 'ili nahar Hurat mat Hat-ti, mat A-har-ri a-na si-har-ti-sa* 12. *mat Sur-ru, mat Si-du-nu, mat Hu-um-ri-i, mat U-du-mu, mat Pa-la-as-tav*

---

häufig in den Inschriften den „Esel“ (vgl. statt aller Stellen Sanh. Tayl. Cyl. col. II, 16), hebr. חֲמוֹר, arab. حمار. Wenn demgemäss auf einem Täfelchen Sanheribs (III R. 2 Nr. XX Z. 45) Damaskus als *Gar-i-mi'-ri-su* bezeichnet wird, so ist sicher, dass wir in *imi'ri* d. i. חמיר = חמור phonetische Schreibung haben, dass somit in dem Namen für das Reich Damaskus *TUI* phonetisch *imi'ri* zu lesen ist. Das sodann in der Inschrift Tiglath-Pilesers weiter hinzugefügte Ideogramm für „männlich“ (welches, weil in der Schreibung des Namens auf der Obeliskinschrift und sonst fehlend, an sich sammt dem Pluralzeichen als überflüssig betrachtet gewesen sein muss) hat offenbar lediglich determinativen Werth, dient nur dazu, anzudeuten, dass das betr. assyrische Wort für den „männlichen Esel“ d. i. *imi'r*, nicht ein anderes für den „weiblichen Esel“ zu lesen sei. Aus demselben Grunde ist zuweilen auch das sonst fehlende Pluralzeichen hinzugefügt, nämlich um den Leser aufmerksam zu machen, dass *imi'ri* und nicht *imi'r* zu lesen. Das letzte Zeichen *su* ist wahrscheinlich phonetisch zu nehmen; doch kann ich seine Bedeutung hier nicht angeben. Der übrige Theil des Namens bed. „Eselsburg“ (also ein altes „Stuttgart“). Der Name, zweifelsohne ursprünglich der einer damascenischen Stadt, vielleicht auch der einstige Name von Damaskus selbst, ward später Name des Reiches wie *Rûm* (Rom-Byzanz bei den Muhammedanern); Hannover u. s. w., wie aber auch Babel.

13. *a-di 'ili tihamtim rabiti sa šul-mu šam-ši a-na si-ḫir-ti-ša* 14. *u-šak-nis, bilat ma-da-tav 'ili-šu-nu u-kin. A-na* 15. *mat Imiri-šu lu-u a-lik, a-na Ma-ri-' šar ša mat Imiri-šu* 16. *ina 'ir Di-ma-aš-ḳi, 'ir šarru-ti-šu, lu-u 'i-sir-šu* d. i. 1. „Palast Binnirar's, des grossen Königs, des mächtigen Königs, des Königs der Völker, des Königs vom Lande Assur, 4. welcher in der Verehrung Asur's, seines Herrn, wandelt und die Fürsten der vier Länderstrecken seiner Botmässigkeit (eigentl. seinem Joche) unterwarf. Ich nahm in Besitz vom Lande Siluna an, 6. welches im Aufgang der Sonne belegen, nämlich das Land Kib, das Land Illipi, Karkar, Arazias, Misu, Medien, Giratbunda in seinem ganzen Umfange, Munna, Persien, Allabrien, Abdadana, 9. das Land Nairi nach seinem gesammten Gebiete, das Land Andiu, dessen Lage eine ferne (רחוק), 10. das Gebirge Balkh nach seinem gesammten Gebiete, bis hin zur grossen See, 11. welche im Osten belegen[1]; unterwarf mir vom Euphrat an das Land der Syrer, das Westland nach seinem ganzen Umfange, 12. (nämlich) Tyrus, Sidon, das Land Omri, Edom, Philistäa, 13. bis hin zur grossen See nach Untergang der Sonne zu (d. i. nach Westen zu); 14. Zahlung von Tribut legte ich ihnen auf. 15. Auch gegen das Land Imirisu zog ich, gegen den Mariah[2], den König vom Lande Imirisu; 16. in Damaskus, der Stadt seines Königthums, schloss ich wahrlich ihn ein."

Dies die Stelle der Inschrift, für deren Wortverständniss ich auf KAT. S. 110 ff. verweise. Was folgt aus ihr für die Frage, ob die assyrischen Grosskönige wohl eine Veranlassung hätten haben können, sich um einen solchen Duodezstaat wie Nord- oder Südisrael so angelegentlich zu kümmern? Einfach dieses, dass sie sich um das Land Omri's d. i. Nordisrael, gerade so viel und so wenig bekümmert haben, wie um Tyrus und Sidon, um Edom und um Philistäa, das heisst, genau so viel als a priori zu erwarten. Aber, höre ich von Neuem den Zweifler einwerfen, ist denn das „Omriland" (*mat Humri*) auch wirklich Nordpalästina d. i. das Reich Israel? Um hierüber ins Klare zu kommen, nehme man die Karte zur Hand und verfolge die Richtung, die die Aufzählung einhält. Dann kommt man vom Euphrat zu den Aramäern (Chatti), weiter östlich nach Tyrus und Sidon, alsdann über Omriland nach Edom und weiter Philistäa (falls nämlich unter Pilastav nicht Judäa mitbegriffen ist). Nun weise man zwischen Tyrus-Sidon und Edom ein anderes „Omriland" nach als — Nordisrael! — Wir

1) Gemeint ist der persische Golf, der sonst als *tihamtu saplitu* als „das untere Meer" bezeichnet wird (Tigl. Pil. IV. II R. 67 Z. 10).

2) Ich brauche meine Fachgenossen nicht darauf aufmerksam zu machen, dass wir in diesem Namen *Mari'* einen specifisch aramäischen Namen, das bekannte ܡܳܪܝ „mein Herr", „Herr", vor uns haben.

sollten meinen: schon hiernach kann über die Identität des Landes Bit-Omri und des Reiches Samarien kaum ein Zweifel statt haben. Es stehen uns aber noch direkte Beweise für das Ausgeführte zu Gebote. Wir lesen Botta pl. XVIII. Z. 24. 25, abermals in einer Aufzählung: *ka-šid 'ir Sa-mir-i-na u gi-mir mat Bit-Hu-um-ri ruk* d. i. „(Ich) nahm ein Samarien und das gesammte Gebiet des Omrilandes". Hier wird Samarien ausdrücklich als ein Theil des Gesammtgebietes vom Lande des Omri bezeichnet. Ist es möglich, dass dieses selber ein anderes sei als Nordisrael, das einzige Land, dessen Hauptstadt Samarien, das selber — von Omri gegründet war (1 Kön. 16, 24)? Zum Ueberfluss vergleiche man noch eine Stelle aus einer anderen Inschrift Sargons, welche sich auf Thoncylindern findet (I Rawl. 36) und in welcher wir Z. 19 lesen: *mu-ri-ib mat Bit-Hu-um-ri ruk rap-si; sa i-na 'ir Ra-pi-hi 'ipuku-u mat Mu-uṣ-ri sa-nu-ta Ha-nu-nu sar 'ir Ha-zi-ti ka-mu-uš-šu u-ši-ri-ba 'ir Asur* d. i. „(Sargon), der da das Land des Hauses Omri, das ferne, weite, bekämpfte und bei der Stadt Raphia Aegypten, das fremde, niederwarf; den Hanno, König von Gaza, seinen Gefangenen, nach der Hauptstadt Assyriens abführte".

Zur Erläuterung: *murib* Part. Afel von *rib* „streiten" ריב; *ruk* „fern" s. o.; *rapsi* Adj. von *rapsu* = רחב; *'ipuku* 3 Pers. Sing. Impf. Kal von *hapak* הפך „in die Flucht schlagen", „werfen", hier mit einem von Oppert J. A. VI, 3. 1861. S. 11 erklärten Ideogramme und der phonetischen Ergänzung *u* geschrieben; *sanu* „zweit", „anders" steht in der Bedeutung „fremdländisch" *externus* (vgl. das griech. βάρβαρος) nach E. S. a. d. Gloss.; *kamušu* für *kamutšu* (s. o. S. 292), von *kamut*. R. *kamu* = *akmu* = *nakam* „nehmen", „ergreifen" s. Glossar; *uširiba* Impf. Schafel von ערב „hineingehen". In der Bed. „hinführen" auch Khors. 126 genau wie hier gebraucht; *'ir Asur* „nach der Stadt Assyriens" (oder Stadt Asur?) Acc. loci.

Den Beschluss mag eine Stelle auf der Stierinschrift Botta 36, 18. 19 machen, wo wir lesen: *da-pi-in 'ir Sa-mi-ri-na ka-la mat bit Hu-um-ri* „Zerstörer der Stadt Samarien, des gesammten Omrireiches" (*dapin* Part. von *dapan* = דפן *rasit, abrasit*, also eigtl. „hinwegfegend"; *kala* = כל).

Wir hoffen, die Stellen werden ausreichen, um auch den hartnäckigsten Zweifler von der Identität des „Landes des Hauses Omri" mit dem Reiche Ephraim-Samarien d. i. Nordisrael zu überzeugen.

Aber nicht bloss mit Nordisrael, auch mit Südisrael d. i. Juda, hatten es die ninivitischen Könige, von Tiglath-Pileser IV an bis auf Assurbanipal zu thun. In einer Inschrift des ersteren (II. Rawl. 67. Z. 61. 62) werden in einer Aufzählung tributpflichtiger Könige unmittelbar hinter einander genannt: *Mitinti Askalunai, Jahukhazi Jahudai, Kausmalaku Udumai, Hanunu Hazatai* d. i. „Mitinti von Askalon, Jahokhazi (Joachaz d. i. Ahaz) von Juda, Kosmalech von Edom, Hanno von Gaza". Die Eigennamen sind sämmtlich phonetisch geschrieben, bedürfen also keiner Erläuterung. Da uns nun ein zwischen Askalon, Edom und Gaza belegenes Land, von welchem ein Gentile der Form *Yahudai* gebildet werden könnte, ausser Juda d. i. Südisrael nicht bekannt ist, so schliessen wir daraus, dass der genannte *Joachaz* ein dem Tiglath-Pileser tributpflichtiger König von Südisrael-Juda war. Wir sollten denken, gegen den Schluss sei wenig einzuwenden [1]).

Es haben sich aber auch noch andere assyrische Könige um dieses Reich bekümmert. So gleich der mächtige Bezwinger Samariens und Asdods, Sargon. Derselbe erzählt uns in der Nimrudinschrift Lay. XXXIII, Z. 8 nach einem Berichte über die Besiegung des Königs Humbanigas von Elam also: *mu-sak-nis mat Ya-hu-du sa a-sar-su ruḳuḳu, na-siḥ mat Ḥa-am-ma-ti, sa Ya-hu-bi-'-di ma-lik-su-nu ik-su-du ḳati-su* „(Sargon), der das Land Juda, dessen Lage eine ferne, unterwarf; das Land („die Leute“) von Hamat, dessen König Jahubihd seine Hände ergriffen hatte, verpflanzte“ (die Worte sind in den besprochenen Inschriften schon sämmtlich dagewesen bis auf *nasiḥ* Part. act. von *nasaḥ* = נסח, eigtl. „ausreissen“ (aus dem Boden), dann „verpflanzen“ (von Bevölkerungen), ein in den assyrischen Inschriften sehr häufiges Verbum).

Dass Sargon's Sohn und Nachfolger Sanherib in seinen Inschriften Jerusalems, Judas, Hizkias wiederholt Erwähnung thut (s. o. S. 80 und vgl. unsere Schrift: „die Keilinschriften und das A. T.“ zu 2 Kön. 18) wird man wohl begreiflich finden. Dass aber Sanherib auch dem seiner Selbständigkeit beraubten, dennoch aber als ein Vasallenstaat unter irgend welcher Firma fortbestehenden Nordisrael seine Aufmerksamkeit gewidmet habe, dafür liefert einen Beweis die Stelle auf dem Taylorcylinder I R. 38. Z. 47—66: *Minḫimmu Usimurunnai.* 48. *Tuba'lu Sidunnai.* 49. *Abdiliti Arudai.* 50. *Uruski Gublai.* 51. *Mitinti Asdudai.* 52. *Puduilu Bit-Ammanai.* 53. *Kammusunadbi Ma'bai.* 54. *Malik-rammu* [2]) *Udummai:* 55. *sarrâni mat Aḥarri kalisun sidi'i* 56. *sallati tamartasunu kabidtu adi sanu* 57. *ana mahriya issunutva issiḳu sîpâ-ya* d. i. „Menahem von Samarien, Tubal von Sidon, Abdilit von Arvad, Uruski von Byblos, Mitinti von Asdod, Puduel von Ammon, Kamosnadab von Moab, Malikram von Edom: die sämmtlichen Fürsten des Westlandes (Phöniciens), der Grenzmarken der Herrschaft, brachten mir reiche Geschenke sammt Tribut dar und huldigten mir“. Die Eigennamen, phonetisch geschrieben, bedürfen keiner Erläuterung mit Ausnahme von *Malik-rammu*, über welchen Namen wir oben S. 141 handelten. Zu dem sonstigen

1) Ueber eine weitere Juda erwähnende Stelle der Inschriften Tiglath-Pileser's s. unsere Schrift: „die Keilinschriften und das A. T.“ zu 1 Kön. 14, 21. 2 Kön. 15, 1.

2) d. i. „Malik (Moloch) ist erhaben“.

Wortverständniss vgl. unsere Schrift: „die Keilinschriften und das A. T.“ (Giess. 1872) zu 2 Kön. 18, 13. III. S. 174.

Einer weiteren Erwähnung eines judäischen Herrschers und des Landes Juda selber begegnen wir in einer Inschrift Asarhaddons, welche die Namen von 22 „chittäischen“ d. i. vorderasiatischen (insonderheit phönicischen und cyprischen) Königen verzeichnet, welche dem Grosskönige tributpflichtig gewesen (I Rawl. 48. I). In dieser Liste wird neben den Königen von *Surri* (Tyrus), *Udumi* (Edom), *Mahil*, *Ḫazati* (Gaza), *Iskaluna* (Ascalon), *Amgarruna* (Ekron), *Gubli* (Byblos), *Arrudi* (Aradus), *Usimuruna* (Samarien), *Bit-Ammana* (Ammon) und *Asdudi* (Asdod) und zwar zwischen den Königen von Tyrus und Edom namhaft gemacht auch *Minasi sar Yahudi*. Da Juda wie das Land *Yahudi* zwischen Tyrus-Phönicien und Edom zwischen inne liegt; Minasi an den Namen „Manasse“ unmittelbar anklingt; von diesem Manasse in der Bibel berichtet wird, dass er Vasall des assyrischen Grosskönigs war, der nach der Zeitrechnung sehr wohl Asarhaddon gewesen sein kann, so scheint uns jede Möglichkeit, dass der in der Keilinschrift namhaft gemachte König von Jahudi [1]) nicht der aus der Bibel bekannte Manasse von Juda sei, ausgeschlossen. Aus demselben Grunde kann auch das in einer Inschrift Assurbanipals (Assurb. Sm. S. 31, c) zwischen Tyrus und Edom erwähnte Land *Yahudi*, dessen König (der Name ist verloren) dem Grosskönige Tribut geleistet habe, kein anderes sein, als das Land Juda.

Wir sollten meinen, die angeführten Stellen würden genügen, darzuthun, dass die assyrischen Grosskönige allerdings Veranlassung gehabt und genommen haben, sich um die Reiche diesseits und jenseits des Libanon und Jordan zu kümmern und mehr zu kümmern, als man dieses bisher geglaubt hat annehmen zu können.

Die im Vorstehenden besprochenen Stellen der Keilinschriften sind nun aber beiläufig, abgesehen von den Parallelen [2]), auch die sämmtlichen Stellen, beziehungsweise Inschriften, in denen von Juda und Jerusalem die Rede ist. Wie man sieht, ist es eine sehr bescheidene Zahl gegenüber der Menge von Königsinschriften, die uns überkommen sind. Kann man danach wirklich sagen, dass „so ungemein viel“ von Judäa in den assyrischen Inschriften die Rede sei? und kann man dieses angesichts des Umstandes, dass z. B. die angezogene Inschrift Tiglath-Pilesers, die des Ahaz von Juda in dem Fünftheil einer Zeile Erwähnung thut, im Ganzen 86, schreibe sechs und achtzig Zeilen zählt? dass weiter die Khorsabadinschrift Sargon's, die von der Eroberung Samariens in anderthalb Zeilen berichtet, 194 Zeilen umfasst? dass nicht minder in

---

1) Die Aussprache des Landesnamens Juda als *Jahudi* geht wohl auf den Namen des Volkes יְהוּדִים zurück.

2) Der Leser findet auch diese verzeichnet KAT zu 1 Kön. 14, 21 (S. 90 flg.).

diesen Inschriften gerade von den mit der Bibel nicht zusammenhängenden Vorkommnissen des Ausführlichsten erzählt wird? dass z. B. Sargon, der die Eroberung Samariens, wie bemerkt, mit anderthalb Zeilen abthut, von den Wirren in Armenien, Medien und Chaldäa in Dutzenden von Zeilen Bericht giebt? weit ausführlicher als von der Eroberung Samariens vielmehr von der Eroberung Asdod's, den Wirren in Hamath und anderen syrischen Städten handelt, und was dergleichen Dinge mehr sind? Nein, wir müssen sagen: die assyrischen Könige reden in ihren Inschriften genau so viel von den biblischen Ländern, als es nach der Lage der Dinge eben zu erwarten ist.

Aber sind nicht die sonstigen auf Grund der bisherigen Keilschriftentzifferung gewonnenen historischen Resultate ein sicherer Beweis für die Unzuverlässigkeit, ja Unmöglichkeit dieser Entzifferung? stehen nicht eine Reihe von diesen Funden der Keilschriftentzifferer mit der gesammten Geschichtsdarstellung der alttestamentlichen Königsbücher in unlösbarem Widerspruch! [1]) — Wir dürfen zuvörderst fragen: wäre denn das, wenn der Fall, etwas so ganz Exorbitantes? Schreiber dieses glaubt sich von der Beschaffenheit und Entstehungsart dieser Bücher etwelche Kenntniss verschafft zu haben und weiss in Folge dessen, dass es abgesehen von der notorisch heiklen Chronologie namentlich mit der Vollständigkeit der Berichte dieser Bücher, die theilweis gar summarisch verfahren, ziemlich bedenklich aussieht. Werden aber wichtige Ereignisse gänzlich übergangen, so zweifeln wir nicht, kann sehr wohl auch der Fall eingetreten sein, dass die erzählten Ereignisse unter eine Beleuchtung und eine Beurtheilung gebracht wurden, welche ganz anders ausgefallen sein würde, wären jene übergangenen Ereignisse mit berichtet worden. Die Vergleichung der Chronik mit den Königsbüchern ist in dieser Hinsicht lehrreich genug. Dazu wissen wir ja, welche Wandelungen die Berichte der Königsbücher durchgemacht haben, ehe sie in die Fassung und den Zusammenhang gebracht wurden, in welchem sie uns jetzt vorliegen; und da sollten Abweichungen von dem dort Berichteten, auch offene Widersprüche mit demselben, eine Unmöglichkeit sein, dieses sollte der Fall sein, da wir doch zwischen einem andern biblischen Geschichtsbuche und dem genannten eine Reihe anerkannter Contradictionen zu Tage treten sehen? Und der Assyriologe sollte deshalb an der Richtigkeit einer auf exact-philologischem Wege gewonnenen Nachricht einer ihm vorliegenden gleichzeitigen Quelle zweifeln, weil sie etwa mit dem Berichte eines mehrere Jahrhunderte nach den betr. Ereignissen lebenden und schreibenden, wenn auch theilweis auf Grund älterer Vorlagen berichtenden, Verfassers nicht oder nicht ganz in Harmonie zu bringen ist? Wir können uns von dieser Nothwendigkeit nicht überzeugen. Nun aber zur Beantwortung der Frage selber: sind

1) Lit. Ctrlbl. a. a. O. 1157.

[illegible]e Widersprüche auch wirklich vorhanden — und wie [illegible] wir dieselben? Es wird hingewiesen auf den Umstand, dass nach den assyrischen Berichten Jehu von Israel und die Damascener Benhadad und Hazael Unterthanen eines grossen assyrischen Eroberers Salmanassar II. gewesen seien. Hier müssen wir nun zunächst constatiren, dass dieses, soviel ich weiss, kein Assyriologe behauptet hat. Was sie behaupten, ist, dass die Genannten dem assyrischen Grosskönig zeitweilig oder dauernd tributär gewesen seien, was doch aber, soviel wir sehen, mit „Unterthänigkeit“ noch nicht ohne Weiteres identisch ist. Sie waren vielmehr, meinen wir, dauernd oder zeitweilig assyrische Vasallenkönige. Und auch dieses besagen die Inschriften noch nicht einmal so ohne alle Einschränkung. Wie wir oben gesehen haben, besagt die den Jehu betreffende Inschrift nur, dass Jehu dem Grosskönige *madatu* „Geschenke“ d. i. aber wohl zweifellos soviel wie „Tribut“ entrichtet habe; in wie weit dieses freiwillig oder gezwungen geschah, darüber fehlt uns jede Andeutung (s. indess unt.). Und von Benhadad und Hazael wird erzählt, dass sie in wiederholten Schlachten von Salmanassar besiegt seien. Dass sie ihm Tribut entrichtet, wird wenigstens in den mir bekannten Stellen nicht ausgesagt. Die Beherrschung der Gebiete Benhadads und Hazaels war also nur eine zeitweilige, eine militärische Occupation würden wir sagen, nichts weiter. Dass die Bibel über diese zeitweilige Occupation, die mit der Heilsgeschichte sehr wenig zu thun hatte, nichts berichtet, wer wird ihr das verargen? Wer aber weiter wird sogar von dieser Nichterwähnung jener Niederlagen oder der zeitweiligen Occupation des Landes ein argumentum ex silentio gegen die Richtigkeit der Keilinschriftenentzifferung hernehmen? Und es sollte weiter Pflicht des, von den Feldherrn- und Herrschertugenden Jehu's so eingenommenen, jüdischen Berichterstatters gewesen sein, die Schmach in seinen Annalen zu verzeichnen, dass ein solcher Fürst dem assyrischen Grosskönig Geschenke gesandt habe, vielleicht um durch die Anerkennung der Oberhoheit Assyriens die Beihilfe desselben gegen seinen Erzfeind, die Syrer unter Hazael, zu erlangen? Ich sollte denken, diese Nothwendigkeit wäre nicht vorhanden gewesen, selbst wenn der Berichterstatter noch um diese Thatsachen wusste — was schwerlich zu beweisen sein wird. Ein Grund zur Anzweiflung des so bündigen und durch eine Illustration auf dem Obelisk veranschaulichten Berichtes über jene Tributsendung Jehu's liegt deshalb gewiss nicht vor.

Aber der assyrische König Phul, von dem die Bibel erzählt und von dem die Inschriften nach den Entzifferern platterdings nichts wissen? — Das ist freilich ein dunkler Punkt, an dem aber die Keilschriftentzifferer am wenigsten Schuld sind. In dieser Aussprache, das ist sicher, existirt ein König in den assyrischen Denkmälern nicht, weder auf den Platteninschriften, noch im Regentencanon. Es sind drei Wege die man einschlagen kann, um die Schwierigkeit, die sich bietet, zu überwinden. 1) Man nimmt an, derselbe war gar kein assyrischer, sondern ein chaldäischer König, eine Combination, für welche der Umstand angeführt werden könnte, dass Berossos [1]) ihn wirklich als einen König der Chaldäer bezeichnet. Für die Bezeichnung eines chaldäischen Königs als eines assyrischen liesse sich schon eine Analogie finden (vgl. Esr. VI, 22, wo der persische Grosskönig als „König von Assyrien" bezeichnet wird). Man könnte ohnehin ausserdem noch annehmen, dass er sich zeitweilig die Oberherrschaft über Assyrien angeeignet hätte, den legitimen König von Assyrien als Vasallen im Besitze des Thrones belassend. Nur ist uns leider von einer bedeutenderen Machtentfaltung der Chaldäer vor Nabopolassar rein nichts bekannt, und ohnehin ist in den assyrischen Regentenlisten für ein solches chaldäisches Interregnum kein Raum. 2) Phul war gar nicht König, sondern nur der General irgend eines assyrischen Königs, eine Annahme, die aber doch, da er ausdrücklich als König bezeichnet wird, immerhin ziemlich bedenklich sein würde. Endlich 3) er war ein assyrischer König von Haus aus und ist identisch mit dem Könige Tiglath-Pileser, eine Combination, welche uns durch die neuentdeckten, im III Bde. des engl. Inschriftenwerkes pl. 9 veröffentlichten, Texte kategorisch gefordert zu werden scheint s. uns. Schrift: „die Keilinschr. u. d. A. T." zu 2 Kön. 15, 1. 17. 19 (S. 114 ff.). Wie man nun aber auch sich entscheiden möge: gewiss ist das Vorkommen eines Königs Phul in der Bibel und das Nichtvorkommen desselben in den assyrischen Inschriften kein Grund, der zu Zweifeln gegen die Keilschriftentzifferung überhaupt und als solche berechtigte.

Wir kommen zu Sargon. Hier wird Anstoss genommen an der Erwähnung einer Königin Samsiêh von Arabien; wir möchten bezweifeln, ob mit genügendem Grund. Sargon erzählt Z. 17 der Khorsabadinschrift, dass er, nach Bewältigung Samariens, Gaza's, Aegyptens Tribut an Gold, Pferden, Kameelen und anderen Dingen empfangen habe auch von *Šam-si-'i šar-rat A-ri-bi* d. i. „Samsiêh, Königin von Arabien". Die Worte sind im Originale genau so geschrieben, wie hier transcribirt ist. Grammatik und Lexikon stimmen in jeder Weise zusammen. Der Name Šamsijêh (شَمْسِيَّة) ist das arab. weibl. Aequivalent zu dem hebr. שמשון = Simson oder noch besser zu dem männl. Namen שִׁמְשַׁי Ezr. 4, 8. 17 und bedeutet sonach „die sonnige" („die dem Sonnengott Geweihte?"). Bedenkliches hat sonach dieser Namen nicht im Mindesten. Auch die vage Bezeichnung „Arabien" ist gewiss nichts, an dem man Anstoss nehmen kann: wer wird von dem Eunuchen, der die Inschrift anfertigte, verlangen, dass er auch noch den Stamm der

2) Nach Polyhistor bei Eusebius in der armen. Chron. p. 18 ed. Mai.

Semi so und so beifügte? [1]) Dass wir aber keine Königin dieses Namens mehr nachweisen können, ist denn doch kein ausreichender Grund, die Angabe Sargons zu bezweifeln. Es wird weiter das Vorkommen des Namens eines Sabäers Itbimyar zur Zeit Sargons bedenklich gefunden, da ja die Himjaren erst weit später zur Herrschaft gelangt seien. Das wäre freilich bedenklich. Nun aber lese ich in der mir vorliegenden Transcription Opperts an der betr. Stelle der Khorsabadinschrift von einem Himjariten nichts. Dort steht vielmehr *Ithiwara* was freilich nicht ganz correkt ist, es sollte *Ithamara* (oder *Itamara*) heissen, wie Oppert auch richtig im Commentar J. A. 1864. p. 14 transscribirt. Dazu macht denn allerdings der Genannte a. a. O. die Anmerkung: „peut-être Himyar se trouve dans la forme". Er scheidet also das paläographisch Ueberlieferte und seine Conjektur — so wenigstens an dieser Stelle; hat er dieses an einer andern Stelle, auf welche hin jener Tadel erhoben wird, nicht gethan, so ist der Vorwurf ein gegründeter: denn Himyar steht nicht im Texte. Schwerlich aber dürfte Jemand berechtigt sein, aus dieser etwaigen Ungenauigkeit, bezw. diesem historischen Irrthume eines Keilschriftentzifferers einen Schluss auf die Keilschriftentzifferung als solche zu ziehen [2]). Dasselbe gilt bezüglich der Oppert'schen Identificirung von *Miluḫḫa* und Meroë. Mag dieselbe falsch oder richtig sein (und in unsern Augen ist sie zweifellos richtig 1) wegen des notorischen Ueberganges des *r* und *n* anderer Sprachen in *l* bei den Assyrern vgl. Babiru = Babila; Kasdim = Khaldi u. s. f.; 2) wegen der Lage, welche durch die Inschriften dem Lande *Miluḫḫa* angewiesen wird Khors. 103: *Muṣuri sa pat Miluḫḫa* „Aegypten, das an der Grenze von Meroë", vgl. 109—111, wo gesagt wird, dass seit den entlegendsten Zeiten der König von Meroë an die Assyrer keine Gesandte geschickt hätten, was auf ein sehr fernes Land schliessen lässt; 3) weil es in Backsteininschriften Asarhaddons die Stelle von Kusch einnimmt s. J. A. 1864. III. p. 194 vgl. noch KAT. zu 1 Mos. 10, 6): ich sage, mag die Identificirung von Miluhha und Meroe falsch oder richtig sein: gegen die Zuverlässigkeit der Keilschriftentzifferung als solcher ist von einer derartigen etwaigen unrichtigen Identificirung kein Grund herzunehmen; diese Deutung eines entzifferten Namens ist Sache nicht mehr des Entzifferers, denn vielmehr des Historikers. Eben darum ist man, wie wir schon an einem andern

1) Vgl. ausserdem noch unsere Ausführung über den Umfang der Bedeutung des Namens „Arabien" bei den Assyrern in uns. Schrift: „die Keilinschriften und d. A. T." zu 1 Mos. 25, 6 S. 56 flg.).

2) Beiläufig will mich die Identification des fraglichen Namens mit dem bei den Hebräern uns entgegentretenden Namen Ithamar (אִיתָמָר) eigentl. „Palmenland" dermalen am wahrscheinlichsten bedünken. Ich wüsste wenigstens nicht, was man ernstlich dagegen geltend machen könnte, da die Wurzel, von der das hebr. תמר abzuleiten, auch im Arab. lebendig ist.

Orte hervorgehoben haben, auch nicht berechtigt, aus einem, wie wir meinen und gezeigt zu haben glauben [1]), wirklichen Irrthum eines Entzifferers, bezüglich nämlich des auf dem Obelisk Salmanassars II. genannten östlichen Landes *Muṣri*, welches fälschlich auf „Aegypten" gedeutet und mit dem hiefür sonst vorkommenden *Muṣuri* [2]) identificirt worden ist, einen Schluss auf die Keilschriftentzifferung als solche zu ziehen. Denn so fest wir überzeugt sind, dass, wie bemerkt, hier ein Irrthum Dr. Opperts vorliegt, so wenig berechtigt ist nach unserer Ansicht der auf diese falsche historische Combination gegründete Zweifel an der Solidität der Keilschriftentzifferung überhaupt. Oder ist es etwa deshalb mit der hebräischen Sprachwissenschaft und überhaupt mit der hebräischen Exegese nichts, weil B. Joel IV, 6 die einen Exegeten das dort vorkommende Land Javan (יָוָן) auf Griechenland, die andern es auf ein Javan in Arabien deuten? Doch gewiss nicht! Darum denn — und damit wolle man uns diese Ausführung schliessen lassen — möge man doch nicht gar zu scharf und schnell aburtheilen, nicht auf Einzelheiten hin und auf Grund von scheinbaren oder auch wirklich vorhandenen Discrepanzen mit sonstigen Ueberlieferungen ohne Weiteres den Stab über eine Entzifferung brechen, die in ihren Grundlagen, wie wir gezeigt zu haben glauben, wohl und fest gegründet ist. Wir sagen: in ihren Grundlagen; denn dass im Uebrigen hier noch ein tüchtiges Stück Arbeit zu thun ist, das weiss Niemand besser als der, der sich etwas eingehender mit diesen Dingen beschäftigt hat. Theils bezüglich der Schrift, theils bezüglich der Grammatik, ganz besonders aber bezüglich des Lexikons sind noch viele Dunkelheiten aufzuhellen, wie das ebenfalls aus unserer Abhandlung zur Genüge hervorgeht. Dabei sind übrigens die verschiedenen Texte an Schwierigkeit des Verständnisses einander sehr ungleich, und während manche Texte fast bis in die kleinsten Kleinigkeiten hin einem sicheren Verständniss erschlossen sind, bieten andere einem vollständigen Verständnisse weit grössere Schwierigkeiten, spotten endlich manche Texte bis jetzt aller oder wenigstens fast aller Versuche sie zu bewältigen. Ich glaube im Interesse meiner Leser zu handeln, wenn ich hierüber nunmehr noch ein Paar nähere Andeutungen folgen lasse.

a. Als völlig entziffert und gelesen (Einzelheiten natürlich selbstverständlich abgerechnet) können betrachtet werden alle Inschriften oder Abschnitte von Inschriften, in denen in einfach historischer Darstellung äussere, insonderheit politische und kriegerische Ereignisse berichtet werden, Abschnitte und Inschriften also etwa wie diejenigen, von welchen wir oben mehrere Proben gegeben ha-

---

1) DMG. XXIV. S. 436. 437.

2) Ich muss übrigens ergänzend zu jener meiner früheren Ausführung bemerken, dass sich ausnahmsweise auch ein Mal *Muṣri* (oder *Muṣur* zu lesen?) für „Aegypten" findet. S. die Sargonsinschrift I R. 36, 19 und vgl. ob.

ten [1]). Der Grund, warum wir derartige Abschnitte mit solcher Sicherheit verstehen, ist einmal, weil der Inhalt selber leichter zu fassen ist; anderseits, weil wir für die dort vorkommenden Passagen in den trilinguen Inschriften, namentlich in der Behistuninschrift, eine solche Menge von analogen Wendungen, Phrasen u. s. f. antreffen, dass wir stets sichere Anhaltspunkte haben, an denen sich der Entzifferer orientiren und an welche er das Verständniss des Uebrigen anschliessen kann. Es wird das Verständniss so beschaffener, wenn auch im Uebrigen oft sehr langer Inschriften noch dadurch erleichtert, dass die assyrischen Könige in ihren Inschriften die ähnlichen Vorkommnisse mit stereotyper Gleichförmigkeit erzählen, so dass es einerseits leicht ist den allgemeinen Sinn eines Satzes zu fassen, anderseits die etwaigen Abweichungen durch Vergleichung des inhaltlich Verwandten ihrem Wesen nach bald zu constatiren und zu erklären. Diesem Umstande ist es auch zuzuschreiben, dass die verschiedenen Keilschriftentzifferer bezüglich des Sinnes derartiger Inschriften dermalen [2]) wenig oder gar nicht differiren, wie man sich hievon durch einen Blick in das Norris'sche Lexikon, das sich gewissermassen als Niederschlag der gesammten bezüglichen Forschungen des letzten Decenniums betrachten lässt, mit leichter Mühe überzeugen kann.

b. Anders verhält es sich schon mit denjenigen Inschriften oder denjenigen, oft nicht unbeträchtlichen, Theilen der Inschriften, welche sich auf die von den Königen unternommenen B a u t e n beziehen. Es gehören hieher z. B. der zweite Theil der Standard-Inscription, der Schluss der Khorsabadinschrift, ebenso derjenige der grossen Inschrift Asarhaddons; dann namentlich die babylonischen Inschriften ebensowohl Nebucadnezars (Borsippa, Londoner Nebucadnezarinschrift u. aa.), als auch Neriglissors und Nabonits ihrem überwiegenden Theile nach (soweit namentlich die letzteren nicht religiösen Inhalts sind). Nicht dass auch hier die Grundlagen der Entzifferung völlig sicher gelegt wären, wie denn z. B. Phrasen wie: „ein Haus, einen Tempel *ina kupri u agurri 'ibus*“ erbaute ich aus Asphalt und Backsteinen“ (*kupri* = כפר; *agurri* = أجر; *'ibus* von כבש) in den Nebucadnezarinschriften; oder aber wie *hikal 'irini hikal surman* ...... *ana subat sarrutiya ati* „einen Palast (היכל) aus Cedernholz (ארן), einen Palast aus Fichtenholz (aram. שורבן) ... gründete ich (R. נבח = נתה) zu einem

1) Eine reiche Auswahl solcher Inschriften in Transcription und Uebersetzung findet der Leser in unserer oben angeführten und gleichzeitig mit dieser Abhdlg. ans Licht tretenden Schrift: „die Keilinschriften und das A. T.“ Giess. 1872.

2) d. h. im J. 1872. Dass man sich für das Gegentheil nicht auf Publicationen z. B. Rawlinson's aus dem J. 1861 berufen darf, versteht sich von selbst. Ich bemerke dieses aber ausdrücklich, damit man meinen Worten keinen falschen Sinn unterlege.

Königssitze" in der Standard-Inschrift, oder wie *ana musab bêlûtiya kirbussu abni* „zu einem Herrschersitze erbaute ich [die Paläste] in ihrer (der Stadt) Mitte" in der Khorsabadinschrift und ähnliche sind völlig sicher entziffert [1]). Dagegen begegnen wir manchen Kunstausdrücken, Bezeichnungen von Theilen der Bauwerke, Namen für Holz- und Steinmaterial, die wir höchstens errathen, schwerlich aber überall jemals sicher werden entziffern können, aus Gründen, die keiner Auseinandersetzung bedürfen.

c. Dasselbe gilt zum guten Theile von den religiösen Inschriften im engern Sinne, den Gebeten, Gelübden u. s. f. Hier häufen schon die vielen Namen und Beinamen, Titel u. s. f. der Götter Schwierigkeit auf Schwierigkeit, da dieselben zum guten Theil ideographisch geschrieben sind, ohne dass immer die Parallelinschriften oder die Syllabare die phonetische Auflösung der ideogrammatischen Gruppen an die Hand gäben. Dazu hat der Erklärer bei solchen subjektiven Ergiessungen für die Bestimmung des Sinnes unbekannter Wörter im Inhalt selber viel weniger concrete Anhaltspunkte, als in den historischen Inschriften, zumal die persisch-babylonischen Texte, abgesehen von einigen wenigen stereotypen Phrasen, dem Entzifferer nur wenig Ausbeute und Unterstützung gewähren, und so können wir z. B. Opperts Erklärungen der Sargonsgebete E. M. II. 333 ff. 339 ff. nur für dankenswerthe Anfänge zu einem befriedigenden Verständnisse dieser Art Stücke halten. Am ehesten versprechen hier noch die babylonischen Inschriften Aussicht auf Erfolg und zwar aus dem einfachen Grunde, weil in diesen späteren Inschriften die phonetische Schreibung der Wörter viel häufiger ist, wodurch von vornherein manche Unsicherheit beseitigt ist, wie wir denn z. B. Oppert's Erklärung der Mylittainschrift (E. M. II. 295. 296) für in der Hauptsache gelungen halten; nur für Einzelheiten würden wir uns noch das Protocoll offen gehalten wünschen.

d. Wesentlich das Gleiche ist zu sagen von den gerichtlichen Inschriften, den Kaufverträgen u. s. f., an deren Entzifferung sich die Erklärer auch bereits mehrfach gemacht haben vgl. Oppert's und Talbot's Deutungen der Inschrift des sog. „Michaux-Steines" (Oppert, chronologie des Assyriens et des Babyloniens p. 40; Talbot in d. J. of the Roy. As. Soc. 1861. XVIII. p. 52 ss.). Hier sind es, abgesehen von den technischen Verkehrs-, Handels- und Gerichtsausdrücken besonders auch noch die Bezeichnungen der Maasse und was damit zusammenhängt, welche Schwierigkeiten machen. Auch hier harrt noch manches Räthsel der Lösung.

e. Fast aller Entzifferungsversuche spotten zum guten Theil bis jetzt noch und zwar vorwiegend aus graphischen Gründen d. h.

---

1) Vgl. unsere Revision der Erklärung der betreffenden Abschnitte der Borsippainschrift in unserer Schrift: „die Keilinschriften und das A. T." zu 1 Mos. 11 (S. 36 ff.).

wegen ihrer fast ausschliesslichen ideographischen Schreibung jene alten, chaldäischen Backsteinlegenden, welche in den Ruinen und Gräbern von Mugheir, Warka, Senkereh gefunden sind. Nur bei wenigen ist es bis jetzt gelungen, zu einem gesicherten und befriedigenden Verständnisse vorzudringen.

Aus der dargelegten Lage der Dinge erhellt, dass die Sicherheit der Entzifferung eine sehr ungleiche ist je nach den Inschriften, auf welche sich dieselbe erstreckt, sowie wiederum je nach den einzelnen Abschnitten und Passagen der Inschriften selber. Um der Folgerungen willen, die aus den Entzifferungen gezogen werden und mit Recht gezogen werden sollen, erscheint es demnach durchaus wünschenswerth, dass zwischen dem sicher Entzifferten und dem nur Problematischen ein scharfer Unterschied gemacht werde, was am besten und einfachsten geschieht, indem man stets den Grundtext in Transcription mittheilt. Obgleich dieses bereits vielfach geschehen ist und Dr. Norris in löblicher Weise, sogar mit Beifügung der Originalkeilbuchstaben, dieses Verfahren durchweg in seinem Lexikon beobachtet, so müssen wir doch auch für alle übrigen Fälle und zwar ausnahmslos dieses als dringend wünschenswerth bezeichnen. Erst dann wird auch das Misstrauen schwinden, welches in Folge der früheren, wenn auch ganz naturgemäss, ungenügenden Entzifferungsversuche noch immer so Viele gegen die Entzifferungen überhaupt hegen, und welches selber wieder die Ursache wird von so manchen wie wir gezeigt haben unbegründeten Bedenken gegen die durch die Entzifferungen gewonnenen historischen und sonstigen Ergebnisse.

Diesem an die Männer, welche sich das mühsame Werk der Entzifferung und Durchforschung jener ehrwürdigen Reste einer untergegangenen Cultur zur Aufgabe gestellt haben, gerichteten Wunsche schliesse ich einen andern an, den ich denjenigen zur Berücksichtigung empfehlen möchte, welche irgendwie in die Lage versetzt sind zu der Frage der Keilschriftentzifferung Stellung einzunehmen, ohne dass sie doch an dem Geschäfte der Entzifferung selber Theil hätten oder Theil haben wollten. Möchten dieselben an die Prüfung der sei es linguistischen, sei es historischen, sei es der sonstigen Ergebnisse der Entzifferung doch stets mit jener Unbefangenheit herantreten, welche allein eine Bürgschaft giebt, dass der Befund der Untersuchung ein der wirklichen Sachlage entsprechender ist; möchten sie es vermeiden zu dieser Prüfung bestimmte, ihnen schon vorher axiomatisch feststehende Voraussetzungen herzuzubringen, Voraussetzungen wie, dass dieses oder jenes absolut nicht in den Inschriften stehen könne, dieses oder jenes nothwendig in denselben sich finden müsse; diese oder jene linguistische Erscheinung dem Assyrischen eignen werde, diese oder jene aufgezeigte Eigenthümlichkeit als unsemitisch in ihrer Thatsächlichkeit zu beanstanden sei u. dgl. m. Gehen wir auch hier lieber einmal bei den Naturwissenschaften in die Schule und lernen wir von ihnen vor allem unter das Thatsächliche uns beugen. Schon Manches, was uns auf wissenschaftlichem Gebiete unglaublich, ja ganz unmöglich vorkam, hat sich, nachdem es als ein Wirkliches constatirt war, und nachdem wir von diesem festen Punkte aus von Neuem nach einer Erklärung gesucht haben, als etwas sehr wohl mit unsern sonstigen wissenschaftlichen Ergebnissen Zuvereinbarendes herausgestellt. Darum prüfe man die Ergebnisse der Keilschriftentzifferung, wie wir ihre Grundlagen einer Prüfung unterstellt haben; aber prüfe man mit liebendem Eingehen, mit Ruhe und mit Unbefangenheit. Mit diesem Wunsche schliesse ich diese Abhandlung.

II. Die Inschriften.

I. Inschrift des Cyrus.

M.

Ana-ku Ku-ra-as sarru A-ḫa-ma-nis-si-'.	Ich, Cyrus, der König, der Achämeneide.

II. Inschriften des Darius.

Die grosse Inschrift von Behistun.

col. I.

Par. 1.	Par. 1. 1. [Ich Darius, der grosse
. . . .	König, der König der Könige, Sohn des
. . . .	Hystaspes, Enkel des Arsames,] der

Zur Nachricht. Bei der Transcription der babylonischen Wörter haben wir das nachfolgende Verfahren inne gehalten. Bei den phonetisch geschriebenen Wörtern haben wir die Sylben durch Striche (-) von einander geschieden, wie *Ku-ra-as*, *A-ḫa-ma-nis-si-'*. Bei ganz oder theilweis ideographisch geschriebenen Wörtern haben wir die Laute ohne Trennungsstrich an einander gereiht, wie *sarru* oder *ana-ku*. Bei dem letzteren Beispiele wäre also *ana* als ideographisch, *ku* als phonetisch im Urtexte geschrieben zu betrachten. Durchweg ferner haben wir, wenn nicht besondere Gründe ihre Beisetzung wünschenswerth erscheinen liessen, die Deuteideogramme (s. o. S. 83) unausgedrückt gelassen. Demgemäss hat man also vor jedem Personennamen im Urtexte das Zeichen 𒁹, vor jedem Ländernamen das Zeichen 𒆳, vor jedem Städtenamen das Zeichen 𒌷 (über Babylon s. ob. S. 100 Nr. 32), vor jedem Gottesnamen das Zeichen 𒀭 u. s. w. sich zu denken. Phonetisch noch nicht bestimmte Ideogramme werden durch Majuskeln angedeutet z. B. *TUR. KAK. MIS.* Schliesslich bemerken wir, dass wir, da wir uns von dem wirklichen Vorhandensein einer dreifachen Casusunterscheidung nicht haben überzeugen können, wir bei den, nicht mit phonetischem Complement geschriebenen, Ideogrammen den Casus obliquus im Gegensatze zu dem durch *u* gekennzeichneten Casus rectus Sing. durchweg durch *u* angedeutet haben.

1. *A-ḫa-ma-ni-iś-'* *sar* [*matat* [1])] *Par-śa-ai sar Par-śu. II. Da-ri-ya-vus sarru ki-a-av i-gab-bi at-tu-a abu-u-a Us-ta-as-pi abu sa Us-ta-as-pi* 2 . . . . *Ar-ya-ra-am-na-' abu sa Ar-ya-ra-am-na-' Si-is-pi-is abu sa Si-is-pi-is A-ḫa-ma-ni-iś-'. III Da-ri-ya-vus sarru ki-a-ar i-gab-bi a-na lib-bi ha-ga-a* . . . . . .
. . . . 3. *ul-tu abu-tav* [2]) *TUR. KAK. MIS.* [3]) *a-*[*naḫ*]*-ni* [4]) *ul-tu abu-tav* [2]) *zir-u-ni sarri-su-nu. IV. Da-ri-ya-vus sarru ki-a-ar i-gab-bi VIII ina libbi zir-ya at-tu-u-a ina pa-na-tu-u sarru-tu i-ti-ib-su* 4. . . . . .
. . . .
. . . . . . *V.* . . . *i-gab-bi ina silli sa U-ri-mi-is-da-' ana-ku sarru U-ri-mi-is-da-' sarru-tu ana-ku id-dan-nu. VI. Da-ri-ya-vus sarru ki-a-ar i-gab-bi ha-ga-a* . . . .
. . . .
. . . .

Achämenide, der König der Länder, ein Perser, der König von Persien. II. Darius, der König spricht also: Mein Vater ist Hystaspes; der Vater des Hystaspes [war Arsames; der Vater des Arsames war] Arjaramnes; der Vater des Arjaramnes war Teispes; der Vater des Teispes war Achämenes. III. Darius der König spricht also: „Deswegen [werden wir Achämeniden genannt]; von den Vätern her waren wir Fürsten; von den Vätern her waren unsere Stammesglieder ihre Könige. IV. Darius der König spricht also: Acht meines Stammes übten vor mir die Herrschaft aus [ich bin der neunte; von Alters her sind wir Könige. V. Darius der König] spricht also: Im Schirme Auramazda's bin ich König; Auramazda verlieh mir die Herrschaft. VI. Darius der König spricht also: Dieses [sind die Provinzen, die mir unterthänig war-

1) Die Stelle ist im Felsen beschädigt. Rawl. ergänzt *sarri* = *sar sarri*, was aber schon vorher zu erwarten; Opp. liest *mâi*, lässt dann aber eine unausgefüllte Lücke und gewinnt eine Redensart, die in den persischen Inschriften uns sonst nicht entgegentritt. Auf das Richtige führt das persische Original, welches *khsâyathiya dahyunâm* bietet. Danach ist unter Vergleich von NR. 4 zu lesen: [cuneiform] (*sar*) *matat* „(König) der Länder", zu welcher Lesart die überlieferten Buchstabenreste vortrefflich sich fügen.

2) Oppert glaubt, es diesen Stellen liege ein Textfehler vor (er liest *'ellat* = עלית im Sinne von „Vorzeit"). Allein da Rawl. an der ersten Stelle nur bemerkt: „*the eight characters overlined can not be depended on*", an der zweiten aber gar keine Andeutung macht, dass hier etwas beschädigt sei, der Plural *abutav* nach Form (s. o.) und nach Bedeutung (= „von den Vätern her") durchaus unbedenklich ist, so sehen wir keinen genügenden Grund ein, von der Textlesart abzugehen. Ich bemerke, dass die neue Ausg. Rawlinson's (III R. 39) nur diesen Text bietet.

3) Die Textlesart ist auf Grund von Beh. 23. 77. 83. 89 von Opp. richtig vervollständigt. Auch die Bedeutung „*Fürsten*" von demselben richtig bestimmt. Dagegen macht die von ihm eingeführte phonet. Aussprache *danni* = „Richter" wohl auch in Opperts Augen lediglich auf den Werth einer Conjectur Anspruch.

4) Nach Oppert's Conj.; der von Rawlinson überlieferte, aber auch in der neuen Ausg. (III R. 39) als unsicher bezeichnete Text bietet *a-gu-ni*. Oder hatte das Zeichen für *gu* auch den Lautwerth *naḫ*?

5. *sarru-su-nu at-tur Par-su 'Ilamti Babilu As-sur A-ra-bi Mi-çir ina mar-ra-ti Sa-par-du Ya-a-va-nu* 6 . . . .

. . . .

. . . . *Ar-'i-vu Hu-va-ri-is-vu Ba-aḥ-tar Su-uk-du Pa-ar-u-pa-ra-'i-su-an-na Gi-mi-ri Sa-at-ta-gu-u* 7. . . . .

. . . .

ha-ga-ni-'i-tav matat sa ana-ku i-si-im-ma-'-in-ni ina çilli sa U-ri-mi-is-da-' a-na a-na-ku KAK NA. MIS. [1]) *il-tu-ru-nu man-da-at-ta* 8. . . . .

. . . .

a-na sa-a-su ib-bu-su-'. VIII. Da-ri-ya-vus sarru ki-a-av i-gab-bi i-na bi-bil matat ha-ga-ni-'i-tav nisu pi-it-ḳu-du a-na sa-a-su 9. . . . .

. . . . . *ina çilli sa U-ri-mi-is-da-' di-na-a-tav al-tu-u-a ina bi-bil matat ha-ga-ni-'i-tav u-sa-as-gu-u sa la-pa-ni-ya at-tu-u-a* 10. . . . .

. . . *IX.* . . . . *a-av i-gab-bi U-ri-mi-is-da-' sarru-tu id-dan-nu U-ri-mi-is-da is-pam-dan-nu a-di 'ili su sarru-tu ha-[ga-ta]* 11. . . . .

. . . . *-ana-ku [ak-]nu-su* [2]). *X. Da-ri-ya-vus sarru ki-a-av i-gab-bi: ha-ga-a sa ana-ku 'i-bu-su ina çilli sa U-ri-mi-is-da ar-ki sa a-na sarra a-tu-ru* 12. . . . .

. . . . *su-u* [3]) *ha-kan-nu a-na sarra il-tur sa*

den; [im Schirme Auramazda's] ward ich ihr König: Persien, Susiana, Babylon, Assyrien, Arabien, Aegypten am Meere; Spardu, Jonien, [Medien, Armenien, Cappadocien, Parthien, Drangiana,] Arien, Chovaresmien, Baktrien, Sogdiana, Gandara, die Saken (?), die Sattagyden, [Arachosien, Maka, im Ganzen 23 Länder. VII. Darius, der König spricht also:] Dieses sind die Länder, welche mir gehorchen; im Schutze Auramazda's sind sie mir unterthänig geworden; Tribut [brachten sie mir; was ihnen von mir befohlen war, bei Tag und bei Nacht] das thaten sie. VIII. Darius, der König, spricht also: Innerhalb dieser Länder, der folgsame Mann, den [habe ich beschützt; wer feindlich war, den habe ich schwer bestraft.] Im Schutze Auramazda's brachte ich meine Gesetze inmitten dieser Länder zur Anerkennung. Was von mir 10. befohlen ward, [das thaten sie. IX. Darius, der König] spricht also: Auramazda verlieh die Herrschaft; Auramazda stand mir bei, bis dass [ich] dieser Herrschaft [mich bemächtigte. Im Schutze Auramazda's] beherrschte ich [dieses Reich]. X. Darius, der König, spricht also: dieses [ist], was ich gethan im Schutze Auramazda's, nachdem ich König geworden. 12. [Ein Mann, Cambyses mit Namen, Sohn des Cyrus, von unserm Stamme, vorher] ward der hier König. Die-

1) Die Bed. ist durch das pers. *bandaka* „Diener" gesichert; das phonet. Aequivalent unbekannt.

2) So ergänzt, wie mir scheint, richtig Oppert das Wort. *Kanas* = כנש ist ein häufiges Wort in den Inschriften in der Bed. „unterwerfen".

3) Oppert ergänzt *haga-su*, wie mir scheint, ohne zwingende Nothwendigkeit; *su* gerade wie hier für sich stehend auch Beh. 31. 41. 71. Auch in der neuen Recension bei Rawlinson erscheint der Text als zweifelhaft.

Kam-bu-zi-ya ḳa-ga-su-u aḫu-su Bar-zi-ya ˀistin abu-su-nu; iḫit ummu-su-nu 13. . . . . *Kam-bu-zi-ya id-du-ku a-na Bar-zi-ya a-na u-ḳum ul mi-[gi]-di* [1]) *sa Bar-zi-ya di-i-ki ar-ki Kam-bu-zi-ya a-na Mi-ṣir* 14. . . . . *Mi-ṣir it-[tal-lak]* [2]) *ar-ki u-ḳum lib-bi bi-i-su it-tas-sil; ar-ki par-ṣa-a-tav ina matat lu ma-du i-mi-du ina Par-su Ma-da-ai* 15. . . . . *XI.* . . . . *[it-ba]-ar-ru-a ul-tu Pi-si-ˀ-ḫu-va-du A-ra-ka-at-ri-ˀ sadu-u sum-su ul-tu lib-bi. Yum XIV. KAM. sa arah Tu-u-a-na* [3]) 16 . . . . *Kam-bu-zi-ya ar-ki u-ḳum gab-bi la-pa-ni Kam-bu-zi-ya it-ti-ik-ru-ˀ ana ˀili-su it-tal-ku-ˀ Par-su Ma-da-ai* 17. . . . . *iṣ-ṣa-bat ar-ki Kam-bu-zi-ya mi-tu-tu ra-man-ni-su mi-i-ti. XII. Da-ri-ya-vus sarru ki-a-av i-gab-bi* 18. . . . . *[a]-ga ul-tu a-bu-[tar]* [4]) *at-tu-nu u sa sir-u-ni si-i ar-ki Gu-ma-a-ta ḳa-ga-su-u Ma-gu-su sarru-u-tu a-na* 19. . . . . *su ana sarra it-tur. XIII. Da-ri-ya-vus sarru ki-a-av i-gab-bi man-ma ya-a-nu* 20 . . . . . .

ser Cambyses nun, dessen Bruder war Bardes. Einer war ihr Vater, Eine ihre Mutter. 13. [Danach tödtete er jenen Bardes. Als] Cambyses den Bardes getödtet hatte, da hatte das Heer keine Kunde, dass Bardes getödtet sei. Darnach [ging] Cambyses nach Aegypten. 14. [Als Cambyses] nach Aegypten gezogen war, da kam das Reich ins Unglück. Darnach wurden gar zahlreich die Lügen in den Ländern, in Persien, Medien [und den anderen Ländern. XI. Darius der König spricht also: Es war ein Mager, Gaumâta mit Namen, der] erhob sich von Pisiyâuvâdâ aus; ein Berg Namens Arakadris ist dort, von dort aus. Am 14ten Tage des Monats Tammuz, da 16. erhob er sich. Der log den Leuten also vor: Ich bin Bardes, der Bruder des] Kambyses. Darnach wurde das ganze Volk von Cambyses abtrünnig; zu ihm gingen sie über; Persien, Medien 17. [und die übrigen Länder. Er ergriff die Herrschaft: am 9. des Monats . . . . . da war es, dass er die Herrschaft] ergriff. Danach starb Cambyses den Tod seiner selbst (= tödtete sich selbst). XII. Darius der König spricht also: [Die Herrschaft, die Gaumâta, der Mager, dem Cambyses entriss], diese [Herrschaft,] von den Vätern her war unser und unseres Stammes sie; danach

1) So ergänzt mit Wahrscheinlichkeit Oppert. Vgl NR. 27. 28.

2) Fraglos richtige Ergänzung Oppert's. S. Beh. 45. 69.

3) So der Text. Ich vermuthe einen Textfehler statt *Tu-u-a-zu* s. die Monatsliste bei Norris, Diction. p. 50.

4) Oppert versteht, indem er statt *a* das ähnlich aussehende Ideogramm für Tag liesst, den ganzen Ausdruck ideogrammatisch *yumi ruḳuti* = „ferne Tage". So scharfsinnig die Lesung ist, so scheitert sie an dem Umstande, dass hinter dem Ideogramme für „Tag" das Pluralzeichen fehlt, welches in der angezogenen Stelle Layard *the cuneif. inscript. pl. LXXXVI* Z. 18 angetroffen wird, wie zu erwarten. Uebrigens vgl. auch Beh. 3.

. . . . *Gu-ma-a-tav ha-ga-su Ma-gu-su sarru-u-tu ik-ki-mu u-ṣum ma-a-du la-pa-ni-su ip-ta-[kid]*[1]) 21 . . .

. . . .

. . . . . . [*id-du*]-*ku um-ma* [*a-na*]-*ma la u-mas-sa-nu sa la Bar-zi-ya ana-ku habal su*[2]) *sa Ku-ra-as man-ma ul i-pal-lim-ma ina 'ili* 22. . . . .

. . . .

. . . . *ar-ki ana-ku U-ri-mi-is-da u-sal-la U-ri-mi-is-da is-pur-dan-nu ina silli sa U-ri-mi-is-da* 23 .

. . . .

[*Gu-ma-a*]-*tav ha-ga-su-u Ma-gu-su u TUR. KAK. MIS. sa it-ti* [-*su*] *ina 'ir Si(?)-ki-u-ra-at-ti-' mat Ni-is-sa-ai sum-su ina Ma-da-ai* 24 . . . . . .

. . . .

U-ri-mi-is-da sarru-u-tav ana-ku id-dan-nu. XIV. Da-ri-ya-vus sarru ki-a-am i-gab-bi sarru-u-tav sa la-pa-ni 25 . .

. . . .

. . . . *ul-ta-kam si-is ana-ku 'i-ti-bu-us bit sa ili sa Gu-ma-a-tav ha-ga-su-u Ma-*

(nahm) jener Gaumâta der Mager die Herrschaft (dem Cambyses 19. und Persien und Medien und die übrigen Länder . . . . .), er ward König. XIII. Darius der König spricht also: Niemand war da, 20. (weder ein Perser, noch ein Meder, noch einer von unserem Stamme, welcher) jenem Gaumâta dem Mager die Herrschaft entrissen hätte. Das Volk hütete (fürchtete) sich sehr vor ihm, 21. (er möchte viele Leute tödten, die den früheren Bardes gekannt hätten, deswegen möchte er die Leute) tödten, denkend: sie sollen nicht wissen, dass ich nicht Bardes bin, der Sohn des Cyrus. Niemand gewann es über sich, über 22. (Gaumâta, den Mager, zu reden, bis ich kam); darnach rief ich Auramazda an; Auramazda brachte mir Hilfe; im Schutze Auramazda's 23. (tödtete ich am 10. des Monats . . . . . mit ergebenen Männern) jenen Gaumâta den Mager und die Anführer, welche mit ihm waren, in der Stadt Çikathauvatis des Landes Niçaya genannt, in Medien; 24. (dort tödtete ich ihn, entriss ihm die Herrschaft, ward im Schutze Auramazda's König) Auramazda verlieh mir die Herrschaft. XIV. Darius, der König, spricht also: Die Herrschaft, welche von 25. (unserm Stamme hinweggenommen war, stellte ich wieder her; an ihren Ort) stellte ich sie; neu machte ich es; die Tempel der Götter, welche jener Gaumâta der Mager

1) Im Texte überliefert Rawlinson *ip-ta-bit*, was sinnlos ist. Oppert schreibt dem letzten Zeichen hier den Werth *nis* bei, der mir aber sehr problematisch erscheint. Am wahrscheinlichsten ist statt des Zeichens *bit* das ganz ähnlich aussehende *kid* (NR. 22) zu lesen und das Wort *iptakid* = *iptikid* (√ *pakad* פקד) zu sprechen, dieses aber, mit *lapani* verbunden, in der Bedeutung „sich vor etwas hüten“, „sich fürchten“ zu nehmen.

2) Oppert liest *ai pal Kuras*, auf was hin? vermag ich nicht zu sagen. Zur Constr. vgl. Beh. 31. 41. 85. 111.

ga-su ib-bu-ku ana-ku 26. . . .
. . . . *Gu-ma-a-tav ha-ga-su-u Ma-gu-su i-ki-[mu]*[1]*-mu-nu-tav ana-ku u-kum ina as-ri-su ul-ta-kan ki-i Par-su Ma-da-ai* 27 . . . .
. . . . *ina silli sa U-ri-mi-is-da ha-ga-a ana-ku 'i-ti-bu-us ana-ku up-ti*[2]*-ki-id a-di 'ili sa bita at-tu-nu ina as-ri-su* 28 . . . .
. . . . *ina silli sa U-ri-mi-is-da lib-bu-u sa Gu-ma-a-tav ha-ga-su-u Ma-gu-su bita at-tu-nu la is-su-u. XV. Da-ri-ya-vus* 29 . . . .
. . . . *XVI. Da-ri-ya-vus sarru ki-a-av i-gab-bi: 'al-la sa ana-ku a-du-ku ana Gu-ma-a-tav Ma-gu-su ar-ki nisu* 30. . . . .
. . . . *it-ba-ar-ra i-gab-bi um-ma ana-ku sar 'Ilamti ar-ki nisi 'Ilamti it-ti-ik-ru-' la-pa-ni-ya* 31. . . .
. . . .
. . . . . *Ni-din-tav-bil sum-su habal-su sa A-ni-ri-' su-u ina Babilu it-ba-ar-ra ana u-kum i-par-ra-as um-ma ana-ku* 32. . . . .
. . . . . *it-ti-lik. Babilu it-ti-ki-ir sarru-u-tu Babilu is-sa-bat. XVII. Da-ri-ya-vus sarru*

zerstört hatte, ich 26. [bewahrte sie dem Volke, die Weideplätze (?), die Heerden, die Wohnungen je nach den Stämmen, welche] jener Gaumâta der Mager ihnen genommen hatte. Ich stellte das Volk an seinen Ort von Neuem: Persien, Medien 27. [und die anderen Länder. Wie vor Zeiten brachte ich das was hinweggebracht war, wieder herbei]; im Schutze Auramazda's habe ich dieses vollführt; ich habe gewirkt, bis dass ich unsern Stamm an seinen Platz 28. [wiederum gestellt hatte; wie es vor Zeiten war, so bewirkte ich es wieder] im Schutze Auramazda's, auf dass jener Gaumâta der Mager unseren Stamm nicht berauben möchte. XV. Darius 29. [der grossmächtige König spricht: Das ist, was ich that, als ich König war.] XVI. Darius der König spricht also: Nachdem ich jenen Gaumâta den Mager getödtet hatte, darnach war ein Mann, [Atrina mit Namen, der Sohn des Upadarmas, der] lehnte sich auf und sprach also: „Ich bin König von Susiana"; darnach fielen die Susianer von mir ab 31. [und gingen zu jenem Atrina über: jener ward König von Susiana, darauf ein Babylonier] Nidintabel mit Namen, Sohn des Aniri, der erhob sich in Babylon und log dem Volke also vor: ich 32. [bin Nebukadnezar, Sohn des Nabonid, danach] ging [ganz Babylonien zu jenem Nidintabel] über. Babylon fiel ab, die Herrschaft über Babylonien ergriff er. XVII. Darius der König spricht

1) Vgl. Beh. 20.

2) Das im assyr. Texte zwischen *up* und *ti* erscheinende Zeichen ist offenbar ein verfehltes und von dem Steinmetzen nachher durch die correkte Form ersetztes *ti*.

ki-a-av i-gab-bi 33. . . . . [*ana*]-*ku ad-du-uk-su. XVIII. Da-ri-ya-vus sarru ki-a-av i-gab-bi ar-ki ana-ku ana Babilu al-lik-va a-na 'ili* 34. . . . . [*u-*]*kum sa Ni-din-tav-bil ina 'ili di-ik-*[*li*][1]) *u-su-uz-zu; milu kissati ku-ul-lu-' Diglat ma-li ar-ki ana-ku u-kum* 35. . . . . *U-ri-mi-iz-da is-sar-dan-nu ina silli sa U-ri-mi-iz-da Di-ig-lat ni-ti-bi-ir ad-du-ku* 36. . . . . *yum XXVI. KAM. sa arah Kisilimu*[2]) *si-il-tav ni-ti-bu-su XIX.* . . . . . *i-gab-bi: arki ana-ku ana Babilu at-ta-lak ana Babilu la ka-sa-du ina 'ir Za-za-an-nu sum-su sa kisad Burattu* 37. . . . . [*i-gab-*] *bu um-ma anaku Nabukudurriusur* . . . . *ar-ki sa-al-tav ni-ti-bu-su U-ri-mi-iz-da is-sar-dan-nu ina silli sa U-ri-mi-iz-da u-kum sa Ni-din-tav-bil* 38. . . . . *sal-ti ni-ti-bu-su yum* . . . .

also: 33. Darauf schickte ich nach Susiana; dieser Atrina wurde gebunden vor mich geführt, ich] tödtete ihn. XVIII. Darius der König spricht also: Danach zog ich nach Babylonien gegen 34. [den Nidintabel, der sich Nebucadnezar nannte. Die] Truppen des Nidintabel waren auf Schiffe gestiegen; die Gesammtmacht hielt den Tigris völlig besetzt, worauf ich das Heer 35. . . . . Auramazda brachte mir Hilfe; im Schutze Auramazda's überschritten wir den Tigris; ich schlug 36. [das Heer des Nidintabel.] Am 26sten des Monats Kislev lieferten wir die Schlacht. XIX. [Darius der König] spricht [also]: Darnach zog ich nach Babylon; ich hatte Babylon noch nicht erreicht, [da kam] bei der Stadt Zazan mit Namen, welche am Euphrat 37. [belegen, Nidintabel, welcher] sagte: „Ich bin Nebucadnezar", [mit seinen Truppen mir entgegen mir eine Schlacht zu liefern]. Darnach lieferten wir eine Schlacht. Auramazda brachte Hilfe; im Schutze Auramazda's 38. [besiegte ich] das Heer des Nidintabel; die Schlacht lieferten wir am [2. des Monats . . .

Col. II.

I. Da-ri-ya-vus sarru ki-a-av i-gab-bi ar-ki Ni-din-tav-bil ka-ga-su-u ina sab i-su-tav 'i-li-ya sa 39. . . . , *bi a . . . na sa* . . . . *DIN* . . . . *KI at-ta-lak ina silli sa U-ri-mi-iz-da Babilu as-sa-bat u Ni-din-tav-bil as-sa-bat ar-ki ana-ku*

I. Darius der König spricht also: darauf [floh] jener Nidintabel mit wenigen Leuten, reitend auf [Pferden, nach Babylon; darauf] zog ich nach Babylon. Im Schirme Auramazda's nahm ich Babylon ein und nahm Nidintabel gefangen. Darnach [tödtete] ich in

1. Ergänzt nach einer, freilich nicht zweifellosen, Conjektur Oppert's.

2) Im Texte steht das Ideogr. *KAN*, erklärt in der Monatsliste bei Norr. p. 50.

ina Babilu a-na 40 . . . . *II. Da-ri-ya-vus* . . . . *ana-ku ina* . . . . *KI a-tu-ru an-na-a-tav mat-at ik-ki-ra-'-in-ni Par-su 'Ilamti Ma-da-ai As-sur* 41. . . . . *Sa-at-ta-gu-u Gi-mi-ri III* . . . . . . *Mar-ti-ya sum-su habal-su sa Si-in-sa-aḫ-ri-is ina 'ir Ku-gu-na-ak-ka ina Par-su a-sib su-u ina 'I-lam it-bu-av-va* 42. . . . . *um-ma ana-ku sar 'Ilamti IV*. . . . .

. . . .

. . . . *[iṣ-bu-]tu*[1]) *u-na Mar-ti-ya ha-ga-su sa ina 'ili-su-nu rabu-u ina ru-ma-ni-su-nu id-du-ku-su. V. Da-ri-ya-vus sarru* 43. . . . *Pa-ru-u-var-ti-is* . . . . *um-ma ana-ku Ha-sa-at-ri-it-ti sar sa U-va-ki-is-tar ar-ki u-kum su Ma-da-ai ma-la ina bita la-pan-ya* 44. . . . .

. . . .

. . . . *du ar-ki ana-ku u-kum al-ta-par ana Ma-da-ai U-vi-da-ar-na-' sum-su nisu gal-lâ Par-su-ai ana* 45. . . . .

. . . .

. . . .

U-vi-da-ar-na-' it-ti u-kum it-ta-lak ana Ma-da-ai ana ka-sa-du ina 'ir Ma-ru-' sum-su sa Ma-da-ai 46. . . . .

. . . .

. . . . . . *ina ṣilli sa U-ri-mi-iz-da u-kum at-tu-u-a id-du-ku ana ni-ik-ru-tu ha-gu-su-nu yum XXVII. KAM. sa arah Ṭibitu*[2]) *ṣi-il-tav i-ti-ib-su,*

Babylon den [Nidintabel]. II. Darius [der König spricht also: Während] ich in Babylon war, wurden die folgenden Länder abtrünnig von mir: Persien, Susiana, Medien, Assyrien, 41. [Armenien, Parthien, Margiana], Sattagydien, die Saken. III. [Darius der König spricht also:] Ein Mann, Martiya mit Namen, Sohn des Sinsakhris, in der Stadt Kuganakka, in Persien wohnend, der erhob sich in Susiana. 42. [Zu den Susianern sprach er] also: Ich bin der König von Susiana. IV. [Darius der König spricht also: Darauf rückte ich nach Susiana; die Susianer wurden erschreckt; sie ergriffen] jenen Martiya, welcher über sie Befehlshaber war, tödteten ihn selber. V. Darius der König [spricht also: Ein Mann], Phraortes [mit Namen, ein Meder, der erhob sich, sprach zu den Leuten] also: Ich bin Xathrites aus dem Stamme des Cyaxares. Darnach [fiel] alles Volk, das zu Hause war, von mir 44. [ab; es ging zu jenem Phraortes über; der ward König von Medien. VI. Darius der König spricht also: Das persische und das medische Heer, das bei mir war, blieb treu]. Darnach sandte ich das Heer nach Medien; Vidarna mit Namen, mein Diener, ein Perser, 45. [den machte ich zu ihrem Befehlshaber, also sagte ich zu ihnen: Ziehet hin und schlaget jenes medische Heer, das sich nicht mein nennt". Darnach] zog Vidarna mit dem Heere nach Medien. Als er nach Medien gekommen war, [lieferte er] bei der Stadt Maru mit Namen in Medien 46. [eine

1) Ergänzung Opperts nach dem Persischen (*agarbâya*).
2) S. Norris Dict. p. 50.

47. . . . . *Ka-am-ma-bad ina Ma-da-ai ina lib-bi it-tag-ga-lu-' pu-ni-ya 'a-di 'ili sa ana-ku al-la-ku ana Ma-da-ai* 48. *VII.* . . . . *u-kum ni-ik-ru-tu sa la i-dam-mu-'-in-ni du-u-ku-su-nu-u-tu* 49. . . . . *a-na 'i-pi-su ta-ha-sa; ar-ki Da-da-ar-su sa-al-tur it-ti-su-nu i-ti'-bu-us 'ir Zu-u-zu su-um-su i-na U-ra-as-tu* 50. . . . . *VIII* . . . . . *ni-ik-ru-tav ib-hu-ru-nuv-va it-tal-ku-' a-na tar-si Da-da-ar-su a-na 'i-pi-su ta-ha-su ar-ki i-ti'-ib-su sal-tav* 51. . . . . *saltav id-du-ku ina lib-bi-su-nu DXLVI u bal-tu-tav us-sab-bi-tu-nu DXX. Ar-ki sa-ni-tav III ni-ik-ru-tu* 52. . . . . *ina silli sa U-ri-mi-iz-da u-kum at-tu-u-a ana ni-ik-ru-tu id-du-ku yum IX. KAM. sa arah Airu*[1]) *i-ti'-ib-su sa-al-tav* 53. . . . .

Schlacht mit den Medern. Der Befehlshaber der Meder hielt nicht Stand. Auramazda brachte mir Hilfe;] im Schirme Auramazda's schlugen meine Truppen jene Aufrührer; am 27. des Monats Tebet lieferten sie die Schlacht. 47. [Es ist ein Ort Kampada in Medien, alldort] erwarteten sie mich, bis dass ich nach Medien kam. 48. VII. [Darius, der König spricht also: Dadarses mit Namen, ein Armenier, mein Diener, den schickte ich darauf nach Armenien, ich sprach zu ihm also:] Ziehe hin, die aufrührerischen Truppen, welche mir nicht gehorchen, schlage sie". 49. [Darauf zog Dadarses fort. Als er nach Armenien kam, da sammelten sich die Aufständischen und zogen gegen Dadarses], um eine Schlacht zu liefern. Darauf lieferte Dadarses ihnen eine Schlacht bei der Stadt Zuzu mit Namen in Armenien. 50. [Dort lieferten sie die Schlacht. Auramazda brachte mir Hilfe, im Schirme Auramazda's schlug mein Heer die Aufrührer; am 6. des Monats ward die Schlacht geschlagen. Darius, der grossmächtige König, spricht: Zum zweiten Male] sammelten sich die Aufständischen zogen gegen den Dadarses, um eine Schlacht zu liefern. Darauf lieferten sie die Schlacht ... Sie tödteten von ihnen 546 und nahmen lebend gefangen 520. Darnach [sammelten sich] zum dritten Male die Aufrührer 52. [und zogen gegen den Dadarses, um eine Schlacht zu liefern. Bei einer Veste Uhjâma in Armenien, dort lieferten sie die Schlacht, Auramazda brachte mir Hilfe.] Im Schirme Auramazda's schlug mein Heer die Aufrührer. Am 9. des Monats Jy-

[1] S. Norris Dict. p. 50.

X. Da-ri-ya-vus sarru ki-a-av i-gab-bi U-mi-is-si su-um-su nisu gal-la-a Par-sa-ai a-na U-ra-as-tu 54. . . . .

. . . .

. . . .

ni-ik-ru-tav ib-ḫu-ru-nuv-va it-tal-ku-' a-na tar-ṣi U-mi-is-su a-na 'ipi-is ta-ḫa-ṣa ar-ki i-ṭ̈-ib-su ṣa-al-tav 55. . . . . . .

. . . .

. . . .

. . . *id-du-ku ina lib-bi-su-nu IIMXXIV ina saniti II ni-ik-ru-tav ib-ḫu-ru-nuv-va il-li-ku-' a-na tar-ṣi U-mi-is-si a-na 'i-bis taḫaṣa* 56. . . . .

. . . .

. . *a-na ni-ik-ru-tav id-du-ku yum XXX KAM, sa araḫ Airu*[1]) *i-ṭ̈-ib-su ṣal-tuv id-du-ku ina lib-bi-su-nu IIMXLV u bal-ṭu-tav uṣ-ṣab-bi-tav IMDLIX* 57. . . . .

XII. . . . .

a-na Ma-da-ai ana ka-sa-di a-na Ma-da-ai ina 'ir Ku-un-du-ru su-um-su ina Ma-da-ai 58. . . . .

. . . .

. . . *U-ri-mi-iz-da iṣ-ṣam-dan-nu ina ṣilli sa U-ri-mi-iz-da u-kum sa Pa-ar u-var-ti-is* 59. . . . .

XIII. . . . . *i-ṣi*

yar lieferten sie die Schlacht. 53. [Dort erwartete mich Dadarses, bis ich nach Medien kam]. X. Darius, der König spricht also: Vomises mit Namen, meinen Diener, einen Perser, 54. [entsandte ich nach Armenien. Also sprach ich zu ihm: Ziehe hin und schlage jenes aufrührerische Heer, das mir nicht gehorcht. Daruf zog Vomises aus, bis er nach Armenien kam. Da] versammelten sich die Aufrührer und zogen dem Vomises entgegen, um eine Schlacht zu liefern. Darauf lieferten sie die Schlacht. 55. [Auramazda leistete mir Beistand; im Schirme Auramazda's schlug mein Heer die Aufrührer], tödtete von ihnen 2024. Zum zweiten Male sammelten sich die Aufrührer und zogen dem Vomises entgegen, um eine Schlacht zu liefern. 56. [Es ist eine Gegend Antigârâ mit Namen in Armenien, dort lieferten sie die Schlacht. Auramazda leistete mir Beistand; im Schirme Auramazda's] schlug [mein Heer] die Aufrührer; am 30sten des Monats Ijyar lieferten sie die Schlacht. Sie tödteten von ihnen 2045 und nahmen lebend gefangen 1559. 57. [Dort wartete auf mich Vomises, bis ich nach Medien kam. XII. Darius, der grossmächtige König, spricht: Danach brach ich von Babylon auf und zog] nach Medien. Als ich Medien erreicht hatte, [ward] bei einer Stadt Kunduru mit Namen in Medien, [wohin jener Phraortes, der sich König von Medien nannte, gezogen war, die Schlacht geliefert]. Auramazda leistete mir Beistand. Im Schirme Auramazda's [schlug ich] das Heer des Phraortes 59. [Am 26. des Monats . . . . ward die Schlacht geliefert. XIII. Da-

1) S. Norris Dict. p. 60.

'i-li-ya sa (ṣâbi) TA. A. MA. il-lik-va ina mat Ra-ga-' su-usn-su ina Ma-da-ai ar-ki a-na-ku u-ṣum 60. . . . .

. . . .

. . . .

u-ṣum yab-bi im-ma-ru-su ar-ki ina za-ki-pi ina 'ir Ha-ga-ma-ta-nu al-ta-kan-su 61. . . .

. . . .

. . . .

. . . .

. . *i-gab-bi a-na u-ṣum um-ma ana-ku sarru sir sa U-va-ki-is-tar ar-ki ana-ku u-ṣum Ma-da-ai* 62. . . . .

. . . .

. . . .

. . . . *il-li Si-it-ra-an-tuh-ma i-bu-us-su U-ra-mi-is-da iṣ-ṣur-dan-nu ina ṣilli sa U-ra-mi-is-da* 63.

. . . .

. . . .

. . . . *u-ṣum gab-bi im-ma-ru-su ar-ki ina 'ir Ar-ba-'-il ina za-ki-pi ar-ku-un-su-nu di-i-ki u bal-ṭu.* XV. 64. . . . .

. . . .

XVI. . . . .

. . . . [*ana*] *Pa-ar-u-var-ti-is* [*ik-bu-*] *u*[1]) *Us-ta-as-pi abu-u-a ina Pa-*

rius der König spricht also: Darnach war dieser Phraortes mit] wenigen Reitern von dort (?) nach einer Gegend, Raga mit Namen, in Medien geflohen. Darnach [sandte ich] ein Heer ab; 60 [Phraortes ward ergriffen und vor mich geführt. Ich schnitt ihm Nase, Ohren und Zunge ab, an meinem Hofe ward er gefesselt gehalten], das ganze Volk sah ihn. Darauf schlug ich ihn in Ekbatana an's Kreuz; 61. [die Männer, die seine vorzüglichsten Anhänger waren, setzte ich in Ekbatana in der Burg gefangen. XIV. Darius, der grossmächtige König, spricht: Ein Mann, Sitratachmes mit Namen, aus Sagartien, der ward von mir abtrünnig. Er] sagte zum Volke also: Ich bin König vom Stamme des Cyaxares. Darauf [entsandte] ich ein medisches [und ein persisches] Heer; 62. [Tachmaspates mit Namen, ein Meder, war mein Diener, ihn machte ich zum Befehlshaber über sie. Also sprach ich zu ihnen: „Ziehet hin, schlaget das aufrührerische Heer, das mir nicht gehorcht." Darauf zog Tachmaspates mit den Truppen fort]. Sie lieferten dem Sitratachmes [eine Schlacht]. Auramazda leistete mir Beistand; im Schirme Auramazda's 63. [schlug mein Heer das aufrührerische Heer, ergriff den Sitratachmes und führte ihn zu mir. Darauf schnitt ich ihm Nase und Ohren ab und führte . . . ., an meinem Hofe wurde er gefesselt gehalten], das ganze Volk sah ihn. Darnach schlug ich sie in Arbela ans Kreuz, die Todten und die Lebendigen. XV. 64. [Darius der grossmächtige König spricht: Dieses ist was ich in Medien gethan. XVI. Darius, der grossmächtige König

1) So ergänze ich die verstümmelten Zeichen. Vgl. zu dem Intransitivum des Kal S. 78. — Oppert liest *ikba*.

ar-ta-u-a a-sib-ra 65. . . . . . .

. . . .

. . . . . *U-ra-mi-iz-da is-sa-dan-nu ina silli sa U-ra-mi-iz-da Us-ta-as-pi id-duk a-na ni-ik-ru-tav ha-ga-su-nu yum XXII. KAM.* 66. . . . .

sprich: Die Parther und Hyrcanier wurden von mir abtrünnig: nach dem] Phraortes nannten sie sich; Hystaspes, mein Vater, welcher in Parthien wohnte, 65. [ihn verliessen die Truppen und empörten sich. Dann nahm Hystaspes die Truppen, welche zu ihm hielten, und zog aus. Bei der Stadt Hyspaostes mit Namen in Parthien, dort wurde eine Schlacht geliefert]. Auramazda leistete mir Beistand; im Schirme Auramazda's schlug Hystaspes jene Empörer am 22sten 66. [des Monats . . . . . .

Col. III.

Par. I. . . . .

. . . . *ar-ki sa u-kum una 'ili Us-ta-as-pi ik-su-du Us-ta-as-pi u-kum su-u-ti* 67. . . . .

. . . . *i-ti-ib-su sal-tuv id-du-ku ina lib-bi-su-nu VIMDLX u bal-tu-tav us-sab-bit IVMCLXXXII* 68.

. . . .

II. . . . . *III. Da-ri-ya-vus sarru ki-a-av i-gab-bi mat Mar-gu su-um-su ik-ki*[1]*-ra-an-ni-va nisu Pa-ra-da-' su-um-su* 69. . . . .

. . . .

Par. I. Darius, der König spricht also: Darnach sandte ich ein persisches Heer zum Hystaspes von Raga aus.] Nachdem dann die Truppen zum Hystaspes gestossen waren, ... Hystaspes diese Truppen . . . . . . 67. [bei der Stadt Patigrapana mit Namen in Parthien lieferte er den Aufrührern die Schlacht. Auramazda leistete mir Beistand; im Schirme Auramazda's schlug Hystaspes das aufrührerische Heer; es war am 1ten des Monats . . . dass] sie die Schlacht lieferten. Er tödtete von ihnen 6560 und nahm lebend gefangen 4182. II. 68. [Darius der König spricht also: Darauf ward die Provinz mein. Das ist, was ich in Parthien gethan habe.] III. Darius, der grosse König spricht also: Das Land Margiana mit Namen fiel von mir ab. Einen Mann, Phradas mit Namen, 69. [. . . . machten die Margianer zum Anführer. Danach entsandte ich einen Perser Dadarses mit Namen, meinen Diener, und sprach zu ihm: Ziehe hin, bekämpfe

1) S. Rawlinson in der neuen Rev. s. vgl. Oppert.

. . . *ar-ki Da-da-ar-su it-ta-lak it-ti u-kum i-ti'-ib-su sal-tu itti Mar-gu-va-ai ina lib-bi-su-nu* VIMCO..III *u bal-tu-tav ug-gab-bit* VIMDLXII. IV. *Da-ri-ya-vus sarru ki-a-av* 71.

. . . .

. . . .

. . . .

. . . .

. . . . *ina* . .

U-ti-ya su-um-su ina Par-su a-si-ib su it-bav-va ina . . . . *Par-su igab-bi a-na u-kum* 72.

. . . .

. . . .

. . . .

. . . . VI. *Da-ri-ya-vus sarru ki-a-av i-gab-bi; ar-ki ana-ku u-kum sa Par-su u Ma-da-ai*[1]) 73. . . .

. . . . *u-kum sa Par-su it-ti-ya it-tal-ku' Ma-da-ai ar-ki Ar-ta-var-zi-ya it-ti u-kum* 74. . . . .

. . . .

. . . .

. . . .

[*it-tu*[2])]*-luk i-ti'-ib-su su-ul-tav U-ra-mu-uz-da ip-pa-dan-nu ina silli sa U-ra-mu-uz-da* 75.

. . . .

jenes Heer, welches sich nicht mein nennt"]. Darnach zog Dadarses mit dem Heere fort, lieferte den Margianern eine Schlacht. 70. [Auramazda leistete mir Beistand; im Schirme Auramazda's schlug mein Heer das aufrührerische Heer. Am ..ten des Monats . . . . . . lieferten sie die Schlacht. Dadarses tödtete] von ihnen 49.3 und nahm lebend gefangen 6562. IV. Darius der König 71. [spricht also: Darnach ward das Land mein. Dies ist, was ich in Baktrien that. V. Darius der grossmächtige König spricht: Darauf ein Mann, Veisdates mit Namen in der Stadt Tarya, in einer Gegend] Jutiya mit Namen, in Persien wohnend, der erhob sich in Persien. Er sprach zum Volke 72. [also: Ich bin Bardes, der Sohn des Cyrus. Da wurde das persische Heer, das zu Hause war, von mir abtrünnig, zu jenem Veisdates gingen sie über: der ward König von Persien]. VI. Darius der König spricht also: Darnach [schickte ich] das Heer von Persien und Medien 73. [aus, das bei mir war. Artabardes mit Namen, einen Perser, meinen Diener, machte ich zu ihrem Anführer, das übrige] persische Heer zog mit mir nach Medien. Darnach zog Artabardes mit dem Heere 74. nach Persien. Als er nach Persien gekommen war, da ist eine Stadt mit Namen Racha in Persien, dahin zog jener Veisdates, der sich Bardes nannte, mit einem Heere, um dem Artabardes eine Schlacht zu liefern.] Sie lieferten die Schlacht. Auramazda leistete Beistand; im Schirme Auramazda's 75. [schlug mein Heer das Heer des Veisdates; am 12ten des Monats . . . . lieferten

1) Nach einer unzweifelhaft richtigen Textverbesserung Oppert's. Vgl. im Persischen: *hikaram Pârsam utâ Mâdam.*

2) Oppert.

U-vi-is-da-a-tav ka-ga-su-u it-ti u-kum i-ṣi 'i-li-ya sa bûli il-lik-ra a-na 76. . . . .
. . . .
. . . .
. . . .
. . . .
. . . . *U-ra-ma-az-da iṣ-ṣam-dan-nu ina ṣilli sa U-ra-ma-az-da u-kum at-tu-u-a id-du-ku a-na ukum sa U-vi-is-da-ti* 77 . . . .
. . . .
. . . .
. . . .
VIII Da-ri-ya-vus sarru ki-a-av i-gab-bi ar-ki ana-ku U-vi-is-da-tav ka-ga-su-u nisi TUR. KAK. MIS. sa it-ti-su gab-bi ina za-ki-pi 78 . . . .
. . . .
. . . .
. . . . [i]-*na Par-su al-ta-bu-su. IX. Da-ri-ya-vus sarru ki-a-av i-gab-bi U-vi-is-da-tav ka-ga-su-u sa iṣ-bu-u* 79 . . . .
. . . .
A-ru-ḫa-at-ti su-ma al-ka-va U-vi-va-na-' du-ka-' u a-na 80 . . . .
i-ti-ib-su pa-al-tav U-ra-ma-az-da iṣ-ṣam-dan-nu ina ṣilli sa U-ra-ma-az-da u-kum 81.
. . . .
. . . .
. . . . *i-ti-ib-su pal-tav U-ra-ma-az-da iṣ-ṣam-dan-nu ina ṣilli sa U-ra-ma-az-da* 82 . . . .
. . . .
. . . . *XI* . . . . .
. . . . . *ar-ki nisu ka-ga-su-u ina lib-*[*bi*] *su-*[*u*][1]) *u-kum*

sie die Schlacht. VII. Darius der König spricht also: Darnach floh jener Veisdates mit wenigen Reitern nach 76. Pisljovada. Von dort zog er mit einem Heere noch ein zweites Mal gegen den Artabardes zu Felde. Bei dem Berge Parga mit Namen, da lieferten sie die Schlacht.] Auramazda leistete mir Beistand, im Schirme Auramazda's schlug mein Heer das Heer des Veisdates. 77. [Sie lieferten die Schlacht am 6ten des Monats . . . . und machten jenen Veisdates zum Gefangenen und seine vornehmsten Anhänger nahmen sie ebenfalls gefangen]. VIII. Darius, der grosse König spricht also: Darauf [schlug] ich jenen Veisdates und die Anführer, die bei ihm waren, sämmtlich an's Kreuz. 78. [In der Stadt Uvadaidaya, da tödtete ich sie. Darius der gross-mächtige König spricht: Dies ist, was ich] in Persien gethan habe. IX. Darius der König spricht also: Jener Veisdates, welcher sich Bardes nannte, 79. [hatte ein Heer nach Arachosien geschickt. Ein Perser, Vivanes mit Namen, Satrap in] Arachosien, [gegen ihn hatte er es geschickt, indem er sagte]: Ziehet hin und den Vivanes schlaget und das 80. [Heer, welches dem Könige Darius gehorcht. Darauf zog das Heer, welches Veisdates geschickt hatte, gegen den Vivanes, um eine Schlacht zu liefern. Bei einer Feste Kapiskanes] lieferten sie die Schlacht. Auramazda leistete mir Beistand, im Schirme Auramazda's 81. [schlug] mein [Heer das aufrührerische Heer; am 7ten des Monats . . . . lieferten sie die Schlacht. XI. Darius der König spricht also]: Der Mann, welcher über jenes Heer Anführer war, den Veisda-

1) So ergänze ich die schadhafte Stelle.

ra-bu-u sa U-vi-is-da-a-tuv is-pu-ru it-ti u-ḳum i-pi 'i-li-ya 83 . . . . *us-ṣab-bit id-duk-su u nisi TUR. KAK. MIS. su itti-su id-duk-sun di-i-ku u bal-ṭu sa u-ḳum* 84 . . . . *A-ru-ḫa-ut-ti 'i-bu-su XIII. Da-ri-ya-vus ki-a-av i-gab-bi a-di 'ili sa a-na-ku ina Par-su u Ma-da-ai* 85 . . . . *u-ḳum sa Babilu um-ma a-na-ku Nabu-kudurri-uṣur habal-su sa Nabu-nâhid ar-ki u-ḳum sa Babilu la-pu-ni-ya* 86 . . . . *XIV.* . . . . *[ana 'ili]*¹)*-su-nu al-ta-par um-ma: a-lak-va du-u-ku a-na u-ḳum ni-ik-ru-tav* 87 . . . . *u-ḳum sa Babilu ni-ik-ru-tav id-duk-[su-]nu-va*²) *us-ṣab-bit-su-nu-tu; u-ḳum sa ina lib-bi-su-nu* . . . .

tes gesandt hatte, [war] mit wenigen Reitern fortgezogen. Nach [einer Feste Arsada mit Namen in Arachosien zog er. Vivanes folgte ihm mit dem Heere nach. Dort] ergriff er ihn und tödtete ihn und die Anführer, welche bei ihm waren. Die Todten und Lebenden vom Heere 84. [liess er an's Kreuz schlagen. . . . . XII. Darius der König spricht also: Darnach ward das Land mein. Dieses ist, was] ich in Arachosien gethan. XIII. Darius der grossmächtige König spricht also: Während [ich in Persien und Medien war, da wurden die Babylonier zum zweiten Male von mir abtrünnig. Ein Mann, Arah mit Namen, ein Armenier, Sohn des Handites, der erhob sich in Babylonien. In einer Landschaft Babyloniens, Dubana mit Namen, empörte er sich], also [sagte er zum] Volke von Babylonien: „Ich bin Nebucadnezar, der Sohn des Nabunit". Darnach fiel das Volk von Babylonien von mir ab 86. [und ging zu jenem Arah über. Der nahm Babylon und ward König von Babylonien. XIV. Darius, der König spricht also: Darauf sandte ich ein Heer nach Babylon. Ein Meder, Vindafres mit Namen, mein Diener, den machte ich zum Befehlshaber über sie, ihn] sandte ich gegen sie mit den Worten: Zieh hin und schlag das aufrührerische Heer, 87. [das mir nicht gehorcht. Darauf zog Vindafres mit dem Heere nach Babylon; Auramazda leistete Beistand; im Schirme Auramazda's schlug Vindafres am 22. des Monats . . .] das aufrührerische Heer von Babylon: er tödtete sie und nahm sie gefangen, das Heer, welches unter ihnen 88.

1) Opp. ergänzt *ina ili*; doch vgl. Beh. 16.

2) So wird die schadhafte Stelle zu ergänzen sein (statt des blossen *nu*, welches R. bietet.)

. . . .
. . . .
. . . .
ub-bu-tu-u ar-ki a-na-ku ni-'i-mi al-ta-kan um-ma A-ra-hu u nisi TUR. KAK. MIS 89. . .
. . . .

[. . . . . Darnach wurden Arakh und die Anführer, die bei ihm waren, vor mich geführt; Nase, Ohren und Zunge] schnitt ich ab. Darnach erliess ich eine Bekanntmachung, also lautend: Arakh und die Anführer, die bei ihm waren, habe ich getödtet].

Col. IV.

I. *Da-ri-ya-vus sarru ki-a-av i-gab-bi ha-ga-a sa a-na-ku ina Babilu 'i-bu-su. II. Da-ri-ya-vus sarru ki-a-av i-gab-bi ha-ga-a sa ana-ku* 90. . . .
. . . .
. . . .
. . . .
. . . .
. . . . . . *IX. sarri-su-nu ug-gab-bit Gu-ma-a-tav su-um-su Ma-gu-su su-u up-tar-ri-ig i-gab-bi um-ma* 91. . . . .
. . . .
. . . .
. . . .
. . . .
. . *'Ilamti ut-tak-kir Ni-din-tav-bil su-um-su Babil-ai su-u up-tar-ri-ig i-gab-bi um-ma ana-ku Nabu-kudurri-uçur* 92.
. . . .
. . . .
. . . .
ut-tak-kir Pa-ar-u-var-ti-is su-um-su Ma-da-ai su-u up-tar-ri-ig i-gab-bi um-ma ana-ku Ha-sa-at-ri-it-ti 93. . . . . . .
. . . .
. . . .
. . . .
. . . .
. . . *U-va-ku-is-tar ha-ga-su-u Is-ka-ar-tu-ai ut-ta-kir Pa-ra-da-' sum-su Mar-gu-va-ai su-u* 94. . . . .
. . . .

I. Darius der König spricht also: Dieses ist, was ich in Babylon gethan. II. Darius der König spricht also: Dieses ist, was ich 90. [gethan; im Schirme Auramazda's hab ich alles gethan. Seitdem ich König geworden, habe ich neunzehn (?) Schlachten geliefert; im Schirme Auramazda's habe ich die Anführer besiegt und] 9 ihre Könige gefangen genommen. Gaumata, mit Namen, der Mager, der log, sprach also: 91. [„Ich bin Bardes, der Sohn des Cyrus". Er machte Persien abtrünnig. Atrines mit Namen, von Susa, der log, sprach also: „Ich bin König von Susiana"; der] machte Susiana abtrünnig. Nidintabel mit Namen, ein Babylonier, der log, sprach also: „Ich bin Nebucadnezar, 92. [der Sohn des Nabunit", der machte Babylonien abtrünnig. Martiya mit Namen, ein Perser, der log, sprach also: Ich bin Imanes, der König von Susiana; der machte Susiana] abtrünnig. Phraortes mit Namen, ein Meder, der log, sprach also: Ich bin Ksatrites, 93. [aus der Familie des Cyaxares, der machte Medien abtrünnig. Sitratachmes mit Namen, von Sagartien, der log, sprach also: Ich bin König von Sagartien; ich bin von der Familie des] Cyaxares; der machte Sagartien abtrünnig. Phrades mit Namen, aus Margiana, der 94. [log, sprach also: „Ich bin König von Margiana, der machte

. . . .
. . . .
. . . .
ka-ga-su-u Par-šu ut-tak-kir A-ra-ḫu šu-um-šu U-ra-aš-ṭa-ka-ga-su-u 95 . . . .
. . . .
. . . .
. . . .
. . . .
. . . . . *ip-ba-tu-' u i-du-[ku-]*[1]) *u-ḳum at-u-a ina bi-bil* 96. . .
. . . .
. . . .
. . . *IV*. . . . .
. . . .
. . . . . *va u-ḳum ar-ki U-ra-ma-az-da a-na ḳati-ya in-da-na-aš-šu-nu-tav* . . . .
. . . .
. . . .
. . . . *V*. . . . . .
. . . . *at*(?) *nišu ša u-par-ra-ṣi lu ma-'-du šu-al-šu ki-i tu-ṣab-bu* 98. . . . . . .
. . . . *VI*. . . . . .
. . . .
. . . .
. . . .
. . . . *i-šu-u ša ana-ku 'i-bu-šu ša-ṭa-ri ša ina NA. KAK. A. sat-ri*[2]) *ki-pu-un-ni* 99 . . . . *VII* . . . .
. . . .
. . . .
. . . . *mu-par-ri* (?). *VIII. Da-ri-ya-muš šarru ki-a-am i-gab-bi ina ṣilli ša U-ra-ma-az-da* 100. . . . .
. . . .
. . . .
. . . .
. . . . *di-ip-pu*[3]) *[i]-gab-bi*

Margiana abtrünnig. Vahyazdata mit Namen, ein Perser, der log, sprach also: „Ich bin Bardes, der Sohn des Cyrus“]. Der machte Persien abtrünnig. Arakh mit Namen, ein Armenier, der 95. log, sprach also: „Ich bin Nabucadnezar, der Sohn des Nabunit“. Der machte Babylon abtrünnig. III. Darius, der König spricht also: Diese neun Könige] nahmen gefangen und tödteten meine Heere in 96 [diesen Schlachten. IV. Darius, der grossmächtige König, spricht: diese sind die Länder, welche von mir abtrünnig wurden. Die Lüge hat sie abtrünnig gemacht, so dass sie] die Leute [belogen]. Darauf gab sie Auramazda in meine Hand 97. [Wie es mein Wille war, so vollführte es Auramazda. V. Darius, der König spricht also: Du, der du nachher König sein wirst, hüte dich sehr vor der Lüge]. Den Menschen, der lügen wird, wahrlich den forsche aus, wenn du denkst, 98. [„mein Land soll unversehrt sein“. VI. Darius der grossmächtige König spricht: Was von mir gethan ist, das ist Alles im Schirme Auramazda's gethan. Du, der du nachher lesen (?) wirst], was ich gemacht, die Schrift auf der Tafel mustern (?) wirst, 99. möge sie dir verkünden, dass es keine Lüge ist (?). VII. Darius der König spricht also: Auramazda ist mir Zeuge, dass ich diesen Bericht nicht lügnerisch angefertigt habe.] VIII. Darius der König spricht also: Im Schirme Auramazda's 100. [ist auch noch vieles Andere durch mich gethan, was in dieser Inschrift nicht geschrieben steht. Es ist deswegen nicht geschrieben worden, damit von dem, was ich gethan (?), derjenige, der später] diese

1) Opp. Der Text bietet *ga-da* . . . (?)
2) Oppert liest *lit-tak kiṣ-ṣu-ni* „sie (die Tafel) möge mich bestätigen.“
3) So bietet jetzt der Text; Oppert's Vermuthung hat sich somit bestätigt.

um-ma pur-pa-a-tav si-na IX. Da-ri-ya-vus sarru ki-a-av 101 . . . .
. . . .
. . . . *X.* . . . . . .
sarru ki-a-av i-gab-bi at-ta ki dip-pi[1]) *sa ana-ku 'i-bu-su u ka-bit-tav*[2]) *a* . . 102. . . .
. . . .
. . . .
. . . .
. . . .
. . . .
. . . .
. . . . . *si (?) 'it-ti-[ka]*[3]) *li-ri-ku-'u ki-i dip-pi an-nu-tav ta-pi-ti-ti-nu ana u-kam* 103.
. . . .
. . . .
XII. . . . .
. . . .
. . . .
. . *ina silli sa U-ru-mu-az-da 'i-ti-bu-us U-ru-mu-az-da ip-pan-dan-nu* . . . . . . 104. . .
XIII. . . . .
. . . .
. . . .
. . . .
. . . .
. . . .
'i-bu-su ul a-na-ku ul zir-ya ina di-na-a-tav a-sig-gu a-na luk-tav u mus-fi[4])-[*rav?*] . . .
. . . .
. . . .
. . . .
. . . .
. . . . *XIV.* . . . . .
. . . . *i-gab-bi man-nu at-ta sarru sa bil-la-a ar-ki-ya*

Tafel [lies. nicht] sage: „Es sind Lügen". IX. Darius, der König, 101. [spricht also: die früheren Könige haben nicht gethan, was ich durch die Gnade Auramazda's gethan habe. X. Darius,] der König, spricht also: Du, wann Du die Tafel, welche ich gemacht, und die Schrift (?) 102. [ansiehest, so möge sie dir verkünden, dass du diese Schrift nicht verbirgst. Wenn du diese Schrift nicht verbirgst, dieselbe vielmehr dem Volke verkündigst, so möge Auramazda dein Freund sein, deine Familie möge zahlreich sein und] lang deine Tage. Wenn du aber diese Tafel dem Volke verbirgst 103. [und dieselbe dem Volke nicht verkündigst, so möge Auramazda dich tödten, deine Familie möge untergehen. XII. Darius der grossmächtige König spricht: das was ich in aller Weise gethan habe], habe ich im Schirme Auramazda's gethan. Auramazda leistete mir Beistand [und die Götter, 104. die es sonst noch giebt. XIII. Darius der König spricht also: Deswegen leistete mir Auramazda Beistand und die übrigen Götter, welche es giebt, weil ich nicht feindselig, kein Lügner war, keine Schlechtigkeit] beging, weder ich, noch meine Familie. In den Gesetzen habe ich gewandelt, die Gebräuche und Satzungen 105. [habe ich beobachtet. Wer meiner Familie hilfreich gewesen, dem habe ich unterstützt, den Feindseligen habe ich bestraft. XIV. Darius der König] spricht also: welcher König du auch sein mögest, der da nach mir herrscht: ein Mann, der ein

1) Rawlinson's *lu-pi* beruht auf einer Verkennung des Werthes *dip* für das sonst die Sylbe *lu* ausdrückende Zeichen. S. u. S. 166 Nr. 51.

2) Oppert liest *ka-tib-tav* „Schrift" (?).

3) Richtige Ergänzung Rawlinson's.

4) So bietet jetzt die neue Rec. Vielleicht zu [illegible]? „schriftliche Haltung" zu ergänzen? ..

nisu sa u-par-ra-su u nisu par-[ka]-¹)a-ni 106 . . . . . .
. . . . *XV* . . . .
. . . .
. . . . ! . . . . .
. . . .
. . . .
XVI . . . .
. . *ki NA. KAK. A su-a-tav tam-ma-ri u sal-ma-a-nu ha-gan-nu-tu* 107 . . . .
. . . .
. . . .
. . . .
[li-ri-ku]-' 'it-ti-ka u U-ra-ma-az-da lu-rab-bi-is 108 . . . . .
. . . . *XVII* . . .
. . . .
. . . .
. . . .
. . . .
*la [tu]-rab-[bi]*²) *U-ra-ma-az-da li-ru-ur* 109. . . . .
. . . .
. . . .
XVIII . . . .
. . . . . . *it-ti-ya i-tu-ru-' a-di 'di sa a-na-ku a-na Gu-ma-a-ti ha-ga-su-u* 110. . . . .
. . . .
. . . .
. . . .
. . . . . *U-is-pa-ru-' Par-sa-ai U-vi-ta-an-na-' sum-su habal-su sa Su-uh-ra-' Par-sa-ai* 111. . . . .
. . . .
. . . .
. . . .
*su su-um-su habal-su sa Za-'-tu-' Par-sa-ai A-ar-di-ma-ni-is sum-su habal-su sa U-va*³)*-ak-*

Lügner ist und ein Aufrührer, 106. [dem beneige dich nicht gnädig, den bestrafe scharf. XV. Darius der grossmächtige König spricht: Du, der du nachher diese Tafel sehen wirst, welche ich angefertigt, und diese Bilder, — zerstöre sie nicht; so lange du lebest, bewahre sie. XVI. Darius, der grossmächtige König spricht:] Wenn du diese Tafel und diese Bilder siehst 107. [und sie nicht zerstörst, sie, so lange deine Familie besteht, bewahrst, so möge Auramazda dir gnädig sein, deine Familie möge zahlreich sein und] lang deine Jahre, und Auramazda möge gelingen lassen 108. [alles, was du unternimmst. XVII. Darius, der König spricht also: Wenn du diese Tafel und diese Bilder siehst und sie zerstörst, und dieselben so lange deine Familie besteht, nicht] bewahrst, so möge Auramazda dich verfluchen. 109. [Nachkommenschaft werde dir nicht zu Theil; was du unternimmst, das möge Auramazda vernichten. XVIII. Darius, der König spricht also: Dieses sind die Männer, welche] mit mir waren, während ich jenen Gaumata, 110. [den Mager, der sich Bardes nannte, tödtete. Damals halfen mir diese Männer, als meine Anhänger: Vindafrana mit Namen, der Sohn des] Vayaçpara, ein Perser, Utana mit Namen, der Sohn des Suchra⁴), ein Perser, 111. [Gaubaruva mit Namen, ein Sohn des Mardunia, ein Perser, Vidarna mit Namen, ein Sohn des Bagabigna, ein Perser, Bagabukh]sa⁵) mit Namen, Sohn des Dadubja, ein Perser, Ardumanis mit Namen, ein Sohn des Vahuka, ein Per-

---

1) Nach einer Verbesserung Oppert's.
2) Conjektur Oppert's.
3) So (nicht *su*!) richtig in der neuen Rec.
4) Im persischen Texte Thukhra.
5) d. i. Megabyzus.

ku 112. . . . .
XIX. . . . .
. . . . *ha-gan-nu-tu lu ma-a-du su-ud-di-id.*

ser. 112. [XIX. Darius der König spricht also: Du, der du nachher König sein wirst,] diese (Männer) mache gross, gar sehr!

Kleinere Inschriften von Behistun.

I.

1. *Ha-ga-a Gu-ma-a-tav* 2. *Ma-gu-su sa ip-ru-ṣu ki-ma* 3. *a-na-ku Bar-zi-ya habal Ku-ras.*

1. Dieses ist Gaumata, 2. der Mager, welcher also log: 3. Ich bin Dardes, der Sohn des Cyrus.

II.

1. *Ha-ga-a Á-si-na.* 2. *sa ip-ru-ṣu ki-ma* 3. *ana-ku sar 'Ilamti.*

1. Dieses ist Asina, 2. welcher also log: 3. Ich bin König von Susiana.

III.

1. *Ha-ga-a Ni-din-tav-bil* 2. *sa ip-ru-ṣu ki-ma ana-ku* 3. *Nabu-kudurri-uṣur* 4. *habal sa Nabu-nâhid.*

1. Dieses ist Nidintabel, 2. welcher also log: ich 3. bin Nebucadnezar, 4. der Sohn des Nabunit.

IV.

1. *Ha-ga-a Pa-ar-var-ti-is* 2. *sa ip-ru-ṣu ki-ma ana-ku* 5. *Ha-sa-at-ri-'i-ti* 4. *zir sa U-va-ku-is-tar.*

1. Dieses ist Phraortes, 2. welcher also log: ich 3. bin Chatrites 4. von der Familie des Cyaxares.

V.

1. *Ha-ga-a Mar-ti-ya* 2. *sa ip-ru-ṣu ki-ma a-na-ku* 3. *Im-ma-ni-'i-su sar 'Ilamti.*

1. Dieses ist Martiya, 2. welcher also log: Ich 3. bin Immanes, König von Susiana.

VI.

1. *Ha-ga-a Si-tir-an-taḫ-mu* 2. *sa ip-ru-ṣu ki-ma ana-ku* 3. *zir sa U-va-ku-is-tar.*

1. Dieses ist Sitratachmes, 2. welcher also log: Ich 3. bin vom Stamme des Cyaxares.

VII.

1. *Ha-ga-a U-vi-is-dan*(?)-*tav* 2 *sa ip-ru-ṣu ki-ma a-na-ku* 3. *Bar-zi-ya habal Ku-ra-us.*

1. Dieses ist Veisdates, 2. welcher also log: Ich 3. bin Bardes, der Sohn des Cyrus.

VIII.

1. *Ha-ga-a A-ra-ḫu* 2. *sa ip-ru-ṣu ki-ma a-na-ku* 3. *Nabu-kudurri-uṣur habal Nabu-nâhid.*

1. Dieses ist Arakh, 2. welcher also log: Ich 3. bin Nebucadnazar, der Sohn des Nabunit.

IX.

1. *Ha-ya-a Pa-ra-da-'* 2. *sa ip-ru-gu ki-ma* 3. *a-na-ku sar Mar-gu-'.*

1. Dieses ist Phrades, 2. welcher also log: 3. Ich bin der König von Margiana.

Dariusinschriften von Persepolis.

Die grosse Inschrift von Naksch-i-Rustam[1]).

1. (*Il*) *ili*[2]) *rabu-u A-ḥu-ur-ma-az-da-' sa sami u irṣi-tiv ib-nu-u* 2. *u nisi ib-nu-u sa dun-ka u-na nisi id-din-nu sa a-na* 3. *Da-a-ri-ya-mus sarra sa sar sarri ma-du-tuv ib-nu-u. A-na-ku* 4. *Da-a-ri-ya-mus sarru rabu-u sar sarri sar matat* 5. *sa nab-ḥar lisana gubbi sar ḳak-ḳar ru-uk-tuv ra-bi-tuv* 6. *habal Us-ta-as-pa A-ḥa-ma-nis-si-' Par-sa-ai habal* 7. *Par-sa-ai. Da-a-ri-ya-mus sarru i-gab-bi: ina ṣilli sa* 8. *A-ḥu-ur-ma-az-da-' an-ni-ti matat sa ana-ku ap-ba-at 'i-lat* 9. *Par-su-u. Ana-ku ina 'ili-su-nu sa-al-ṭa 'ibus u man-da-at-tuv ana-ku* 10. *i-nu-as-su-nu; sa la-pan-ya at-tu-u-a ig-gu-ba-as-su-nu*[3])

1. Der grosse Gott der Götter ist Auramazda, welcher Himmel und Erde geschaffen 2. und die Menschen geschaffen hat, welcher Hoheit den Menschen verlieh, welcher den 3. Darius zu einem Könige, der da der König vieler Könige, machte. Ich bin 4. Darius, der grosse König, der König der Könige, der König der Länder, 5. welche die Gesammtheit sind aller Sprachen, der König des weiten, grossen Erdkreises, 6. Sohn des Hystaspes, Achämenide, ein Perser, Sohn 7. eines Persers. Darius der König spricht: Im Schirme 8. Auramazda's sind es diese Länder, welche ich beherrsche ausser 9. Persien. Ich übe über sie die Herrschaft aus und sie 10. bringen mir Tribut.

---

1) Vgl zu strenger Transcription und Uebersetzung die Editionen der Inschrift von Westergaard (a. a. O.), Oppert (E. M. II); und Fox Talbot (Journ. of the R. A. S. XIX.) Bezüglich der letzteren bemerke ich, dass die grössere Abweichung derselben von der meinigen zum guten Theile auf der eigenthümlichen Transcriptionsweise dieses Gelehrten überhaupt beruht, namentlich auf seiner Uebung, Ideogramme mit den Werthen wiederzugeben, welche den betr. Zeichen als Lautzeichen sonst zukommen, demgemäss also z. B. Talbot das Ideogramm für „lu" durch *as*, dasjenige für „Sohn" durch *bar* u. s. f. wiedergiebt, weil die betr. Zeichen die lautlichen Werthe *as* und *bar* u. s. f. haben. In einer Reihe weiterer Punkte wird dieser Gelehrte ohnehin dermalen anders denken, als im J. 1862.

2) West. hat lediglich *ili*. Opp. bietet ohne Bemerkung, ob auf Grund des Originals, *ilu iluhi*. Jedenfalls ist die eine Ergänzung richtig. Das erste Gotteszeichen ist auf dem Steine verlöscht, wie so oft auf Backsteininschriften. z. B. auf der im Abdruck vor mir liegenden Salmanassers II. von Zürich.

3) Talb. *iggubu* . . ., wohl sicher nur ein Druckfehler; auch Westerg. hat deutlich . . *ba* . . . .

ana 'ab-bu-us-su 11. *ib-bu-us-su-' u di-na-a-tav at-tu-u-a kul-lu-'. Ma-da-ai*, *'Ilamti* 12. *Par-tu-u*, *A-ri-'i-vu*, *Ba-aḫ-tar*, *Su-uk-du*, *Ḫu-va-ri-iṣ-mu* 13. *Za-ra-an-gu-'*, *A-ru-ḫa-at-ti-' Sa-at-ta-gu-su*, *Gan-da-ri*, 14. ...., *in-du-u*, *Nam-mir-ri U-mu-ur-ga-'*, *Nam-mir-ri* 15. *TI. A. BAL.SU.TI.SU NU.RAP. PA-'*, *Babilu*, *Assur*, *A-ra-bi*, 16. *Mi-ṣir*, *U-ra-aš-ṭu*, *Ka-at-pa-tuk-ku*, *Sa-par-da*, *Ya-va-nu*, 17. *Is-ka-du-ru*, 18. *Ya-va-nu sa-nu-tav sa ma-gi-na-ta*[1]) *ina kakka-du-su-nu na-su-u Pu-u-ṭu* 19. *Ku-u-su Maṣ-ṣu-u Kar-ka. Da-a-ri-ya-vus sarru i-gab-bi* 20. *A-ḫu-ur-ma-as-da ki i-mu-ru mutat an-ni-ti ni-ik-ra-va*[2]) 21. *a-na [lib]-bi a-ḫi*[3]) *tu-uṣ-mu-ḫu*, *ar-ki ana-ku id-din-na-as-si-ni-ti* 22. *u ana-ku ina 'ili-si-na ana sarru-u-tav ip-ti-kid-an-ni. Ana-ku sarru ina ṣilli sa* 23. *A-ḫu-ur-ma-as-da*, *ana-ku ina as-ri-si-na ul-ti-sib-si-na-a-tav ib-bu-us-su-'lib-bu-u sa ana-ku pi-ba-a 'iru*[4]) 25 *u ki-i ta-gab-bu-u umma: mutat an-ni-tav ak-ka-i-ki-il-su-'* 26. *sa Da-a-ri-ya-vus sarru kul-lu*, *ṣalmanna-su-nu a-mu-ru sa kuššu at-tu-u-a* 27. *na-su-*[5])*u ina libbi tu-ma-*

Was von mir ihnen befohlen wird, das thun sie 11. durchaus und meine Anordnungen werden ausgeführt. Medien, Susiana, 12. Parthien, Arien, Baktrien, Sogdiana, Chovaresmien, 13. Zarangien, Arachosien, Sattagydien, Gandara, 14. Indien, die amyrgischen Scythen und die 15. ... . Scythen, Babylonien, Assyrien, Arabien, 16. Aegypten, Armenien, Kappadocien, Saparda (?), Jonien, 17. die Scythen, welche jenseit Skudra, 18. andere Jonier, welche Kronen (?), auf ihrem Haupte tragen, Put, 19. Kusch, Massu, Karkas. Darius, der König, spricht: 20. Auramazda, als er diese Länder 21. in Aufruhr und gegeneinander sich empören sah[2]), da überlieferte er sie mir 22. und verlieh mir über sie die Herrschaft. Ich, König im Schirme 23. Auramazda's, ich habe sie wiederum zurecht gesetzt, und was 24. ich ihnen sagte, thaten sie, in Gemässheit wie das Verlangen mir stand. 25. Und wenn du also denkst: „Jene Länder, wie gar verschieden sind sie, 26. die Darius der König in Besitz genommen?" so blicke die Bilder derer an, welche meinen Thron 27. tragen, auf dass du sie erkennen

---

1) Opp. conjekturirt *ma-gi-du-tav*.

2) Opp.: *quando vidit terras istas superstitiosas (?) in modum doctrinarum perditionis (?)*. Talb.: *Oromazdes quando subjugavit* (!) *regiones has, dixit (?) mihi*. Jene Uebersetzung sichtlich zu weit hergeholt, die letztere sinnlos und sprachlich unmöglich. Darius denkt offenbar an die in der Behistuninschrift so ausführlich erzählten wiederholten Aufstandsversuche der Provinzen. Der persische Originaltext ist an betr. Stelle leider verloren.

3) Geschrieben *a-ḫa-MIS* (Pluralzeichen). — Oppert (*Mélanges Perses. Extrait de la Revue de linguistique et de philol. comparée Par.* 1872. p. 18) ergänzt *gabbi* „alle" st. *libbi*.

4) Im Texte *KA*, das wir mit Opp. als Ideogramm im Sinne von ארש „wünschen" nehmen s. ob. S. 107. Nr. 16.

5) Talb. liest *na-ḫu*; allein der bei Westerg. noch erhaltene Rest des verstümmelten Buchstabens ist deutlich der eines *su*.

di-da-am-ma-tuv ina yu-mu-su-va im-mag-da-ak-ka 29. *sa a-vi-lu Par-sa-ai as-ma-ru-su ru-ku-ku il-lik. Ina yu-mu-su-va im-mag-da-ak-ka sa a-vi-lu Par-sa-ai ru-ku-ku ul-tu matisu gab-tav* 30. *i-ti-bu-us. Da-ri-ya-vus sarru i-gab-bi: Ha-ga-a gab-bi sa-tuv-su* [1]) *ina tsilli sa* 31. *A-hu-ur-ma-as-da-' 'i-ti-bu-us. A-hu-ur-ma-as-da-' iṣ-ṣur-dan-nu* 32. *a-di 'ili sa ha-ga-a 'i-bu-us. A-na-ku A-hu-ur-ma-az-da-' li-iṣ-ṣur-an-ni* 33. *la-pa-ni mi-im-ma bi-i-si u a-na bit-ya u a-na ma-a-ti-ya. Ha-ga-a ana-ku* 34. *ana A-hu-ur-ma-az-da-' 'i-ti-ri-is. A-hu-ur-ma-az-da-' li-id-dan-nu.* 35. *A-vi-lu sa A-hu-ur-ma-az-da-' u-pa-'-a-ma ina 'ili-ka la i-mar-ru-uṣ;* 36. [*urah*] *sa* [*isarti la*] *tu*-[*mas-si-ra la-pa*]-*ni sa; ana ya-na ha-ab-lu ta-su-ru* [2]).

mögest". Alsdann wird dir bekannt werden, 29. dass des persischen Mannes Lanze weithin vorgedrungen; alsdann wird dir einleuchten, dass ein persischer Mann gar fern von seinem Vaterlande 30. Schlachten geschlagen[3]). Darius der König spricht: Dieses Alles . . . . . . habe ich im Schirme Auramazda's gethan. 31. Auramazda leistete mir Beistand, 32. während ich dieses that. Mich möge Auramazda beschirmen 33. vor jedwedem Uebel, mich und mein Haus und mein Land. Um dieses 34. bitte ich Auramazda. Auramazda möge es gewähren. 35. Mensch, was Auramazda dir gebietet, es möge dir nicht widerstreben 36; [den Weg] des [Rechts] mögest du nicht verlassen; zu nichts Verderblichem mögest du dich wenden.

Die kleineren Inschriften von Naksch-i-Rustam.

I.

Ku-bar-ra Pi-id-di-is-hu-ri-is na-su-u IṢ. [*as*]-*ma-ru-u* [4]) *sa Da-ri-ya-vus sarru.*

Kubarra von Patischorien, Lanzenträger Darius des Königs.

II.

As-pa-si-na ku-ga sa Da-a-ri-ya-vus sarru . . . .

Aspasina [ist] dieses, des Darius [Pfeilhalter].

---

1) Dunkel. Opp. übers. zweifelnd: *quaecunque sint.* Talb. liest (aber wie möglich?) *sa alaku* = *quae feci* (?).

2) Der Text ist hier theils unleserlich, theils ganz verwischt. Die Restitution nach Oppert, *Mélanges Perses* (*Extrait de la Revue de linguistique et de philol. comparée*). *Par.* 1872. p. 21.

3) Opp.: *virum persicum longinquo a terra sua bellum repellens* (?) — vgl. den pers. Originaltext.

4) Zweifellos richtige Ergänzung Oppert's. — Statt „Lanzenträger" bietet übrigens der pers. T. *aracabara* d. i. Bogenträger. s. Spiegel S. 107.

III.

Ha-ga-a Mad-ai — Dieses [sind] die Masier.

H.

1. *U-ru-ma-az-da ra-bi sa ra-bu-u ina 'ili ili gab-bi* 2. *sa sami u irṣi-tiv ib-nu-u u nisi ib-nu-u sa dunka gab-bi id-din-nu-ru ana*[1]) *nisi ina lib-bi bal-ṭu-' sa ana* 4. *Da-a-ri-ya-vus sarra ib-nu-u u a-na Da-a-ri-ya-vus* 5. *sarra sarru-u-tu id-din-nu ina ḳak-ḳar ha-ga-a rap-sa-a-tuv* 6. *sa matat ma-di-'i-tuv ina lib-bi-su: Par-su,* 7. *Ma-da-ai u matat sa-ni-ti-va li-sa-nu*[2]) 8. *sa-ni-tuv sa sadi u ma-a-tuv sa a-ḫa-na-ai* 9. *ha-ga-a sa mar-ra-tuv u a-ḫu-ul-lu-ai* 10. *ul-li-i sa mar-ra-tuv sa a-ḫu-na-ai* 11. *ha-ga-a sa ḳak-ḳar ṣu-ma-ma-i-tuv u a-ḫu-ul-lu-ai ul-li-i* 12. *sa ḳak-ḳar ṣu-mu-ma-i-tuv. Da-a-ri-ya-vus sarru* 13. *i-gab-bi: ina ṣilli sa U-ru-ma-az-da ha-ga-ni-'i-tuv* 14. *matat sa ha-ga-a i-bu-sa-', sa ha-gan-na ib-ḫu-ru* 15. *Par-su Ma-da-ai u matat sa-ni-ti-va* 16. *li-sa-nu sa-ni-tuv sa sadi u ma-a-tuv sa a-ḫu-na-ai* 17. *ha-ga-a sa mar-ra-tuv u a-ḫu-ul-lu-ai ul-li-i* 18. *sa mar-ra-tuv u a-ḫu-na-ai ha-ga-a sa ḳak-ḳar* 19. *ṣu-mu-ma-i-tuv u a-ḫu-ul-lu-ai ul-li-i* 20. *sa ḳak-ḳar ṣu-ma-ma-i-tuv lib-bu-u sa a-na-ku* 21. *ni-'i-mu as-ku-un-nu-us-su-nu [sa a-]*[3]) *na-ku* 22. *'i-bu-us gab-*

1. Der grosse Auramazda, welcher der grösseste unter allen Göttern, 2. welcher den Himmel und die Erde geschaffen und die Menschen geschaffen; welcher jegliche Hoheit den Menschen unter den lebenden Wesen verlieh, welcher den 4. Darius zum Könige machte und Darius dem Könige die Herrschaft verlieh auf dieser weiten Erde 6. mit den vielen Ländern auf derselben: Persien, 7. Medien und den andern Ländern und den anderen Zungen 8. der Berge und der Ebenen, welche diese diesseit des Meeres, jene 10. jenseit des Meeres, welche diesseit des Wüstenlandes, und jene jenseit 12. des Wüstenlandes [belegen sind]. Darius der König 13. spricht: Im Schirme Auramazda's [sind es] diese 14. Länder, welche dieses thaten, welche hieher zusammenkamen: 15. Persien, Medien und die anderen Länder sammt 16. den übrigen Sprachen der Berge und der Ebenen, welche 17. diese diesseit des Meeres und jene jenseit 18. des Meeres, und diese diesseit des 19. Wüstenlandes und jene jenseit 20. des Wüstenlandes [belegen sind], in Gemässheit dessen, wie ich ihnen den Befehl gegeben. Was ich 22. gethan, habe ich alles im Schirme

---

1) Der entsprechende Keil, in Westergaard's Copie fehlend, ist von Opp. mit Wahrscheinlichkeit ergänzt, vgl. NR 2 und and. Parallelstellen.

2) Von Oppert am Schlusse des Wortes richtig ergänzt.

3) Zweifellos richtige Ergänzung Oppert's.

bi ina pilli sa U-[ru-mas-da]-da [1]) 23. *'i-ti-bu-us. A-na-ku U-ru-ma-az-[da li-ip-pu-ur]* [2]) 24. *it-ti ili gab-bi a-na ana-ku u a-na sa ana-ku a-bil.*

Auramazda's 23. gethan. Möge Auramazda 24. sammt den grossen Göttern mich schützen, mich und was ich geschaffen habe.

B.

1. *Da-ri-ya-a-vus sarru rabu-u* 2. *sar sarri sar matat* 3. *sa nab-ḫa-ri li-sa-nu gab-bi* 4. *habal Us-ta-as-pa* 5. *A-ḫa-ma-an-ni-is-si-'* 6. *sa bita ḫa-ya-a i-bu-us.*

1. Darius, der grosse König, 2. der König der Könige, der König 3. der Gesammtheit aller Zungen, 4. der Sohn des Hystaspes, 5. der Achämenide, [ist es], 6. der dieses Haus errichtet hat.

L.

1. *Ku-bu-ur ri-'i-mu ga-la-la i-na bi-it* 2. *Da-a-ri-ya-a-vus sar-ri ib-su-'.*

Hochbau von Quadern (?), im Palaste Darius des Königs aufgeführt.

Inschrift des Darius von Elvend.

O.

1. *Ilu rabu-u A-ḫu-ru-ma-as-da* 2. *sa ḳaḳ-ḳa-ru ḫa-ga-a* 3. *id-din-nu sa samu* 4. *an-nu-tu id-din-nu* 5. *sa nisi id-din-nu* 6. *sa gab-bi nu-uḫ-su* 7. *a-na nisi id-din-nu* 8. *sa ana Da-a-ri-ya-a-vus* 9. *sarra ib-nu-u istin* 10. *ina sarri maḫ-ru-tu istin* 11. *ina mu-ti-'-i-mi* 12. *maḫ-ru-tu. A-na-ku* 13. *Da-a-ri-ya-a-vus* 14. *sarru rabu-u sar sarri* 15. *sar matat sa nab-ḫar* 16. *li-sa-na-a-ta gab-bi* 17. *sarru sa ḳaḳ-ḳa-ru a-ga-ta* 18. *ra-bi-tuv ru-uḳ-tuv* 19. *habal Us-ta-as-pa* 20. *A-ḫa-ma-an-ni-is-si-'.*

1. Ein grosser Gott ist Auramazda, 2. welcher diesen Erdkreis 3. schuf, welcher 4. jenen Himmel schuf, 5. welcher die Menschen schuf, 6. welcher jede gute Verheissung 7. den Menschen gab, 8. welcher den Darius 9. zum König machte, einen 10. unter den früheren Königen, einen unter den früheren 12. Herrschern. Ich 13. Darius, 14. grosser König, König der Könige, 15. König der Länder, welche da die Gesammtheit 16. aller Zungen sind; 17. König dieses 18. grossen, weiten Erdkreises, 19. Sohn des Hystaspes, 20. Achämenide.

III. Inschriften des Xerxes.

Die persepolitanischen Xerxesinschriften.

D. [3])

1. *Ilu rabu-u A-ḫu-ru-ma-as-da-'* *sa ḳaḳ-ḳa-ru* 2. *ha-ga-'*

1. Ein grosser Gott ist Auramazda, welcher 2. diesen Erd-

---

1) u. 2) Zweifellos richtige Ergänzungen Oppert's.

3) Westergaard Taf. XIV, a. b.

id-din-nu sa sami' an-nu-u-tu id-din-nu 3. *su ha-vi-lu-u-tav id-dîn-nu su dunka a-na ha-vi-lu-u-tav* 4. *id-din-nu su a-na Hi-si-'-ar-si sarru ib-nu-u is-tin* 5. *ina sarri ma-du-u-tu is-tin ina mu-ti-'-'i-mi-' ma-du-u-tu.* 6. *A-na-ku Hi-si-'-ar-si sarru rabu-u sar sarri* 7. *sar matat sa nab-ha-ar li-sa-nu* [im Plur.] *sar kak-ka-ru ha-ga-a-tu* 8. *rabi-ti ru-uk-ûti hablu sa Da-a-ri-ya-vus sarru* 9. *A-ha-ma-an-ni-is-si-'. Hi-si-'-ar-si sarru* 10. *i-gab-bi: ina silli sa A-hu-ru-ma-az-da-' baba ha-ga-a U-is-sa-da-a-'-i sum-su a-na-ku* 12. *'i-ti-bu-us u sa-nu-u-ti-va ma-du-u-tu* 13. *tab-ba-nu-tu 'i-ti-bu-us ina Par-sa ha-ga-a.* 14. *Sa a-na-ku 'i-bu-us-su u sa abu-u-a i-bu-us-su* 15. *u sa-tav-sa-' im-mar-ru tab-ba-nu-u*[1]) *ul-lu-u-tu gab-bi* 16. *ina silli sa A-hu-ru-ma-az-da-' ni-ti-bu-us.* 17. *Hi-si-'-ar-si sarru i-gab-bi: A-hu-ru-ma-az-da-'* 18. *a-na-ku li-is-sur-an-ni u sa a-na sar-ru-u-ti-ya u matâti-ya* 19. *u sa ana-ku 'i-bu-us-su u sa abu-u-a i-bu-us-su* 20. *ul-lu-u um-ma A-hu-ru-ma-az-da-' li-is-sur.*

kreis schuf, welcher diesen Himmel schuf, 3. welcher die Menschen schuf, welcher Hoheit den Menschen verlieh, welcher den Xerxes zum Könige machte, einen 5. unter vielen Königen, einen unter vielen Herrschern. 6. Ich, Xerxes, der grosse König, der König der Könige, 7. der König der Länder, welche die Gesammtheit der Zungen, der König dieses Erdkreises, 8. des grossen und weiten; Sohn des Darius, des Königs, 9. Achämenide. Xerxes der König 10. spricht: Im Schirme Auramazda's habe ich dieses Thor, Viçadahyu geheissen, 12. hergestellt und viele andere 13. Gebäude in diesem Persien errichtet. 14. Was ich zu Stande gebracht und was mein Vater zu Stande gebracht, 15. was immer für Gebäude erblickt werden, das alles 16. haben wir im Schirme Auramazda's zu Stande gebracht. 17. Xerxes der König spricht: Auramazda 18. möge mich beschützen, mich und meine Herrschaft und meine Länder 19. und was ich vollführt und was mein Vater vollführt: 20. dieses möge ebenfalls Auramazda beschützen.

D.

1. *Hi-si-'-ar-si* 2. *sarru rabu-u* 3. *sar sarri habal* 4. *Da-ri-ya-vus sarra* 5. *A-ha-ma-an-nis-si-'.*

1. Xerxes, 2. der grosse König, 3. der König der Könige, Sohn 4. des Darius, des Königs, 5. Achämenide.

E.

1. *Ilu rabu-u A-hu-ru-ma-az-da-' sa kak-ka-ru ha-ga-a id-din-nu* 2. *sa sami an-nu-ti*

1. Ein grosser Gott ist Auramazda, welcher diese Erde geschaffen, 2. welcher diesen Himmel

1) Opp. liest *tabbanu-tav.* Allein in der Abschrift Westergaard's ist eine Lücke am Schlusse des Wortes nicht angedeutet. *Tabbanu* ist also pluralisch (collektivisch) zu nehmen, genau wie *lisanu* C, a. 6 u. 8.

[illegible] sa asibi-ti¹) id-din-nu 3. sa dumka a-na nisi id-din-nu sa sarru-u-ti a-na Hi-si'-ar-si id-din-nu 4. is-tin a-na sarri ma-du-u-tu is-tin²) mu-ti-'i-mi-' ma-du-u-tu. A-na-ku 5. Hi-si'-ar-si sarru rabu-u, sar sarri, sar matat, sa nab-ḫa-ar li-sa-nu³), 6. sar kak-ka-ru ha-ga-a-ta rabi-ti ru-uk-ku-ti habal Da-ri-ya-vus sarru 7. A-ḫa-ma-nis-si-'. Hi-si'-ar-si sarru rabu-u i-gab-bi: 8. sa a-na-ku ha-gan-na 'i-bu-us-su u ina kak-ka-ru sa-nam-ma 'i-bu-us-su 9. gab-bi ma-la 'i-bu-us-su i-na silli sa A-ḫu-ru-ma-as-da-' 10. 'i-ti-bu-us. A-na-ku A-ḫu-ru-ma-as-da-' li-is-sur-an-ni it-ti ili u a-na sarru-u-ti-ya u a-na sa 'i-bu-us-su.

geschaffen, welcher die Bewohner schuf, 3. welcher den Menschen Hoheit verlieh, welcher die Herrschaft dem Xerxes verlieh, 4. einem unter vielen Königen, einem vieler Herrscher. Ich 5. Xerxes, grosser König, König der Könige, König der Länder, welche die Gesammtheit der Zungen, 6. König dieses Erdkreises, des grossen, weiten, Sohn des Darius, des Königs, 7. Achämenide. Xerxes, der grosse König, spricht: 8. Was ich hier gemacht und in einer anderen Gegend, alles, was immer ich gemacht habe, habe ich im Schirme Auramazda's 10. gemacht. Möge Auramazda mich schützen sammt den Göttern und meine Herrschaft und was ich gemacht habe.

C, a.

1. Ilu ra-bu-u A-ḫu-ur-ma-as-da-' sa sami ib-nu-u 2. u ir-si-tiv ha-ga-a-ta ib-nu-u sa du-un-ku 3. a-na nisi id-din-nu sa a-na Hi-si'-ar-sa-' sarra ib-nu-u 4. sarra sa sar sarri ma-du-u-tuv sa 'i-dis-si-su a-na nab-ḫa-ar matat 5. ga-ab-bi u-ta-'-a-ma. Ana-ku Hi-si-i-ar-sa-' sarru ra-bu u sar sarri 6. sar matat sa nab-ḫa-ar li-sa-nu ga-ab-bi sar kak-ka-ri ha-ga-a-ta 7. ra-bi-i-ti ra-pa-as-tuv habal Da-a-ri-ya-vus sarru A-ḫa-ma-an-ni-is-si-' 8. Hi-si'-ar-sa' sarru rabu-u i-ga-ab-bi: i-na si-il-li sa 9. A-ḫu-ur-ma-as-da-' bi-it ha-ga-a Da-ri-ya-u-vus sarru 10. abu-u-a ut-tu-u-a i-ti-bu-us-su. A-

1. Ein grosser Gott ist Auramazda, welcher den Himmel schuf 2. und diese Erde schuf, welcher Hoheit 3. den Menschen verlieh, welcher den Xerxes zum König machte, 4. zu einem König, der da ist der König vieler Könige, dessen Diener über die Gesammtheit 5. aller Länder befehlen. Ich Xerxes, grosser König, König der Könige, 6. König der Länder, die da sind die Gesammtheit aller Zungen, König dieses Erdkreises, 7. des grossen, ausgedehnten, Sohn des Königs Darius, Achämenide. 8. Xerxes, der grosse König, spricht: Im Schirme 9. Auramazda's errichtete dieses Haus König Darius,

1) Vgl. F. S. 8.

2) Opp. ergänzt hinter istin ein a-na. Da aber Westerg. eine Lücke nicht andeutet, die Präpos. auch nicht unumgänglich nothwendig ist, so tragen wir Bedenken, dieselbe in den Text aufzunehmen.

3) Das Wort (lisanu) ist mit dem Pluralzeichen versehen.

na-ku A-hu-ur-ma-az-da-' 11. *li-is-sur-an-ni it-ti ili ga-ab-bi u sa a-na-ku 'i-bu-us-su* 12. *u sa Da-a-ri-ya-a-mus sarru abu-u-a i-bn-us-su* [1]) 13. *u ha-ga-su-u A-hu-ur-ma-az-da-' li-is-sur it-ti ili ga-ab-bi.*

10. mein Vater. Auramazda' 11. möge mich beschützen sammt allen Göttern und was ich gemacht, 12. und was König Darius, mein Vater, gemacht, 13. und dieses hier möge Auramazda beschützen sammt allen Göttern.

C, b.

Ilu ra-bu-u A-hu-ur-ma-az-da-' 2. *sa sami ib-nu-u u ir-si-tiv* 3. *ha-ga ib-nu-u sa nisi ib-nu-u* 4. *sa du-un-ku a-na nisi id-din-nu sa a-na* 5. *Hi-si-'-ar-sa' sarra ib-nu-u* 6. *sar-ra sa sar sarri ma-du-u-tuv sa 'i-dis-si-nu* 7. *a-na nab-ha-ar matat ga-ab-bi* 8. *u-ta-'-a-ma. A-na-ku Hi-si-'-ar-sa-'* 9. *sarru rabu-u sar sarri sar matat* 10. *sa nab-ha-ar li-sa-nu ga-ab-bi* 11. *sar kak-ka-ru ha-ga-a-ta ra-bi-i-ti* 12. *ra-pa-as-tuv habal Da-a-ri-ya-mus sarri* 13. *A-ha-ma-an-ni-is-si-'.* 14. *Hi-si-'-ar-sa' sarru rabu-u* 15. *i-ga-ab-bi i-na si-il-li* 16. *sa A-hu-ur-ma-az-da-' bi-it* 17. *ha-ga-a Da-ri-ya-a-mus sarru* 18. *abu-u-a al-tu-u-a i-ti-bu-us-su.* 19. *A-naku A-hu-ur-ma-az-da-'* 20. *li-is-sur-an-ni it-ti ili* 21. *ga-ab-bi u sa a-na-ku 'i-bu-us-su* 22. *u sa Da-a-ri-ya-mus sarru* 23. *abu-u-a al-tu-u-a 'i-bu-us-su* 24. *u ha-ga-su-u A-hu-ur-ma-az-da-'* 25. *li-is-sur it-ti ili ga-ab-bi.*

1. Ein grosser Gott ist Auramazda, welcher den Himmel schuf 2. und diese Erde schuf, welcher Hoheit 3. den Menschen verlieh, welcher den Xerxes zum König machte, 4. zu einem König, der da ist der König vieler Könige, dessen Diener über die Gesammtheit 5. aller Länder befehlen. Ich, Xerxes, grosser König, König der Könige, 6. König der Länder, die da die Gesammtheit aller Zungen, König dieses Erdkreises, 7. des grossen, ausgedehnten, Sohn des Königs Darius, Achämenide. 8. Xerxes, der grosse König, spricht: im Schirme 9. Auramazda's errichtete dieses Haus König Darius, 10. mein Vater. Auramazda 11. möge mich schützen sammt allen Göttern und was ich gemacht, 12. und was König Darius, mein Vater, gemacht, 13. und dieses hier möge Auramazda beschützen sammt allen Göttern.

Die Xerxesinschrift von Elvend.

F [2]).

1. *Ilu rabu-u A-hu-ur-ma-az-da-'* 2. *ra-bu-u sa ili* 3. *sa*

1. Der grosse Gott Auramazda, 2. der grösste der Götter,

1) So ist natürlich statt *i-bu-ga-su* zu lesen. Der das Zeichen *gu* zu ergänzende Strich ist vom Abschreiber übersehen. Vgl. C, b. 21.

2) Schulz im J. A. 1840. pl. VII.

[illegible]-ru ka-ga-a 4. *id-din-na sa sami* 5. *ka-ga-ta id-din-na [illegible]-sa ni-si-bi-tuv ka-ga-a* 7. *id-din-na sa dunku ana* 8. *a-si-bi-tuv id-din-na* 9. *sa a-na Hi-si'-ar-sa-'* 10. *sarra ib-nu-u istin ina sarri* 11. *ma-du-u-tu ina ma-ta-'-i-mi-'-i* 12. *mah-ru-tu istin. A-na-ku* 13 *Hi-si'-'ar-sa-'* 14. *sarru rabu-u sar sarri* 15. *sar matat sarru sa nab-har* 16. *matat sarru sa kak-kari* 17. *ka-ga-ta ra-bi-tuv* 18. *ra-pa-as-tuv hablu sa* 19. *Da-a-ri-ya-vus sarru A-hu-ma-an-ni-is-si-'*

3. welcher [illegible] Erdkreis 4. schuf, welcher 5. diesen Himmel schuf, 6. welcher diese Bewohner schuf, welcher Hoheit 8. den Bewohnern verlieh, 9. welcher den Xerxes zum 10. König machte, zu einem unter 11. vielen Königen, zu einem der früheren Könige. Ich 13. Xerxes, 14. grosser König, König der Könige, 15. König der Länder, König der Gesammtheit 16. der Länder, König 17. dieses grossen, weiten Erdkreises, Sohn 19. Darius des Königs, Achämenide.

Die Xerxesinschrift von Van.

K[1]).

I. Ilu rabu-u A-hu-ur-ma-az-da-' ra-bu-u 2. *sa ili sa sami ib-nu-u u irsi-tiv* 3. *ib-nu-u u nisi ib-nu-u u dunku a-na nisi id-di-na sa a-na* 4. *Hi-si'-ar-sa-' sarra ib-nu-u sarra sa sarri* 5. *ma-du-u-tu sa 'i-dis-si-su a-na nab-ha-ar matat* 6. *ya-ab-bi u-tu-'-u-ma.*

I. Ein grosser Gott ist Auramazda, der grösste der Götter, welcher den Himmel geschaffen und die Erde geschaffen und die Menschen geschaffen und Hoheit den Bewohnern verliehen hat, welcher den Xerxes zum König gemacht, zum König vieler Könige, dessen Diener über die Gesammtheit aller Länder verfügen.

II. A-na-ku Hi-si'-'ar-sa-' sarru rabu-u 2. *sarru sa sarri sar matat sa na-ab-ha ur* 3 *li-sa-nu*[2]) *gab-bi sar kak-ka-ri ra-bi-tuv* 4. *ra-pa-as-tuv habal Da-ri-ya-a-vus sarra A-hu-* 5. *ma-an-ni-is-si-'.*

II. Ich, Xerxes, grosser König, König der Könige, König der Länder, die da die Gesammtheit aller Zungen, König des grossen, weiten Erdkreises, Sohn Darius des Königs, Achämenide.

III. Hi-si'-'ar-sa-' sarru i-gab-bi: Da-ri-ya-vus sarru ka-ga-su-u ubu-u-a ul-tu-u-a inu si-il-li sa A-hu-ur-ma-az-da-' ma-a-du-u-tuv tab-ba-nu-u sa i-bu-us-su u ina ku-gu-a sa-du-u

III. Xerxes der König spricht: Darius der König, jener, mein Vater, es sind der Gebäude viele, welche er im Schirme Auramazda's machte, und auf diesem

1) Wir bemerken, dass wir im Interesse der Leser die doppelte Bezeichnung der Zeilen nach dem Abdrucke bei Opp. E. M. (I, II u. s. f.) beigefügt haben.

2) Das Wort *lisanu* ist im Texte mit Pluralzeichen geschrieben.

ni'-'i-mu is-ta-kan a-na 'i-bis lim-su u ṣal-ma (?) [1]; *ina 'ili ul is-ṭu-ur.* 7 *Ar-ki a-na-ku ni-'i-mu al-ta-kan a-na sa-ṭa-ri lim-su.*

Berge gab er Befehl eine Tafel und ein Bild (Bas-Relief) anzufertigen, er beschrieb [sie] nicht. Danach gab ich Befehl die Tafel zu beschreiben.

IV. *A-na-ku A-ḫu-ur-ma-az-da-' li-iṣ-ṣur-an-ni it-ti ili ga-ab-bi u a-na sarru-u-3.ti-ya u sa a-na-ku 'i-bu-su-su.*

IV. Es möge mich Auramazda mit allen Göttern beschützen, mich und meine Herrschaft und was ich gemacht habe.

IV. Inschriften des Artaxerxes Mnemon.

Die Inschriften von Susa.

S. [2])

1. *I-ḳa-ab-bi Ar-tak-sat-su sarru ra-bu-u sarru sa* 2. *sar sarri, sarru sa matat sa i-na ili ḳak-ḳar* 3. *gab-bi ablu sa Da-a-ri-ya-vus sarru: Da-a-ri-ya-* 4. *vus sarru ablu sa Ar-tak-sat-su sarru, Ar-tak-sat-su* 5. *sarru ablu sa Hi-si-'-ar-su sarru, Hi-si-'-ar-su* 6. *ablu sa Da-a-ri-ya-vus sarru, Da-a-ri-ya-* 7. *vus sarru ablu sa Us-ta-as-pu sir A-ḫa-ma-ni-* 8. *si-'. Ha-ga sum Ap-pa-da-an Da-ri-ya-vus* 9. *abu abuti-ya i-ti-bu-us ina dur-ri 'ul-lu-u* 10. *ina pa-ni. Ar-tak-sat-su abu abi-ya I. SA. TUV.* 11. *us-ta-ak-ka-al-su. I-na ṣilli sa A-ḫu-ru-* 12. *mu-us-du A-na-aḫ-i-tu u Mi-it-ri* 13. [*a-na-ku ha-ga sum Ap-pa-da-an 'i-bu*] [3])-*us.* 14. *A-ḫu-ur-mu-us-du A-na-aḫ-i-tu-'* 15. *u Mi-it-ri ana ana-ku*

1. Es spricht Artaxerxes, der grosse König, der König, der da ist der König der Könige, der König der Länder, welche auf dem ganzen Erdkreise, der Sohn Darius des Königs: König Darius ist der Sohn Artaxerxes des Königs; Artaxerxes ist der Sohn Xerxes des Königs; König Xerxes ist der Sohn Darius des Königs; König Darius ist der Sohn des Hystaspes, vom Stamme des Achämenes. Dieses, mit Namen Appadan, hat Darius, mein Urahn, in der früheren Zeit vorhin gemacht. Artaxerxes, mein Grossvater . . . hat es vollendet. Im Schirme Auramazda's, Anahit's und Mitra's habe ich [dieses, mit Namen Appadan] gemacht. Auramazda, Anahit und

---

1) Das erste Zeichen des Wortes ist undeutlich, hat aber eine gewisse Aehnlichkeit mit dem Ideogr. für „Bild" in der Inschrift von N. I. R. Z. 26. Dann würde das nachfolgende ma als phonet. Ergänzung (= *ṣalma*) vortrefflich sich fügen. Oppert zieht es vor, ein besond. Ideogramm mit der Bedeutung von *kulam* „Wort" zu statuiren.

2) Die Numerirung der Zeilen entspricht der Ausgabe von Oppert (E. M. 194. 195).

3) Ergänzungen Oppert's nach dem Persischen.

li-ip-pu-[*ru'-in-ni la-pa-ni mi-im-ma bi-i-si u sa ana-ku* 17. *'ibus la u-ma*] [1])*-aḫ-ḫi-pu la u-ḫa-ab-ba-lu-su.*	Mitra mögen mich [beschützen vor jedwedem Uebel, und was ich gemacht, das möge nicht vernichtet], nicht zerstört werden.

Fragment einer Inschrift desselben Königs.

S, b.

1. [*A-na*] [2])*-ku Ar-tak-sat-šu su-ar-ri rabu* . . . 2. [*sa-*]*ar-ri kuš-ša-ru ablu sa Da-ri-*[*ya-vus*] 3. [*Ar-tak*]*-sat-šu sarru ina ṣilli* [*su*] *A-ḫu-ur-*[*ma-az-da*].	1. Ich, Artaxerxes, grosser König, ... 2. . . . . König des Erdkreises, Sohn des Darius . . . . 3. Artaxerxes der König im Schirme Auramazda's. . . .

1) Ergänzungen Oppert's nach dem Persischen.
2) Ergänzungen Opp.'s.

III. Das Glossar.

א [1])

אב *abu* Vater, pers. *pitar* = hebr. אָב, arab. أَبٌ. Stat. abs. *abu*, pers. *pitar*, ideogr. Beh. 1. 2. 12. Ideogr. mit Suff. *abu-u-a* mein Vater, pers. *manâ pitâ* Beh. 1. 64. K. III, 2. D. 14. C, a. 10. C, b. 17. *abu-su-nu* ihr Vater Beh. 12. Plur. Ideogr. *abu-tav*, mit *ultu* = pers. *hacâ par'uriyata* von den Vätern her, seit Alters Beh. 3. 18. — *Abu abuti-ya* Vater meiner Väter = mein Urahn. S. 9 (die Aussprache *abu* im St. cstr. ist an die Hand gegeben durch Khors. 107).

אח *ahu* Bruder, pers. *brâtar* = hebr. אָח, arab. أَخٌ. Ideogr. Sing. mit Suff. *ahu-su* sein Bruder Beh. 12. *a-ha* (im Plur.) Genosse, dient zur Umschreibung des Begriffs: einander, vgl. hebr. רֵעַ. NR. 21.

אחד *ihit* eine, vgl. pers. *hamâtar* = hebr. אחות. Ideogr. Beh. 12. S. ob. S. 286.

אחי *a-hi* Seite. Zusammengesetzt mit *ulluai* = *ahi ulluai* und *ahulluai* die jenseitigen pers. *taradaraya* NR. 17. H. 9. 11. 17. 19; mit *annai* = *ahanai* die diesseitigen H. 8. 10. 16. 18. — Arab. رَخِيَ tractus.

אך *ak-ka-'* wie, pers. *ciyakaram*. NR. 25.

אכם *akam* sich aneignen, nehmen pers. *d'i* = hebr. נקם. 3. Pers. Sing. Impf. *ik-ki-mu* pers. *adinâ* Beh. 20; mit Suff. *i-ki-[mu]-su-nu-tav* Beh. 26.

אל *ul* nicht, kein Beh. 13 (pers. *azdâ* Unkunde). 104. K. III, 6.

אל *ilu* Gott pers. *baga*. Ideogr. D, 1. F, 1. C, a. 1. C, b. 1. O, 1. Stat. constr. *il*, ideogr. NR, 1. Plur. *ili* ideogr., - pers. *bagâha* Beh. 103. NR. 1. K, 1. 1. E, 1. F, 1. C, a. 11. C, b. 19.

אלו *ul-lu* jener, jenes masc. D, 20, pers. *avasciy*; *ul-li* dass. H. 10. 11; Plur. masc. *ul-lu-u-tu* D, 15.

ul-lu-ai, bezügl. Adj. NR. 17. H. 9. 17. S. *ahi*.

אלת *ul-tu* Präpos. von aus, pers. *hacâ*. Beh. 8. 15. 18. NR. 29.

---

[1] Von Eigennamen sind nur die graphisch oder sprachlich bemerkenswerthen aufgenommen.

אמא *um-ma* 1) also, pers. *avathâ* Beh. 31; 2) dient zur Einführung der direkten Rede Beh. 21. 30. 37; 3) auch vgl. pers. *upavaciy* D. 20.

אם *ummu* Mutter, vgl. pers. *hamâtar*. Ideogr. mit Suff. *ummu-su-nu* ihre Mutter Beh. 12.

אן *ana* Präpos. nach, zu; ideogr. Beh. 36. 44. 47; phonet. *a-na* 7. 18. 38. 50. 53. 57. C. a. 8 O, 7. 8. — Zeichen des Acc. Beh. 13. 42. 52. 56. 65. 76. K. IV, 9. D. 4. 16. NR. 22. 33. 34. C, a. 8. *b*. E, 10. H, 3. 4. — Zeichen des Dativ Beh. 7. NR. 9. E. 8. F. 7. C, a. 8. K. I. 3.

a-[na]-nu la Conj. auf dass nicht, dass nur nicht pers. *mâtya* Beh. 21.

ina Präpos. in, ideogr. Beh. 4. 7. 14. 39. O, 10 u. ö.; phonet. Beh. 49. S. 2. E. 9.

אנא a) *an-nu-tuv* Plur. masc. des Pron. dem. diese pers *imâ*. Beh. 102; *an-nu-tu* dass. D. 2; *an-nu-ti* dass E, 2; — b) *an-ni-tar* Plur. fem. diese NR 25; *an-ni-ti* dass. NR. 6. 20; *an-nu-a-tar* dass. Beh. 40.

אנכו *a-na-ku* Pron pers. 1 Ps. Sing. ich, pers. *adam* (*namâ*, 1 Pers. Sing. Verbi) Beh. 59. 88. 109. Beh. Kl. I flgg NR. 8. K, II. 1; IV, 1. C, a. 5. 10. 11. C, 6. 8. 18. 19. O. 19; — *ana-ku* Beh. 4. 7. 11. 61 M, 1.

אשמר *IS aš-ma-ru* Lanze pers *arštiš* NR. 28. NR. Kl. I.

אצא herausgehen, ausgehen hebr. יצא. Davon *i-ṣu-tav* wenige Beh. 38; und *i-ṣi* dass. Beh. 59. 75. 89.

אצל Präsumtive Wurzel zu *ṣiltav* Kampf s. צלה.

אקם *u-kum* Volk, Heer s. קום.

אורח *uruḫ* Weg pers. *pathi* NR 36. Hebr. ארח.

ארח *arḫu* Monat, pers. *mâha*. Ideogr. Beh. 15. 36. 52. 56. 65.

ארך *ar-ki* nachher, Adv. pers. *paçâva* Beh. 13. 14. 29; mit Suff. *ar-ki-ya* nach mir pers. *aparam* Beh. 105. — *ar-ki* sq. *sa* nachdem, Conj. pers. *paçâva yathâ* Beh. 11.

ארץ *irṣitu* Erde, pers. *bumi* = hebr. ארץ Ideogr. NR. 1. K. I, 2. II, 2; phonet. *ir-ṣi-tiv* C, a. 2. C, b. 2.

ארר *arar* verfluchen. Volunt *li-ru-ur* er möge verfluchen pers. *nikantuv*. Beh. 108.

ארש *araš* wollen, wünschen, hebr. ארש. Ideogr. NR. 24; 1 Pers. Ifteal. phonet. *'i-ti-ri-iš* pers. *jadiyâmiy* NR. 34.

אשב *ašab* wohnen, pers. *dar* = hebr. ישב. Part. act. *a-šib* Beh. 41. 64; *a-ši-ib* Beh 71; — 1 Pers. Impf. Istf. mit Suff. *ul-ti-šib-ši-na-tav* NR. 23.

asibut, Menschen, pers. *martiya* F. 2. vgl. Khors. 143. 167 (*a-ši-bu-ut*); phonet. *a-ši-bi-tuv* F. 6. 8.

אשר *ašru* Ort pers. *gâthu* *ina aš-ri-šu* an seinen Ort pers. *gâthvâ* Beh. 26; *ina aš-ri-ši-na* an ihren Ort pers. dass. Beh. 28 Aram אתרא; arab. أثر.

As-sur pers. *Athurâ* Assyrien Beh. 5.

את *attu*, c. suff. 1 Pers. Sing. = *at-tu-u-a* mein, pers. *manâ* Beh. 1. 8. 9. 46. 52. 76. NR. 10. 11. K. III, 2. C, a. 10. C, b. 17; c. suff. 1. Pers. Plur. *at-tu-nu* unser, pers. *amâkham* Beh. 18. 27. 28.

את *at-ta* du, Pron. pers. 2. Ps. Sing. pers. *tuvm.* Beh. 101. 105.

את *itti* mit, Conj. pers. *hadâ* oder *patiy*, phonet. *it-ti* Beh. 29. 45. 69 a. 73. 75. 109. K. IV, 2. C, a. 11. C, b. 18. 24: ideogr. Beh. 49. 69 b. 83. Mit Suff. *it-ti-su* mit ihm Beh. 77.

ב

באש *bi-i-su* Schlechtigkeit, Feindschaft, Aufruhr, vgl. pers. *arika*, Beh. 14; *bi-i-si* dass. NR. 33. S. 16. Zu der W. vgl. hebr.-aram. באש.

בב *bâbu* Thür, pers. *duvarthi* = aram., arab. باب. Ideogr. D. 8.

בבל *Babilu* Babylon, pers. *Bâbiru* Ideogr. Beh. 39.

בבל *bibil* Mitte. *Ina bi-bil* inmitten pers. *antar* Beh. 8. 9. 95. Die W. ist wohl eigentl. בלבל von בלל vermischen. Das Subst. also eigentl. Mischung, Vermengung.

בחר *ib-hu-ru* 3 Ps. Plur. Impf. Kal sie versammelten sich, pers. *hangmatâ* H. 14. *ib-hu-ru-nuv-va* dass. mit angehängtem *va*, pers. *hangmatâ*. Beh. 50. 54. 55.

nab-har Subst. Gesammtheit NR. 6. *nab-ha-ar* dass. K. I, 6. D. 7. E, 5. C, a. 6. C, b. 7; *nab-ha-ri* B. 9; *na-ab-ha-ar* K. II, 2; zu d. W. vgl. arab. بحر.

בלט *bal-tu-tav*, Plur. Adj., lebendig. Beh. 51. 56. 67. 70; *bal-tu* (*bal-tu-'*) dass. Beh. 63. 83. H. 3. Für die Schreibung mit ט vgl. noch die hebr. Transscription des Namens *Sin-balliṭ* = סַנְבַלַּט Neh. 2, 10 u. ö. S. o. — Der Plur. *bal-tu-tav* findet sich auch Tigl. Pil. I. col. VI, 75.

בנה *ib-nu-u* 3 Pers. Masc. Sing. Impf., pers. *adâ* NR. 1. 2. 3. K. I, 2. 3. 4. D. 5. C, a. 1. 2. C, b. 2. 3. O, 9. Die W. בנה in den verwandten Sprachen bauen.

bit Haus, hebr. בית. Ideogr. pers. *tacara* B, 6; mit folgendem *ili* = Gotteshaus, Tempel, pers. *âyadana* Beh. 26; — Familie pers. *vith* Beh. 27. 28; mit Suff. *bit-ya* mein Haus NR. 33. Phonet. *bi-it* L, 1. C, a. 9. C, b. 15. *tab-ba-nu* Prachtgebäude, pers. *naibam* K. III, 4. Plur. (collect.) D, 15.

בנש *ib-ta-nis* er fürchtete sich. Beh. 20. Die Lesung ist unsicher; wahrscheinlich hat man *if-ta-kid* zu lesen, von *pukud*.

בעל *bi-la*, Subst. Herrscher (st. *bi-lu*). Hebr. בעל = *khsâya-thiya*. Beh. 106.

ג

גבב *gabbi* ganz, jeder, alle, pers. *har'uva* (πᾶς). Vgl. äth. ገብአ:, arab. جمع, hebr. גם. Phonet. *gab-bi* Beh. 16. 60.

63. 77. 100. NR. 5. 30. K. 1, 6. II, 5. B. 8. D. 15. *ga-ab-bi* K. IV, 2. C, a. 6. 13. C, b. 7. 24.

נבה 3. Pers. Plur. Impft. Kal *ik-bu-u* man nannte (oder intrans. 3. Ps. Sing. = er nannte sich?) pers. *agaubatâ* Beh. 57.

i-gab-bi 3. Pers. Sing. Impf. Paal er sprach pers. *thâtiy* Beh. 1. 2. 3. 4 u. 5. NR. 7. K. III, 1; *i-gu-ub-bi*, dass. C, a. 8. C, 6. 14. Einmal auch *i-ḳa-ab-bi* B. 1; [*i-gub*]-*bu* dass. pers. *agaubatâ* Beh. 37. — 2 Pers. Sing. Impft. Paal *ta-gab-bu* du denkst pers. *maniyâhy* Beh. 97. NR. 26. — 1 Pers. Impft. Sing. Paal mit Suff. *a-gub-bu-us-si-nu-tar* ich sagte ihnen pers. *athaham* NR. 24. — 3 Pers. Sing. Impft. Nif. mit Suff. *ig-ga-bu-as-su-nu* es ward ihnen gesagt, pers. *athahya* NR. 10. — Zu der W. vgl. hebr. קבב, נקב verfluchen, auch genau bezeichnen, bestimmen, angeben.

גלה *gal-la-a* (mein?) Diener, Sklav pers. *manâ bandaka*. Beh. 44. 63. Vgl. hebr. גלה „in die Gefangenschaft fortwandern".

גלל *ga-la-la* Marmor, Stein, Quader (?) pers. *âthañgaina*. L. 1. Vgl. talm. גְּלָל Quaderstein, sowie אֶבֶן גְּלָל Esr. 5, 8. 6, 4.

ד

דגל 3 Pers. Plur. masc. Impft. Paal *id-dag-ga-lu* sie harrten, erwarteten pers. *amânaya* Beh. 47. Vgl. דֶּגֶל Fahne (oder ist רגל vertrauen auf etwas cf. وكل zu vgl.? S. Norr. Dict. p. 219).

di-ik-[li] Schiffe pers. *nâviyâ* Beh. 84. So ergänzt Oppert, indem er das aram. דקלא Palmbaum vergleicht. Norr. a. a. O. p. 531 liest das verderbte Wort *ki-ik-ki* in ders. Bed. „Schiffe", ohne sich aber über s. etwaige Etymologie weiter auszulassen.

דגלת *diglat* Tigris. Ideogr. Beh. 34; phonet. *di-ig-lat* Beh. 35.

דיך 3 Pers. Sing. masc. Impft. *id-duk* er schlug Beh. 65; mit Suff. *id-duk-su* er tödtete ihn Beh. 88; *id-duk-sun* er tödtete sie ibid. *id-du-ku* er tödtete, schlug pers. *avâja*, *aja* Beh. 13. 51. 52. 67. — 3 Pers. Plur. masc. mit Suff. *id-du-ku-su* sie tödteten ihn pers. *uthâsim avâjana* Beh. 42; ebend. 46. 56. 76 (wo im Pers. der Sing. *aja*). — 1 Pers. Sing. *a-du-ku* pers. *avâjanam* Beh. 29; *ad-du-ku* dass. Beh. 85; mit Suff. *ad-du-uk-su* ich tödtete ihn Beh. 83. 35. — Imper. 2 P. Sing. *du-u-ku-su-nu-tu* schlage sie pers. *jadiy* Beh. 48; wahrscheinlich auch *du-ku* Beh. 66, obgleich im Pers. der Plur. *jatâ* steht. Imper. 2 Pers. Plur. fem. *du-ka'* schlaget pers. *yatâ* Beh. 79. — Part. pass. *di-i-ku* getödtet Beh. 88; *di-i-ki* dass. pers. *avajata* Beh. 13. 68. — Vgl. hebr. דקק zermalmen; auch דכה, דוך.

דור *dur-ri* Zeitalter, Zeit. S. 9. Vgl. hebr. דּוֹר.

דין *di-na-a-tar* Gesetze, Verfügungen pers. *dâtâ-athahya*. Beh. 9. 104. NR. 11. — Hebr. arab. דין.

דמה 3 Pers. Plur. Impft. Paal *i-dam-mu'-in-ni* sie gehorchten pers. *manâ* (*naiy*) *gaubataiy*. Beh. 48. — Vgl. hebr. דמה, דום sich schweigend verhalten.

דנק *du-un-ku* Ansehen, Macht pers. *siyâti* C, a. 2. C, 6. 4. Ideogr. NR. 2. K. I, 3. D, 2. E, 3. F. 7. Die etymol. ursprüngliche Aussprache *du-um-ku* E. J. R. col. I. 66.

דף *dip-pi* Tafel pers. *kaĉuyâ* (*dipi*) Beh. 101. 102. Vgl. talm. דַּף.

ה

הבל *a-bil* (אֲהַבֵּל) Ich habe geschaffen. H. 24. Ist vielleicht hebr. בִּיל, יְבַל zu vergleichen?

hablu, st. cstr. *habal* Sohn pers. *puthra* Beh. 21. 31 u. ö. NR. 6. K. II, 4. D. 8. C, a. 7. C, b. 11. O. 17.

ha-ri-lu pers. *martiya*, Menschen, eine Participialform NR. 28; *ha-ri-lu-tav* Plur. vom vorhergehenden W. in derselben Bed., pers. *martiya* D. 3.

הגה *ha-ga-a* (auch *haga'* D, 2), Pron. dem. masc. dieser, pers. *ima* (*iyam*) Beh. 2. 4. 11. 27. Beh. Kl. I ff. NR. 30. 32. NR. Kl. II. III. K. III, 5 E, 1. F. 4 ff. C, b. 3, an letzterer Stelle missbräuchlich bei einem masc. Nomen (in der entsprechenden St. der im Uebrigen identischen Inschrift C, a. 2 steht richtig *ha-ga-(a-)ta*).

ha-ga-'a-)ta Pron. dem. fem. diese. Beh. 10. D. 7. E, 6 F. 17. C, a. 2. 6. O, 17.

ha-gan-nu-tu Pron. dem. Plur masc. diese hier Beh. 106. 112.

ha-gan-ni-'i-tav Pron. dem. Plur. fem. diese hier Beh. 8. 9. 11. 13. Im Persischen entspricht *imâ*.

ha-ga-su Pron. dem. Sing. masc. jener pers. *ava* oder *hauv*. Beh. 12. 23. 25. 38. 75 u. ö. — An den Stellen C, a. 13. C, b. 20 ist es neutrisch gebraucht = jenes, dieses. K. III, 2 entspricht es dem pers. *hya*, scheint also relat. gebraucht zu sein.

ha-ga-su-nu Pron. dem. Plur. masc. jene Beh. 46. 65.

ha-gan-nu pronominales Ortsadv. hier, pers. *idâ* Beh. 19.

ha-gan-na dass. E. 8. H. 14.

הלך *il-lik* 3 Pers. Sing. Impf. Kal er zog pers. *asiyava* und *parâgmatâ* Beh. 59. 75. NR. 28.

il-li-ku 3 Ps. Pl. masc. Impf. pers. *paraitâ* Beh. 55.

al-lik 1 Ps. Sing. pers. *asiyavam* Beh. 38.

al-la-ku-' dass. Beh. 47.

it-ti-lik 3. Ps. Sing. Impf. Ifteal, pers. *asiyava* Beh. 32.

it-ta-lak 3 Pers. Sing. Impf. Iftaal (?), pers. *asiyava* Beh. (14). 45 69.

it-tal-ku-' 3 Ps. Plur. Impf. Iftaal, pers. *paraitâ*. Beh. 16. 60. 64. 78 (*asiyava*).

at-ta-lak 1 Ps. Sing. Iftaal ich zog pers. *asiyavam* Beh. 36. 39.

a-lik so lies Imper. Sing. masc. Kal ziehe pers. *paraitâ* (hier der Plur.!) Beh. 66.
al-ka' Imp. plur fem. ziehet! pers. *paraitâ* Beh. 79.
lak-tav Infin. Gebräuche. Bis. 104. Hebr. לֶכֶת.

ו

ו *u* gewöhnliches Verbindungswörtchen Beh. 28. 39. 51. 66 u. ö.
va enklit. Verbindungspartikel und Beh. 33. 50 u. ö.

ז

זיז *zi-iz* Adv. von Neuem, wie früher, pers. *yathâ paruvamciy*. Beh. 25. 26.
זקף *za-ki-pi* Subst. Kreuz, pers. *uzmâ* Beh. 60. 68. 77. — Aram. ܙܩܝܦܐ. ܙܩܦܐ.
זרע *zir* Subst. Saame, Stamm, Familie pers. *taumâ* Beh. (3). 48. 61. Beh. Kl. IV. VI. S. 8. Mit Suff. *zir-ya* meine Familie pers. *manâ taumâ* Beh. 3. 104; *zir-u-ni* unser Stamm pers. *amâkham taumâ* Beh. 3. 18. — Hebr. זֶרַע.

ח

חבל *u-ha-ab-ba-lu-us* 3 Ps. Impf. Pa. mit Suff. (Voluntativ) sie (man) mögen (möge) vernichten. S. 17. 18. — Hebr. חבל.
ha-ab-lu Subst. Verderben, Verbrechen. NR. 86.

ט

טבת *Tibitu* Monatsn. Tebet Ideogr. Beh. 46.
טעם *u-ta-'-a-ma* 3 Ps. Impf. Pa. er befahl, pers. *framânâ* NR. 36. K. 1, 6. C, a. 5. C, b. 8.
mu-ta-'-i-mi-'i dass. F. 11.
mu-ti-'-'i-mi Part. Pa., pers. *framâtar* D. 5. E. 4.
mu-ti-'-i-mi dass. O. 11.

Als W. nimmt man am besten mit Rawlinson טעם an und vergleicht die entsprechende aram. Wurzel. Auf den Umstand, dass das Wort mit *ta*, *ti* statt mit *ṭa*, *ṭi* geschrieben ist, woran Opp. a. a. O. 134 Anstoss nimmt, ist bei einer so späten Inschrift schwerlich viel Gewicht zu legen. Die Ableitung von einer W. עים = עום in der Bed. „befehlen" (Opp.) will mich nicht recht wahrscheinlich bedünken.

י

יום *yum* Tag, pers. *rauca* (*bis*). Ideogr. Beh. 15. 46. 59. 56. 65. — Hebr. יוֹם.
yumu-su-va jenes Tages, damals, pers. *adataiy* NR. 27. Vgl. hebr. ביום ההוא.
ינו *ya-a-nu* es ist, war nicht (eigentl. das Nichtsein) pers. *naiy âha*. Beh. 19. — Vgl. hebr. אַיִן.
ya-a-nu kein pers. *mâ* NR. 36.

כ

כבר *ku-bu-ur* Halle pers. *ardaçtâna*. L. 1. Vgl. arab.-hebr. כבר, كبر gross sein.

כי *ki-i* Conj. wann pers. *yadiy* Beh. 97. 102. NR. 20. 25. — Hebr. כִּי.

כהו *ki-hâv* also Beh. 1. 2. 8 u. 5. Vgl. hebr. כֹּה aus כָּהוּ.

כלל *ku-ul-lu-'* 3 Ps. plur. Pf. sie halten, halten in Besitz; auch intrans. sich vollziehen, ausgeführt werden (von Gesetzen) pers. *adâri*, *adâraya* Beh. 34. NR. U. 26. Vgl. hebr. כלל, כלה. — Die Form *ustakkal* S. 11 s. unt. s. r. נכל.

כמה *ki-ma* also, pers. *avathâ* Beh. Kl. I ff.

כלם *kilam* Wort. So liest Oppert das Ideogr. K. III. 6. Arab. كلام. Die Lesung ist indessen nicht zweifellos.

כנש [*ak*]-*nu-su* ich unterwarf 1 Ps. Impf. Kal, pers. *dârayâ-ma'iy* Beh. 11.

kisâti Schaaren, Subst. plur. fem. Ideogr. Beh. 84. Vgl. aram. כנש, hebr. כנס „versammeln". Vermuthlich ist *kisat* aus *kinšat* oder *kinsat* zusammengesunken.

כסא *kussu* Thron pers. *gâthu*. Ideogr. NR. 26. — Hebr. כִּסֵּא.

כסלו *kisilivu* Monatsname Kislev. Ideogr. Beh. 36.

כשד *ik-su-du* 3 Ps. Plur. Impf. Kal sie gelangten pers. *parâraça* Beh. 66.

ka-su-du Infin. pers. *asiyavam* Beh. 36; mit *ana* — pers. *yathâ parâraça* Beh. 45; *ana ka-sa-di* Beh. 57.

kisad längs, pers. *anuv*. Ideogr. Beh. 36.

כתב *ka-tib-tu* (?) Schrift Beh. 101 (Conjektur).

ל

ל *la*, Präp. — hebr. לְ. S. מנה.

לא *la* Adv. nicht pers. *naiy* Beh. 21. 108.

לב *lib-bi* Herz, hebr. לֵב. Mit *ana* = *ana libbi*, im Sinne von wegen pers. *avahyarâdiy* Beh. 2; gemäss NR. 31; mit *ina* = *ina libbi* a) Präp. unter, aus (im Pers. oft der Gen. oder Loc.) Beh. 8. 47. 51. 56. 67. 70. 87. H. 8.; — b) Conj. auf dass pers. *yathâ* NR. 27; — mit *ultu* = *ultu libbi* Adv. von dort aus pers. *hacâ avadasa* Beh. 16.

libbu sa Conj. perinde ac, pers. *yathâ* Beh. 28. NR. 24. H. 20.

לו *lu* Betheuerungspart. wahrlich! Beh. 14. 112.

למש *lim-su* Tafel, pers. *dipi*. K. III. 6. 8. Arab. لمس?

לשן *li-sa-nu* Zunge, Sprache, Nation. Im Pers. entspricht *viçpazana* und *paruzana*. Sing. Ideogr. NR. 5; phonet. C, a. 6. C, b. 7. 10. Plur. *li-sa-na-a-ta* phonet. O. 16; phon. (*li-sa-nu*), aber lediglich mit Pluralzeichen D. 7. E. 5. — Hebr. לָשׁוֹן.

מ

מאד *i-mi-du* 3. Ps. Pl. Impf. Kal „sie wurden zahlreich" pers. *vaçiy abava* Beh. 14.

ma-du Infin. Beh. 14; adv. = viel Beh. 30. 97; *lu ma-du* wahrlich, sehr, gar viel Beh. 14. 97. 112. Vgl. hebr. מְאֹד.

ma-du-tuv Adj. masc. viele pers. *paru* NR. 3. K. 1, 5. III, 4. D. 5.

ma-du-tu dass. E, 4. F, 11. C, a. 4. C, b. 6.

ma-di-'i-tuv Adj. fem. Plur. viele H. 6.

מגד *im-ma-ag-du-ak-ka* 3 Ps. Sing. Impf. Nif. es wird dir bekannt werden, pers. (negat.) *azdâ bavâtiy*. NR. 27. 29.

mi-gi-di Kenntniss (mit *ul* = pers. *azdâ*) Beh. 18 (Conj. Oppert's).

ma-gi-du-ta Kronen pers. *tukabâra* NR. 18 (Conj. Oppert's st. *maginatu* des Textes).

מגן *ma-gi-na-ta?* NR. 18.

מות *mi-i-ti* 3 Ps. Pf. Sg. er starb pers. *amariyatâ* Beh. 17. — Hebr. מוּת, Pf. מֵת.

mi-tu-tu Inf. das Sterben (vgl. pers. *uvâmarsiyus*). Beh. 17.

מהר *maḫ-ru-tu* Adj. masc. Plur. die früheren pers. *paruva*. F. 12. O. 10. 12. — Hebr. מהר „eilen".

מלא *ma-li* völlig, Adv. Beh. 86.

miluv Menge Ideogr. Beh. 84. S. II R. 32, 7 Obv.

ma-la was nur immer E, 9.

מן *man-nu* wer (quisquis). Bis. 105.

מנמן *man-ma* irgendwer, jemand, pers. *martiya* oder *kaściy* Beh. 19. 21.

mi-im-ma irgendwas, jedwedes NR. 88. B. 17.

מסן *u-ma-ad-da-nu* 3 Ps. Impf. Pa. sie sollen wissen pers. *khsnâçâtiy* Beh. 21.

tu-ma-di-is-su-nu-tav 2 Ps. Impf. Pa. du lernst sie kennen pers. *khsnâçâhadis* (st. *tumadinsunutav*) NR. 27.

משר *tu-maš-ši-ra* 2 Ps. Sing. Impf. Pa. du mögest nicht verlassen, NR. 86. (oft in den unilinguen Inschrr.).

מרץ *i-mar-ru-uṣ* 3 Ps. Sing. Impf. Nif. (st. *im-marruṣ*) es möge (nicht) widerstreben. NR. 85. (pers. *avarada*). Vgl. hebr. נמרץ Nif.; auch arab. مرض. *Marṣu* steht in den ninivitischen Inschriften sehr häufig von unwegsamen Gegenden.

מרר *mar-ra-tuv* Meer pers. *daraya*. H. 9. 10. 17. 18. Vgl. arab. مُرّ.

mar-ra-ti dass. Beh. 5.

מתא *mat* Land, Provinz pers. *dahyâus*. Ideogr. Beh 7. 8. 9 u. 5. C, a. 4. C, b. 7. Phonet. mit Suff. *ma-a-ti-ya*, mein Land (im Pers. steht *imâm dahyâum*) NR. 33. —

Plur. sowohl *mati* (masc.) als *matat* (fem.) (s. o. S. 223) ideogr. NR. 4. K. 1, 5. C, a. 4. C, b. 7. — H. 8. 16 kommt auch *ma-a-tav* im Sinne von Ebenen, Länder vor. — Vgl. aram. אתמ.

נ

נאם: *ni-'i-mu* Befehl, Edikt (mit *ištakan* = pers. *niyaštâya*). K. III, 6. — Hebr. נְאֻם.
ni-'i-mi dass. Beh. 88. H. 21.

נבל: *ib-bu-lu* er zerstörte 3 Ps. Sing. Impf. Kal pers. *viyaka*. Beh. 25.

נבת: *ub-bu-tu* Ich schnitt ab Beh. 88. Vgl. בתת. (Assurb. Sm. 316, 106. in der Bed. „vernichten").

נדן: *id-di-na* er machte 3 Ps. Sing. Impf. Kal pers. *adâ* K. I, 8; *id-din-na* dass. F. 4. 5; *id-din-nu* D. 2. E, 1. 2. 8. C, a. 8. *li-id-din-nu* Voluntat. Kal er möge ins Werk setzen pers. *dadâtuv* (ganz wie Jes. 9, 6: תַּעֲשֶׂה) NR. 34.
id-dan-nu er gab, übergab 3. Ps. Sing. Pa. pers. *frâbara* Beh. 4. 24; mit Suffix *iz-da-na-as-su-nu-tav* er übergab sie pers. *ak'unaus* Beh. 96; *dan-na-as-si-ni-ti* dass. NR. 21.
man-da-at-tav Subst. Gabe, Tribut pers. *bâji* NR. 9. — Die W. hebr. נתן.

ניש: *nisu* Mensch Subst. Ideogr. Beh. 8 u. ö.; *nisi* Plur. Ideogr. NR. 2. K. I, 2. 3. E, 8, C, a. 3. C, b. 4; and. Ideogr. H. 2. O. 5. 7. Im Persischen entspricht *martiya*. Vgl. hebr. איש, arab. ناس.

נזה: *u-su-uz-zu* 3 Ps. Pl. Impf. Schaf. sie sprangen pers. (*abis nâviyâ*) *âha*; Beh. 34.

נהר: *nakaruv* Subst. Fluss. Ideogr. Beh. 34. 36 u. ö. Hebr. נהר.

נזל: *it-tas-zil* (?) 3 Ps. Sing. Impf. Ifta. (das Heer) gerieth hinein (in die Verderbtheit) pers. (*kâra arika*) *abava* Beh. 14.

נחש: *nu-uh-su* gute Verheissung pers. *siyâthi* O. 6. — W. נחש.

נכל: *us-ta-ak-ka-al-su* er vollendete es S. 11. Die Form ist das Istafal einer W. נכל = כלל (s. d.) vollenden.

נכר: *ik-ki-ra-'-in-ni* 3 Pers. Plur. fem. Impft. Kal sie wurden von mir abtrünnig pers. *hacama hamitriya abava* Beh. 40.
tak-ki-ra-an-ni 3 Pers. Sing. fem. Impft. Kal sie (die Provinz) fiel von mir ab pers. *haumaiy hamitiyâ abava* Beh. 66.
it-ti-ki-ir 3 Ps. Sing. Impft. Iftaal (Babylon) fiel ab pers. *hamitriya abava* Beh. 32.
it-ti-ik-ru-' 3 Ps. Plur. Impf. Iftaal sie fielen ab Beh. 16. 80 pers. *hamitriyâ abara* (Plur.).
ut-tak-kir 3 Ps. Sing. Impft. Iftaal, mit act. Bed. er machte abtrünnig pers. *hamitriyam akunaus* Beh. 91. 92. 93.
ni-ik-ru-tu und *ni-ik-ru-tav* 1) Feindschaft, Empörung, 2) Empörer pers. *kâra tya hamitriya* oder *hamitriyâ*. Beh.

48. 49. 50. 51. 52. 55. 56. 65. 86. 87; mit dem plur. *hagasumu* verbunden Beh. 66.

ni-ik-ru-ma Adj. aufrührerisch NR. 20. Die W. ist dieselbe wie das hebr. נכר.

נמר *im-ma-ru-su* 3 Ps. Impf. Sing. (Plur.?) Kal mit Suff. er sah ihn pers. *avaina* Beh. 60.

i-mu-ru dass. pers. *avaina* NR. 20.

tam-ma-ri 2 Pers. Sing. msc. Impft. Kal du siehest pers. *vainâhy* Beh. 106.

a-mu-ru Imper. Kal sieh pers. *didiy* NR. 26.

in-nam-ru 3 Ps. Plur. Impft. Nif. sie scheinen, erscheinen, pers. *vainataiy* D. 15.

li-is-sur Volunt. Kal er möge beschützen D. 19. C, a. 13. C, b. 21.

li-is-sur-an-ni Volunt. mit Suff. er möge mich beschützen pers. *mâm pâtuv* NR. 32. K. IV, 1. D. 18. E. 10. C, a. 11. C, b. 19.

[*li-is-su-r*]*u'-in-ni* dass. S. 15 flg. — Vgl. נצר, نصر.

נקם *ik-ki-mu* 3 Ps. Sing. Impf. Kal, er riss (die Herrschaft) an sich pers. *adî* Beh. 20. Die W. bed. eigtl. sibi vindicare, vgl. hebr. נקם.

נשא *na-su-u* 3 Ps. Plur. Pf. Kal sie tragen pers. (*taka-*)*barâ*, *barantiy* NR. 18. 27.

is-su-u 3 Ps. Impft. Sing. Kal er nimmt fort pers. *parâbara* Beh. 28.

na-su tragend pers. [*saraçti*] *bara* NR. Kl. I. Part. st. *nasî*.

i-na-as-su-nu sie brachten 3 Ps. Plur. Impft. Pa. pers. *abaru* NR. 10.

ס

סגה *a-si-ig-gu* ich brachte zur Anerkennung Beh. 104. Die Form wird das Impft. Pa. von *sagâ* aram. שׂגה „wachsen" sein, also eigtl. bedeuten: „wachsen, gedeihen machen," dann im übertragenen Sinne: „zur Anerkennung bringen"; von Gesetzen gesagt auch wohl: „beobachten".

u-sa-as-gu wesentl. dass. 1 Pers. Sing. Impft. Schaf. Beh. 9.

סדד *su-ud-di-id* Imp. Pa. mache mächtig Beh. 112. W. شدّ.

סיס *sûsi* Ideogr. Pferde. Beh. 59. 75. — Hebr. סוּס.

סלם *i-sal-lim-ma* (so lies!) 3 Pers. Sing. Impf. Pa. er brachte es fertig, wagte es pers. *adaranaus* Beh. 21. — Hebr. שלם.

סמח *su-um-mu-hu* Empörung. NR. 21. — Vgl. arab. شمخ.

סמר *as-mar*, *as-ma-ru* „Speer" „Lanze" NR. 28. NR. sup. I. Vgl. سمر „(einen Pfeil) abschiessen"; מסמר, مسمار „Nagel".

ע

עבר *ni-ti-bi-ir* 1 Ps. Plur. Impf. Ifte. wir überschritten, pers. *viyatarayam* Beh. 85. — W. עבר, عبر.

עבש *i-bu-us* 3 Ps. masc. Sing. Impf. Kal er machte pers. *akunaus* B. 16.

i-bu-us-su 3 Ps. m. S. Impft. mit Suff. Beh. 69. D. 19; C, a 12. C, b 22. K. III, 4.

i-bu-us-su 3 Ps. Plur. masc. Impft. sie lieferten (e. Schlacht) pers. *akunaus* (Sing.) Beh. 62.

ib-bu-su-', *ib-bu-us-su-'* dass. sie thun Beh. 8. NR. 11. Nicht gut fasst Opp. die Form als Nifal = das geschieht; der Ausgang der Form auf *su'* ist hier entscheidend, vgl. *ibbusua'* NR. 24.

ib-su-' dass., in verkürzter Aussprache = man machte, es ward gemacht, pers. *karta*. L, 2.

i-bu-sa-' 3 Ps. Fem. Impft. Kal sie (die Provinzen) thaten. H, 11.

ib-bu-us-sa' dass. NR. 24.

'i-bu-us 1 Pers. S. Impf. Kal ich machte pers. *akunavam* NR. 32. H, 22. Ideogr. (*AR*) S. 17.

'i-bu-su dass. pers. *mand kartam*. Beh. 11. 84. 89. 98. 101. 104.

'i-bu-us-su dass. mit Suff. Sing. pers. *tyamaiy kartam* oder *akunavam* K. IV, 3. D, 14. E, 8. 9. 10. C, a 11. C, b. 21. (das Suffix ist rückbezüglich auf ein vorhergehendes relat. *sa*).

ni-ti'-bu-su wir machten, lieferten pers. *akumâ*. Beh. 36. 37. 38. D. 16.

'i-bis Infin. Kal machen, liefern pers. *kartanaiy* Beh. 55. K. III, 6.

'i-bi-su dass. Beh. 49. 50.

'ibis dass., Ideogr. mit phonet. Compl. (*is*) Beh. 54.

'a-bu-us-su dass. NR. 10.

i-ti'-bu-us 3 Ps. masc. Sing. Impf. Ifteal = er lieferte, machte pers. *akunava* oder *patiyajata* Beh. 49. NR. 30. S. 9.

i-ti'-bu-us-su dass. C, a 10. C, b. 18.

i-ti'-ib-su 3 Ps. Pl. masc. Impft. Ifteal Beh. 3 (*kshâyathiyâ âha*). 46. 50. 52. 66. 67. 69. 74. 80. 81.

'i-ti'-bu-us 1 Ps. Sing. Impft. Ifteal ich machte pers. *akunavam* Beh. 103. D. 12. 18. E, 10. H. 23.

'i-ti'-bu-su dass. Beh. 26. 27.

al-ta-bu-su 1 Ps. Sing. Impft. Istafal ich that Beh. 78. — Vgl. arab. عبس.

עדי *a-di* Präp. bis; mit *'ili sa* verbunden, Conj. im Sinne von bis dass, während pers. *yathâ* Beh. 10. 27. 47. 84. 109. NR. 32.

עדש *'i-dis-si-su* Subst. Plur. (*'idissi*) mit Suff. seine Diener. K. I, 5. C, a 4. C, b. 6.

עיר *'ir* Ideogr. Stadt pers. *vardanam* (oder *dauhanam*) Beh. 41. 45. 49. — Hebr. עיר.

עלי *'ili* Ideogr. Präp. über, auf, an. Mit andern Präposs. zu-

zusammengesetzt: *ana 'ili* über, zu pers. *abiy*, mit folgd. Subst. Beh. 38. 66; mit angehängten Suff. Beh. 16.

ina 'ili auf pers. *abiś* und *patiy* a) Präp. mit Subst. Beh. 32. 84. mit Suff. Beh. 42. NR. 9. 22. S. 2; — b) Adv. darauf K. III, 6. — Zu vgl. hebr. arab. עַל, عَلَى.

'al-la sq. *sa* nachdem pers. *yathâ* Beh. 29. — Eigtl. dass noch dass, W. עלה.

'i-li-ya Adj. besteigend, reitend Beh. 88. 59. 76. 82. — W. עלה.

'ul-lu (עִלִּי) Adj. hinaufreichend, früher S. 9. Fem. Pl. *'ulluti*. Hors. col. II. 15c.

'i-lat (עלת) Präpos. ausser pers. *apataram* NR. 8.

עשתין *is-tin* Zahlw. eins pers. *aiva* D. 4. 5. E. 4. Ideogr. Beh. 12. F. 10. O. 9. 10. — Hebr. עַשְׁתֵּי.

עת *'it-ti-ka* Subst. Plur. mit Suff. deine Jahre Beh. 102. Beh. 107. — Im Pers. entsprechen beide Male Formen von *jîv* leben. — Vgl. hebr. עֵת.

P

פנה *pa-na* Präp. vor, hebr. פְּנֵי, mit Suff. = *pa-ni-ya* Beh. 47.

la-pa-ni pers. *haca* Bis. 9. 20. 40. 43. 65. NR. 10. Hebr. לִפְנֵי.

ina pa-na Präp. pers. *paruvam* Beh. 8 (*ina panattua* = *ina pan attua* vor mir).

ina pa-ni Adv. früher S. 10.

פסן *ta-pi-is-si-nu* 2 Ps. Sing. Impft. Pa. du verheimlichst pers. *apagaudayâhy* Beh. 102. — Vgl. hebr. פסן (Norr. 640).

פקד *ip-ti-kid* 3 Pers. Sing. Impf. Ifteal er anvertraute pers. *akunaus* NR. 22. Vielleicht auch (nach unserer Restitution) Beh. 20 im Sinne von: er hütete sich, fürchtete sich. pers. *atarça*.

up-ti-kid 1 Ps. Sing. Impft. Ifteal (nach Oppert's Restitution) ich bewirkte pers. *hamatakhsiy* Beh. 27.

pi-it-ku-ud Adj. besorgt, eifrig, gut pers. *âgatâ* Beh. 6. — Zur Wurzel vgl. hebr. פקד.

פרך *par-ku-u-ni* Adj. frevelhaft Beh. 105. Vgl. hebr. פרך.

פרס *Par-sa-ai* Adj. persisch, Perser Beh. 1 u. 5.; *par-ṣa-a-tav* Subst. Plur. Lügen pers. *drauga* Beh. 14.

פרץ *ip-ru-ṣu* 3 Ps. masc. Sing. Impf. Kal er log pers. *adurujiya* Beh. 10. 1 sqq.

i-par-ra-aṣ 3 Ps. Sing. masc. Impf. Pa. er lügt oder log pers. *adurujiya* Beh. 81.

u-par-ra-ṣu dass. Beh. 105.

u-par-ra-ṣi dass. Beh. 97.

up-tar-ri-iṣ 3 Ps. Masc. Sing. Impft. Ifteal er log pers. *adurujiya* Beh. 90. 91. 92.

uṣ-tar-ra-ṣi er lügt oder wird lügen pers. *draujana ahatiy* Beh. 97. Vgl. hebr. פרץ.

פרת *purat, purattu*, der Euphrat. Ideogr. Beh. 86. Das Ideogr. bed. „Fluss von Sippara", welcher letztere Name indess auch wieder ideographisch geschrieben ist; die Zeichen besagen „(Stadt) der Sonne der (4) Weltgegenden", also = Heliopolis. S. die Nachweise bei Opp. Exp. en Mésop. II. p. 219. Norr. I p. 129. — Ueber die Aussprache des Ideogr. s. ob. S. 94 Anm. 3.

צ.

צאב *ṣab* mit Pluralz., Subst. Schaaren, Leute (mit einem Beisatz) = pers. *açaṅbâra*. Beh. 38. — Vgl. hebr. צָבָא. Das betr. Zeichen wird übrigens auch als reines Deutideogramm für den Begriff „Menschen", „Leute" gebraucht.

צבה *ṣi-ba-a* Wunsch, Wille, pers. *kâma* NR. 24. — Vgl. aram. צְבָא.

צבת *iṣ-ba-tu-'* 3 Ps. Ms. Impft. Kal es ergriffen (meine Truppen) Beh. 95.

aṣ-ba-at 1 Ps. Sing. Impf. Kal ich nahm (oder hatte) in (im) Besitz pers. *agarbâyam*. NR. 8.

iṣ-ṣa-bat 3 Ps. Sing. Msc. Impft. Ifteal er ergriff, riss an sich pers. *agarbâyatâ* Beh. 17. 82.

uṣ-ṣab-bit er nahm gefangen Beh. 67. 70. 83. 87.

uṣ-ṣab-bit-tu-nu 3 Ps. Pl. Ms. Ifteal sie nahmen gefangen Beh. 51.

uṣ-ṣab-bi-tav (= *tu*) dass. Beh. 56.

aṣ-ṣa-bat 1 Ps. Impft. Ifteal ich nahm pers. *agarbâyam* Beh. 39.

uṣ-ṣab-bit 1 Ps. Sing. Impft. Iftaal ich nahm gefangen pers. *agarbâyam* Beh. 60. — Vgl. צבת, צבט, ضبط.

צלה *u-ṣal-la* 1 Ps. S. Impft. Pa. ich flehte an pers. *patiyâvahaiy* Beh. 22. — Vgl. aram. צַלִּי.

צלל *ṣi-il-li* Subst., in den unilinguen Inschrr. *ṣillu* Schatten, Schirm pers. *vašna*. Phonet. K. III, 3. C, a 6. C, b. 14; — Ideogr. Beh. 4. 7. 9 u. ö. — Vgl. hebr. צֵל.

צלם *ṣal-ma-a-nu* Subst. Plur. Bilder pers. *patikarâ* (Plur.). Phonet. Beh. 106; ideogr. NR. 20. — Hebr. צֶלֶם.

צלת *ṣi-il-tav* Subst. Schlacht pers. *hamarana* Beh. 36. 46.

ṣa-al-tav dass. Beh. 37. 59. 64. 80.

ṣa-al-tu dass. Beh. 49. 74

ṣal-tav Beh. 51. NR. 29.

ṣal-tu Beh. 50. 66. 67. 81.

ṣal-ti Beh. 88.

Die Wurzel des Wortes ist wahrscheinlich צאל vgl. arab. صول, also dass das Wort ursprüngl. „das Handgemenge" bedeuten würde, s. darüber ob. S. 183 Nr. 40.

צמדן *iṣ-ṣa-an-dan-nu* 3 Ps. Masc. Sing. Impf. er leistete Beistand pers. *upaçtâm abara.* Beh. 10. 22. 35. 37. 58. 66. 74. 76. 81. 108. NR. 31. — Vgl. hebr. צֶמֶד „Joch", „Zwiegespann."

צמאת *ṣu-mo-ma-i-tuv* Adj. fem. verwüstet (?). D. H. 12. 19. 20. — Vgl. hebr. שמם (oder vielleicht צמא ?).

ק.

קבה *i-ḳa-ab-bi* er sprach S. 1. Siehe נבה.

קום *u-ḳum* Subst. Volk, Heer pers. *kâra* Beh. 13. 14. 16. 31 u. 5. — Hebr. יְקוּם.

קלש *i-ḳi-il-ṣa-'* 3 Ps. Plur. fem. Impf. Kal pers. *ciykaram* (mit Hilfsvb.) NR. 25.

קקד *ḳuḳ-ḳa-du* Subst. (Ideogr. mit phonet. Ergänzung) Haupt, Scheitel. NR. 18. — Hebr. קָדְקֹד.

קקר *ḳaḳ-ḳa-ri* Subst. fem. Erdoberfläche pers. *bumi* C,a. 7. K. II, 8.

ḳaḳ-ḳa-ru dass. D. 1. 7. E, 1. F. 3. 16. O, 2. 7.

ḳaḳ-ḳar D. 5. 11. NR. 5. — Vgl. hebr. קַרְקַע ; arab. قرقر, قرق.

קת *ḳat* Subst. Hand pers. *daçta* ideogr. mit Suff. = *ḳat-ya*, pers. *manâ daçt.* Beh. 96. Bez. der Etymol. s. S. 194.

ר.

רבה (*la*) [*tu-ra-ab-*[*bi*] 2 Ps. Sing. Impf. Pa. pers. *naiydis parikarâhy* du mögest (nicht) mehren.

ra-bu-u Adj. masc. gross pers. *vazraka* K. I, 1. F, 1. C,a. 1. C,b. 1; ideogr. NR. 1. 4. K. I, 1. II, 1. D, 1. F, 1. B, 1. G, 1. F, 1. G, 2. C,a. 5. 8. C,b. 13. O, I. 14. Es entspricht dem pers. *mathista* Beh. 42 (ideogr.) und 82. E, 1 (phonet.)

ra-bi dass. H. 1.

ra-bi-tuv Adj. fem. NR. 5. F. 17. O. 18.

ra-bi-ti dass. D. 8. E, 6. C,a. 7. — Vgl. hebr. רב, רבה.

רמן *ra-ma-ni* Subst. das Innere, das Selbst, mit Suff. *su* und dem Verbum *miti* = er starb (das Sterben) sein selbst = er starb durch eigene Hand, pers. *uvâmarsiyus* Beh. 17; mit Suff. und *ina* = *ina ramanisunu* unter ihnen, über sie Beh. 42. — S. ob. S. 261.

רחק *li-ri-ku-'* 3 Pers. Pl. Masc. Volunt. Kal sie mögen lang, von Dauer sein pers. *drângam jivâ* Beh. 102.

ru-u-ḳu Adj. (Adv.) fern, weit, fernhin pers. *duray parâgmatâ* NR. 28. 29.

ru-uḳ-tuv Adj. fem. pers. *duraiapiy* NR. 5. —

ru-uḳ-ḳu-ti dass. E, 6 D, 8.

An letzterer Stelle nämlich ist das dritte Zeichen offenbar als *ḳu* herzustellen (gegen Opp., der ein Ideogr. statuirt.). — Hebr. רָחוֹק.

רום *ri-'i-mu* Adj. hoch vgl. pers. *ardaçtâna* „Hochbau" L. 1. — Hebr. רום.

רבש *lu-rab-bi-is* Volunt. Pa. er möge zahlreich machen Beh. 107. — Vgl. hebr. רבש.

ra-pa-as-tu Adj. fem. Sing. weit, gross. C,a. 7.

ש.

ש *sa* 1) Pron. rel. welcher, welche, welches, pers. *tya* Beh. 9. 11; zur Bez. des Genitivs C,a. 9. C,b. 15. u. ö.; — 2) Conj. dass pers. *tya* Beh. 21.

Auch in Verbindung mit anderen Partikeln, z. B. *adi ili* und *libbu*, welche m. s.

סא *su* Pron. pers. 3 Ps. Sing. Masc. er, jener pers. *hauv* Beh. 12. 31. 41. 71. Hebr. הוא.

si 3 Ps. fem. sie Beh. 18. Hebr. היא.

שאל *sa-al-su* „forsche ihn aus". Imper. masc. Sing. Beh. 97. Vgl. hebr. שאל.

שאשא *sa-a-su* Pron. Demonstr. 3 Ps. Sing. masc. jener pers. *ava* Beh. 8 (zweimal).

שאתו *su-a-tuv* Pron. dem. 3 Ps. Sing. masc. jener pers. *hauv* Beh. 106.

su-a-ti dass. Beh. 66. —

sa-tuv-su (auch *sa-tuv-sa*), welcher immer, *quisquis. quidquid* NR. 30. D. 15.

שדד s. סדד.

שדה *sad-u* Subst. Berg pers. *kaufa* Beh. 15. II. 8.

sa-du-u dass. K. III, 5. Arab. سد.

שור *ta-su-ru* 2 Ps. Impft. Kal du mögest weichen. NR. 36. Hebr. סור.

שטר *is-pu-ur* 3 Ps. Sing. masc. Impft. Kal er schrieb pers. *dipim* (*naiy*) *nipistâm akunaus* K. III, 6.

sa-pa-ri Infin. schreiben pers. *nipistanaiy* K. III, 8. Schrift pers. *nipistam* Beh. 98. Vgl. שטר, سطر.

שכן *as-ku-un* 1 Ps. Sing. Impft. Kal ich machte, stellte, mit Suff. pers. *akunavam* Beh. 63. II. 21.

is-ta-kan 3 Ps. Sing. Impf. Ifteal K. III, 5.

al-ta-kan 1 Pers. Sing. Impft. Ifteal pers. *akunavam* Beh. 60. 88. K. III, 7.

ul-ta-kan dass. pers. *arâçtâyam* Beh. 25. 26. — Vgl. hebr. כון.

שלם *sa-al-ṭu* Subst. Herrschaft pers. *patiyakhsaiy* (ich führe die Aufsicht) NR. 10. Ueber das folgende *AK* (Ideogr. für עבש machen, ausüben) s. o. S. 107 Nr. 19 (gegen Hincks, Sayce und Andd.).

שלם s. סלם.

שומו *šumu* Subst. Name pers. *nâma.* Ideogr. S. 8; mit Suff. *šu* Beh. 16. 28. 31. 36. 41. 45. 83. 110. 111; phonet. *šu-um-šu* Beh. 49. 53. 57. 59. 68. 71. 90. 91. 94. 111. — Vgl. hebr. שֵׁם.

שמי II. *šamí* Subst. Himmel pers. *açmân* Ideogr. NR. 1. K. I, 2. E, 2. C, a. 1. C, b. 1.

שמע *i-ši-im-ma-'-in-ni* 3 Ps. Pl. Fem. Impft. Pa. mit Suff. sie gehorchen pers. *patiyâisa.* Beh. 7. — Hebr. שָׁמַע.

שנה — *ša-ni-tu* Subst. Wiederholung, Mal vgl. pers. *duvitiya* und *tritiya.* Beh. 51. H. 6.

ša-ni-ti dass. Beh. 56 flg. H. 7.

ša-nu-ti Adj. Plur. anderer, anderes pers. *aniya* D. 12.

ša-nuv-va (*šanu* mit nasalem Auslaut) Adj. anderer wer, anderes was, sonstig. E, 6. Assurb. Sm. 105, 70. 179, 100. 207, 61).

שפר *iš-pu-ru* 3 Ps. Sing. Impf. Kal er sandte pers. *frâisaya* Beh. 82. Arab. سفر.

al-tu-par 1 Ps. Sg. Impft. Ifteal ich entsandte pers. *frâisayam.* Beh. 44. 86.

שרר *šarru* Subst. König, pers. *khšâyathiya* Sing. ideogr. Beh. 1. 11. 12 u. s. f. mit Suff. = *šarru-šu-nu* (unregelm. st. *šarru-šu-nu*) ihr König Beh. 5; phonet. *šar-ri* L. 2; *ša-ar-ri* S. Fragm. — Plural *šarri* ideogr Beh. K. I, 4. C, a. 8. 7 u. ö., mit Suff. = *šarri-šu-nu* ihre Könige Beh. 3.

Stat. constr. Sing *šar* (*šar šarri* König der Könige) z. B. G. 3. — Hebr. שַׂר.

šarru-tu Subst. Königthum, Herrschaft pers. *khšatra.* Beh. 3. 4. 10 u. ö. H. 5 *šarru-tuv* dass. NR. 22.

šarru-u-ti-ya pers. (*utamaiy khšatra*) meine Herrschaft K. IV. 2. 3. D. 18. E, 10.

ת.

תבא *it-bu-u* Impf. Kal mit Cop. „er empörte sich", pers. *udapatatâ* Beh. 30. 81. 41. — Vgl. Botta 71, 2. — R. תבא = arab. ثبا „räuberisch anfallen" vgl. auch ثبع. In den assyrischen Inschriften bed. das Wort einfach: „heranziehen".

תמוז *Tu-u-a-zu* Monatsn. Thammuz. Beh. 16. Lesung nicht sicher.

תור *it-tur* 3 Ps. S. Impf. Kal er war, ward pers. *âha* Beh. 12.

i-tu-ru-' 3 Ps. Pl. Impft. Kal sie waren pers. *âhantâ* Beh. 109; *it-tu-ru-nu* sie wurden Beh. 7.

ut-tur 1 Ps. Sing. Impf. Kal ich war, ward, pers. *âham, abavam* Beh. 6.

a-tu-ru dass. Beh. 11. 40.

תחז *ta-ḫa-zu* Subst. Schlacht, Kampf pers. *hamarana* phonet. Beh. 49. 64; Ideogr. Beh. 55. — Vgl. חזז.

תבל s. רגל

תקף *lit-tak-ki-pa-an-ni* Volunt. mit Suff. möge mich bestätigen Bis. 98, nach einer Conj. Opp.'s. Zu vgl. aram. תקף Pa. bestätigen.

תרץ *tar-şi* Präp. mit *ana* grad entgegen, pers. *patis* Beh. 50. 64. 65. Vgl. arab. ترص.

Abkürzungen.

Lay. — Layard, inscriptions in the cuneiform character. Lond. 1851. fol.

I. II. III. Rawl. — H. Rawlinson und Edw. Norris, the cuneiform inscriptions of Western Asia. vol. I—III. Lond. 1861. 1866. 1870. fol.

Rich — C. J. Rich, Babylon and Persepolis. Narrative of a journey to the site of Babylon etc. Lond. 1839.

Botta — Botta und Flandin, monument de Ninive: t. I—V (die Inschrr. t. III. IV). Par. 1849. 50. Imper.-fol.

O. E. M. — Jules Oppert, expédition scientifique en Mésopotamie. T. I. II. 1863. 1859. 4.

Norr. Dict. — Edwin Norris, Assyrian Dictionary. Part I—III. Lond. 1868. 70. 72. 4.

Tigl. Pil. — Cylinderinschrift des älteren Tiglath-Pileser. I Rawl. Bl. 9—16.

Tigl. Pil. IV. — Prunkinschrift des jüngeren Tiglath-Pileser (IV) II Rawl. Bl. 67.

Stand. Inscr. — Standard-Inschrift Asur-nâşir-habal's Lay. Bl. 1.

Sard. — Monolithinschrift Asur-nâşir-habal's I Rawl. Bl. 17—26.

Salm. Obel. — Obeliskinschrift des älteren Salmanassar (II) Lay. Bl. 87—98.

Scham. Bin — Inschrift Schamas-Bin's I R. 29—34.

Bin-nir. — Inschriften Bin-nirar's I R. 35 (Nr. I—IV).

Sarg. Cyl. — Cylinderinschr. Sargon's I R. 36.

Sarg. Khors. oder bloss: Khors. — Prunkinschrift Sargon's, mit Uebers. herausgegeb. von Opp. und Mén. Journ. Asiat. VI, 1. 1863; VI, 2. 1863; VI, 3. 1864; VI, 6. 1865.

Sarg. Cypr. — Inschrift auf dem in Cypern gefundenen und dermalen im Museum zu Berlin befindlichen Monolith, theilweis veröffentlicht III Rawl. Bl. 11, vollständiger von G. Smith in Lepsius' Ztschrift für ägypt. Alterthumsk. IX. Jahrg. 1872. S. 68—72.

Sanh. Tayl. — Inschrift Sanheribs auf dem sechsseitigen, nach Taylor benannten, Thoncylinder I R. Bl. 37—42.

Sanh. Grot. . . . } — Inschrift Sanheribs auf dem nach dem Consul Bellino benannten Thoncylinder, herausgegeb. von Grotefend in den Abhdlgg. der Götting. Societät der Wiss. Gött. IV. 1850 später von Lay. Bl. 63. 64.
Sanh. Bell. Cyl. }

Sanh. Bav. — Inschrift Sanheribs an dem Felsen von Bavian, herausgegeb. III R. Bl. 14.

Sanh. Const. — Inschr. Sanh.'s, gefunden zu Nebi Junus, dermalen in Constantinopel I R. 43. 44.

Asarh. — Cylinderinschrift Asarhaddon's I Rawl. 45—47.

Assurb. Annal. — Annaleninschrift Asur-bâni-habal's III Rawl. Bl. 17—26.

Assurb. Sm. — G. Smith, the annals of Assurbanipal, translated from the cuneiform inscriptions (mit assyr. Text). Lond. 1871.

1 Belt. — Inschrift Asur-nâṣir-habal's am Tempel der Mylitta II R. 66. Nr. I.

2 Belt. — Inschrift Asur-bâni-habal's zu Ehren der Mylitta II R. 66. Nr. II.

1 Mich. — Inschrift auf dem sog. Steine Michaux's, veröffentlicht I R. 70.

2 „ } — zwei ähnliche, noch unedirte Inschriften.
3 „ }

Senk. — Cylinderinschr. Nebucadnezar's von Senkereh I R. 51 Nr. 2.

Bors. — Cylinderinschr. Nebucadnezar's von Borsippa (Birs Nimrud) I R. 51. Nr. 1.

E. I. H. — Londoner Nebucadnezarinschr. des East India House I R. 53—64.

Nebuc. Grot. — Inschrift Nebucadnezar's auf dem Cylinder Bellino's, zuerst veröffentlicht von Grotefend in Abhdll. der Gött. Societät der Wiss. IV. 1850; später I R. 65. 66.

Nerigl. — Cylinderinschr. Nirgal-sar-uṣur's I R. 67.

Nabun. — Cylinderinschr. Nabu-nâhid's von Mugheir I R. Bl. 68.

Beh. — Felseninschr. des Darius zu Bisutun, babylon. Text Journ. of Roy. Asiat. Society XIV, 1; auch III Rawl. 39. 40.

NR. — Inschr. des Darius von Nakech-i-Rustam s. Abhdlg. S. 7 Nr. 4.

Die übrigen babylonisch-persischen Inschrr. werden in der hergebrachten, S. 6—9 angegebenen, Weise bezeichnet.

Opp. gr. Ass. — Jul. Oppert, éléments de la grammaire Assyrienne. II éd. Par. 1868.

Mén. gr. Ass. — Joach. Ménant, exposé des éléments de la grammaire Assyr. Par. 1868.

Opp. Dour-Sark. — Jul. Oppert, les inscriptions de Dour-Sarkayan (Khorsabad), provenant des fouilles de M. V. Place déchiffrées et interpr. Par. 1870. fol.

Opp. l'Ég. et l'Ass. — Jul. Oppert, mémoire sur les rapports de l'Égypte et de l'Assyrie dans l'antiquité, éclaircis par l'étude des textes cunéiformes Par. 1869. 4 (Extrait des mémoires présent. par div. sav. à l'académie des inscrr. et belles lettres VIII, 1).

KAT. — unsere Schrift: die Keilinschriften und das Alte Testament. Nebst chronologischen Beilagen, einem Glossar, Registern und zwei Karten. Giess. 1872.

-

Nachträge und Berichtigungen.

Zu S. 7 Z. 6 ff. Füge hinzu die revidirte Edition der Behistuninschrift in III Rawl. Bl. 39. 40.

Zu S. 8 Z. 6 v. u. füge hinter „unten" hinzu: „sowie bei Westergaard XVI, a. b."

Zu S. 14 ff. Vgl. den Aufsatz von Jos. Grivel (in Freiburg in der Schweiz): le plus ancien dictionnaire. Extrait de la Revue de la Suisse catholique. Aug. 1871.

Zu S. 48 Z. 13. Hinter *ḳur* füge hinzu: bezw. „*mur*". Vgl. S. 71 Nr. 148.

Zu S. 100 Nr. 33. Vielleicht ist das Monogramm für „Assyrien" seiner Entstehung nach doch noch anders zu erklären. Das Zeichen  (Nr. a) wechselt nämlich auch mit dem anderen (Nr. b)  (so II R. 40, 79. 80) und weiter (Nr. c) mit dem einfachen (so III R. 4 Nr. 2 Z. 1 in dem Titel eines alten assyrischen Königs *Tuklat-Adar*) Vergleichen wir diese drei Zeichen mit einander, so erkennt man, dass das dritte (Nr. c) das einfache Zeichen *ḪI* ist, welches laut S. 106 Nr. 10 den Sinnwerth von „gut", assyr. טָב (nicht טאב, wie fälschlich a. a. O. gedruckt ist, vgl. das Richtige S. 151) hat, somit für sich das Ideogr. für „Gott Asur" d. i. für „der gute Gott" ist. Genauer steht bei Nr. b davor noch, wie zu erwarten, das Gottheitsideogramm *AN*; beide Zeichen endlich sind zusammengeflossen in dem Zeichen Nr. a. Wie nun an einem andern Orte gezeigt ist (s. uns. Schrift: Die Keilinschrr. u. d. A. T. Giess. 1872 S. 6 und 7) ist der Gottesname *Asur* zunächst Name der alten Reichshauptstadt Asur (Kileh-Schergat) und dann erst des assyrischen Reiches und Landes überhaupt geworden, und zwar dieses theils in der Aussprache *A-sur*, theils in der anderen *As-sur* (letztere Beh. 5 s. ob. S. 100), ohne dass doch aus der letzteren jene erstere sich befriedigend genug erklären liesse.

Zu S. 100 Nr. 48. Unsere oben ausgesprochene Hoffnung, dass es uns gewiss über kurz oder lang noch gelingen werde, das eine oder andere der noch lautlich unbestimmt gelassenen

Ideogramme phonetisch zu fixiren, hat sich schneller erfüllt, als wir selber es gedacht. Das Ideogr. *NA. KAK. A* (Beh. 98. 106), welches gemäss dem pers. *dipi* soviel wie „Tafel", „Schrift" bezeichnet haben muss, wird in völligster Uebereinstimmung hiermit durch ein erst jetzt mir bekannt gewordenes Syllabar (II R. 40 Nr. 3. Z. 46 flg.) erläutert, das eine Mal durch *ši-ṭir šu-[mu]* d. i. שְׁטַר שֵׁם = „Namensinschrift", das andere Mal durch *šu-mu zik-[ra?]* d. i. שֵׁם זֵכֶר = „Name des Gedächtnisses": wie man sieht, beides Deutungen, welche dem pers. *dipi* unmittelbar entsprechen.

Zu S. 112 Nr. 75. 3) Ueber das Land *MARTU* s. uns. Schrift: die Keilinschrr. u. d. A. T. S. 15.

Zu S. 113 Z. 14 (Nr. 84) füge hinzu: Ideogr. erkl. II R. 36, 51 (*lib-bu*).

Zu S. 114 Z. 12 füge hinter שׁ hinzu: II R. 45, 32. Dieses Syll. erklärt das Ideogr. *TUK* direkt durch *i-šu-u* d. i. יֵשׁ.

Zu S. 134 Anm. 1. Vgl. noch die Schreibweise des Namens Binnunassir III R. 4, 35 als *Bin-nu-SIS-ir* d. i. *Bin-nu-naṣi-ir*.

Zu S. 151 S. 1 ff. In der Prunkinschrift Tiglath-Pileser's IV (II R. 67) finde ich den Namen am Schlusse auch einmal mit *ir* statt mit *ra* (wie gewöhnlich) geschrieben. Ist der Text dort zuverlässig, so würde dieses phonet. Complement auf ein Adj. oder Part. der Form *aṣir* deuten. Doch thun wir wohl gut, uns das Protokoll vorläufig noch offen zu halten, da ohnehin gleich hinter dem Namen die Platte abbricht.

Zu S. 156 Z. 15. Vor dem Keilschriftzeichen fehlt der senkrechte Keil, das Personendeterminativ, vgl. Z. 1. Es mag übrigens bei dieser Gelegenheit bemerkt werden, dass dieses Zeichen lediglich auf assyrischen Inschriften regelmässig erscheint, auf den babylonischen und überhaupt den in archaistischer Keilschrift concipirten Texten fehlt derselbe durchweg, und auch auf assyrischen Inschriften suchen wir ihn zuweilen vergeblich, vgl. I R. 6. III. A, 2. D. 1, 2. C, 2. Tigl. Pil. I. col. VII, 42 u. sonst.

Zu S. 197 Anm. Z. 7. Ebenso *mar-ṣu-ti* (mit ס) Sard. I, 48 neben dem gewöhnlichen *mar-ṣu-ti* (mit צ).

Zu S. 210 Z. 14. Dass von *nâḥid* „erhaben" mit Selbstständigkeitsvokal die Form *na-'i-du* נָדִיר (bezw. *nâdu*) sich findet, *EIH* col. I, 8, ist beiläufig kein Grund, das Wort nicht für ein Particip, denn etwa für ein Adjektiv zu halten. Der Zusammenziehung *nâḥdu*, *naḥdu* statt *naḥidu* (*na-ṣi-ru* Khors. 189) begegnen wir auch sonst vgl. *aš-bu* „wohnend" statt *a-ši-bu* Part. von ישׁב „wohnen" Assurb. Sm. 226, 75 (s. o. S. 272 Anm. 2).

Zu S. 213 Z. 9. Unsere Fassung, nach welcher *il tasmîtur* als Beiname des Gottes Nebo zu nehmen, wird einer Correktion bedürfen. Nicht nur nämlich, dass wir in einer Inschrift Tiglath-Pileser's IV (Lay. 17, 14 ff. s. die Stelle in uns. Schrift ABK. S. 128, 11 ff.) *Tasmîtur* in einer Aufzählung von Göttern so begegnen, dass man nur an eine besondere Gottheit denken kann: wir finden II R. 23, 41 sogar ausdrücklich *Nabu* und *Tasmîtur* durch die Copula Vav verbunden. Es scheint danach wohl kaum zweifelhaft, dass wir eine besondere Gottheit der „Offenbarung“, mit Namen Tasmit, zu statuiren haben.

Zu S. 220 Z. 32 ff. Es ergiebt sich das Ausgeführte auch aus der Schreibung *pal-ma-a-nu* = *palmânu* mit langem *a* (nicht *pal-ma-nu* = *palmanu* mit kurzem *a*, wie in Folge eines Versehens Z. 29 gedruckt ist) Beh. 106.

Zu S. 271 Z. 8 flg. Das Beisp. *muntahis* (so lies!) ist doch nicht sicher, da es sich mit mehr Wahrscheinlichkeit als Part. Ift. von d. W. מחץ betrachten lässt. Ueber den Wechsel von *m* und *n* vor dem Dental s. ob. S. 204.

Zu S. 293 Z. 11 ff. Als einen weiteren Beleg dafür, dass die Syllabare ein einen gewissen Generalbegriff ausdrückendes Ideogramm mitunter durch verschiedene Wörter verwandten Begriffs erklären, führe ich noch an die Syllabare II Rawl. 31 Nr. 2 Z. 18. 21. 22, welche das Ideogr. *MAH*, das, wie wir bereits sonst wissen, den Begriff „gross“ nach verschiedenen Schattirungen ausdrückt, erläutern: 1) durch *ru-bu-u* = רַב d. i. „gross“; 2) durch *ma-'-du* = מְאֹד d. i. „viel“; endlich 3) durch *ṣi-i-ri* = צִיר R. צרר d. i. „hoch“, „erhaben“.

Zu S. 332 Z. 8 v. u. Als Appellativ bed. شمسية im heutigen Arabisch den „Sonnenschirm“; ich muss indess bezweifeln, dass danach im Alterthum eine Frau und zudem eine Königin benannt sei oder sich benannt habe.

Zu S. 266. 273. 304 flg. Eben im Begriff, diese die „Nachträge“ enthaltenden Blätter nach Leipzig zum Abdruck abzusenden, geht mir durch die Güte des Verfassers Dr. Sayce's Assyrian grammar for comparative purposes, Lond. 1872, zu, welche ich als eine gewissenhafte Arbeit nur freudig begrüssen kann. Dieselbe enthält manche ganz richtige Einsichten, wie ich denn z. B. bemerke, dass der Verf. bezüglich der Erklärung der sog. emphatischen Formen des Nomens (s. ob. S. 233) mit mir unabhängig zusammengetroffen ist (Sayce 102); ich kann überhaupt den die Nominalbildung behandelnden Abschnitt als einen recht befriedigenden bezeichnen. Das Gleiche gilt im Wesentlichen von den Abschnitten über die

Zahlwörter und die Pronomina. Die letzteren angehend mache ich namentlich auf des Verfassers Erklärung der Wörter *yâti* und *yâtinu* (besser *yâtiva*) auf S. 36 aufmerksam, in welcher er ganz mit mir (s. ob. S. 263. 311) übereinstimmt. Anders steht es aber namentlich mit den Ausführungen über das Verbum. Wenn Dr. S. hier nicht weniger als fünf Modi: Permansive, Aorist, Perfekt, Present und Futur unterscheidet und daneben noch einen apocopirten, telischen (*telic*), conditionalen und paragogischen Aorist statuirt, so fürchte ich, dass die semitischen Philologen hierzu etwas den Kopf schütteln werden. Dass zwischen der „apocopirten“ Imperfektform *iskun*, der „telischen“ *iskunu*, der „conditionalen“ *iskuna* und der „paragogischen“ *iskunav* überhaupt und ganz und gar kein begrifflicher Unterschied besteht, geschweige der durch jene Bezeichnungen den Formen vindicirte, davon kann sich jeder ohne Weiteres durch einen Blick in die von mir in meiner Schrift: „die Keilinschriften und das A. T.“ in reicher Auswahl mitgetheilten Keilschriftabschnitte überzeugen, und will er es noch bequemer haben, so dieses, indem er die im dort beigegebenen Glossar aufgeführten verschiedenen Verbalaussprachen an den betr. Stellen aufsucht. Im Uebrigen vgl. das von uns S. 265—268 in beregter Hinsicht Ausgeführte.

as das „Permansive“ der Form: *pagil*, *pagilta*, *pagilak* betrifft, so habe ich mich S. 266. 278. 304, wie ich glaube, mit hinlänglicher Klarheit über diese postulirten Verbalformen ausgesprochen. Abgesehen davon, dass Formen wie *pagilu*, *pagilni*, *pagiltunu*, *pagiltini* überhaupt gar nicht vorkommen; abgesehen weiter davon, dass die Form *pagil* ganz unverkennbar eine participiale ist, was zu allen den Stellen, wo wir dieser Form begegnen, auf das Vollkommenste stimmt, scheitert die Ansicht, dass wir in *pagilak* (1 Ps.) eine wirkliche Verbalform haben, an dem Umstande, dass diese „Bildung“ ganz besonders beliebt ist bei Wörtern, welche nie und nimmer als Verba vorkommen, so bei *sarru* „König“ (*sarraku* „ich bin König“); *rabu* „gross“ (*rabaku* „ich bin gross“), *zikaru* „mannhaft“ (*zikaraku* „ich bin mannhaft“), *kainuv* „standhaft“ (*kainaku* „ich bin standhaft“) u. s. f. Wie ist es möglich, dass man diese Formen für wirkliche Verbalformen nehmen kann, Formen, wie *zikaraku* mit *i* in der ersten Sylbe; *kainaku* mit *ai* in der ersten Sylbe u. s. f.?! Alle die S. 64 s. Grammatik von Dr. S. angeführten Beispiele sind entweder reine Participial- und Adjektivbildungen wie *sakin*, *saknu* „stellend“, *kitnus* „unterthänig“, *sitkul* „gleichwichtig“, *diku* „getödtet“, *nansus* „angebracht“, *nanmur* „geschaut“ u. andd.; oder aber es sind rein perfektische Formen wie *kuru* „sie riefen“, *punda* „sie durchbohrten“, *daglu* „sie vertrauten“, oder weiter es sind infinitivische Bildungen wie *surrud*, *su-*

barur, *sutabul*, *pukkurut*, oder endlich es sind reine Anomalien, wie *ti'bumi* „sie zogen heran" statt des gewöhnlichen *it-bumi* (s. ob. S. 277 Anm.). Wie man alle diese Bildungen für gleichartig halten kann, ist mir unbegreiflich.

Noch ein Wort über das sog. Futur der Form *isakkin*. Dass dieses keine Kalform sein kann, das hätte unsern geehrten Mitarbeiter schon die bei dieser Form überwiegend auftretende Verdoppelung des zweiten Radikal lehren können. Dass ausserdem natürlich gar kein wirklicher Bedeutungsunterschied, die Zeit beschlagend, Statt hat, brauche ich nicht zu bemerken. Die Form ist nichts anderes als eine Paalbildung. Dass bei einigen Verben vorn ein *i* (*isakkin*, *inaddin*, u. s. f.) statt wie bei anderen *u* (*ukayyan*, *unakkar* u. s. f.) gesprochen wird, ist gänzlich irrelevant. Auch dafür haben wir den Beweis sogar noch in der authentischsten Weise in der Hand in jenem oben S. 24 abgedruckten Syllabar, in welchem

die Steigerungsstämme *inaddin* und *uttar*,
die einfachen Stämme *iddin* und *utir*,
die Reflexivstämme *ittadin* und *uttir*

sich einander entsprechen, und in welchem der Paalform mit vortretendem *i* eine solche mit vortretendem *u* gegenübertritt. Es folgt dasselbe aus einer Vergleichung der parallelen Ideogramme in der protochaldäischen Columne. In dem Syllabar S. 20. 21 werden in der protochaldäischen Columne die Formen *isaggal* und *isaggalum* von den anderen *iskul* und *iskulu* unterschieden durch Hinzufügung des Zeichens 'I. Dasselbe Zeichen 'I bildet S. 22 aus den Kalformen *ikis*, *imuz*, *isrur* die reinen Paalformen *ukassis*, *uaddin*, *unassaru* (letzteres ohne Verdoppelung!). Es erhellt evident, dass auch die Form *isaggal* eine solche Paalform sein muss. Zudem existirt neben der Form *inaddin* keine weitere *unaddin*, neben *unakkar* keine weitere *inakkir* bei den betr. Verben und dann mit verschiedener Bedeutung, zum deutlichsten Zeichen, dass eben die eine einfach die Stelle der anderen vertritt. Die Sache dürfte damit erledigt sein. Im Uebrigen sind natürlich unsere lautlichen Bemerkungen S. 206 zu vergleichen.

Andere Differenzpunkte wird sich der geneigte Leser selber zurechtlegen.

Verbesserungen des Druckes.

S. 6 Z. 12 v. u. lies XIV. a. b.
„ 20 „ 2 v. u. (Anm.) lies יִשְׁקַל.
„ 23 „ 1—4 „ (Text) statt *NI* lies *IN*.
„ 81 „ 30 v. o. lies Sylben.
„ 101 „ 45 „ „ „ כשדי.
„ 107 „ 7 „ „ „ füge ich herbei.
„ — „ — „ „ „ Tigl.
„ 110 „ 1 „ „ „ *kissat*.
„ 131 „ 13. 17. 23. 24. 27 lies *šal-lim*.
„ 133 „ 11 „ „ „ *At*.
„ 141 „ 7 „ „ füge hinter „Stelle“ hinzu: (Opp.).
„ 164 „ 9 (Nr. 80) lies *Ḫal-pa-ai*.
„ — „ 12 (Nr. 81) „ *Ḫar-ran-ai*.
„ 166 „ 34 v. o. „ das unedirte.
„ 181 „ 4 „ „ „ den.
„ 185 „ 8 „ „ „ früheren (Plur.)
„ — Nr. 77 l. *ruḳuḳ*.
„ 198 „ 7 v. u. (Anm.) lies *Ḫa-ai-ti*.
„ 202 „ 9 „ „ (Anm.) „ יְקַרְקַר.
„ 204 „ 6 v. o. füge hinter „Zischlaute“ hinzu: und einem Gutturale.
„ 207 „ 5 streiche *ṣalmânu* bis *ṣalmanu* und vgl. die Verbesserung zu S. 220 Z. 20.
„ 218 „ 15 v. o. lies *ṣalmânu*.
„ 220 „ 20 „ „ „ *ṣal-ma-a-nu*.
„ 222 „ 15 „ „ „ קַרְקַר.
„ 231 „ 16 „ „ „ *Salmanuašir*.
„ 236 „ 11 „ „ „ dieselben.
„ 271 „ 8 v. u. „ *muntaḫiṣ* u. vgl. „Nachträge.“.
„ — „ 7 „ „ „ ירח.
„ 293 „ 7 füge vor „87“ hinzu: Anmrk. Sm.
„ 298 „ 14 v. o. lies ፐፈ፤ወ፡ጥ፡
„ 310 „ 25 l. *yathâ*.
„ 314 „ 8 l. jedes Versuches.
„ 333 „ 35 l. *a-šik*.
„ 338 „ 10 l. *u-šal-lim-ma*.

www.ingramcontent.com/pod-product-compliance
Lightning Source LLC
Chambersburg PA
CBHW022258280326
41932CB00010B/908